The Department of Public Instruction Bombay

MALATI MADHAVA

BY

BHAVABHUTI

WITH

THE COMMENTARY OF JAGADDHARA

EDITED WITH NOTES, CRITICAL AND EXPLANATORY

The Department of Public Instruction Bombay

MALATI MADHAVA
BY

BHAVABHUTI
WITH
THE COMMENTARY OF JAGADDHARA

EDITED WITH NOTES, CRITICAL AND EXPLANATORY

BY

RAMKRISHNA GOPAL BHANDARKAR, M. A.

HONORARY MEMBER OF THE ROYAL ASIATIC SOCIETY OF GREAT BRETAIN AND IRELAND; ASSISTANT PROFESSOR OF SANSKRIT, AND ACTING PROFESSOR OF ORIENTAL LANGUAGES ELPHINSTONE COLLEGE.

GYAN

Published by

Gyan Publishing House
5, Ansari Road
Daryaganj, New Delhi-110002
Phone: 011-47034999, 9811692060
E-mail: books@gyanbooks.com

Distribution Network
gyanbooks.com
India, USA, Canada, UK, Australia, France

ISBN : 978-81-212-2784-1 (HB)
First Published, 1876

2nd Impression 2021

Printed at: Gyan Press, Delhi.

Malati Madhava
Author: Ramkrishna Gopal Bhandarkar

The Department of Public Instruction, Bombay.

MÂLATÎ-MÂDHAVA

BY

BHAVABHÛTI

WITH

THE COMMENTARY OF JAGADDHARA

EDITED WITH NOTES, CRITICAL AND EXPLANATORY,

BY

RAMKRISHNA GOPAL BHANDARKAR, M. A.,

HONORARY MEMBER OF THE ROYAL ASIATIC SOCIETY OF GREAT BRITAIN AND IRELAND; ASSISTANT PROFESSOR OF SANSKRIT, AND ACTING PROFESSOR OF ORIENTAL LANGUAGES, ELPHINSTONE COLLEGE.

Bombay:
GOVERNMENT CENTRAL BOOK DEPÔT.

1876.

अथ

मालतीमाधवं नाम प्रकरणं

महाकविश्रीभवभूतिप्रणीतं

जगद्धरकृतटीकया समवेतं

लन्दनराजधानीवर्तिनीरस्यदेशवृत्तान्वेषणपरविद्वत्परिषदा स्वाधिपत्यारं
प्रापितेनैल्फिन्स्टनविद्यालयस्थसंस्कृताध्यापकेन

भाण्डारकरोपाभिधेन

गोपालसूनुना रामकृष्णेन

संशोधितं

स्वनिर्मितविषमपदविमर्शिन्या टिप्पण्या च मण्डितम् ।

तच्च

मुम्बापुरवर्त्तिराजकीयग्रन्थशालाधिकारिणा

प्रकाशितम् ।

शकाब्दाः १७९८ | ख्रिस्ताब्दाः १८७६.

मूल्यं सार्धं साष्टमांशं च रूपकत्रयम् । (3॥=)

मुम्बईनगर्यां
इन्दुप्रकाशाख्यपन्त्रालये मुद्राक्षरैरङ्कितम् ।

DEDICATED TO

THE MEMORY OF

E. I. HOWARD, Esq.,

SECOND DIRECTOR OF PUBLIC INSTRUCTION, BOMBAY,

BUT FOR WHOSE ENLIGHTENED ENCOURAGEMENT AT A TIME WHEN SANSKRIT DID NOT FORM PART OF THE REGULAR COURSE OF INSTRUCTION IMPARTED IN OUR COLLEGES, THE EDITOR WOULD, IN ALL PROBABILITY, NEVER HAVE STUDIED THE SACRED LANGUAGE OF HIS COUNTRY.

PREFACE.

I.

This edition of Bhavabhûti's Mâlati-Mâdhava is based on the following copies:—

A. The Calcutta edition of 1866 by Kailâsachandra Datta. The text of this differs very little, if at all, from that of the older print brought out at the same place. My object in this edition was to bring together the various forms of the text that prevail in different parts of India. An edition based on a number of Mss. however large, is by no means, satisfactory if the Mss. come from the same place or country. I have, therefore, taken this Calcutta print as a fair representative of the Bengal text and collated it along with the other Mss.

B. A Ms. from the Library of Aṇṇâ S'âstrî Âgâs'e of Ratnâgiri. Unfortunately the last sheet of this containing a few speeches at the end is lost. A Ms. of the Vikramorvas'î from the same Library, which I have lent to my friend Mr. Shankar P. Pandit, appears from the colophon to have been transcribed at Benaras, about sixty years ago. In external appearance, this resembles B. so much, that both were undoubtedly written by the same person and at about the same time. B. therefore, is about sixty years old, and may be taken to be a representative of the Benares text.

C. From Nâsik, copied for the Government of Bombay under the superintendence of Dr. Bühler and deposited in the Elphinstone College.

D. This is accompanied by the commentary and comes down

to about the middle of Act. VI. It belongs to the same collection as C. and is a recent copy. This also is from Nâsik.

E. This belongs to the Library of the Elphinstone College and is one of a valuable collection which appears to have existed in the Library almost since the foundation of the College. These Mss. appear to have been copies made for some body upon a uniform plan; for all of them are of the folio size. They do not seem to have been used by any S'âstrîs. There is a S'loka at the end of E. which gives the date when the Ms. was copied, in these words:—वसुगगनरसेलासंमितेऽब्दे क्षयाख्ये, *i. e.* in the year Kshaya, 1608 of the S'aka Era, corresponding to 1686 A. C. But this could hardly be the date of the Ms., wherefore the S'loka appears to have been copied from the original of which our E. is a transcript.

G. This was procured by Mr. Gaṇes'a Bhikâjî Gunjikar B. A. from a Gujarâti Brâhmaṇ and kindly lent to me. The last sheet containing but a few lines is wanting, so that if it contained a date at all, it is not available. But the Ms. does appear to be very old.

N. This is a Ms. written on Tâla leaves in the Tailanga characters and kindly lent to me by Mr. Narasimmiyengar of Bangalor. It represents the southern text of the play.

For this edition A., C. and N. have been collated throughout, and B. up to the middle of Act X. for the reason given above. N. was received after 168 pages had been printed off. Its readings, therefore, for the first four Acts and 68 lines of the fifth, have been given in an Appendix. D. could be used only up to the middle of Act VI. and after that, E. which is similar to it in many respects was put in its place. I got G. when the seventh Act was being printed off. It has, therefore, been used in the eighth Act at a place where there is a lacuna in E. and in the tenth after B. breaks off. G., however, was frequently consulted when I had to choose a reading for the text and some of its variations are noticed in the explanatory notes.

All these Mss. are independent of each other, and there is no such resemblance between any two as to entitle them to be classed together as belonging to one family. Still, however, in cases of difference, A. and D. agree with each other oftener than with any of the others, and so do B. and C. Hence A. and D. bear a distant relationship to each other which points to a common origin at some remote time, and so do B. and C. I have, in such cases, generally chosen the reading of B. and C. as representing an ancient redaction of the text prevailing in the country between Benares and Nâsik, and given the other in the footnotes. E. bears to A. the same relationship that D. does. Hence, it was chosen to supply the place of D. in the later Acts. N, though it very often stands alone, agrees more with B. and C. than with any of the rest. When B. and C. do not agree, the reading of the majority has been adopted in the text. And this, I believe, is the proper thing to do, when Mss. from different parts of the country, so independent of each other, are collated. These are the general principles observed in this edition, but in some cases they were departed from, when a good reading could not be obtained by strictly adhering to them. The readings of B. C. and of the majority are, in these cases, thrown into the footnotes. I have not considered myself bound to adopt Jagaddhara's readings. Even in his time, separated as it was from that of the poet by about eight hundred years, as will be shown hereafter, the text of the play was unsettled, and not unfrequently he himself gives *variæ lectiones*. His text appears generally, though not invariably, to agree with A. In the last two Acts, however, the agreement is not so great, and often his reading is the same as that of B. or N. He seems to have gone upon a Ms. representing the redaction prevalent in his own country. If he was a native of Mithilâ, as is not unlikely, since his grand-father lived, according to Dr. Hall, at Videhanagara, that circumstance explains why his text should agree so much with A. which represents Bengal and the adjacent provinces. The fact that he is nearer to the poet than our Mss. by more than three hundred years, does not signify much under the circumstances I have stated. And, I think, a reading as to which even modern Mss. representing the text prevalent in different parts of India agree, is more likely to be the reading of the poet than that given by a single Ms. more than three hundred years old which pretty closely agrees with a recent one containing the prevailing text of a certain province only. Besides, the reading of our commentator cannot be determined with certainty, in a good many cases, since he often gives only a paraphrase and passes over large portions of the prose passages. Where it could be, it was duly considered in framing the text of this edition.

For the commentary of Jagaddhara I had the following Mss. :—

1. From Dr. Bühler's collection for the Government of Bombay. It is complete, but there is hardly a line in it which is not full of blunders.

2. From the Library of the late Dinamaṇis'ankara S'âstrî of Surat, complete.

3. That which accompanies D., incomplete.

4. From Gujarât, incomplete—containing the commentary on the first four Acts only.

All these were procured for me by Dr. Bühler.

5. A fragment, containing the exposition of the first Act from Aṇṇâ S'âstrî Agâs'e's Library at Ratnâgiri.

6. A fragment, containing the commentary on the sixth Act, copied out for me at Sâvantavâḍî.

It will thus be seen that for the seventh and subsequent Acts, I had only Nos. 1 and 2, but as No. 1 was almost useless, Dr.

Bühler sent me another (No. 7) which, though very old, was only a faithful copy of No. 2, and hence not of much use. However, after a careful comparison of Nos. 1 and 2, I was able to make out Jagaddhara's words to my satisfaction.

II.

Bhavabhûti was descended from a family of Brâhmaṇs surnamed Udumbaras residing in Padmapura in the country of the Vidarbhas, the modern Berars. They were followers of the Taittirîya S'âkhâ of the Yajurveda, and belonged to the Kâs'yapa gotra. They were pious Brâhmaṇs, regularly worshipping Agni and sometimes performing the higher sacrifices such as Vâjapeya. Even at present, there are families of Marâṭhî and Tailanga Taittirîyin Brâhmaṇs in and about the country where the Udumbaras lived.* The name of Bhavabhûti's father was Nîlakaṇṭha, of his mother, Jâtûkarṇî, and of his grand-father, Bhaṭṭa Gopâla. He was the fifth in descent from one Mahâkavi who was a great sacrificer. Bhavabhûti was a man of learning. He knew the Vedas, the Upanishads, and the Sânkhya and Yoga systems of philosophy. He has given indications of his acquaintance with the Yoga in Mâlatî-Mâdhava and the Vîracharita,† and in the Uttararâmacharita, has, in two or three places, alluded to the chief doctrines of the Aupanishada or Vedânta system such as we find it elaborated in S'ankarâchârya's works.‡ The name of his *guru* or teacher was Jnânanidhi,§ which looks like one assumed by persons when they enter into the

---

* See explanatory notes, Act I. l. 28.

† M. M. Act V.; V. Ch. beginning of Act III.

‡ Act II. शब्दब्रह्मणस्तादृशं विवर्तमितिहासं &c.; Act VI. विद्याकल्पेन &c.

§ See introduction to the Viracharita and the reading of N. in the introduction to the present play.

fourth or Saṃnyâsa order and devote themselves to the study and contemplation of the Brahma. He probably initiated our poet into the secrets of the Vedânta.

Bhavabhûti is the author of three dramatic plays, the Vîracharita, Mâlatî-Mâdhava and the Uttararâmacharita. S'ârngadhara, in his Paddhati, attributes a stanza* to him which is found in none of these three. Probably, our poet wrote a fourth work which has yet to be recovered, if it is not hopelessly lost. The Vîracharita seems to have been Bhavabhûti's first attempt, for it does not exhibit that power and felicity of expression and insight into the human heart that the other two display, and is often heavy and uncouth. Mâlatî-Mâdhava must have been his second work, and the Uttararâmacharita, the last. In the benedictory stanza at the end of this, the play is represented as the production of his mature intellect.† And this is confirmed by internal evidence and the traditionary judgment of the Paṇḍits, among whom a verse declaratory of Bhavabhûti's "having in the Uttararâmacharita excelled" Kâlidâsa, has been current.‡ These two poets are frequently compared with each other and regarded as the leading dramatists in the language. The ordinary belief among the Paṇḍits is that they lived at the same time, and a characteristic anecdote is told with regard to them. Bhavabhûti took his Uttararâmacharita, after he had composed it, to Kâlidâsa and asked him to give his judgment on it. Kâlidâsa was at that time engaged in the game of S'âras, and told Bhavabhûti to read out the play for him. Bhavabhûti did so. All the while, Kâlidâsa was deeply engaged in the game, and when Bhavabhûti had finished and asked him what he thought

* निरवद्यानि पद्यानि यदि नाट्यस्य का क्षतिः ।
भिक्षुकक्षाविनिक्षिप्तः किमिक्षुर्नीरसो भवेत् ॥ Pad. 6. 2.

† शब्दब्रह्मविदः कवेः परिणतप्रज्ञस्य वाणीमिमाम् ॥

‡ उत्तरे रामचरिते भवभूतिर्विशिष्यते ॥

about the work, he said that "it was a very good production, better than his own works, and that the only fault he could discover was a superfluous dot or anusvâra in the last line of one of the S'lokas." The line meant was भावैदिनगतयामा रात्रिरेवं व्यरंसीत्। Act I. and the superfluous dot, that on एवं, Kâlidâsa thinking that it should be एव, as we find it in our text. Undoubtedly, एव is much better than एवम्; the anecdote, however, can have no historical foundation. But though Kâlidâsa could not have lived long enough to be thus consulted by Bhavabhûti, there can be little doubt that he was our poet's favourite author, and was admired by him. The loves of S'akuntalâ and Dushyanta and of the Apsaras and Purûravas, mentioned by Kâmandakî in the second Act of the present play, may, very reasonably, be understood to be allusions to the Abhijnâna-S'akuntala and Vikramorvas'î. And in the ninth Act, Mâdhava's idea of using a cloud as a messenger to his beloved, and even his manner and mode of addressing it, seem to have been suggested by the Meghadûta.

Bhavabhûti is a poet of great merit. He shows a just appreciation of the awful beauty and grandeur of Nature enthroned in the solitudes of dense forests, cataracts, and lofty mountains. He has an equally strong perception of stern grandeur in human character and is very successful in bringing out deep pathos and tenderness. He is skilful in detecting beauty even in ordinary things or actions and in distinguishing the nicer shades of feeling. He is a master of style and expression, and his cleverness in adapting his words to the sentiment is unsurpassed. The genius of Bhavabhûti was, however, more of a lyric than of a dramatic nature. Notwithstanding the originality of conception involved in the plot of Mâlatî-Mâdhava, the poet does not show such a skill in the arrangement of his incidents and in the *denouement* as is displayed by the author of the Mṛichchhakaṭî or even of the Mudrârâkshasa. The incidents subsequent to the scene in the cemetary look like clumsy appendages and not like parts of a whole. Kapâlakuṇḍalâ is represented to have taken away Mâlatî, simply to give an opportunity to the poet to display his power of depicting the feelings of a man in *viraha* ; and the incident appears by no means to harmonize with, or to arise naturally out of, the previous story. Neither is the poet very skilful in the portraiture of varied character. In this also he is surpassed by S'ûdraka. Bhavabhûti had not the power of putting himself mentally into various situations, of forgetting one and becoming quite a new man in another. But as the poet of Nature and of human passion and feeling generally, he occupies a very high rank among Sanskṛit authors. Kâlidâsa, as Prof. Wilson remarks, has more fancy. He is a greater artist than Bhavabhûti. The former *suggests* or *indicates* the sentiment which the latter *expresses* in forcible language. The characters of the latter, overcome by the force of passion, often weep bitterly, while those of the former simply shed a few tears, if they do so at all. In the language of Sanskṛit critics, Kâlidâsa's *rasa* is conveyed or *abhivyakta* by the *lakshya* or *vyangya* sense of words, while Bhavabhûti's is conveyed by the *vâchya* sense. The excellencies and shortcomings of Bhavabhûti's genius are fully seen in the Uttararâmacharita. The incidents in that play are but few. There is very little movement. But the description of the forest scenery of Janasthâna in the second Act, and the portraiture of the griefs of Sitâ and Râma in the third, are unrivalled. Uttararâmacharita is more adapted for the hall than for the stage; it is more a *S'ravya* than a *Dṛis'ya* kâvya, while the beauties of S'akuntalâ are more perceptible when acted than when read. The merits of the poet are also observable in Mâlati-Mâdhava, but not in such a developed form as in the other play, while to his usual faults, must be added the use of long prose speeches containing bewildering compounds. Such a thing can never succeed on the stage. Perhaps in this as in several other respects, Bhavabhûti was carried away by the conventionalism which had begun to prevail and the rules laid down by the critics; and the free play of his genius was obstructed. Long compounds constitute the poetic excellence called *ojas* and this *ojas* is according to Daṇḍin the very soul of prose.*

The scene of the drama is laid at Padmâvatî, situated at the confluence of two rivers named the Pârâ and the Sindhu. Of the identification and position of the town and the rivers, I have spoken in another place.†

According to the Râjataraṅgiṇî, Bhavabhûti was patronized by Yas'ovarma, king of Kanoja. This Yas'ovarma was subdued by Lalitâditya,‡ king of Kâs'mîra, who acquired by his conquests a paramount supremacy over a large part of India. The mention of this circumstance enables us to fix the date of Bhavabhûti. Lalitâditya reigned, according to General Cunningham, from 693 A. C. to 729 A. C. The chronicle of Kâs'mîra mentions another poet named Vâkpatirâja who lived at the court of Yas'ovarma. A work in Prâkṛit entitled Gauḍavadha Kâvya by this same Vâkpatirâja has recently been discovered by Dr. Bühler. In it, the exploits of Yas'ovarma and his defeat of a Gauḍa king are narrated. In giving his own history, the poet tells us that "certain excellences still shine in his works like drops of poetic nectar churned from the ocean of Bhavabhûti."§

---

* ओजः समासभूयस्त्वमेतद्गद्यस्य जीवितम् ।

† See explanatory notes Act I. l. 81

‡ कविर्वाक्पतिराजश्रीभवभूत्यादिसेवितः ।
जितो ययौ यशोवर्मा तद्गुणस्तुतिवन्दिताम् ॥ Râj. IV. 145.

§ Text.—भवभूइजलहिनिग्गयकव्वामयरसकणा इव फुरन्ति ।
जस्स विसेसा अज्जवि वियडेसु कहाणिवेसेसु ॥

७२४. Com.—भवभूतिजलधिनिर्गतकाव्यामृतरसकणा इव स्फुरन्ति यस्य

From this it would appear, that Vâkpatirâja was either a pupil of Bhavabhûti or one of those who derived benefit from his company. If the poem, then, was written in the latter part of Yas'ovarma's reign, Bhavabhûti must have lived in the first part. So that, our poet flourished at the end of the seventh century. And the date thus determined agrees with all that is known of the chronological relations of Bhavabhûti with other writers. In the first place, Bâṇa's omission of his name from the long list given by him at the beginning of his Harshacharita is now intelligible. Bâṇa flourished in the first half of the seventh century. Bhavabhûti is quoted* in Kshîrasvâmin's commentary on the Amara Kosha. Kshîrasvâmin is mentioned in the Râjataranginî as the teacher of Jayâpîḍa,† the grandson of Lalitâditya, who reigned from 751 A. C. to 782 A. C. He is also quoted in the Das'arûpakâvaloka by Dhananjaya, the brother, it is said, of the author of the work on which he comments, who flourished in the early part of the eleventh century. There are extracts from Bhavabhûti's works in the Sarasvatîkaṇṭhâbharaṇa attributed to King Bhoja of Dhâra who reigned in the middle of the eleventh century, and in the Kâvyaprakâs'a, S'ârngadhara's Paddhati and other later works.

विशेषा अग्गामि विकटेषु कथानिवेशेषु? (प्रबन्धेषु) । निबन्धेष्विति क्वचित्पाठः ॥
I am indebted for this information to Dr. Bühler and for the extract to Mr. S. P. Pandit in whose hands the Ms. is at present.

* For this information I am indebted to Mr. S. P. Pandit. The work is not available to me.

† क्षीराभिधाच्छब्दविद्योपाध्यायात्संभृतश्रुतः ।
बुधैः सह ययौ वृद्धिं स जयापीडपण्डितः ॥

III.

Jagaddhara, the author of the commentary which accompanies the text, was, as he himself tells us, the son of Ratnadhara and Damayantî. Ratnadhara was the son of Vidyâdhara, and grandson of Gadâdhara. This last was the son of Râmes'vara who was the son of Deves'a, son of Chaṇḍes'vara. Chaṇḍes'vara appears to have obtained from some king or chief the grant of a village of the name of Suragrâma. All his ancestors, except perhaps his father, were Mîmâṃsakas. He or his father appears to have been a judicial functionary to some chief. His grandfather resided, Dr. Hall states, probably on the authority of Jagaddhara's other works, at Videhanagara in Mithilâ. Our scholiast gives, in some cases, vernacular equivalents for Sanskṛit words, but the reading is often so corrupt and uncertain that it is not possible to find out from these what his own vernacular was.

But none of the facts mentioned by him enables us to determine the period when he lived. All that can be done is to arrive, if possible, from the authors and works quoted or mentioned by him, at a date before which he could not have lived. In his present work, Jagaddhara refers to Amara, the Dharaṇî, the S'âs'vata, the Hârâvalî, the Utpalinî, the Vis'va or Vis'vaprakâs'a,* the S'abdaprakâs'a, the S'abdabheda,† the Anekârtha, the Nânârtha, the Ratnakosha, the Medinî, the Amaramâlâ, the Amaralatâ,‡ the

* What is often called the Vis'va is really the Vis'vaprakâs'a of Mahes'vara. I looked for some of the verses quoted by Jagaddhara from the Vis'va in the two copies of the Vis'vaprakâs'a in Dr. Bühler's collection, and found them in both.

† The S'abdaprakâs'a and the S'abdabheda are one and the same work and identical with the S'abdabhedaprakâs'a which is an Appendix to the Vis'vaprakâs'a. I looked for the passages quoted by Jagaddhara in the copy in Dr. Bühler's collection and found them there.

‡ Amaramâlâ and Amaralatâ appear to have been two names of the same book, or the latter is a mislection.

Dhâtusangraha, the Dhâtupradîpa, the Nyâsa Bharata, Daṇḍin, the Sarasvatîkaṇṭhâbharaṇa, the Meghadûta, Mâgha, and Naishadha.* Of the lexicons quoted by him the date of the Vis'vaprakâs'a is known. It was composed, as the author himself informs us in a S'loka at the end of his work, in S'aka 1033 corresponding to 1111 A. C.† Jagaddhara furnishes us with another clue. At the beginning of the seventh Act, after explaining that the root प्रच्छ् with आ signifies to "take one's leave finally" or to "bid adieu," he tells us that the same root occurs in the Meghadûta‡ and is explained by the commentator in the same way. Five commentaries on this poem, besides that of Mallinâtha, are mentioned in Prof. Aufrecht's Oxford Catalogue,§ none of which however is well known. And since Jagaddhara speaks of one commentator only without giving his name, he must be understood to have been aware of one commentary only, so well known as to render a mention of the author's name superfluous. I, therefore, take it he alludes to Mallinâtha who, in his scholia on the poem, does explain the root in the same way as Jagaddhara. Mallinâtha, therefore, lived before our scholiast. Now Mallinâtha, according to Prof. Aufrecht, flourished after the thirteenth century,|| since he quotes from a work of Bopadeva in one of his commentaries. Bopadeva was a contemporary¶ of Hemâdri who was a counsellor to Mahâdeva$ and Râmadeva, kings of Devagiri,

* Dr. Hall gives some more names from the other works of the scholiast:—the Gîtagovinda, the Uttaratantra, Ratnâvali, Vala and Vindhyavâsin, and Mattanâga.

† See Prof. Aufrecht's Oxf. Cat. p. 188*b*. I do not, however, find the S'loka in the Mss. in Dr. Bühler's collection.

‡ See p. 235.

§ No. 218.

|| Oxf. Cat. p. 113*a*.

¶ See Prof. Aufrecht's Oxford Cat. p. 37*b*.

$ See the introduction to the Dânakhaṇḍa and Wathen's copperplates in Journal R. A. S. Vol. V. 1839. Also Oxf. Cat. p. 37*b*, where कामराजस्य is probably to be read रामराजस्य.

and consequently flourished at the end of the thirteenth century. Another circumstance which indicates Mallinâtha's priority to Jagaddhara is that while the latter quotes from the Medinî every now and then, the lexicon is never referred to by Mallinâtha.* If the Medinî were composed before Mallinâtha, we might certainly expect quotations from it somewhere in his vast commentaries. Medinîkara, therefore, very probably lived after Mallinâtha and certainly before Jagaddhara.

We should make a further advance in the present inquiry if we could determine the age of this lexicographer so often quoted by our scholiast. In the introduction to his vocabulary, Medinîkara mentions Mâdhava. If this Mâdhava is the same as the great Minister of Bukka and Harihara, kings of Vijayanagara, the Medinî must have been written after the third quarter of the fourteenth century.† In Râyamukuṭa's commentary on the Amarakosha, there are many quotations from this lexicon. Râyamukuṭa wrote his work, as he himself incidentally tells us, in 1353 S'aka and in 4532 Kaliyuga,‡ corresponding to 1431 A. C. Medinîkara, therefore, lived after about 1375 A. C. and before 1431 A. C. But, if the Mâdhava alluded to by him was another person, we must determine his date

* See Oxf. Cat. p. 113 and Appendices to Mr. Paṇḍit's Ed. of Raghuvans'a. Prof. Aufrecht has observed one quotation from the lexicon in the commentary on Mâgha; but it is a later interpolation. (See the Preface to his Ed. of Ujjvaladatta p. xiv. notes).

† See Jour. B. B. R. A. S. Vol. IV. p. 107. The date of Mâdhava's grant is 1313 S'aka *i. e.* 1391 A. C. Compare also Thomas' Ed. of Prinsep, genealogical tables. Here, Harihara is represented as having ceased to reign in 1391 A. C. There is some disagreement between the two authorities. In the charter published in the journal, king Harihara is spoken of as having appointed Narahara to rule over Goa, after Mâdhava's death. The grant, therefore, seems to have been executed after that event, whence the date in Mr. Thomas' tables appears more correct.

‡ इदानीं च शकाब्दाः १३५३ द्वात्रिंशदब्दाधिकाश्च [शत?] वर्षोत्तर चतुःसहस्रवर्षाणि कलिसंख्यायां भूतानि ४५३२ । Rây. on Am. I., 1, 3, 22.

with reference to that of Mallinâtha instead of Mâdhava, and Râyamukuṭa, *i. e.* place him between the first quarter of the fourteenth century and 1431, a result which is nearly the same as the above. Jagaddhara, therefore, lived after the fourteenth century, but how long after, we have not the means of determining. Probably some of the other works quoted by our commentator are still more modern than the Medinî. Such, for instance, appears to be a lexicon of the name of Amaramâlâ which is not given by Medinîkara in his what appears to be an exhaustive list of Koshas, nor is it referred to by Mallinâtha. But it is quoted by Ujjvaladatta, and by Bhânujî Dîkshita in his Vyâkhyâ-Sudhâ,* and is mentioned in an anonymous list of twenty-six Koshas occurring at the end of a Ms. in Dr. Bühler's collection.† But nothing more definite is known about it.

Jagaddhara's commentary is very valuable. His interpretation of his author is generally correct and proper; but after having given an explanation which alone is plain and sensible, he often attempts several others which are fanciful and far-fetched, probably to show off his learning and acumen. In a few places he is positively wrong. I have considered all these cases in the explanatory notes. His quotations from Bharata

---

* Prof. Aufrecht's Ed. of Ujjv. Preface, p. xvii. and his Oxf. Cat. Nos. 415, 416.

† मेदिन्यमरमाला च त्रिकाण्डो रत्नमालिका ।
रन्तिदेवो भागुरिश्च व्याडिः शब्दार्णवस्तथा ॥
द्विरूपश्च कलिङ्गश्च रभसः पुरुषोत्तमः ।
दुर्गोऽभिधानमाला च संसारावर्तशाश्वतौ ॥
विश्वो वोपालितश्चैव वाचस्पतिहलायुधौ ।
हारावली साहसाङ्को विक्रमादित्य एव च ॥
हेमचन्द्रश्च रुद्रश्चाप्यमरोऽयं सनातनः
एते कोशाः समाख्याताः संख्या षड्विंशतिः स्मृता ॥

and other authors and the information that he gives on several points are of very great use, especially to the University student.

Besides the present commentary, Jagaddhara wrote two others, one on the Veṇîsaṃhâra and the other on Vâsavadattâ.

Two other sets of scholia on Mâlatî-Mâdhava are noticed in the Catalogues of Mss. recently published. They are very short, one by Râghavabhaṭṭa consisting of only 25 leaves with five lines in a page,* and the other by Nârâyaṇabhaṭṭa, of eight.† They are little known.

---

* Cat. of Sans. Mss. in the N. W. P. part I. p. 618 No. 68.

† Dr. Bühler's Cat. of Mss. in Gujarât.

मालतीमाधवं

नाम

प्रकरणम् ।

सानन्दं नन्दिहस्ताहतमुरजरवाहूतकौमारबर्हि-
त्रासान्नासाग्ररन्ध्रं विशति फणिपतौ भोगसंकोचभाजि ।

चञ्चच्चन्द्रिकचन्द्रचारुकुसुमो माद्यज्जटापल्लवो
दृप्यद्दारुणदन्दशूकमणिमांस्तत्पञ्चशाखालयः ।
स्थाणुर्मे फलदो भवत्वतितरां गौरीमुखेन्दुद्रव-
त्पीयूषद्रवदोहदादिव दधद्देवद्रुमत्वं सदा ॥
नत्वा गुरून्गुणगुरूनवलोक्य टीकां
विश्वादिकोषभरतश्रुतिशब्दविद्याम् ।
छन्दांस्यलंकरणमर्थगतिं विचिन्त्य
श्रीमाञ्जगद्धरकृती वितनोति टीकाम् ॥
श्रीकण्ठकण्ठविलुठत्पटुनाटकेऽस्मि-
ण्टीका मयाल्पमतिनापि वितन्यते यत् ।
हासाय दुर्जनगणस्य भवेन्न चैत-
दुच्चैः पदं यदभिकाङ्क्षति सर्व एव ॥

१–४. इह तावदष्टपदां नान्दीं विदधान एव कविरप्रत्यूहमीहित सिद्धिमनुरुध्य प्रचण्डचण्डीपतेरकाण्डताण्डवाडम्बरेण लम्बोदरोत्कीर्तनरूपं मङ्गलं प्रकरणादौ निबध्नाति । सानन्दमित्यादि । वैनायक्यो वदन-

गण्डोड्डीनालिमालामुखरितककुभस्ताण्डवे शूलपाणे-

विधुतयश्चिरं वः पान्तु गजाननाननचालनानि युष्मान्बहुकालं रक्षन्त्वित्यर्थ इति श्रोतृन्सामाजिकान्कविराशास्ते । वदनविधूनने कारणमाह । फणिपतौ वासुकीनागे नासाग्ररन्ध्रं नासिकाग्रविवरं सानन्दं विशति सति । नासात्र विनायकस्यैव। त्रस्तस्य झटित्यग्ररन्ध्रप्राप्त्या जीवनप्रत्याशयानन्द इति भावः । अत एव प्रवेशानन्तरमानन्द इति कथं क्रियाविशेषणमिति दोषानवकाशः ।अग्ररन्ध्रस्य शीघ्रं प्राप्त्यैवानन्दातिशयात् । यथा भीतस्य शीघ्रं वनादिप्राप्तौ हर्षः । यद्वा । सानन्दं यथा तथा पान्त्विति योज्यम् । यद्वा । सानन्दमित्याहतविशेषणम् । सापेक्षत्वेऽपि गमकत्वात्समासः । क्रियाविशेषणत्वादेव सानन्दमित्यत्र कर्मत्वैकत्वक्लीबत्वानि । इह नासारन्ध्रमिति वक्तव्येऽग्रग्रहणं त्रस्तस्य झटिति प्राप्त्या हर्षसूचनाय । यद्वा ।रन्ध्रप्रवेशेऽग्रप्रवेशस्यार्थसिद्धस्यापि शब्देन कीर्तनादुक्तिपोष एवायमलंकारः । यदाह दण्डी ।

उक्तिपोषः ।

क्वचिदाक्षेपलब्धस्य साक्षाच्छब्देन कीर्तनात् ॥ इति ।

कीदृशे फणिपतौ । भोगः फणा कायो वा तस्य संकोचोविकाशस्तं भजतीति भोगसंकोचभाक् तस्मिन् । विवरानुसरणे भोगिभोगसंकोच इति जातिनियमः । तदनेन महाकायस्य नासाग्रप्रवेशयोग्यतोक्ता । प्रवेशे हेतुमाह । शूलपाणेः शिवस्य ताण्डवे नृत्ये सति नन्दी गणभेदस्तस्य हस्तेनाहतस्य ताडितस्य मुरजस्य मर्दलस्य रवेण शब्देनाहूतो यः कौमारबर्ही कार्तिकेयमयूरस्तस्य त्रासाद्भयात् । अत्र नन्दिहस्ताहतत्वेन मुरजस्य गभीरताररवशालिता दर्शिता मयूरस्य भुजङ्गभोजित्वेन त्रासकत्वम् । विधुतयः कीदृश्यः । गण्ड उड्डीनाभिरूर्ध्वं गताभिरालिमालाभिर्भ्रमरपङ्क्तिभिर्मुखरिताः शब्दीकृताः ककुभो दिशो याभिस्ताः । तया

वैनायक्यश्चिरं वो वदनविधुतयः पान्तु चीत्कारवत्यः ॥

चीत्कारो भीतकरिणां त्रासध्वनिस्तत्सहिताः। विनायकस्य गजाननत्वात्। इह साहित्यमात्रं मत्वर्थः। तथा च भयान्मुखे विधूननचीत्कारौ युगपद्वृत्ताविति भावः। जातिरलंकारः। विधुतेरचेतनत्वेपि देवतानुभावादेव रक्षणकर्तृत्वम्। अत एव त्रस्तस्यापि तत्कर्तृत्वम्। इह गम्भीरमुरजरवश्रुतिहृष्टमयूरभयेन फणिनां विवरानुसरणं जलदकालचिन्हम्। अत एव जलदकालमनुभाव्यैवैतत्प्रकरणवृत्तान्त इति ध्वनितम्। तथा च वक्ष्यति। धारासिक्तवसुन्धरासुरभय इत्यादि। मुरजाघातेन वाद्यमलिमालया दिशां मुखरीकरणेन गीतं वदनविधूननेन नृत्यं सूचयता तौर्यत्रिकमुक्तम्। चीत्कारेण नृत्यतः प्रव्यक्तपाठोपि सूचितः ॥ कुमारः क्रौञ्चदारण इत्यमरः ॥ कुमारस्येदं कौमारम् ॥ तस्येदमित्यण् ॥ मयूरो बर्हिणो बर्ही नीलकण्ठो भुजङ्गभुगित्यमरः। नासा नाशा तु नासिकेति शब्दभेदः। भोगः सुखे स्त्र्यादिरतावहेश्च फणकाययोरिति विश्वः ॥ उड्डीन इति उत्पूर्वाड्डीङ्धातोः क्तः। ओदितश्चेति चकारान्नत्वम् ॥ प्रडीनोड्डीनसंडीनान्येताः खगगतिक्रिया इत्यमरः। दिशस्तु ककुभः काष्ठा इति च। ताण्डवं नटनं नाट्यं लास्यं नृत्यं च नर्तनमिति च। विनायको विघ्नराजद्वैमातुरगणाधिपा इति च ॥ विनायकस्येदं वैनायक्यम् ॥ तस्येदमित्यण्। टिड्ढाणञिति ङीप्। विधुतिरिति विपूर्वाद्धुञः स्त्रियां क्तिन् ॥ नाटकादौ प्रवृत्तिः प्रेक्षावतां सप्रयोजना। यदाह भरतः।

न तज्ज्ञानं न तच्छिल्पं न सा विद्या न ताः कलाः।
नासौ नयो न तत्कर्म नाटके यन्न दृश्यते ॥

नाटके विघ्नविघातायादौ नान्दी कार्या। यदाह भरतः।

यद्यप्यङ्गानि भूयांसि पूर्वरङ्गस्य नाटके।
तथाप्यवश्यं कर्तव्या नान्दी विघ्नप्रशान्तये ॥

नान्दीलक्षणं च भरते।

अपिच । चूडापीडकपालसंकुलगलन्मन्दाकिनीवारयो ५.
विद्युत्प्रायललाटलोचनपुटज्योतिर्विमिश्रत्विषः ।
पान्तु त्वामकठोरकेतकशिखासंदिग्धमुग्धेन्दवो
भूतेशस्य भुजङ्गवल्लिवलयस्रङ्नद्धजूटा जटाः ॥

देवद्विजनृपादीनामाशीर्वचनपूर्विका ।
नान्दी कार्या बुधैर्यत्नान्नमस्कारेण संयुता ॥
गङ्गा नागपतिः सोमः स्वधानन्दो जयाशिषः ।
एभिर्नामपदैः कार्या नान्दी कविभिराङ्किता ॥
प्रशस्तपदविन्यासा चन्द्रसंकीर्तनान्विता ।
आशीर्वादपरा नान्दी योज्येयं मङ्गलान्विता ॥
काचिद्द्वादशपदा नान्दी काचिदष्टपदा स्मृता ।
सूत्रधारः पठेदेनां मध्यमं स्वरमास्थितः ॥
चन्द्रसंकीर्तनं यत्र तदधीनो रसोत्तमः ।
प्रीते चद्रमसि स्फीता रसश्रीरिति भाविकिः ॥

तत्र केचन पदं विभक्त्यन्तमास्थिषत । केचित्त्विदं पद्यस्य भागमूचिरे । तदिह द्वितीयपक्षनिक्षेपेण पद्यद्वयेनाष्टपदा नान्दीति ॥

५–८. बहुविघ्नशङ्कया तन्नाशाय पुनर्मङ्गलमाचरन्नष्टपदां नान्दीं निर्वाहयति । चूडापीडेत्यादि । भूतेशस्य हरस्य जटास्त्वां सभाप्रधानं पान्तु । कीदृश्यः । चूडायां शिखायां य आपीडस्तिर्यङ्बद्धमाला तस्याः कपालैः शुष्कशिरोस्थिपिण्डैः संकुलं व्याप्तमत एव गलन्मन्दाकिनीवारि

---

१ A. adds.

अपिच । पक्ष्माळीपिङ्गळिम्नः कण इव तडितो यस्य कृत्स्नः समूहो
यस्मिन्ब्रह्माण्डमीषद्विघटितमुकुळे काळयत्ना जुहाव ।
अर्चिर्निष्टप्तचूडाशशिगळितसुधासारसङ्कारिकीर्णं
तार्तीयीकं पुरारेस्तदवतु मदनप्लोषणं लोचनं वः ॥

नान्द्यन्ते सूत्रधारः। अलमतिविस्तरेण।

गङ्गाजलं यासु ताः। माला चेह कपालानामेव। यद्वा। येषां कपालानि तेषामन्यैर्जङ्घाजान्वाद्यस्थिभिराभरणार्थं तिर्यङ्माला तत्संबद्धानि कपालानीत्यर्थः। तथा विद्युत्प्रायं विद्युन्निभं यल्ललाटलोचनपुटं ललाटस्थनेत्रसंपुटं तत्तेजसा विमिश्रा मिलिता त्विट् प्रभा यासां ताः। अत्र पुटमध्यस्थस्य समस्तनेत्रभागस्य तेजोमयता पुटपदेनोक्ता। तथा कठोरया कोमलयासंपूर्णया वा केतकशिखया केतकीकुसुमाग्रेण संदिग्धः संशयितो मुग्धो रम्यो बालो वेन्दुर्यासु ताः। हरशिरसि किं केतकशिखेयमित्यनौचिती। तदयं संशयोऽप्यनौचित्यमूलक एवेति भावः। तथा भुजङ्गाः सर्पा एव वल्ल्यो लतास्ता एव वलयाः मण्डलाकारेण स्थिताः स्रजः पुष्पमालास्ताभिर्नद्धो बद्धो जूटो जूलको निबद्धस्रज उर्ध्वभागो यासु ताः। तदनेन जटाजूटस्यानवरतस्नानकपिशस्यापि भुजङ्गनद्धतया तिरोहितरूपत्वेनातिश्यामत्वेन मेघोदयमत एव सर्पविहरणसूचनं गङ्गाजलगलनेन वर्षणं कपालमालया बलाकावलिं ललाटनेत्रत्विषा विद्युदुद्योतं शिशुशशिना च केतकशिखावत्वं दर्शयता मदनमदोद्दीपनमुदिरमेदुरघनसमयसूचनेन शृङ्गाररसशालिताप्यस्य प्रकरणस्य कटाक्षिता। अचेतनाया जटाया रक्षकत्वं देवतानुभावादवधेयम्। वल्लिवलयस्रगित्यत्र रूपकनामालंकारः। यत्र मिथोपेक्षा तत्र अपिचेति प्रयुज्यत इति व्युत्पत्तिः॥

९–११. नान्द्यन्तेति। उक्तलक्षणं नाटकाद्यं पद्यं नान्दी। आशीर्योगादिना नन्दयतीति नन्दः॥ पचाद्यच्॥ नन्द एव नान्दः॥ प्रज्ञादित्वादण्प्रत्ययः। टिड्ढाणञिति ङीप्॥ नान्दी। सूत्रधारलक्षणं च भरते।

नाट्यस्य यदनुष्ठानं तत्सूत्रं स्यात्सबीजकम्।
रङ्गदैवतपूजाकृत्सूत्रधार उदीरितः॥ इति।

पुरतोवलोक्य । अये उदितभूयिष्ठ एष[1] भगवानशेषभुवनद्वीपदीपक[2]स्तपनस्तमुपतिष्ठे[3] ॥

ननु नान्द्यन्ते सूत्रधार इत्यसंगतम् । न हि नान्दीपाठानन्तरं सूत्रधारो रङ्गभूमिं प्रविशति । किं तु प्रविश्य पठति । नवान्येनैव पठनीया । सूत्रधारपठनीयत्वेनैव नान्द्या उक्तत्वात् ।

सूत्रधारः पठेन्नान्दीं मध्यमं स्वरमास्थितः । इति वचनात् ।

उच्यते । नान्दीं पठित्वा सूत्रधारः प्रविशति [प्रविश्य] पठति वा । नान्द्यन्ते सूत्रधारस्यैव श्रुतत्वेनेयमपि तेनैव पठनीया । प्रथमं सूत्रधारः प्रविशतीति नोक्तम् । मङ्गलार्थं देवतानमस्कारादेरेव विधानात् । यद्वा । नान्दी तावद्रङ्गप्रवेशानन्तरं सूत्रधारेणैव पठनीया । नान्द्यन्ते सूत्रधार इति सूत्रधारसाम्यात्स्थापके प्रयोगः । यदाह भरतः ।

> नान्दीं प्रयुज्य निष्क्रामेत्सूत्रधारः सहानुगः ।
> स्थापकः प्रविशेत्पश्चात्सूत्रधारगुणाकृतिः ॥
> पूर्वरङ्गं विधायादौ सूत्रधारे विनिर्गते ।
> प्रविश्य तद्वदपरः काव्यमास्थापयेन्नटः ॥

अत एव केचिन्नान्द्यन्ते स्थापक इत्येवं पठन्ति । ननु प्रस्तावनायाः पूर्वं बहूनि नाट्याङ्गानि सन्ति तानि किमिति नोक्तानि । यदाह भरतः ।

> रङ्गप्रसादमधुरैः श्लोकैः काव्यार्थसूचकैः ।
> ऋतुं कंचिदुपादाय भारतीं वृत्तिमाश्रयेत् ॥
> भेदैः प्ररोचनायुक्तैर्वीथिप्रहसनामुखैः ।
> सूत्रधारो नटीं ब्रूते मारिषं वा विदूषकम् ॥
> स्वकार्यं प्रस्तुताक्षेपि चित्रोक्त्या यत्तदामुखम् ॥

---

१ एव B. २ दीपः B. C. D. ३ तदुपतिष्ठे C. तदेनमुपतिष्ठे B.

प्रणम्य । कल्याणानां त्वमसि महसां भाजनं विश्वमूर्ते
धुर्यां[1] लक्ष्मीमथ मयि भृशं धेहि देव प्रसीद ।
यद्यत्पापं प्रतिजहि जगन्नाथ नम्रस्य तन्मे
भद्रं भद्रं वितर भगवन्भूयसे मङ्गलाय ॥ १५.

अत एवाहालमिति । अयमाशयः । पूर्वोक्तान्यङ्गानि न भवन्ति किन्तु परिषदोभिमुखीकरणानि । सा चेत्स्वयमेव कृतावधाना नवनाटकविलोकनोत्का च तदन्यत्प्रयुज्यमानमपि रसभङ्गाय परं भवतीति कृतं तत्प्रणयनेन । अन्यथा सभाया रसविच्छेदो भवेदिति निष्फलतेति ।

अये इति निपातो व्यासङ्गादिनानाकलितस्याकलनेन संभ्रमवाचकः । अकस्मात्सूर्योदयाकलनात् ।

ततः श्लोकं पठेदेकं गम्भीरस्वरसंयुतम् ।
देवस्तोत्रं पुरस्कृत्य यस्य पूजा प्रवर्तते ॥

इति भरतमतमनुमत्य माङ्गलिकतया रङ्गद्वारपाठ्यं श्लोकमुत्थापयति । उदितेति । उदितं भूयिष्ठं बहु यस्य सः । अस्य बहुतरभाग उदितः । किंचिदेवोदयायावशिष्यत इति भावः । अत्र नेक्षेदादित्यमुद्यन्तमिति निषेधादुदितभूयिष्ठ इत्युक्तम् । भगं ज्ञानादिसंपत्तिस्तद्वान्भगवानित्यर्थः । उपतिष्ठे श्लोकेनेति शेषः ॥

१२–१५. तदेवाह । कल्याणानामित्यादि । भो विश्वमूर्ते सर्वमयदेव । दीव्यतीति देवो द्युतिमांस्तादृश हे । कल्याणानां महसां माङ्गलिकानां तेजसां त्वं भाजनं पात्रमसि । अतः प्रसीद प्रसन्नो भव । मयि मद्विषये । धुर्यां नृत्यधुरंधरां लक्ष्मीं संपत्तिमपि भृशमतिशयेन धेह्यारोपय । अथ शब्दः समुच्चयार्थः । धेहीति स्थाने देहीति पाठे ददस्वेत्यर्थः । तथा हे जगन्नाथ भुवनपते यद्यत्पापमारब्धविरुद्धं नम्रस्य मेस्ति तत्प्रति-

१ त्वं विभक्ते C. २ पुण्यां B.

नेपथ्याभिमुखमवलोक्य । मारिष सुविहितानि रङ्गमङ्गलानि संनिपतितश्च भगवतः कालप्रियनाथस्य यात्राप्रसङ्गेन नानादिगन्तवास्तव्यो महाजनसमाजः[1] । आदिष्टश्चास्मि विद्वज्जनपरिषदा यथा केनचिदपूर्वप्रकरणेन वयं विनोदयितव्या इति । तत्किमित्युदासते भरताः ॥

प्रविश्य पारिपार्श्विकः[2] । भाव परिषन्निर्दिष्टगुणं प्रबन्धं नाधिगच्छामः[3] ।

जहि नाशय । यद्यदिति वीप्सया कायिकवाचिकमानसिकरूपं पापत्रयमुक्तम् । वीप्सा तु न तच्छब्दे कृता वीप्सितस्यैव तच्छब्देन परामर्शात् । तथैव व्युत्पत्तेः । क्वचिद्यत्पद इव तत्पदेपि वीप्सा । यथा यां यां प्रियां प्रैक्षतेत्यादौ । भद्रमदोषं भद्रमभीष्टम् । वितर देहि । यद्वा भद्रं भद्रमतिशयेनाभीष्टं देहीत्यर्थः । किमर्थम् । मङ्गलायाशंसनीयकर्मार्थम् ॥ तादर्थ्ये चतुर्थी ॥ मङ्गलाय मङ्गलं कर्तुमिति वा । कीदृशाय भूयसे प्रचुराय । तदिह हरिहरादीनपास्य भानोरुपस्थानेन प्रकरणनायकस्य ब्राह्मण्यं सूचितम् । अत एव देहीति ब्राह्मणोचिता प्रार्थना । सर्वक्षुद्रसत्क्षयहेतोः प्रभातस्यादरेण प्रकरणकथाबीजसूचनमपि । तथाहि । यद्यदिति वीप्सया शार्दूलाघोरघण्टविमर्दसूचनम् । पापप्रतिघातानन्तरं च भद्रं भद्रमिति वीप्सया स्वस्य मालतीलाभेन मकरन्दस्य च मदयन्तिकालाभेनेष्टसिद्धिः सूचिता । भूयोमङ्गलपदेन कपालकुण्डलापकृतमालतीलाभो विद्यालाभादिकं च सूचितम् ॥

१६–१९. नेपथ्यं रङ्गभूमिः ॥ नेपथ्यं रङ्गभूमौ स्यादिति विश्वः । मान्यो भावेति वक्तव्यः किंचिन्न्यूनस्तु मारिष इत्यमरः ॥ मारिष एव मर्षणान्मार्षः । सूत्रधारोक्तनिर्वाहसहिष्णुरित्यर्थः । सुविहितानि भक्तिश्रद्धाकृतानि । रङ्गो नृत्यं तदर्थं मङ्गलानि लोकपालपूजादीनि ॥ रङ्गो नृत्ये रणक्षिताविति

---

१ समूहः B. C. २ पारिपार्श्वकः B. C. D. ३ नावगच्छामः B. C.

सूत्र०। मारिष कतमे ते गुणास्तत्र यानुदाहरन्त्यार्यविदग्धमिश्रा भगवन्तो भूमिदेवाश्च।

विश्वः॥ सन्निपतितः सर्वत आगत्यैकत्र मिलितः। कालप्रियनाथस्य तदेशदेवभेदस्य। यात्राप्रसङ्गेनेति नृत्यकालसूचनम्।

इदं ध्वजमहः श्रीमन्महेन्द्रस्य प्रवर्तते॥

इत्यभिधानात्। वास्तव्यो वासी महाजनसमाजो विद्वद्गोष्ठी। उदासत उदासीना भवन्ति। भरता नटाः।

२०–२३. पारिपार्श्विकलक्षणं भरते।

सूत्रधारस्य पार्श्वे यः प्रवचन्कुरुतेऽर्थनाम्।

काव्यार्थसूचनालापं स भवेत्पारिपार्श्विकः॥ इति।

माव मान्यनट। परिषदा प्रेक्षकेन निर्दिष्टो गुणो यत्र तं प्रबन्धं प्रकरणम्। प्रेक्षकस्तु।

यस्तुष्टे तुष्टिमायाति शोके शोकमुपैति च।

क्रुद्धः क्रुद्धे भये भीतः स नाट्ये प्रेक्षकः स्मृतः॥

इति भरतोक्तः। पूजावाक्यगर्भं प्रश्नमाह। कतम इति।

गोत्रं नाम च बध्नीयात्पूजावाक्यं च सर्वतः॥

इति भरतः। कतमे कियन्त इत्यर्थः। आर्याः सुकुलादिसंपन्नाः। यदाह भरतः।

कुलं शीलं दया दानं धर्मः सत्यं कृतज्ञता।

अद्रोह इति येष्वेवत्तानार्यान्संप्रचक्षते॥

विदग्धाश्चतुःषष्टिकलावेदिनः। मिश्रा वेदान्तवेदिनः। भगवन्तः स्मृतिधराः। यदाह।

देवाश्च लिङ्गिनश्चैव नाना स्मृतिधराश्च ये।

भगवानिति ते वाच्याः पुरुषाः स्त्रिय एव च॥ इति।

---

१ A. D. om. मारिष २ आर्यो विदग्धा मिश्रा A.

नटः। भूम्ना रसानां गहनाः प्रयोगाः सौहार्दहृद्यानि विचेष्टितानि।
औद्धत्यमायोजितकामसूत्रं चित्रा[1]ः कथा वाचि विदग्धता च॥

सूत्र०। स्मृतं तर्हि।

नटः। भाव कि[2]मिव।

यद्वा। आराद्याता दूरं गता ग्राम्यत्वादिदोषेभ्य इत्यार्याः। विदग्धाः काव्यरसवशमनसः। मिश्राः पूज्याः। पूज्ये मिश्रपदं नित्यं बहुवचनान्तम्॥ मरीचिमिश्रैर्दक्षेणेति विष्णुपुराणात्॥ भगवन्तो ज्ञानादिसंपन्नाः। भूमिदेवा ब्राह्मणाः। इह तत्रोद्धातकरूपा प्रस्तावना। यदाह भरतः।

सुप्रतीतं विस्मृतं वा यत्र कार्यं प्रकाश्यते।
तदुद्धातकमित्याहुः प्रश्नोत्तरमनोहरम्॥ इति।

२४–२७. प्रबन्धे गुणानाह भूम्नेति। यत्र प्रबन्धे रसानां शृङ्गारादीनां भूम्ना प्राचुर्येण गहना गम्भीराः सहृदयहृदयमात्रग्राह्याः प्रयोगाः सन्ति। एतेनास्य रसमयत्वमुक्तम्। यत्र प्रबन्धे विचेष्टितानि मालतीमाधवादेः परस्परव्यापाराः सौहार्देन प्रेम्णा हृद्यानि मनोज्ञानि। यत्रौद्धत्यं नायकनायिकासखीभृत्यादिगुणमाहात्म्यमस्ति। कीदृशम्। आयोजितं विहितं कामसूत्रमनङ्गप्रयोगो यत्र तत्। यद्वा। औद्धत्यं निजोत्कर्षपुरःसरमन्यावज्ञाविष्करणम्। तच्चायोजितस्य समन्तात्कार्याभिमुखीकृतस्य कामस्य मन्मथेच्छायाः सूत्रं सूचकम्। सूत्रं संभोगः पटारम्भकस्तन्तुर्वा। अनेनात्र कामोद्दीपकतयौद्धत्यं गुणाय। स्वाभाविकस्य तस्य भूषणत्वमिति दर्शितम्। यत्र चित्राश्चर्यजनिका कथा कल्पितकथत्वात्। रसमयत्वाच्चाश्चर्यम्। वाचि वचने विदग्धता परिपाको निर्दोषत्वं वक्रता च यत्र। एतेनान्यनाटकादस्याधिकगुणवत्त्वमुक्तम्। तं प्रबन्धं नर्तितुमादिशन्ति। मिश्रा इति शेषः। किमिव किं स्मृतमित्यर्थः।

---

१ चित्रा A.　२ कइव B. C. D.

सूत्र० । अस्ति दक्षिणापथे[1] विदर्भेषु पद्मपुरं[2] नाम नगरम् । तत्र केचित्तैत्तिरीयिणः काश्यपाश्चरणगुरवः पङ्क्तिपावनाः पञ्चाग्नयो धृतव्रताः सोमपीथिन उदुम्बर[3]नामानो ब्रह्मवादिनः प्रतिवसन्ति स्म ।

२८–३१. अधुना

रुणद्धि रोदसी चास्य यावत्कीर्तिरनश्वरी ।
तावत्किलायमध्यास्ते सुकृतं वैबुधं पदम् ॥

इति निजनामादिकथनफलमनुरुध्य तदाचराति । अस्तीत्यादि । दक्षिणदेशस्य शृङ्गाररसवशतया तद्देशजत्वेन स्वस्य तदुभयरसवर्णनशक्तिरुक्ता । विदर्भेष्वित्यनेन वैदर्भीरीतिपरिचयचातुरी दर्शिता । पद्मनगरं पद्मावती । नाम प्रसिद्धौ । न तु नामपदमभिधानार्थम् । तदा प्रकृत्यादित्वात्तृतीया स्यादित्यवधेयम् । तैत्तिरीयिणस्तैत्तिरीयकनामशाखाविशेषपाठिन इत्यर्थः । काश्यपाः काश्यपगोत्राः । चरणगुरव इति चरणशब्दः शाखाविशेषाध्ययनपरैकतापन्नजनसंघवाची । तत्र समूहे ते गुरवः क्रियां कृत्वा वेदाध्यापयितारः ।

स गुरुर्यः क्रियां कृत्वा वेदमस्मै प्रयच्छति ॥

इति स्मृतेः । यद्वा । चरणैः कलापादिभिर्गुरवो महान्तः । पङ्क्तिपावनाः पङ्क्तौ भोजनादिगोष्ठ्यां पावना अग्रभोजिनः पवित्रा वेत्यर्थः । यद्वा ।

यजुषां पारगो यस्तु साम्नां यश्चापि पारगः ।
अथर्वशिरसोऽध्येता ब्राह्मणः पङ्क्तिपावनः ॥

इति लक्षिताः । पञ्चाग्नयो दक्षिणाग्निगार्हपत्याहवनीयसभ्यावसथ्यरूपाग्निपञ्चकोपासकाः । धृतव्रताश्चान्द्रायणादिव्रतयोगिनः । सोमपीथिनः सोमो लताविशेषो हुतशेषो वा तत्पायिनः । अनेन सोमयागयाजित्व-

---

१ दक्षिणपथे A. २ पद्मनगरं नाम A. ३ उम्बर A. D. °रीयिणो ब्राह्मणा ब्रह्म° A.

ते श्रोत्रियास्तत्त्वविनिश्चयाय भूरि श्रुतं शाश्वतमाद्रियन्ते ।
इष्टाय पूर्ताय च कर्मणेर्थान्दारानपत्याय तपोर्थमायुः ॥

तदामुष्यायणस्य तत्रभवतः सुगृहीतनाम्नो भट्टगोपालस्य पौत्रः

मुक्तम् । डम्बरनामानो डम्बरमुत्कर्षसूचकं कुलनाम येषां ते । यद्वा । डम्बरं प्रसिद्धं नाम येषां ते ॥ प्रसिद्धौ डम्बरं विदुरिति विश्वः ॥ ब्रह्मवादिनो वेदज्ञा इत्यर्थः ।

३२–३३. त इत्यादि । कथिंवद्रूपाः । श्रोत्रियाश्छन्दोध्येतारः । जन्मादिसंपन्ना ब्राह्मणा वा । भूरि प्रचुरम् । शाश्वतं सार्वकालिकम् । श्रुतमध्ययनमाद्रियन्ते श्रद्दधति । यद्वा । शाश्वतं नित्यागमं वेदाख्यमाद्रियन्ते । कीदृशम् । भूरि श्रुतं बहुभ्यो बहुधा बहुभिः सहाभ्यस्तम् । किमर्थम् । धर्मस्य कर्तव्याकर्तव्यरूपस्य विनिश्चयाय निर्णयाय । वैदिककर्मणि निर्णयादेव प्रवृत्तेरिति भावः ॥ श्रोत्रियंश्छन्दोधीत इति पाणिनिसूत्रम् ॥

जन्मना ब्राह्मणो ज्ञेयः संस्कारैर्द्विज उच्यते ।
विद्यया याति विप्रत्वं त्रिभिः श्रोत्रिय उच्यते ॥

इति स्मृतिः ॥ शाश्वतमित्यत्र कालाट्ठञं [ठञं] बाधित्वा शाश्वते प्रतिषेध इति भाष्यवचनादण् ॥ तथा तेर्थान्धनान्याद्रियन्ते । इष्टाय कर्मणे यागादिकार्यार्थम् । पूर्ताय कर्मणे खातादिकार्यार्थम् । यागादीनां धनसाध्यतया तेषां तदादरो न तु भोगायेति भावः । दारान्पत्नीराद्रियन्ते । अपत्याय संतत्यर्थं न तु कामायेत्यर्थः । ते आयुर्जीवनमाद्रियन्ते । तपोर्थं तपश्चरणार्थं न तु व्यसनार्थम् । क्लेशबहुलं धर्म्यं कर्म तपः । तदनेन तेषां सर्वगुणवत्त्वं दर्शितम् ॥ भूयिष्ठं भूयश्च भूरि चेत्यमरः । अथ क्रतुकर्मेष्टं पूर्तं खातादिकर्मणि । दाराः पुंभूम्नि च ॥ विनिश्चयायेत्यादौ तादर्थ्ये चतुर्थी ॥

३४–३७. अत्र कुले जात आमुष्यायणः । तत्रभवतः पूज्यस्य

---

१ तत्रामुष्यायणस्य D.

पवित्रकीर्तेर्नीलकण्ठस्यात्मसंभवो भट्टश्रीकण्ठपदलाञ्छनो भवभूतिनामा जातूकर्णीपुत्रः कविर्निसर्गसौहृदेन भरतेषु स्वकृतिमेवंप्रायगुणभूयसीमस्माकमर्पितवान् । यत्र[1] खल्वियं वाचोयुक्तिः ।

ये नाम केचिदिह नः प्रथयन्त्यवज्ञां
जानन्ति ते किमपि तान्प्रति नैष यत्नः ।

सुगृहीतं शोभनोच्चारणं वाल्किकर्णादिवन्मङ्गल्यं नाम यस्य । भट्टश्चतुःशास्त्राभिज्ञः । पवित्रा पुण्या कीर्तिर्यस्य । तस्यात्मसंभवः पुत्रः । श्रीः सरस्वती कण्ठे यस्य स श्रीकण्ठः । तद्वाचकं पदं लाञ्छनं चिह्नं यस्य सः । नाम्ना श्रीकण्ठः । प्रसिद्ध्या भवभूतिरित्यर्थः ॥ श्रीर्वेशरचनाशोभाभारतीसरलद्रुष्विति मेदिनीकारः ॥ जतूकर्णगोत्रप्रसूता जातूकर्णी तस्याः पुत्रः । निसर्गसौहृदेन साहजिकसौहार्देन ॥ ननु हृद्भगसिन्ध्वन्ते पूर्वपदस्य चेत्युभयवृद्ध्या सौहार्दमिति स्यात् । उच्यते । हृदित्यादौ प्रतिपदोक्तस्य ग्रहणाद्धृदयस्य हृल्लेखेति हृदादेशस्यादिवृद्धिः । यद्वा । संज्ञापूर्वको विधिरनित्य इति वचनादुभयपदवृद्धेरनित्यत्वम् । यद्वा । सुहृद्दुर्हृदौ मित्रामित्रयोरिति निपातस्य सुहृच्छब्दस्यावयवो हृच्छब्दस्तदन्तोत्तरपदवृद्धिर्भवति ॥ एवंप्रायगुणभूयसीं भूम्ना रसानामित्यादिप्रायैर्गुणैरुपचितामर्पितवान्प्रयोगतोर्यतश्च संक्रमितवान् । खलु प्रसिद्धौ वाक्यभूषायां वा । वाचोयुक्तिर्वचनरचनम् ॥ वाग्दिक्पश्यद्भ्यो युक्तिदण्डहरेष्विति षष्ठ्यलुक् ॥

३८–४१. संप्रति स्वकौशलबलेन सगर्वमाह । ये नामेत्यादि । इह तावत्त्रिविधाः पुरुषाः । केचिदज्ञा एव । केचिदद्वैतमतमग्नमनसः काव्यरसविरसाः । इतरे सहृदयहृदयामोदिकाव्यभव्यरसभररसिकाः । तत्राद्यान्प्रत्याह । ये केचिदज्ञा नोऽस्माकम् । इह प्रबन्धे । अवज्ञामवधीरणम् । प्रथयन्ति ख्यापयन्ति । नाम संभावनायां संभाव्यत इव न तु वास्तवमि-

---

१ तत्र खल्वियं B.

उत्पत्स्यतेऽस्ति मम कोपि समानधर्मा[1]
कालो ह्ययं निरवधिर्विपुला च पृथ्वी ॥

अपि च । यद्वेदाध्ययनं तथोपनिषदां सांख्यस्य योगस्य च
ज्ञानं तत्कथनेन किं न हि ततः कश्चिद्गुणो नाटके ।

त्यर्थः । ते किमपि किंचिदल्पं जानन्ति । तान्प्राति ताँल्लक्षीकृत्य मम नैष यत्नः । न हि बधिरे गीयते । यद्वा । किंशब्द आक्षेपे । ते किं जानन्ति किं तु न जानन्तीत्यर्थः । द्वितीयान्प्रत्याह । ये नाम निश्चये वैषयिकसुखविमुखा मुमुक्षव इहावधीरणामाचरन्ति ते किमपि वाङ्मनसागोचरं परं ब्रह्म जानन्ति । ते नमस्यास्तान्प्राति मम नैष यत्नः । न हि सम्राजमधिकृत्य कौपीनं सूत्र्यत इति भावः । अन्त्यान्प्रत्याह । मम समानधर्मा तुल्यगुणः कोपि जन उत्पत्स्यते जन्माप्स्यत्यस्ति विद्यते वा तं प्रत्येष यत्न इति भावः । इहाल्पज्ञत्वेन साधर्म्यमनौद्धत्याय । बहुज्ञत्वेन साधर्म्यं कदर्यदुर्जनविवर्जनायेत्युभयत्र विवक्षा । अथेदानीमनुत्पन्नस्य कथमुत्पादोऽत्रानुपलब्धस्य वा कथमुपलम्भ इत्युभययोग्यतामाह । यतः कालोयं निरवधिर्विगतावसानः । विपुला महती च पृथ्वी भूमिः । तथा च तस्येदानीमनुत्पन्नस्य कालान्तर उत्पाद इहानुपलब्धस्य देशान्तर उपलम्भश्च स्यादिति भावः । इह प्रथमार्धे बहुत्वेन प्रयोगो द्वितीयार्ध एकत्वेन प्रयोगश्च न दोषः । भिन्नवाक्यार्थत्वात् । एकवाक्यार्थत्वे तादृक्प्रयोगस्यायोग्यतया दोषत्वात् । तथैव व्युत्पत्तेरित्यवधेयम् । यद्वा । अवज्ञाप्रथमावसरेऽहंकारेणात्मनो गौरवाद्बहुत्वं निजसमतावसरे शान्त्यात्मन्येकत्वम् । यद्वा । जात्यभिप्रायमेकवचनम् ।

४२–४५. अधुना निजगुणगरिमोपदर्शनेन निजग्रन्थे विदग्धादरमाह । यद्वेदेत्यादि । यत्र खल्वियं वाचोयुक्तिरित्यत्राप्यनुषज्यते । अद्वैतप्र-

---

१ समानजन्मा C.

यत्प्रौढत्वमुदारता च वचसां यच्चार्थतो गौरवं
तच्चेदस्ति ततस्तदेव गमकं पाण्डित्यवैदग्ध्ययोः ॥ ४५

तिपादको वेदभाग उपनिषत्तज्ज्ञानम् । योगः पातञ्जलशास्त्रम् । तयोरध्ययनज्ञानयोः कथनेन किम् । अपि तु न किमपीत्यर्थः । यतस्ततो वेदाध्ययनादेर्नाटके कश्चिद्गुणो नास्ति । तेषां नाटकेनुपयोगात् ॥ तत इति ल्यब्लोपे पञ्चमी ॥ तान्प्राप्य नाटके न कश्चिद्गुण इत्यर्थः । अयं सर्वमेव विद्योनङ्गतया पुनस्तदत्र न निबध्नामीति भावः । तर्ह्यत्र कवेर्वेदादिज्ञानज्ञापनं किमर्थमत आह । यदिति । वचसां यत्प्रौढत्वं वाक्यार्थे पदं पदार्थे वाक्यं तत्कृतिः । यथा न दैवीयं किं तु मानुषीत्यर्थे निमेषवती । चन्द्रवदित्यर्थे नयनसमुत्थं ज्योतिरत्रेरिति । यदाह दण्डी ।

पदार्थे वाक्यवचनं वाक्यार्थे च पदाभिदा ।
प्रौढिर्व्याससमासौ च साभिप्रायत्वमस्य च ॥ इति ।

यच्च वचसामुदारता विकटत्वं यस्मिन्सति पदानि जनो नृत्यन्तीवेति मन्यते । यद्वा । उदारत्वालंकारादिदोषशून्यत्वम् । यद्वा । उदारता गुणभेदः । यदाह दण्डी ।

उत्कर्षवान्गुणः कश्चिदुक्ते यस्मिन्प्रतीयते ।
तदुदाराह्वयं तेन सनाथा काव्यपद्धतिः ॥ इति ।

यच्चार्थतो गौरवमनर्घ्यार्थता । यद्वा । स्वल्पं वचनमर्थसार्थप्रसरसमर्थमित्यर्थः । तद्यदि नाटकेस्ति ततस्तदेव पाण्डित्यवैदग्ध्ययोर्गमकं बोधकम् । पण्डितो वेदाध्ययनादिकुशलस्तस्य भावः पाण्डित्यम् । वैदग्ध्यं रसादियोगिप्रबन्धबन्धनकौशलम् । अनेन ग्रन्थे सर्वगुणवत्त्वमुक्तम् । तत्कर्तृत्वेनात्मनः सर्वपथीनमतिमत्त्वमप्युक्तम् । नाटक इति । ननु नाटक इत्ययुक्तम् । अस्य प्रकरणत्वात् । प्रकरणनाटकयोर्भेदात् । मैवम् ॥ नटनृत्तावित्यस्य घञि स्वार्थे कनि नाटकमिति ॥ तथा च नाटके नाट्य इत्यर्थात् ।

अतो[1] यदस्माकमर्पितं प्रियसुहृदात्रभवता भवभूतिनाम्ना प्रकरणं स्वकृति[2]र्मालतीमाधवं नाम तदेव[3] तत्रभवतः कालप्रियनाथस्य पुरतः प्रयोगेण प्रख्यापयितुमुद्यताः। तत्सर्वे[4] कुशीलवाः संगीत[5]प्रयोगेण भरसमोहितसंपादनाय प्रवर्तन्ताम्।

नटः। स्मृत्वा। एवं[6] क्रियते युष्मदादेशः किं तु या यस्य युज्यते भूमिका तां खलु तथैव भावेन सर्वे वर्ग्याः पाठिताः। सौगतजरत्परिव्राजि[7]कायास्तु कामन्दक्याः प्रथमां[8] भूमिकां भाव एवाधीते तदन्तेवासिन्यास्त्वहमवलोकितायाः।

सूत्र०। ततः किम्।

५१–५६. भूमिका व्याजप्रवेशः। यदाह भरतः।

अन्यरूपैर्यदन्यस्य प्रवेशः स तु भूमिका ॥ इति।

वर्गे भवा वर्ग्याः। नटमेलकस्था इत्यर्थः। सौगतस्य बौद्धस्य जरत्परिव्राजिका वृद्धा भिक्षुकी। एतादृशी दौत्ये प्रशस्ता। यदाह भरतः।

विधवेक्षणिका दासी भिक्षुकी शिल्पकारिका।
प्रविश्य चाशु विश्वासं दूतीकार्यं च विन्दति ॥ इति।

वृद्धत्वं चास्या रूपशून्यत्वसर्वदृश्यत्वप्रगल्भत्वसूचकम्। यदाह।

लज्जितं नार्थवन्तं वा रूपिणं वा तथातुरम्।
दूतं चाप्यथ वा दूतीं न तु कुर्यात्कथंचन ॥

अन्तेवासिनी निकटशिष्या। अहं भूमिकामधीय इत्यन्वयः। ततः किमिति। एतावदुक्त्वा किमिति विरतोसीत्यर्थः। प्रकरणलक्षणं भरते।

---

१ ततो A. २ कृत A. कृतं B. ३ तदेतदेव A. ४ सर्वकुशी॰ A. ५ संगीतक. C. D. ६ एव. B. ७ प्रव्राजिकायाः B. C. D.; A. om. भरत्. ८ प्रथमभूमिकां A. D.

नटः। ततः प्रकरणनायकस्य मालतीवल्लभस्य माधवस्य वर्णिका- ५.१
परिग्रहः कथम्।

आत्मशक्त्या कविर्यत्र कथां नायकमेव च।
औत्पत्तिकं प्रकुरुते तद्धि प्रकरणं विदुः॥

इदं च शुद्धम्। यदाह भरतः।

द्विधा प्रकरणं वस्तु शुद्धं संकीर्णमेव च।
कुलस्त्रीरचितं शुद्धं संकीर्णं वेश्यया कृतम्॥

अत्र नाटके यादृशो नियमस्तादृशः। नायकलक्षणं भरते।

नेता विनीतो मधुरस्त्यागी दक्षः प्रियंवदः।
रक्तलोकः शुचिर्वाग्मी रूढवंशः स्थिरो युवा॥
धृत्युत्साहस्मृतिप्रज्ञाकलामानसमन्वितः।
शूरो दृश्यश्च तेजस्वी शास्त्रचक्षुश्च धार्मिकः॥
विनयः शीलसंपत्तिर्मधुरः प्रियदर्शनः।
त्यागः सर्वस्वदानं स्याद्दक्षः क्षिप्रकरो मतः॥
प्रियंवदोनुत्कटवाक्सस्नेहो लोकरञ्जकः।
मितप्रस्तुतवाग्वाग्मी नित्यकर्मरतः शुचिः॥
ख्यातवंशो रूढवंशः षोडशात्त्रिंशको युवा।
वाङ्मनःकर्मभिर्यश्च न चलः स स्थिरो मतः॥
धृतिः सर्वेषु या प्रीतिरुत्साहोग्लानिरेव च।
स्मृतिः कालान्तरज्ञानं प्रज्ञा तीक्ष्णमतिर्मता॥
कलाश्चात्र चतुःषष्टिर्मानश्चित्तसमुन्नतिः।
शूरः संग्रामनिपुणो रूपवान्दृश्य उच्यते॥
अतिप्रतापस्तेजस्वी शास्त्रचक्षुस्त्रयीपरः।
आत्मवत्सर्वभूतानि यः पश्यति स धार्मिकः॥ इति।

ननु मालतीवल्लभत्वं माधवस्य न योग्यं माधवेन वसन्तेन समं

---

१. B. C. om. माल–स्य.

सूत्र०। मकरन्दकलहंसप्रवेशावसरे तत्सुविहितम्।

वर्षाकालीनाया मालत्या जातेः संबन्धाभावात्। मैवम्। अपूर्वमेव हि पदार्थसार्थं योगिनीप्रभावात्संपन्नमासाद्य सहृदयहृदयचमत्कारकारिणीं वैदग्धीमेव कविरयमुत्प्रेक्षितवानित्यदोषः। माधव इति नाम्ना शृङ्गारमयतोक्ता। वसन्तस्य शृङ्गारमयत्वात्। शृङ्गारमयत्वेन विष्णुदेवतत्वमपि कटाक्षितम्। यदाह भरतः।

शृङ्गारो विष्णुदैवत इति।

अत एव श्यामत्वमपि वक्ष्यति कुवलयदलश्यामोयमित्यादिना।

श्यामो भवेत्तु शृङ्गार इत्यपि भरतः।

अयममात्यत्वाद्धीरोदात्तो नायकः। यदाह भरतः।

सेनापतिरमात्यश्च धीरोदात्तौ प्रकीर्तितौ॥ इति।

मालती नायिका। तल्लक्षणं भरते।

स्वान्यसाधारणस्त्रीति तद्गुणा नायिका त्रिधा।
स्वकीया तत्र वक्तव्या मुग्धा मध्या प्रगल्भिका॥
शीलार्जवादिसंयुक्ता कुटिला च पतिव्रता।
लज्जावती चापरुषा निपुणा च प्रियंवदा॥
साधारणस्त्री गणिका कलाप्रागल्भ्यधौर्त्ययुक्।
रूपकेषु च रक्तैव कर्तव्या प्रहसं विना॥
अन्यस्त्री द्विविधा प्रोक्ता कन्यकोढा तथा परा।
रसे प्रधाने कर्तव्या नान्योढा नाट्यवेदिभिः॥
कन्यानुरागमिच्छातः कुर्यादङ्गाङ्गिसंश्रयम्॥ इति।

अन्यदपि प्रसङ्गादुच्यते। तथा हि।

नाटके वृत्तयः प्रोक्ताश्चतस्रो नाट्यवेदिभिः।
भारती कैशिकी चैव सात्वत्यारभटी तथा॥

४. कलहंसमकरन्द B. C. D.

नटः । तेन हि तत्प्रयोगादेवात्रभवतः सामाजिकानुपास्महे ।[1]

तत्र शृङ्गारी कामकलावच्छिन्नो व्यापारः कैशिकी ।
विशोका सात्वती सत्वशौर्यत्यागार्जवादिभिः ।
मायेन्द्रजालसङ्ग्रामक्रोधोद्भ्रान्तादिचेष्टितैः ।
भवेदारभटी नाम नाट्ये तिस्रस्तु वृत्तयः ॥
भारती शब्दवृत्तिः स्याद्रसे रौद्रे च युज्यते ।
शृङ्गारे कैशिकी वीरे सात्वत्यारभटी पुनः ॥
एवमङ्गानि कार्याणि प्रधानस्याविरोधतः ।
आदौ विष्कम्भकं कुर्यादङ्कवाक्यार्थयुक्तितः ॥
अपेक्षितं परित्यज्य नीरसं वस्तुविस्तरम् ।
यदा संदर्शयेच्छेषं कुर्याद्विष्कम्भकं तदा ॥
यदा तु सरसं वस्तु मूलादेव प्रवर्तते ।
आदावेव तदाङ्कः स्यादामुखाक्षेपसंश्रयः ॥
प्रत्यक्षनेतृचरितो विश्वव्यापिपुरःसरः ।
अङ्को नाना प्रकारार्थसंविधानरसाश्रयः ॥
अनुभावविभावाभ्यां स्थायिना व्यभिचारिभिः ।
गृहीतमुक्तैः कर्तव्यमङ्गिनः परिपोषणम् ॥
न चातिरसतो वस्तु दूरविच्छिन्नतां नयेत् ।
रसं वा न तिरोदध्याद्वस्त्वलंकारलक्षणैः ॥
एको रसोऽङ्गी कर्तव्यो वीरः शृङ्गार एव वा ॥
अङ्गमन्ये रसाः सर्वे कुर्यान्निर्वहणेऽद्भुतम् ।
शृङ्गारहास्यकरुणरौद्रवीरभयानकाः ।
बीभत्सोद्भुत इत्येवमष्टौ नाट्ये रसाः स्मृताः ॥

यद्यपि

१. तर्हि तत्प्रसिद्धप्रयोगादेव A. तर्हि तद्वृद्धप्रयोगादेव D.

सूत्र०। बाढम्। एषोऽस्मि कामन्दकी संवृत्तः।

नटः। अहमप्यवलोकिता। इति परिक्रम्य निष्कान्तौ[1]।

प्रस्तावना।

ततः परिवृत्य[2] रक्तपट्टिकानेपथ्ये कामन्दक्यवलोकिते प्रविशतः।

अविकारस्थितिः शान्तः शान्तस्तु नवमो रसः।

इत्यस्ति तथापि स न सर्वसंमतो न वा नाट्यविषयश्चेति न पृथगुक्तः। स्थायिभावाभावात्तस्य नाट्यविषयता न संभवतीति दिक्। नायिका च मालत्युदात्तनिभृता। कुलस्त्रीत्वात्। यदाह भरतः।

उदात्तनिभृता चैव भवेत्तु कुलजाङ्गना॥ इति।

वार्णिका मषी ।

५९–६२. बाढं दृढम्। कामन्दकीसंवृत्तः कामन्दकीरूपः। एतेन सूत्रेणैव काव्यार्थसूचनं कार्यमिति मतमनुमत्य कामन्दकीसूचनमपि सूत्रसूचनमेव वृत्तमिति दर्शितम्। यद्वाग्रे मकरन्देन मालतीरूपं कर्त्तव्यमिति पुंसः स्त्रीत्वापत्त्यात्र सूचितम्। कामन्दकी नीतिग्रन्थभेदस्तं वेत्तीति कामन्दकी॥ तदधीत इत्यण्ङीप्‌च॥ अनया नामव्युत्पत्त्या नीतिवेदिताबोधनेन प्रकृतसिद्धिहेतुतोक्ता। तदन्तेवासिनी अवलोकिता दृष्टिरितिकार्यसिद्धिदृष्टेरपि कार्यसिद्धिहेतुतोक्ता। तदुत्तेजनिकेति। निष्कान्तौ सूत्रधारनटाविति शेषः। प्रस्तावनेति निवृत्तेति शेषः। एतल्लक्षणं भरते।

नटी विदूषको वापि पारिपार्श्विक एव वा ।
सूत्रधारेण सहिताः संलापं यत्र कुर्वते॥
आमुखं नाम तस्यैव सैव प्रस्तावना मता॥ इति।

परिवृत्य पुनरागत्य। रक्तपट्टिका लोहितपट्टिका नेपथ्यमलंकारो ययोस्ते।

---

१ निष्कान्ता: A. २ प्रविश्य रक्तपटेन कृतनेपथ्या कामन्दक्यवलोकिता च B. ततः प्रविशति रक्तपटनेपथ्या &c. C.

काम०। वत्से अवलोकिते।

अव०। आणवेदु भअवदी। (क)

काम०। अपि नाम तयोः कल्याणिनोर्भूरिवसुदेवरातापत्ययोर्मालतीमाधवयोरभिमतः पाणिग्रहः स्यात्। वामाक्षिस्पन्दनं सूचयित्वा सहर्षम्।

विवृण्वतेव कल्याणमान्तरज्ञेन चक्षुषा।

(क) आज्ञापयतु भगवती।

६५–६६. अधुना कामन्दकी समस्तप्रकरणोपयुक्तमुपक्षेपमाह। अपीत्यादि। यदाह।

काव्यार्थस्य समुत्पत्तिरुपक्षेपः स्मृतो बुधैः।

इह तु मालतीमाधवयोर्विवाहनिर्वाहः काव्यार्थः। अपि नामेति। नाम संभावनायां तेन भवेदपीत्यर्थः। निश्चये वा नाम। तेन निश्चितमेव भवेदित्यर्थः। कल्याणिनोरित्यनेनाशंसनीयकुशलतयानुग्राह्यत्वमुक्तम्। भूरिवसुर्मालतीपिता। महाधनिककन्याया आवश्यकी वराकाङ्क्षेति नामतात्पर्यम्। देवरातो माधवपिता। देववद्राति दत्ते॥ रा दाने कर्तरि कः॥ देवरातः। तथा च जनो दातरि विवाह्यत इति महाधनिकवद्वदान्यत्वप्रभुत्वादियोगिनोनुरूप एव प्रायः पुत्र इति वरे कन्याकाङ्क्षा सूचनं नामानुनयेन। एवं च योग्ययोर्योग्य एव संबन्ध इति भावः। पाणिग्रहो विवाहः।

६८–६९. विवृण्वतेति। अपिरवधारणे तेन वामकेनैव वामेनैव चक्षुषा दाक्षिण्यमवलम्ब्यते कीदृशेन स्फुरता स्पन्दवतात एव कल्याणं विवृण्वता सूचयता। स्त्रीणां वामाङ्गस्फुरणस्य शुभसूचकत्वात्। आन्तरज्ञेनेव मदीयचित्तवृत्तिज्ञेनेव। इवोत्प्रेक्षायाम्।

१ अभिनीय D.

स्फुरता वामकेनापि दाक्षिण्यमवलम्ब्यते ॥

अव०। महन्तो[1] क्खु भअवदीए[2] एसो चित्तविक्खेवो। अच्चरीअं अच्चरीअं जं दाणिं[2] चीरचीवरपरिच्छदं पिण्डवादमेत्तपाणअत्तं[3] भअवदीं ईदिसे[4] आआसे अमच्चभूरिवसू णिओएदि[5]। तहिं[6] उक्खण्डिदसंसारावग्गहो[7] अप्पा तुम्होहिं पि[8] णिउज्जीअदि[9]। (क)

काम०। वत्से मा मैवं ब्रूहि।

यन्मां विधेयविषये सभवान्नियुङ्क्ते स्नेहस्य तत्फलमसौ प्रणयस्य सारः।

(क) महान्खलु भगवत्या एष चित्तविक्षेपः। आश्चर्यमाश्चर्यं यदिदानीं चीरचीवरपरिच्छदां पिण्डपातमात्रप्राणयात्रां भगवतीमीदृश आयासेमात्यभूरिवसुर्नियोजयति। तत्रोत्खण्डितसंसारावग्रह आत्मा युष्माभिरपि नियुज्यते।

उत्प्रेक्षा व्यज्यते शब्दैरिव शब्दोपि तादृशः॥

इति दण्डी। अथवापिर्विरोधे वामेनापि प्रतिकूलेनापि दाक्षिण्यमानुकूल्यं अवलम्ब्यत इति विरुद्धमिदम्॥ वामक इति स्वार्थे कन्॥

७०–७३. अत्र खलु निश्चये। चित्तविक्षेपोसाद्विषयाभिनिवेशः। चीरेण वस्त्रखण्डेन। चीवरं सौगतपरिव्राजकवासस्तदेव परिच्छदः परिकरो यस्यास्ताम्। पिण्डपातो नाम बौद्धानां भिक्षाभ्रमणेन भोजनं तन्मात्रेण प्राणयात्रा जीवनं यस्यास्ताम्। ईदृशे विवाहकार्ये। इहपुरन्ध्रीणामेवाधिकारो न तु भवादृशीनामिति भावः। उत्खण्डित उन्मूलितः संसाररूपोवग्रहो मोक्षप्रतिबन्धो यत्र सः। यद्वा। उन्मूलितः संसाररूपोपकृष्टो ग्रहो यत्र सः।

७४–७६. मामेति वीप्सात्यन्तनिषेधे। यन्मामित्यादि। सभवान्पूज्यो

---

१ B. om. भअ–एसो. २ B. om. दाणिं. ३ पाणभन्तीं A. प्पाणजत्तं D ४. ईरिसे C. ५ णिउंजेदि B. ६ B. adds क्खु after तहिं. ७ °गाहेहिं C. ८ A. om. पि. ९ णउं° B. १० तत्र चोत्ख° Com.

प्राणैस्तपोभिरथ वाभिमतं मदीयैः कृत्यं घटेत सुहृदो यदि तत्कृतं स्यात्॥

अपि किं न वेत्सि यदेकत्र नो विद्यापरिग्रहाय नानादिगन्तवासिनां साहचर्यमासीत् । तदैव चास्मत्सौदामिनीसमक्षमनयोर्भूरिवसुदेवरातयोर्वृत्तेयं प्रतिज्ञावश्यमावाभ्यामपत्यसंबन्धः कर्तव्य इति । तदिदानीं विदर्भराजमन्त्रिणा सता देवरातेन माधवं पुत्रमान्वीक्षिकीश्रवणाय कुण्डिनपुरादिमां पद्मावतीं प्रहिण्वता सुविहितम्[1] ।

भूरिवसुर्यन्मां विधेयविषये नियोज्यगोचरे नियुङ्क्ते नियोजयति तत्स्नेहस्य प्रीतेः फलं स ह्यस्माकं प्रेमपात्रमिति भावः । असौ नियोगः प्रणयस्य प्रश्रयस्य सार उत्कर्षो निर्यासो वा । यदि मदीयैः प्राणैरथ वा मदीयैस्तपोभिः सुहृदो मित्रस्याभिमतं वाञ्छितं कृत्यं कार्यं घटेत तदा तत्कार्यं कृतं स्यान्मत्प्राणादिभिरपि भवेदित्यर्थः । यद्वा । सुहृदोऽभिमतमिदं यदि घटेत निष्पद्येत तदा मदीयैः प्राणैस्तपोभिर्वा तत्कृत्यं कृतं स्यादघटने तु सर्वमिदं व्यर्थमित्यर्थः । एतेनावश्यकर्तव्यतोक्ता ॥ प्रणयः प्रेम्णि विश्वासे याञ्चाप्रश्रययोरपीति विश्वः ॥

७७–८१ भूरिवसोः स्वीकारबीजमेवंविधप्रश्रयोपपत्तिं चाह । किं नेत्यादि । न इति बहुवचनेन स्वभूरिवसुदेवरातानामुपादानम् । अस्मदिति । अस्माकं सौदामिन्याश्च प्रत्यक्षमित्यर्थः । अपत्यसंबन्धो विवाहः । सौदामिनीसमक्षमित्यनेन तस्या देवरातबन्धुतया नवमाङ्के माधवप्राणत्राणकारणत्वमस्या नाम च सूचितम् । युक्तं चेदम् ।

नासूचितं विशेत्पात्रम् ।

इति भरतः । एवमन्यत्रापि सूचितस्यैव प्रवेशः । आन्वीक्षिकी न्यायशास्त्रम् । तत्र तर्कच्छलादिनिष्टङ्कनेन तदभ्यासान्माधवस्य चोरिकाविवाहे कौशलमुक्तम् । श्रवणं पाठः । कुण्डिनपुरं विदर्भनृपराजधानी । प्रहिण्वता प्रस्थापयता । सुविहितं शोभनं कृतम् ।

---

१ सुविहितं विहितं B. C. D.

अपत्यसंबन्धविधिप्रतिज्ञा प्रियस्य नीता सुहृदः स्मृतिं च ।
अलोकसामान्यगुणस्तनूजः प्ररोचनार्थं प्रकटीकृतश्च ॥

अव० । तदो किं त्ति मालदिं[2] अमच्चो माहवस्स अप्पणा ण पडिवा-
देदि जेण चोरिआविवाहे[3] भअवदिं[4] तुवरावेदि । (क)

काम० । तां याचते नरपतेर्नर्मसुहृन्नन्दनो नृपमुखेन ।
तत्साक्षात्प्रतिषेधः[5] कोपाय शिवस्त्वयमुपायः ॥

(क) ततः किमिति मालतीममात्यो माधवस्यात्मना न प्रतिपादयति येन चोरिकाविवाहे भगवतीं त्वरयति ।

८२–८३ अपत्येत्यादि । देवरातेन पुत्रं प्रहिण्वतापत्यसंबन्धविधिप्रातिज्ञा विवाहप्रतिज्ञा प्रियस्य सुहृदः प्रीतिमित्रस्य भूरिवसोः । सुहृदः शोभनचित्तस्य वा । स्मृतिं स्मरणं नीता प्रापिता । अलोकसामान्यगुणो लोकविलक्षणगुणः पुत्रः प्ररोचनार्थं प्रवृत्तिपाटवार्थं स्फुटीकृतश्च । प्ररोचनस्यैव सर्वकार्यसिद्धयङ्गत्वात्तत्करणम् ।

८४–८७ अत्रामात्यो भूरिवसुः । माधवस्य कृत इति शेषः । प्रतिपादयति ददाति । चोरिकया विवाहस्य धर्मशास्त्रे निषेधादिति भावः । तामित्यादि । नन्दननामा राज्ञोन्तःपुरसचिवो नृपद्वारा तां याचते । तत्र साक्षान्निषेधः कोपाय राज्ञः । अयं तु मद्द्वारा संयोजनात्मक उपायः शिवः परिणामसुरस इत्यर्थः । आर्याच्छन्दः ।

स्यान्नर्मसचिवः सोयं कुपितस्त्रीप्रसाधकः ।

नन्दयतीति नन्दनः । एतेनानन्दजनकत्वादन्तःपुरसचिवता युक्तेति नामतात्पर्यम् ।

---

१ C. om. त्ति. २ ०दीं A. D. ३ ०भा० A. ४ ०दीं A. D.; भारोएदी C. ५ प्रार्थनान्यः B. D.

अव०। अच्चरिअं¹ अच्चरिअं ण हु² अमच्चो माहवस्स णामं पि जाणादि त्ति णिरवेक्खदाए लक्खीअदि। (क)

काम०। संवरणं हि तत्।

विशेषतस्तु बालत्वात्तयोर्विवृतभावयोः।
तेन माधवमालत्योः कार्यः स्वमतिनिन्हवः॥

अपिच। अनुरागप्रवादस्तु वत्सयोः सार्वलौकिकः।
श्रेयोऽप्यस्माकमेवं³ हि प्रतार्यौ राजनन्दनौ॥

पश्य। बहिःसर्वाकारप्रगुणरमणीयं व्यवहर-

(क) आश्चर्यमाश्चर्यं न खल्वमात्यो माधवस्य नामापि जानातीति निरपेक्षतया लक्ष्यते।

१०-१२ संवरणं संगोपनम्। विशेषत इत्यादि। तेन भूरिवसुना तयोर्वत्सयोर्विशेषेण स्वमतिनिह्नवः कार्यो निजज्ञानगोपनं कर्तव्यम्। बालत्वाच्छिशुत्वेन प्रकाशिताभिप्राययोः। यथा तावपि प्रकृतं न जानीतस्तथा कृतं तेनेति भावः। युक्तं चादः।

नादेशे नाकाले नापरिपक्वेन्द्रिये न गुणहीने।
कथयति हि कथां स्वगतां न तथास्य कथा भवति वन्ध्या॥

इति नीतेः।

१३-१४ अनुरागेत्यादि। तयोरनुरागप्रवादः सर्वलोकविदितः सन्नस्माकं श्रेयानस्तीति वा पाठः। श्रेयो श्रेयोलम्भी। यत एवं सति राजा नन्दनश्चोभौ वञ्चनीयौ तयोरन्योन्यानुरागादेव परिणयो वृत्तो न मया कारित इति वक्तव्यमेवेति भावः॥ सार्वलौकिक इत्यत्र सर्वलोकाट्ठञ्॥ अन्योन्यानुरागेण गान्धर्वविवाहोपि सूचितः।

५-१८ बहिरित्यादि। विद्वान्सुबुद्धिरेकः श्रेष्ठोद्वितीयो वा सक-

---

१ अच्चरीअं A. २ क्खु A. ३ श्रेयानस्मा० D.

न्पराभ्यूहस्थानान्यपि तनुतराणि स्थगयति ।
जनं विद्वानेकः सकलमभिसन्धाय कपटै-
स्तटस्थः स्वानर्थान्घटयति च मौनं च भजते ॥

अव० । मए वि तुम्हवअणादो तेण तेण वअणोवण्णासेण भूरिवसुमन्दिरासण्णराअमग्गेण माहवो संचारीअदि । (क)

काम० । कथितमेव नो मालतीधात्रेय्या लवङ्गिकया

(क) मयापि युष्मद्वचनात्तेन तेन वचनोपन्यासेन भूरिवसुमन्दिरासन्नराजमार्गेण माधवः संचार्यते ।

लं जनं कपटैरभिसंधाय वञ्चयित्वा स्वानर्थान्स्वप्रयोजनानि संपादयति । मौनमभाषणं भजते च । विधिनिषेधपरं बचो न वदतीत्यर्थः । अत एव तटस्थ उदासीन इवानभिव्यक्तव्यापार इत्यर्थः । कथम् । सर्वाकारैरेणेङ्गितादिना स्वभावसुन्दरं यथा भवति तथा बहिः प्रकटं व्यवहरन्नतिसूक्ष्माण्यपि पराभ्यूहस्थानानि परस्य तर्कस्थानानि स्थगयति पिदधाति । अपिर्भिन्नक्रमः ॥ अभिसंधिर्वञ्चनार्थ इति धातुसंग्रहः । केवलश्रेष्ठयोरेक इति धरणिः ॥

९९–१०० अत्रोपन्यासो व्याजेन कार्योद्भेदः । राजमार्गेणेत्यनेन सर्वसाधारण्यान्माधवस्यानौद्धत्यमद्वीतीयवेद्यता च सूचिता । संचारणं च तद्दर्शनेन मालत्या अनुरागायेति भावः । अत्र कामन्दक्यावलोकितायामेवमनुक्तत्वात्कथं तव वचनादिति घटत इति न देश्यम् । प्राणैस्तपोभिरित्यादिना तदभिधानात् ।

१०१–१०५ धात्रेय्युपमातृसुता । एतेन बाल्यात्प्रभृति सकलचेष्टावेदित्वं ध्वनितम् । तथा च लवङ्गिका मालतीगतं यत्कथयति तत्प्रमाणमेवेत्येवकारव्यङ्ग्यम् । अनेनास्याः सखीत्वमप्युक्तम् । यदाह भरतः ।

---

१ लघुतराणि A. २ B. om. वअण.

भूयो भूयः सविधनगरीरथ्यया पर्यटन्तं

दृष्ट्वा दृष्ट्वा भवनवलभीतुङ्गवातायनस्था ।

कारुर्दासी च धात्रेयी प्रतिवेश्या च शिल्पिका ।

बाला प्रव्रजिता चेति नायिकानां सखीजनः ॥ इति ।

न इति बहुवचनेनात्मनि लवङ्गिकाहृदयजागरूकबहुमानेन वञ्चकतानिरासः सूचितः । भूय इत्यादि । मालत्यङ्कैस्ताम्यति खिद्यत इति कथितमेव लवङ्गिकयेत्यन्वयः ॥ अङ्कैरित्यत्राल्पार्थे कन् ॥ अल्पता मृदुत्वेन । बहुवचनात्सर्वाङ्गमुक्तम् । तथा च मृदुभिः सर्वाङ्गैरित्यर्थः । कीदृशैः । तं माधवं दृष्ट्वा दृष्ट्वा पुनः पुनरवलोक्य । गाढोत्कण्ठया दृढाकाङ्क्षया लुलितलुलितैरतिम्लानकान्तिभिः । ललितलुलितैरिति पाठे पूर्वं ललितै रम्यैरधुना लुलितैर्म्लानैरित्यर्थः । कीदृशं सविधनगरीरथ्यया मालतीगृहनिकटराजमार्गेण भूयो भूयः पुनः पुनः पर्यटन्तं गच्छन्तम् । इह राजमार्गोपन्यासेन माधवस्य निःशङ्कः संचारो मालत्याश्च तद्दर्शनेन परवितर्काभावः सूचितः । गमने पौनःपुन्येन दर्शनं प्रति दार्ढ्यमुक्तम् । दर्शने च पौनःपुन्येन तस्या उत्कण्ठातिशय उक्तः । यद्वा । प्रथमवीप्सया दर्शनं दृष्ट्वानुवृत्या प्रथमं रम्यवस्तुचमत्कारेण तव उद्भिद्यमानानुरागनवाङ्कुरेण नेत्रप्रीतिर्युज्यते । द्वितीयवीप्सया सहचरीभिरप्यज्ञाता नयनप्रीतिरुक्ता । नगरीपदेन रथ्याया अनेककौतुकाधारतोक्ता । तथा चेतस्ततोनेककौतुकदर्शनतरलितत्वेन माधवस्य सम्यग्दर्शनसंपादकनिकटार्थकसविधपदनिगर्व उक्तः । क्त्वा प्रत्ययेन चानन्तरभाविविह्वलताया विषयान्तरसंचारेणापि व्यवधानस्यापादानादत्यन्तानुरागोद्भेदः सूचितः । कथमन्तःपुरस्था सा ददर्शेत्यत आह । भवनेति । भवनस्य प्रासादादेर्या वलभ्युपरिकुटी तस्यां तुङ्गमुच्चं यद्वातायनं गवाक्षस्तत्रस्था । तुङ्गतया यथाकाङ्क्षदर्शनमुक्तम् । वातायनेत्यनेन वातस्यायनं गमनं यत्रेति व्युत्पत्त्या घर्मादितापवती गभीरसमीरपरिशील-

साक्षात्कामं नवमिव रतिर्मालती माधवं य-

१०५ द्गाढोत्कण्ठा ललितलुलितैरङ्गकैस्ताम्यतीति ॥

अव०। बाढं जदो[2] ताए[3] वि अत्तणो[4] विणोद[5]णिमित्तं माहवपडिच्छन्दअं अहि[6]लिहिदं तं लवङ्गिआए अज्ज मन्दारिआए हत्थे णिहिदं दाव। (क)

(क) बाढं, यतस्तयाप्यात्मनो विनोदनिमित्तं माधवप्रतिच्छन्दकमभिलिखितं तल्लवङ्गिकयाद्य मन्दारिकाया हस्ते निहितं तावत् ।

नार्थं यातीति प्ररोहेण निरर्गलमस्या गमनं तत्रेति सूचितम् । यद्यपि सौधोपरिकुटीं वलभीं विदुरिति भवनपदमत्रगतार्थं तथाप्युक्तिपोषालंकारद्योतनार्थं भवनपदम् । यद्वा भवनरूपा वलभी मालतीवसतिः सौधोपरिकुटीत्यर्थः । एतेनास्या निजगृहाद्वलभीगमनं किमर्थमित्यन्याशङ्कापरिहारो निरर्गलं च तद्दर्शनं भवतीति ध्वनितम् । यथा रतिः कामकान्ता नवं दाहानन्तरमुत्पन्नं साक्षात्प्रत्यक्षं कामं दृष्ट्वाङ्गैस्ताम्यति तथेत्यर्थः । मालती रतिर्माधवश्च काम इति तयोर्बहललोकसंकुलेपि पथि रागसागरोन्योन्यं ववृध इति भावः । यद्वा कामोनङ्गतयाप्रत्यक्षो वृद्धश्च । अत्रोत्प्रेक्षा विशिष्टस्यैव । साक्षात्प्रत्यक्षं नवं काममिवेत्यर्थः । ताम्यतीत्यनेनोद्वेग उक्तः । यदाह भरतः ।

चिन्तानिःश्वासखेदेन हृद्दाहाभिनयेन च ।

श्लथाङ्गोपाङ्गचेष्टाभिरुद्वेगाभिनयो भवेत् ॥ इति ।

१०६–१०८ बाढमतितरामनुरक्ता मालतीत्यर्थः । विनोदः क्रीडा हर्षो वा । प्रतिच्छन्दकं प्रतिरूपकम् । तावत्पदेन मन्दारिकाहस्तनिधानस्य प्रकृतकार्योपक्रमः सूचितः । अत एव कामन्दक्या सुविहितमित्युक्तम् ।

---

१ लुलितलुलित A. २ B. C. om. जदो; जं A. ३ तए A. D. ४ A. om. अत्तणो. ५ A. B. add. उक्कण्ठा before विणोद. ६ आलिहिदं. A.B.C.

कामं० । विचिन्त्य । सुविहितं लवङ्गिकया यतो माधवानुचरः कलहंसकस्तां विहारदासीं मन्दारिकां कामयते तदनेन[1] तीर्थेन घटेत तत्प्रतिच्छन्दकमुपोद्घातेन[3] माधवान्तिकमुपेयादित्यभिप्रायः ।

अव० । माहवो वि कोदूहलमुप्पादिअ मए पउत्तमअणमहूसवं मअरंदुज्जाणं[5] अज्ज[6] पभादे अणुप्पेसिदो तत्थ[7] किल मालदी गमिस्सदि तदो अण्णोण्णदंसणं भोदु[8] त्ति । (क)

कामं० । साधु[9] वत्से साधु । अनेन मत्प्रियाभियोगेन स्मारयसि मे पूर्वशिष्यां सौदामिनीम् ।

(क) माधवोपि कौतूहलमुत्पाद्य मया प्रवृत्तमदनमहोत्सवं मकरन्दोद्यानमद्य प्रभातेनुप्रेषितस्तत्र किल मालती गमिष्यति ततोन्योन्यदर्शनं भवत्विति ।

१०९–१११ विहारः सौगतप्रव्राजिकानामालयः । तत्र व्यापृता दासी विहारदासी । एतेन प्रकरणबाह्यत्वमुक्तम् । यदाह दण्डी ।

शकारः कुट्टिनी दासी धर्मशास्त्रबहिष्कृताः ।
विटचेष्टादयो नित्यं बाह्याः प्रकरणे मताः ॥

तीर्थेन द्वारा । उपायेन वा ॥ तीर्थमुपायद्वारमन्त्रिष्विति विश्वः ॥ उपोद्घातेन प्रसङ्गेन । अभिप्रायस्तावदिति वादिन्यास्तवेति शेषः ।

११२–११९ अत्र ॥ कौतुकं तु कुतूहलमित्यमरः ॥ मदनमहोत्सवेन वसन्तकालः सूचितः । तस्य च वैवाहिकत्वम् । यदाह ।

शरत्सङ्ग्रामविषये विवाहे ज्येष्ठमाधवौ । इति ।

किल प्रसिद्धौ । इति हेतौ । अनुप्रेषणे तत्र किलेत्यादेर्हेतुत्वम् । अन्योन्यदर्शनेनोभयानुरागे विवाहनिर्वाहः । प्रिये प्रीतिविषये कार्येभियोग

१ त्यनेन A. D. २ यत्प्रतिच्छंदकं B. ३ A. D. om. घटेत & उपोद्घातेन; B. C. उपोद्घाताय. ४ C. om. माध-प्रायः. ५ मअणुज्जाणं A. C. ६ A. B. C. om. अज्ज. ७ तहिं A. ८ होदु B. ९ वत्से साधु साधु. B.

अव० । भअवदि सा[1] सोदामिणी अहुणा समासादिदअच्चरि[2]अम-न्तसिद्धिप्पहावा सि[3]रीपव्वदे कावालिअव्वदं धारेदि । (क)

काम० । कुतः पुनरियं वार्त्ता ।

अव० । अत्थि एत्थ णअ[4]रीए महामसाणप्पदेसे करालो[5] णाम चामुण्डा । (ख)

काम० । अस्ति या[6] किल विविधजीवोपहारप्रियेति साहसि-कानां प्रवादः ।

अव० । तँ[7]हिं क्खु सिरीप[8]व्वदादो आअदस्स रत्तिविहारिणो णादि-दूरारण्णवासिणो साहँ[9]अस्स मुण्डधारिणो अघोरघण्टणामधे[10]अस्स

(क) भगवति सा सौदामिन्यधुना समासादिताश्चर्यमन्त्रसिद्धि-प्रभावा श्रीपर्वते कापालिकव्रतं धारयति ।

(ख) अस्त्यत्र नगर्यां महाश्मशानप्रदेशे कराला नाम चामुण्डा ।

आसङ्गः । अत्र कपालव्रतं महाव्रतम् । कुत इत्यादिना श्मशानाङ्क-सूचनम् ।

१२२–१२३ किल प्रसिद्धौ । विविधा नानारूपा जीवा मानुषा-दय उपहारा बलयः प्रिया यस्याः सा । अनेन मालत्युपहारः सूचितः । आत्मनिरपेक्षं कर्म साहसं तेन वर्तन्ते ते साहसिकाः । प्रवादः प्रसिद्धिः । इह प्रियेत्यस्यानन्तरमिति पदं देयमन्यथा पूर्वापरानन्वयात् । तथा च प्रियेत्यनेनाकारेण साहसिकानां प्रवाद इत्यर्थः । अत एव वाक्यार्थकर्मादावितेरध्याहारः ।

१२४–१३१ इह खलु प्रसिद्धौ । तस्याश्चामुण्डाया नातिदूरेणा-त्यासन्ने वस्तुं शीलं यस्य तस्य । एतेन देवकुलस्य लोकसंकुलतया

१ D. adds क्खु after सा. २ A. ०रिअ० B. om. सिद्धि. ३ सिरिभ A. ४ णभरे A. C. ५ कराली C. ६ सा B.; C. om. या. ७ तं क्खु B. तत्थ क्खु D. ८ सिरि A. C. D. ९ ०भ० B. C. १० ०ह० D.

अन्तेवासिणी महाणुभावा[1] कवालकुण्डला णाम अणुसंज्झं[2] समाअ-च्छदि तदो इअं पउत्ती । (क)

काम० । सर्वं[3] सौदामिन्यां[4] संभाव्यते ।

अव० । अलं दाव एदिणा । भअवदि [5]सो वि सहअरो माहवस्स बालमित्तं[6] मअरन्दो[7] णन्दणस्स वहिणिं मदअन्तिआं जइ समुव्वह-दि तं पि[8] माहवस्स दुदीअं[9] पिअं किदं[10] भोदि । (ख)

काम० । नियुक्तैव[11] तत्र मया मत्प्रिय[12]सखी बुद्धरक्षिता ।

(क) तत्र खलु श्रीपर्वतादागतस्य रात्रिविहारिणो [13]नातिदूरारण्य-वासिनः साधकस्य मुण्डधारिणोघोरघण्टनामधेयस्यान्तेवासिनी महाप्र-भावा कपालकुण्डला नामानुसंध्यं समागच्छति तत इयं प्रवृत्तिः ।

(ख) अलं तावदेतेन । भगवति सोपि सहचरो माधवस्य बालमित्रं मकरन्दो नन्दनस्य भगिनीं मदयन्तिकां यदि समुद्वहति तदपि माधव-स्य द्वितीयं प्रियं कृतं भवति ।

किंचिद्विप्रकृष्टं साधकसंस्थानमुक्तम् । साधकस्य योगिनः । मुण्डधारिणः कापालिकस्य । अघोरघण्टेति ।

कापालिकास्तु घण्टान्तनामानः समुदाहृताः ॥

इति भरतः । अघोरोविमृश्यकारीति नामव्युत्पत्तिः । अनुसंध्यं संध्याया-म् । प्रवृत्तिर्वार्त्ता । सर्वमघोरघण्टनाशनमाधवरक्षणादिकम् । अत्रैतेन कापालिकादेः कथनेनालं निष्फलमधुनानुपयोगात् । बालमित्ति भावप्र-धानं तेन बाल्यान्मित्रमित्यर्थः । समुद्वहति विवहति ।

१३२–१३८ बुद्धरक्षितेत्यनेन भिक्षुकीत्वं सूचितम् । अत एव

---

१. °हा° B. D. २ °संझं D.; C. adds णभरे before समाभ°. ३ सर्वं हि B. C. तत्सौदा° सर्वं D. ४ ° न्याः C. D. ५ एसो A. D. ६ °मित्तो A. D. ७ A. adds णाम. ८ A. adds णाम after पि. ९ °दि° B. C. १० कदं C. D. ११ हि तत्र D. १२ तत्प्रि° A. C. १३ Com. inserts अस्य before नातिदूर°.

अव० । सुविहितं भगवत्या[1] । (क)

काम० । विचिन्त्य[2] । तदुत्तिष्ठ माधवप्रवृत्तिमुपलभ्य मालतीमेव पश्यावः[3] ।

उभे[4] उत्तिष्ठतः ।

काम० । विचिन्त्य । अत्युदार[5]प्रकृतिर्मालती तन्निपुणं[6] निसृष्टार्थ-दूतीकल्पः सूत्रयितव्यः[7] । सर्वथा

शरज्ज्योत्स्ना कान्तं कुमुदमिव तं नन्दयतु सा

(क) सुविहितं भगवत्या ।

दौत्ये नियुक्ता ॥ उत्तिष्ठेत्यत्रोर्ध्वकर्मत्वान्न तङ् ॥ अत्युदात्ता गभीरा प्रतिपन्नार्थासंवादिनी प्रकृतिर्यस्याः सा तथा । निसृष्टार्थेति । नायिकाया नायकस्य वा मनोरथं ज्ञात्वा स्वमत्या कार्यं साधयति सा निसृष्टार्था दूती तस्याः कल्पो व्यापारः प्रस्तावनीय इत्यर्थः । दूती च त्रिविधा । यदाह ।

निसृष्टार्था मितार्था च तथा शासनहारिका ।
सामर्थ्योत्पादिताहीना दूती तु त्रिविधा मता ॥ इति ।

१३९–१४३ शरदित्यादि । सा मालती तं माधवं नन्दयतु प्रीणातु । यथा शरच्चन्द्रिका कुमुदं नन्दयति । यथा चन्द्रिकाकुमुदयो-र्नित्यं प्रीतिस्तथा तयोरप्यस्त्विति भावः । कीदृशम् । कान्तं रम्यम् । सुजातं शोभनजन्मानम् । शोभनता च गुणवत्त्वेन । यद्वा । कान्तमन्य-स्त्रीभोगचिह्नशून्यम् । यदाह भरतः ।

अन्यस्त्रीभोगसंभूतं चिह्नं यस्य न विद्यते ।
देहे वाप्यधरे वापि स कान्त इति कीर्तितः ॥

सा कीदृशी । कल्याणी निरवद्या । स च युवा कल्याणी विवाहकल्याण-योगी संस्तां प्राप्य कृतकृत्यः कृतार्थो भवतु । युवेत्यनेन कन्यायां

१ A. B. add किल. २ B. om. ३ पश्यामः B. ४ A. D. insert इति before उभे. ५ अत्युदात्त Com. ६ B. om. निपुणं. ७ तन्त्रयितव्य: A. कल्पयितव्य; D.

सुजातं कल्याणी भवतु कृतकृत्यः स च युवा ।
वरीयानन्योन्यप्रगुणगुणनिर्माणनिपुणो[1]
विधातुर्व्यापारः फलतु च मनोज्ञश्च भवतु ॥

इति निष्क्रान्ते विष्कम्भकः ।

ततः प्रविशति गृहीतचित्रोपकरणः[2] कलहंसः ।

कल० । कहिं दाणिं तुलिद[3]मअरद्धअ[4]रूआवलेओ[5]विब्भमाविखित्त[6]मा-
लदीहिअअमाहप्पं णाह[7]माहवं पेक्खिस्सं । परिक्रम्य । परिस्सन्तोह्मि[8]

मदनमदोद्दीपकतायोगित्वमुक्तम् । एवं सति विधातुः प्रयत्नः सफलो भवतु मनोहरश्च भूपनन्दनाविरोधेन सर्वावर्जकोस्त्वित्यर्थः । कीदृशः अन्योन्यं कामिनोः प्रगुणा अनुरूपा ये गुणास्तेषां निर्माणे कुशलोत एव वरीयाञ्श्रेष्ठः गरीयान्गुरुर्वा । यद्वा । अन्योन्यं प्रगुणा उत्कृष्टा ये गुणास्तेषां निर्माणे कुशलः । निष्क्रान्ते कामन्दक्यवलोकिते । विष्कम्भक इति ।

कुतोपि स्वेच्छया प्राप्तः संबन्धेनोभयोरपि ।
विष्कम्भकः स विज्ञेयो यस्तु काव्यार्थसूचकः ॥
विष्कम्भस्तु द्विधा सोयं शुद्धः संकीर्ण एव च ।
शुद्धो मध्यमपात्रेण संकीर्णो मध्यमाधमैः ॥

इति भरतः ।

१४४–१४८ उपकरणमुपढौकनम् । अत्र तुलितो मकरध्वजस्य कामस्यावलेपो गर्वो येन रूपविभ्रमेण सौन्दर्यविलासेन तेनावक्षिप्तं तिरस्कृतं मालतीहृदयस्य माहात्म्यं गाम्भीर्यं येन तम् ॥ अवलेपः स्मृतो गर्व इति

---

१ निर्माणनिभो B. २ °चित्रफलकः C. ३ तुलिअ D. ४ °ज° B. ५ C. om. रूअ; भावलेअं B. C. ° ज्ञेनवि° A. ६ आक्खित्त B. क्खित्त C. ७ C. om. णाह. ८ °स्संतह्मि C.

जाव ईमस्सिं[1] उज्जाणे मुहुत्तं[2] विस्समिअ[3] मअरन्दणन्दणं[4] णाहमाहवं[5] पेक्खिस्सं । (क)

इति प्रविश्योपविशति[6] ।

ततः प्रविशति मकरन्दः ॥

मक०। कथितम[7]वलोकितया [8]मदनोद्यानं गतो माधव इति । भवतु तत्रैव[9] गच्छामि । परिक्रम्यावलोक्य[10] च । दिष्ट्या[11]यं वयस्य इत एवा-भिवर्त्तते । निरूप्य । अस्य तु

(क) कुत्रेदानीं तुलितमकरध्वजरूपावलेपविभ्रमावक्षिप्तमालतीहृदय-माहात्म्यं नाथमाधवं प्रेक्षिष्ये । परिश्रान्तोस्मि यावदस्मिन्[12]नुद्याने मुहूर्त्तं विश्रम्य मकरन्दनन्दनं नाथमाधवं प्रेक्षिष्ये ।

शाश्वतः॥ मकरन्दस्य नन्दनं हर्षकम् । कलहंसो राजहंसः । स च शारदि विराजमानोपि योगिनीप्रभावाद्वसन्ते मिलित इति नामाभिप्रायः ।

१५२–१५७ दिष्ट्येत्यव्ययं हर्षे । माधवस्य वसन्तस्य मकरन्दः पुष्परसः सहचरो युज्यत एव । इत एवात्रैव । इह शृङ्गारो द्विविधः । यदाह भरतः ।

संभोगो विप्रलम्भश्च शृङ्गारो द्विविधो मतः ।

संभोगोपि विप्रलम्भपूर्वक एव स्वदते । यदाह ।

न विना विप्रलम्भेन संभोगः पुष्टिमर्हति ।
कषायिते हि वस्त्रादौ भूयान्रागोभिजायते ॥

स च दशारम्भः । यदाह भरतः ।

अप्राप्तरतिभोगस्य नवस्त्रीरागजन्मनः ।
दश स्थानानि कामस्य काममन्तर्विसर्पतः ॥

---

१ इह A. D. २ मुहुत्तअं B. ३ °स° B. C. ४ °सहअरं A. ५ B. C. om. णाह. ६ परिक्रम्य° B. D. ७ कथितं मेवलो° C. ८ B. C. D. insert. यथा before मदनो०, ९ B. om. एव. १० दृष्ट्वा A. ११ A. om. दिष्ट्या; D. om. अयं. १२ तावत् Com.

गमनमलसं शून्या दृष्टिः शरीरमसौष्ठवं
श्वसितमधिकं किं न्वेतत्स्यात्किमन्यादितोथ वा । १५५

अभिलाषोत्र प्रथमे द्वितीये चिन्तनं तथा ।
अनुस्मृतिस्तृतीये च चतुर्थे गुणकीर्तनम् ॥
उद्वेगः पञ्चमे ज्ञेयो विलापः षष्ठ उच्यते ।
उन्मादः सप्तमे प्रोक्तो भवेद्व्याधिस्तथाष्टमे ॥
नवमे जडता प्रोक्ता दशमे मरणं भवेत् ॥ इति ।

तदिहानुस्मृत्यवस्थो माधवो मकरन्देन कथ्यते । गमनमिति । अस्य गमनमलसं मन्दं न तु शरीरं हस्तादेराकुञ्चनप्रसारणात् । अन्तरान्तरा विलम्बस्यात्यन्तासक्तिवशाज्जायमानत्वाच्च । इदमनुस्मृतिचिन्हम् । यदाह ।

मुहुर्मुहुर्निःश्वसितैरधोमुखविचिन्तनैः ।
अन्वेषादन्यकार्याणां कथितानुस्मृतिर्यथा ॥

तथा यतो मामपि न पश्यति ततोन्तःकरणं क्वापि लग्नम् । तथा च चिन्तासंततिपरतया ध्यानावधानेन शून्या बाह्यार्थग्राहिणी दृष्टिरस्य । यदाह ।

शून्या दृष्टिः स्मृता चिन्तासंमोहप्रणयादिषु ।

शून्यदृष्टिलक्षणमप्याह ।

निश्चला समतारा च ध्यानाद्बाह्यमगृण्हती ।
तथा समपुटोपेता शून्या दृष्टिरुदाहृता ॥

तथा मनस्तापवतो ग्लानिः । सा च क्षीणकपोलतादिनोन्नीयते । अत उक्तं शरीरमसौष्ठवं विकलम् । इष्टजनालाभभावनार्थमाह श्वसितमधिकम् । एतत्किं नु स्यात् । एतदलसगमनत्वादिकं रोगजं कामकृतं वेति वितर्क इत्यर्थः । रोगलिङ्गाभावादनङ्गलिङ्गसङ्गाच्च निश्चयमाह किम-

१ तै॰ A. B. C. D.

भ्रमति भुवने कन्दर्पाज्ञा विकारि च यौवनं
ललितमधुरास्ते ते भावाः क्षिपन्ति च धीरताम् ॥

ततः प्रविशति यथानिर्दिष्टो माधवः ।

माधवः । स्वगतम् । **तामिन्दुसुन्दरमुखीं सुचिरं विभाव्य**
चेतः कथं कथमपि व्यपवर्तते मे ।

न्यदिति । अथ वा पक्षान्तरे । इतः कामात्किमन्यन्नान्यदित्यर्थः । किंशब्दो निषेधे । अत्र पांशुक्रीडनात्प्रभृत्यनुभूतमाधवशरीरे तत्तद्विकारदर्शनात्तर्कविद्याविदो मकरन्दस्य परिच्छेदो युज्यत एवेति । निश्चयलिङ्गमाह । भुवने कन्दर्पाज्ञा भ्रमति सर्वं जनमास्कन्दति । विकर्तुं शीलमस्येति विकारि । पूर्वदशात्यागेन दशान्तरयोगो विकारस्तद्योगि यौवनम् । अयं तु युवेत्यर्थः । अत्र भ्रमतिपदेनानवच्छिन्नक्रियता तद्द्वारा सर्वकालता । भुवनपदेन सर्वदेशता । आज्ञापदेन युक्तिजिज्ञासां विना स्वीकारः । विकारिपदेन माधवाङ्गीकारिता च ध्वनिता । ललिताः सुन्दरा मधुराः परिभाव्यमानास्ते ते प्रसिद्धा भावा रमणीवदनविभ्रमादयो धीरतां धैर्यं क्षिपन्त्यपनयन्ति । तदनेन कामकृतमेतदुन्नीयत इति भावः । प्रकृतिमधुरा इत्यपि पाठः । तत्र प्रकृत्या स्वभावत एव मधुरा मनोहराः ।

१५८–१६२ माधवप्रवेश इह द्विपदिकया । यदाह ।

शोकविभ्रमयुक्ते तु व्याधिचिन्तासमाश्रिते ।
श्रुतवार्त्तादिवैरूप्ये योज्या द्विपदिका बुधैः । इति ।

स्वगतमिति ।

यत्त्वश्राव्यं न सर्वस्य स्वगतं तदिहोच्यते ॥

इति भरतः । अनुस्मृतिमाह तामित्यादि । तां नायिकामचिरमधुनैव विचिन्त्य कथं मम चेतः ॥ कर्तृ ॥ कथमपि महता कष्टेन व्यपवर्तते व्याव-

---

१. प्रकृतिमधुराः noticed by Com.

लज्जां विजित्य विनयं विनिवार्य धैर्य-
मुन्मथ्य मन्थरविवेकमकाण्ड एव ॥
आश्चर्यम्। यद्विस्मयस्तिमितमस्तमितान्यभाव-
मानन्दमन्दममृतप्लवनादिवाभूत्[1]।

र्तते नागच्छति वा। तस्यां लग्नं तामेव धावतीत्यर्थः। किं कृत्वा। बालत्वेन कुलीनत्वेन च या लज्जा तामकाण्ड एवाप्रस्ताव एव विजित्य। रभसकाल एव हि लज्जाद्यभावप्रस्ताव इति भावः। विनयं मनोमलक्षालनोपदेशं दूरीकृत्य। महानायकतया साहजिकं धीरत्वमुन्मूल्य। कीदृशम्। मन्थरो मन्दो विवेक इतिकर्तव्यता यत्र तत्। क्रियाविशेषणं वा। कीदृशीम्। इन्दोश्चन्द्रात्सुन्दरं मुखं यस्यास्ताम्॥ वैयधिकरण्येपि गमकत्वात्समासः॥ इह तामित्यनुस्मृतिरिन्दुसुन्दरेति गुणकीर्तनं विभाव्येति चक्षुःप्रीतिः कथमपीत्युद्वेगो लज्जां विजित्येत्युन्मादो मन्थरविवेकमिति जडतेत्यनेकावस्थोक्ता।

१६२-१६६ यदित्यादि। तत्संनिधौ यन्मदीयं हृदयं विस्मयेनाद्भुतरसेन स्तिमितं निश्चलम्। एतेन स्तम्भ उक्तः। अत एवास्तमितो नाशं प्रापितोन्यो भावो विस्मयातिरिक्तो धर्मो यत्र तत्। अनेन जडतोक्ता। यदाह।

इष्टं वानिष्टं वा सुखदुःखे वा न वेत्ति यो मोहात्।
तुष्णीकः परवशगः स भवति जडसंज्ञकः पुरुषः॥

आनन्देन निरन्तरसुखेन मन्दं मन्थरं चाभूत्। अमृतप्लवनादिव सुधासेकादिव। अथ च योगाभ्यासेन कुण्डलिन्याचरणेनामृतसेकादिवेत्यर्थः। तत्रापि परमानन्दसंदोहो भवत्येव। एतेनाद्भुतनायिकादर्शनजातभावभरमन्थरता दर्शिता। तद्धृदयमधुना तद्वियोगेङ्गारचुम्बितमिवाङ्गारावस्पृष्टमिव व्यथमानं पीडायुक्तमास्त इत्याश्चर्यम्। न च प्रियासङ्ग

[1] आनन्दसान्द्र० B. D.

तत्संनिधौ तदधुना हृदयं मदीय-
मङ्गारचुम्बितमिव व्यथमानमास्ते ॥

मक॰। सखे माधव इत इतः।

माध॰। परिक्रम्य[1]। कथं प्रियवयस्यो मम मकरन्दः।

मक॰। उपसृत्य[2]। सखे माधव[3] ललाटंतपस्तपति तपनः[4] तदस्मिन्नुद्याने मुहूर्तमुपविशावः।

माध॰। यदभिरुचितं वयस्याय[5]। इत्युभावुपविशातः।

कल॰। दृष्ट्वा। कधं मअरन्दसहअरो इदं[6] ज्जेव्व बालवउलुज्जाणं[7] अलंकरेदि णाहमाहवो[8] ता[9] दंसेमि से[10] मअणवेअणाविज्झन्त[11]मालदीलोअणसुहावहं अत्तणो पडिच्छन्दअं। अहवा मुहुत्तं[12] विस्साम-सोक्खं दाव अणुभोदु[13]। (क)

(क) कथं मकरन्दसहचर इदमेव बालबकुलोद्यानमलंकरोति नाथ-माधवस्तद्दर्शयामि। मदनवेदनाखिद्यमानमालतीलोचनसुखावहमात्मनो-स्य प्रतिच्छन्दकम्। अथवा मुहूर्तं[14] विश्रामसौख्यं तावदनुभवतु।

सुखं तद्वियोगे दुःखमिति दृष्टचरमेव तत्कथमाश्चर्यमिति वाच्यम्। अ-ननुभूतरसस्य तस्य शिशुत्वेन किमिदं यदकाण्ड एव व्यथेति तत्संभवात्।

१६७–१७५ इत इहागच्छेत्यर्थः ॥ आद्यादित्वात्तसिः ॥ एतेन माधवस्य बाह्यार्थाग्रहान्मित्रादर्शनं सूचितम्। ललाटं तपति ललाटंतपः ॥ असूर्यललाटयोरिति खश् प्रत्ययः। खित्वान्मुम् ॥ माधवीयमन्मथोन्मादमपन्होतुकामस्येदं वचनम् ॥ वयस्यायेति रुच्यर्थानां प्रीयमाण इति संप्रदानता ॥ अत्र मकरन्देन पुष्परसेन सहचरो माधवो वस-

---

१ B. adds दृष्ट्वा, २ C. om. उपसृत्य. ३ A. D. om. माधव. ४ घर्मांशुः A. D.; B. adds इयं च ते शरीरावस्था. ५ यथा प्रियवयस्याय रोचते A. ६ इमं B. C. इदो D. ७ B. om. वउल. ८ A. C. om. णाह. ९ C. D. insert किं after ता. १० A. D. have this से after अत्तणो. ११ खिद्यमाण A. D. १२ B. C. om मुहुत्तं and insert माहवो. १३ °होदु B. १४ Com. adds चेह after मुहूर्त्तं.

मक०। तदस्यैव तावदुच्छ्वसितकुसुमकेसरकषायशीतलामोदवासितोद्यानस्य काञ्चनार[1]पादपस्याधस्तादुपविशावः। तथा कुरुतः।

मक०। वयस्य माधव। अद्य[2] किल सकलनगराङ्गनाजनप्रवर्तितमहोत्सवाभिराममद[3]नोद्यानयात्राप्रतिनिवृत्त[4]मन्यादृशं भवन्तमवधारयामि। अपि नाम मनागवतीर्णोऽसि रतिरमणबाणगोचरम्।

माधवः सलज्ज[5]मधोमुखस्तिष्ठति।

मक०। विहस्य। तत्किमवनतमुग्धमुखपुण्डरीकः स्थितो[6]ऽसि। पश्य।

अन्येषु जन्तुषु रज[7]स्तमसावृतेषु

न्वो बालबकुलमलंकरोतीति ध्वनिरप्युन्मिषति। मुहूर्तं चेत्यत्र सुस्थिते चित्ते वक्तुं युक्तमिति भावः।

१७६–१७७ उत्फुल्लपुष्पाणां ये केसराः किञ्जल्कास्तैः कषायो लोहितः शीतलश्च य आमोदस्तेन वासितं सुगन्धीकृतमुद्यानं येन तस्य॥ कषायः सुरभौ लोहितेऽन्यवदिति मेदिनीकारः॥ कषायादिसंबन्धेन सौरभस्यातिगभीरतोक्ता। आमुद्यतेऽनेनेत्यामोद इति। कषायादिसंपदे काञ्चनारेत्युक्तम्।

१७८–१८० प्रवर्तितः कृतः। अभिरामेति यात्रान्वयि। इह मकरन्दवचनेन नर्मरूपा प्रतिमुखसंधिरुक्ता। यदाह।

शृङ्गारार्थं त्रपाकारि वाक्यं गोष्ठीषु नर्म तत्। इति।

अपिः समुच्चये। नाम संभावनायाम्। इदं संभाव्येतापीत्यर्थः। मनागल्पम्। रतिरमणः कामः।

१८२–१८६ मुग्धं किंकर्तव्यताशून्यम्। पुण्डरीकं सितपद्मम्। विरहधूसरत्वेन मुखस्य पुण्डरीकसाम्यम्। तस्य लज्जयाकथनमाशङ्क्याहान्येष्वित्यादि। माधव तवापह्नुतिर्लज्जया कथंचिदपि मा भूत्।

---

१ काञ्चन A. C. २ अद्यैव तावत् A. D. ३ कामदेव B. C. ४ अभिनिवृत्त A. D. ५ लज्जया A. D. ६ तिष्ठसि A. D. ७ बहिस्तमसा B.

विश्वस्य धातरि समः परमेश्वरे च[1]।
सोयं प्रसिद्धविभवः खलु[2] चित्तजन्मा
मा लज्जया तव कथंचिदपह्नुतिर्भूत् ॥

माध० । वयस्य किं न कथयामि श्रूयताम् । गतोहमवलोकिताजनितकौतुकः[3] कामदेवायतनं तत्र च[4] ततस्ततः परिक्रम्यावलोक्य च परिश्रमादुल्लसित[5]मदिरामोदमधुर[6]परिमलाकृष्टसकलमिलदलिपटलसंकुला[7]कुलितबकुलमुकुलावलीमनोहराभरणरमणीयस्याङ्गनभुवो बालबकुल[8]स्यालवालपरिसरे स्थितः । तस्य च यदृच्छया निरन्तरनिपतितानि[9]

लज्जयापह्नवं मा कृथाः । एवमप्रतीकारः स्यादिति भावः । खलु यतः सोयं चित्तजन्मा कामः प्रख्यातपौरुषः । चित्तोन्माथविषय इति भावः । कीदृशः । विश्वस्य धातरि जगत्स्रष्टरि परमेश्वरे हरेन्येषु जन्तुषु मानुषादिषु च रजस्तमोगुणप्रधानेषु समस्तुल्यव्यापारः । यद्वा । अन्येषु मानुषादिषु रजस्तमसावृतेषु च तिर्यग्योनिषु विश्वस्य धातरि ब्रह्मणि परमेश्वरे हरे च सम इति भिन्नमेव योज्यम् । अतो लज्जां त्यक्त्वा कथयेति भावः ।

१८७–१९६ परिश्रमात्स्थित इत्यन्वयः । परिश्रमात्स्थितोहं न तु साकाङ्क्षत्वादिति भावः । मदिरामोदवन्मनोहरो यः परिमलः शुभगन्धः ॥ स्याच्छुभगन्धे परिमल इति विश्वः ॥ मिलन्मिलितम् । संकुलेन व्याप्ताकुलिता या बकुलमुकुलावली विकासाभिमुखकलिकाराजिः सैव मनोहरमाभरणं तेन रमणीयस्य । यद्वा । मदिरामोदेन मधुर इति समासः । तेन मदिरामोदस्य बकुलपुष्पोद्गमं प्रति दोहदत्वमाह । अङ्गनभुवोङ्गनस्थस्य । अनेन निकटवर्तिनः सेकादिना मनोज्ञता दर्शिता ।

---

१ अपि B. २ किल A. ३ कौतूहलः B. ४ B. C. om. च. ५ श्रमादुल्लसित B. ६ मनोहर B. ७ आकृष्टमिलिन्दपटलसंकुल B. ८ B. C. om. बकुल. ९ विकसितानि B. विकसितानिरंतराणि C.

कुसुमान्यादाय विदग्धरचनामनोहरां स्रजमभिनिर्मातुमारब्धवा-
नस्मि। अनन्तरं च संचारिणीव देवस्य मकरकेतोर्जगद्विजयवैजय-
न्तिका निर्गत्य गर्भभवनादुज्ज्वलविदग्धमुग्धनेपथ्यविरचनाविभावि-
तकुमारीभावा महानुभावप्रकृतिरत्युदारपरिजना कापि तत एवा- १९६
गतवती।

सा रामणीयकनिधेरधिदेवता वा

इहाङ्गणपदेनुविधायकाभावाण्णत्वश्रुतिरयुक्ता॥ पृषोदरादित्वाण्णत्वमित्यपि वचोमूलकमेव प्रत्युताङ्गनं प्राङ्गणे जाले कामिन्यामङ्गना मतेति विश्वादिकोषात्तवर्गपञ्चमोपान्तमङ्गनं केवलमिति शब्दप्रकाशाच्च नान्तत्वमेवेत्यवधेयम्। आलवालं खल इति [अळें इति पालेति-पाठन्व०] ख्यातम्॥ स्यादालवालमावालमम्भसां यत्र धारणमित्यमरः॥ विदग्धेति। मालानिर्माणं कामशास्त्रवैदग्ध्यद्योतनाय। उक्तं च मालाग्रथनविकल्पा इत्यादिनेति भावः। अतिसुकुमारतया कामिनोर्मनोहरतया सुगन्धितया सुन्दरतया चान्यपुष्पाणि त्यक्त्वा बकुलपुष्पैर्मालाग्रथनमिह। अत एव दमयन्तीस्वयंवरादावपि बकुलमालासममधूकमालापरिग्रहः। संचारणी गमनशीला मकरकेतोः कामस्य वैजयन्तिका पताका। गर्भभवनान्मध्यावासादुज्ज्वलया निर्मलयाग्राम्यया च शिशुप्रसाधनविरचनयोन्नीतः कुमारीभावः कुमारीत्वं यस्याः। कुमारीत्वेनावगुण्ठनपटाद्यभावात्तदुन्नयनमिति भावः। महानुभावप्रकृतिरतिप्रभावस्वभावा। अत्युदारो महान्दक्षिणो वा॥ उदारो महति दक्षिण इति शाश्वतः॥ परिजनदाक्षिण्यं सांनिध्यानयनेन ज्ञेयम्। तत एव तत्रैव।

१९७–२०० तद्गुणकीर्तनमाह सेत्यादि। सा स्त्री रामणीयकस्य मनोहरताया निधेराधारस्याधिदेवताधिष्ठात्री देवता। यद्वा।

---

१ मकरकेतनस्य B. C. २ B. inserts बाल after मुग्ध.

सौन्दर्यसारसमुदायनिकेतनं वा ।
तस्याः सखे नियतमिन्दुसुधामृणाल-
ज्योत्स्नादि कारणमभून्मदनश्च वेधाः ॥

रामणीयकमेव निधिस्तस्याधिष्ठात्री रक्षिका देवता । सौन्दर्यसारसमुदायस्य कान्तिनिर्यासपूरस्य निकेतनं गृहं वा । निकेतनस्याजहल्लिङ्गतया सामानाधिकरण्यम् । मनोहरत्वं कान्तिमत्त्वं च तत्रैव दृष्टमिति भावः । वा समुच्चये । यद्वा । वा विकल्पे तत्र निर्णेतुं न शक्यत इति विकल्पार्थः । यद्वा । वेवार्थे रामणीयकनिधेर्देवतेवेत्यर्थः ॥ वा स्याद्विकल्पोपमयोरिवार्थेपि समुच्चय इति विश्वः ॥ यद्वा। रामणीयकं रूपादिसंपत्तिस्तन्निधेरधिदेवता । अनेन शोभोक्ता । यदाह ।

रूपयौवनलावण्यैरुपभोगोपबृंहितैः ।
अलंकरणमङ्गानां शोभेति परिकीर्तिता ॥

सौन्दर्येत्यादिना कान्तिरुक्ता । यदाह ।

शोभैव कुसुमास्त्रेण पूरिता कान्तिरुच्यते ।

अतोनयोर्भेदः । अत्यन्तविलक्षणां तामालोक्योत्प्रेक्षते । नियतं नूनं तस्याः कारणं समवायिकारणमिन्दुसुधामृणालज्योत्स्नादिकमभूत् । चन्द्रो मुखस्य सुधाधरस्य मृणालं भुजयोर्ज्योत्स्ना लावण्यादीनामिति भावः । आदिपदेन पद्मौ पादयोः किसलयौ चरणयोरिति ग्राह्यम् । सर्वोपमाद्रव्यघटितेयमिति भावः । एवं मदन एवास्या वेधाः स्रष्टाभूत् । चकारोवधारणे । वेदजडस्य पुराणस्य ब्रह्मणो नात्र निर्माणकौशलमिति भावः । अत्र कामस्य स्रष्टृत्वेनाश्रुतत्वात्कथमिति न देश्यम् । अस्या मोहनीत्वेन मोहनपटुकामजन्यत्वोत्प्रेक्षणात् । अदृष्टचरत्वस्योत्प्रेक्षायामनुकूलत्वात् । असदारोपणस्योत्प्रेक्षात्वात् । नियतपदमुत्प्रेक्षाव्यञ्जकम् । नूनमित्येवमादिभिरिति वचनात् ।

अथ सा प्रणयिनीभिर[1]नुचरीभिरविरलकुसुमसंचयावचयलीलादोहदिनीभिरभ्यर्थ्यमाना तमेव [2]बकुलपादपोद्देशमागत[3]वती। तस्याश्च कस्मिं[4]श्चिदपि महाभागधेयजन्मनि बहुदिवसोपचीयमानामिव मन्मथ[5]व्यथाविकारमुपलक्षित[6]वानस्मि।

यतो[7]ऽस्याः। परिमृदितमृणालीम्लानमङ्गं प्रवृत्तिः
कथमपि परिवारप्रार्थनाभिः क्रियासु।
कलयति च हिमांशोर्निष्कलङ्कस्य लक्ष्मी-

२०१–२०४ प्रणयिनी स्निग्धा। अनुचरी दासी। संचयः समूहः। अवचयस्त्रोटनम्। दोहदोभिलाषः। सहर्षमाह तमेवेति। सोद्देशेनाह कस्मिन्नपीति॥ भागधेयं भाग्यमित्यमरः॥ इहानुमानरूपो गर्भसंधिः कस्मिंश्चिदित्यनेनोक्तः। यदाह।

व्याप्येन व्यापकज्ञानमनुमानमुदीरितम्। इति।

२०५–२११ विकारचिह्नमाह परिमृदितेति। यथास्या अङ्गं परिमृदिता मर्दनविषयीकृता या मृणाली बिसलता तद्वन्म्लानम्। क्रियासु ताम्बूलभक्षणादिषु परिजनयाचनाभिरस्याः कथमपि प्रवृत्तिः। इह मृणालीपदेन तनुता म्लान्या निद्राच्छेदः कथमपीत्यादिना विषयनिवृत्तिः कथिता। तनुत्वम्लानत्वमान्द्यैर्ग्लानिरुक्ता। यदाह।

ग्लानौ तनुत्ववैवर्ण्यमन्दतादिनिदर्शनम्।

ननु तनुत्वादिना व्यभिचारिणा कथं कामविकारोन्नयनमत आह। कलयतीति। तस्याः कपोलो हिमांशोः शोभां कलयति। अनेन पाण्डुता दर्शिता। कीदृशः। नूतनदन्तिदन्तखण्डगौरः। छिद्यत इति च्छेदः खण्डः। इहाभिनवपदेन सपुलकत्वं ध्वनितम्। तथा च कपोलपाण्डु-

---

१ B. om. अनुचरीभिः. २ बालबकुल. A. D. ३ आगता B. ४ कस्मिन्नपि B. C. ५ C. om. व्यथा. ६ उपलब्धवान् A. D. ७ यतः A. B. C.

मभिनवकारिदन्तच्छेदपाण्डु[१]: कपोलः ॥

सा पुनर्[२]मम प्रथमदर्शनात्[३]प्रभृत्यमृतवर्तिरिव चक्षुषो[४]र्निरतिशे[५]यमानन्दमुत्पादयन्त्ययस्कान्तमणिशलाकेव लोहधातुमन्तःकरणमाकृ[६]ष्टवती। किं बहुना।

संतापसंततिमहाव्यसनाय तस्या-

त्वसपुलकत्वादिना कामविकारव्याप्तेन तदुन्नयनमिति भावः। विरहे पाण्डुतापि। यदाह।

अङ्गस्यासौष्ठवं तापः पाण्डुता कृशता रतिः।

वर्तिर्नेत्राञ्जनलेखा। अयस्कान्तो लोहाकर्षको मणिः। लोहधातुर्लोहरूपं द्रव्यम्। अन्तःकरणं मनः। ममान्तःकरणमाकृष्टवतीत्यर्थः। किं बहुनेत्यनेन सखेदनिःश्वाससूचनम्।

२१२–२१५ संतापेत्यादि। ममैतच्चेतस्तस्यां विषय आसक्तं समन्ताद्भ्रमस्तीत्यर्थः। संतापपरंपरैव महाव्यसनं तदर्थम्॥ तादर्थ्ये चतुर्थी॥ संततिपदेन मालतीलाभमन्तरेण यावज्जीवमविच्छेदस्तदलाभे प्राणहानिश्चोक्ता। कीदृशम्। अनपेक्षितनिमित्तम्। एतेन विषयालाभेप्यस्य स्वाभाविकी प्रीतिरुक्ता। यदाह।

अभ्यासादभिमानाच्च तथा संप्रत्ययादपि।
विषयेभ्यश्च तत्त्वज्ञा विदुः प्रीतिं चतुर्विधाम्॥

अनेन निजमुच्छृङ्खलत्वमपि निरस्तम्। अत एवाह प्राय इति। बाहुल्येन भगवती भावितव्यतावश्यंभावि प्राक्तनकर्म जीवानां शुभमशुभं च विदधाति। अत एव सा सर्वंकषा सर्वहरा। तथा च ममावश्यकं दुःखं त्वं तु

---

१ कांत B. दांत C. २ A. om. पुनर्. ३ प्रथमदर्शनक्षणात्प्रभृति A. D. ४ नयनयोः C. ५ अतिशयानन्दं A. D. निरंतरमानंदं C. ६ आक्षिप्तवती सर्वथा B. C.

मासक्तमेतदनपेक्षितहेतु चेतः।
प्रायः शुभं च विदधात्यशुभं च जन्तोः
सर्वंकषा भगवती भवितव्यतैव॥ २१९

मक०। वयस्य माधव। स्नेहश्च निमित्तसव्यपेक्ष इति विप्रतिषिद्धमेतत्[1]। पश्य।

व्यतिषजति पदार्थानान्तरः[2] कोपि हेतु-
र्न खलु बहिरुपाधीन्प्रीतयः संश्रयन्ते।
विकसति हि पतङ्गस्योदये पुण्डरीकं २२०

यथोचितं कुर्या इति भावः॥ आसक्तेत्याङ्पूर्वात् षच् समवाये क्तः सर्वंकषेति खच्प्रत्यये खित्वान्मुम्॥

२१६–२२१ माधवोक्तप्रीतेरनिमित्तकत्वमुपपादयति। स्नेह इति निमित्तमिह द्वयं बाह्यमाभ्यन्तरं च तदिह बाह्यहेत्वपेक्षः स्नेहोस्थिर एव। निमित्तनिवृत्तौ तन्निवृत्तेरावश्यकत्वात्। अत आन्तरनिमित्तापेक्षैव स्नेहस्येति भावः। विप्रतिषिद्धं विरुद्धं बाह्यनिमित्तापेक्षया विरोध इति भावः। स्वोक्ते युक्तिमाह। व्यतिषजतीत्यादि। आन्तरो हेतुः कोप्यनिर्वचनीयः पदार्थान्नरनारीप्रभृतीन्व्यतिषजति विशेषतो मेलयति। यतः प्रीतयो बहिरुपाधीन्बाह्यहेतून्सौन्दर्यादीन्न संश्रयन्ते प्रकर्षेणावलम्बन्ते। अत्र कोपीत्यनेन जन्मान्तरानुभवजनितसंस्कारताध्वनिः। न खल्वित्यनेन दृष्टश्रुतानुमितसकलैहिकोपाधिनिषेधात्तथावसायः। अत एव विशेषप्रकर्षद्योतकाभ्यामुपसर्गाभ्यामासङ्गस्य जीवितावधित्वमुक्तम्। उक्तं द्रढयति। यतः पतङ्गस्य सूर्यस्योदये पुण्डरीकं विकसति चन्द्र उद्गत उदिते सति चन्द्रकान्तो द्रवति क्षरति च। तथा च तीक्ष्णकरोदये कोमलकमलदलविकासादमृतकरोदये पाषाणदारणाच्च

---

१. प्रसिद्धमेतत् C. २ ०नंतरः B. वांतरः D.

द्रवति च हिमरश्मावुद्गते चन्द्रकान्तः ॥

ततस्ततः ।

माध० । ततश्च तत्र ।

सभ्रूविलासमथ सोयमितीरयित्वा
सप्रत्यभिज्ञमिव मामवलोक्य तस्याः ।
अन्योन्यभावचतुरेण सखीजनेन
मुक्तास्तदा[1] स्मितसुधामधुराः कटाक्षाः ॥

मक० । स्वगतम् । कथं प्रत्यभिज्ञापि नाम ।

सहजासिद्ध एव हेतुः । इह किं बाह्यं कारणं दृश्यते । तद्वत्प्रकृतेपि स्वाभाविक एव स्नेह इति भावः । पुण्डरीकपदमिह पद्ममात्रपरम् । अर्थान्तरन्यासोयम् ।

२२२–२२८ ततस्तत इति कथोपक्रमरीतिः । तत्र स्थाने । सभ्रूविलासमित्यादि । अथ तस्याः सखीजनेन तदा सोयमित्युक्त्वा सप्रत्यभिज्ञमिव पूर्वदृष्टमिव मामवलोक्य सभ्रूविलासं सभ्रूभङ्गं यथा तथा कटाक्षाः क्षिप्ताः । एतेन कटाक्षाणां पूर्वदृष्टप्रत्यभिज्ञाकारार्पणत्वमुक्तम् । कीदृशेन । अन्योन्याशयविज्ञेन । अनेन नायिकाव्युत्पत्त्यतिशय उक्तः । कीदृशाः स्मितमीषद्धसितमेवामृतं तेन मनोज्ञाः ।

ईषत्प्रफुल्लितैर्गण्डैः कटाक्षैः सौष्ठवान्वितैः ।
अदृष्टदन्तकुसुमैरुत्तमानां स्मितं मतम् ॥

इति भरतः । स्वस्यादृष्टचरत्वेन संभावनायामिहेवशब्दः । अवलोक्येति । ललिता दृष्टिरियम् । यदाह ।

मधुराकुञ्चितारा च सभ्रूक्षेपा च सस्मिता ।
समन्मथविकारा च दृष्टिः सा ललिता मता ॥

---

१ सदा C.

माध० । अथ ताः सलीलमु[1]त्तालकरकमले[2]तालिकातरलवलयावलीकमु[3]त्त्रस्तमत्तकलहंसविभ्रमाभिरामचरणसंचरणझणझणायमानम[4]ञ्जुमञ्जीरर[5]सितानुविद्धमेखलाकलापक[6]लकिङ्किणीरणत्कारमुखरं प-

---

इह तु हर्षादियमुचिता । यदाह । धृतौ हर्षे च ललिता । भ्रूविलासेत्यनेन मोट्टायितमपि कटाक्षितम् । प्रत्यभिज्ञैकस्य वस्तेदन्तावैशिष्ट्यम् । तस्या एवाकारः सोयमिति । नाम संभावनायाम् । अदृष्टचरत्वेन माधवप्रत्यभिज्ञाया असंभवादिति भावः ।

२२९-२३५ तामेव स्फोटयति । अथेति । अनन्तरं ताः सख्यो हे भर्तृदारिके स्वामिपुत्रि हर्षेण वयं वर्धामहे यतोत्रैव स्थाने कस्यापि कोपि तिष्ठतीत्युक्त्वा मामङ्गुलीखण्डलीलया कथितवत्यः । किं कृत्वा । सलीलं सविलासचेष्टितं यथा तथा प्रतिनिवृत्त्य । स्त्रीणां विलासचेष्टितं लीलेति भरतः । उत्तालमुद्भटम् । विभ्रमो विलासो विशिष्ट भ्रमणं वा । मञ्जुर्मनोज्ञः । मञ्जीरो नूपुरः । रसितानुविद्धः शब्दानुगतः । मेखलायाः कलापो गुच्छः । यद्वा । मेखला च कलापश्च तयोः किङ्किणी क्षुद्र घण्टिका ।

मेखला च कलापश्च भवेच्छ्रोणिविभूषणम् ।
एकयष्टिर्भवेत्काञ्ची मेखला त्वष्टयष्टिका ॥
रशना षोडश ज्ञेया कलापः पञ्चविंशतिः ॥

इति भरतः । इदं सर्वं निवर्तनक्रियाविशेषणम् । गतिरियं विकला । यदाह ।

आवेगे चैव हर्षे च कार्ये च त्वरयान्विते ।
एतेषु च गतिं प्राज्ञो विकलां संप्रयोजयेत् ॥ इति ।
राजा भट्टारको देवस्तत्सुता भर्तृदारिका ॥

---

१ उत्तालदत्तकर० B. २ A. inserts ललित after कमल. ३ समुत्त्रस्त B. C. ४ मञ्जीरमञ्जु A. D. ५ शिञ्जित A. ६ A. D. om. कल.

रिवृत्य[1] भर्तृदारिके दिष्ट्या वर्धामहे[2] यदत्रैव कोपि कस्यापि[3] तिष्ठतीति मामङ्गुलीदलविलासेनाख्यातवत्यः ।

मक० । स्वगतम् । हन्त महतः[4] प्रागनुरागस्योद्भेदः ।

कल० । आकर्ण्य । कधं[5] सरसरमणीआणुबन्धिणी इत्थीअणकधा[6] । (क)

मक० । ततस्ततः[7] ।

माध० । अत्रान्तरे किमपि वाग्विभवातिवृत्त-
वैचित्र्यमुल्लसितविभ्रममुत्पलाक्ष्याः[8] ।

(क) कथं सरसरमणीयानुबन्धिनी स्त्रीजनकथा ।

राजपदमीश्वरमात्रपरम् । तेनामात्यकन्यापि भर्तृदारिकेत्युच्यत इत्यवधेयम् । कोपि कस्यापीत्यनेनानुद्घटोद्भावनेन तासां चातुर्यमुक्तम् । अत एव कस्यापीति सामान्यनिर्देशात्क्लीबत्वम् । अन्यथा स्त्रीलिङ्गनिर्देशः स्यात् । कोपीति पुंलिङ्गनिर्देशस्तु स्पष्टार्थः । अन्यथा किमपीति निर्देशे पुष्पादिप्रतिपत्त्या संशयः स्यादिति भावः । अङ्गुलीदलपदेन सविलासाख्यानमुक्तं संगुप्तमाख्यानं वा ध्वनितम् । इदमाख्यानं नर्मवाक्यम् । यदाह ।

सहास्यवचनप्रायं नर्मेच्छन्ति मनीषिणः ॥

हन्त हर्षे । उद्भेदः प्रकाशः । अनुबन्धिनी प्रतीयमाना ।

२३७–२४० अत्रान्तरेत्यादि । सखीनां दर्शनावसर एव पद्माक्ष्याः संबन्धि तन्मान्मथं कामजमाचार्यकमुपदेशकमाविरासीत्प्रकटीभूतम् । कीदृशम् । किमप्यनिर्वचनीयमत एव वाग्विभवाद्वचनप्रपञ्चादतिवृत्तमतिशयितं वैचित्र्यं यस्य तत् । उल्लसित उत्थितो विभ्रमो भावभेदो यत्र तत् ।

यच्चित्तवृत्तेरनवस्थितत्वं शृङ्गारजो विभ्रम उच्यतेसौ ।
भेदास्त्रयस्तस्य मदानुबन्धकार्कश्यसंज्ञाः कथिता विदग्धैः ॥

---

१ प्रतिनिवृत्य A. २ वर्धसे B. ३ कस्यापि वल्लभः B. कस्या अपि C. ४ सूचितो महतः B. ५ कथं A. ६ इत्थीआ B. ७ B. om. one ततः ८ आयताक्ष्याः B.

तद्भूरिसात्त्विकविकारमपास्तधैर्य-

माचार्यकं विजयि मान्मथमाविरासीत्॥ २४०

ततश्च। स्तिमितविकसितानामुल्लसद्भ्रूलतानां

इति भरतः। भूरि प्रचुरः सात्त्विकविकारो यत्र तत्। सत्त्वं मानसं किमपि तेन निर्वृत्तः सात्त्विको भावः। यदाह।

सत्त्वोत्कटे मनसि ये प्रभवन्ति भावा-

स्ते सात्त्विका निगदिताः कविभिः पुराणैः।

ते च।

स्वेदः स्तम्भोथ रोमाञ्चः स्वरभङ्गोथ वेपथुः।

वैवर्ण्यमश्रु प्रलय इत्यष्टौ सात्त्विका मताः॥ इति।

अपास्तं क्षिप्तं धीरत्वं येन तत्। महाभिजनत्वाद्यनपेक्षत्वादिति भावः। विजयि सर्वत्राप्रतिहतं कुमार्या अपि शिशुत्वाद्विजय इति भावः। उत्पलाक्ष्या इत्यनेन बहुविधे नेत्रविकारे प्रीतिगो हाव इहोक्तः। यदाह।

भ्रूनेत्रादिविकाराद्यः शृङ्गाराकारसूचकः।

स्थायिभावः स्थितो हाव ईर्ष्यातः प्रीतिगोपि च॥

इह श्लोके विलास उक्तः। यदाह।

दयितावलोकनादौ विशेषोङ्गक्रियासु यः।

शृङ्गारचेष्टासहितो विलासः समुदीरितः॥

२४१-२४४ संप्रति हेला हावात्समुत्थितेति भरतानुसारेण हावानन्तरं हेलामाह। स्विमितेत्यादि।

नारीणां प्रियसंभोगलज्जासाध्वसकौतुकैः।

स्वभावाविष्कृतो वेगो हेलेति परिकीर्तितः॥

---

१ मनसि B.

मसृणमुकुलितानां प्रान्तविस्तारभाजाम् ।
प्रतिनयननिपाते किंचिदाकुञ्चितानां

इति भरतः । श्लोकार्थस्तु तस्या आलोकितानां सहसा दर्शनानां पात्रं योग्योहमभूवं वृत्तोस्मि ।

सहसा दर्शनं यत्स्यात्तदालोकितमुच्यते ॥

इति भरतः । कीदृशानाम् । मदीयरूपनिरूपणाश्चर्येण स्तिमितानि निश्चलानि हर्षेण विकासितानि प्रफुल्लानि च तेषाम् । दृष्टिरियमद्भुता । यदाह ।

समाकुञ्चितपक्ष्माग्रा विस्मयोद्भूततारका ।
सौम्या विकसितान्ता च दृष्टिः स्याददुताभिधा ॥

यद्वा । स्तिमितं मन्दं यथा तथा विकसितानां प्रकाशितानां प्रथमं नायकदर्शनेन शनैः शनैः प्रसारणमिति भावः । अनेनोत्तरोत्तरदर्शनाभिलाषः सूचितः । उल्लसन्ती चपला भ्रूर्लतेव येषु तेषाम् । दीर्घत्वेन भ्रूलतयो रूपकम् । अनेन कान्ता दृष्टिरुक्ता । यदाह ।

हर्षप्रसादजनिता कान्तात्यर्थं समन्मथा ।
सभ्रूक्षेपकटाक्षा च शृङ्गारे दृष्टिरिष्यते ॥

मसृणानि चिक्कणानि लज्जया मुकुलितानि च तेषाम् । दृष्टिरियं मुकुलिता ।

मुग्धा निमीलितान्ता च मुकुला दृष्टिरिष्यते ॥

इति भरतः । यद्वा । सुखभावनया मसृणं मन्दं यथा भवति तथा मुकुलितानाम् । एतेन दर्शनजनितानन्दसंपत्पर्यवसानं सूचितम् । पुनः पुनर्दर्शनाकाङ्क्षया तिर्यगायतत्वेन प्रान्ते निकटे च विस्तारवताम् । शङ्किता दृष्टिरियम् । यदाह ।

किंचिच्चलत्स्थिरा किंचिन्नमिता तिर्यगायता ।

---

१ प्रीति C.

विविधमहमभूवं पात्रमालोकितानाम् ॥

तैश्च । अलसवलितमुग्धस्निग्धनिष्पन्दमन्दै- २४५

गूढा चकिततारा च शङ्किता दृष्टिरुच्यते ॥

अनेन कटाक्षपर्यवसानमुक्तम् । प्रतीपदिगायतमन्नेत्रपाते सति लज्जया दर्शनोत्सुकतया च किंचिदाकुञ्चितानां मुद्रितानाम् । आकुञ्चितेयं दृष्टिः । यदाह ।

अनाकुञ्चितपक्ष्माग्रा पुटैराकुञ्चितैस्तया ।
संनिकुञ्चिततारा च कुञ्चिता दृष्टिरुच्यते ॥

न च

कुञ्चिता सूचिता नष्टदुष्प्रेक्षाक्षिण्यथासु या ॥

इति भरते नियमादिह कुञ्चितदृष्टिकथनमयुक्तमिति वाच्यम् । लज्जया माधवे दुष्प्रेक्षत्वसंभवात् । पात्रं कीदृशम् । विविधं नानाप्रकारम् । स्तिमितदृष्टिप्रयोगेऽपि मयापि तथैव दृष्टिप्रयोगः कृत इत्यर्थः ॥ योग्यभाजनयोः पात्रमित्यमरः ॥ अभूवमिति भुवो लुङि सिचि रूपम् ॥

२४५–२४८ अलसेत्यादि । पक्ष्मलाक्ष्याः प्रशस्तपक्ष्मयुक्तायास्तैरवलोकितैः कटाक्षतापन्नैर्मम हृदयमपहृतं स्ववशीकृतम् । इह रक्षकबाहुल्येन गमनत्वरया शङ्कया वावलोकितानामेव कटाक्षत्वमुक्तम् । कटाक्षस्तिर्यग्विलोकनात्मकः । कर्णाभ्यर्णसंचारितारकः । सर्वानङ्गरङ्गजनक इति भावः । तथा निश्चलत्वेनापविद्धं मथितम् । मथ्यमानतया द्रवरूपत्वेन पीतम् । अत एवोन्मूलितम् । तदा किमपि मया न ज्ञातमित्यर्थः । अत एवाशरणं रक्षकशून्यं जातम् । ततो यथार्हं कुर्विति भावः । कीदृशैः । लज्जयालसैर्मन्दैः कौतुकेन वलितैश्चलितैः । अथ मुकुलनेन मुग्धै रम्यैः । प्रीत्या स्निग्धैः । रूपदर्शनाद्भुतचिन्ताभ्यां

१ चलित B.

राधिकविकसदन्तर्विस्मयस्मेरतारैः ।
हृदयमशरणं मे पक्ष्मलाक्ष्याः कटाक्षै-

निष्पन्दैरनिमेषैः । पुनः कोयं द्रष्टव्य इति विषादान्मन्दैरित्यर्थः । इयं विषादिनी दृष्टिः । यदाह ।

विषादविस्तीर्णपुटा पर्यस्तान्तानिमेषिणी ।
किंचिन्निष्टब्धतारा च नार्या दृष्टिर्विषादिनी ॥

यद्वा । अलसं मन्दं यथा तथा वलितैः । इयं निर्विकारा दृष्टिः । यदाह ।

ललिता कुञ्चिता या च या च धीरावलोकिनी ।
निर्विकारा दृगिष्टा सा साध्व्येवाकारगोपिषु ॥

तथा प्रथमदर्शनापेक्षयाधुना विशेषदर्शनादधिकं विकसतान्तर्विस्मयेन स्मेरा मुग्धा तारा येषां तैः । इयं दृष्टिः स्निग्धा । यदाह ।

किंचित्सहासेव सविस्मयेव सभ्रूसमुत्क्षेपकटाक्षयुक्ता ।
स्निग्धा निकामं प्रमदैवनिष्ठा शृङ्गारजा दृष्टिरिह प्रदिष्टा ॥

यद्वा । कटाक्षैर्मम हृदयमपहृतमित्यनेन प्रीतिरुक्ता । अन्यस्यापि चक्षुष्प्रीतिहेतोर्मनोहरत्वं भवत्येव । अपविद्धमित्यनेन चित्तासङ्ग उक्तः । अपव्यधेरत्यन्तासङ्गवाचित्वादिति भावः । पीतमात्मायत्ततां नीतम् । अनेन संकल्प उक्तः । मानसव्यापारस्यात्मवशत्वादिति भावः । उन्मूलितमित्यनेन विषयनिवृत्तिः सूचिता । अशरणमित्यनेन चित्तापहरणादिनिवारकाभाव उक्तः । नायिकाया निरवद्यरूपता च सूचिता । अलसेत्यनेन निद्रोद्भेदः । वलित इत्यनेन त्रपानाशः । मुग्धत्वेन मधुरता । स्निग्धत्वेन साभिलाषत्वम् । अभिलषनीयस्य स्नेहविषयत्वात् । निष्पन्दतया निकोचवैमुख्यम् । मन्दत्वेन सहर्षत्वम् । अधिकेत्यादिनान्तर्विकासिनी स्मेरतारा चेत्युक्तम् । एवं चालसवलितैरपहृतम् । योपि हि चौरादिः किंचिदपहरति स मन्दं मन्दं वलत इति भावः । मुग्धैः

रपहृतमपविद्धं[1] पीतमुन्मूलितं च[2] ॥

एवमहं तु तस्याः सर्वाकारहृदयंगमायाः संभाव्य[3]मानस्नेहरसेनाभिसंधिना विधेयीकृ[4]तोपि पारिप्लवत्वमात्मनोपनिह्नोतुकामः प्राक्प्रस्तुतस्य बकुलदाम्नो[5] यथाकथंचिदवशेषं ग्रथितवानेव। ततो मिलि-

सहजरूपदर्शनातिमोहवद्भिः स्निग्धैर्मद्विषयस्नेहसूचकचेष्टावद्भिरपविद्धं क्षिप्तं पराभूतमिति यावत्॥ विद्धक्षिप्तेरिताः समा इत्यमरः॥ अनेन चेतसोनायत्तिर्दर्शिता। ननु चित्तावक्षेपनिवारकं तदनु [तदन्य?] ध्यानादिकं किमिति न कृतमत आह। निष्पन्दैर्विमुखैर्मन्दैर्मदेकविश्रान्तैश्च पीतं तदितरानुसंधानशून्यं कृतम्। तथा च नान्यविषयपरिशीलनकथेति भावः। अधिकत्यादिनोन्मूलितम्। अनेन मनोनिग्रहाभावो मित्रोपदेशानवसरश्च सूचितः। इह पूर्वश्लोकेन नार्थपौनरुक्त्यम्। आलोकितावस्थाकटाक्षावस्थयोर्भेदात्। नायकस्य रसाक्षिप्तचित्तत्वाद्वा।

२४९–२५३ तथाविधभावदर्शनेन हृदयंगमत्वम्। संभाव्यते। अपदेपि प्रेम्णोनिष्टाशङ्कित्वादितिभावः। अभिसंधिरभिप्रायः। यथाकथंचिदिति। चेतसस्तदपहृतत्वादितिभावः। वर्षवराः क्लीबास्तत्प्रायास्तत्प्रधानाः। यद्वा।

विनीताः सर्वसत्वाश्च क्लीबाश्चैव स्वभावतः।
जात्या न दोषिणश्चैव ते वै वर्षवरा मताः॥

इति परिभाषिता वर्षवराः। हस्तिनीसमारोहणादिना महावंशजत्वेन मालत्या उत्तमस्त्रीत्वं सूचितम्। यद्वा। हस्तिनीसमारोहणेनात्युच्चयानतया दूरदर्शित्वं सूचितम्। तत्रापि मन्थरगतिसूचनाय हस्तिनीग्रहणम्।

१ अपविद्धं B. २ नु. ३ संभाव्यमाण B. ४ विलोकृतोपि C. विषयीकृतोपि D.
५ बकुलपुष्पदाम्नो B. अमुष्य दाम्नो C.

तथेत्रशस्त्रपाणिवर्षवरप्रायपुरुषपरिवारा[1] गजवधूमारुह्य नगरगामिनं[2] मार्गमिन्दुवदनालंकृतवती[3] ।

तदा[4] च । यान्त्या मुहुर्वलितकन्धरमाननं त-
दावृत्तवृन्तशतपत्त्रनिभं वहन्त्या ।
दिग्धोमृतेन च विषेण च पक्ष्मलाक्ष्या
गाढं निखात इव मे हृदये कटाक्षः ॥

ततः प्रभृति ।

परिच्छेदातीतः सकलवचनानामविषयः
पुनर्जन्मन्यस्मिन्ननुभवपथं यो न गतवान् ।

हस्तिजातावपि स्त्रिया मन्थरगतिमत्त्वात् । एतदुभयं चिरं माधवावलोकनायेति भावः ।

२५४–२५७ यान्त्येत्यादि । तया पक्ष्मलाक्ष्या यान्त्या मम हृदये गाढं यथा तथा कटाक्षो निखात इव दत्त इव । तदा तदवलोकनं मम हृदये लग्नमिवेत्यर्थः । निखात इत्यनेन कटाक्षस्य दुःसहत्वमुक्तम् । कीदृश्या । तदाननं वहन्त्या । कीदृशम् । मुहुर्वलिता वक्रिता कन्धरा घाटा यत्र तत् । क्षणं क्षणं व्यावर्तमानम् । पश्यन्त्येत्यर्थः । आवृत्तवृन्तमावर्जितनालं यच्छतपत्त्रं पद्मं ततो निरतिशया भा दीप्तिर्यस्य तत् । तन्निभं तत्तुल्यमिति वा । वृन्तादारभ्यावर्तनेन पद्मविवर्तनसिद्धिः । कीदृशः । प्रथममानन्दहेतुतयामृतेन दिग्ध उपचितः पश्चाद्दर्शनानन्दविच्छेदाद्विषेण दिग्धः ।

२५७–२६२ ततः प्रभृति तस्मादारभ्य । परिच्छेदेत्यादि । विकारः कामजो भावोन्तर्जडयति मोहयति तापं च कुरुते व्यथयति । यदा तत्प्राप्तिचिन्ता तदा जडतेतरकार्याप्रतिपात्तिः । यदा च

---

१ ०धर. B. C. D. २ परिवृता B. C. ३ नगरमार्गं B. ४ तदा हि B. C.

विवेकप्रध्वंसादुपचितमहामोहगहनो
विकारः कोप्यन्तर्जडयति च तापं च कुरुते ॥
अपि च । परिच्छेदव्यक्तिर्भवति न पुरःस्थेपि विषये
भवत्यभ्यस्तेपि स्मरणमतथाभावविरसम् ।
न संतापच्छेदो हिमसरसि वा चन्द्रमसि वा २६५

बह्यतिरेकचिन्ता तदा ताप इति कालभेदेन जाड्यतापयोर्न विरोधः । तदुभयजनकवस्तुनोभावमाशङ्क्याह । कोपि विशिष्यानिर्वचनीयः परिच्छेदमियत्तामतीतोतिक्रान्तो निर्वक्तुमशक्यश्च । यः पुनरस्मिञ्जन्मन्यनुभवपथं न गतवानत एव परिच्छेत्तुं निर्वक्तुं चाशक्य इति भावः । सांप्रतं तदनुभवेन तद्रूपं किमिति न क्रियत इत्याशङ्क्याह । विवेकप्रध्वंसात्प्रशस्तज्ञानाभावादुपचितमहामोहेन गहनः संकटः । तदानीं विवेकाभाव इति भावः । अनेन जडता दर्शिता ।

२६३–२६६ परिच्छेदेत्यादि । संनिकृष्टेपि घटादौ परिच्छेदव्यक्तिर्निर्णयाभिव्यक्तिर्न भवति । घटादिकमपि निर्णेतुं न शक्नोमीत्यर्थः । अनेन बाह्येन्द्रियाणां विषयव्यावृत्तिरुक्ता । अभ्यस्तेपि वारं वारमनुभूतेपि स्मरणमतथाभावेन खण्डस्फुटिततया विरसं वैरस्यवत् । एतेन मनसोपटुत्वमुक्तम् । इयमनुस्मृत्यवस्था । विषयनिवृत्त्या संतापः शीतलसेवनादपि नापैतीत्याह । हिमसरसि शीतलसरोवरे चन्द्रमस्यमृतकरकिरणे वा मनःसंतापहानिः । चन्द्रमःपदं लक्षणया स्वकिरणमाह । इयमुद्वेगावस्था यदाह ।

आसने शयने वापि न तिष्ठति न तुष्यति ।
औत्सुक्यं च भवेन्नित्यमुद्वेगस्थान एव च ॥

१ अयथा° C. D.

मनो निष्ठाशून्यं भ्रमति च किमप्यालिखति च ॥

कल० । दिढं क्खु एसो कए वि अवहरिदो[१] । अवि णाम मालदी[२]उज्जेव्व सा भवे । (क)

मक० । स्वगतम् । अहो अभिष्वङ्गः[३] । तत्किं निषेधयामि सुहृदम् । अथवा । मा मूमुहत्खलु भवन्तमनन्यजन्मा
मा ते मलीमसविकारघना मतिर्भूत् ।
इत्यादि नन्विह निरर्थकमेव यस्मा[४]-
त्कामश्च जृम्भितगुणो नवयौवनं च ॥

(क) दृढं खल्वेष कयाप्यपहृतः । अपि नाम मालत्येव सा भवेत् ।

निष्ठाशून्यं धैर्यरहितं मनो भ्रमति च स्वल्पत्वात् । किमपि मनोरथमालिखत्यालिङ्गति । अनेनोन्मादावस्थोक्ता ।

२६७–२६९ अपहृतो वशीकृतः । अपिः संभावनायाम् । नाम प्रकाशे । स्वगतमिति ।

यत्तु श्राव्यं न सर्वस्य स्वगतं तदिहोच्यते ॥

इति भरतः । अभिष्वङ्ग आसक्तिरूपो मनःपराभवः ॥ आक्रोशशापाभिभवेष्वभिषङ्गपदं विदुरिति शाश्वतः ॥

२७०–२७४ मा मूमुहदिति । अनन्यजन्मा कामः खल्वत्यर्थं मा मूमुहत् । न चित्तविप्लवसहितमजीजनदेवं च ते मतिर्मलीमसविकारेण कामजेन घना निबिडा मा भूदित्यादि निषेधवाक्यमिहानर्थकमेव । ननुपदमनन्वये । यतः कामो जृम्भितो वलयितो गुणो ज्या यस्य सः । जृम्भितगुण उपचितव्यापारो वा कामः । नवयौवनं च जृम्भितगुणम् । प्रकाशितरूपादिकमस्तीत्यर्थः । अतस्तत्पराधीनोयं न निषेद्धुं शक्य इत्यर्थः । प्रकाशमिति ।

१ भवहदो C. २ ०दी ज्जेव A. ३ महानभिष्वंग B. ४ यस्मिन् C.

प्रकाशम्। अपि वयस्येन विदिते तदन्वयनामनी।

माध०। सखे श्रूयताम्। अथ तस्याः करेणुकारोहणसमय एव महतः सखीकदम्बकादन्यतमा वारयोषिद्विलम्ब्य बाल[2]बकुलकुसुमावचयक्रमेण नेदीयसी भूत्वा प्रणम्य कुसुमापीडव्याजेन मामेवमुक्तवती। महाभाग[3] सुश्लिष्टगुणतया रमणीय एष वः सुमनसां संनिवेशः कुतूहलिनी च नो भर्तृदारिका वर्तते[4] तस्या अभिनवो विचित्रः कुसुमे-

यत्तु सर्वजनश्राव्यं प्रकाशं तदिहेष्यते॥

इति भरतः। अन्वयो वंशः।

२७५-२८२ करेणुका हस्तिनी। अन्यतमान्या॥ स्वार्थे तमप्॥ यद्वा। एकपर्यायोयमव्युत्पन्न एवान्यतमशब्दः। वारयोषिद्गणिका। तस्या ईदृक्त्वादुपादानमिह। विलम्ब्यैकाकिनी भूत्वा। नेदीयसी निकटस्था च भूत्वा। उभयत्र पुष्पत्रोटनक्रमेणेति योज्यम्। कुसुमापीडव्याजेन पुष्पदामच्छलेन। अभ्यर्थनाभङ्गभयेन च्छलेन मामाहेति भावः। अथ च कुसुमेनापीडयति कुसुमापीडः कामः। तद्व्याजेन मां प्रणम्येत्यर्थः। महाभाग महाभाग्य॥ भागो भाग्यार्धयोरपीति विश्वः॥ सुश्लिष्टगुणतया सुलग्नसूत्रत्वेन। संनिवेशो रचनाभेदः। कुतूहलिनी पुष्पदाम्नि कौतुकवती। भर्तृदारिकेत्यनेन कन्यात्वाद्दर्शनौत्सुक्यमुक्तम्। यद्वा। भरतेन कन्याया विस्रम्भपात्रत्वस्वीकारादिह कन्यात्वेन तत्सूचनम्। अभिनवो लोकोत्तरो विचित्रो बहुप्रकारः। कुसुमेषु पुष्पेषु व्यापारो रचनाप्रबन्धः। एतेन माल्यग्रथनकुशलाद्भुतकौशलकुतूहलिनी सेत्युक्तम्। वैदग्ध्यस्य ग्रथनचातुर्यस्य। कृतार्थता कृतप्रयोजनता। विदग्धप्रेयसीयं प्रशंसयेति भावः। फलतु सफलास्तु। विदग्धजनाय दानात्। सरस एवाम्लान एव स्रक्संनिवेशः। महार्घतां बहुमूल्यताम्। पक्षे। वो युष्माकं संनिवेशः संयोगः

१ स्वीकदंबात् B. C. २ C. om. बाल. ३ महानुभाव C. ४ B. om. वर्तते.; तस्यामभि॰ A. D.

धुर्व्यापारस्तद्भवतु कृतार्थता वैदग्ध्यस्य फलतु[1] निर्माणरमणीयता विधातुः[2] समासादयतु सरस एष[3] भर्तृदारिकायाः कण्ठावलम्बनमहार्घ[4]तामिति ।

मक० । अहो वैदग्ध्यम् ।

माध० । तया च मदनुयुक्तया समाख्यातमियममात्यभूरिवसोः प्रसूतिर्मालती नामाहं च प्रसादभूमिर्भर्तृदारिकाया धात्रेयिका लवङ्गिका नामेति ।

कल० । सहर्षम् । किं णाम मालदि[5] त्ति । दिट्ठिआ विळसिदं

परस्परानुरूपादिना रमणीयः क्रीडार्होऽर्हणीय एव । इह व इति युष्मदो गुरावेकेषामिति गौरवे बहुवचनम् । कुतूहलिनी दूतसमाजे साकाङ्क्षा । अभिनवोऽभूतपूर्वः । त्वदेकासक्तत्वात् । विचित्रः साधुः । विविधविकारकारित्वेनाश्चर्यजनको वा । कुसुमेषोः कामस्य व्यापारो मोहनम् । वैदग्ध्यस्य सकलकलाभिज्ञतायाः सार्थकत्वम् । विदग्धप्रीतिजनकत्वात् । निर्माणरमणीयता घटनसौन्दर्यम् । फलत्वनुरूपजनसंसर्गात् । नो चेदिदं सर्वं व्यर्थमिति भावः । सरसः शृङ्गारोऽनुरागो वा । कण्ठावलम्बनमालिङ्गनं महार्घता दुर्लभत्वम् । तदिह श्लिष्टपदेन नायकव्युत्पत्तिमभिप्रायं च ज्ञात्वा दूतीव्यापारः प्रसरतीति ध्वनितम् ।

२८३–२८६ वैदग्ध्यं श्लिष्टपदप्रयोगादिति भावः । अनुयुक्तया पृष्टया । प्रसूतिरपत्यम् । प्रसादभूमिर्विश्वासस्थानं तस्याः । तव च प्रसादभूमिरनुकम्पापात्रं मालादानात् ।

२८७–२८९ अत्र विलसितं विजृम्भितम् । अनयोरन्योन्या-

---

१ फलतु च गुणनिर्माणं रमणीयतायाः B.; C. inserts च after फलतु and गुण before निर्माण. २ B. om. विधातुः, A. D. have आसादयतु. ३ एव Com.; °दारिकायां A. ४ °र्घ्यतामिति A. ५ °दी A.

खु भअवदा देवेण कुसुमाउहेण ता[1] जिदं अह्मेहिं[2] । (क)

मक० । अमात्यभूरिवसोरात्मजेत्यपर्याप्तिर्बहुमानस्य । अपि च । मालती मालतीति[3] मोदते भगवती कामन्दकी तां च किल राजा नन्दनाय प्रार्थयत इति किंवदन्ती श्रूयते ।

माध० । तया चाहमनुरुध्यमानस्तां[4] बकुलमालामात्मनः कण्ठादवतार्य दत्तवान् । असौ पुनरभिनिविष्टया दृशा मालतीमुखावलोकनविहस्ततया विषमविरचितैकभागान्तामेव बहु मन्यमाना महानयं प्रसाद इति[5] प्रति[6]गृहीतवती । अनन्तरं च यात्राभङ्गप्रचलितस्य महतः पौरजनस्य[7] संकुलेन विघटितायां तस्यामागतोऽस्मि ।

मक० । वयस्य मालत्या अपि स्नेहदर्शनात्सुश्लिष्टमेतत् । योऽपि हि कपोल[8]पाण्डुतादिचिह्नसूचितः प्राक्प्रवृद्ध[9]स्तस्याः कामाभिष्वङ्गः

(क) किं नाम मालतीति । दिष्ट्या विलसितं खलु भगवता देवेन कुसुमायुधेन तज्जितमस्माभिः ।

नुरागादिति भावः । बहुमानस्य गौरवस्यापर्याप्तिरनवधिकत्वम् । अनभियोज्यत्वरक्षणत्वादियोगादिति भावः ।

१९२–१९५ अनुरुध्यमानो मुहुर्याच्यमानः । असौ लवङ्गिका । अभिनिविष्टयातियत्ननिवेशितया । विहस्ततया व्याकुलतया । महानयं प्रसाद इति । यतो न वस्तुनि प्रेम किं तु गुणेष्विति भावः ।

१९७–२०३ सुश्लिष्टं निश्चितम् । दृष्टपूर्वः पूर्वं दृष्टः । तादृश्यो महाकुलजाः । चक्षूरागानुरागयोरेकविषयत्वं भरतमतम् । अन्यदप्यनुराग-

---

१ B. C. om. ता. २ C. adds इति नृत्यति. ३ C. D. om. one मालती. ४ अभ्यर्थ्यमानः A. C. ५ महाप्रसाद इति तां B.; A. adds व्याहृत्य after इति. ६ A. D. om. प्रति. ७ पौराङ्गनाजनस्य C.; संकुलाकुलेन B. C. ८ B. om. कपोल; A. om. चिह्न. ९ प्राक्प्रबन्धः B.

सोपि त्वन्निबन्धन इति [1]व्यक्तमेवैतत् । एतत्तु न ज्ञायते क्व दृष्टपूर्व[2]स्तया वयस्य इति । न खलु[3] तादृश्यो महाभागधेयाः कुमार्योन्यत्रासक्तचेतसो[4] भूत्वापरत्रे[5] चक्षूरागिण्यो भवन्ति । अपि च ।

अन्योन्यसंभिन्नदृशां सखीनां तस्यास्त्वयि प्रागनुरागचिह्नम्[6] ।
कस्यापि कोपीति निवेदितं च धात्रेयिकायाश्चतुरं वचश्च ॥

कल० । उपसृत्य । एदं चित्तम्[8] । (क) इति चित्रफलकं[7] दर्शयति ।

उभौ पश्यतः ।

मक८ । कलहंसक केनैतन्माधवस्य प्रतिच्छन्दकमभिलिखितम्[9] ।

कल० । जेण जेव्व से हिअअं अवहरिदं । (ख)

मक० । अपि मालत्या ।

कल० । अध इं । (ग)

माध० । वयस्य मकरन्द प्रसन्नप्रायस्ते वितर्कः[10] ।

(क) इदं चित्रम् ।

(ख) येनैवास्य हृदयमपहृतम् ।

(ग) अथ किम् ।

चिह्नमाह । अन्योन्येत्यादि । त्वयि तस्याः प्रागनुरागचिह्नं व्यक्तमेवास्ति । कथम् । सखीनामन्योन्यसंगतदृशां कस्यापि कोपीति निवेदनमेकम् । कथमन्यथा सखीजनस्त्वां वीक्ष्य कटाक्षयति तां कथं वा सखीजनो वदत्येवमिति भावः । अपरं लवङ्गिकाया व्युत्पन्नं वचनम् । कथमन्यथा कुतूहलिनीत्यादि वदतीयमिति भावः ॥ संगते दारिते भिन्न इति विश्वः ॥

३०७–३११ अत्र येन जनेनापहृतं यन्निबन्धनोस्य कामविकार

---

१ अभिव्यक्तम् A.; B. C. om. एव. २ C. om. पूर्व. ३ हि C. ४ मनसो A. D.; C. om. भूत्वा. ५ अन्यत्र A. D. ६ लिङ्गं A. D. ७ चित्तफलभं A. C. ८ चित्रं B. C. ९ प्रतिबिम्बम् A.; माधवप्रतिच्छन्दकम् B. १० तर्कः B.

मक०। कलहंसक[1] कुतोऽस्याधिगमः।

कल०। मए दाव[2] मन्दारिआए हत्थादो ताए वि[3] लवङ्गिआसआसादो। (क)

मक०। अथ किमाह मन्दारिका माधवालेख्यप्रयोजनं मालत्याः।

कल०। उक्कण्ठाविणोदो त्ति। (ख)

मक०। वयस्य माधव सर्वथा समाश्वसिहि।

या कौमुदी नयनयोर्भवतः सुजन्मा
तस्या भवानपि मनोरथबन्धबन्धुः।
तत्संगमं प्रति सखे न हि संशयोऽस्ति
यस्मिन्विधिश्च मदनश्च कृताभियोगः[4]॥

द्रष्टव्यस्वरूपा च भवतो[5] विकारहेतुस्तदत्रैव लिख्यतां मालती।

(क) मया तावन्मन्दारिकाया हस्तात्तयापि लवङ्गिकासकाशात्।

(ख) उत्कण्ठाविनोद इति।

इति भावः। मालत्या लिखितमित्यर्थः। अथकिं स्वीकारे। वितर्क ऊहः। अधिगमः प्राप्तिः।

३१५-३२२ उत्कण्ठाविनोद इति। माधवानुरक्ता मालती तमनुप्राप्तवती चित्रलिखितालोकनेनापि रमत इति भावः। येत्यादि। हे सखे तत्संगमं प्रति नैव संशयोऽस्ति। भवतो नयनयोर्या कौमुदी ज्योत्स्ना। आनन्दकारित्वात्। तस्या मनोरथबन्धबन्धुरभिलाषनिबन्धनाय प्रियः शोभनजन्मा भवानपि। ननु परस्परानुरागेपि विधिकामवैमुख्यान्न सिद्धिरत आह। यस्मिन्संगमे विधिमदनौ कृतप्रयत्नौ चक्षुष्प्रीत्या काम एतद्देशानयनाद्विधिः कृताभियोग इत्यर्थः। अभियोगाच्च कन्यालाभः। यदाह।

१ सत्यं कुतो० B. २ B. C. om. दाव; मंदारिआहत्थादो B. ३ B. om. वि. ४ ०योगौ B. ५ तत्रभवती B.

माध० । यदभि[1]रचितं वयस्याय । तदु[2]पनय चित्रफलकं चित्रवर्तिका[3]श्च । मकरन्द उपनयति ।

माध० । लिखन् । सखे मकरन्द

वारं वारं तिरयति दृशोरु[4]द्गमं बाष्पपूर-
स्तत्संकल्पोपहितजडिम स्तम्भमभ्येति गात्रम् ।

अभियोगाद्धि कन्याया लाभो निश्चित एव च ॥

चित्रेण माधवचित्तानुरागमुद्दीपयति । द्रष्टव्येति ॥ वयस्यायेत्यत्र रुच्यर्थानां प्रीयमाण इति संप्रदानता ॥

३२५–३२८ अधुना मनःसङ्गे हर्षात्सात्त्विकभावमाह । वारं वारमित्यादि । अयं मम पाणिर्लेखाविधिषु चित्रनिर्माणेषु नितरामत्यर्थं वर्तत एव न तु लिखति । अत्र किं करोमि । यथातथा लिखामीत्यर्थः । न तरामिति पाठे नैव वर्तत इत्यर्थः । यतो बाष्पपूरस्तदनुध्यानादानन्दाश्रुप्रवाहो वारं वारं दृशोरुद्गमं प्रचारं तिरयति च्छादयति । तस्याः संकल्पेन चिन्तनेनोपहितो जडिमा सर्वकार्याप्रतिपत्तिर्यस्य तद्गात्रं शरीरं स्तम्भं निश्चलत्वमभ्येति ।

हर्षभयरोगविस्मयविषादमददोषसंभवः स्तम्भः ॥

इति भरतः । कीदृशः । सद्यो लिखनोपक्रमकाल एव स्विद्यन्नार्द्रीभवन् । अविरतोत्कम्पेनाधिकचलनेन लोलाङ्गुली यत्र सः । अङ्गुल्या लिखनहेतुतया तच्चापल्यादलिखनं सूचितम् । तदिहाश्रुस्तम्भस्वेदकम्पा उक्ताः । रोमाञ्चादिकं च नोक्तम् । तेषां लिखनाप्रतिकूलत्वात् । सर्वमिदं सात्त्विकं हर्षात् । यदाह ।

---

१ यदभिमतं B. २ D. adds कलहंसक after this; C. om. तदु°–°नयति. ३ °वर्तिश्च B. ४ दृशावुद्गतो D.

सद्यः स्विद्यन्नयमविरतो[1]त्कम्पलोलाङ्गुलीकः
पाणिर्लेखाविधिषु नितरां[2] वर्तते किं करोमि ॥

तथापि व्यवसितोस्मि। चिरा[3]दालिख्य दर्शयति।

मक०। विलोक्य। उपपन्नस्तावदत्रभवतोभिष्वङ्गः। सकौतुकम्।
कथमचिरेणैव निर्माय लिखितः[4] श्लोकः। वाचयति।

जगति जयिनस्ते ते भावा नवेन्दुकलादयः
प्रकृतिमधुराः सन्त्येवान्ये मनो मदयन्ति ये।

क्रोधभयहर्षलज्जादुःखश्रमरोगतापपीडाभ्यः।
व्यायामसाध्वसादेः स्वेदः स्यात्पीडनेनापि ॥
शीतभयहर्षरोधस्पर्शजरारोगजः कम्पः ॥ इति।

३३२–३३५ अधुना मालती चित्रं द्रक्ष्यतीति सानुरागोपालम्भं श्लोकं लिखति। जगतीत्यादि। ते ते नवेन्दुकलादयो भावाः पदार्था जयिनो मदजनने सर्वत्राप्रतिहताः स्वभावतो मनोज्ञा अन्ये सन्त्येव ये मनो मदयन्ति। मम पुनर्न मदहेतवः प्रत्युत दाहहेतव एवेति भावः। अत्र जयिन इत्यनेन कालविशेषे देशविशेषे च जयशालिन आनन्दसंदोहदा इत्युक्तम्। भाव्यन्ते भावनामर्हन्ति सुन्दरतयेति भावाः। मालतीभिन्नाः सहृदयहृदयाह्लादकाः। ते त इति वीप्सया चन्द्रादयो देवादयश्च प्रसिद्धा एवेति दर्शितम्। सर्वनाम्ना च ये यत्र चेतःप्रतिष्ठास्ते तत्र गृह्यन्त इति ध्वनितम्। तुशब्देनान्येषां तथात्वं तत्संप्रतिपत्तिद्वारेत्युक्तम्। कस्तर्हि मदहेतुरत आह। मम पुनरियं चित्रलिखिता मालती नयनयोर्ज्योत्स्ना यन्नेत्रगोचरं प्राप्ता स एवैकोत्र जन्मानि महोत्सवः। अत्र किं पुनः संभोगादिकमित्यनुरागः। स एव महोत्सवः। अनुरागो भवतु मा वा भूदित्युपालम्भः। एतेनात्यन्तानुरागो मालत्यां दर्शितः। एकपदेनान्येषामावि-

---

१ अविरलो° C. D. २ न तरां noticed by Com. ३ अभिलिख्य प्रदर्श° A. D. ४ श्लोकोपि लिखितः C.

मम तु यदियं याता लोके विलोचनचन्द्रिका
नयनविषयं जन्मन्येकः स एव महोत्सवः ॥

प्रविश्य सत्वरं मन्दारिका । **कलहंसअ प[1]भाणुसारेण उव[2]लद्धोसि ।** माधवमकरन्दौ विलोक्य[3] सलज्जम् । **कधं एदे यि महाणुभावा इह[4] जेव्व ।** उपसृत्य[5] । **पणमामि ।** (क)

उभौ[6] । **मन्दारिके इतः[7] आस्यताम् ।**

(क) कलहंसक पदानुसारेणोपलब्धोसि । कथमेत[8]ावपि महानुभाविहैव । प्रणमामि ।

भावेपि नानन्दकत्वम् । अत एव स एवेत्यनेन तत्पोषः । जन्मनीति सामान्यनिर्देशेन समस्तजन्मनि मालतीतुल्या नास्तीति व्यज्यते । वाचिकोयं रसः । यदाह ।

रसानुरूपैरालापैः श्लोकैर्वाक्यैः पदैस्तथा ।
नानालंकारसंयुक्तैर्वाचिको रस उच्यते ॥ इति ॥

इह प्रकृतिमधुरत्वेपि मालत्या एव मदजननाद्यतिरेकालंकारः । प्रियाख्यानात्प्रियोलंकारः । विलोचनचन्द्रिकेति रूपकम् । न चात्र नवेन्दुकला प्रतिपच्चन्द्रकला सा च न मदहेतुरिति वाच्यम् । यतो नूयत इति नवः । प्रशस्तेन्दुरित्यर्थः । यद्वा । नवं नूतनमिन्दुकलादिकं चेति द्वन्द्वः । यद्वा । नवः सागरादुत्थितमात्रः । पूर्ण एवेत्यर्थः ।

३३६–३३७ यत्र पटीक्षेपेण प्रवेशस्तत्र प्रविश्येत्युक्तिः । अनुसारोनुसरणम् । एतेपि ये चित्रफलके लिखिताः । इह गौरवादेकत्वे बहुवचनम् । द्वित्वे वा बहुवचनम् ।

---

१ पाभा° B. पदा° A. २ C. om. उव. ३ दृष्ट्वा A. ४ इध A. C. ५ उपसृत्य प्रणमति A. ६ मक° B. ७ इह A. D. ८ Com. uses the plur.

मन्दा०। उपविश्य। कलहंसअ उवणेहि मे चित्तफलअं। (क)

कल०। गृहीत्वा। गेह्न[1] एदं। (ख)

मन्दा०। विलोक्य। कलहंसअ केण उणे[2] किंणिमित्तं वा एत्थ मालदी आलिहिदा। (ग)

कल०। जो जेण[3] णिमित्तेण मालदीए। (घ)

मन्दा०। सहर्षम्। दिट्ठिआ दंसिदफलं दाणिं विण्णाणं[4] पआवइणो[5]। (ङ)

मक०। मन्दारिके यदत्र वस्तुन्येष ते वल्लभः कथयत्यपि[6] तथा तत्

मन्दा०। महाभाअ अध इं। (च)

मक०। क्व पुनर्मालती माधवं प्राग्दृष्टवती।

मन्दा०। लवङ्गिआ भणादि वादाअणगदत्ति। (छ)

(क) कलहंसक उपनय मे चित्रफलकम्।

(ख) गृहाणैतत्।

(ग) कलहंसक केन पुनः किंनिमित्तं वात्र मालत्यालिखिता।

(घ) यो येन निमित्तेन मालत्या।

(ङ) दिष्ट्या दर्शितफलमिदानीं विज्ञानं प्रजापतेः।

(च) महाभाग अथ किम्।

(छ) लवङ्गिका भणति वातायनगतेति।

३४४–३५७ अभिलिखित इति शेषः। तथा च मालत्या विनोदाय माधवो लिखितस्तेनापि सा तदर्थं लिखितेत्यर्थः। अत्र विज्ञानं शिल्पकौशलम्। अनुरूपानुरागादनयोरिति भावः। अवितथं सत्यम्। एव-

---

१ C. om. एदं. B. adds चित्तं. २ B. C. om. उण; कस्स णि° B.; B. C. om. वा. अहिलिहिदा D. ३ जो ज्जेव जंणिमित्तं A. C.; °ज्जेव्व C. ४ णिअविण्णाणं B. ५ °वइणा B. ६ °यत्यवितथं तत् D. Com. ७ °णेदं चित्रफलकम्. Com.

मक० । वयस्य नन्वमात्यभवनासन्नरथ्ययैव बहुशः संचरावहे तदुपपन्नमेतत् ।

मन्दा० । अणुमण्णन्तु मं म[2]हाणुभाआ जाव एदं भअवदो देवस्स मअणस्स सु[3]चरिदं पिअसहीए लवङ्गिआए णिवेदेमि । (क)

मक० । प्राप्तावसरमेतद्भवत्याः । मन्दारिका चित्रफ[4]लकं गृहीत्वा निष्क्रान्ता ।

मक० । वयस्य खरत[5]रकिरणोयं भगवान्सहस्रदीधितिरलंकरोति मध्यमह्नस्तदेहि संस्त्या[6]यमेव गच्छावः । इत्युत्था[7]य परिक्रामतः ।

माध० । एवं हि मन्ये ।

घर्माम्भोविसरविवर्तनैरिदानीं
मुग्धाक्ष्याः परिजनवारसुन्दरीणाम् ।

(क) अनुमन्येतां मां महानुभावौ यावदेतद्भगवतो देवस्य मदनस्य सुचरितं प्रियसख्या लवङ्गिकाया निवेदयामि ।

मेतन्मालत्यैव माधवप्रतिच्छन्दकं लिखितमित्यर्थः । दृष्टवतीत्यर्थः । लवङ्गिकया द्वारा माधवानुरागो मालत्यामस्त्वित्यर्थः । संस्त्यायो गृहम् ॥ संस्त्यायः संनिवेशे च संघातेपि च दृश्यत इति मेदिनीकारः ॥

३६०–३६३ घर्मेत्यादि । मालत्याः परिजनवारसुन्दरीणां कपोलकुङ्कुमानि प्रातर्विरचितविचित्रपत्त्रावलीवैदग्ध्यं यत्तदधुना मध्याह्ने जहाति त्यजन्ति । कैः । घर्माम्भसो विसरस्य समूहस्य विवर्तनैर्विविधजलकणैः करणैः । अनेन नायिकायाः सुकुमारतया निःसहत्वमुक्तम् । मा-

---

१ B. om. बहुशः. २ महाभाआ B; एअं for एदं A. D.; देभस्स D.; देव्वस्स A. ३ B. C. om. सु. ४ चित्रं B.; चित्रभाउं D.; गृहीत्वोत्थाय C. ५ B. om. तर. ६ संस्त्यायनं B. ७ B. om. इति. ८ °रीभिः C. ९ Com. uses the plur.

तत्प्रातर्विहितविचित्रपत्रलेखा-
वैदग्ध्यं जहति कपोलकुङ्कुमानि[1] ॥

अपि च। उन्मीलन्मुकुलकरालकुन्दकोश-
प्रश्च्योतद्घनमकरन्दगन्धबन्धो।
तामीषत्प्रचेल[2]विलोचनां नताङ्गी-
मालिङ्गन्पवन मम स्पृशाङ्गमङ्गम् ॥

त्याः कन्यात्वेन पत्त्रावल्यभावात्परिजनेत्युक्तम्। माङ्गल्यतया प्रातरेव कुङ्कुमेन पत्त्रावलीलिखनम्। अत एव वसन्तकालस्य शीतत्वात्कुङ्कुमेन भूषाकरणमिति मतमपास्तम्। धारासिक्तवसुंधरासुरभय इत्यभिधानाद्वर्षाकालप्रस्तावात् ॥ समूहनिवहव्यूहसंदोहविसरव्रजा इत्यमरः ॥ इहोन्मादावस्था। अत एवात्र तत्संबद्धा कथा। यदाह।

तत्संबद्धां कथां युङ्क्ते सर्वावस्थागतामिह। इति।

३६४–३६७ उन्मीलदिति। हे पवन। उन्मीलन्मुकुलेन विकचकोरकेण करालाद्विषमात्कुन्दगुच्छात्क्षरन्निबिडमकरन्दश्च गन्धश्च तयोर्बन्धो। मकरन्दस्य यो गन्धस्तद्बन्धो तत्सहचरेति वा। ईदृशोपि त्वं मे न सुखाय किं तु तापायातस्तां मालतीमीषदालिङ्गन्ममाङ्गमङ्गं प्रत्यङ्गं स्पृश। अमृतमयतदङ्गसङ्गशीतस्त्वं मम तापशान्तये भविष्यसीति भावः। यद्वा। तदीयतापशान्तिर्भवत्वित्यनुरागात्तामालिङ्गन्नित्युक्तम्। तां कीदृशीम्। प्रचलनेत्राम्। विरहे पवनस्य दुःसहत्वेन भयादितस्ततः क्षिप्तनेत्राम्। अत एव नम्रीभवदङ्गां च। इह विषमकुन्दकोशसंचरणेन गतिप्रतिबन्धान्मान्द्यं मकरन्दसङ्गाच्छैत्यं गन्धबन्धुतया सौगन्ध्यं च वायोरुक्तम्। ईषदालिङ्गन्नित्यनेन सुरभिपदेनाभिघातनिःसहत्वं मालत्यामुक्तम् ॥ करालो दन्तुरे तुङ्ग इत्यमरः ॥

---

१ °कुण्कुमानि C. २ ऽलित B.

मक०[1]। अभिहन्ति हन्त कथमेष माधवं
सुकुमारकायमनवग्रहः स्मरः।
अचिरेण वैकृतविवर्त[2]दारुणः
कलभं कठोर इव कूटपा[3]कलः॥
तदत्र भगवती कामन्दकी नः शरणम्।
माध०। स्वगतम्। आश्चर्यम्।
पश्यामि तामित इतः[4] पुरतश्च पश्चा-

३६८–३७२ माधवस्यानङ्गदुःसहत्वमाह। अभिहन्तीत्यादि। एष स्मरोनवग्रहः प्रतिरोधशून्यः कोमलकायं माधवं कथमचिरेणैवाभिहन्ति। हन्तानुकम्पायाम्॥ हन्त हर्षेनुकम्पायामित्यमरः॥ कीदृशः। विकृतस्य भावो वैकृतं तस्य विवर्तोन्यथावस्थानं तेन दारुणो दुःखदः। यथा कलभं करिबालकं मृदुकायं कठोरो दुःसहः कूटपाकलो हस्तिवातज्वरोचिरेण हन्ति तथेत्यर्थः। सोप्यनवग्रहोप्रतिकरणीयो विकृतिविवर्तदारुणश्च भवति।

गजं वातज्वरो हन्ति तथा वै कूटपाकलः॥

इति वैद्यके। इदं स्वगतम्। स्वयमनध्यवसायादाह तदत्रेति। अत एव भगवती ज्ञानसंपन्नेह शरणं रक्षिका। द्वितीयाङ्कावतारोयम्। यदाह।

अङ्कावसाने यत्रैव भाविनोङ्कस्य सूच्यते।
वस्तुबीजमुपोद्घातैः सोङ्कावतार इष्यते॥

३७३–३७७ इदानीमुन्मादावस्थोद्भावनाबलात्तन्मयत्वमाह। पश्यामीत्यादि। तामेकामेव विवर्तमानां प्रपञ्चरूपां परितः सर्वत्र पश्यामीत्याश्चर्यम्। विवर्तमानत्वमेवाह। इत इत उभयपार्श्वे। पुरतोग्रे। पश्चात्पृष्ठे। अन्तर्मनसि। बहिस्त्वग्भागे। अनेन तदावेशात्सर्वत्र तन्मयत्वमुक्तम्। यदाह।

---

१ C. inserts स्वगतं. २ विवर्ण B. ३ °पाळकः B. C. ४ इतश्च परश्च B.

दन्तर्बहिः[1] परित एव विवर्तमानाम् ।
उद्बुद्धमुग्धकनकाब्जनिभं वहन्ती-
मासक्ततिर्यगपवर्तितदृष्टि[2] वक्त्रम् ॥
प्रकाशम् । वयस्य मम हि संप्रति
प्रसरति परिमाथी कोप्ययं देहदाह-
स्तिरयति करणानां ग्राहकत्वं प्रमोहः[3] ।

यो येन भावेनाविष्टः सुखदेनेतरेण वा ।
स तदाहितसंस्कारः सर्वं पश्यति तन्मयम् ॥

परित इत्यत्र पर्यभिभ्यां चेति तसिः ॥ कीदृशीम् । वक्त्रं वहन्तीम् । उद्बुद्धं विकसितं मुग्धं कान्तं यत्सुवर्णपद्मं ततो निरतिशया भा दीप्ति-र्यस्य तत् । तन्निभं तत्तुल्यमिति वा । एतेन गौरीत्वमुक्तम् । आसक्तेन मय्यासक्त्या तिर्यगपवर्तिता दृष्टिर्यस्य तत् । यथा यान्त्या तयाहं दृष्ट-स्तथैव तां पश्यामीति भावः ।

३७८-३८४ अधुना सर्वाकारेण पीडामाह । प्रसरतीत्यादि । वयस्य पश्य संप्रति मम कोप्यनिर्वचनीयस्वरूपो देहदाहः प्रसरति व्याप्नोति । अत एव परिमाथी सर्वतो मथनशीलः । करणानामिन्द्रियाणा-मर्थग्राहकत्वं मे प्रमोहस्तिरयति पिदधाति । सर्वेन्द्रियसंमोहो ममेत्यर्थः । मम गात्रं शरीरम् ॥ कर्तृ ॥ रणरणकस्य वियोगतरोर्वृद्धिमुपचयं बिभ्रदावर्ति भ्राम्यदस्ति । यद्वा । रणरणः कामस्तस्य विवृद्धिमधिका-धिकदशागामित्वम् ॥ मारो रणरणः कामो विषय इत्युत्पालिनी ॥ तथा मम हृदयम् ॥ कर्तृ ॥ अन्तर्दहति ज्वलतीत्यर्थः । तन्मयत्वं मालतीमयत्वं च धत्ते । ईदृशी मम दशा सद्य एव विपत्तिमादधाति । तदत्र यथाव-त्समाचरेति भावः । अत्रावर्तीति व्याधिः । ज्वलतीत्युद्वेगः । तन्मयत्वमि-

---

१ बहिश्च परितश्च B.; एव च वर्ति° C. २ °वर्जित B. ३ प्रमोदः B.

रणरणकविवृद्धिं बिभ्रदावर्तमानं
ज्वलति हृदयमन्तस्तन्मयत्वं च धत्ते ॥

इति निष्क्रान्ताः सर्वे ।

॥ इति[2] बकुलवीथी नाम प्रथमोऽङ्कः ॥

त्युन्मादः । हृदयस्य तु तन्मयत्वधारणेन दुःसहदशायामपि जीवनाशा दर्शिता ॥ करणं क्षेत्रगात्रेन्द्रियेष्वपीत्यमरः ॥ निष्क्रान्ता इति । बीजार्थं युक्तं कृत्वा निष्क्रमो भवति । यदाह ।

बीजार्थं युक्तियुक्तं च कृत्वा कार्यं यथारसम् ।
निष्क्रमं तत्र कुर्वीत सर्वेषां रङ्गवर्तिनाम् ॥ इति ।

बकुलवीथीति ।

नानारससमायुक्ता संधिद्वयविभूषिता ।
अर्थप्रकृतिभिः पूर्णा स्यादेकाङ्का तु वीथिका ॥
त्रिभिः पात्रैः प्रयोज्येयमुत्तमाधममध्यमैः ।
कर्तव्या नायिका चात्र शृङ्गारद्वयसंयुता ॥

इति भरतः ॥

प्रासूत यं रत्नधरो गुणाढ्यो गुणाढ्यरूपा दमयन्तिका च ।
जगद्धरं तत्कृतटिप्पणेऽङ्को गतोऽयमाद्यो रसराजराजी ॥

॥ इति प्रथमोऽङ्कः ॥

---

१ बिभ्रदावर्ति गात्रं A. D. and Com. २ B. om. इति–नाम. C. om. इति and has मालतीमाधवे.

॥ द्वितीयोङ्कः ॥

ततः प्रविशतश्चेटचौ ।

प्रथमा । हला[1] संगीदसालापरिसरे अवलोइदादुदीआ तुमं किं मन्तअन्ती आसी[2] । (क)

द्वितीया । सहि तेण किल माहवपिअवअस्सेण[3] मअरन्देण सअलो उज्जेव्व[4] मअणुज्जाणवुत्तन्तो[5] भअवदीए णिवेदिदो । (ख)

(क) हला संगीतशालापरिसरेवलोकिताद्वितीया त्वं किं मन्त्रयन्त्यासीः ।

(ख) सखि तेन किल माधवप्रियवयस्येन मकरन्देन सकल एव मदनोद्यानवृत्तान्तो भगवत्या निवेदितः ।

अधुना बकुलमालामादाय लवङ्गिका गता तां प्रतीक्षमाणा मालती सौधारूढा तन्मार्गं पश्यति मकरन्दश्च कामन्दकी नः शरणमित्युक्त्वा तां प्रति तत्कथनाय गत इति स्थिते चेटचोः प्रवेशः । चेटीभाषा सौरसेनी । यदाह ।

नायिकायां च चेटचां च सौरसेनी प्रयुज्यते ।

न च नाटकप्रकरणयोरङ्काः कार्याः प्रत्यक्षनायका इति भरतादिह माधवप्रवेशाभावात्कथमङ्कावतार इति देश्यम् । मालत्या नायकत्वेन तत्सत्त्वात् । यदाह ।

गुरुः पुरोहितोमात्यो नायको नायिकापि च ।

सार्थवाह इति प्रोक्ताः षडेते नायका बुधैः ॥ इति ।

१-१२ अत्र हला सखि । परिसरे निकटे । अत्र वृत्तान्तो वार्ता । भर्तृदारिका मालती । प्रवृत्तिर्वार्त्ता । विविक्तं विजनम् । इह मकरन्दाज्ज्ञात-

---

१ सहि D. २ भासि A. ३ पिभ A. ४ जेव्व B. ज्जेव D. ५ °णुज्जाणवुत्तन्तो C. वुत्तन्तो A.

प्रथ० । तदो किं । (क)

द्विती० । तदो भट्टिदारिअं दट्ठुकामाए भअवदीए [1]पउत्तिणिमित्तं अवलोइदा अणुप्पेसिदा । मए वि ताए कधिदं जधो[2] लवङ्गिआदुदीआ विवित्ते भट्टिदारिआ वट्टदि त्ति । (ख)

प्रथ० । हला[3] लवङ्गिआ क्खु केसरकुसुमाइं अवचिणोमि त्ति मअणुज्जाणादो [4]ज्जेव्व णागदा ता किं संपदं संपत्ता (ग)

द्विती० । अध इं । तं[5] क्खु परावट्टन्तीं [6]ज्जेव्व हत्थे गेह्णिअ पडिसिद्धपरिअणा [7]भट्टिदारिआ उअरिअलिन्द[8]अं समारूढा । (घ)

(क) ततः किम् ।

(ख) ततो भर्तृदारिकां द्रष्टुकामया भगवत्या प्रवृत्तिनिमित्तमवलोकितानुप्रेषिता । मयापि तस्यै कथितं लवङ्गिकाद्वितीया विविक्ते भर्तृदारिका वर्तत इति ।

(ग) हला लवङ्गिका खलु केसरकुसुमान्यवचिनोमीति मदनोद्यानादेव नागता तत्किं सांप्रतं संप्राप्ता ।

(घ) अथ किम् । तां खलु परावर्तमानांमेव हस्ते गृहीत्वा प्रतिषिद्धपरिजना भर्तृदारिकोपर्यलिन्दकं समारूढा ।

माधवावस्थया कामन्दक्या प्रकृतसिद्धयेवसरज्ञानार्थं मालतीवार्त्तां ज्ञातुं प्रहितावलोकितेति भावः । अत्र केसरो बकुलः । अवचिनोमि त्रोटयामि । इति हेतौ । अत्र परापतन्ती सत्वरमागच्छन्ती कृतकार्यत्वेन सत्वरमागमनं भूतधर्मः । उपर्यलिन्दकं बाह्यपट्टशालाया उपरीत्यर्थः ।

---

१ पउ° A. D. २ जहा B. ३ सहि B. ४ ज्जाणादी अणागदा B.; जेव्व A. ५ सा C. ६ जेव्व A. D.; ज्जेव C. ७ भट्ट C. D. ८ °न्दए B. ९ नायाता Com. १० परापतन्ती Com.

प्रथ०। णूणं तस्स महाणुभावस्स[1] संकधाए अत्ताणं विणोदेदि[2]। (क)

द्विती०। निःश्वस्य। कुदो से आसासो[3]। एदिणा अज्ज सविसेस[4]-दंसणेण अदिभूमिं क्खु ताए अहिणिवेसो गमिस्सादि[5]। अण्णं च[6] णन्दणस्स कारणादो महाराओ[7] भट्टिदारिअं पत्थअन्तो अमच्चेण विण्णत्तो। (ख)

प्रथ०। किं त्ति। (ग)

द्विती०। पईवदि णिअस्स कण्णआजणस्स महाराओ[9] त्ति। ता

(क) नूनं तस्य महानुभावस्य संकथयात्मानं विनोदयति।

(ख) कुतस्तस्या आश्वासः। एतेनाद्य सविशेषदर्शनेनातिभूमिं खलु तस्या अभिनिवेशो गमिष्यति। अन्यच्चैवं नन्दनस्य कारणान्महाराजो भर्तृदारिकां प्रार्थयमानोमात्येन विज्ञप्तः।

(ग) किमिति।

१५-१९ अत्रातिभूमिमुत्कर्षम्। अभिनिवेश आसक्तिः। कल्यं प्रातः। कल्लीति पाठे कल्लिशब्दो देशी पूर्वदिनवाचकः। अत एव कल्लि पल्लीनिवासिन इति। किं विज्ञप्तमित्यर्थः।

२०-२१ इदमभूताहरणं वाक्यम्। यदाह।

अभूताहरणं तत्स्याद्यद्वाक्यं कपटाश्रयम्॥

वाक्यतत्त्वमज्ञात्वाह [तज्जात इत्यादि]। अत्र दुःखदत्वेन शल्यमिव शल्यम्। अजहल्लिङ्गम्। अत्रापिनाम संभावनायाम्। भगवतीत्वं ज्ञाना-

१ °अस्स B. D. २ °इ B. ३ आभासो A. ४ B. om. स. ५ B. C. add त्ति. ६ अण्णं च कल्यमेव णन्द° C. ७ °राआ A.; भट्ट° B.; पअच्छत्थन्तो A. पत्थंतो C. अब्भत्थंतो D. ८ जं पइवादि D. ९ °आओ B. महाराणेओ C.; तदो for ता D. १० Com. om. अन्यच्च and has कल्यमेव; कारणेन Com.

जोदो[1] आमरणं क्खु[2] मालदीए हिअअसल्लं माहवाणुराओ त्ति तक्केमि। (क)

प्रय०। अवि णाम भअवदी किं पि भअवदित्तणं[3] एत्थ दंसइस्सदि। (ख)

द्विती०। अइ असंबद्धमणोरहे एहि[4]। (ग)

इति परिक्रम्य निष्क्रान्ते। प्रवेशकः।

ततः प्रविशत्युपविष्टा सोत्कण्ठा मालती लवङ्गिका च।

मालती। हुं[5] सहि तदो तदो। (घ)

(क) प्र[6]भवति निजस्य कन्यकाजनस्य महाराज इति। त[7]ज्जात आमरणं खलु मालत्या हृदयशल्यं माधवानुराग इति तर्कयामि।

(ख) अपि नाम भगवती किमप्यत्र भगवतीत्वं दर्शयिष्यति।

(ग) अयि असंबद्धमनोरथे एहि।

(घ) हुं सखि ततस्ततः।

दिवेभवम्। निष्क्रान्ते चेटचौ। प्रवेशक इति। वक्तव्यस्य च बहुत्वाद्रसभङ्गप्रसङ्गेनान्योक्त्या प्रवेशकः। यदाह।

यत्तु प्रयोगबाहुल्यादङ्कार्थो न समाप्यते।
बहुवृत्तान्तोल्पकथैः सविधेयः प्रवेशकैः॥
अङ्कानामन्तरालेषु संक्षिप्तार्थप्रयोजनैः।
भृत्यवर्गे कथाबद्धो विज्ञेयोयं प्रवेशकः॥

२८–३५ हुं प्रश्ने। लवङ्गिकाकथितबकुलमालाप्रार्थनापर्यन्तश्रुतवार्त्तया मालत्याग्रिमवार्त्ताकर्णनोत्कया पृच्छ्यत इत्यर्थः। विरहोत्कण्ठितेयम्। यदाह।

---

१ जादं A.; D. om. २ B. om. क्खु and C. हिअअ; क्खु सल्लं मालदीए भविस्सादि माह° D. ३ °दीत्तणं A.; D. adds त्ति after °स्सदि. ४ A. D. add गच्छह्म; C. om. एहि. ५ C. om. हुं and one तदो. ६ यत्प्रभ° Com. ७ ततो Com.; Com. om. खलु; हृदये शल्यम् Com.

लवङ्गिका । तदो तेण महाणुभावेण[1] उवणीदा मे इअं[2] बउलमाला । (क) इति मालामर्पयति ।

माल० । गृहीत्वा सहर्षं निर्वर्ण्य । सहि एक्कपासविसमपडिबद्धा[3] क्खु एसा विरअणा । (ख)

लव० । एत्थ दाव अरमणीअत्तणे तुमं ज्जेव्व[4] अवरज्झसि । (ग)

माल० । कधं[5] विअ । (घ)

लव० । जेण सो मुद्धदुव्वासामलङ्गो[6][8] तधा विहत्थीकिदो । (ङ[7])

(क) ततस्तेन महानुभावेनोपनीता म इयं वकुलमाला ।

(ख) सखि एकपार्श्वविषमप्रतिबद्धा खल्वेषा विरचना ।

(ग) अत्र तावदरमणीयत्वे त्वमेवापराध्यसि ।

(घ) कथमिव ।

(ङ) येन स मुग्धदूर्वाश्यामलाङ्गस्तथा विहस्तीकृतः ।

अनेककार्यसंयुक्तो यस्या नागच्छति प्रियः ।
तदनागमदुःखार्ता विरहोत्कण्ठिता तु सा ॥

प्रियकथापरत्वे मोट्टायितभावोयम् । यदाह ।

श्रुत्वा कथां प्रियजनस्य सखीमुखेभ्यः
कर्णोदरस्थितचलत्तनुतर्जनीकम् ।
यत्साङ्गभङ्गमिह जृम्भितमङ्गनानां
मोट्टायितं तदुदितं कविभिः पुराणैः ॥

प्रतिबद्धा घटिता । मालती माधवचेष्टाकर्णनाकाङ्क्षयाजानतीवाह कथमिव । कथं ममापराध इत्यर्थः । अत्र दूर्वेत्यादिना शृङ्गारित्वे तात्पर्यमुक्तम् । तथानिर्वचनीयप्रकारेण । विहस्तो व्याकुलः ।

१ °भाएण A. °हाएण B. २ B. om. इअं; C. has एसा; B. C. om. इति मालाम्. ३ फास A. वास B.; इअं for एसा A. Com. ४ जेव्व B. ज्जेव A. ५ कहं B. ६ B. om. दुव्वा; तहा B. तदा D. ७ Com. adds सखि. ८ Com. om. मुग्ध.

माल० । पिअसहि लवङ्गिए सव्वधा आसासणसीलासि । (क)

लव० । सहि का एत्थ आसासणसीलदा । णं भणामि । सो वि पिअसहीए मन्दमारुदुं[1]व्वेल्लन्तपफुल्लपुण्डरीअविब्भमेहिं पढमा- रे[2]द्धवउलावलीविरअणाववदेससंजमिदवलं[3]मोडिअवित्थरन्तेहिं लोअ- णेहिं विअम्भमाणं[4]विब्भअत्थिमिददीहपेरन्तपरिअत्तणाविलासतण्डवि- दभूलदाविडम्बिदाणङ्गसारङ्गविब्भमविभं[5]इ अवलोअअन्तो पच्चक्खी- किदो[6] ज्जेव्व । (ख)

(क) प्रियसखि लवङ्गिके सर्वथाश्वासनशीलासि ।

(ख) सखि कात्राश्वासनशीलता । ननु भणामि सोपि प्रियसख्या

३७–४२ अत्र स त्वयापि विलोचनाभ्यां पश्यन्प्रत्यक्षीकृतो दृष्ट एवेत्यन्वयः । अपिर्भिन्नक्रमः । उद्वेल्लत्कम्पमानम् । विभ्रमो विशिष्टा भ्रान्तिः सोयमित्याकारा । सादृश्यं वा विभ्रमः । माधवस्य पुण्डरीकाक्षत्वात् । विरचनापदेशेन घटनव्याजेन यः संयमोन्यादर्शनं तं प्रापिताभ्यां बलामोड्या बलात्कारेण विस्तरं गच्छद्भ्याम् । बलामोडिर्बलात्कारे देशी । यद्यप्यवलोकयन्नित्यनेन लोचनाभ्यामिति प्राप्तं तथापि विशिष्टलोचनप्रतिपादनार्थं तदुक्तम् । विजृम्भमाणो वर्धमानः । स्तिमितः स्निग्धः । दीर्घपर्यन्तमतिदीर्घम् । परिवर्तना पुनःपुनर्गमनं तत्र विलासो विशिष्टदृष्टिव्यापारस्तेन ताण्डवितया नर्तितया भ्रूलतया विडम्बितः समीकृतोनङ्गशारङ्गविभ्रमः कामधनुर्विलासस्ततो विदग्धमिति क्रियाविशेषणम् ।

गमनासनपाणिपादचेष्टा सविशेषं नयनभ्रुवां च कर्म ।
दयितोपगमे यदप्रयत्नात्क्रियते नूनमयं विलास उक्तः ॥

---

१ मारूअपल्लत्थ B. C.; ल्पफु° A. B; रीअब्भमेहिं C. २ °वद्ध A. Com. वऊलमालावली C. ३ °मोडि A. D. °लोडिअ C. ४ ०भाण A.; परिभंतणा B; परियत्तणा C. ५ विब्भमेहिं C.; विभद्द B. सुविभद्दं C.; अवलोअन्ती B. C. D.; B. inserts तुए after अव-न्तो. ६ °कदो C.; जेव्व B. ७ Com. om.; Com. adds after °शीलासि, यद्वा । आशंसनशीलासि ।

माल०। लवङ्गिकां परिष्वज्य। अम्मो[1] पिअसहि किं दाव तस्स महाणुभावस्स[2] साहाविआ उज्जेव्व मुहुत्तसंणिधाइणो जणस्स विप्पलम्भइत्तआ[3] विलासा आदु[4] जहा पिअसही संभावेदि। (क)

लव०। विहस्य सासूयमिव। तुमं वि सहावेण उज्जेव्व[5] तस्सिं अवसरे असंगीदअं णच्चाविदासि। (ख)

मन्दमारुतोद्वेल्लत्प्रफुल्लपुण्डरीकविभ्रमाभ्यां प्रथमारब्धबकुलावलीविरचनापदेशसंयमितबलात्कारविस्तृताभ्यां लोचनाभ्यां[6] विजृम्भमाणविस्मयस्तिमितदीर्घपर्यन्तपरिवर्तनाविलासताण्डवितभ्रूलताविडम्बितानङ्गशारङ्गविभ्रमविदग्धमवलोकयन्[7]प्रत्यक्षीकृत एव।

(क) अम्मो प्रियसखि किं तावत्तस्य महानुभावस्य स्वाभाविका एव मुहूर्तसंनिधायिनो जनस्य विप्रलम्भयितृका[8] विलासा आहोस्विद्यथा प्रियसखी संभावयति।

(ख) त्वमपि स्वभावेनैव तस्मिन्नवसरेसंगीतकं नर्तितासि।

इति भरतः। शारङ्गरङ्गत इति प्रयोगाच्छारङ्गेति भिन्नो रेफः॥ शारङ्गं धनुषि स्मृतमिति शाश्वतः॥ ततस्त्वदवलोकनविकलता मालारम्भत्वे हेतुरिति तात्पर्यमिह।

४३–४५ आमिति तदुक्तस्वीकारे। अम्मो इति पाठे अम्मो हर्षे वितर्के वा। विप्रलम्भितो विप्रलम्भं प्रापितः॥ तारकादित्वादितच्। ततः स्वार्थे कः॥ आदुशब्दोत्राहोस्विद्वाचकः। शीलस्य बहुकालपरिच्छेद्यतया मुहूर्तमात्रसंनिधाने विप्रलम्भचिन्ता। किमिदं नयनविकारादि स्वाभाविकमानुरागिकं वेति ज्ञातुं न शक्यत इति भावः। विप्पलम्भइत्तका इति पाठे विप्रलम्भचिन्तका इति ज्ञेयम्।

४६–५३ अत्र मन्मथेनेति शेषः। असंगीतकं निभृतनृत्यं यथा-

---

१ आम् C. D. २ °भस्स A. B.; साहाविभी D.; जेव्व B. ३ °इतुआ A. ४ अहवा C. अधा B. ५ B. om. ज्जेव्व; संगीदअं B. D.; णच्चिदासि A. ६ विलोच° Com. ७ Com adds तया after °लोकयन्. ८ °इतुकाः, विप्रलम्भितकाः, विप्रलम्भचिन्तकाः Com.

माल० । सलज्जम्[1] । हुं तदो तदो । (क)

लव० । तदो पडिणिअत्तमाणजत्ताजणसंकुलेण[2] अन्तरिदे तस्सिं[3] मन्दारिआए घरं उवगदह्मि । ताए क्खु चित्तफलअं पभादे[4] हत्थीकिदं आसी । (ख)

माल० । किंणिमित्तं । (ग)

लव० । तं क्खु माहवाणुअरो[5] कलहंसओ णाम कामेदि[6] सा तस्स दंसइस्सदि त्ति । तदो पिअणिवेदिआ[7] मन्दारिआ संवुत्ता । (घ)

माल० । स्वगतम् । णूणं तेणावि कलहंसएण तं पडिच्छन्दअं अत्तणो पहुस्स दंसिदं भविस्सदि[8] । प्रकाशम् । सहि किं दाणिं दे पिअं[9] । (ङ)

(क) हुं ततस्ततः ।

(ख) ततः प्रतिनिवर्तमानयात्राजनसंकुलेनान्तरिते तस्मिन्मन्दारिकाया गृहमुपगतास्मि । तस्याः खलु चित्रफलकं प्रभाते हस्तीकृतमासीत् ।

(ग) किंनिमित्तम् ।

(घ) तां खलु माधवानुचरः कलहंसको नाम कामयते सा तस्य दर्शयिष्यतीति । ततो प्रियनिवेदिका मन्दारिका संवृत्ता ।

(ङ) नूनं तेनापि कलहंसकेन तत्प्रतिछन्दकमात्मनः प्रभोर्दर्शितं भविष्यति । सखि किमिदानीं ते प्रियम् ।

तया[10] नृत्यं कारितासीत्यर्थः । सासूयं परद्वेषसहितम् । हुमिति प्रणयकोपे । अत्र तस्मिन्माधवे । खलु हेतौ । हस्तीकृतं न्यासीकृतम् । अत्र कामयत इच्छति ।

---

१ सलज्जा विहस्य C.; C. om. one तदो. २ °णिउत्तमाण B. C.; B. om. जत्ता; संकुले B. ३ A. C. D. add जणे after तस्सिं; उग° A.; उवा° D. ४ पहादे D.; °कदं C. D. आसि A. B. ५ °चरो A. B. ६ तदो before सा B.; सो C.; संदंस° D. ७ A. Com. add मे after this. ८ णाहस्स A. B.; दुविस्स° D.; भविस्सदित्ति C.; भविस्सदित्ति तदो B. ९ पिअं B. १० तया Com.

लव० । एदं क्खु संदाविदस्स संदावआरिणो[1] दुल्लहमणोरहावेसदूसहाआसदज्झन्तचित्तस्स क्खणमेत्तणिव्वावअं तुह पडिच्छन्दअं । (क) इति चित्रं[2] दर्शयति ।

माल० । सहर्षं[3] निर्वर्ण्य । अहो दाणिं पि हिअअस्स मे अणासङ्गो[4] जेण एव्वं पि आसासणं विप्पलम्भो त्ति संभावेमि । कधं[5] अक्खराइं पि । (ख) । इति वाचयति ।

जगति[6] जयिनस्ते ते भावा नवेन्दुकलादय इत्यादि पूर्वोक्तं पठित्वा सानन्दम् । महाभाअ सरिसं क्खु दे णिम्माणस्स वअणं[7] मधुरदाए लक्खीअदि । दंसणं उण तक्कालमणोहरं परिणामदीहसंदावदारुणं[8]

(क) एतत्खलु संतापितस्य संतापकारिणो दुर्लभमनोरथावेशादुःसहायासदह्यमानचित्तस्य क्षणमात्रनिर्वापकं तव प्रतिच्छन्दकम् ।

(ख) अहो इदानीमपि मे हृदयस्यानासङ्गो येनैवमप्याश्वासनं विप्रलम्भ इति संभावयामि । कथमक्षराण्यपि ।

५७–६७ अत्र दुर्लभायां त्वयि मनोरथाभिनिवेशस्तेन यो दुःसहायासस्तेन दह्यमाने चित्ते क्षणमात्रनिर्वापकमिति । अत्रानासङ्गोनाश्वासः । लवङ्गिका स्वयं लिखित्वा माधवलिखितत्वेन बोधयतीति भावः । सदृशमिति । मधुरतया निर्माणस्य सदृशं वचनमित्यर्थः । तवाकृतिर्मधुरा यथा तथा वचोपि मधुरमित्यर्थः । यस्येदृशं वचस्तस्य कथमेवं दर्शनमित्युपालम्भपूर्विका पृच्छा । यदाह ।

यत्र भावनयोपेतमात्मानमथवा परम् ।

१ °कारिणो B. दज्झन्त for दज्झन्त C. २ B. C. om. इति; चित्रफलकं C. ३ सहर्षं चिरं निर्वर्ण्य C.; सोच्छ्वासं चित्रं A.; B. om. पि. C. D. have वि. ४ अणासंगो B. D. अनाश्वासः C.; एवं A. C.; एदं D. °सणा B. ५ कहं B.; °इंवि D. ६ The whole s'loka in B. C. ७ विरअणामधुरदा । A.; महुर° D. ८ B. adds अवि, C. अ. ९ तत्संताप° Com.

धण्णाओ क्खु ताओ अम्मकाओ जाओ तुमं ण पेक्खन्ति [2]पेक्खिअ वा अत्तणो हिअअस्स पहवन्ति । इति रोदिति । (क)

लव० । सहि किं एव्वं पि दे णत्थि आसासो । (ख)

माल० । सहि कधं[3] । (ग)

लव० । जस्स कारणादो उक्खण्डिअबन्धणं विअ कङ्केल्लिपल्लवं

(क) महाभाग सदृशं खलु ते निर्माणस्य वचनं मधुरतया लक्ष्यते[5]। दर्शनं पुनस्तत्कालमनोहरं परिणामदीर्घसंतापदारुणम् । धन्याः खलु ताः कन्यका[6] यास्त्वां न प्रेक्षन्ते प्रेक्ष्य वात्मनो हृदयस्य प्रभवन्ति।

(ख) सखि किमेवमपि ते नास्त्याश्वासः।

(ग) सखि कथम् ।

(घ) यस्य कारणादुत्[7]खण्डितबन्धनमिव कङ्केल्लिपल्लवं क्लाम्यन्नव-

पृच्छामिवाभिधत्तेर्थं सा पृच्छेत्यभिधीयते ॥

नाट्यधर्मत्वेन परोक्षस्यापि प्रत्यक्षीकरणम् । यदाह ।

परोक्षेपि च वक्तव्यो नार्या प्रत्यक्षवत्प्रियः ॥

अम्मकाशब्दः स्त्रियां कन्यायां वा देशी ।

७०–७५ अत्रोत्खलितं छिन्नम् । बन्धनं वृन्तशाखासंयोगः । कङ्केल्लिरशोकः । निःसहाक्षमा । परिखिद्यसे परिहीयसे । एतेन कामावस्था तनुतोक्ता । अस्रं नेत्रजलम् । संस्कृतमिति । आसन्नमरणतया प्रकृतिविपर्ययद्योतनाय स्त्रियाः संस्कृताश्रयणम् । यद्वा । मरणसमये प्राकृतस्मरणस्य हीनयोनिजन्मफलकत्वेन बोधनात्तत्काले स्त्रियाः संस्कृताश्रयणम् । यद्वा । वैदग्ध्यद्योतनाय तत् । यदाह ।

१ कण्णआओ A. C.; D. om. क्खु ताओ; धण्णा B. २ पेक्खन्ति । अपि णाम अत्तणो A. ३ कई D. ४ उक्खाडिअ B. ५ Com. om. लक्ष्यते. ६ स्त्रियो Com.; प्रेक्षन्ते । अपिनामात्मनो Com. ७ उत्खलित Com.

किलम्मन्तणोमालिआकुसुमणीसहा परिक्खिज्जसि[2] सो वि जाणाविदो भअवदा मम्महेण संदावस्स[3] दूसहत्तणं त्ति। (प)

माल०। कुसलं दाणिं[4] तस्स महाणुभावस्स भोदु मम उण दुल्लहो आसासो। सास्रम्। विसेसदो अज्ज पिअसहि (क)

संस्कृतमाश्रित्य। ७८

मनोरागस्तीव्रं विषमिव विसर्पत्यविरतं
प्रमाथी निर्धूमो[5] ज्वलति विधुतः पावक इव।

मालिकाकुसुमनिःसहा परिखिद्यसे सोपि ज्ञापितो भगवता मन्मथेन संतापस्य दुःसहत्वमिति।

(क) कुशलमिदानीं तस्य महानुभावस्य भवतु मम पुनर्दुर्लभ आश्वासः। विशेषतोद्य प्रियसखि

संस्कृतभाषावाचः प्रायो नाट्ये खलु स्त्रियाः श्लाघ्याः।
क्वचिदपि विदग्धतायाः प्रबोधनार्थं प्रशस्यन्ते॥

७८–७९ मनोराग इत्यादि। प्रियसखि मामद्य त्रातुं न तातः प्रभवति न वा माता न वा त्वम्। कुतः। मनोराग आधिरविरतं प्रमाथी क्षोभकारी यथा तीव्रं विषं तथा विसर्पति व्याप्नोति। यथा धातुत्वगादिषु विषं व्याप्नोति तथाङ्गानि म उद्वेग इत्यर्थः। यद्वा। सविशेषदर्शनाच्चित्तानुराग इच्छाभेदस्तीव्रं यथा तथा मनो विसर्पति व्याप्नोति दाहकारित्वाद्विषमिव। तथा विधुतः संधुक्षितोऽग्निर्यथा ज्वलति विधूननाग्निर्धूमं यथा तथा स एव रागो ज्वलति ज्वालामालाकुलीभवति। इत इतः सर्वत्र प्रत्यङ्गं हिनस्ति पीडयति गरीयाञ्ज्वर इव। तं त्यक्त्वा ममाधिस्त्वया समाधातुं

---

१ किलिस्सन्त A. किलिंत C. किळणंत D. २ °खिज्जभिसि D. परिळक्खीअसि C. ३ B. om.; B. C. om. त्ति. ४ णीं A.; °गस्स B. °भस्स C. होदु B. दुल्ल° D. आभासो A. आआसो C. आसासो मए विसे° B. ५ निर्धूमं A.

हिनस्ति प्रत्यङ्गं ज्वर इव गरीयानित इतो
न मां त्रातुं तातः प्रभवति न चाम्बा न भवती ॥

लव०। एव्वं ज्जेव्व पच्चक्खसोक्खदाइणो परोक्खदुक्खदूसहो[2] सज्जणसमाअमा होन्ति। अवि अ। जस्स वादाअणन्तरमुहुत्त[3]दंसणेण सविसेससमिद्धहुदवहाअन्तपुण्णिमा[4]चन्दोदआ णिक्करुणकामव्वावारसंसइदजीविदो[5] दे सरीरावत्था तस्स ज्जेव्व संपत्त[6]सविसेसदंसणा माविअ अज्ज संतप्पसि त्ति किं एत्थ भणिदव्वं। ता पिअसहि[7] सलाहणिज्जं दुल्लहमणोरहफलं जीअलोअस्स गुरु[8]आणुराअसरिसं महाणुभाअवल्लहसमाअमो त्ति एत्तिअं जाणीमो। (क)

(क) एवमेव प्रत्यक्षसौख्यदायिनः परोक्षदुःखदुःसहाः[9] सज्जनसमागमा भवन्ति। अपि च। यस्य वातायनान्तरमुहूर्तदर्शनेन सविशेषस-

न शक्यत इति भावः। यद्वा तातस्त्रातुं न शक्नोति नन्दननिरासेन माधवाय मददानात्। अम्बापि न तथा। तथानुवर्तमानस्य तातस्यानिषेधात्। लवङ्गिकायाश्च तयोः समशीर्षिकया गणनं स्वाच्छन्द्येन स्वमतप्रकाशनाय।

८१–८६ अत्र भणितव्यं युज्यत एवेत्यर्थः। यस्याव्यक्तं दर्शनं चन्द्रस्याभिन्नं जीवितसंशयं च कुरुते तस्य व्यक्तं दर्शनं त्वदुपन्यस्तप्रकारं तापं कुरुत इति किमत्र चित्रम्। चन्द्रेभिन्नत्वेन ज्ञानाभिद्राच्छेद उक्तः। सुकुमारायामस्यामतिपीडाकारित्वेन निष्करुणत्वम्। व्यापारो दशावस्थः।

१ बलीयान् C. २ पच्चक्खं and परोक्खं B.; दुःसहाआसकारिणो सज्ज° A.; सामागमा C. ३ मुहुत्तमेत्तदंस° A. C.; हुअवहा° D. हुदवहाअमाण C. ४ पुण्णओदो° C.; अदिणिक्करु° D.; वावार B. C. D. ५ °दा दीसइ दे B. ६ संपत्तं C.; A. om. भाविअ. ७ °सही A. ८ गरुआ° C. D. सारिसमहा° A. D. महाभाअ B. C. समागमो A. C. D. ९ दुःसहायासकारिणः Com.

माल० । सहि दइद[1]मालदीजीविदे साहसोवण्णासिणि अवेहि । सास्रम्[2] । अहवा अहं ज्जेव्व वारं वारं [3]पलोअअन्ती दुक्खव्वव[4]त्थाविदधीरत्तणावट्ठम्भेण अत्त[5]णो हिअएण दूरवि[6]ज्जम्भमाणदुव्विणअलहुएण एत्थ अवरज्झामि तधा वि पिअसहि (क)

मृद्वहुतवहायमानपूर्णिमाचन्द्रोदया निष्करुणकामव्यापारसंशयितजीविता वे शरीरावस्था तस्यैव संप्राप्तसविशेषदर्शना भूत्वा[7] संतप्यसीति किमत्र भणितव्यम् । तत्प्रियसखि श्लाघनीयं दुर्लभमनोरथफलं जीवलोकस्य गुरुकानुरागसदृशं महानुभाववल्लभसमागम इत्येतावज्जानीमः ।

(क) सखि दयितमालतीजीविते साहसोपन्यासिनि अपेहि । अथवा अहमेव वारं वारं प्रलोकयन्ती दुःखव्यवस्थापितधीरत्वावष्टम्भेनात्मनो हृदयेन दूरविजृम्भमाणदुर्विनयलघुकेनात्रापराध्यामि तथापि प्रियसखि ।

किमत्र कर्तव्यमित्यत आह । तदिति । तथा च गुरुतरानुरागस्यैतत्फलं यत्सखीद्वारा वल्लभसमागमः कारयितव्य इति भावः ।

८७–९० अत्र दयितं प्रियम् । महाकुलकलङ्कशङ्कया साहसम् । अत एव रोदनम् । तथा च त्वमपेह्यपगच्छ । प्रियभाषिणीं त्वां किमधिक्षिपामि यदहमेवात्र वाच्येत्याह । अथवेति । अत्र क्षणं क्षणमालोकनाकुलत्वाद्दुःखव्यवस्थापितं यद्धीरत्वं तस्यावष्टम्भोविद्यमानमेवैतदारोपस्तेनेत्यर्थः । लघ्वी लघुतां गता । अहमत्रापराध्यामीति येन तवैतादृशसाहसोपन्यास इति भावः । तथापि प्रियसखि ।

---

१ दइअ B. २ C. om. सास्रं. ३ जेव्व B. अवलोअंती B. ४ दुक्खावत्थाविद B. ५ मे C. ६ दूरविभाळिदलज्जेण दुव्विणअलहुइ D. दूरविळज्जंतळज्जत्तणेण दुव्विणअलहुएण C.; दूरविळइज्जन्तदुव्विणअळहुइ A.; तहा B. तह D. ७ Com. om. भूत्वा. ८ °ग्रमहा° Com.

भूयः संस्कृतमाश्रित्य ।

ज्वलतु गगने रात्रौ रात्रावखण्डकलः शशी
दहतु मदनः किं वा मृत्योः परेण विधास्यति ।
मम तु दयितः श्लाघ्यस्तातो जनन्यमलान्वया
कुलममलिनं न त्वेवायं जनो न च जीवितम् ॥

लव० । स्वगतम् । एत्थ दाणिं[1] को उवाओ । (क)

(क) अत्रेदानीं क उपायः ।

९२–९५ अधुना साहसाकरणं हृदि निधाय सनिर्वेदमाह । ज्वलत्वित्यादि । प्रतिरात्रं पूर्णश्चन्द्रो ज्वलतु तापयतु । तथापि न साहसं करोमीति भावः । गगन इत्यनेनाप्राप्यत्वादनुपागमनीयतोक्ता । तर्हि कामस्त्वां पीडयिष्यतीत्यत आह । मदनो दहतु मृत्योर्मरणात्परं स किं करिष्यति । मरणे सति दुःखस्यापि त्यागादिष्टमेव तदिति भावः । परेणेति ॥ प्रकृत्यादिभ्य उपसंख्यानमिति तृतीया ॥ इदं नायिकायाः सत्त्वजधैर्यम् । यदाह ।

चापलेनानुपहतं चित्तं धैर्यमुदीरितम् ॥

ननु दुःखहानाय माधवानुसरणमेव वरमत आह । मम पुनस्तातः पिता दयित इष्टः । कीदृशः । श्लाघ्यः सर्वश्लाघाविषयः । अमलवंशा मातेष्टा । निर्मलं कुलं चेष्टम् । अयं हृदिस्थो जनो माधवो नैवेष्टः । साहसक्रिययेति शेषः । तर्हि कथं जीवनमत आह । न च जीवितमिष्टम् । अत्र जीवितद्वेषादुद्वेगावस्था । यदाह ।

प्रद्वेषः प्राणितव्ये यः स उद्वेगः स्मृतो बुधैः ॥

९६–१०३ उद्वेगनाशोपायं चिन्तयन्ती लवङ्गिकाह । अत्रेदानीं क उपायः । प्रतीहारी । एषा भगवती कामन्दकी । मालतीजीवनोपाय इति भावः । प्रतीहारीत्यनेन संबन्धघटनं सूचितम् । यदाह ।

---

१ दाणीं A. D.

अथ नेपथ्यार्द्धप्रविष्टा प्रतीहारी । एसा भअवदी कामन्दई । (क)

उभे । किं भअवदी । (ख)

प्रती० । भट्टि[१]दारिअं दट्ठुकामा आअदा । (ग)

उभे । तदो किं विलम्बीअदि । (घ)

प्रतीहारी निष्क्रान्ता ।

मालती चित्रं[२] प्रच्छादयति ।

लव० । स्वगतम् । सुसमीहिदं[३] क्खु जादं । (ङ)

ततः प्रविशति कामन्दक्यवलोकिता च ।

काम० । साधु सखे भूरिवसो साधु । प्रभवति निजस्य[४] कन्यकाजन-

(क) एषा भगवती कामन्दकी ।

(ख) किं भगवती ।

(ग) भर्तृदारिकां द्रष्टुकामागता ।

(घ) ततः किं विलम्ब्यते ।

(ङ) सुसमीहितं खलु जातम् ।

संधिविग्रहसंबन्धनानाचारसमन्वितम् ।
निवेदयन्ति याः कार्यं प्रतीहार्यस्तु ता मताः ॥

प्रतीहारीत्यत्र बहुलवचनान्मनुष्येपि दीर्घः ॥ उभयोर्वाक्ये । किमर्थमागतेत्यर्थः । अत एवाग्रिमवाक्ये तद्व्यापारकथनम् । सुसमीहितं खलु जातम् । इदानीं यत्कामन्दक्यागमनमिति भावः ।

१०६–११० उभयेति । इहलोकाविरुद्धं साक्षादप्रतिषेधेन राजकोपाजननात् । परलोकाविरोधस्त्वात्मीयस्य कुमारीजनस्य प्रभुर्न परस्ये-

---

१ भग० कामं० before भट्ट D.; भट्ट B. C. D.; दट्ठुं B. C.; आगदा B. २ चित्रफलकमाच्छादयति A. ३ सुसमाहिदं C. ४ कन्या० A. निजकन्यकाजनस्य B. C.

इव महाराज इत्युभयलोकाविरुद्धं वचनमुपन्यस्तम् । अपि च । अद्य मन्मथोद्यानवृत्तान्तेन भगवतो विधे[1]रनुकूलतामवगच्छामि बकुलावलीचित्रफलकव्यतिकरसंविधाने[2]कौतुकमद्भुतं प्रमोदमुल्लासयति । इतरेत[3]रानुरागो हि दारकर्मणि परार्ध्यं मङ्गलं गीतश्चायमर्थोऽङ्गिरसा यस्यां मनश्च[4]क्षुषोरनुबन्धस्तस्यामृद्धिरिति ।

अव० । एसा मालदी । (क)

काम० । [5]निर्वर्ण्य ।

> निकामं क्षामाङ्गी सरसकदलीगर्भसुभगा
> कलाशेषा मूर्त्तिः शशिन इव नेत्रोत्सवकरी ।
> अवस्थामापन्ना मदनदहनोद्दा[6]हविधुरा-
> मियं नः कल्याणी रमयति मनः कम्पयति च ॥

(क) एषा मालती ।

ति साधारणोक्त्यासत्यानुदीरणादित्यर्थः । व्यतिकरो मिलनं तद्रूपं संविधानम् । दारकर्मणि परिणये । परार्ध्यं श्रेष्ठम् । अनुबन्धो रतिः । ऋद्धिरुपचयः ।

११३–११६ निकाममित्यादि । इयं कल्याण्यस्माकं मनो रमयति । कुतः । अत्यर्थं क्षीणाङ्गी । सरस आर्द्रोपर्युषित इति यावत् । कदल्या गर्भो मज्जा तद्वद्रम्या क्षीणत्वपाण्डुत्वाभ्याम् । इह गर्भपदेनातिपाण्डुत्वं कोमलत्वं चोक्तम् । कलाशेषा शशिनो मूर्तिरिव द्वितीयाचन्द्रलेखेव । अत एव प्रस्तुतकार्यसंपादकत्वेन रमयति । उद्दाहेनोत्कटदाहेन विह्वलां दशामापन्ना सती मनः कम्पयति । अतिपीडनादनिष्टाशङ्कित्वादिति भावः । इह तनुताख्या कामदशा सूचिता ।

१ विधेरप्यनु° D. अध्यवगच्छामि C. २ संविधानकं किमप्यद्भुतं B. °तुकमप्यद्भु° C. ३ °तरगुणानुरागिणोर्हि B; परार्धे. A. ४ शाङ्गनश्चक्षुषोः A. ५ दृष्ट्वा निर्वर्ण्य B. ६ दहनोद्दामविधुरा B. C.

अपि च । परिपाण्डुपांसुलकपोलमाननं

दधती मनोहरतरत्वमागता ।

रमणीयजन्मनि जने परिश्रम-

श्लथितो विधिर्विजयते हि मान्मथः ॥ १२०

अथवा । नियतमनया संकल्पनिर्मितः प्रियसमागमोऽनुभूयते ।

११७–१२६ परीत्यादि । पांसुलं रूक्षम् । पाण्डुरूक्षकपोलवदनापीयं रम्या । यतो मनोज्ञजन्मनि जने वलन्कामस्य विकारो यादृशस्तादृश ईप्सितः सन्विजयी भवति । संकल्पो मनोव्यापारः । नीवीत्यादि । जघनवस्त्रबन्धनं नीवी । तस्या बन्धस्य ग्रन्थेरुच्छ्वसनं शिथिलता । वासःश्लथतानुरागादपि । यदाह ।

स्वेदोरुवेपथुस्तम्भाः श्लथता जघनच्छदे ।

आविर्भवति नारीणामनुरागवशात्मनाम् ॥

अधरस्पन्दनमधरकम्पनम् । एतत्तु स्फुरितचुम्बने । यदाह ।

रदने विशन्तमोष्ठं ग्रहीतुं या समिच्छाति ।

निजोष्ठः कम्पते यत्र स्फुरितं चुम्बनं मतम् ॥

दोर्विषादो बाह्वोर्निःसहत्वम् । आलिङ्गनसौख्यात् । स्वेद आयासात् । मसृणं कोमलम् । मधुरं ललितम् । संकल्पलब्धस्य दुरालोकत्वादाकेकरम् । शृङ्गारात्स्निग्धम् । सुखभावनया मुग्धम् । चक्षुः । संकल्पमात्रलब्धतया प्रियेऽसूयायोगाज्जिह्मा दृष्टिः । जिह्मा दृष्टिरसूयायाम् । यदाह ।

ललिताकुञ्चितपुटा शनैस्तिर्यग्विसर्पिणी ।

निगूढागूढतारा च जिह्मा दृष्टिरुदाहृता ॥

लब्धे सति धृतिहर्षाभ्यां ललितम् । तल्लक्षणं तूक्तमेव ।

आकेकरा घनालोके विच्छेदे प्रोषितेषु च ।

तथाह्यस्याः

नीवीबन्धोच्छ्वसनमधरस्पन्दनं दोर्विषादः
स्वेदश्चक्षुर्मसृणमधुराकेकरस्निग्धमुग्धम्[1] ।
१२५ गात्रस्तम्भः स्तनमुकुलयोरुत्प्रबन्धः[2] प्रकम्पो
गण्डाभोगे पुळकपटलं मूर्छना चेतना च ॥

इत्युपसर्पति ।

लवङ्गिका मालतीं चालयति[3] । उभे उत्तिष्ठतः ।

माल० । भअवदि वन्दामि । (क)

(क) भगवति वन्दे ।

आकुञ्चितपुटापाङ्गसंगतार्धनिमेषिणी ॥
मुहुर्व्यावृत्ततारा च दृष्टिराकेकरा मता ॥

दोर्दोषा भुजा भुज इति शब्दभेदः । गात्रस्तम्भः शरीरनिश्चलता । अतिहर्षात् । यदाह ।

अतिहर्षभयरोषरागेभ्यः स्तम्भसंभवः ॥

मुकुलाकारत्वात्स्तनावेव मुकुली । तयोरुत्प्रबन्धो विच्छेदरहितः कम्पः । प्रियस्य गाढालिङ्गनात् । गण्डाभोगे गण्डमण्डले पुलकपटलं रोमाञ्चसंघः । प्रियचुम्बनसंकल्पात् । आत्यन्तिकत्वार्थं पटलग्रहणम् । मूर्छना मोहः । निरतिशयानन्दयोगात् । यदाह ।

स्रस्तता वपुषि मीलनं दृशोर्मूर्छना च रतिलाभलक्षणम् ॥

रतिविलाससंकल्पेनान्तरा चेतना च ।

१२९–१३८ बौद्धानां प्रव्रजितं प्रति वन्दामीति नतिसंप्रदायः । यद्वा । वन्दामि वन्द इति सामान्यत एव । मालतीचित्तवि-

---

१ स्निग्धतारं A. २ मुकुलयोरुत्कंपः C. ३ चालयित्वा A. B. C.; after चा–त्वा A. adds मालदि द्दा ।

काम०। महाभागे समीहित[1]फलभाजनं भूयाः।

लव०। [2]सुविहिदं आसणं एत्थ उवविसदु भअवदी। (क) सर्वा उपविशन्ति।

माल०। कुसलं भअव[3]दीए। (ख)

काम०। निःश्वस्य। कुशलमिव।

लव०। स्वगतम्। पत्थावणा क्खु एसा कवडणाडअस्स। प्रकाशम्। [4]गुरुअबाहत्थम्भमन्थरिदकण्ठपडिलग्गणी[5]सासं अण्णारिसं ज्जेव्व भअवदीए वअणं। ता किं दाणिं[6] उव्वेअकारणं भविस्सदि। (ग)

काम०। नन्वयमेव चोरचीवरविरुद्धः परिचयः।

लव०। [7]कधं विअ। (घ)

काम०। अयि[8] किं न जानासि।

(क) सुविहितमासनमत्रोपविशतु भगवती।

(ख) कुशलं भगवत्याः।

(ग) प्रस्तावना खल्वेषा कपटनाटकस्य। गुरुकबाष्पस्तम्भमन्थरितकण्ठप्रतिलग्ननिःश्वासमन्यादृशमेव भगवत्या वचनम्। तत्किमिदानीमुद्वेगकारणं भविष्यति।

(घ) कथमिव।

नोदाय स्वस्य च तद्विषयावष्टम्भदर्शनायाह। भाजनमिति। कपटमेव नाटकम्। अत्र बाष्पं नेत्रजलम्। स्तम्भः प्रतिबन्धः। मन्थरितो मन्दीकृतः। तादृशकण्ठे प्रतिलग्नो निःश्वासो यत्र तत्। परिचयो मालत्यभिष्वङ्गः। उद्वेगकारणमिति शेषः।

---

१ अभिमतफलभाजनं A. समीहितफलस्य D. २ एदं आसणं A. ३ D. om. भ—ए. ४ गरुअ B. ५ निस्सासं B. C. ६ दाणीं A. D.; हुविस्सदि B. ७ कहं D. ८ A. D. insert त्वमपि after अयि; A. न वेत्सि for किं न &c. ९ दत्तमासनम् Com.

इदमिह मदनस्य जैत्रमस्त्रं सहजविलासनिबन्धनं शरीरम् ।
अनुचितवरसंप्रयोगशोच्यं विफलगुणातिशयं भविष्यतीति ॥

मालती वैचित्[1]यं नाटयति ।

लव० । अत्थि एदं णरेन्दवअणाणुरोहिणा अमच्चेण णन्दणस्स पडिवे[2]ण्णा मालदित्ति सअलो जणो अमच्चं जुगुप्छेदि (क)

माल० स्वगतम्[3] । कधं उवहारीकिदह्मि राइणो तादेण । (ख)

काम० । आश्चर्यम् ।

(क) अस्त्येतन्नरेन्द्रवचनानुरोधिनामात्येन नन्दनस्य प्रतिपन्ना मालतीति सकलो जनोमात्यं जुगुप्सते ।

(ख) कथमुपहारीकृतास्मि राज्ञस्तातेन ।

१४१–१४६ इदमित्यादि । मालत्या इदं शरीरं विफलगुणातिशयं भविष्यतीति त्वं किं न वेत्सि । अनुचितजामातृसंबन्धशोचनावहम् । यतः । इह जगति यत्कामस्य जैत्रं जयनशीलमस्त्रं सहजविलासस्य निबन्धनं कारणं च । एतेनैव सहजविलासा जायन्त इत्यर्थः ॥ वरो जामातरि श्रेष्ठ इति विश्वः ॥ वैचित्यं विमनस्कत्वम् । नाटयति करोति । पितृनिन्दैव पूर्वश्लोकार्थ इति द्योतयति लवाङ्गिका । [अस्त्येतदिति] । अत्र जुगुप्सते निन्दति । अत्रानुपहरणीयाप्युपहारीकृतेत्यनेन च्व्यर्थेन पितुर्गुणानभिज्ञत्वं सूचितम् । उपहारश्च मरणशरणश्छागादिः क्रियत इति मरणतुल्यतास्य दर्शिता । इह पश्चात्तापनामा नाट्यालंकारः । यदाह ।

अनुतापातिरेकस्तु पश्चात्ताप उदाहृतः ॥ इति ।

१४८–१५१ बालत्वात्स्नेहाच्च तातस्य गुणानभिज्ञत्वं मालती न जानातीत्याशयेनाह गुणेत्यादि । इदं कार्यं गुणनिरपेक्षममात्येन कथमा-

[1] वैचित्र्यं C. [2] °पण्णा B. C.; D. adds एव्व after सअलो; B. om. अमच्चं. [3] B. om. स्वगतम् ; कहं D.

गुणापेक्षाशून्यं कथमिदमुपक्रान्तमथ वा
कुतोपत्यस्नेहः कुटिलनयनिष्णातमनसाम् ।
इदं त्वैदंपर्यं यदुत नृपतेर्नर्मसचिवः
सुतादानान्मित्रं भवतु स[1] हि नो नन्दन इति ॥

माल० । स्वगतम्[2] । राआराहणं क्खु तादस्स गुरुअं[3] ण उण मालदी । (क)

लव० । एव्वं[4] जधा भअवदीए आणत्तं । अण्णधा तारिसे वरे दुद्दंसणे अदिक्कन्तजोव्वणे[5] किं त्ति णं[6] विआरिदं अमच्चेण । (ख)

(क) राजाराधनं खलु तातस्य गुरुकं न पुनर्मालती ।

(ख) एवं यथा भगवत्याज्ञप्तम् । अन्यथा तस्मिन्वरे दुर्दर्शनेतिक्रान्तयौवने[7] किमिति न विचारितममात्येन ।

स्थम् । रूपादिमति पुरजने सति तद्रहितनन्दनाय मालतीदानं कथमुपक्रान्तमिति भावः । अत एवाश्चर्यम् । अथवा पक्षान्तरे । कुटिलनये परवञ्चननीतौ कुशलचित्तानां कुतोपत्यस्नेहः । नैवेत्यर्थः । स्नेहस्य निरुपाध्युपकारेच्छारूपस्य नृपानुरञ्जनादावुपाधावभावादित्यर्थः । इदं यदुपक्रान्तं तदैदंपर्यमिदंपरम् । एतदभिप्रायकमिति यावत् ॥ चतुर्वर्णादित्वादिदंपरशब्दे ष्यञ् ॥ उत निश्चये वितर्के वा । यन्नृपतेर्नर्मसाचिवो नन्दनः कन्यादानादस्माकं मित्रमनपकारी भवत्वित्येवमुपक्रान्तम् ॥ निष्णात इत्यत्र निनदीभ्यां स्नातेः कौशल इति षत्वम् ॥ उत निश्चयवितर्कयोरिति धरणिः ॥ कामोपचरणं नर्म । यदाह ।

उपचारः स्त्रीपुंसयोर्मनोजन्मनिबन्धनः ।
स एवात्र परिज्ञेयो नर्मसंज्ञः प्रयोक्तृभिः ॥

इति भरतः ।

१५५–१६४ इतीति दुर्दर्शनादिकम् । अत्र जीवितमपि निष्फ-

---

१ स हि मे नन्दन A. भवतु सचिवान्नंदन इति C. २ B. om. ३ बहुमदं B. C. D. ४ एवं A. B.; जहा B. C. ५ °जोव्वणो त्ति B. ६ किं ण A.; °रिअं A. विआविदं D. ७ °यौवने इति Com.

माल० । स्वगतम् । हा हदम्हि समुत्थिदाणत्थवज्जपडणा[1] मन्द-भाइणी[2] । (क)

लव० । ता भअवदि पसीद[3] परित्ताहि इमादो जीविदमरणादो[4] पिअसहिं तधावि एसा दुहिदा ज्जेव्व[5] । (ख)

काम० । अयि[6] सरले किमत्र मया भगवत्या शक्यम् । प्रभवति प्रायः[7] कुमारीणां जनयिता दैवं च । यत्र किल कौशिकी शकुन्तला दुष्यन्तमप्सराः[8] पुरूरवसं चकम इत्याख्यानविद आचक्षते वासव-

(क) हा हतास्मि समुत्थितानर्थवज्रपतना मन्दभागिनी ।

(ख) तद्भगवति प्रसीद परित्रायस्वास्माज्जीवितमरणात्प्रियसखीं तथाप्येषा दुहितैव ।

लत्वदुःखबहुलत्वाभ्यां मरणकल्पं जीवितमरणम् । उक्तप्रबन्धेन मालतीनैराश्यं विधायाह । अयीति ॥ भगवत्येति कृत्यानां कर्तरि वेति तृतीया न तु षष्ठी । अशक्यमित्यकारप्रश्लेषसंभवात् ॥ गान्धर्वविवाहे कन्यावरौ प्रभवत इति प्रायःपदतात्पर्यम् । जनयितेति । न राजेति भावः । माधवविवाहे भूरिवसुरेव सानुग्रहः । अत एव सरल इत्युक्तम् । किल प्रसिद्धौ । कौशिकी कुशिकवंशजा । चकमे कामयते स्म । आख्यानं पुरावृत्तम् । इहाख्याननामा नाट्यालंकारः । यदाह ।

आख्यानं तु तदुद्दिष्टं यत्पुरावृत्तकीर्तनम् ॥ इति ।

निदर्शननामा नाट्यालंकारोपि । यदाह ।

१ समुड्डिदा° D. °दणत्थ B. समुवत्थि° A.; पदणा A. वडणा C. वेदना B. २ B. adds अहं. ३ पसीददु भअवदी A. ४ जीवण A.; पिअसहीं A. B. ५ ज्जेव B. ६ अयि सरले C. D.; D. om. मया. ७ D. om. ८ उर्वशीवाप्स° D.

दत्ता च संजयाय राज्ञे पित्रा [1]दत्तमात्मानमुदयनाय प्रायच्छदित्यादि तदपि सा[2]हसाभासमित्यनुपदेष्टव्य एवायमर्थः। सर्वथा

राज्ञः प्रियाय सुहृदे सचिवाय का[3]र्या-
द्दत्त्वात्मजां भवतु निर्वृतिमानमात्यः।
दुर्दर्शनेन घटतामियमप्यनेन
धूमग्रहेण विमला शशिनः कलेव॥

माल०। सास्रं स्वगतम्। हा ताद तुमं पि मम[4] णाम एव्वं त्ति सव्वथा जिदं भोअतिह्णाए[5]। (क)

अव०। चिराइदं भअवदीए। णं भणामि अ[6]स्सत्थसरीरो महाभाओ माहवो त्ति। (ख)

(क) हा तात त्वमपि मम नामैवमिति सर्वथा जितं भोगतृष्णया।

(ख) चिरायितं भगवत्या। ननु भणाम्यस्वस्थशरीरो महाभागो माधव इति।

कथनादन्यचेष्टानां साध्यसिद्धिर्निदर्शनम्॥ इति।
कल्पपदेनोपदेष्टव्यत्वसूचनम्।

१६५–१७८ अधुना साहसेपि प्रवृत्त्यर्थं मालत्यनुशयाय पितुर्वरस्य च दोषमाह। राज्ञ इति। कार्यादाराधनादेर्न त्वदृष्टार्थमित्यर्थः। अनेन सचिवेन। वार्धक्यात्कौरूप्याच्च दुर्दर्शनेन। धूमग्रहेण राहुणोत्पातधूमग्रहेण वा। पीडाकारित्वाद्दुर्दर्शनेन। ग्रहणं ग्रहः। मालती जातानुशयाह। [हा तातेति]। एवं निस्पृह इत्यर्थः। भोगेति।

---

१ प्रदत्त C. दत्तामुदय° D. २ साहसिक्यमित्यनुपदेष्टव्यकल्पं A. °त्यादिसाहसकल्पमित्यनुपदेष्टव्यमेतत् D. ३ सचिवाय भार्या C. ४ B. om. मम. ५ तिह्णाए C. ६ अमुस्थ A.; D. adds क्खु after सरीरो; महाभाअमाह° B. D.

काम० । इदं[1] गम्यते । वत्से अनुजानीहि माम्[2] ।

लव० । जनान्तिकम् । सहि मालदि संपदं भअवदीसंआसादो[3] तस्स महाणुभावस्स[4] उग्गमं जाणीमो । (क)

माल० । अपवार्य[5] । सहि अत्थि मे कोदूहलं । (ख)

लव० । प्रकाशम् । को[6] एसो माहवो णाम जस्स भअवदी सिणेहगुरुअं[7] अत्ताणं धारेदि । (ग)

(क) सखि मालति सांप्रतं भगवतीसकाशात्तस्य[8] महानुभावस्योद्गमं जानीमः ।

(ख) सखि अस्ति मे कौतूहलम् ।

(ग) क एष माधवो नाम यस्य भगवती स्नेहगुरुकमात्मानं धारयति ।

स्वभोगाय त्वमेवं करोषीत्यर्थः । अत्र चिरायितं बहुकालमागतम् । इतीति । अतः शीघ्रं गम्यतामिति भावः । जनान्तिकमिति ।

उक्तस्याश्रवणं कार्यात्पार्श्वस्थैः स्याज्जनान्तिकम् ॥

इति भरतः । लवङ्गिका मालतीं साकाङ्क्षयति [सखि मालतीत्यादि] । उद्गममुत्पत्तिम् । अस्ति मे कुतूहलम् । तत्पृच्छेत्यर्थः । अत्र [लव० वा०] यस्य कृत इति शेषः ।

---

१ A. om. इदं. २ मां गमनाय C. D. ३ भअवदीए सआसादो A. D. ४ °भअस्स A. C.; महाभाअस्स D. ५ A. D. om. अपवार्य; B. adds तहेव before सहि. ६ A. adds भअवदि before को. ७ गरुअं B. C. D.; अत्ताणअं C. D. ८ °वत्याः Com. ९ Com. follows A.

काम०। अप्रास्ताविकी[1] महत्येषा कथा।

लव०। तधवि[2] आचक्खदु भअवदी। पसादं करेदु। (क)

काम। श्रूयताम्। अस्ति विदर्भाधिपतेस्य[3] नरपतेरमात्यः समग्रधुर्यपुरुषप्रकाण्डचक्रचूडामणिर्देवरातो[4] नाम यमशेषभुवनमहनीयपुण्यमहिमानमात्मनः सतीर्थ्यं[5] पितैव ते जानाति योसौ यादृशश्चेति[6]। अपि च।

व्यतिकरितदिगन्ताः श्वेतमानैर्यशोभिः
सुकृतविलसितानां स्थानमूर्जस्वलानाम्।

(क) तथाप्याचष्टां भगवती। प्रसादं करोतु।

१७९-१८३ सकृत्रिमावहित्थमाह। अप्रास्ताविकीति। अयमाशयः। माधवगुणस्तुतावुपाधिमाशङ्क्य मालत्या अनादरे मम तटस्थता न घटेत। अतः सानुबन्धं पृच्छत्विति सानुबन्धमियमप्याहेति। समग्रः संपूर्णः। धुरि कार्यभारे साधुर्धुर्यो मन्त्री। प्रकाण्डं प्रशस्तम्। चूडामणिरिव चूडामणिः श्लाघ्यः। सर्वमन्त्रिप्रधानमित्यर्थः। महनीयं पूज्यम्। पुण्यं प्रशस्तम्। यद्वा। महनीयौ पुण्यमहिमानौ यस्य तम्। सतीर्थ्य एकगुरुः। समानं तीर्थमुपाध्यायो यस्य। तीर्थे य इति [समानतीर्थे वासीति?] यत्प्रत्ययः।

१८५-१८८ व्यतिकरितेत्यादि। इह जगति कथमपि शापादिना तादृशाः स्वर्गिणः संभवन्ति। कीदृशाः यशोभिर्व्याप्तदिक्स्वरूपाः।

१ अप्रस्ताविकी A. C. D; D. adds एव after महती. २ तहवि D. तथावि B.; चक्खदु B.; A. B. insert मे after this and B. after पसादं also. ३ विदर्भाधिपतेरमा° A. D. ४ समस्तगुरुषप्रकाण्ड B. समग्रगुरुषप्रकाण्ड C. समस्तधुर्यपुरुष D. ५ B. om. आत्मनः सतीर्थ्यं. ६ B. adds तादृशश्च; D. om. योसौ. ७ कथयतु Com.

अकलितमहिमानः केतनं मङ्गलानां
कथमपिभुवनेऽस्मिंस्तादृशाः संभवन्ति ॥

माले[1]०। सहि तं क्खु भअवदीगहिदणामहेअं सव्वदा तादो सुमरेदि। (क)

लव० सहि समं किल[2] विज्जाहिगमो किदो त्ति तक्काल[3]वेदी जणो मन्तेदि। (ख)

काम०। तत उदयगिरेरिवैक एव स्फुरितगुणद्युतिसुन्दरः कलावान्।

(क) सखि तं खलु भगवतीगृहीतनामधेयं सर्वदा तातः स्मराति।

(ख) सखि समं किल विद्याधिगमः कृत इति तत्कालवेदी जनो[4] मन्त्रयते।

श्वेतमानैरिति वर्तमाननिर्देशेन तेषामभिनवयशोयोगित्वमुक्तम्। बलवतां पुण्यविपाकानां त एव स्थानम्। त एव महासुकृतिन इत्यर्थः। यद्वा। पुण्यविलासानां बलवतां च त एव स्थानम्। तथा च पुण्यवन्तो बलवन्तश्च त एवेत्यर्थः। अत एवाधिकमहत्वाः। मङ्गलानामर्थसिद्धानां केतनं निवासः॥ केतनं तु ध्वजे कार्ये निमन्त्रणनिवासयोरिति विश्वः॥

१८९–१९२ अत्र नामाग्रहणं श्वशुरत्वेनाङ्गीकारात्। गुरोर्नाम न गृण्हीयादिति स्मृतेः। तं देवरातम्। अत्र समं तुल्यं यथा तथा पाठः कृतो देवरातभूरिवसुभ्याम्। मन्त्रयन्ते कर्णाकर्णिकया वदन्ति।

१९३–१९४ प्रकृतसिद्ध्यर्थं पितृगुणानुक्त्वा नायकगुणानाह तत इत्यादि। ततो देवरातादेक एव बालश्चन्द्र उदियाय। एको बालो जात इत्यर्थः। यद्वा। बालश्चन्द्र इव बालचन्द्रः। एकापत्यतया स्नेहाधिक्यसूचनार्थमेकग्रहणम्। धरायामेकाधिपत्यकथनाय वा। कीदृशः। स्फुरिता

---

१ भगवार्यं after माल० D.; गाहिभ B. धेभं A. C. D. २ B. om. किल, क्खु A.; विज्जाधि० B. विज्जाधिगमो C.; करोत्ति A. C. D. ३ तक्कालवेदिणी मन्तभन्ति D. तक्कालसंवेदिनो मन्तन्ति A. ४ Com. follows D.

इह जगति महोत्सवस्य हेतुर्नयनवतामुदियाय बालचन्द्रः।

लव०। जनान्तिकम्। सहि अवि णाम माहवो[1] भवे। (क) १९५

काम०। असौ विद्याधारः[2] शिशुरपि विनिर्गत्य भवना-

दिहायातः संप्रत्यविकलशरच्चन्द्रमधुरः।

(क) सखि अपि नाम माधवो भवेत्।

व्यक्तीकृता गुणानां शीलादीनां या द्युतिरौज्ज्वल्यं तया सुन्दरः। यद्वा। स्फुरितगुणद्युतिश्चासौ सुन्दरश्चेति। कलावाँश्चतुःषष्टिकलायुक्तः।

नायके वर्णयेद्दूती कलावत्त्वं च रम्यताम्॥

इति भरतः। नयनवतां चक्षुष्मतां महोत्सवस्य कारणम्। नेत्रप्रीतिजनकत्वात्। यथोदयागिरेरेको बालचन्द्रोऽभिनवशश्युदेति सोऽपि स्फुरितगुणोन्मीलन्नैर्मल्यादिका या द्युतिः प्रभा तया सुन्दरः कान्तः कलावान्नेत्रानन्दहेतुश्च भवति।

१९६–२०० बालत्वादितस्तदनागमनमाशङ्क्याह। असावित्यादि। असौ शिशुरपि बालोऽपि संप्रतीहागतः। अस्तीति शेषः। कीदृशः। विद्याधारः। त्रयीतदङ्गविद्यावित्। बालः पञ्चदशवर्षवयस्कः। बालो वाप्यूनषोडश इति वचनात्। भवनाद्विनिर्गत्य बहिर्भूय। अनेन पथिकत्वमपास्तम्। यौवनमाह। अविकलः पूर्णो यः शारदशशी तस्मान्मनोज्ञस्तद्वद्वा मनोज्ञः। यद्दृष्टिविषये पुरं नारीणां कटाक्षैः संजातनीलनलिनगवाक्षमिव भवति॥ कुवलयितमित्यत्र तारकादित्वादितच्॥ कीदृशैः। उन्मादतरलैः कामावेशचपलैः। यदायं रथ्यया याति तदोन्मादान्विता युवत्यो वातायनेनैनं पश्यन्ति। तत्तु तन्नयनैः संजातकुवलयमिव लक्ष्यत इत्याशयः। अनेन विद्यावत्त्वनूतनत्वरम्यत्वादिकमुक्त-

---

१ B. adds सो after माहवो. २ विद्याभिः D.

यदालोकस्थाने भवति पुरमुन्मादतरलैः
कटाक्षैर्नारीणां कुवलयितवातायनमिव ॥

अत्र बालसुहृदा मकरन्देन सह विद्यामान्वीक्षिकीमधिगच्छति। स एवं[1] माधवो नाम।

माल०। सानन्दं जनान्तिकम्। सहि[2] सुदं तुए। (क)

लव०। सहि[3] कुदो वा महोदहिं वज्जिअ पारिजादस्स उग्गमो त्ति। (ख)

नेपथ्ये शङ्खध्वनिः।

काम०। अहो कालातिपातः[4]। संप्रति हि।

क्षिपन्निद्रामुद्रां मदनकलहच्छेदसुलभा-
मवाप्तोत्कण्ठानां विहगमिथुनानां प्रथमतः।

(क) सखि श्रुतं त्वया।

(ख) सखि[5] कुतो वा महोदधिं वर्जयित्वा पारिजातस्योद्गम इति।

म्। विद्यामित्यनेन विद्यावशेनायात इत्यनौद्धत्यं संबन्धार्थदेवरातप्रस्थापनगोपनं च कृतम्।

२०२–२०४ सखि श्रुतं त्वया। एतेनाभिलाषं दर्शयति। लवङ्गिकैतद्दृढयति। [कुतो वेति]। अनेन महाकुलीनत्वं न तु कामन्दक्याः कल्पनेति दर्शितम्।

२०६–२१० कालातिपातः कालक्षेपः। क्षिपन्नित्यादि। संप्रति गगनेयं संध्याशङ्खध्वनिः संध्याकालसूचकः शङ्खशब्दो विचरति श्रूयते। किं कुर्वन्विहगमिथुनानां चक्रद्वन्द्वानां प्रत्यासन्नविरहात्सोत्कण्ठानाम्।

---

१ स एव A. C.; A. adds इति after नाम. २ D. adds ऌवंगिए after this; तुमए A. ३ B. inserts तह ऌजेग before सहि; °दर्हि C. वज्जिअ B.; पारिआअस्स A. C; आअमो त्ति B. आगमो त्ति C. ४ वेळातिपातः D. ५ Com. om. सखि.

दधानः सौधानामलघुषु निकुञ्जेषु घनता-
मसौ संध्याशङ्खध्वनिरनिभृतः[1] खे विचरति ॥

तदुत्तिष्ठामः । इत्युत्तिष्ठन्ति[2] ।

मालः । अपवार्य । कधं[3] उवहारीकिदह्मि राइणो तादेण राआराहणं क्खु तादस्स गुरुअं[4] ण उण मालदी । सास्रम् । हा ताद तुमं पि णाम मम[5] एव्वं त्ति सव्वधा जिदं भोअतिह्णाए । सानन्दम् । कधं[6] महाकुलप्पभवो वि सो महाभाओ । सुभणिदं[7] पिअसहीए कुदो

निद्रैव मुद्रा । संभाषणप्रतिरोधात् । तां प्रथमतः क्षिपन्हरन् । कीदृशीम् । मदनकलहः सुरतं तस्य च्छेदोवसानं तेन सुलभाम् । यद्वा ॥ मदनकलहश्छिद्यतेनेनेति घञ् । पुंसि संज्ञायामिति वा घः ॥ मदनकलहच्छेदो रतं ततः सुलभाम् । सुरतश्रमजनितामित्यर्थः । संप्रति धवलगृहाणां महत्सु गह्वरप्रदेशेषु प्रतिध्वनितो घनतां दधानः । अत एवानिभृतः प्रौढः सन्विचरति । यद्वा । प्रथमतः खे विचरति तदनु दिवाकेलिकलहच्छेदात्सौधसमीपतरुनिवासकलविङ्कमिथुनानां निद्रामुद्रां क्षिपन्विचरति । ते हि प्रबलशङ्खध्वनिनिबोधिताः कलकलं कुर्वन्तीति भावः ।

२१२–२२० अपवार्य निभृतम् ।

निगूढभावसंयुक्तमपवारितकं भवेत् ॥

इति भरतः । अधुना मनःप्रविष्टसाहसवाञ्छया ब्रूते [कथं महाकुलेत्यादि] । [लव० वा०] संजननेनेति पाठे संजननं सोपानमेव । तटस्थतया घटितकत्वेन साधुत्वम् । निसृष्टार्थेति ।

---

१ अनिभृतः A. २ उत्तिष्ठति B.; C. om. इत्यु-न्ति. ३ सास्रं सहि कहं D.; कदम्हि A. D.; D. om. तादेण. ४ गरूअं B. D.; D. om. सास्रम्. ५ B. om. मम and त्ति. ६ B. C. om. कधं; ॰प्पहवो D.; हि सो D.; B. C. om. वि सो; महाणुभाओ A. महाभागो B. ७ सुद्दु D.

धा महोदहिं वज्जिअ पारिजादस्स उग्गमो त्ति[७] । अवि णाम तं पुणो वि पेक्खिस्सं । (क)

लव० । अवलोइदे इदो[२] इदो एदिणा सोवाणेण ओदरम्ह । (ख)

काम० । अपवार्य । साधु संप्रति मया तटस्थयैव मालतीं प्रति निसृष्टार्थदूतीवृत्तस्य[३] लघूकृतो भारः । तथा हि ।

> वरेऽन्यस्मिन्द्वेषः पितरि विचिकित्सा च जनिता
> पुरावृत्तोद्गारैरपि[४] च कथिता कार्यपदवी ।

(क) कथमुपहारीकृतास्मि[५] राज्ञस्तातेन राजाराधनं खलु तातस्य गुरुकं न पुनर्मालती । हा तात त्वमपि नाम ममैवमिति सर्वथा जितं भोगतृष्णया । कथं महाकुलप्रभवोऽपि[६] स महाभागः । सुभणितं प्रियसख्या कुतो वा[७] महोदधिं वर्जयित्वा पारिजातस्योद्गम इति । अपि नाम तं पुनरपि प्रेक्षिष्ये ।

(ख) अवलोकिते इत इत एतेन सोपानेनावतरावः ।

> स्त्रीपुंसयोराशयमादधाना स्वयं च कार्यं प्रतिपादयन्ती ।
> सृष्टार्थिका सा परदारयोगे दूती नियोज्या बहुधा सुधीभिः ॥

इतिभरतः । मालतीं प्रतीत्यनेन मदयन्तिकां प्राति विद्यत एवेति भावः ।

२२१–२२६ प्रकृते निष्पन्नं स्वव्यापारमाह । वर इत्यादि । अन्यस्मिन्वरे नन्दने द्वेषः कारितः । पितरि निन्दा जनिता । पुरावृत्तोद्गारैः शकुन्तलादीनां पितृनिरपेक्षात्मदानकथनैः कार्यपरिपाटी कथिता । माहात्म्यं महत्वं तस्य स्तुतं यत्कुलाद्यच्च गुणात्तदापि । इति हेतोः । अनन्तरं वत्सस्य परिचयः समागमो विधातुः कर्तव्यः । एतेनाङ्कावतारोऽपि

---

१ Readings as before. २ इदो एहि A.; इदो इदो एहि C. ३ दूतीकृत्यस्य A. दूतीकल्पस्य C.; लघुकृतो D. ४ वृत्तोद्गारैरपि C. ५ सखि कथं Com. ६ ऽप्यसौ Com. ७ Com. om. वा.

स्तुतं तन्माहात्म्यं यदभिजनतो यच्च गुणतः
प्रसङ्गादुत्तरस्येत्यथ विधिविधेयः परिचयः ॥

इति परिक्रम्य निष्क्रान्ताः सर्वे । २२५

॥ धवलगृहो नाम द्वितीयोऽङ्कः ॥

सूचितः । प्रसङ्गाद्व्याजादन्यापदेशादिति सर्वत्र योज्यम् । धवलगृह इति धवलगृहोपलक्षित इत्यर्थः ॥

असूत यं रत्नधरोनवद्योनवद्यरूपा दमयन्तिका च ।
जगद्धरं तत्कृतटिप्पणेऽङ्कोगमाद्द्वितीयो रसराशिवासः ॥

॥ इति द्वितीयोऽङ्कः ॥

---

१ A. D. om. परिक्रम्य; सर्वाः D. २ इति मालतीमाधवे A. मालतीमाधवे धवलगृहनाम C.

॥ तृतीयोऽङ्कः ॥

ततः प्रविशति बुद्धरक्षिता ।

बुद्ध० । परिक्रम्याकाशे । अवलोइदे अवि[1] जाणासि कहिं भअवदित्ति । (क)

प्रविश्य । अवलोकिता । उपसृत्य[2] । बुद्धरक्खिदे किं पमुद्धासि । को विअ[3] कालो भअवदीए पिण्डवादवेलं वज्जिअ[4] मालदिं अणुवट्टमाणाए । (ख)

बुद्ध० । हुं तुमं उण कहिं पत्थिदासि । (ग)

(क) अवलोकिते अपि जानासि क्व भगवतीति ।

(ख) बुद्धरक्षिते किं प्रमुग्धासि । कोप्यकालो [क इव कालो] भगवत्याः पिण्डपातवेलां वर्जयित्वा मालतीमनुवर्त्तमानायाः ।

(ग) हुं त्वं पुनः कुत्र प्रस्थितासि ।

परिचयस्यान्योन्यदर्शनालापादिरूपसमागमात्मकतया तदारम्भस्य प्रतिज्ञातत्वेन तन्निर्वाहिकाया मदयन्तिकायाः सूचनाय तत्संबन्धाद्बुद्धरक्षिताप्रवेशः । यद्वा । नियुक्तैव मया बुद्धरक्षितेत्यनेन प्रथमाङ्के द्वितीये च मालतीं प्रति लघूकृतो भार इत्यनेन सूचितो बुद्धरक्षितायाः प्रवेशः ।

३–६ अत्र प्रमुग्धा प्रस्मृता । पिण्डपातः सौगतान्नम् । कोप्यकालो निषिद्धकालः । तथा च सदैव मालतीसमीपे भगवती वर्तत इत्यर्थः । हुमनुमतौ स्मरणे वा ।

---

१ B. om. अवि; °दी त्ति A. B. २ A. om. उपसृत्य; पमु° A. ३ की वि भालो A.; पिण्डपादवेळं D. ४ उज्झिअ B.; °दीं A. C. D.; °वत्तमाणाए A. C.

अव०। अहं क्खु[1] भअवदीए माहवसआसं अणुप्पेसिदा। संदिट्ठं अ[2] तस्स जधा संकर[3]घरसंबद्धं कुसुमाअरं णाम उज्जाणं गदुअ कुज्जअणिउ[4]ञ्जपेरन्तरत्तासोअगहणे चिट्ठ[5] त्ति। गदो अ तत्थ माहवो। (क)

बुद्ध०। [6]किं त्ति तहिं माहवो अणुप्पेसिदो। (ख)

अव०। अज्ज कसणचउ[7]द्दसित्ति भअवदीए समं मालदी संकर[8]घरं गमिस्सादि तदो एवं[9] किल सोहग्गं वड्ढ[10]दि त्ति देवदाराहणणिमित्तं[11] सहत्थकुसुमावचअं उद्दिसिअ लवङ्गिआदुदीअं[12] मालदिं

(क) अहं खलु भगवत्या माधवसकाशमनुप्रेषिता। संदिष्टं च [13]तस्य यथा शंकरगृहसंबद्धं कुसुमाकरं नामोद्यानं गत्वा कुब्जकनिकुञ्जपर्यन्तरक्ताशोकगहने तिष्ठेति। गतश्च तत्र माधवः।

(ख) किमिति तत्र माधवोनुप्रेषितः।

९–१९ अत्र कुब्जकं कूआ [कआ कहूयआ पाठान्त०] इति ख्याततरुविटपः। कुब्जकन्याप्तरक्ताशोकवनस्य दुःसंचारत्वाद्विजनत्वं सूचितम्। पर्यन्तो मध्यम्॥ काननं गहनं वनमित्यमरः॥ अत्र किलालीके सौभाग्यवृद्धिप्रयोजनस्य व्याजत्वात्। एवमिति। स्व०स्तत्रोटितपुष्पैर्देवताः पूजयेत्यर्थः। आनेष्यतीति। मालती-

१ पुणो पेसिदा B. अणुपे° D. २ B. om. अ; D. has च; D. adds भअवदीए after च; B. D. om. तस्स; B. om. जधा. ३ °हर for °घर D. ४ कुञ्जणिउञ्ज A. C. कुब्जणिउंज B. ५ तिट्ठसु त्ति D. चिट्ठदु A. ६ D. adds अवलोइदे before किं; तत्थ for तहिं B. D.; °पुपे° B. ७ °सी त्ति A. C.; A. adds तत्थ after this; जणणीए B. ८ B. om. संकरं; गमिस्सादि त्ति C. D. ९ B. C. om. एवं. १० वड्ढदि B. वड्ढेदि C.; राधण D. ११ °चअं B. C. १२ दुदिअं B. C. दुदिआ A.; °लदीं A. C. D. १३ तया Com.

भअ[1]वदी उज्जाणं कुसुमाअरुज्जाणं आणइस्सदि[2] तदो अण्णोण्णदंसणं भोदु[3] त्ति । तुमं उण कहिं पत्थिदा । (क)

बुद्ध० । अ[4]हं क्खु संकरघरं उज्जाणं पत्थिदाए पिअसहीए मदअन्तिआए आमन्तिदा । तदो भअवदीए पा[5]अवन्दणं कदुअ तहिं उज्जेव्व[6] गच्छामि । (ख)

अव० । तुमं क्खु भअवदीए जस्सिं पओअणे णिउत्ता तत्थ को वुत्तन्तो । (ग)

(क) अद्य कृष्णचतुर्दशीति तत्र भगवत्या समं मालती शंकरगृहं गमिष्यति[7] तत एवं किल सौभाग्यं वर्धत इति देवताराधननिमित्तं स्वहस्तकुसुमावचयमुद्दिश्य लवङ्गिकाद्वितीयां मालतीं भगवत्येव कुसुमाकरोद्यानमानेष्यति ततोन्योन्यदर्शनं भवत्विति । त्वं पुनः क्व प्रस्थिता ।

(ख) अहं खलु शंकरगृहमेव प्रस्थितया प्रियसख्या मदयन्तिकयामन्त्रिता । ततो भगवत्याः पादवन्दनं कृत्वा तत्रैव[8] गच्छामि ।

(ग) त्वं खलु भगवत्या यस्मिन्प्रयोजने नियुक्ता तत्र को वृत्तान्तः ।

माधवयोरतर्कितदर्शनेन विजने तयोरनुरागो वर्धतामिति भगवत्या आशय इति भावः । अत्रामन्त्रिताहूता । गच्छामि मदयन्तिकास्थानमिति शेषः ।

२०–२६ [अव० वा०] मकरन्दमदयन्तिकापरिणये किं वृत्तमिति भावः । अत्र विस्रम्भो विश्वासः । ईदृशस्तादृश इति मकरन्दगुण-

---

१ B. om.; D. om. ज्जेव्व ; जेव्व A. B. २ D. adds त्ति after this. ३ होदु B. ४ C. om. अहं ; ज्जेव B. जेव्व A. D.; the three varieties of writing ज्जेव्व occur throughout, they will not be noticed hereafter. ५ B. C. om. पाअ, पाद A. ६ B. om. ज्जेव्व. ७ Com. adds इति. ८ Com. om. एव.

बुद्ध०। मए क्खु[1] भअवदीए समादेसेण तासु तासु वीसम्भक[2]धासु[3] ईरिसो तारिसो त्ति मअरन्दस्स उअरि पिअसहीए मदअन्ति[4]आए दूरं[5] आरोविदो परोक्खाणुराओ[6]। एसो अ[7] से मणोरहो अवि णाम तं पेक्खामि[8] त्ति। (क)

(क) मया खलु भगवत्याः समादेशेन तासु तासु विस्रम्भकथास्वीदृशस्तादृश इति मकरन्दस्योपरि प्रियसख्या मदयन्तिकाया दूरमारोपितः परोक्षानुरागः। एष च तस्या मनोरथोपि नाम तं प्रेक्ष इति।

प्रकाशनमित्यर्थः। तस्या मदयन्तिकायाः। तं मकरन्दम्। [साध्विति] त्वया भगवतीभारो लघूकृत इति भावः।

३०–३५ तथेत्यादि। तथा तेन प्रकारेण विनयनम्रानुद्धताकारतया नम्रा मालती कतिपयदिनैरुपायाच्छकुन्तलादिकथया मया सख्यामिव विश्वासबुद्धिप्रवर्तनेन सेव्यतां शालीनत्वादिपरिहारं नीता। अत्रापिशब्द एवार्थे। यद्वा। अविनयनम्रापीत्यकारप्रश्लेषः॥ कतिपयाहोभिरित्यत्राह्नो जातिपरतया न समासान्तविधिः॥ सखीचिह्नं दर्शयति। व्रजतीत्यादि। संप्रति यतोस्माकं विरहे दौर्मनस्यं गच्छति नः संनिधौ प्रसन्ना भवति। विजने रमते मया सहेति शेषः। प्रीत्या दायं सोलुण्ठनमुत्तरं ददाति। यद्वा। दायं कर्पूरादिदेयं ददाति। गमनसमये मामनुवर्ततेनुगच्छति। ततः कण्ठे लग्ना सती पुनःपुनर्निरुध्य मां शपथैः प्रणम्य तत्क्षणमेव प्रत्यावृत्तिं पुनरागमनं याचते च। सख्योप्येवं

---

१ वि D. २ विस्सम्भ A. D. ३ कहासु B.; D. adds तस्स after त्ति. ४ B om. मद-ए. ५ हिअअं D. ६ B. C. adds त्ति. ७ B. D. om. अ; C. has अज्ज for अ. ८ पेक्खिस्सं A. ९ Com. om.

अव० । साहु बुद्धरक्खिदे साहु[1] । (क)

बुद्ध० । एहि गच्छह्म । (ख)

इति परिक्रम्य[2] निष्क्रान्ते । प्रवेशकः ।

ततः प्रविशति[3] कामन्दकी ।

काम० । तथा विनयनम्रापि मया माल्त्युपायतः ।
नीता कतिपयाहेन[4] सखीविस्रम्भसेव्यताम् ॥

संप्रति । व्रजति विरहे वैचित्यं नः प्रसीदति संनिधौ
रहसि रमते[5] प्रीत्या दायं ददात्यनुवर्तते ।
गमनसमये कण्ठे लग्ना निरुध्य[6] निरुध्य मां
सपदि शपथैः प्रत्यावृत्तिं प्रणम्य च याचते ॥

इदं च तत्र साधीयः प्रत्याशानिबन्धनम्[7] ।
शाकुन्तलादीनितिहासवादान्प्रस्तावितानन्यपरैर्वचोभिः ।

(क) साधु बुद्धरक्षिते साधु ।

(ख) एहि गच्छावः ।

कुर्वन्ति । अतः सखीत्वं गता सा मे मनोगतं करिष्यतीति भावः ॥ देयेदाने च दायः स्यादायः सोलुण्ठभाषण इति मेदिनीकारः ॥

३६–४० साधीयः साधु । निबन्धनं कारणम् । शाकुन्तलादीनित्यादि । इयं शाकुन्तलादीनितिहासवादान्पुरावृत्तान्यन्यपरैर्वचोभिरन्यकथाप्रसङ्गेन प्रस्तावयति । शाकुन्तलादिभिः पितृनिरपेक्षमेवात्मा दत्त इति भगवति किं सत्यमिति मां पृच्छतीति भावः । अत्रान्यपदेनाखेटकाश्रमवर्णनशुश्रूषादेः साक्षादुद्देश्यत्वं साहसकरणं चाशयस्थमिति सूचितम् ।

---

१ साधु in both places, A. D. २ D. om. परिक्रम्य. ३ प्रविश्य कामन्दकी A. D. ४ कतिपयाहोभिः A. D. Com. ५ वदति C. ६ निरुध्य च मां बलात् D. ७ प्रीत्याशानिबंधनं B. सम्प्रत्याशा० A.

श्रुत्वा मदुत्सङ्गनिवेशिताङ्गी चिराय चिन्तास्तिमितत्वमेति ॥

तदद्य[1] माधवसमक्षमुत्तरमुपक्रमिष्ये ।

नेपथ्याभिमुखम्[2] । वत्से इत इतः ।

[ततः[3] प्रविशति मालती लवङ्गिका च ।]

माल० । स्वगतम्[4] । कधं उवहारीकिदह्मि इत्यादि पूर्वोक्तं पठति[5] ।

लव० । सहि एसो[6] क्खु महुरमहुरसोल्लोल्लमञ्जरीकवलण[7]केलिकलकोइलउलकोलाहलाकुलिदसहआरसिहरुड्डीणचडुलचञ्चरीअणिअरुब्भिअरुद्दलिददलकरालचम्पआहिवासमणोहरो मरालमंसलजहं-

---

एवमिति श्रुत्वा चेतोधृतनायकानुस्मरणान्मदीयक्रोडे निवेशितशरीरा भवति। ततः किमेवं करोमीति चिन्तास्तिमितत्वं निश्चलत्वं चिरकालमेति। चिन्तेत्युपलक्षणं निःश्वासादिनापि लक्षिता भवतीत्यर्थः । यद्वा । मदिति पञ्चमी । मत्सकाशाच्छ्रुत्वैवं करोतीत्यर्थः। समक्षं प्रत्यक्षम् । उत्तरमनन्तरकृत्यम् । इत आगच्छेति शेषः ।

४३-४९ अत्रैष खलु कुसुमाकरोद्यानमारुतस्त्वां परिष्वजतीति संबन्धः । कीदृशः । अतिमधुरमधुरसेनात्यार्द्रा या मञ्जर्याः कवलने भक्षणे केलिः क्रीडा तया कलमव्यक्तध्वानं यत्कोकिलकुलं तस्य कोलाहलेनाकुलिताद्विसुरभिचूतशिखरादुड्डीनश्चटुलो मनोज्ञो यो भ्रमरसमूहस्तस्य संपर्केण विकसितपुटस्यात एव करालस्य दन्तुरस्य चम्पकस्याधि-

---

१ तदथ माधव C.; उपक्रमिष्यति B. उपक्रमिष्यामि C. D. २ नेपथ्याभिमुखमवलोक्य D.; वत्से वत्स इतः C. ३ D. om. ततः ४ B. D. om. स्वगतम्.; कदह्मि A. C. D. ५ The whole speech in B. C. ६ B. C. add पेक्ख after सहि. ७ कवल C. D. ८ B. C. D. om. उल.; कुळिभ B.; चटुळ A. C. ९ व्वइभराकुळिद B. D.; दर for दळ C.; चंपआधि° D. चंपकाहि° B. १० जघण D.

णपरिणाहुव्वहणमन्थरोरुभरविसंट्ठुलक्खलिदचलणसंचारमसिणगमणोवणीदसेअसीअरसुहाबिन्दुइज्जन्तमुद्धमुहचन्दचन्दणाअमाणसीअलफंसो तुमं परिस्सअदि कुसुमाअरुज्जाणमारुदो ता पविसह्म । (क) इति परिक्रम्य प्रविशतः ।

(क) सखि एष खलु मधुरमधुरसार्द्रार्द्रमञ्जरीकवलनकेलिकलकोकिलकुलकोलाहलाकुलितसहकारशिखरोड्डीनचटुलचञ्चरीकनिकरव्यतिकरोद्दलितदलकरालचम्पकाधिवासमनोहरो मरालमांसलजघनपरिणाहोद्वहनमन्थरोरुभरविसंष्ठुलस्खलितचरणसंचारमसृणगमनोपनीतस्वेदशीकरसुधाविन्दूयमानमुग्धमुखचन्द्रचन्दनायमानशीतलस्पर्शस्त्वां परिष्वजति कुसुमाकरोद्यानमारुतस्तत्प्रविशावः ।

वासेन गन्धेन मनोहरः । एतेन शैत्यसौगन्ध्ये दर्शिते । सहकारमञ्जरीणां कोकिलाकुलत्वं भ्रमरस्य तत्त्यागे हेतुः । मरालो हस्ती हंसो वा तस्य मांसलजघनपरिणाहोद्वहनेन मन्थरावलसौ यावूरू । त्वदीयाविति भावः । तयोर्गौरवेण विसंष्ठुलं विषमं यथा तथा स्खलितस्य चरणस्य संचारेण मसृणं मन्दं यद्गमनं तेनोपनीतेन स्वेदशीकरेणामृतबिन्दुसदृशे मुग्धमुखचन्द्रे । अर्थात्तव । चन्दनायमानः शीतलस्पर्शो यस्य सः । अनेन मान्द्यं शैत्यमपि ध्वनितम् ॥ सहकारोतिसौरभ इत्यमरः । चञ्चरीकोलिगीतयोरिति धरणिः । करालो दन्तुर इत्यमरः । मरालो हंसगजयोर्मरालो विस्तृते शुभ इति विश्वः ॥ तेन मरालस्य विस्तृतस्य शुभस्येति वा योज्यम् ॥ मसृणं चिक्कणं सममित्यमरः ॥

---

१ विसंटुल C. D.; खलिद A. D.; चरण C. २ गमणोपणीद B. D. °णोपरणीद C.; सेद for सेअ B.; सुधा C. D. ३ बिंदुज्जन्त D. बिंदुज्जल C.; मुहअन्द° B. C. D. ४ सीदल B. C.; फरसो A. फंसो D. ५ C. inserts एहि after ता. ६ तत्प्रविशाव: Com.

ततः प्रविशति माधवः।

माध०। सहर्षम्। हन्त परागता भगवती। इयं हि मम आविर्भवन्ती प्रथमं प्रियायाः सोच्छ्वासमन्तःकरणं करोति। संतापदग्धस्य शिखण्डियूनो वृष्टेः पुरस्तादचिरप्रभेव॥

दृष्ट्वा। अये लवङ्गिकाद्वितीया मालत्यपि।

आश्चर्यमुत्पलदृशो वदनामलेन्दु-
सांनिध्यतो मम मुहुर्जडिमानमेत्य।

५१-५३ हन्त हर्षे। परागतायाता। आविरित्यादि। इयं भगवती प्रियायाः पुरस्तादाविर्भवन्ती प्रथमं मम चित्तं सविकासं करोति। कीदृशस्य। संतापदग्धस्य कामाग्निदग्धस्य। यथा विद्युद्वृष्टेः पुरस्तादाविर्भवन्ती मयूरतरुणस्य चित्तं सोच्छ्वासं करोति निदाघतप्तस्य। युवग्रहणमुन्मादहेतुद्योतनाय॥ प्रियाया इत्यत्र षष्ठ्यतसर्थप्रत्ययेनेति षष्ठी॥ अत एव प्रियायाः प्रथममिति न योजना। प्रथमपदयोगे षष्ठ्यभावात्। अनेन प्रियाप्यागमिष्यतीति सूचितम्।

५४-५८ मालतीत्यत्रापिशब्दो गौरवे। निपातानामनेकार्थत्वात्। आश्चर्यमित्यादि। अस्याः पद्माक्ष्या मुखनिर्मलचन्द्रसंनिधौ वारं वारं जडिमानं सर्वकार्याप्रतिपत्तिरूपं प्राप्य जाड्येन जडिम्ना करणेन मम मनसा विकारः स्वरूपान्यथाभावः संधार्यते। कीदृशः। द्रवमय इव द्रवमयः। हृदयद्रवीकरणात्स्वेदादिमत्वाच्च। अन्यस्याः समागमाद्द्रवमयो विकारोस्यास्तु सांनिध्यादेवेति कर्मातिशयदर्शनादाश्चर्यम्। यदाह भरतः।

कर्मातिशयनिर्वृत्तो भवेद्विस्मयसंभवः।
सिद्धिस्थानेष्वसौ साध्यः प्रहर्षपुलकादिभिः॥

---

१ मम पुनर् B.

जाड्येन[1] चन्द्रमणिनेव महीधरस्य
संधार्यते द्रवमयो[2] मनसा विकारः ॥

संप्रति रमणीयतरा मालती ।

ज्वलयति मनोभवाग्निं मदयति हृदयं कृतार्थयति चक्षुः ।

यथामलेन्दुसंनिधौ जडिमानं शैत्यमासाद्य शैत्येनैव चन्द्रकान्तेन शैलस्य द्रवमयो विकारः द्रवत्वं संधार्यते । अत्र महीधरसादृश्येन माधवस्य धीरत्वादिगुणावष्टम्भसंभार उक्तः । जात्येनेति पाठे जात्येन जातिमता । उत्कृष्टेनेति यावत् । चन्द्रकान्तेनेत्यस्य परं विशेषणं द्रष्टव्यम् । यद्वा मनोविशेषणमपि । जात्येनाभिजनवतापि । अत्रापिरध्याहार्यः । अत एवाश्चर्यम् ।

५९–६१ संप्रतीति । पुरा कामवेगस्याङ्कुरावस्थया रमणीया । अधुना तु तस्य पल्लवितत्वेन रमणीयतरा । इदमेव स्फोटयति । ज्वलयतीत्यादि । संप्रति मालत्यङ्गैः कामाभिमुद्दीपयति । चित्तं सोन्मादं करोति । नेत्रं कृतप्रयोजनं विधत्ते । ममेति शेषः । कीदृशैः । परिमृदितचम्पकमालावद्विलासैर्ललितैश्च । अलसैर्मन्दैर्लज्जया निभृतत्वेनेति भावः ।

यानस्थानासनादीनां नेत्रवक्त्रादिकर्मणाम् ।
उपयातविशेषो यः स विलासो मतो बुधैः ॥

इति भरतः ।

हस्तपादाङ्गविन्यासभ्रूनेत्रोष्ठप्रयोजितम् ।
सुकुमारविधानेन ललितं तन्निगद्यते ॥

इति भरतः । यद्वा । परिमृदितचम्पकमालाविलासानि म्लानानि । ललितानीतस्ततः क्षिप्तानि । अलसानि मन्दानि । ततस्त्रिपदकर्मधारयः ॥

---

१ जात्येन B. C. D. २ ध्रुवमयो C.; मनसो A.

परिमृदितचम्पकावलि[1]विलासलुलितालसैरङ्गैः ॥

माल० । सहि इमस्सिं कुञ्जे[2]अणिउञ्जे कुसुमाइं अवचिणुम्ह (क)

माध० । प्रथम[3]प्रियावचनसंश्रवस्फुरत्पुलकेन संप्रति मया विडम्ब्यते[4]।

घनराजिनूतनपयःसमु[5]त्क्षणक्षणबद्धकुड्मलकदम्बडम्बरः ॥

लव० । सहि[6] एवं करेह्म । (ख) पुष्पावचयं नाटयतः ।

माध० । अपरिमेयाश्चर्यमाचार्यकं भगवत्याः ।

माल० । इदो वि अण्णस्सिं[7] अवचिणुम्ह । (ग)

(क) सखि अस्मिन्कुब्जकनिकुञ्जे कुसुमान्यवचिनुवः ।

(ख) सखि एवं कुर्वः ।

(ग) इतोऽप्यन्यस्मिन्नवचिनुवः ।

ललधातुश्चाञ्चल्यार्थोऽपि । धातोरनेकार्थत्वात् ॥ लुलितालसैरिति पाठे लुलितानीतस्ततः क्षिप्तानीत्यर्थः ।

६३–६४ प्रथमेत्यादि । संप्रति मया मेघमालानवजलसेचनेन क्षणबद्धकलिकनीपस्य डम्बरः साम्यं प्रपञ्चो वावलम्ब्यते । कीदृशेन । प्रथमप्रियावचनसंश्रवणाद्युक्तरोमाञ्चेन । संस्तवेति पाठे संस्तवः परिचयः । तदनेन दृष्टान्तेन सर्वाङ्गीणं पुलकं तस्य च स्थैर्यमुक्तम् ॥ घनजीमूतमुदिरेत्यमरः ॥ अपरिमेयेत्यादि । पुष्पत्रोटनकाले मालतीस्तनमुकुलादिदर्शनादानन्दसंदोहेन माधवस्य संतोषप्रकाश इति भावः ।

---

१ चंपकाळी C.; ळळित for ळुळित D. २ कुञ्ज° A. B. कुब्ज° C.; णिउंजए B ;. अवचिणह्म B. C. ३ प्रथमं B.; संस्तव for संश्रव noticed by Com. ४ °वलम्ब्यते D. ५ पयःसमुच्छ्वसत्क्षण° B. C. पयःसमक्षणप्रतिबद्ध D. ६ B. C. om. सहि; C. D. add इति after करेह्म. ७ अस्सिं D. ८ एतस्मिन् Com. ९ सखि इतोपरास्मिन् Com.

काम० । मालतीं परिष्वज्य । अयि विरम निःसहासि जाता ।

तथाहि[1] ।

७० स्खलयति वचनं ते संश्रयत्यङ्गमङ्गं[2]
जनयति मुखचन्द्रोद्भासिनः स्वेदबिन्दून् ।
मुकुलयति च नेत्रे सर्वथा सुभ्रु खेद-
स्त्वयि विलसति तुल्यं वल्लभालोकनेन ॥

मालती लज्जते ।

६८–७२ अज्ञातमाधवसंनिधानां मालतीं श्रमोपन्यासव्याजेन कामन्दकी श्लिष्टनर्मवचनमाह । अयीत्यादि । निःसहा परिश्रान्तासि त्वमतो विरम त्यज खेदमिति शेषः । यद्वा । विरम पुष्पावचयात् । उपविशेति भावः । पक्षे निःसहा कामाद्ग्लाना त्वं जातासि ततो विशेषेण रमस्व ॥ आशंसायां लोट् ॥ स्खलयतीत्यादि । हे सुभ्रु शोभनभ्रूयुते वल्लभालोकनेन समं यथा तथा त्वयि खेदो विलसति स्वव्यापारं कुरुते । यथा वल्लभालोकनं तथा खेद इति भावः । पक्षे वल्लभेनावलोकनं खेदश्च । अत एव सर्वथेति तुल्यत्वम् । तदेवाह । खेदो वचनं तव स्खलयति । प्रत्यङ्गं संश्रयत्याश्रयति । स्रंसयतीति पाठे शिथिलयति । आस्यशशिनो निःसरत्स्वेदकणाञ्जनयति । नयनद्वयं मुकुलयति च ।

रतान्ते च श्रमे चैव सुखसंभोगभावने ।
गन्धे स्पर्शे च हर्षे च मुकुला दृष्टिरिष्यते ॥

इति भरतः । वल्लभालोकनेऽप्येवं भवति । इह वल्लभालोकनं त्वयि वर्तत इति भावः ।

---

१ D. om. तथाहि. २ स्रंसयति noticed by Com.

लव०। सोहणं[1] भअवदीए आणत्तं। (क)

माध०। हृदयंगमः परिहासः।

काम०। तदास्यतां किंचिदौत्सुक्यमाख्यातुकामास्मि[2]।

सर्वा उपविशन्ति।

काम०। मालत्याश्चिबुकमुन्नमय्य। शृणु विचित्रमिदं सुभगे।

माल०। अवहिदह्मि। (ख)

काम०। अस्ति तावदेकदा प्रसङ्गतः[3] कथित एव मया माधवाभिधानः कुमारो[4] यस्त्वमिव मामकीनस्य मनसो द्वितीयं निबन्धनम्।

लव०। सुमरामो। (ग)

काम०। स खलु मन्मथोद्यानयात्रादिवसात्[5]प्रभृति दुर्मनायमानः परवानिव शरीरोपतापेन[6]।

(क) शोभनं भगवत्याज्ञप्तम्।

(ख) अवहितास्मि।

(ग) स्मरामः।

७५–८९ [आज्ञप्तमित्यत्र] विरम्यतामित्याशयः। चिबुकमधरतलावयवमुन्नमय्योत्तोल्य। सुभग इत्यनेन माधवचित्ताकर्षणेन त्वमेव सौभाग्यवतीति ध्वनितम्। कुमार इत्यनेन विस्मय उक्तः। निबन्धनमालम्बनम्। परवानस्वतन्त्रः। यदित्यादि। शरीरोपतापेनायं परवानिव। यद्यस्माच्चन्द्रे प्रणयिनि जने वानन्दं प्रीतिं न भजते न लभते। तत्तयार्थे। तथातिधैर्ययुक्तोप्ययं दुःसहमन्तस्तापं प्रकाशयति। फलिनीश्यामशरी-

---

१ सोभ° D. २ किंचिदाख्यातुकामास्मि B. ३ प्रसंगात् B.; B. D. om. मया. ४ D. om. कुमारो. माधवाभिधानः कुमारो नाम B. माधवाभिधानकु° A. ५ B. om. दिवसात्. ६ B. adds तथाहि.

यदिन्दावानन्दं प्रणयिनि जने वा न भजते
व्यनक्त्यन्तस्तापं तदयमतिधीरोपि विषमम् ।
प्रियङ्गुश्यामाङ्गप्रकृतिरपि चापाण्डुमधुरं
वपुः क्षामं क्षामं वहति रमणीयश्च भवति ॥

लव० । एवं पि तस्सिं अवसरे भअवदीं तुवराअन्तीए अवलोइदाए उदीरिदं आसी अस्सत्थसरीरो माहवो त्ति । (क)

काम० । यावदशृणवं मालत्येवास्य मन्मथोन्मादहेतुरिति । ममापि स एव निश्चयः ।

(क) एवमपि तस्मिन्नवसरे भगवतीं त्वरयन्त्यावलोकितयोदीरितमासीदस्वस्थशरीरो माधव इति ।

रस्वभावोऽप्यापाण्डुमधुरमीषत्पाण्डुमनोहरमतिक्षीणं वपुर्वहति च यथा यथा तथा तथा रम्यश्च भवति । अपिर्विस्मये । चकारः समुच्चये । अपिचेति समस्त एव समुच्चये वा । तदिह रागावस्थायां यथोचितं विधेहीत्याशयः॥ प्रियङ्गुः फलिनीत्यमरः ॥

९२–९५ यावदवधारणे मालत्येव हेतुरित्येवाशृणवमित्यर्थः । अशृणवमश्रौषम् । अनुभवमित्यादि । अयं वदनेन्दुरस्य महात्मनो निश्चितमेवानुभवमुपागमदुपागतः । यत्कारणादस्य स्तिमितस्य स्थिरस्य मनो विचलितम् । तदेवं ममापि स एव निश्चयः । किंभूतम् । उत्कण्ठाचपलम् । यथा स्तिमितस्य निश्चलस्य महात्मनोगाधस्य समुद्रस्य चन्द्रा-

---

१ वहति च मनोज्ञश्च B. २ एवं पि C.; एदस्सिं अवस० B.; दीं B. C.; तुवरन्तीए B.; ०रितं B. C.; आसिं A. C. D. ३ C. D. insert जधा after आसी. ४ तावन्मालत्येव B. C.; मन्मथोन्माथे हेतुरिति C. D.

अनुभवं वदनेन्दुरुचागममाकियतमेवं[1] यदस्य महात्मनः ।
क्षुभितमुत्कलिकातरलं मनः पय इव स्तिमितस्य महोदधेः ॥

माध० । अहो उपन्यास[2]शुद्धिः । अहो महत्त्वा[3]रोपणे यत्नः । अथवा

शास्त्रेषु निष्ठा सहजश्च बोधः प्रागल्भ्यमभ्यस्तगुणा च वाणी ।
[4]कालावबोधः प्रतिभानवत्त्वमेते गुणाः कामदुघाः क्रियासु ॥

काम० । [5]अतस्तेन जीवितादुद्विजमानेन दुष्करमपि न[6] किंचिन्न क्रियते । असौ हि

नुभवात्कल्लोलचपलं जलं क्षुभ्यति ॥ कथितोत्कलिकोत्कण्ठाहेलासलिलवीचिष्विति मेदिनीकारः ॥

९६–९८ शुद्धिरक्लिष्टता । दूतीगुणानाह । शास्त्रेष्वित्यादि । निष्ठेदमित्थमेवेति निर्णयः । तत्र सहजो बोधो नैसर्गिकं ज्ञानम् । ज्ञाने सति प्रागल्भ्यं वावदूकता । अभ्यस्ता गुणाः श्लेषादयो यत्र तादृशी वाणी । यद्वा । अभ्यस्तमभ्यासस्तदनुगुणा वाणी च । कालावबोधः समयज्ञानम् । प्रतिभानमनुरूपं तात्कालिकस्मरणं तद्योगित्वम् । एते गुणाः सर्वकर्मसु प्रकरणाद्दूतीकृत्येषु वा कामदुहोऽभिलषितप्रदाः । तत्र शास्त्रनिष्ठया पटुत्वं प्रागल्भ्येन धाष्ट्यं प्रतिभानवत्त्वेनेङ्गितज्ञत्वं दूतीगुण उक्तम् । यदाह ।

पटुता धृष्टता चेतीङ्गितज्ञत्वं प्रतारणम् ।
देशकालज्ञता चैव दूतीकृत्ये गुणा मताः ॥

कामदुह इत्यत्र सत्स्वित्यादिना क्विप् ॥

९९–१०४ जीवितादुद्विजमानेनेति प्रद्वेषः प्राणितव्येष्विति भरतानुसरणम् । न क्रियत इति पाठे नः शिरश्चालने । दुष्करमेवाह । धत्त इत्यादि । तेन दुष्करं क्रियते । यस्मादयं नवाम्रे कलिकायुक्ते ध्वनत्कोकिले

---

१ °मेव A. D. २ उपन्यासबुद्धिः C. ३ अहो महत्यारोपणे बुद्धिः B. ४ कालानुरोधः A. B. कामदुहः Com. ५ यतः B. ६ °मपि न किंचित्क्रियते A. °मपि किंचित् न क्रियते B. °मपि न किंचन D.

धत्ते चक्षुर्मुकुलिनि रणत्कोकिले बालचूते
मार्गे गात्रं क्षिपति बकुलामोदगर्भस्य वायोः ।
दाहप्रेम्णा[1] सरसबिसिनीपत्रमात्रान्तराय-
स्ताम्यन्मूर्तिः श्रयति बहुशो मृत्यवे चन्द्रपादान् ॥

माध० । अन्य एवाक्षुण्णः कथाप्रकारो भगवत्याः ।

माल० । स्वगतम् । अदिदुक्करं करेदि । (क)

(क) अतिदुष्करं करोति ।

मृत्यवे मरणाय नेत्रं धत्ते । बकुलगन्धबन्धोर्वातस्य वर्त्मनि शरीरं क्षिपति स्थापयति । अत्र मार्गपदेनानागतेन वायुना येन पथा समागन्तव्यं तत्सूचितम् । बकुलामोदपदेन स्वकार्यक्षमता । गर्भपदेन बाह्यान्तरभावनादृढतोक्ता । दावप्रेम्णा वनवन्हिप्रीत्या चन्द्रकिरणान्वारं वारं श्रयति । एतेन चन्द्ररश्मीनां दाहकत्वमुक्तम् । अत्र प्रेमपदेन नायिकानुरागस्य च विरोधिविमर्शशून्यत्वं तृतीयया चाङ्गसङ्गहेतुत्वं च ध्वनितम् । कीदृशः । सरसपद्मिनीपत्रमात्रान्तरितो ग्लायमानकायः । सर्वत्र मृत्यव इति योज्यम् । तथा च मरणाय कृतोद्यम इति भावः । यद्वा । अन्तरायो मरणे विघ्नः । तत्र पद्मिनीपत्रहेतुत्वम् । तदिह चन्द्रपादादीनां कामोद्दीपकतयानर्थहेतुत्वेन विप्रलम्भस्योत्कर्षः सूचितः । किं च मनोविकार इन्द्रियजन्य इत्यनेनेन्द्रियाणां भ्रान्तिः कृता । नवचूतदर्शनेन नेत्रस्य । चूतैरानद्धत्वमुकुलितत्वाभ्यामतिदुःखदत्वम् । कोकिलरवाकर्णनेन श्रोत्रस्य । बकुलगन्धसंबन्धेन घ्राणस्य । वायुचन्द्रकरयोः स्पर्शेन त्वच इति ।

१०५–१०८ अक्षुण्णोन्याननुभूतः कथाप्रकारः कथनक्रमः । [अतिदुष्करं करोति] बालचूतदर्शनादेरतिपीडाकरत्वेन मालत्यापि ज्ञानादेवमुक्तमिति भावः । अन्यत्रेत्यादिना त्वय्येव प्रथममनुरक्तोयमिति दर्शि-

---

१ दावप्रेम्णा Com.

काम०। तदेवं प्रकृत्या सुकुमारः कुमारः कदाचिदप्यन्यत्रापरिक्लिष्टपूर्वस्तपस्वी येतोधुना शक्यमनेन मरणमप्यनुभावितुम्।

माल०। जनान्तिकम्। सहि अत्तणो कारणादो तस्स सव्वलोअलंकारभूदस्स किं पि आस[३]ङ्कन्तीए भअवदीए भी[४]दाविदह्मि। ता किं दा[५]णिं एत्थ पडिवज्जिस्सं। (क)

माध०। दिष्ट्यानुकम्पितोस्मि भगव[६]त्या।

लव०। भअवदी एवंवादिणि[७]त्ति आचक्खीअदि। अह्माणं पि[८] भट्टिदारिआ भवणासण्ण[९]रच्छामुहमुहुत्तमण्डणस्स तस्स ज्जेव्व बहुसो

(क) सखि आत्मनः कारणात्तस्य सर्वलोकालंकारभूतस्य किमप्याशङ्कमानया भगवत्या भीतायितास्मि। तत्किमिदानीमत्र प्रतिपत्स्ये।

तम्। तपस्व्यनुकम्प्यः॥ तपस्वी तापसे चानुकम्प्ये चेति विश्वः॥ अनेन वैदेशिकोयं वराक इति मयैतदुच्यते न तु कारणादित्युक्तम्। शक्यमिति। तया च त्वमनुरागिणी भवेत्यर्थः।

१०९–११२ अत्रात्मनो मम। किमपीत्यमङ्गलतयावचनीयं मरणमित्यर्थः॥ भीतायितेत्यत्राचारे क्यङ्॥ किमिति। तज्जीवनाय ममापि तत्रानुराग इति वक्तुमुचितमपि कुमारीत्वेनानुक्तमतस्त्वं वदेति भावः। कामन्दकीं प्रति जनान्तिकमिदम्। माधवश्च गुप्तः। स श्रुत्वाह दिष्ट्येत्यादि।

११३–१२० अत्र एवंवादिनीत्यत्र कामावस्था गुरुजने लज्जया वक्तुमनर्हापि मालतीनिमित्तमाधवावस्थाश्रवणात्सापि तन्निमित्ता कथ्यत इति भावः। अस्माकं भर्तृदारिका परिजनं दुनोतीत्यन्वयः। आश्लिष्टं स्पृष्ट-

---

१ B. D. om. कुमारः; B. om. अपि. २ B. om. यतः and अपि. ३ णिवेदन्तीए D.; B. om. भअवदीए. ४ भीसिदा अह्मि B. भीसिदह्मि D. ५ °णीं D.; B. om. एत्थ. ६ B. om. भगवत्या. ७ °णी त्ति A. D.; आभक्खी for आचक्खी A. ८ वि A. C. D.; भट्ट B. C. D. ९ रत्था B.; D. om. मुह; मुहमुहुत्तमण्ड° C.

अणुभूददंसणा[1] भविअ रविकिरणासिलिट्ठ[2]मुद्धकमालिणीकन्दसुन्दरावअवसोहाविभावि[3]दाणङ्गवेअणाधिअदररमणीआ वि परिअणं[4] दुम्मेइ । णाभिणन्ददि केलिकलाओ[5] केवलं कमला[6]अन्तकन्तहत्थपल्हत्थगण्डमण्डला[7] दिअसं गमेदि । अवि अ । विअसिआरविन्दमअरन्दणीसन्द[8]सुन्दरेण दरदलिदकुन्दमाअन्दमहुबिन्दुसंदोहवाहिणा भवणु[9]ज्जाणपेरन्तमारुदेण उत्तम्मदि[10] । (क)

(क) भगवत्येवंवादिनीत्याख्यायते । अस्माकमपि भर्तृदारिका भवनासन्नरथ्यामुखमुहूर्तमण्डनस्य तस्यैव बहुशोनुभूतदर्शना भूत्वा रविकिरणाश्लिष्टमुग्धकमलिनीकन्दसुन्दरावयवशोभाविभावितानङ्गवेदनाधिकतररमणीयापि परिजनं दुनोति । नाभिनन्दति केलिकला: केवलं कमलायमानकान्तहस्तपर्यस्तगण्डमण्डला दिवसं गमयति । अपि च । विकासितारविन्दमकरन्दनिःस्यन्दसुन्दरेण दरदलितकुन्दमाकन्दमधुबिन्दुसंदोहवाहिना भवनोद्यानपर्यन्तमारुतेनोत्ताम्यति ।

म् । मुग्धो बालः । कन्दं बिसम् । बालकमलिनीमूलं मृदुतरं रविकरस्पर्शान्म्लानं च भवति । तदनेन दृष्टान्तेन निःसहत्वतनुत्वे अवयवानामुक्ते । तद्दशायामपि सौन्दर्यद्योतनाय सुन्दरपदम् । अधिकतररमणीयापीत्यनेन कामालिङ्गितकायस्य कान्तिप्रकर्ष उक्तः। अत एवापिर्विस्मये। अतिकान्तस्य सुखजनकत्वनैयत्येन दुःखजनकत्वे चित्रात् । दुःखप्रकारमाह। नाभीत्यादि । अत्र यत इत्यध्याहार्यम् । केलिः क्रीडा । कलाश्चतुःषष्टिः ।

---

१ संदसणा C. २ लिट्ठ for सिलिट्ठ B. D.° णावलिट्ठ C. ३ विहारिदा° C. ४ परिजणं B. D.; दूणेदि B. दूनेदि C. दूसेदि D. ५ कलालीलाओ for केलिकलाओ B. C. ६ कमलाअमाण A. किमिळाअन्त B.; B. om. कन्त; हत्थावलवपळत्थ D. ७ मण्डलन C.; दिआसाइं A. ८ णिस्स° A. C.; दलिअ A. ९ मभणुज्जाण A. भवणउज्जाण C. १० उत्तमावि B. C.

जं[1] च तस्सिं जत्तादिअहे णिअमहूसवाअुदे[2]अदंसणपडिवै[3]ण्णरूवस्स भअवदो कामस्स विअ का[4]मकाणणालंकारऔ[5]रिणो तस्स विविहविब्भम[6]ाहिरामं अणुरूआणुराआणुबन्धमहग्[7]घोकिदजोव्वणारम्भं अण्णोण्णदिट्ठिविणिवादवञ्चणावसरज्जु[8]रविदचित्ततुवरन्तकोदूहलं[9] समुल्लसिदसद्धसत्थम्भमन्थरावअवपडिलग्गसेअपुलअउक्कम्पसुन्दरं आणन्दिदसहीअणं पिअसहीए परप्परावलोअणसुहं समासादिदं तदो पहुदि सविसेसदूसहाआसविअम्भमां[10]णुद्दामदेहदाहदारुणं

यद्वा । केलीनां कलांशमात्रम् । कथं तर्हि दिनानि गमयतीत्याह । केवलमित्यादि । कमलायमानं प्रसारितम् । इदं भरतानुमतम् । यदाह ।

अप्राप्ते च प्रिये कार्यः स्त्रीभिर्गण्डान्वितः करः ॥

पर्यस्तं क्षिप्तम् । निःस्पन्दः क्षरणम् ॥ ईषदर्थे दराव्ययमित्यमरः ॥ दलितं विकसितम् । माकन्दश्चूतः । पुष्पपरमत्र ॥ माकन्दः सहकारेस्त्रीति मेदिनी ॥ एतेन वायोस्त्रैगुण्यमुक्तम् ।

१२१–१२९ यच्च प्रियसख्या यात्रादिने तस्य दर्शनसुखं समासादितं तत आरभ्य सा कमलिनीव प्रम्लायतीत्यन्वयः । प्रतिपन्नरूपस्य कृतदेहपरिग्रहस्य । कामस्यानङ्गत्वात्पुरातनत्वाच्च । महोत्सवदर्शनार्थमिदमुक्तमिति भावः । अद्भुतप्रातिपन्नरूपस्येत्याहिताग्न्यादिः । विविधविलासैरभिरामम् । यद्वा । विविधभ्रमणमभिरामोभिरतिर्यत्र तत् । वञ्चनादर्शनाभावः । त्वरमाणं शीघ्रमुपजायमानम् । कथं पश्यामीति कुतुकं तयोश्चित्तेभवदित्याशयः । आनन्दितसखीजनं कामसंपत्त्येति भावः । विजृम्भमाणो

---

१ अण्णं च B. जं च C. २ °ब्भूदअ° A. B. °कभु°. D. °वभूदे C. ३ पडिअण्ण A.; रूपस्स B. हिअअस्स for रूवस्स D. ४ णिअ for काम B. C. ५ °कारिणो B. ६ °भिरामं A. B. D.; °रूपा° B.; C. om. अणुराअ. ७ महग्घी C. D.; जोव्वणा° C. ८ खिज्जंत B. D. ९ कोदूहलसमुल्लसिदसद्धस B. १० विअम्भणुद्दा° C.; °माणू° A.; D. om. दाह.

दसापरिणामं[1] अणुभवन्ती मुहुत्तमेत्तसंपत्तपुण्णेचन्दोदआ विअ बालकमलिणी[2] पम्मलाअदि[3]। (क)

(क) यच्च तस्मिन्यात्रादिवसे निजमहोत्सवाभ्युदयदर्शनप्रतिपन्नरूपस्य भगवतः कामस्येव कामकाननालंकारकारिणस्तस्य विविधविभ्रमाभिराम-मनुरूपानुरागानुबन्धमहार्घीकृतयौवनारम्भमन्योन्यदृष्टिविनिपातवञ्चनाव-सरखिद्यमानचित्तत्वरमाणकौतूहलं समुल्लसितसाध्वसस्तम्भमन्थरावयवप्र-तिलग्नस्वेदपुलकोत्कम्पसुन्दरमानन्दितसखीजनं प्रियसख्या परस्परावलोकनसुखं समासादितं ततः प्रभृति सविशेषदुःसहायासविजृम्भमाणोद्दा-मदेहदाहदारुणं दशापरिणाममनुभवन्ती मुहूर्तमात्रसंप्राप्तपूर्णचन्द्रोपेवे[4] बालकमलिनी प्रम्लायति[5]।

वर्धमानः।उद्दामो महान्।दारुणो भयंकरः। मरणशङ्कयेति भावः।दशा कामावस्था। यथा क्षणमात्रप्राप्तचन्द्रोदया कमलिनी म्लायति तथेयमपि प्राप्तपूर्णचन्द्रोया म्लायाति। चन्द्रकरमपि सोढुमक्षमेति भावः। यद्वा। यथा प्राप्तचन्द्रोदया पद्मिनी म्लायति तथा प्राप्तदर्शनसुखेयं म्लायतीत्यर्थः। ननु चन्द्रेण विरोधात्पद्मिन्या म्लानिर्युक्ता। अस्यास्तु माधवानुरागात्तद्दर्शने कथं म्लानिरिति। मैवम्। यथा शीतस्पर्शत्वेन चन्द्रः क्षणं पद्मिनीं सुखयति तथा माधवो मालतीमिति विवक्षितत्वात्। यद्वा। मुहूर्तपदेनेह प्रथमचन्द्रोदय उक्तः। एवं चाभिनवोदितं चन्द्रं रक्ततया सूर्याभं दृष्ट्वा भ्रान्त्या मुहूर्तं पद्मिनी विष्ठत्यथ प्रम्लायति तथेयमपीत्यर्थः।

१ °णामं A. २ गुण C. D.; अंदोदआ B.; A. has विभ after कमलिणी. ३ °लिणिन्न D.; C. D. insert इअं before पम्मला°; पम्माअदि B. पम्मलीअदि C. पम्मलअदि A. ४ Com. *i. e.* the Chhâyâ in the Com. agrees with the text but Jagaddhara's reading appears to be °महोत्सवदर्शनाद्भुतमतिपन्नरूपस्य. ५ इव after कमलिनी Com.

तहवि[1] अ मुहुत्तमेत्तवि[2]अवेविणिहिदणिब्भाअन्तवल्लहसमा[3]अमा १३०
णिब्भरसलिलासारसिच्चमाणेव्व मेइणी सीदलाअदि त्ति जाणामि ।
जेण पप्फु[4]रन्तकन्तदसणच्छदुच्छ[5]लन्तदन्तमुत्तिआवलिकन्तिसविसेस-
सोहिदं णिरन्तरुच्छुसिदपुलअपम्हलकन्त[6]कवोलघोलन्तसंतदाणन्दबाह-
त्थवअं ईसिविअसि[7]अणिप्फन्दमन्दतारुत्ताणमसिणमउलाअन्तणे[8]त्तणी-

१३०-१३७ तथापि चेत्यत्रापि चेति भिन्नक्रमः । तथा शीतला-
यत इत्यपि जानामि चेति संबन्धः । निर्मायं मायारहितं सत्यमित्यर्थः ।
समागमेति भावनाबलादिति भावः । मेदिनी ग्रीष्मावसानकालीनेत्यर्थः ।
समागममेव द्रढयति । येनेति । येन हृदिस्थकान्तसंगमेनैवं सा भवति तेन
विदग्धसहचरीचित्तसंशायितकौमारभावा भवति । वैदग्ध्ययुक्ततया सह-
चरीसंघेनैवं संशय्यते यन्मत्परोक्षेपि प्रियसंगतेयम् । कथमन्यथैतादृक्सं-
स्थानमस्या इति भावः । दशनच्छदमधरम् । छलन्प्रकाशमानः । अधर-
स्फुरणं भावनार्पितप्रियतमचुम्बनात् । मुक्तिका मौक्तिकं मुक्तेति शब्द-
भेदः । निरन्तरेति । संकल्पकृतवल्लभसमागमोद्भूतसात्त्विकभावेनेत्याशयः ।
घूर्णमानं लसमानम् । यद्यपि रोमाञ्चः सर्वाङ्गीण एव भवति तथापि
रागातिशयद्योतनाय कपोलपुलक एव वर्ण्यते कविसंप्रदायेनेत्यवधेयम् ।
मन्दतारं किंचिच्चलतारकम् । उत्तानमूर्ध्वविस्तृतम् । भावनोपनीतप्रिये
लज्जादिदृक्षाभ्यामीषद्विकसितत्वम् । निष्पन्दता मौग्ध्यात् । मन्दतारता
नखदशनक्षतभावनया प्रियं प्रति सासूयत्वात् । उत्तानत्वं मुखदिदृक्षया ।
मसृणत्वं स्नेहभावनया । मुकुलत्वं रतावसानभावनया । यदाह ।

१ तहवि B. तहवि अ C. २ D. om. वि.; विअ for णिब्भाअन्त A. ३ °गमा A. समागमारंभा C. ४ पप्फुरिद A. C. D. ५ °च्छलन्त B.; मोत्ति° D. ६ A. D. om. कन्त; कवोल B.; सदा° for संतदा A.; संदवा D. ७ °सिद A.; णीसन्द for णिप्फन्द B. णिस्सन्द A. ८ णअण B.

लुप्पलं अविरलुब्भिण्णसेअजलबिन्दुसुन्दरललाटपट्टणवचन्दलेहाम-णोहरं मुद्धमुहपुण्डरीअं उव्वहन्ती विअड्ढसहअरीचित्तसंसइदकुमारी-भावा भोदि । (क)

(क) तथापि च मुहूर्तमात्रहृदयविनिहितानिर्मीय[4]माणवल्लभसमागमा निर्भरसलिलासारसिच्यमानेव मेदिनी शीतलायत इति जानामि । ये-न प्रस्फुरत्कान्तदशनच्छदोच्छलद्दन्तमौक्तिकावलिकान्तिसविशेषशोभितं निरन्तरोल्लसितपुलकपक्ष्मलकान्तकपोलघूर्णमानसंततानन्दबाष्पस्तबक-मीषाद्विकसितनिष्पन्दमन्दतारोत्तानमसृणमुकुलायमाननेत्रनीलोत्पलमविर-लोद्भिन्नस्वेदजलबिन्दुसुन्दरललाटपट्टनवचन्द्रलेखामनोहरं मुग्धमुखपु-ण्डरीकमुद्वहन्ती विदग्धसहचरीचित्तसंशायितकुमारीभावा भवति ।

निश्चलत्वं तदा यातो मुकुलत्वं च लोचने ॥

उद्भिन्नमुद्भूतम् । स्वेदेति । रतिश्रमादयं स्वेदः । तदनेन प्रबन्धेन तृप्तिरुक्ता । यदाह ।

रोमाञ्चो वेपथुः स्वेदो लुलिते च विलोचने ।
मज्जन्त्या इव देहेषु आश्लेषस्तृप्तिलक्षणम् ॥

तदिह यदीयं वल्लभसमागमं न जानाति तदा कथमधरस्पन्दादि-मती स्यात् । कुमारस्य भावः कौमारं शैशवं तस्य भावोभिप्रायः कटा-क्षविक्षेपादिः संशयितो यस्याः सा ।

१३८–१४१ निशाचेष्टामाह । किं चेति । निकुरुम्बः समूहः । चुम्बितेन चुम्बनेन प्रवृत्तानिःस्पन्दः संजातक्षरणः । छटा च्छट [छल पा०] इति यस्याः प्रसिद्धिः । दन्तुरितं विषमीकृतम् । संवाह-

---

१ पट्ट A. वट्टेंदुलेहा B. निब्भिळवटेंदु C. २ विभड्ढ B. ३ B. om. चित्त; संस-इभ D.; कोमार A. D. कौमारि B. ४ निर्मीयवल्लभ° one Ms. Com. ५ मौक्तिकपङ्क्ति Com. ६ कौमारभावा Com.

किं थ[1]। उद्दामसिसिरे[2]ससिमऊहणिउरम्बचुम्बिदपउत्तणीसन्दच-न्दमणिहारधारिणी पउ[3]रकप्पूरसविसेससिसिरचन्दणरसच्छडासारणि-भरदन्तुरिदबालकदलीव[4]त्तसंवाहणादिव्वा[5]वारतुवरन्तसहअरीसत्थविर-इदोव[6]णीदकमलिणीदलजलद्दासअणीए उण्णिद्दा[7] रअणिं गमेदि। (क)

कधं विं[8] उवलद्धणिद्दासुहा सेअपङ्क[9]अरिदपादपल्लवुव्वे[10]न्तपिण्डालत्त-

---

(क) किं च। उद्दामशिशिरशशिमयू[11]खनिकुरम्बचुम्बितप्रवृत्तनिः-ष्यन्दचन्द्रमणिहारधारिणी प्रचुरकर्पू[12]रसविशेषशिशिरचन्दनरसच्छटा-सा[13]रानिकरदन्तुरितबालकदलीपत्रसंवाहनादिव्यापारत्वरमाणसहचरीसा-र्थविरचितोपनीत[14]कमलिनीदलजलार्द्रशयनीय उन्निद्रा[15] रजनीं गमयति।

नमर्पणम्। विरचितोपनीतं विरचनेनाङ्कदत्तम्। अस्मिन्पदे पूरः समूहः पूरणं वा। सविशेषपदेन शीतलकर्पूरसंस्पर्शादतिशीतलत्व-मुक्तम्। कदलीपत्रस्य बालत्वेन शैत्यसौकुमार्ये उक्ते। कमलिनीदलमेव जलार्द्रार्द्रवस्त्रं तच्छय्यायाम्॥ आर्द्रवस्त्रं जलार्द्रा स्यादिति हारावली॥ औन्निद्र्येणोन्निद्रतया। आत्मनः सखीनां चेति शेषः। एतेन निद्राच्छे-दोद्वेगावुक्तौ।

१४२–१४९ निद्रैव सुखं निद्रासुखम्। उद्वेगादिदुःखमयजाग-राविपर्ययरूपत्वादिदम्। निद्रेयं चिन्तावशात्। यदाह।

दौर्बल्यालस्यचिन्ताद्यैर्निद्रा स्यात्कथयापि चेति।

---

१ थ B. D. २ A. C. om. सिसिर; कर for मऊह B; णिउरम्ब A. D. ३ A. om. पउर; A. D. insert पूर after कप्पूर; D. has रसविसेस. ४ वण्ण B. ५ वावारं A. B. C.; तुवरन् C. ६ °दुव्व° D. ७ D. adds णेत्त after उण्णिद्दा; रअणीओ A. C. D. ८ कथं वि B. कधं वि अ C. ९ पङ्कु° A. पङ्कुद D.; पाअ for पाद D. १० वुव्वमंत B. C. ११ कर Com. १२ Some Mss. Com. have कर्पूरपूर. १३ Some Mss. Com. have शीकर for निकर and one, for आसार. १४ Com. add पत्र before कम०. १५ औन्निद्र्येण Com.

भरसा परथराअन्तपीवरोरूमूल[1]विसंवादिदणीवीबन्धणा उक्खु[2]ब्भन्तहिअअन्तरुत्तरंगणी[3]सासवसाविसमुच्छ[4]सन्तपम्हलपओहरो[5]वरिणिहिदवेवन्तभुअलदावे[6]ढबन्धणा झत्ति पडिबोधवेलाविसज्जिदु[7]व्विण्णदिट्ठिविणिर्वा[8]दविण्णादसुण्णसअणिज्जसंजादमोहमीलन्तलोअणा। ससंभमसहीअणप[9]अत्तपडिवण्णमुच्छाविच्छेअसमअसंगलिददीहणीसाससेसजीविदा किंकाद[10]व्वमूढदाए पढमप्पत्थिदणिअजीविदावसाणं दुव्वारदे[11]व्वविलसिदोवालम्भमेत्तव्वावारं अम्हारिसं जणं करेदि। (क)

(क) कथमप्युपलब्धनिद्रासुखा स्वेदप्रसृतपादपल्लवोद्भ्रान्तपिण्डालक्तकरसा थरथरायमानपीवरोरुमूले[12]विसंवदितनीवीबन्धनोल्लु[13]म्प्यमानहृदयान्तरोत्तरंगनिःश्वासवशविषमोच्छ्वसत्पक्ष्मलपयोधरोपरिनिहितवेपमानभुजलतावेष्टबन्धना झटिति प्रतिबोधवेलाविसर्जितोद्विग्नदृष्टिविनिपातविज्ञातशून्यशयनीयसंजातमोहमीलल्लोचना। ससंभ्रमसखीजनप्रयत्नप्रतिपन्नमूर्छाविच्छेदसमयसंगलितदीर्घनिःश्वासशेषजीविता किंकर्तव्यमूढतया प्रथमप्रार्थितनिजजीवितावसानं दुर्वारदैवविलसितोपालम्भमात्रव्यापारमस्मादृशं जनं करोति।

वल्लभसमागमसंकल्पजस्वेदेन प्रसृतश्चरणपल्लवेनोद्भ्रान्तः पिण्डीभूतालक्तकरसो यस्याः सा। अलक्तकच्छलेनानुरागमिवोद्वमतीति भावः। अतिघनत्वार्थं पिण्डपदम्। थरथरायमानं कम्पमानम्। पीवरं महत्।

---

१ A. adds वस after मूल; संवादि° D. विसंकुज्झिव C.; णीवि A. B. D. २ उक्खउन्त A. ३ °हचुंगणीसास D.; A. C. D. om. वस. ४ विसमसमुस्ससन्त C. विसमसमुच्छसन्त D. विसमसमूससन्त A. ५ °वरि B. णिहित A. B. C. वेअन्त D. ६ वेढ A. वेढ्ण D.; पडि° B. °बोह D. ७ °दुव्विग्ग A. °दुव्विण्ण B. ८ वाद A. C.; विणिवादिद D. ९ पउत्त A.; पडिवण C. D.; मुच्छा for मुच्छा C. १० °कादव्वदामूढदाए A. D.; पत्थिद A. C. D. ११ दुव्विलसिद C.; °वालंभ D.; वावारं all Mss. १२ Some Mss. Com. have वश after मूल. १३ उल्लुण्ठ्यमान and उल्लुल्यमान Com.

ता पेक्खदु भअवदी इमेसु दाव लावण्णभूइट्ठणिम्माणपरिवेलवेसु १५०
अङ्गेसु दारुणवि[3]अम्भिदस्स किअच्चिरं कुसलावसाणदा मम्महस्स भवि-
स्सदि कधं अ[4] इमाइं रमणकेलिकलहकोवोवराअपल्लविअकेरलीकवो-
लकोमलकुवल[6]अन्तविमलचन्दचन्दिओ[7]द्दामदालिदतिमिरावरणाइं वि[8]हाव-
रीमुहाइं। इमे अ उल्लसिददुद्धसिन्धुपूरधवलुज्जलजोण्हाजलप्पवाहालि-

---

वशं संसक्तम्। विसंवदितं स्खलितम्। प्रियहस्तोर्वाक्रमणभावनया प्रकम्पः। तदाकर्षणभावनया नीवीस्खलनम्। उत्खण्ड्यमानमुच्छलत्। उत्तरंगो यातायातवान्। विषमं यथा तथोच्छ्वसन्। पक्ष्मलः सरोमाञ्चः। वेष्टनं वेष्टः। इह हृदयोत्खण्डनादिकं प्रियसंभोगव्यायामभावनया। उपरिवर्तिप्रियस्य भुजलताबन्धनमालिङ्गनभावनया। प्रियप्राप्त्या प्रबुद्धा। प्रबोधश्च स्पर्शादिना भवति। मोहेति। शून्यशय्यादिदर्शनान्मूर्छितेत्यर्थः। ससंभ्रमः सादरः सावेगो वा। संगलितो निःसृतः। अनेन युगपन्नासापुटनिःसरणमाह। मूर्छाविच्छेदे तथैव श्वासप्रवृत्तेः। जीवितेति। मोहे सखीजनसेकादिना मूर्छापगमे दीर्घनिःश्वासेन जीवतीत्यवधार्यत इत्यर्थः। किंकर्तव्येति। जीविता सती किं करोमीति न वेत्तीत्यर्थः। प्रथमेति। वयमेव प्रथमं म्रियामह इत्यर्थः।

१५०–१५७ स्वयमनध्यवसायाल्लवङ्गिका कामन्दकीं पृच्छति तस्मात्प्रेक्षतां भगवतीति। पेलवं कोमलम्। दारुणत्वं देहदाहादिकारित्वात्। इमानि विभावरीमुखानि प्रियसख्याः कथमेवं भविष्यन्तीत्यन्वयः। उपरागो लौहित्यम्। पल्लवितः पल्लवाकारीकृतः। केरली केरलदेशस्त्री। तस्या

---

१ लावण A. C. D. २ B. om. परि; पेल° for वेल. B. D. ३ विजिम्भि° B.; ४ चिरस्स B. कियच्चिरं तस्स C. केच्चिरं A.; कुसलावसाणदा B. ४ च B. वा D. ५ °पराभ D. ६ °कुवल° B. ७ C. om. उद्दाम. ८ विभा° A. D. ९ D. adds गमेदि after मुहाइं; D. om. इमे अ. १० D. om. सिन्धु, C. has राशि for सिन्धु.

दंगभणङ्गणा परिमलिदपाडला[2]वउलणिम्महणबहलपरिमलुग्गारसंव[3]लणमसिणमंसलाअं[4]तमलभमारुदुद्धूमाविददे[5]हदिहामुहा वसन्तरअणीपरिणाहा[6] अणत्थकारिणो भविस्सन्ति पिअसहीए त्ति । (क)

काम॰ । लवङ्गिके

यदि तद्विषयोनुरागबन्धः

(क) तत्प्रेक्षतां भगवत्येषु[7] तावल्लावण्यभूयिष्ठनिर्माणपरि[8]पेलवेष्वङ्गेषु दारुणविजृम्भितस्य कियच्चिरं कुशलावसानता मन्मथस्य भविष्यति कथं चेमानि रमणकेलिकलहकोपोपरागपल्लवितकेरलीकपोलकोमलोद्वेल्लद्विमलचन्द्रचन्द्रिकोद्दामदलिततिमिरावरणानि विभावरीमुखानि । इमे चोल्लासितदुग्धसिन्धुपूरधवलोज्ज्वलज्योत्स्नाजलप्रक्षालितगगनाङ्गनाः परिमलितपाटलाबकुलनिर्मथनबहलपरिमलोद्गारसंवलनमसृणमांसलायमानमलयमारुतोद्धूमायितदशदिङ्मुखा वसन्तरजनीपरिणाहा अनर्थकारिणो भविष्यन्ति प्रियसख्या इति ।

अतिगौरत्वेन लौहित्यार्थं ग्रहणम् । उद्वेल्लन्पतन् । उद्दामदलितमतिदारितम् । इह रुष्टकेरलीकपोलसाम्येनोदितचन्द्रेण तिमिरावरणनाशे रात्रेरुपक्रमः कथितस्ततश्चन्द्रस्य दुःसहता मालत्या ध्वनिता । परिमलितं कृतम् । निर्मन्थनं मर्दनम् । उद्गार उद्गमः । संवलनं मिश्रीभावः । मसृणं मन्दम् । मांसलः पुष्टः । धूमायितं धूमेनेवाकुलीकृतम् । परिणाह आभोगः ।

१५९–१६३ एवं श्रुत्वा कामन्दकी तटस्थेवाह । यदीत्यादि । यदि तद्विषयोनुरागस्तदा गुणज्ञतायाः प्रव्यक्तमेतद्विशिष्टं फलम् । तदा

---

१ ॰लिभ A.; ॰णाङ्गणा A. णइंगणा B. २ पाटल A. पाटला C. पाउलामउल D.; ३ संदलण C. ४ ॰भमाण D. ५ दसदिसा A. D. ६ ॰णाभा B. ७ एतेषु Com. ८ Com. om. परि.

स्फुटमेतद्धि[1] फलं गुणज्ञतायाः।
इति नन्दितमप्यवस्थयास्या
हृदयं दारुणया विदीर्यते[2] मे॥

माध०। स्थान एव हृदयोद्वेगो[3] भगवत्याः।

काम०। अहो प्रमादः।

प्रकृतिललित[4]मेतत्सौकुमार्यैकसारं
वपुरयमपि सत्यं दारुणः पञ्चबाणः।
चलित[5]मलयवातोद्धूतचूतप्रसूनः[6]
कथमयमपि कालश्चारुचन्द्रावतंसः॥

लव०। अण्णं च[7] जाणिदं भोदु भअवदीए। एदं[8] माहवपडिच्छन्द-अंसणाहं[9] चित्तफलअं। मालत्याः स्तनांशुकमपनीय दर्शयति। एसा वि तस्स ज्जेव्व सहत्थविरइदंत्ति[10] कण्ठावलम्बिदा बउलमाला जीवणं[11] पिअसहीए त्ति। (क)

(क) अन्यच्च ज्ञातं भवतु भगवत्या। एतन्माधवप्रतिच्छन्दकसनाथं चित्रफलकम्। एषापि तस्यैव स्वहस्तविरचितेति कण्ठावलम्बिता बकुलमाला जीवनं[12] प्रियसख्या इति।

सैव गुणं जानातीत्यर्थः। एतद्धीति पाठ एतद्गुणज्ञतायाः फलमेवेत्यर्थः। हिरवधारणे। इति नन्दितमानन्दं प्रापितमपि मे हृदयमस्या अवस्थया विदार्यते। एतदवस्थतया मरणमप्यस्याः संभाव्यत इति भावः। स्थाने युक्तम्। स्थानेशब्दोत्र योग्यवाची। हृल्लासो हृदयशोषः।

१६४–१७२ प्रकृतीत्यादि। अस्या वपुरिदं स्वभावसुन्दरं सौकुमार्यमेवैकः सारः स्थिरांशो यत्र तत्। एतत्सत्यं निश्चितम्। अयमेव

---

१ °द्धिफलं D. २ विदार्यते A. Com. ३ हृल्लासो A. Com.; भवत्याः B. C. ४ लुलित D.; सौकुमार्यस्य सारं C. ५ वलित C. ६ प्रसूतिः C. ७ अ for च C. ८ B. C. add च. ९ °छन्दस° A. १० विरइभत्ति B. C. ११ जीअणं B. १२ जीवितं Com.

माध० । सस्पृहम् ।

जितमिह[1] भुवने त्वया यदस्याः
सखि बकुलावलि वल्लभासि जाता ।
परिणतबिसकाण्डपाण्डुमुग्ध-
स्तनपरिणाहविलासवैजयन्ती ॥

नेपथ्ये कलकलः । सर्वे आकर्णयन्ति ।

पुनर्नेपथ्ये । रे रे संकरघराधि[3]वासिणो जण[4]वदा एसो क्खु जोव्वणारम्भगव्वसंभारिददुव्विसहामरिसरो[6]सवइअरवलामोडिभविहडिदुग्घा-

कामचरितानुभावात्कामोऽप्ययं निर्दयः । अदोऽपि सत्यम् । पञ्चबाण इत्यनेनैकबाणापेक्षया दुःसहत्वमुक्तम् । अयमपि कालश्चलन्मलयानिलकम्पितचूतपुष्पश्चारुचन्द्रभूषणश्च । कथमिति शिरश्चालने । हिमादेरपगमाच्चारुचन्द्रत्वम् । तदीदृशेऽनर्थहेतौ कथमियं जीविष्यतीत्यहो प्रमादः । अत्र [ल० वा०] नाथपदेनचित्रगतस्यापि माधवस्य मालतीनाथत्वं ध्वनितम् । विरचितेति हेतोः । जीवितफलकत्वाज्जीवितम् । कार्यकारणयोरभेदात् ।

१७३–१७८ स्तनांशुकापनयनेन व्यक्तस्तनदर्शनात्सस्पृहम् । जितमित्यादि । सखि बकुलमाले त्वयेह भुवने जितम् । यतः प्रौढमृणालदण्डपाण्डुरमनोहरस्तनविस्तारविलासपताकेवास्या मालत्या वल्लभा जातासि । मालतीवल्लभत्वात्सखीत्युक्तम् । हृदयधारणेन वल्लभेत्युक्तम् । तथा च मालत्यालिङ्गनं तव संपन्नं न ममेति भावः । कलकलः कोलाहलः ।

१७९–१९३ अत्रैष व्याघ्रः क्रुद्धयमविलासं कुरुते । सर्वं भक्षयतीत्यर्थः । मठाच्छात्रादिगृहान्निर्गत्य । कीदृशः । यौवनारम्भेण प्रवृद्धो यो

१ जितमिव A. २ विशाल B. ३ °विवा° B. ४ जणा एसी C. D.; सो क्खु A. ५ D. om. गव्व. ६ C. om. रोस; वलामोडि A. B.

विदलोहपञ्जरणि[1]बद्धसिङ्खलाणिरोहपडिभङ्गसं[2]कोलिदाणिअलीलावि-
ला[3]सुव्वेल्लन्तबहलुत्तुङ्गलङ्गूलायअडवे[4]जअन्तिआडम्[5]बरुड्डामसरीरसंणि-
वेसो म[6]डादो अवक्कमिअ त[7]क्खणसतिह्लकवलिदाणेअदेहिदे-
हावभवमज्झणिद्दु[8]रट्ठिखण्डटंकारकडकडाअन्तकर[9]वत्तकठिणदाढाकरा-
लमुहकन्दरो पअण्डवज्जणिग्घा[10]ददारुणचवेडामोडणपाडिदा[11]णेअणरतु- १८५
रंगजङ्गलुग्गारभरिदगलगुहागब्भगम्भीरघ[12]घरोरालिगज्जुरणसद्दसंदब्भ-
पडिरवाभोअभीसा[13]विदणद्धविद्दावेदासेसजणाणिवहो कठोरणहरकप्प[14]-
रक्कमणाणिद्द[15]अदारिदजन्तुगत्ताअभवप्पउत्तरत्तकद्दामिअग[16]ईवहो दुट्ठस-

---

दुःसहावक्षान्तिक्रोधौ तयोर्मिलनेन यो बलात्कारस्तेन विघटितं त्यक्तबन्धीकृतमुद्घाटितं मोटितं च यल्लोहपञ्जरं तत्र प्रतिबद्धशृङ्खलानिरोधप्रतिभङ्गो विपरीतभङ्गस्तेन संकलिता मिलिता या निजलीला तद्विलासपर्यन्त उद्वेल्लुत्कम्पमानोत एवोच्छलन्नूर्ध्वं गच्छन्यो बहलतुङ्गलाङ्गूलः स्थूलोच्छ्रितलाङ्गूलस्तस्य विस्तीर्णवैजयन्तिकासदृशप्रपञ्चेनोड्डामर उत्कटकठोरक्रियः शरीरसंनिवेशो यस्य सः। परगुणासहिष्णुतामर्षः। रोषः क्रोध एव। यद्वा। स्थिरः क्रोध एवामर्षः। यदाह।

---

१ पडिभट्ट A. २ संगालिद B. C. संकुलिद D. ३ विलासपेरंतोव्वेल्लंतोच्छलतुंग D. बहलतुंगलंगड B. ४ वैज° A. B. C. ५ विडंबडंबरुड्डाम C. खडलंबिदसरुड्डामर D. ६ मठादो B. मदादो D. ७ तक्खणतिह्लाकवलि-आ° D. °णसनद्धक° C. ८ °रअत्थि A. °रट्ठि C. °रत्थि D.; D. has खंडण for खण्ड. ९ °अंतदंतकरवत्त B. करपत्त D. १० °ग्घाअ A. ११ पाडिदाणेक B. पाडिदासीअ C. कवलिदाणेअ D.; तुरअगअमंसज° B. १२ B. om. घग्घर; गज्जूर C.; D. om. संदब्भ; संरंभ for संदब्भ B. १३ भीसिद A.; for णद्धविद्दाविद A. has णट्ठविद्दाविद, C. तुणविद्दाविद, D. णट्ठविद्दाद. १४ कणकोरोरंकणिवअ C. १५ °क्कमणिदअवलित D.; A. om. अवअव. D. om. अवअवपउत्त; पवत्त B. C. १६ गइगहो D. साद्दूलो A.

हूलो कुविभ्रकभन्तलीलाइदं करेदि। ता रक्खध जधासत्ति पिअसहीए मदअन्तिआए जीविदं त्ति। प्रविश्य बुद्धरक्षिता सत्रासम्। परित्ताअध परित्ताअध। एसा णो पिअसही अमच्चणन्दणस्स बहिणिआ मदअन्तिआ एदिणा दुट्ठसद्दूलेण विणिहदविद्दाविदासेसपरिअणा अभिभवीअदि। (क)

(क) रे रे शंकरगृहाधिवासिनो जानपदाः एष खलु यौवनारम्भगर्वसंभृतदुर्विषहामर्षरोषव्यतिकरबलात्कारविघाटितोद्घाटितलोहपञ्जरानिबद्धशृङ्खलानिरोधप्रतिभङ्गसंकलितनिजलीलाविलासितोद्वेल्लद्दृढलोत्तुङ्गलाङ्गूलविकटवैजयन्तिकाडम्बरोद्दामशरीरसंनिवेशो मठादपक्रम्य तत्क्षणसतृष्णकवलितानेकदेहिदेहावयवमध्यनिष्ठुरास्थिखण्डटंकारकटकटायमानकरपत्त्रकठिनदंष्ट्राकरालमुखकन्दरः प्रचण्डपवननिर्घातदारुणचपेटामोटनपातितानेकनरतुरंगजाङ्गलोद्गारभारितगलगुहागर्भगम्भीरघर्घरोरल्लिगल्लपूरणशब्दसंदर्भप्रातिरवाभोगभीषितनष्टविद्रावितांशेषजननिवहः कठोरनखरकर्परात्रमणनिर्दयदारितजन्तुगात्रावयवप्रवृत्तरक्तकर्दमितगतिपथो दुष्टशार्दूलः कुपितकृतान्तलीलायितं करोति। तद्रक्षत यथाशक्ति प्रियसख्या मदयन्तिकाया जीवितमिति। परित्रायध्वं परित्रायध्वम्। एषा नः प्रियसख्यमात्यनन्दनस्य भगिनी मदयन्तिकैतेन दुष्टशार्दूलेन विनिहतविद्रावितशेषपरिजनाभिभूयते।

क्रोधः कृतापराधेषु स्थिरोमर्ष इति स्थितः।
प्रतिकूलेषु तैक्ष्णस्य प्रबोधः क्रोध उच्यते॥

यद्वा। अमर्षोक्षान्तिः। तत्क्षणं सतृष्णं कवलिता येनेकप्राणिशरीरावयवा-

---

१ D. om. कुविभ; किदंतfor कभन्त B. २ जधासत्तीए C. जहासत्तीए D. जधासत्तीए अप्पजीविदं त्ति A. ३ A. om. one परित्ताअध. ४ विणिहदपरिअणा C. विणिहदविद्दाविदपरिअणा B. °विद्दाविअसेस° A. ५ अहिहवीअदि A. अभिभूअदि D. अभिहवीअदि C. ६ Com. om. गर्व. ७ विलासपर्यन्तोल्लिखदुच्छलद्दृढ° Com. ८ °कातलम्बिनडम्बरोड्डामर Com. ९ कवलित Com. १० निष्ठापित Com.

मालं०। लवङ्गिए अहो [1]पमादो। (क)

माध०। [2]ससंभ्रममुत्थाय। बुद्धरक्षिते क्वासी।

मालं०। [3]माधवं दृष्ट्वा सहर्षसाध्वसमात्मगतम्। अम्महे एसो वि इहत्थो ज्जेव्व। (ख)

(क) लवङ्गिके अहो प्रमादः।

(ख) अम्महे एषोपीहस्थ एव।

स्तेषां मध्ये कठोराणि यान्यस्थीनि तेषां खण्डे खण्डने यष्टंकारो ध्वनिभेदस्तेन कटकटायमानाः करपत्रवत्कठिना या दंष्ट्रास्ताभिः करालो भीषणो मुखकन्दर आस्यकुहरं यस्य सः। टंकारेण दुर्भेद्यत्वमुक्तम्। दुर्भेद्यप्रवृत्तौ दन्तानां कटकटाशब्दकरणं स्वभावः। विस्तीर्णत्वात्कन्दर इव कन्दरः। प्रचण्डवज्रप्रहारदारुणो यश्चपेटः पाणितलप्रहारस्तेन यदामोटनं चूर्णनं तेन कवलिता आस्वादिता येनेकनरास्तुरंगाश्च तेषां जाङ्गलं मांसं तस्योद्गारेण प्रपूरणेन भरितो यो गलगुहागर्भस्तत्र गम्भीरो घर्घरो दीर्घमधुरो य उरल्लिर्गलगर्जितं तेन यो गल्लपूरणशब्दस्तस्य संदर्भेण समूहेन प्रविरवाभोगः प्रतिशब्दविस्तारस्तेन भीषितो भयं नीतो नष्टो विद्राणो निष्ठापितो निष्ठापर्यन्तं लम्भितोशेषजननिवहो येन सः। कठोरनखकर्पराक्रमणेन निर्दयं दारितं यज्जन्तुशरीरं ततः प्रवृत्तरक्तेन संजातरुधिरेण कर्दमीकृतो गतिपथो गमनवाटो येन सः। कर्पर इव कर्परः। निम्नत्वात्॥ उरल्लिर्गलगर्जितमिति रत्नकोशः॥

१९५–२०१ मदयन्तिकापरिरक्षणत्वरयाह क्वासाविति। अम्महे सभयहर्ष आश्चर्ये वा। एषोपीहस्थ एव। अत्रापिर्विस्मये। यस्यावस्था भगवत्योक्ता यन्निमित्ता वा ममेयमवस्था स एष इति भावः। स्वच्छन्दप्रियालोकनतुष्टस्य माधवस्योक्तिः। हन्तेत्यादि। अयं श्लोको गद्यादिः। हन्त हर्षे।

---

१ प° all Mss. २ B. om. ससं–य; काशी कासी C. D. ३ A. om. माधवं; B. om. वि. अत्थ for इहत्थो A.;

माध० । स्वगतम्[1] । हन्त पुण्यवानस्मि यदहमतर्कितोपनतदर्शनोल्लासितलो[2]चनेनयानया

अविरलमिव दाम्ना पौण्डरीकेण नद्धः
स्नपित इव च दुग्धस्रोतसा[3] निर्भरेण ।
कवलित इव कृत्स्नश्चक्षुषा स्फारितेन
प्रसभममृतमेघेनेव[4] सान्द्रेण सिक्तः ॥

अचिन्तितोपस्थितदर्शनानन्दितलोचनयानया चक्षुषा पौण्डरीकेणेव दाम्ना स्रजाविरलं घनं यथा तथाहं नद्धो बद्धः । आवृत इति यावत् । कान्तालोकनेन सात्त्विकभावाविर्भावात्स्तीयस्तम्भं ज्ञात्वा नद्ध इत्युत्प्रेक्षितम् । अत्राविरलपदेन पौनःपुन्यं पुण्डरीकपदेन श्वेतभागविभावनं च ध्वनितम् । दुग्धस्रोतसा दुग्धाम्भःप्रवाहेण निर्भरेण निरतिशयेन संसक्तेन वा स्नपित इवाप्लुत इवाहम् । तथाविधावलोकनजातरोमाञ्चतया स्नपितत्वेनोत्प्रेक्षितम् । अत्र निर्भरपदेन परिचयपर्यवसानतोक्ता । एवं च द्वाभ्यां नेत्रनैर्मल्यमुक्तम् । कृत्स्नो निःशेषोहं स्फारितेन विस्तारितेन चक्षुषा कवलित इव पीत इव । स्फारितत्वेन कवलनयोग्यतोक्ता । कवलने बाह्यसंवेदनाभावात्प्रणय उत्प्रेक्षितः । सान्द्रेण निबिडेन सुधामयजलधरेण प्रसभं बलात्सिक्त इवाहम् । आनन्दातिशय शालितयामृतसिक्तत्वेनोत्प्रेक्षा । तदिह माधवस्य परमनिर्वृतिसौख्यमुक्तम् । तत्र च प्रथमपदेन तारकातरलत्वा । द्वितीयेन गोलकचाञ्चल्यम् । तृतीयेन पुटाविस्तारो विलासश्च । चतुर्थेन चैतन्यसंपत्तौ पुण्यवत्तोपपादनम् । तत्रापि मेघपदेन संतापशान्तिः । अमृतपदेन स्तम्भसंभावना । प्रसभपदेन तत्संगतिरेव विपत्प्रतीकार इति सूचितम् । सेचनपदेन तस्मिन्दरालोकनेसंपूर्णता । सान्द्रपदेन

---

१ B. om. स्वगतम्. २ दर्शनोल्लसितयानया B. ३ स्रोतसा B. निर्वैरेण C. स्रोतसा निर्झरेण D. ४ वर्षेण A. D.

बुद्ध०। महाभाअ उज्जाणबाहिरत्थामुहे। (क)

माधवः साटोपं परिक्रामति।

काम०। वत्स अप्रमत्तो[2] भूत्वा विक्रमस्व।

माल०। जनान्तिकम्। लवङ्गिए हद्धी हद्धी संसओ क्खु[3] जादो। (ख)

सर्वास्त्वरितं परिक्रामन्ति।

माध०। अग्रे दृष्ट्वा सबीभत्सम्। अहह।

संसक्तत्रुटितविवर्तितान्त्रजाल-[4]
व्याकीर्णस्फुरदपवृत्तरुण्डखण्डः[5]।
कीलालव्यतिकरगुल्फदघ्नपङ्कः
प्राचण्ड्यं वहति नखायुधस्य मार्गः॥

(क) महाभाग उद्यानबाह्यरथ्यामुखे।

(ख) लवङ्गिके हा धिक् हा धिक् संशयः खलु जातः।

तत्कालिकसकलक्लेशविलयः सूचितः। स्रोतसां निर्झरेणेति पाठे निर्झरेण प्रवाहेणेत्यर्थः।

२०४–२१४ [बु० वा०]क्वासाविति प्रश्नस्योत्तरमिदम्। साटोपं सावेगम्। अप्रमत्तं सावधानम्। क्रियाविशेषणमिदम्। रुधिरादिकं वीक्ष्य सबीभत्सं सघृणम्। अहह विस्मये खेदे घृणायां च। संसक्तेत्यादि। नखायुधस्य व्याघ्रस्य मार्गः प्राचण्ड्यं रौद्रत्वं वहति। कीदृशः। संसक्तः संलग्नस्त्रुटितश्छिन्नो विवर्तितः खण्डखण्डीकृतोऽन्त्रजालमन्त्रसमूहस्तेन व्याकीर्णं व्याप्तं सद्यो हतत्वात्स्फुरत्किंचिच्चलदपवृत्तमधोमुखं रुण्डखण्डं कबन्धरूपं शकलं यत्र सः। उरुबुक्केति पाठ उरु महद्बुक्कमग्रमांसम्। कीला-

१ D. om. बाहि. २ अप्रमत्तं Com. ३ B. om. क्खु. ४ निवर्तित C. D.
५ गुंडखंडः B.

अहो प्रमादः।

वयं बत विदूरतः क्रमगतो पशोः कन्यका

सर्वाः । हा मदअन्तिए । (क)

कामन्दकीमाधवौ । सहर्षाकूतम् ।

कथं तदभिपातितादधिगतायुधः पूरुषात् ।

कुतोपि मकरन्द एत्य सहसैव मध्ये स्थितः

इतराः । साहु महाभाअ साहु । (ख)

कामन्दकीमाधवौ । सभयम् । हूं च पशुना हतः

इतराः । अच्चाहिदं अच्चाहिदं । (ग)

कामन्दकीमाधवौ । सहर्षम् । प्रमथितश्च दंष्ट्रायुधः ॥

(क) हा मदयान्तिके ।

(ख) साधु महाभाग साधु ।

(ग) अत्याहितमत्याहितम् ।

लब्धव्यतिकरेण रक्तसंघेन गुल्फदघ्नो गुल्फपरिमाणः पङ्कः कर्दमो यत्र । अत एव बीभत्सयोगित्वम् ॥ कबन्धे रुण्डमस्त्रियामित्यमरः । कीलालं रुधिरे तोय इति मेदिनीकारः ॥ प्रमाणे दघ्नच् ॥ पङ्कः पापे च कर्दम इति विश्वः ॥

२१६–२२४ वयमित्यादिना दंष्ट्रायुधपर्यन्तेन पृथ्वीच्छन्दसा श्लोकः स वाचनिकः । वयं तस्य व्याघ्रस्यातिदूरतः । पशोः क्रमगताक्रमणं प्राप्ता । कन्यका मदयन्तिका । कथं मकरन्दः कुतोपि स्थानादेत्यागत्य शीघ्रं मध्ये व्याघ्रमदयन्तिकयोः स्थितः । तेन व्याघ्रेणावपातिताद्गृहीतात्पुरुषाद्गृहीतखड्गः सन् । अत आकाङ्क्षितलाभः । अत एव सहर्षाकूतमित्युक्तम् ॥ पुरुषाः पूरुषा अपीत्यमरः ॥ पूरुषशब्दश्छन्दस्येव युज्यत इत्यदे-

---

१ °गता; पशोः कन्यकाः B. २ B. om. this साहु.

इतराः। सानन्दम्। दिट्ठिआ पडिहदं दुज्जादं। (क)

काम०। साकूतम्। कथं व्यालनखरप्रहारानिःसृतरक्तनिर्वहः[1] क्षितितलनिषे[2]क्तखड्गलतावष्टम्भनिश्चलैः[3] संभ्रान्तमदयन्तिकाव[4]लम्बितस्ताम्यतीव वत्सो मे[5] मकरन्दः।

इतराः। हद्धी हद्धी गाढप्पहारदाए किलम्मादि महाभा[6]ओ। (ख)

माध०। कथं प्रमुग्ध एव। कामन्दकीं प्रति। भगवति मां परि[7]त्रायस्व।

(क) दिष्ट्या प्रतिहतं दुर्जातम्।

(ख) हा धिक् हा धिक् गाढप्रहारतया क्लाम्यति महाभागः।

श्यम्। पूर्वपूरुषतपांसि जयन्तीत्यादिनैषधदर्शनाद्भाषायामपि तत्प्रयोगात्। मकरन्दः पशुना दृढं निहतो दृढमाहतस्ताडितो वा। रक्तदर्शनेन सभयम्। अत्याहितं महाभयम्॥ अत्याहितं महाभीतिरित्यमरः॥ व्याघ्रभयत्राणोपकारितया व्यवस्थितमदयन्तिकासंबन्धात्सहर्षत्वम्। दंष्ट्रायुधो व्याघ्रः। प्रमथितो निहतः। अमुनेत्यर्थात्।

२२५–२३३ दुष्टमुपक्रान्तं दुर्जातम्॥ व्याघ्रे चौरे च व्याल इति शाश्वतः॥ स मकरन्दः क्षितितलनिषक्तखड्गलतावष्टम्भेन निश्चलः। इह मकरन्दक्षतेन रुजारूपः संधिप्रवेश उक्तः। यदाह।

---

१ रक्तप्रवाहः A. २ निषिक्त B. विषिक्त C. D. ३ °ष्टंभनिषण्णः B. ४ °वलंबितं C. ५ B. om. मे and has मकरंदकः ६ महाणुभाओ B. ७ मां त्रायस्व B. ८ Com. adds before this प्रियं प्रियं नः संवृत्तम्. ९ Com. adds मकरन्दः.

काम०। वत्स[1] अतिकातरोसि तदेहि तावत्पश्यामः।

इति परिक्रम्य[2] निष्क्रान्ताः सर्वे।

२३५ इति[3] मालतीमाधवे शार्दूलविद्रावणो नाम तृतीयोङ्कः।

रुजा प्रोक्ता प्रहारव्यथेति। अवष्टम्भनमवष्टम्भः। संभ्रान्ता विमुग्धा। प्रमुग्धो मोहं गतः। पश्याम इति दर्शनात्समाश्वास इति भावः।

प्रासूत यं रत्नधरोतिमान्योतिमान्यरूपा दमयन्तिकापि।
जगद्धरं तत्कृतटिप्पणेङ्कोगमत्तृतीयो रसराजिरम्यः॥

॥ इति तृतीयोङ्कः॥

---

१ A. D. om. वत्स; पश्याव: A. D. २ B. om. परिक्रम्य. ३ B. om. इति–नाम.

॥ चतुर्थोऽङ्कः ॥

ततः प्रविशतो मदयन्तिकालवङ्गिकाभ्यामवलम्बितौ[1] प्रमुग्धौ माधवमकरन्दौ संभ्रान्ता कामन्दकी मालती बुद्धरक्षिता च।

मद०। पसीद भअवदि परित्ताअहि[2] परित्ताअहि मदअन्तिआणिमित्तसंसइदजीविदं[3] विवण्णजणाणुकम्पिणं[4] महाभाअं। (क)

इतराः। हद्धी हद्धी किं दाणिं अह्मेहिं एत्थ[5] पेक्खिदव्वं (ख)

काम०। उभौ कमण्डलूदकेन सिक्त्वा[6]। ननु भवत्यः पटाञ्चलेन वत्सौ[7] वीजयन्तु। मालत्यादयस्तथा कुर्वन्ति।

मक०। समाश्वस्यावलोक्य च। वयस्य कातरोऽसि[8] किमेतत्। ननु स्वस्थ एवास्मि।

मद०। सहर्षम्। अम्महे पडिबुद्धं[9] दाणिं मअरन्दपुण्णंअन्देण[10]। (ग)

माल०। माधवस्य ललाटे हस्तं दत्वा। सहि[11] लवङ्गिए दिट्ठिआ

(क) प्रसीद भगवति परित्रायस्व परित्रायस्व[12] मदयन्तिकानिमित्तसंशयितजीवितं विपन्न[13]जनानुकम्पिनं महाभागम्।

(ख) हा धिक् हा धिक् किमिदानीमस्माभिरिह प्रेक्षितव्यम्।

(ग) अम्महे प्रतिबुद्धमिदानीं मकरन्दपूर्णचन्द्रेण।

२–१० संभ्रान्ता व्याकुला। अत्रापन्नमापद्गतम्। अम्महे हर्षे आश्चर्ये वा।

---

१ अन्विनौ B.; B. om. प्रमुग्धौ. २ B. om. one परित्ताअहि. ३ णिमित्तं C. D. ४ आवण्ण A. ५ B. D. om. एत्थ. ६ अभिषिच्य B. ७ C. om. वत्सौ. ८ कातरोऽस्मि B. ९ पडिबण्णं C. १० °पुण्णिमाअन्देण A. ११ D. om. सहि लवङ्गिए. १२ Com. follows B. १३ आपन्न Com.

वड्ढसि । णं भणामि पडिबुद्धो ज्जेव्व दे पिअवअस्सो पडिवण्णचे[1]अणो महाभाओ म[2]अरन्दो त्ति । (क)

माध० । आश्वस्य । वयस्य साह[3]सिक एह्येहि । इत्यालिङ्ग[4]ति ।

काम० । उभौ शिरस्याघ्राय । दिष्ट्या जीवितवत्सास्मि ।

इतराः । पिअं पिअं णो संवुत्तं । (ख) सर्वा हर्षं नाटयन्ति ।

बुद्ध० । जनान्तिकम् । हला[5] मदअन्तिए एसो ज्जेव्व सो । (ग)

मद० । [6]जाणिदं ज्जेव्व मए जहा एस माहवो अअं पि सो जणो त्ति (घ)

बुद्ध० अवि[7] सच्चवादिणी अहं । (ङ)

मद० । ण क्खु[8] अण्णारिसेसु तुम्हारिसीओ पक्खवादिणीओ

(क) सखि लवङ्गिके[10] दिष्ट्या वर्धसे । ननु भणामि प्रतिबुद्ध एव ते प्रियवयस्यः प्रतिपन्नचेतनो महाभागो मकरन्द इति ।

(ख) प्रियं प्रियं नः संवृत्तम् ।

(ग) सखि मदयन्तिके एष एव सः ।

(घ) ज्ञातं मया यथैष[11] माधवोयमपि स जन इति ।

(ङ) अपि सत्यवादिन्यहम् ।

१२–२२ वर्धस इत्यनेन वर्धापनं याचनोक्तिप्रकारः । शिरस्याघ्राणमायुर्वर्धनायेति वृद्धाः । हलेति सखीसंबोधनम् । मकरन्दनामाग्रहणेन

---

१ वेअणो B. C. २ महाभाअमअर° B.; C. om. मअरंदो त्ति. ३ साहसिक्य B. ४ आलिंगतः B. ५ सहि A. ६ A. adds तदेव and C. तथैव before जाणिदं; A. om. ज्जेव्व. B. has ज्जेव्व मए अअं माहवो एस सिओ जणो त्ति; एस महाभाओ माह° D. एसी A. ७ अइ B. C. D.; °वाइणी B. ८ हु B. C.; अण्णारिसेसु. D. ९ °वाइणीओ B. १० Com. follows D. ११ Com. follows. D.

होन्ति। माधवमवलोक्य। सहि मालदीए वि रमणिज्जो[1] इमस्सिं महाणुहावे[2] अणुराअप्पवादो। (क)

पुनर्मकरन्दमेव सस्पृहमवलोकयति।

काम०। स्वगतम्। रमणीयोर्जितं हि मदयन्तिकामकरन्दयोर्दैवादद्य[3] दर्शनम्। प्रकाशम्। वत्स मकरन्द कथं पुनरायुष्मानस्मिन्नवसरे मदयन्तिकाजीवितत्राणहेतुर्[4] भगवता दैवेन संनिधापितः।

मक०। अद्याहमन्तर्नगर एव कांचिद्वार्तामुपश्रुत्य माधवस्य चित्तोद्वेगमाधिकम्[5] आशङ्कमानस्त्वरितमवलोकितानिवेदितकुसुमाकरोद्यानवृत्तान्तः परापतन्नेव शार्दूलावस्कन्दगोचरगतामेताम्[6] अभिजातकन्यकामभ्युपपन्नवानस्मि। मालतीमाधवौ विमृशतः।

(क) न खल्वन्यादृशेषु युष्मादृश्यः पक्षपातिन्यो भवन्ति। सखि मालत्या अपि रमणीयोऽस्मिन्महानुभावेऽनुरागप्रवादः।

स्वामित्वमभिप्रैति। संभावनायामपिशब्दः। न हि पक्षपातिन्यस्त्वादृश्यो मन्दं भद्रं वदन्तीति भावः।

२५–३१[7] अक्लेशोपनतत्वेन रमणीयम्। शार्दूलनाशेनोपकारपूर्वकमुत्पन्नत्वादूर्जितं सातिशयम्।

आयुष्मानिति वृद्धेन वाच्यो बालः शुभाशयः॥

इति भरतः। उद्यानवृत्तान्तो मालतीप्रत्यक्षमुत्तरोपक्रमः। परापतन्नागच्छन्। अवस्कन्दोऽतिक्रमः। गोचरमित्यजहल्लिङ्गतयान्वयः। अभिजाता कुलीना। तथा चाभिजात्येन मदुपकारं ज्ञास्यतीति भावः। आभिजात्येन ज्ञानं च तथाविधाकारादिना॥ कन्यकेत्यत्रानुकम्पायां कन्॥ अभ्युपपत्तिः प्राप्तिः। विमृशतः। परस्परक्लेशकारिण्या शङ्कयेति भावः।

१ रमणीआ B.; D. adds एव्व after रमणिज्जो. २ °भावे C. महाभाए B.; °पवादो B. ३ D. om. अद्य. ४ प्राणत्राण B.; हेतोः A. D. ५ B. om. अधिक. ६ गोचरतामेता° B. D. ७ Com. follows D.

काम० । स्वगतम् । वृत्तेन खलु मालतीप्रदानेन भवितव्यम् । प्रकाशम् । वत्स माधव दिष्ट्या सुहृद्वृद्ध्या वर्धितोसि मालत्या[1] तदयमवसरः प्रीतिदायस्य[2] ।

माध० । भगवति[3] इयं हि

यद्व्याल[4]व्रणितसुहृत्प्रमोह[5]मुग्धं
सौजन्याद्विहितवती गतव्यथं माम् ।
तत्कामं प्रभवति[6] पूर्णपात्रवृत्त्या
स्वीकर्तुं मम हृदयं च जीवितं च ॥

लव० । पडिच्छिदो[7] क्खु णो पिअसहीए अअं पसादो । (क)

(क) प्रतीष्टः खलु नः प्रियसख्या अयं प्रसादः ।

३४–३९ प्रीतिदायस्य वर्धापकदानस्य । यदित्यादि । व्याघ्रखण्डितसुहृत्प्रमोहेन संतप्तं मां सौजन्येन विगतक्लेशं कृतवती ततोत्यर्थं मम हृदयं जीवितं च पूर्णपात्रवृत्त्या वर्धापकेन स्वीकर्तुमियं प्रभवति । त्वं च प्रभवसीत्यर्थः । तदायत्ते मे हृदयजीविते इति भावः । यद्वा । चोरिकाविवाहसंपादनेन हृदयहारिता नोचेज्जीवितहारितेत्यर्थः ॥ वर्धापकं यदानन्दादलंकारादिकं पुनः । आकृष्य गृह्यते पूर्णपात्रं पूर्णानकं च तत् ॥ इति हारावली । पूर्णपात्रं वर्धापकेऽपि चोति मेदिनीकारोपि ॥

४१–४९ गुरुकरमणीयं श्रोत्रसुखदम् । मकरन्देन कांचिद्वार्तामुपश्रुत्येति यदुक्तमेतच्छङ्कमानः पृच्छति । वयस्येति । ज्यायाञ्ज्येष्ठः ।

---

१ मालत्याः A.; यद् for तद् D. २ °दानस्य C. ३ माध०। ऐषोहि B. ४ व्याघ्र for व्याल D. ५ प्रमोद for प्रमोह C. ६ भगवति for प्रभवति B. ७ पडिहिदो B.; ण्ण or णो B.

मद०। स्वगतम्[1]। जाणादि महाभाअधेओ[2] जणो अवसरे गुरुअ-रमणिज्जं[3] मन्तिदुं। (क)

माल०। स्वगतम्। किं णाम मअरन्देण उव्वेअकारणं[4] सुदं भविस्सदि। (ख)

माध०। वयस्य का पुनर्ममाधिकोद्वेगहेतुर्वार्त्ता[5]।

प्रविश्य पुरुषः। वत्से मदयन्तिके भ्राता ते ज्यायान्[6]अमात्यनन्दनः समादिशति। अद्य परमेश्वरेणास्मद्भवनमागत्य[7] भूरिवसोरुपरि परं[8] विश्वासमस्मासु च प्रसादमाविष्कुर्वता[9] स्वयमेव प्रतिपादिता मालती तदेहि संभावयामः[10] प्रमोदमिति।

मक०। वयस्य सेयं वार्त्ता। मालतीमाधवौ वैवर्ण्यं[11] नाटयतः।

मद०। मालतीं सहर्षमालिङ्ग्य। सहि मालदि तुमं क्खु एक्केण[12]-

(क) जानाति महाभागधेयो जनोऽवसरे[13] गुरुकरमणीयं मन्त्रयितुम्।

(ख) किं नाम मकरन्देनोद्वेगकारणं श्रुतं भविष्यति।

परमेश्वरो राजा। विश्वासमभेदम्। संभावयामः कारयामः। उत्सवपूर्वको हर्षः प्रमोदः।

५३–५७ मद्भ्रातृवधूर्भविष्यसीति भावः। णोशब्दोऽस्माकमित्यर्थे निषेधे च तुल्यरूप इति निषेधोऽप्यत्र स्फुरति। अत एव सोत्कण्ठमाह। भातुरित्यादि। उभयत्रोत्तरमाह। [युष्माकमिति]। भरिआ इति पाठे भृताः पूर्णा इत्यर्थः। [ल० वा०] अयमभिसंधिः। यूयं राज्ञः प्रणयिनो वयं सेवकाः। अतो युष्मत्संबन्धेन वयं पूर्णमनोरथा इति वचनमात्रम्। वस्तु-

---

१ B. om. स्वगतम. २ °हेअजणो D.; A. C. D. om. गुरुअ. ३ °णि-ज्जं B. C. D. ४ °आरणं A. C. ५ अधिकोद्वेगवार्त्ता B. ६ B. om. ज्यायान्. ७ भुवनं C.; एत्य for आगत्य D. ८ D. om. परं. ९ परं प्रसादं B. १० °याम: C. ११ वैचित्त्यं A. १२ एक B. १३ Com. om. अवसर.

अरणिवासेण सहपंसुकीलणादो पहुदि[2] मे पिअसही आसी बहि-णिआ अ संपदं उण घ[3]रस्स मण्डणं जादासि (क)

काम० । वत्से मदयन्तिके दिष्ट्या वर्धसे भ्रातुर्मालतीलाभेन ।

मद० । [4]तुह्माणं आसिसां पहावेण । सहि लवङ्गिए [5]फलिदा णो मणोरहा तुह्माणं लाहेण (ख)

लव० । सहि [6]किं अह्माणं पि अत्थि मन्तिदव्वं । (ग)

मद० । [7]सहि बुद्धरक्खिदे दाणिं विवाहमहूसवं संभावेह्म । (घ)

(क) सखि मालति त्वं खल्वेकनगरनिवासेन सहपांशुक्रीडनात्प्रभृति मे प्रियसख्यासीर्भगिनिका च सांप्रतं पुनर्गृहस्य मण्डनं जातासि ।

(ख) [9]युष्माकमाशीःप्रभावेण । सखि लवङ्गिके फलिता नो मनोरथा युष्माकं लाभेन ।

(ग) सखि किमस्माकमप्यस्ति[10] मन्त्रयितव्यम् ।

(घ) सखि बुद्धरक्षिते इदानीं विव[11]ाहमहोत्सवं संभावयावः ।

तस्तु त्वत्संबन्ध एवास्माकं न भवितेति । माधवविवाहस्यावश्यकत्वात् । यद्वा । यदेतत्त्वया मन्त्रितमस्माकं मनोरथाः पूर्णा युष्माकं लाभेनेति वयमेव तद्वदामः । तेन त्वं मकरन्देन परिणतव्येति मनोरथा अस्माक-मेव पूर्णा भविष्यन्तीति गूढमुक्तम् । व्यक्तं तु युष्माकं राजमित्राणां लाभे-न राजसेवका वयमेव पूर्णमनोरथा इति भावः । यद्वा । एतत्कामन्दक्या-ख्यं मन्त्रिरूपं द्रव्यमस्माकमप्यत्र विषये वर्तते तेन प्रतिहतमेतत् ।

---

१ वासेण B.; सुह for सह B. २ B. om. पहुदि मे.; आसि A. ३ A. D. add णो after उण. ४ A. has भअवदि before तुह्माणं; आसिसा पसादेण B. ५ D. adds भाविणो before फलिदा; Com. notices भरिआ for फलिदा. ६ D. om. किं, किंचि C.; C. om. पि. ७ A. C. om. सहि and have एहि for it, D. has both.; B. adds मंगल before महूसव. ८ पुनर्गो Com. ९ Com. follows A.; आशीःप्रसादेन Com. १० एतत् for अस्ति Com. ११ Com. om. विवाह.

बुद्ध०। सहि एहि[1] गच्छम्ह। (क) इत्युत्तिष्ठतः।

लव०। जनान्तिकम्[2]। भअवदि जहा एदे हिअअभरिदुव्वित्त[3]विम्हआणन्दसुन्दरं[4] अन्दोळाअन्तधीरत्तणमणोहरा[5] पल्हत्थन्ति मदअन्तिआमअरन्दाणं [6]दलिदकन्दोट्ठदामसरिच्छा कडक्खविक्खेवा तहा[7] तक्केमि मणोरहणिव्वुत्त[8]संबन्धा एदे त्ति। (ख)

काम०। विहस्य। नन्विमौ विलोकनेन मानसं मुहुर्मुहुर्मोहन[9]मनुभवतः।

(क) सखि एहि गच्छावः।

(ख) भगवति यथैते हृदयभरितोद्वृत्तविस्मयानन्दसुन्दरमान्दोलायमानधीरत्वमनोहराः पर्यस्य[10][11]न्ति मदयन्तिकामकरन्दयोर्दलितनीलोत्पलदामसदृक्षाः कटाक्षविक्षेपा[12]स्तथा तर्कयामि मनोरथनिर्वृत्तसंबन्धावेताविति।

६०–६३ अत्र भरमितो भरितः॥ शकन्ध्वादित्वात्पररूपम्॥ यद्वा। भरणं भरः संजातोस्य॥ तारकादित्वादितच्। व्यवस्थितविभाषया वेट्प्राप्तेः॥ अत एव वासवदत्तादौ भारितोति प्रयोगः। हृदये भरितौ पूर्णावुद्वृत्तावमान्तौ विस्मयानन्दौ ताभ्यां सुन्दराः। अग्रनिपाताद्धृदयनिहितो विस्मयः। इष्टदर्शनादानन्दः। आन्दोलितं परित्यक्तं यद्धीरत्वं तेन मनोहराः। दलितं विकासितम्। कन्दोट्टं नीलोत्पलम्। सदृक्षास्तुल्याः। कान्ता दृष्टिरियम्।

६४–७१ मोहनं सुरतम्। अत एव कामशास्त्रम्।

---

१ A. C. om. एहि. २ B. om.; जभा for जहा A. ३ उव्वंत B. उव्वरत्त C. ४ सुन्दरा आन्दोळिद A. दोलाभंत C. सुंदरा आंदोलाअंत D. ५ °त्तणामणोरहा B. °त्तणगेरंतमणोरहा C. ६ A. adds दर before दळिद; णिलुप्पल for कंदोट्ट A. B.; B. adds सुंदर before णिलुप्पल; दिट्ठि for कडक्ख B. ७ तह A. D. ८ णिव्वित्त C. ९ प्रमोदं for मोहनं A. C. १० Com. follows A. ११ परिवर्तन्ते. १२ Com. inserts आकेकराः before तथा; Com. has दृष्टि for कटाक्ष.

तथा हि । ईषत्तिर्यग्वलन[1]विषमं कूणित[2]प्रान्तमेत-

त्प्रेमोद्भेदस्तिमितललितं किंचिदाकुञ्चि[3]तभ्रु ।

मोहनं नारभेत्तावद्यावन्नोत्कण्ठिता प्रिया ॥ इति ।

ईषदित्यादि । एतदनयोर्दृष्टं दर्शनं व्यक्तं शंसति यदेतौ मानसं मोहनमनुभवत इत्यन्वयः । दृष्टं कीदृशम् । ईषन्मनाक्तिर्यग्वलितेन विषमं मन्दम् । अनेन संकल्पसंगतानङ्गस्य पराभ्यूहशङ्कितेयं दृगित्युक्तम् । यदाह । शङ्कायां शङ्किता ज्ञेयेति । कुञ्चितप्रान्तमाकुञ्चितापाङ्गम् । मदयन्तिकाया जडत्वान्मकरन्दस्यान्यदर्शनसासूयत्वाज्जिह्मा दृष्टिः । यदाह ।

जिह्मा दृष्टिरसूयायां जडतालस्ययोस्तथा ॥ इति ।

दृष्टिद्वयेन सुरतप्रागवस्थोक्ता । प्रेम्ण उद्भेदादतिपरिपाकात्स्तिमितं स्थिरं ललितमर्धमुकुलितं च । अर्धमुकुलितेयं दृक् । यदाह ।

अङ्गादिष्वर्धमुकुला गन्धस्पर्शसुखादिषु ।

अर्धव्याकोषपक्ष्माग्रग्रस्तार्धमुकुलैः पुटैः ॥

स्मृतार्धमुकुला दृष्टिः किंचिन्मीलिततारका ॥

अनेन रताभोग उक्तः । नखदशनक्षतादिशङ्कया मानं सूचयति । किंचिदाकुञ्चिते अनमिते भ्रुवौ यत्र तत् । एकस्या एव भ्रुव उत्क्षेपणं कुञ्चनमिह । यदाह ।

एकस्या एव उत्क्षेपो भ्रुवः कुञ्चनमुच्यते ॥

कोपे चास्य प्रयोगः । यदाह ।

कोपे वितर्के हेलायां लीलादौ सहजे तथा ।

दर्शने ग्रहणे चैव भ्रुवमेकां समुत्क्षिपेत् ॥

मानस्याल्पत्वसूचनार्थमाकुञ्चप्रयोगः । रतावसानमाह । हृदये हर्षानुभवेन

१ वलितविषमं A. D. २ कुञ्चितप्रान्त A. B. ३ किंचिदारेचितभ्रु A.

अन्तर्मोदानुभवमसृणं[1] स्तम्भनिष्कम्पपक्ष्म
व्यक्तं शंसत्यचिरमनयोर्दृष्टमाकेकराक्षम् ॥

पुरुषः । वत्से[2] इत इतः ।

मद० । सहि बुद्धरक्खिदे अवि[3] पुणो वि दीसइ एस जीविदप्प[4]दाई पुण्डरीअलोअणो । (क)

बुद्ध० । जइ देव्वमणुऊलं[5] भविस्सदि त्ति । (ख) पुरुषेण सह[6] निष्क्रान्ते ।

माध० । अपवार्य ।

(क) सखि बुद्धरक्षिते अपि[7] पुनरपि द्रक्ष्यत एष जीवितप्रदायी पुण्डरीकलोचनः ।

(ख) यदि दैवमनुकूलं भविष्यति ।

मसृणं स्निग्धं मन्दं वा । रतान्ते लज्जामाह । स्तम्भं लज्जान्विततया परितोर्धपुटत्वात् । कथं पुनः संभोगो भावीति चिन्तया निष्कम्पम् । शून्यतया निष्कम्पं वा । तादृशं पक्ष्म यत्र । तद्विच्छेदमाह । आकेकरमक्षि यत्र तत् । आकेकरा त्वरालोके विच्छेदे प्रोषितेषु चेत्याद्युक्तम् । तदिहाकेकरलक्षण आकुञ्चितेत्यादि प्रथमपदेनोक्तम् । द्वितीयेन मुहुर्व्यावृत्ततारेत्युक्तम् । तृतीयेन हर्षितार्धेत्याद्युक्तम् । अपिनाम संभावनायाम् । अव्ययसमुदायत्वात् ।

७६–७९ करुणावस्थामाह । चिरादित्यादि । चिरशङ्कित आशातन्तुर्मालतीप्राप्त्याशारूपहृदयावलम्बनं संप्रति भिद्यताम् । बिसिनीसूत्रवद्विदुरोभेदनस्वभावो यतः ॥ भिदेः कर्मकर्तरीति कुरच् ॥ संभूय त्रुटितत्वेन मृणालतन्तुसाम्यम् । नैराश्यान्मरणमाह । आधिर्मनोव्यथा तद्रूपो व्याधिरनवच्छिन्नोत एव महान्व्याप्नोतु । इह महत्वानिरवधित्वाभ्यां मरणमाह । आशाच्छेदानन्तरं च मरणमुचितमेव । यदाह ।

---

१ मसृणस्तम्भ C. २ A. om. वत्से. ३ A. D. add णाम after अवि; A. C. D. add दाव after वि. ४ प्पदो A. C. D. ५ °कूलं A. C. ६ A. C. D. om. सह. ७ Com. follows A. D.

चिरादाशातन्तुस्त्रुटतु बिसिनीसूत्रभिदुरो
महानाधि[1]र्व्याधिर्निरवधिरिदानीं प्रसरतु ।
प्रतिष्ठामस्याजं व्रजतु मयि पारिप्लवधुरा
विधिः स्वास्थ्यं धत्तां भवतु कृतकृत्यश्च मदनः ॥

अथ वा । समानप्रेमाणं जनमसुलभं प्रार्थितवतो
विधौ वामारम्भे मम समुचितैषा परिणतिः ।
तथाप्यस्मिन्दानश्रवणसमयेऽस्याः प्रविगल-
त्प्रभं प्रातश्चन्द्रद्युति वदनमन्तर्दहति माम् ॥

सर्वैः कृतैः प्रतीकारैर्यदा नास्ति समागमः ।
कामाग्निना समाप्तस्य जायते मरणं ततः ॥

स्त्रीहेतुमरणादधीरत्वमाशङ्क्यानुज्ञोत्तरमाह । पारिप्लवधुरा चपलकक्षा सत्यं स्थितिं मयि बध्नातु । अभीष्टलाभेन विधिर्निराकुलो भवतु । मालतीं विना दुःसहवेदनादायी मनोभूः कृतकृत्यो भवतु । मरणादधिकं किं कर्तव्यमस्येत्यर्थः । एतदुपालम्भगर्भं वच उद्वेगात् । यदाह ।

हृद्दाहचिन्तानिःश्वासग्लानिखेदप्रजागरैः ।
रोदनैर्मन्दभणितैर्दैवोपालम्भनेन च ॥ इति ।

८०-८३ समानेत्यादि । वामारम्भे प्रतिकूले विधौ ममैषा परिणतिः पूर्वोक्ता युक्तैव । कीदृशस्य । तुल्यप्रीतिं दुष्प्रापं जनं याचितवतः । वामे हि विधौ सुलभमपि न लभ्यते किं पुनरसुलभमिति भावः । दृष्टकारणस्यानुपलम्भाद्विधेर्वामत्वम् । असुलभत्वं परतन्त्रत्वात् । यद्यपि युक्तेऽर्थे खेदो नास्ति तथाप्यस्या मालत्यास्तादृशं मुखं मामन्तर्दहति । एतन्मुखं वीक्ष्य मनस्तापो मे भवतीति भावः । अस्मिन्दानश्रवणसमये नन्दनाय मालती दातव्येति श्रुत्वा खेदात्कान्तिशून्यत्वम् । अत एव प्रातश्चन्द्रकान्ति कापि विगतकान्ति भवति । अथ च प्रातश्चन्द्रोपमया रागध्वनेर्विधिं प्रति मालतीकोपोऽपि सूचितः ।

---

१ आधिर्व्याधिः B. C.

काम०। स्वगतम्। एवमतिदुर्मनायमानः पीडयति मां वत्सो माधवो वत्सा मालती च दुष्करं निराशा प्राणिति। प्रकाशम्। पृच्छामि तावदायुष्मन्तम्। अपि भवानमंस्त यथा भूरिवसुरेव[1] मालतीमस्मभ्यं दास्यति।

माध०। सलज्जम्। न हि न हि।

काम०। न[2] तर्हि प्रागवस्थायाः परिहीयसे।

मक०। भगवति[3] अदत्तपूर्वेत्याशङ्क्यते।

काम०। जानामि[4] तां खलु वार्त्ताम्। इदं तु प्रसिद्धमेव यथा नन्दनाय मालतीं प्रार्थयमानं भूरिवसुर्नृपतिमुक्तवान्[5] प्रभवति[6] निजस्य कन्यकाजनस्य महाराज इति।

मक०। अस्त्येतत्।

काम०। अद्य च[7] स्वयं राज्ञैव दत्ता मालतीति पुरुषेणावेदितम्। तद्वत्स वाक्प्रतिष्ठा[8]निबन्धनानि देहिनां व्यवहारतन्त्राणि वाचि पुण्यापुण्यहेतवो व्यवस्थिताः सर्वं च वचनानामायत्तम्। सा च भूरिवसोर्वागनृतात्[9]मिकैव न खलु महाराजस्य मालती निजा[10] कन्यका कन्यादाने[11] च नृपतयः प्रमाणमिति नैवंविधो धर्माचारसमय-

---

८५-९९ दुष्करं यथा तथा प्राणिति जीवति। अमंस्त मन्यते स्म। प्रागवस्था मालतीप्राप्तिलक्षणा। तदा तस्याज्ञानमिति भावः दत्तपूर्वा पूर्वं दत्ता॥ सुप्सुपेति समासः॥ इदं च तापहेतुः। वागिति वाचि

---

१ B. om. एव; अस्मभ्यं न दास्यति C.; दास्यतीति B. २ A. om. न. ३ B. om. भगवति; दत्तपूर्वं० A. C. D.; आशंकते B. ४ जानासि A. D. जानासि न तां खलु C. ५ नृपतिमेवमुक्तवान् C. ६ यथा प्रभवति निजकन्यकाजनस्य B. C. ७ C. om. च; अत्रैव A. ८ हृदि प्रतिष्ठा A. ९ अनृतैव B. १० निजकन्यका C. ११ प्रदाने A.; कन्यकादाने B.

स्तस्मादविमर्शितव्यमेतत्[1]। कथं च वत्स मामनवधानां मन्यसे। पश्य।

मा वा सपत्नेष्वपि नाम तद्भू-
त्पापं यदस्यां त्वयि वा विशङ्क्यम्।
तत्सर्वथा संगमनाय यत्नः
प्राणव्ययेनापि मया विधेयः॥

मक०। सुष्ठु युज्यमानमादिश्यते युष्माभिः[2]।

अपि च। दया वा स्नेहो वा भगवति निजेऽस्मिञ्शिशुजने
भवत्याः संसाराद्विरतमपि चित्तं[3] द्रवयति।

सर्वं प्रतिष्ठितमिति भावः। अनृतात्मिकासत्या। धर्माचारसमयो धार्मिकसिद्धान्तः॥ समयाः शपथाचारकालसिद्धान्तसंविद इति विश्वः॥

१०१–१०४ निजावधानमाह। मा वेति। अस्यां मालत्यां त्वयि च यत्पापं विवाहानिर्वाहे मरणरूपं शङ्कनीयं विप्रयोगजन्यदुःखादि वा तच्छत्रुष्वपि नाम प्राकाश्ये मा वा भून्मैव भविष्यति। वाशब्द एवार्थे। स्वकर्त्तव्यमाह। तदिति। तस्माद्युवयोः संबन्धाय सर्वप्रकारेण जीवत्यागेनापि मया प्रयत्नः कार्यः। यदि बुद्धिकौशलेन न सिद्धिस्तदा प्राणव्ययेनापि साध्यमित्यपेः स्वरसः। मरणादेरमङ्गलतया पापपदेनोपन्यासः। शत्रुष्वपि मा भूदिति लोकोक्तिच्छायालंकारः।

१०६–११० दयेत्यादि। हे भगवति अस्मिञ्शिशुजने बालजने माधवे मालत्यां च दया करुणा स्नेहो ममता च संसाराद्विरक्तमपि भगवत्याश्चित्तं द्रवयत्यार्द्रीकरोति। भवत्या इति दयाद्यन्वयि चित्तान्वयि च। काकाक्षिगोलकवत्। वाशब्दौ चार्थे। अत एव चित्तद्रवणात्। व्रतग्रहणपूर्वकसर्वैषणानिवृत्तिः प्रव्रज्या। तस्यां सुलभोवश्यंभावी समयाचारो-

---

१ तस्माद्विमर्शितव्यमेतत् A.; °दमार्श्यं° C.; ताद्विमर्शितव्यं D. २ भवतीभिः B. ३ चेती B.

अतश्च [1]प्रव्रज्यासुलभसमयाचारविमुखः

प्रसक्तस्ते यत्नः प्रभवति पुनर्दैवमपरम् ॥

नेपथ्ये। भअवदि कामन्दइ एसा भट्टिणी विण्णवेदि जधा मालर्दिं[2] घेऊण तुरिदं आअच्छदु त्ति। (क)

काम०। वत्से उत्तिष्ठ[3]। सर्वे उत्तिष्ठन्ति।

मालतीमाधवौ सकरुणानुरागमन्योन्यमवलोकयतः[4]।

माध०। स्वगतम्। कष्टमेतावती लोकयात्रा मालत्या समं माधवस्य। अहो नु खलु भोः।

(क) भगवति कामन्दकि एषा भट्टिनी विज्ञापयति यथा मालतीं गृहीत्वा त्वरितमागच्छत्विति।

नुष्ठानविशेषो ध्यानादिविषयस्तत्र विमुखो निरुद्धो यत्नस्ते प्रसक्तोविच्छिन्नः सन्प्रभवति। च एवार्थे। कार्यासिद्धिरदृष्टविलम्बात्। तत्र न भवत्या दोष इत्याह। अपरं पुनर्दैवं प्रभवति। ईश्वरस्त्रीषु राज्ञीपदोपचारेण भट्टिनीत्युक्तम्। भरतोप्याह।

राजस्त्रियस्तु संभाष्याः सर्वाः परिजनेन तु।
भट्टिनी स्वामिनीत्येवं नाट्ये प्राहुर्विचक्षणाः।

११४–११७ लोकयात्रा दर्शनादिकम्। अहो नु खलु भो इत्यव्ययसमुदायो निर्वेदे सुहृदित्यादि। एकत्रैव रसो रतिर्यस्यास्ताम्। यद्वा। एक एव रसः शृङ्गारो यस्यां ताम्। निरन्तरां वानुकूलतामानुकूल्यं प्रथमं प्रकाश्य सुखप्रदो विधिः पुनर्मनसो रुजं पीडां प्रविशिनष्ट्यतिशायितां करोति। कीदृशः। अकाण्डादकस्माद्विवर्तनेनान्यथाभावेन विरुद्ध-

---

१ प्रव्रज्यासमयसुलभाचार A. C. २ °र्दीं A. D. °दी B. C. घेतूण B. °मागच्छेत्ति D. ३ उत्तिष्ठ उत्तिष्ठ B.; B. om. सर्वे-न्ति. ४ मालोकयन्तः B.

सुहृदिव प्रकट[1]य्य सुखप्रदः प्रथममेकरसामनुकूलताम् ।
पुनरकाण्डविवर्त्तनदारुणो प्र[2]विशिनष्टि विधिर्मनसो रुजम् ॥

माल० । स्वगतम् । महाभाअ लोअ[3]णाणन्द एत्तिअं दिठ्ठोसि । (क)

लव० । हद्धी हद्धी सरीरसंसअं उज्जेव्व णो पिअसही आरोविदा[4] अमच्चेण । (ख)

माल० । स्व[5]गतम् । परिणदं मे दाणिं जीविदतिह्णाए फलं । णिःवूढं [6]अं णिक्करुणदाए तादस्स वि कावालिअत्तणं । पडिट्ठिदो[7] दुठ्ठदेवस्स दारुणसमारम्भसरिसो परिणामो । कं [8]एत्थ उवालहामि मन्दभाइणी कं वा [9]असरणा सरणं पडिवज्जामि । (ग)

(क) महाभाग लोचनानन्द[10]ं एतावद्दृष्टोसि ।

(ख) हा धिक् हा धिक् शरीरसंशयमेव नःप्रियसख्यारोपितामात्येन ।

(ग) परिणतमिदानीं मे जीविततृष्णायाः फलम् । निर्व्यूढं च निष्करुणतया ता[11]तस्यापि कापालिकत्वम् । प्रतिष्ठितो दुष्टदैवस्य दारुणसमारम्भसदृशः परिणामः । कमिहोपालभे मन्दभागिनी कं वाशरणा शरणं प्रतिपद्ये ।

वर्तनेन वा दारुणो दुःखदायी । सुहृदिव । यथा मित्रमानुकूल्यमुत्पाद्य सुखप्रदं सदकाण्ड एव विरुद्धाचरणान्मनःपीडां करोति तथेत्यर्थः ।

११८–१२२ [माल० वा०] पुनर्दर्शनं न भवितेति भावः । अत एवैतावदित्यनेन करुणा । नयनानन्देत्यनेनानुरागः । अत्र पुरा विरहदशायां

---

१ प्रकटय्यसुखप्रदः A. २ विभिरहो विशिनाटि मनोरुजं A. C. D. ३ लीवणाणंदअ B. ४ आरोइदा ५ A. om. स्वगतम्; A. om. मे; A. inserts सालं after फलं. ६ च D. ७ परिसेसिदो B. परिरेविदो C. ८ B. D. om. एत्थ. ९ B. om. असरणा. १० °नन्दक एतावदेव Com. ११ Com. om. अपि and has तातस्य after °कत्वं.

लव० । सहि इदो इदो । (क) इति कामन्दक्या[1] सह निष्क्रान्ते ।

माध० । स्वगतम् । नूनमाश्वासनमात्रमेतेन्[2]माधवस्य सहजस्नेहकातरा[3] करोति भगवती । सोद्वेगम् । हन्त संशयितजन्मसाफल्यः[5] संवृत्तोस्मि । तत्किमिदानीं कर्त्तव्यम् । विचिन्त्य । न खलु महामांसविक्रयादन्यमुपायं[6] पश्यामि । प्रकाशम् । वयस्य मकरन्द भोप भवानुत्कण्ठते मदयन्तिकायाः ।

मक० । अथ किम् ।

तन्मे मनः क्षिपति यत्सरसप्रहार-[7]
मालोक्य मामगणितस्खलदुत्तरीया ।

(क) सखि इत इतः ।

माधवप्रतिच्छन्दकादिदर्शनाद्धारितस्य जीवितस्य पर्यवसानं वृत्तमिति परिणतपदस्यार्थः । कापालिकत्वं नृशंसता । अघोरघण्टस्य सूचनमप्येतत् ।

१२७–१३० जन्मसाफल्यं मालतीप्राप्त्या । महामांसेति भाव्यङ्कसूचनम् । वीरहस्तान्मांसं गृहीत्वा वीरायाभिमतवरदानमिति श्मशानसिद्धयोगिनीमतम् । यद्वा । उभयथा मरणमुपस्थितम् । महामांसविक्रये मालतीलाभोपि शङ्क्यत इति तत्करणम् । मांसविक्रयस्य मकरन्दसंनिधावशक्यत्वान्मकरन्दं मदयन्तिकां प्रत्युत्कण्ठयति । वयस्येति । मदयन्तिकायाः कृत इति शेषः । यद्वा ॥ अधीगर्थेति कर्मणि षष्ठी ॥

१३१–१३५ अथकिं स्वीकारे । तन्म इत्यादि । तन्मम चित्तं हरति यदेतादृशैरङ्गैर्मामालिङ्गितवती । सरसः सरक्तः प्रहारो यत्र तादृशं मामवलोक्य । अत एव त्वरयागणितं स्खलत्प्रभ्रश्यदुत्तरीयं

---

१ इति निष्क्रामन्ति A. D. २ A. D. insert एव before एतत्. ३ कातरां and भगवतीं C. ४ A. D. add सर्वथा after हन्त. ५ जन्मसाफल्यं C.; B. om. तत्–°र्तव्यं. ६ अन्यदुपायान्तरं A. C. D. ७ यत्सहसाप्रहार C.

त्रस्तैकहायनकुरङ्गविलोलदृष्टि-
राश्लिष्टवत्यमृतसंवलितैरिवा[1]ङ्गैः ॥

माध० । सुलभै[2]व बुद्धरक्षिताप्रिय[3]सखी भवतः ।

अपि च । प्रमथ्य क्रव्यादं मरणसमये रक्षितवतः
परिष्वङ्गं लब्ध्वा तव कथमिवान्यत्र रमताम् ।
तथा च व्यापारः कमलनयना[4]या नयनयो-
स्त्वयि व्यक्तस्नेहस्तिमित[5]रमणीयाश्चिरमभूत् ॥

स्तनावरणवासो यस्याः सा । एतेन निरन्तरस्तनस्पर्शः सूचितः । अत एवानन्दसंदोहदायित्वादमृतसिक्तैरिव । भयवत्त्वेन त्रस्तैकवर्षीयहरिणस्येव चञ्चला दृष्टिर्यस्याः सा ॥ वर्षोब्दो हायनोस्त्रीस्यादित्यमरः ॥

१३६–१४० त्रासेन त्वदालिङ्गनं न तु स्नेहादिति शङ्कापनोदाय दूतीसुलभतयानु रागमेवाह । सुलभेति । प्रमथ्येत्यादि । सा तवालिङ्गनं प्राप्यान्यत्र कथं रमताम् । अपि तु नैव । इवशब्दोनवक्लृप्तौ । कुलीनैकमालिङ्ग्य नान्यत्र रमत इति भावः । कीदृशस्य । क्रव्यमाममांसमत्तीति क्रव्याद्व्याघ्रः । तं विनाश्य मरणकाले तां रक्षितवतः । एतेन कृतोपकारितोक्ता । अतोपि नान्यत्र रमते । पद्माक्ष्याश्चक्षुषोस्तथा तेन प्रकारेण त्वयि व्यापारश्च व्यक्तः स्नेहास्तिमितो मन्दोत एव रमणीयश्चिरमभूत् । रागेण तया साभिलाषमालोकितोसीति भावः । एतेनानुराग उक्तः । यदाहानुरागप्रकरणे ।

तुष्यत्यस्य कथाभिस्तु सस्नेहं च निरीक्षते ॥

क्रव्यमामिषमुद्धासमिति हारावली ॥

---

१ संवलितैरथाङ्गैः B. २ दुर्लभा न D. ३ B. om. प्रिय. ४ कमलवदनाया C. ५ स्तिमिररमणियः B.

मकं०।[1] तदुत्तिष्ठ पारासिन्धुसंभेदमवगाह्य नगरीमेव प्रविशावः।

उत्थाय परिक्रम्य[2]।

माध०। अयमसौ महानद्योः संभेदः[3]। य एषः

　　जलनिबिडितवस्त्रव्यक्तनिम्नोन्नताभिः
　　परिगततटभूमिः स्नानमात्रोत्थिताभिः। १४५
　　रुचिरकनककुम्भश्रीमदाभोगतुङ्ग-

१४१–१४५ पारा च सिन्धुश्च द्वे नद्यौ तयोः संभेदः संगमः। अवगाह्य विलोड्य। स्नात्वेति यावत्। श्रमशान्तिहेतुतया महामांसादानहेतुतया च स्नानम्। व्यतिकरः संगमः। जलेत्यादि। वधूभिर्नारीभिः सेविततटदेशः। कीदृशीभिः। जलेन निबिडितमङ्गलग्नं यद्वासस्तेन व्यक्तौ निम्नोन्नतौ जघनादिस्तनाद्यौ यासाम्। अत एव स्नानमात्रोत्थिताभिः। मात्रपदेन स्नानार्द्रवस्त्रापरित्यागः सूचितः। अत एव चाल्हादहेतुतया स्नानमपि। तौ दृष्ट्वा तासां लज्जामाह। मनोज्ञस्वर्णघटशोभावानाभोगः परिपूर्णता ययोरुच्चकुचयोस्तयोर्विनिहितौ दत्तौ हस्तावेव स्वस्तिकौ याभिस्ताभिः। हस्ताभ्यां स्वस्तिकोन्योन्यवामदक्षिणविन्यासः। यदाह।

　　मणिबन्धनविन्यस्तावरालौ स्त्रीप्रयोजितौ।
　　उत्तानौ वामपार्श्वस्थौ स्वस्तिकः परिकीर्तितः॥

अरालश्चैवम्।

　　आद्या धनुर्लताकारा कुञ्चितोङ्गुष्ठकस्तया।

---

१ D. om. मक०. २ परिक्रामतः A. D. ३ व्यतिकर Com.

स्तनविनिहितहस्तस्वस्तिकाभिर्वधूभिः ॥

इति निष्क्रान्ताः सर्वे ।

शार्दूलविभ्रमो नाम चतुर्थोऽङ्कः ।

शेषा भिन्नोर्ध्ववलिता अरालेऽङ्गुलयः करे ॥

कनकेत्यादिना तासां गौरीत्वमुक्तम् । मङ्गलकलशानामिवैषां दर्शनेनेष्टसिद्धिरपि सूचिता ।

भसूत यं रत्नधरो द्विजेशो द्विजेशकन्या दमयन्तिकापि ।
जगद्धरं तत्कृतटिप्पणेऽङ्कोगमच्चतुर्थो रसराशिवासः ॥

॥ इति चतुर्थोऽङ्कः ॥

---

१ °संक्रमो C.; A. om. शा–म and has समाप्तः after अङ्कः. मालतीमाधवप्रकरणे चतुर्थोऽङ्कः संपूर्णः D.

॥ पञ्चमोऽङ्कः ॥

ततः प्रविशत्याकाशयानेन भीषणो[1]ज्ज्वलवेशा कपालकुण्डला ।

कपा० । षडधिकदशनाडीचक्रमध्यस्थितात्मा

हृदि विनिहितरूपः सिद्धिदस्तद्विदां यः ।

संप्रति प्रमथ्य क्रव्यादमित्यनेनाघोरघण्टकपालकुण्डलाप्रवेशो सूचिते महामांसविक्रयप्रतिज्ञया च माधवस्य श्मशानप्रवेशो सत्यङ्कावतारः ।

१–५ आकाशयानेन प्रवेशो योगसिद्धिसूचनाय । भीषणा भयंकरी । उज्ज्वलवेशा विशुद्धशरीरा । एवदापि योगिनीत्वादेव । षडधिकेत्यादि । स शक्तिनाथः शिवो जयति जययुक्तो भवति ॥ कालसामान्ये भवत्विवि वक्तव्ये भाष्यकारवचनात्कालत्रितयेपि वा लट् ॥ श्मशाननाथस्य जयेन श्मशानसाधनसिद्धिः सूचिता । कीदृशः । अविचलितं निःस्पन्दीभूतम् । विषयान्तरव्यावृत्तमिति यावत् । मनो येषां तैः साधकैर्मृग्यमाणोन्विष्यमाणः । अनेन ध्यानानुष्ठानमुक्तम् । यदाह ।

रूपवर्णप्रमाणाढ्यं परिकल्प्य सुबुद्धिना ।
तथा ध्यायेत देवेशं यथा चित्तं स्थिरं भवेत् ॥

चित्तस्थैर्यं तु निर्विषयतयैव । यदाह ।

मन एव मनुष्याणां कारणं बन्धमोक्षयोः ।
बन्धस्य विषयासङ्गि मुक्तेर्निर्विषयं मनः ॥

तथा च निराकारोप्ययं सहसैव न साक्षात्कारविषयो भवतीति न योग्यानुपलम्भमात्रेण निरस्य इत्यपि कटाक्षितम् । शक्तिभिर्ब्राह्मीमाहेश्वरीकौमारीवैष्णवीवाराहीमाहेन्द्रीचामुण्डाचण्डिकाख्याभिरष्टाभिः परितो नद्धो वेष्टितो भैरवमूर्तित्वात् । यद्वा । शक्तिभिर्ज्ञानेच्छाप्रयत्नात्मिकाभिः

---

१ भीषणोज्ज्वला A. C.

अविचलितमनोभिः साधकैर्मृग्यमाणः
स जयति परिणद्धः शक्तिभिः शक्तिनाथः ॥

परिणद्ध उपचितः । अत एव शक्तीनामणिमादीनां नाथः प्रभुः । अत एव जयति सर्वोत्कृष्टो वर्त्तते । कीदृशः । षट्सु कर्णनाभिहृत्कण्ठतालुभ्रूमध्यवर्तिषु शिवशक्तिसंघट्टस्थानेषु नाडीसंघट्टेषु हृष्टा [हृदा?] द्यधिष्ठितप्राणविशेषचलनयोगाच्चक्रेष्विव मध्येऽधिकं प्रधानं यद्दशनाडीचक्रमिडापिङ्गलासुषुम्णागान्धारीहस्तिजिह्वापूषारुणालम्बुषाकुहूशङ्खिन्याख्या दश नाड्यो हृद्गतैकोत्तरशतसंख्यासु तिर्यगूर्ध्वाधोगतनाडीषु प्रधानतमास्तासां चक्रं तस्य मध्ये पद्ममध्यवर्तिसूक्ष्माकाशदेशे प्राणाद्याधारे स्थित आत्मा कूटस्थो नित्यो यस्य स तथा । तत्र प्रमाणम् ।

> आशिरःश्रवणं देहं यद्यपि व्याप्य तिष्ठति ।
> तथाप्यस्य परं स्थानं हृत्पङ्कजसमुद्गकम् ॥ इति ।

स्थितिरपि तस्य तत्र परमात्मतत्त्वाविर्भाव एव । यद्वा । षड्भिरधिका दशनाड्यः षोडशसंख्यास्तासां चक्रं तत्र मध्ये स्थितश्चासावात्मा चात्मस्वरूपः । तदुक्तम् । सर्वं शिवमयं मतमिति । यद्वा । षडधिकं यद्दशनाडीचक्रम् । मतभेदेनैते पक्षाः । हृदि हृत्पद्मे विनिहितरूपो ध्यानमूर्तिः संन्यस्तद्विदां शिवसाक्षात्कारवतां सिद्धिदोऽणिमाद्यैश्वर्यप्रदः । अत्र मानम् ।

> ईश्वरः सर्वभूतानां हृद्देशेऽर्जुन तिष्ठति ।
> सकलं चिन्तयेत्तस्मात्सिद्ध्यर्थं सततं शिवम् ॥
> ध्यानेन तत्परं गच्छेत्सर्वैश्वर्यगुणाष्टकम् ।
> महिमा लघिमाणुत्वं प्राकाम्यं वशितेशिता ॥
> प्राप्तिः कामावसायित्वं शम्भोरैश्वर्यमष्टधा ॥

मृग्यमाणोऽप्ययं केनापि ज्ञायते न तु सर्वेण । यदाह ।

> यततामपि सिद्धानां कश्चिन्मां वेत्ति तत्त्वतः ॥ इति ।

इयमहमिदानीं

नित्यं न्यस्तषडङ्गचक्रनिहितं हृत्पद्ममध्योदितं
पश्यन्ती शिवरूपिणं लयवशादात्मानमभ्यागता।

यद्वा। तद्विदां ताः सिद्धीरुपायदेशकालप्रमाणेतिकर्तव्यताभिर्ये विदन्ति तेषां सिद्धिदोभिलषितसिद्धिद इत्यर्थः।

९–१० आत्मनि योगसिद्धिमाह। नित्यमित्यादि। इयमहमिदानीमभ्यागताभीष्टस्थानाभिमुखमागता श्रीपर्वतादित्याक्षेपात्। कीदृशी। शिवस्वरूपमात्मानं पश्यन्ती। लयवशाच्चित्तैकाग्रतया। अनेन सर्वेषां तत्प्रकाशोपास्तः। कीदृशम्। नित्यमविनाशिनम्। न्यस्तानि देहे मन्त्रन्यासेनार्पितानि यानि षडङ्गानि हृदयशिरःशिखानेत्रकवचास्त्राणि तेषां चक्रे समूहे निहितमारोपितं मन्त्रन्यासेन। यदाह।

षडङ्गमेतत्कथितं सर्वसिद्धिप्रदायकम्।
न्यसेद्वै भक्तियुक्तात्मा साधको ज्ञानचिन्तकः॥
त्रिकालमेककालं वा शरीरे विन्यसेद्बुधः॥

अनेनाङ्गावरणमुक्तम्। नित्यन्यस्तेति पाठे नित्यं प्रत्यहं न्यस्तानीत्यर्थः। हृत्पद्ममध्ये हृत्कमलकर्णिकायां ध्यानाभ्यासात्सूर्यवदुदितम्। यदाह।

पद्मसंकाशसंस्थानं हृदयं तत्र दृश्यते।
सूक्ष्मो हि पुरुषो ज्ञेयः परमात्मा हृदि स्थितः॥
अभ्यासात्पश्यते सूर्यं परमात्मानमात्मना॥

नाडीनां पूर्वोक्तानामिडापिङ्गलादीनामुदयक्रमेण वायुपूरणपरिपाट्या जगतः शरीरस्य पञ्चभूतात्मकस्य पञ्चामृतानां पृथिव्यप्तेजोवाय्वाकाशानां योगर्द्धिबलाद् आकर्षस्तस्मादप्राप्तोलब्ध उत्पतनेनाकाशयानेन

---

१ नित्यन्यस्त noticed by Com.; षडंग्रिचक्र B.

नाडीनामुदयक्रमेण जगतः पञ्चामृताकर्षणा-
दप्राप्तोत्पतनश्रमा विघटयन्त्यग्रे नभोऽम्भोमुचः ॥

अपि च। उल्लोलस्खलितकपालकण्ठमाला-
संघट्टक्वणितकरालकिङ्किणीकः।

श्रमो यया सा। यद्वा। अमृतमिवामृतं देहस्थितिहेतुत्वात्। तत्पुनर्बिन्दुस्थानात्कुण्डलिनीस्रावणेन स्रवद्रसविशेषो रसनाधःस्थितरन्ध्रस्रवद्रसविशेषो वा। स हि व्यापकत्वेन पञ्चशब्दवाच्यः। तदाकर्षणात्। यद्वा। जगतः शरीरस्य पञ्च यान्यमृतानि शिवशक्त्यात्मकानि रूपरसगन्धस्पर्शशब्दलक्षणानि नित्यानि स्थूलमहाभूतमात्रापरिपोषकानि। योगिनीनां तेषामुपयोगात्। तदाकर्षणेन सामर्थ्यादिकं योगिनीनामिति भावः। न च लयवशत्वेन निष्क्रियतयोत्पतनं न संभवतीति वाच्यम्। लयस्यान्यत्रापि सामर्थ्यात्। यदाह।

मनोप्यन्यत्र निक्षिप्तं चक्षुरन्यत्र पातितम्।
तथापि योगिनां योगो ह्यविच्छिन्नः प्रकीर्तितः॥ इति।

उत्पतनादिमाहात्म्यादेवाग्रेभुवः पुरोवर्तिनो मेघान्विघटयन्ती द्विधा कुर्वन्ती। अग्रे नभ इति पाठे। आकाशमेघानग्रे विघटयन्तीत्यर्थः। न च नभःपदवैयर्थ्यम्। वनपर्वतादावपि मेघसद्भावेन तद्विघटन आकाशगामित्वोत्कर्षाप्रतिपादनात्। यद्वा। अग्रेनभो नभसि मेघान्विघटयन्ती॥ अग्रेशब्दो विभक्तिप्रतिरूपको निपातः। तस्य विभक्त्यर्थेऽव्ययीभावः॥ अनेन श्लोकद्वयेन शान्तो रस उक्तः। अत्र भरतोपि शान्तस्तु नवमो रस इत्याह। स च विषयवैरस्यादुपजायते। यदाह।

शान्तो विषयवैरस्याद्रसः संजायते पुनः॥ इति।

११-१४ कपालकुण्डलायाः पूर्वोक्तभीषणोज्ज्वलत्वमुपपादयति

१ अग्रेभुवो noticed by Com.

पर्याप्तं मयि रमणीयडामरत्वं
संधत्ते गगनतलप्रयाणवेगः ॥

तथा हि । विष्वग्वृत्तिर्जटानां प्रचलति निबिडग्रन्थिनद्धोपि भारः १५
संस्कारक्काणदीर्घं पटु रटति कृतावृत्तिखट्वाङ्गघण्टा ।

उल्लोलेति । गगनतलगमनवेगो मयि सकलं रमणीयडामरत्वं रमणीयत्वं मनोहरत्वं डामरत्वं भीषणत्वमुद्भटत्वं वा केलिसंरम्भनिर्भरत्वं वा संधत्ते समर्थं कुरुते ॥ डामरोड्डामरौ भीमे केलिसंरम्भनिर्भर इति रत्नकोशः ॥ वेगबलादुल्लोलेन यातायातेन स्खलिता या कपालानां कण्ठवर्तिनी माला तस्याः संघट्टक्कणितेनान्योन्यकपालसंघृष्टिध्वनिना कराला मूका क्षुद्रघण्टिका यत्र सः । कपालमालोच्चध्वनिना तद्ध्वनेरश्रवणान्मूकत्वमिव मूकत्वम् । यद्वा । तथाविधक्कणितेन कराला दन्तुरा । विषमेति यावत् । किङ्किणी यत्र सः । कुलयोगिनीनां किङ्किण्यादिध्वनिना सानन्दत्वम् । यदाह ।

समुद्रघोषसंभारकिङ्किणीघण्टिकास्वनैः ।
सदानन्दो भवेद्योगी न निद्रा न क्षुधा तृषा ॥ इति ।

१५–१८ तदेवाह । विष्वगिति । जटानां भारः समूहो निबिडं दृढं यथा तथा ग्रन्थिबद्धोपि विष्वग्वृत्तिः सर्वतोव्यापी सन्प्रचलति । गगनगमनवेगादित्यर्थात् ॥ विष्वक्शब्दो नानार्थः सुषमादिषु पठ्यते तेन षत्वम् ॥ कृतावृत्तिः कृतगतागता कृतमण्डलभ्रमणा खट्वाङ्गसहिता घण्टा संस्कारेण संतानेन यः क्काणो ध्वननं तेन दीर्घं पटु रमणीयं च यथा तथा रटति शब्दायते । एतेन डामरत्वमुक्तम् । खट्वाङ्गं वाद्यभेदः । वायुरूर्ध्वं पताका धूनोति कम्पयति ॥ धूञ् कम्पने । दीर्घान्तः स्वरतीत्यादिसूत्रे न्यासकारेणोक्तः ॥ कीदृशः । विवृतानि यानि निर्मांसतया शवशिरांसि तेषां श्रेणयः पङ्क्तयस्तासां यानि कुञ्जानि गहनाः प्रदेशास्तेषु गुञ्जन्ध्वनन् । अत एवोत्ताल उद्भटध्वानः क्षुद्रघण्टिकानामजस्ररणत्कारहेतुश्च ।

ऊर्ध्वं धूनोति वायुर्विवृतशवशिरःश्रेणिकुञ्जेषु गुञ्ज-
न्नुच्चालः किङ्किणीनामनवरतरणत्कारहेतुः पताकाः ॥

परिक्रम्यावलोक्य च । गन्धमाघ्राय । इदं तावत्पुराणनिम्बतैलाक्त[1]परिभृज्यमानरसोनगन्धिभिश्चिताधूमैः पुरस्ताद्विभावितस्य महतः श्मशानवाटस्य नेदीयः करालायतनं यत्र[2] पर्यवसितमन्त्रसाधनस्यास्मद्गुरोरघोरघण्टस्याज्ञया सविशेषमद्य पूजासंभारो मया संनिधापनी[3]यः । कथितं च मे गुरुणा वत्से कपालकुण्डले अद्य [4]मया भगवत्याः

अनेन रमणीयत्वमुक्तम् ॥ निक्काणो निक्कणः क्काणः क्कणः क्कणनमित्यपीत्यमरः ॥ यद्वा । पटुरटनेन रमणीयत्वं पताकाकम्पनेन डामरत्वमत्रोक्तम् ।

१९–२६ पुराणेत्यादिना चिताधूमानां स्वभावाख्यानम् । अक्तं म्रक्षितम् । परिभर्जनं वह्निमध्यनिक्षेपपाकः । अम्लरसेनैकेनोनं पञ्चरसं रसोनम् ॥ लसून इति ख्यातम् । वट्यते वेष्ट्यतेनेनेति वाटः ॥ हलश्चेति घञ् ॥ पन्था वाटः पथो माय इति मागुरिः ॥ नेदीयो निकटम् । पर्यवसितं समाप्तं विनष्टं च । मन्त्रसाधनं पुरश्चरणजपादि । संभारः समूहः । उपयाचितं मनीषितार्थं स्वीकृतम् ॥ यदीयते तु देवेभ्यो मनोराज्यस्य सिद्धये । उपयाचितकं तत्तु दोहदं संप्रचक्षत इति हारावली ॥ स्त्रीरत्नमिति ॥ जातौ जातौ यदुत्कृष्टं तद्धि रत्नं प्रचक्षत इति विश्वः । विदितमुपलब्धम् । विचितमिति पाठेऽन्विष्टम् । गम्भीरेत्यादि ।

विकाराः सहजा यस्य हर्षक्रोधभयादिषु ।
भावेषु नोपलभ्यन्ते तद्गाम्भीर्यमुदाहृतम् ॥ इति ।
अभ्यासात्करणानां तु श्लिष्टत्वमुपजायते ।
महत्स्वपि विकारेषु तन्माधुर्यमुदाहृतम् ॥

---

१ B. om. अक्त; C. inserts रस after रसोन. २ C. D. insert च after यत्र. B. om. मन्त्र. ३ संभावनीयः B. ४ A. om. मया.

करालायाः प्रागुपयाचितं स्त्रीरत्नमुपहर्तव्यम्। तदत्रैव नगरे विदितं[1] मास्त इति तद्विचिनोमि। सकौतुकम[2]ग्रेऽवलोक्य। तत्कोऽयमतिगम्भीरमधुराकृतिरुत्तम्भितकुटिल[3]कुन्तलः कृपाणपाणिः श्मशानवाटमवतरति। य एषः

कुवलयदलश्यामोऽप्यङ्गं दधत्परि[4]पाण्डुरं
ललितचरणन्यासः[5] श्रीमान्मृगाङ्कनिभाननः।
हरति विनयं वामो यस्य प्रकाशित[6]साहसः

इति भरतः। उत्तम्भितो जूटाकारेण बद्धः कुटिलो वक्रः कुन्तलः केशो यस्य सः। एतेन रौद्ररसवत्तोक्ता।

२८–३४ कुवलयेत्यादि। य एष स्वभावान्नीलनलिनपत्रवच्छ्यामोऽपि विप्रलम्भात्सर्वतः पाण्डुरमङ्गं दधत्। ललितो रमणीयो विकटो भीषणो न्यासो देहन्यासो यस्य सः। ललितत्वं स्वभावात्। विकटत्वं रौद्रात्। यद्वा। न्यासः करचरणादिचालनम्। श्रीमानतिरम्यः। मृगाङ्कान्निरतिशया भा यत्र तादृशमाननं यस्य। अत एव हेयत्वार्थं मृगाङ्कपदेनोपन्यासः। यस्य वामः पाणिर्विनयं हरत्यपनयति। अत्र हेतुमाह। प्रविगलदसृक्पङ्कः स्रवद्रुधिरकर्दमः। ललच्चञ्चलं नरजाङ्गलं महामांसं यत्र सः। न हि विनीतो रक्तं महामांसं च धारयति। अत्र पूर्वार्धेन ललितत्वमुत्तरार्धेन विकटत्वमुक्तम्। अत एव व्यक्तसाहसः। महामांसधारित्वेन वीरबीभत्सरसावुक्तौ। यदाह।

उत्साहाध्यवसायाद्विस्मयहर्षाच्च मोहाच्च।
विविधाद्गन्धविशेषाद्वीररसो नाम संभवति॥
अनभिमतदर्शनेन च गन्धरसस्पर्शशब्ददोषैश्च।

१ विचितमा° noticed by Com. २ B. om. अग्रे. ३ B. om. कुटिल. ४ परिधूसरं A. C. D. ५ ललितविकटन्यासः Com. °चरणन्यासं B. ६ °साहसं. D.

प्रविगलदसृक्पङ्कः पाणिर्लेलन्नरजाङ्गलः[1] ॥

निरूप्य । अये स एष कामन्दकीसुहृत्पुत्रो महामांसस्य पणायिता[2] माधवः । तत्किमनेन । भवतु समीहितं संपादयामि । विगलितप्रायश्च पश्चिमसंध्यासमयः । तथा हि । संप्रति

व्योम्नस्तापिच्छगुच्छावलिभिरिव तमोवल्लरीभिर्व्रियन्ते
पर्यन्ताः प्रान्तवृत्त्या पयसि वसुमती नूतने मज्जतीव ।
वात्यासंवेग[3]विष्वग्विततवलयितस्फीतधूम्याप्रकाशं
प्रारम्भेऽपि त्रियामा तरुणयति निजं नीलिमानं वनेषु ॥

परिक्रम्य निष्क्रान्ता । विष्कम्भकः ।

ततः प्रविशति यथानिर्दिष्टो[4] माधवः ।

उत्तेजनैश्च बहुभिर्बीभत्सरसः समुद्भवति ॥

दध्यादित्यत्र नाभ्यस्ताच्छतुरिति नुमो निषेधः ॥ जङ्गलं निर्जनस्थाने त्रिलिङ्ग्यां पिशितेऽस्त्रियामिति मेदिनीकारः ॥ पणायिता विक्रेता । विगलितप्रायो भ्रष्टप्रायः ।

३५–३८ व्योम्न इत्यादि । गगनस्योपान्ता ध्वान्तलताभिर्व्याप्यन्ते । तमालपुष्पस्तबकपङ्क्तिभिरिव । एवं च पृथिव्युपान्तभागेन नूतने जले मज्जतीव । उत्प्रेक्षेयम् । त्रियामा रात्रिः । प्रारम्भे प्रदोषमात्रेऽपि नीलत्वं निजं वनेषु तरुणयति । कीदृशम् । वातानां समूहो वात्या तस्याः संवेगेन निवर्तनेन विष्वक्चतुर्दिशं वितता विस्तारिता वलयिता वलयाकारा स्फीता गभीरा या धूम्या धूमसमूहो नीहारो वा तत्सदृशम् । एवं चान्धकारोपगमाद्गतप्राया संध्येत्यर्थः ॥ धूम्या धूमसमूहेऽपि नीहारेऽपि निगद्यत इति धरणिः ॥

---

१ गलन्नरजाङ्गलः B. २ पणयिता A. C. ३ वात्यासंगेन. B. ४ B. om. य–ष्टो.

माध० । साशंसम् ।

प्रेमार्द्राः प्रणयस्पृशः परिचयादुद्गाढरागोदया-
स्तास्ता मुग्धदृशो निसर्गमधुराश्चेष्टा भवेयुर्मयि ।
यास्वन्तःकरणस्य बाह्यकरणव्यापाररोधी क्षणा-
दा[1]शंसापरिकल्पितास्वपि भवत्यानन्दसान्द्रो लयः[2] ॥ ४५

किं च । अतिमुक्तमद्[3]ग्रथितकेसरावली
सतताधिवाससुभगार्पित[4]स्तनम् ।

४१–४५ साशंसं संप्रार्थनम् । प्रेमेत्यादि । मुग्धदृशो मालत्यास्तास्ता अनुभूताश्चेष्टाः संभोगे चुम्बनादयो मयि पुनर्भूयासुः ।

चेष्टाविशेषाः संभोगे चुम्बनालिङ्गनादयः ॥

इति कण्ठाभरणम् । कीदृश्यः । प्रथमं प्रेम्णा संभोगप्रीत्यार्द्रा इव तापशान्तिहेतुरोमाञ्चादिजनकत्वात् । ततो विश्वासमुपेत्य चित्तप्रसादस्पृशः । ततः परिचयात्सुखास्वादभेदादुद्भटरागोद्रेकाः । निसर्गमधुराः सहजमनोज्ञाः । यास्वाशंसोपनीतास्वपि क्षणाभिरतिशयसुखघनो लयो लीनता भवति तासु चेष्टासु मनो लीयत इत्यर्थः । कीदृशः । अन्तःकरणस्य मनसो बाह्येन्द्रियव्यापारावरोधनशीलः । मालतीमयत्वेन तन्मनो बाह्यविषये न व्याप्रियत इत्यर्थः । अत एवानेकशङ्कातङ्कसंकुलेपि तत्र स्थाने माधवस्य न साध्वसादिकमपीति भावः । यद्वा । तास्ताश्चेष्टा बकुलवीथ्यादिषु यास्तया कृतास्तास्ता मयि भवेयुः । तासामेव दुर्लभत्वादाशंसनीयता ।

४६–४८ प्रथमप्रीतिहेतुत्वादालिङ्गनमाशास्ते । अतिमुक्तेत्यादि । प्रियया सह तदङ्कपरिवृत्तिमप्यहमाप्नुयाम् । तत्तस्या अङ्के क्रोडे सर्वतोभावेन वर्तनम् । हृदयालिङ्गनमित्यर्थः । अपिर्भिन्नक्रमः । यद्वा । तदङ्के

---

१ °दाशंका D. २ सान्द्रोदयः A. C. D. ३ अविमुक्त C. °मुद्ग्रथित B. C.
४ सुभगायित C.

अपि कर्णजाहविनिवेशिताननः
प्रियया तदङ्क[1]परिवर्तमाप्नुयाम् ॥

अथ वा । दूरे तावदेतत् । इदमेव प्रार्थये ।

संभूयेव सुखानि चेतसि परं भूमानमातन्वते
यत्रालोकपथावतारिणि रतिं प्रस्तौति नेत्रोत्सवः ।

परिवर्तनमूर्ध्वाधःक्रमेण पुरुषायितमाप्नुयाम् । कीदृशः । प्रियया कर्णजाहे कर्णमूले विनिवेशितमाननं यत्र । ममापि सः । प्रथमपक्षे कर्णमूलेर्पितमाननं येन सः ॥ तस्य पाकमूले पील्वादिकर्णादिभ्यः कुणब्जाहचाविति मूले जाहच्प्रत्ययः ॥ अतिक्रान्ता मुक्ता यया सातिमुक्ता । मुक्ताहारमपास्य तदर्पणादतिक्रमः । यद्वा । अतिमुक्तातिविरला मालत्यवलोकनव्यासङ्गात् । एतादृशी या मङ्ग्रथिता केसरावली तस्याः सतताधिवासेन सुभगः सुरभिरर्पितस्तनो यत्रेति क्रियाविशेषणम् । अविमुक्तेति पाठो न मनोहरः । अवियुक्तत्वादेव सतताधिवासस्य लब्धत्वात्सततग्रहणस्य व्यर्थत्वात् ।

५०–५४ संभूयेत्यादि । तस्यास्तन्मुखं पुनरपि पश्येयमित्येतदेव प्रार्थये ॥ अङ्कप्राप्तेर्दुर्लभत्वादिति भावः । कीदृशम् । कामस्य मङ्गलार्थं गृहम् । तत्र कामो हृष्टो वसतीत्यर्थः । यद्वा । कामस्य मङ्गलघटितं हिरण्यघटितं गृहम् ॥ कल्याणं मङ्गलं विद्यात्काञ्चनं च तदक्षममिति विश्वः ॥ यद्वा । अनङ्गस्य मङ्गलानामुपचयहेतूनां सौकुमार्यादीनां गृहम् । अत एवोत्प्रेक्षते । बालचन्द्रकलोदयात्सारैर्गृहीतैरुत्पादितमिति । अत्रोदयादिति भावेन द्रव्याभिधानान्नवेन्दुकलाया अवचिताः सारास्तैरुत्पादितमिवेत्यर्थः । सकलजनानन्दिनवेन्दुकलातोप्यधिकमनोहरामीति भावः । यद्वा ॥ ल्यबलोपे पञ्चमी ॥ तेन बालेन्दुकलोदयं प्राप्यावाचितैरित्यर्थः । यद्वा । बालेन्दुकलोदयात्प्रातिपच्चन्द्रकलोदयादारभ्यावाचितैः पूर्णिमापर्य-

---

१ तदङ्कपरियुनमा° A.

यद्बालेन्दुकलोच्चयादवचितैः सारैरिवोत्पादितं
तत्पश्येयमनङ्गमङ्गलगृहं भूयोपि तस्या मुखम्॥

यत्सत्यमधुना[2] तत्संदर्शनेनातिरे[3]कस्वल्पोपि न विशेषः। मम हि ५५
संप्रति सातिशयप्राक्तनोपलम्भसंभावितात्मजन्मनः संस्कारस्यान-
वरतप्रबोधा[4]त्प्रतायमानस्तद्विसदृश[5]प्रत्ययान्तरैरतिरस्कृतप्रवा[6]हः प्रिय-

---

न्त्वमित्यर्थात्। आरभ्येत्यस्य लाभः पञ्चमीत एव। तथा च पूर्णेन्दुना मुखसाम्यं लभ्यते। क्वचित्कलोच्चयादिति पाठः। तत्रोच्चयात्समूहादित्यर्थः। यत्र मुखे संमुखीभूते सुखानि॥ कर्तृणि॥ मिलित्वेव परं भूमानं बाहुल्यं विस्तारयन्ति चित्ते। अनेनान्तःप्रीतिरुक्ता। इवशब्द उत्प्रेक्षायाम्। एवपाठे विस्मय एवशब्दः। बहिःप्रीतिमाह। नेत्रोत्सवोलब्धलाभाभिमानोनुरागं प्रस्तौति स्रवति। रतेर्द्रवमयीत्वात्। समाधिरलंकारः।

५५–५९ मानसमौत्सुक्यातिशयमाह। मम हीति। मामकीनः प्रियास्मरणरूपज्ञानोत्पत्तेः संतानः परिणतिसमूहः स्मृतिरूप एव मम चैतन्यमात्मतत्त्वं तन्मयमिव करोति मालतीमयं करोतीत्यर्थः। कीदृशः। प्रतायमानो दीर्घीभवन्। अत्र हेतुः। संस्कारस्य भावनाया आतिशयितप्रबोधादुद्रेकात्। कीदृशस्य संस्कारस्य। सातिशयात्सादरात्स्फुटाकाराद्वा बकुलवीथ्यां पूर्वकालानुभवाल्लब्धजन्मनः। प्रतायमानत्वमेवोपपादयति। तद्विसदृशैर्मालतीविलक्षणविषयैर्ज्ञानान्तरैरतिरस्कृतप्रवृत्तिः। तथा चान्तरा विषयान्तरास्फुरणान्न प्रवाहतिरस्कार इति भावः। नन्वात्मतत्त्वस्य पुष्करपलाशवन्निर्लेपतया कथं मालतीमयत्वमत आह। अन्तरिति। अन्तःपदमिह बुद्धितत्त्वपरम्। तथा च बुद्धितत्त्वस्य या प्रवृत्तिः सहजसिद्धो व्यापारः सा यत आत्मतत्त्वे भेदाग्रहात्प्रतिभासते तस्मात्।

---

१ कल्लोदयात् Com. सारैरिवासादितं C. २ B. om. अधुना. ३ B. om. अति. ४ प्रबोधनात् C. प्रबोधा° D.; प्रतीयमानः A. C. ५ प्रत्ययान्तरैः B. ६ प्रभावः B.

तमास्मृतिप्रत्ययोत्पत्तिसंतानस्तन्मयामिव करोत्यन्तर्वृत्तिसारूप्यतश्चै-तन्यम्[1] । तथा हि ।

लीनेव प्रतिबिम्बितेव लिखितेवोत्कीर्णरूपेव च
प्रत्युप्तेव च वज्रलेपघटितेवान्तर्निखातेव च ।

सांख्यदर्शने बुद्धेर्भोक्तृत्वात् । यद्वा । अन्तर्वृत्तिरिति भावप्रधानम् । तथा चान्तर्वृत्तित्वमन्तरवस्थानरूपं सादृश्यमात्मबुद्ध्योस्तस्मात् ।

६०–६३ स्वोक्तमेव दर्शयति । लीनेवेत्यादि । सा प्रियास्माकं चेतसि लग्ना संबद्धा । संबद्धत्वे यथासंभवं प्रकारानाह । लीनेव निह्नुतेव । यत्र यस्य संबद्धस्य न प्रत्यक्षोपलम्भस्तत्र तल्लीनमित्युच्यते । यथा पयसि लीनं लवणम् । सर्वत्रात्र लग्नत्वस्य प्रकारभेदेनोपमाभेदाः पूर्वपूर्वापरितोषाद्वा । तथाहि । लीनत्वस्याप्रतिभासात्स्पष्टप्रतिभासार्थ-माह । प्रतिबिम्बितेव । यत्र स्वच्छद्रव्याभिहतं चक्षुः परिवृत्य द्रव्यान्तरं गृह्णाति तत्तत्र प्रतिबिम्बितमित्युच्यते । यथा स्फटिके रक्तपुष्पम् । प्रतिच्छायाया वस्त्वन्तरसंसर्गाधीनत्वेनासाहजिकत्वात्साहजिकत्वोपवर्णना-याह । लिखितेव । यत्प्रशिथिलावयवसंयोगाश्रयेण द्रव्येण घनद्रव्योपरि संस्थानविशेषवन्निर्मीयते तत्तत्र लिखितमित्युच्यते । यथा पत्रे लिपिः । लिखनस्य जलाद्युपनिपातविनाशितया न चिरस्थायित्वमतस्तदर्थमाह । उत्कीर्णरूपेव । यद्यत्र निबिडद्रव्ये तादृशेन किंचिदवयवविभागः क्रियते तत्तत्रोत्कीर्णम् । यथा टङ्कादिना शिलादि । अस्याप्येकभाग-वृत्तितया सर्ववृत्तित्वार्थमाह । प्रत्युप्तेव । प्रत्युप्तमर्धरोपितम् । यद्यत्र द्रव्यान्तरसंसर्गि तत्तत्र प्रत्युप्तम् । यथाङ्गुलीयके मण्यादि । अस्यापि शक्योद्धारत्वान्निबिडसंबन्धायाह । वज्रलेपघटितेव । यद्यत्र किंचि-दनद्रव्याभिघातजन्यकर्मजन्यसंयोगविभागानाश्रयस्तत्तत्र वज्रलेपघटित-

---

१ अत्यन्तवृत्ति D.

सा नश्चेतसि कीलितेव विशिखैश्चेतोभुवः पञ्चभि-

म्। यथा हीरकादि। तथापि लेपस्य बहिर्वृत्तित्वादन्तःसंसर्गार्थमाह। अन्तर्निखातेव। यद्यत्र संबद्धमूर्ध्वाधःसंयोगादिना धृतं नोपलभ्यते तत्तत्र निखातमुच्यते। यथा भूमौ मूलकादि। निखातत्वं सर्वरोपणमुप्तत्वमर्धरोपणमित्यनयोर्भेदः। निखातस्यापि निर्बन्धातिशयेन शक्योद्धारतया विवेकादिदुःशक्यत्वार्थमाह। कामस्य पञ्चभिः शरैः कीलितेव। कीलितस्य प्रतिकीलनोद्धार्यतयाशक्योन्मूलनायाह। चिन्तापरंपरासूत्रसमूहेन गाढं यथा स्यात्तथा स्यूतेव सीवनं प्रापितेव। जालनिबिडसीवनेनानुच्छेदनीयत्वमुक्तम्। इहोपधेयाभेदेऽप्युपाधिभेदादपौनरुक्त्यमित्यवधेयम्। एकमेव हि वस्तु तत्तदुपाधिवैशिष्ट्याद्भिन्नबुद्धिविषयो यथा दण्डिकुण्डलित्वादिः। यद्वा। नोऽस्माकं चेतसि सा लग्ना दृढं संबद्धा। दृढसंबद्ध एव लग्नपदार्थः। शरो लग्न इत्यादौ तथादर्शनात्। दृढसंबद्ध एव नानाप्रकारेण स्थिरीक्रियते। कामबाणपञ्चकेन कीलितेव। चिन्ताप्रवाहरूपतन्तुसंतत्या स्यूतेव। ननु द्वयमप्यदो न युक्तम्। तया सहान्तरस्य चैतन्यस्य संबन्धाभावात्। अतो विषयविषयिभावप्रकारान्मतभेदेनाह। लीनेवेति। लीनत्वं तदात्मतया संबद्धत्वम्। विषयविषयिणोस्तदात्मरूप एव संबन्ध इति योगाचारमतमनेनोक्तम्। प्रतिबिम्बितेवेति सांख्यमतोपदर्शनम्। लिखितेवेति सौत्रान्तिकमतोपदर्शनम्। तत्र हि ज्ञानेन स्वीयाकारार्पणं विषये क्रियत इति तत्तदाकारस्याभिव्यक्तिः। शिलादौ तुरगादेवदिति लिखनसाम्यम्। उत्कीर्णरूपेवेति विषयाकारेण चैतन्यपरिणाम इहोत्कीर्णरूपता। अतस्त्रिदण्डिमतम्। प्रत्युप्तेवेति पूर्वरूपातिरोधानादन्यरूपाविर्भावेन सुवर्णरचितभाजनादाविव तत्तद्विषयाकारतया ज्ञानविपरिणाम इति पातञ्जलमतम्। वज्रलेपघटितेवेति नैयायिकमतम्। तदीयतामात्ररूपो हि स्वभावभेदः प्रकाशस्य विषयविषयिभावः। अयं च यावद्वस्तुस्थिरतया वज्रलेपघटनातो न भिद्यते। अन्तर्निखातेवेति विज्ञानवा-

श्चिन्तासंततितन्तुजालनिबिडस्यूतेव लग्ना प्रिया ॥

नेपथ्ये कलकलः ।

माध० । अहो संप्रति प्रगल्भमानकौणपनिकायस्य महतो श्मशानवाटस्य रौद्रता । अस्मिन्हि

पर्यन्तप्रतिरोधिमेदुरचयस्त्यानं चिताज्योतिषो-
मौज्ज्वल्यं परभागतः प्रकटयत्याभोगभीमं तमः ।

दिमतोपदर्शनम् । अत्र हि विज्ञानस्यान्तर्निखननाम्न बाह्यवस्तुस्थिति-रिति । इहापि तथा । एते च विषयविषयिभावविकल्पास्तच्चिन्ताप्रकार-त्वान्माधवस्य चित्ते विपरिवर्तन्ते । एवं च चेतसा सह संबन्धः । प-श्चात्कीलनेन वा सीवनेन वा गाढसंबद्धतां गता भवति लग्ना । तत-श्च तद्दर्शनं महापुरुषानुभूतं तस्येति किमत्र चित्रमिति भावः । अत्र पञ्चभिरित्यनेन युगपत्कामबाणविषयत्वमात्मनो निवेदयता दुःसहदशा-शालित्वं सूचितम् । चेतोभुव इत्यनेन तत्प्रभवस्य तस्य मर्मज्ञता ध्व-निता ।

यथाशक्ति यथायुक्ति यथागति यथामति ।
यथाधीति यथानीति विवेचितमिदं मया ॥

६५–७० कौणपनिकायो राक्षससमूहः । रौद्रता भीषणत्वम् । प-र्यन्तेत्यादि । तमः ॥ कर्तृ ॥ चिताज्योतिषामौज्ज्वल्यं परभागतो गुणोत्क-र्षाधानात्प्रकटयति व्यक्तीकरोति । तमसि संनिहिते सति तेजसां कान्त्यु-त्कर्षः स्फुट एवेति भावः । कीदृशं तमः । आभोगात्परिपूर्णतया भीमम् । चितालोकमण्डलस्य पर्यन्ते निकटदेशे प्रतिरोधनशीलं मेदुरं स्निग्धं चयेन संघेन स्त्यानं घनम् । यद्वा । पर्यन्ते यः प्रतिरोधोन्धकारस्य प्रसरणनिवारणं तेन मेदुरो मांसलो यश्चयस्तेन घनमित्यर्थः । कटाः

---

१ प्रगल्भना B. २ रोचिषाम् B.

संसक्ताकुलकेलयः किलकिलाकोलाहलैः संमदा-
[1]दुत्तालाः कटपूतनाप्रभृतयः सांराविणं कुर्वते ॥ ७०

[2]भवत्वाघोषयामि तावत् । उच्चैः । भो भोः श्मशाननिकेतनाः कटपूतनाः ।

अशस्त्रपूतं निर्[3]व्याजं पुरुषाङ्गोपकल्पितम् ।

शवाः पूतनाः श्मशानवासिनो राक्षसास्तत्प्रभृतयोऽन्येपि तत्रत्याः शृगालादयः किलकिलाकोलाहलैः किलकिलारूपारावैः सांराविणं परस्पराह्वानं कुर्वते संमदाद्धर्षात् । उत्ताला उद्भटाश्चञ्चला वा । तालादुद्गता उत्तालाः ॥ सुप्सुपेति समासः ॥ तेनान्योन्यहस्ततालवन्त इति वा । संसक्ता मिलिता आकुलास्त्वरायुक्ताः केलयः क्रीडा येषां ते । यद्वा । संसक्तत्वेनाकुला केलिर्येषां ते । संसक्त इति भावप्रधानम् । यद्वा । संसक्ताकुलेन स्वयूथेन केलिर्येषां ते ॥ त्रिपदबहुव्रीहावुत्तरपदत्वाभावान्न पुंवद्भावः ॥ सान्द्रे स्निग्धे च मेदुर इत्यमरः ॥ किलकिलेत्यव्यक्तशब्दः । अविभावितविशेषः शब्दसमूहः कोलाहलः ॥ संपूर्वाद्रौतेरभिविधौ भाव इनुण् । तदन्तात्स्वार्थेण् । आदिवृद्धिः ॥ शवानां शब्दकरणं वेतालाधिष्ठानात् । रौद्ररस इह । तल्लक्षणं तु भरते ।

इति रौद्रो रसो दृष्टो रौद्रैरेवाङ्गचेष्टितैः ।
शस्त्रप्रहारभूयिष्ठभयकम्पक्रियात्मकः ॥ इति ।

७१–७३. भो भो इत्यभिमुखीकरणरूपे संबोधने । निकेतनं गृहम् । अशस्त्रपूतं संमुखपतितस्य स्वर्गिणो मांसं शस्त्रपूतमतस्तेषामग्राह्यम् । इदमिति न तादृशमिदम् । यद्वा । अशस्त्रपूतं शस्त्रेणाच्छिन्नम् । धातूनामनेकार्थत्वात् । शस्त्रहतमांसस्य रणे सुलभतया तेषामस्पृहात इदमतादृशमिति भावः । अव्याजं निष्कपटम् । यद्वा ।

---

१ उत्ताला: B.; सांवारिणं C. २ तदिदं for भवतु N.; N. om. तावत्. A. N. om. उच्चैः; A. B. C. om. one भोः. ३ पूतमव्याजं A. D. N.

विक्रीयते महामांसं गृह्यतां गृह्यतामिदम्[१] ॥

पुन[२]र्नेपथ्ये कलकलः ।

माध० । कथमाघो[३]षणानन्तरमेव सर्वतः समुच्चलदुत्तालवेताल-मुक्ततुमुलाव्यक्तकलकलाकुलः प्रचलित इवाविर्भ[४]वद्भूतसंकटः श्मशानवाटः । आश्चर्यम् ।

कर्णाभ्यर्णविदीर्णसृक्कविकटव्यादानदीप्ताग्निभि-

इष्टसिद्धिं पणीकृत्य साहसाद्यदुपार्जितम् ।
अशस्त्रपूतं निर्व्याजमेतन्मांसं विदुर्बुधाः ॥

इति परिभाषितमेव ।

स्त्रियश्चतुष्पदे श्रेष्ठाः पुरुषा द्विपदे तथा ॥

इति वचनात्प्राशस्त्यार्थमाह । पुरुषस्याङ्गादानीयोपकल्पितम् । विक्रीयत इष्टासिद्धिमूल्येनेत्यर्थात् । विक्रयस्य मूल्यसापेक्षत्वात् । यद्वा । विक्रीयते दीयते । धातोरनेकार्थत्वात् ।

७६–८२. उच्चैर्घुष्टं तु घोषणेत्यमरः ॥ वेतालः श्मशानदेवताकिंकरः ॥ तुमुलं रणसंकुल इत्यमरः ॥ तेषामन्योन्यस्पर्धया रणे संकुलत्वम् । अविभावितार्थत्वेनाव्यक्तत्वम् । प्रचलित उच्चावचः । संकटो व्याप्तः । कर्णेत्यादि । उल्का ज्वाला मुखे येषां ते उल्कामुखाः शृगालभेदाः । तेषां मुखैर्नभ आकीर्यते व्याप्यते । यद्वा । उल्कामुखा एतन्नामप्रसिद्धा एव रणवासिनो जन्तुभेदाः । कीदृशैः । कर्णसमीपविदीर्णसृक्कभ्यां विकटं करालं यद्व्यादानमास्यविकाशस्तेन दीप्तोऽग्निर्येषु । ऊर्ध्वाधःस्थितदंष्ट्राणां कोटिभिरग्रैर्विसंकटैः संकुलैर्विकरालैर्वा । सर्वतो धावद्भिः । विद्युत्पुञ्जतुल्यानि केशनयनभ्रूश्मश्रुजालानि यत्र तैः । पिङ्गलत्वात्केशा-

---

१ °तामिति C. °तामिदमिति N. २ N. om. पुनः. ३ आभाषणानंतर B. आघोषानंतर C.; N. om. एव; चरत् for चलत् N.; वेतालकुलमुक्त B.; N. om. वेतालमुक्त. ४ भूरिभून° B.

दंष्ट्राकोटिविसंकटैरित इतो धावाद्भिराकीर्यते।
विद्युत्पुञ्जनिकाशकेशनयनभ्रूश्मश्रुजालैर्नभो
लक्ष्यालक्ष्यविशुष्कदीर्घवपुषामुल्कामुखानां मुखैः॥

अपि च[2]। एतत्पूतनचक्रमक्रमकृतग्रासार्धमुक्तैर्वृका-
नुत्पुष्णत्परितो नृमांसविघसैराघर्घरं[3] क्रन्दतः।

दीनां विद्युत्तुल्यता। अत एवोल्कामुखः शृगालान्यो जन्तुभेद इति पक्षः साधीयान्। उल्काप्रकाशाल्लक्ष्याण्यन्यदालक्ष्याणि विशुष्काणि दुर्बलानि दीर्घाणि वपूंषि येषां तेषाम्। एतेन दुर्बलत्वमुक्तम्॥ प्रान्तावोष्ठस्य सृक्कणी इत्यमरः॥ केशेत्यादौ पूर्वनिपातविधेरनित्यत्वाद्भ्रूशब्दमपहाय केशशब्दस्य पूर्वनिपातः। लक्ष्यशब्दो ण्यति यकारवान्। कर्मणि घञ्चि तद्रहित इत्यवधेयम्॥ अद्भुतरसोयम्।

८३–८६. अपि चेति। अपिर्जुगुप्सायाम्। चः समुच्चये। गर्हामाह। एतदित्यादि। एतत्पूतनचक्रं श्मशानप्रेतसमूह आलोक्यते। किं कुर्वत्। अत्याकुलतयाक्रमेण युगपत्कृतो यो ग्रासस्ततोर्धं भूमौ पतितमर्धं चर्वणेन मुख एव स्थितम्। तत्र भूमिपतितैरर्धमुक्तैर्मनुष्यमांसविघसैरुच्छिष्टैः सर्वत्र वृकान्कोकानारण्यकुक्कुरादीनुत्पुष्णत्पुष्टान्कुर्वत्। अक्रमत्वं प्रतिपक्षशङ्कया। अभिलाषातिशयाद्वा। कीदृशान्। अहमहमिकया मांसग्रहणादीषद्धर्घरमव्यक्तशब्दं यथा स्यादेवं रुदतः। एतत्तु कुक्कुरेषु स्फुटमेव। कीदृशं पूतनचक्रम्। खर्जूरद्रुमदघ्ना तत्प्रमाणा जङ्घा यस्य तत्। एतेन जङ्घानां ग्रन्थियोगित्वकर्कशत्वनीरसत्वलोमशत्वानि दर्शितानि। असिता श्यामा या त्वक्चर्म तया नद्धाः सर्वतो विस्तीर्णा याः स्नायवो नहरु इति ख्यातास्ताभिर्ग्रन्थिषु संधिभागेषु घनानि दृढान्यस्थ्नां पञ्जराणि येषां तादृशा जरन्तो जीर्णाः कङ्काला मांसादिशून्यास्थिभा-

१ लक्षालक्ष्य C. २ N. om. अपि च. ३ आघर्घरं N.

८५ खर्जूरद्रुमदघ्नजङ्घमसितत्वङ्नद्धविष्वक्कृत-
स्नायुग्रन्थिघनास्थिपञ्जरजरत्कङ्कालमालोक्यते ॥

समन्तादवलोक्य विहस्य[1] च । अहो प्रकारः पिशाचानाम् । एते हि

[2]ततपृथुरसनोग्रमास्यगर्तं दधति विदार्य वि[3]वर्णदीर्घदेहाः ।
लल[4]दजगरघोरकोटराणां द्युतिमिव दग्धपुराणरोहिणानाम् ॥

गा यस्य तत् । वृकपदं शृगालाद्युपलक्षणपरम् ॥ कोक ईहामृगो वृक इत्यमरः ॥ यद्वा । शालावृकाः कपिक्रोष्टुश्वान इति नानार्थेमरदर्शनादेतस्यैवैकदेशो वृकशब्दः । तेन भीमभीमसेनादिवदस्यापि तावदर्थप्रतिपादकतेत्यवधेयम् । यद्वा । वृको घोघ इति ख्यातः ॥ विघसो भोजनशेषेपीत्यमरः । स्याच्छरीरास्थ्नि कङ्काल इत्यमरः ॥

८७–८९. विहस्येति । अतिसात्त्विकेपि मयि भीषणत्वममी पूतनाः कुर्वन्तीत्यसंबद्धक्रियया हासः । यदाह ।

असंबद्धैस्तु हासः स्याद्वामेपथ्यक्रियादिभिः ॥ इति ।

प्रकारो वैलक्षण्यम् । ततेत्यादि । एते पूर्वोक्तादन्ये पिशाचा विस्तृतदीर्घजिह्वाभीषणमुखविवरं विदार्य व्यादाय दग्धपुराणरोहिणानामिव द्युतिं दधति धारयन्ति । दग्धत्वेन श्यामत्वं पुराणत्वेन जीर्णत्वं दर्शितम् । रोहिणो रोहण इति ख्यातस्तरुः । घोघरात्ति इति ख्यातो वा । रोहितोपि स एव । अत एव रोहितः प्लीहनाशक इत्यमरोपि । रोहणानामिति पाठे रोहन्तीति रोहणास्तरवस्तेषामित्यर्थः । ललता चलताजगरेण सर्पेण भीषणच्छिद्राणाम् ॥ निष्कुहः कोटरं वा नेत्यमरः ॥ तदिह कोटरेणास्यमजगरेण रसना रोहिणेन पिशाच उपमीयन्ते । भयानको रसः । यदाह ।

---

१ B. om. विहस्य ; C. N. om. च; ततः for एते हि N. २ N. om. तत and has पृथुतररस°. ३ विशुष्क N. ४ चलत् B. गलत् N.; दह for हत B. C.

परिक्रम्य[1]। हन्त बीभत्समेवाग्रे वर्त्तते।

[2]उत्कृत्योत्कृत्य कृत्तिं प्रथममथ पृथूच्छोफभूयांसि मांसा-
न्यंसस्फिक्पृष्ठपिण्डा[3]द्यवयवसुलभान्युग्रपूतीनि जग्ध्वा।

विकृतरवसत्त्वदर्शनसंत्रासारण्यशून्यगृहगमनात्।
गुरुनृपयोरपराधात्कृतश्च भयानको ज्ञेयः।

९०–९४. बीभत्सं घृणाकरम्। निर्भिद्येत्यादि। अयं प्रेतरङ्कः प्रेतरूपो रङ्कः क्षुधाभिशुष्यच्छरीरोऽव्यग्रमनाकुलं यथा तथा क्रव्यं मांसमत्ति खादति। किं कृत्वा। प्रथममादौ कृत्तिं चर्म निर्भिद्य नीर्भिन्नीकृत्य पश्चादुत्कृत्य च्छित्त्वा। उत्कृत्येति पाठे चर्मकोषाकर्षणमुत्कर्तनं तत्पुनः पुनः कृत्वेत्यर्थः। अथानन्तरं पृथुना महतोच्छोफेन भूयांसि बहूनि मांसानि जग्ध्वा भक्षयित्वा। कीदृशानि। अंसयोः स्कन्धयोः स्फिचोः कटिमांसपिण्डयोः पृष्ठे कायपश्चाद्भागे पिण्डयोर्जङ्घापाश्चात्यभागयोरादिपदात्कक्षामूलावयवेषु सुलभानि। उच्छूनत्वात्तेषाम्। उग्रपूतीन्युत्कटगन्धानि। पृथूत्सेधेति पाठे पृथुनोत्सेधेन कायेन बहुतां गतानीत्यर्थः। यद्वा। उत्सेधेनोन्नत्या भूयांसीत्यर्थः॥ उत्सेधः काय उन्नतिरित्यमरः॥ कीदृशो रङ्कः। आर्तस्वरावान्। पर्यस्तमितस्ततः क्षिप्तं नेत्रं येन सः। एतदुभयं रङ्केषु प्रसिद्धमेव। अन्तःपर्यस्तनेत्र इति पाठेन्तर्मध्ये स्थितनेत्रः। रङ्कत्वेन कोटराक्षत्वादित्यर्थः। आत्तस्नाय्वन्त्रनेत्र इति पाठ आत्तानि गृहीतानि स्नाय्वन्त्रनेत्राणि येन सः। अत एवान्त्राद्युत्पाटनाय प्रकटितदन्तः। दौर्बल्यप्रकर्षणात्प्रकटितदशनत्वम्। अङ्कस्थात्क्रोडीकृतात्करङ्कात्कपालादाकृष्येत्याक्षेपात्। अन्यथापादानानुपपत्तिः। कीदृशं क्रव्यम्। अस्थिषु यत्संतिष्ठति तत्। स्थपुटगतमपि निम्नोन्नतविषमस्थानगतमपीत्यर्थः। अत एव रङ्कः॥ स्त्रियौ स्फिचौ कटिप्रोथावित्यमरः।

---

१ N. adds भयान्नीक्ष्य च; अतिबीभ° & अग्रतो N. २ निर्भिद्योत्कृत्य Com.; पृथूच्छोथ A. पृथूत्सेध N. ३ पीठ N.

आत्तस्नाय्व[1]न्त्रनेत्रः प्रकटितदशनः प्रेतरङ्कः करङ्का-
दङ्कस्थादस्थिसंस्थं स्थपुटगतमपि क्रव्यमव्यग्रमत्ति ॥

९५ अपि च । निष्टापस्विद्य[2]दस्थ्नः क्वथनपरिणमन्मेदसः प्रेतकाया-
न्[3]कृष्ट्वा संसक्तधूमानपि कुणपभुजो भूयसीभ्यश्चिताभ्यः ।

पिण्डः खण्डेङ्गभेदेस्यादिति मेदिनीकारः । करङ्को मस्तकेपि स्यादिति धरणिः ॥ अयं बीभत्सो रसः ।

९५–९८. निष्टापेत्यादि । एतेपि कुणपभुजः शवभक्षकाः पिशाचा बव्हीभ्याश्चिताभ्यः प्रेतकायानाकृष्य तेषामेव जङ्घानलकं जङ्घाप्रधानमास्थि निष्कुष्य विगतमांसावरणं कृत्वा मज्जधाराः पिबन्ति । मज्जास्थिमध्यस्थितस्नेहः । कीदृशीः । आराद्दूरत एवोदपिनीर्लम्ब्यमानाः । द्रवमयत्वात् । यद्वा । आरात्समीपे पिबन्तीति योजना ॥ आराद्दूरसमीपयोरिति विश्वः । चिताभूयस्त्वेनातिभीषणतोक्ता । कीदृशान् । निष्टापेनेषत्तापेन स्विद्यन्त्यसृञ्जि येषाम् । पद्दन्न इत्यादिसूत्रेणासृक्शब्दस्यासन्नादेशेऽल्लोपे रूपम् ॥ अस्थ्न इति पाठो न युक्तः ॥ तृतीयादावस्थीत्यादिनानङ्विधानात् । यद्वा । प्रेतकायादिति पञ्चम्यन्तः पाटः । अतोस्थ्न इति पञ्चम्यामनङि रूपम् । चिताभ्य इति ल्यब्लोपे पञ्चमी । निसस्तपतावित्यनभ्यावृत्तौ षत्वम् ॥ क्वथनेन पाकक्रमेणाङ्गेषु परिणमज्जीर्यन्मेदो येषां तान्संसृष्टधूमानपि । कीदृशं जङ्घानलकम् । उत्पक्वमुच्छूनं कृत्वा पक्वमत एव स्रंसनशीलं मांसं यस्मात् । यद्वा । उत्पक्केनोद्गतपाकेन स्रंसि मांसं यस्मात् ॥ उत्पक्व इति भावे क्तः । प्रचलन्तः शिथिलीभवन्त उभयतो जानूरुपर्वणो गुल्फाच्च ये संधयोस्थ्नां परस्परमिलनस्थानानि तैर्निर्मुक्तम् । प्रचलमिति पाठ उभयतः पार्श्वाभ्यां प्रचलम् । अत एव संधिपरिमुक्तमित्यर्थः ॥ कुणपः शवमस्त्रि-

---

१ आर्त: पर्यस्तनेत्र: A. D.; अन्तःगर्य° noticed by Com.; गहन: for दशन: C. २ °द्यदस्त्र: A. D.; परिगलन् for परिणमन् N. ३ पृष्ट्वा B.

उत्पक्कस्कंसिमांसं प्रचलदुभयतः संधिनिर्मुक्तभारा-
देते निष्कुष्य जङ्घानलकमुदयिनीर्मज्जधाराः पिबन्ति ॥

विहस्य। अहो प्रादोषिकः प्रमोदः पिशाचाङ्गनानाम्।

तथा हि। अन्त्रैः कल्पितमङ्गलप्रतिसराः स्त्रीहस्तरक्तोत्पल-
व्यक्तोत्तंसभृतः पिनह्य सहसा हृत्पुण्डरीकस्रजः।

यामित्यमरः॥ नलकं नरहड इति ख्यातम्। सरी इति ख्यातं वा। बीभत्स एवात्र रसः।

९९–१०३. अहो इति बीभत्सशृङ्गारदर्शनेनाश्चर्यम्। प्रादोषिको रात्रिप्रारम्भजः। शृङ्गारबीभत्सयोः परस्परविरोधेपि संस्थानसाम्यात्संभेदाभास इह। प्रसाधनाच्चात्र शृङ्गारः। यदाह।

ऋतुमाल्यालंकारैः प्रियजनगान्धर्वकाव्यसेवाभिः।
उपवनगमनविहारैः शृङ्गाररसोपि संभवति॥

अत एवायं श्लोकः कण्ठाभरणेपि रससंकराभास उदाहृत इति। अन्त्रैरित्यादि। एताः पिशाचस्त्रियः कान्तैः संभूय मिलित्वा कपालचषकैरस्थिस्नेहसुरा मज्जमद्यानि पिबन्ति। कीदृश्यः। अन्त्रै रचितो मङ्गलार्थं प्रतिसरो हस्तसूत्रमूर्णामयं याभिस्ताः। अवैधव्यचिह्नं मङ्गलप्रतिसरो भवति। यद्वा। प्रतिसरः कङ्कणम्। तदप्यवैधव्यचिह्नतया मङ्गलम्॥ कङ्कणे करसूत्रे च भवेत्प्रतिसरोऽस्त्रियामिति मेदिनीकारः॥ स्त्रीहस्त एव रक्तपद्मं तेन व्यक्तमुत्तंसं कर्णभूषणं बिभ्रति याः। सहसा शीघ्रं हृत्पद्ममालाः पिनह्य परिधाय। हृत्पद्मस्य श्वेततया पुण्डरीकपदेनोपन्यासः। यदाह।

द्वादशाङ्गुलसंपूर्णे श्वेते हृदयपङ्कजे॥ इति।

मालाया मनोहरतयान्या मा गृह्णात्विति परिधाने शीघ्रता। अत

१ प्रचलमुभ॰ noticed by Com. २ निष्कृष्य N. ३ पिशाचानां C. N. ४ C. N. om. तथा हि. ५ शिरसो C. शिरसा D. शिरसां हृत्पुण्डरीके स्रजः B.

एताः शोणितपङ्ककुङ्कुमजुषः संभूय कान्तैः पिब-
न्त्यस्थि[1]स्नेहसुराः कपालचषकैः प्रीताः पिशाचाङ्गनाः ॥

परिक्रम्य पुनर[2]शस्त्रेति पठित्वा। कथं द्रागतिप्रशान्तभीषणभीषिकाप्रका[3]रैर्झटित्यपक्रान्तं पिशाचैः। अहो निःसत्त्वता पिशाचानाम्। परिक्रम्य दृष्ट्वा सनिर्वेदम्। विचित[4]श्चैष समन्ताच्छ्मशानवाटः। तथा हि[5] खल्वियं पुरत एव।

गुञ्जत्कुञ्जकुटीरकौशिकघटाघूत्कारसंवलि[6]त-
क्रन्दत्फेरवचण्डडात्कृ[7]तिभृतप्राग्भारभीमैस्तटैः।

एव प्रीताः। रक्तकर्दमकुङ्कुमवत्यः। अत्र पिबन्त्यस्थीत्यादौ यतिभङ्गशङ्का न कार्या। संधिकृतपदविच्छेदे तस्यादोषत्वात्। रेवां द्रक्ष्यस्युपलविषमामित्यादौ तथा दर्शनात् ॥ चषकं पानपात्रं स्यादिति हारावली ॥ इह बीभत्समिश्रः शृङ्गाररसः।

१०५-१११. झटिति शीघ्रम्। विभीषिका परभयदायिनी रौद्ररूपता। तस्याः प्रकारा भेदाः। अपक्रान्तं प्रपलाय्य गतम्। निःसत्वा इत्यनेनात्मप्रौढिर्दर्शिता। महामांसविक्रयादापि नेष्टलाभ इति निर्वेदः। विचितो व्याप्तः। तमोव्याप्तत्वेन कथं विचितत्वज्ञानमित्यत आहेयमिति। गुञ्जदित्यादि। इयं सरित्पुरत एवास्ति। पारेश्मशानं श्मशानपारदेशे॥ पारे मध्ये षष्ठ्या वेति समासः॥ कुञ्ज एव कुटीरोल्पा कुटी तत्र या कौशिकघटा पेचकसमूहः। गुञ्जन्तीनां कुञ्जकुटीरकौशिकघटानां घूत्काररूपं संवलितं ध्वनितम्। क्रन्दच्छृगालानां डात्कृतिर्डात्कारः शब्द-

---

१ °न्यस्मिन्स्नेह B. २ °रशस्त्रपूतेति B. °रशस्त्रपूतामिति N.; नाम for द्राक् N. द्रागतिप्रशा° B.; अतिभीषणविभीषिका C. N. ३ विकारैः N.; निःसत्वाः सर्वे for निःसत्त्वता N.; N om. पिशाचानाम् and परिक्रम्य दृष्ट्वा ४ चैव सर्वतः श्मशा° N. ५ N. om. हि. ६ च्छूत्का° A.; संवर्धित for संवलित N. ७ डात्कृत C.

अन्तःशीर्णकरङ्ककर्करैतरःसंरोधिकूलंकष- ११०
स्रोतोनिर्गमघोरघर्घररवा पारेश्मशानं सरित् ॥

नेपथ्ये । हा ताद णिक्करुण एसो दाणिं[2] दे णरेन्दचित्ताराहणोव[3]अरणं जणो विवज्जइ । (क)

(क) हा तात निष्करुण एष इदानीं ते नरेन्द्रचित्ताराधनोपकरणं जनो विपद्यते ।

विशेषः । अनयोर्द्वन्द्वः । ताभ्यां भृतः पूरितो यः प्राग्भारोग्रतटं तेन भीषणैस्तटैर्लक्षिता ॥ लक्षणे तृतीया ॥ अन्तरभ्यन्तरे शीर्णास्त्रुटिता ये करङ्काः कपालानि तेषां कर्करो भग्नावयवः काकर इति प्रसिद्धो वा कर्करो यत्र । अत एव तरतां संतरणशीलानां संरोध्यवरोधकः कूलंकषः कूलविदारको यः स्रोतोनिर्गमस्तेन घोरो घर्घरोव्यक्तरूपो रवः शब्दो यत्र सा । तरः संरोधीति पाठे तरसा वेगेन संरोधि गमनविरोधि । कर्करेण दृढेन तरसा संरोधीत्यर्थः ॥ अल्पा कुटी कुटीरः स्यादित्यमरः ॥ घटाशब्दः समूहमात्रवचनोपि करिघटादौ त्वात्यन्तिकस्तस्य प्रयोग इत्यवधेयम् । घूत्कारढात्कृती अनुकरणशब्दौ । क्वचित्फात्कृतीति पाठः । तत्रापि फात्कृतिरनुकरणशब्द एव ॥ फेरुफेरवजम्बुका इत्यमरः । तटः प्राग्भार इत्यपीत्यमरः । कर्करो भग्नभागेपि दृढेपि खण्डितेपि चेति धरणिः ॥ तदिह करङ्ककर्करसंकुलनदीप्रवाहस्तीरं पातयति घर्घररवं च कुरुत इति स्फुटमेव ।

११२–११८. हा तात इत्यत्र हायोगेपि न द्वितीया । हाशब्दस्य शोकवाचिन उपग्रहात् । तस्य च संबोधने प्रथमाप्रयोगात् । तदन्यार्थस्य योगे द्वितीयेति न्यासः । अङ्कमुखे स्त्रीरत्नापहारस्य सूचि-

---

१ कर्रैः for कर्करैः N.; तरःसंरोधि D. पयःसंरोध A. C. २ णीं D.
३ वअरणो A. °वअरणसाहणं D. वि जणो वावज्जइ B. विवज्जइ N.

माध० । साकूतमाकर्ण्य ।

नादस्तावद्विकलकुररीकूजितस्निग्धतार-
श्चित्ताकर्षी परिचित इव श्रोत्रसं[1]वादमेति ।
अन्तर्भिन्नं भ्रमति हृदयं विह्वलत्यङ्गमङ्गं
दे[2]होत्कम्पः स्खलयति गतिं कः प्रकारः किमेतत् ॥
करालायतनाच्चायमुच्चरन्करु[3]णो ध्वनिः ।

तत्वान्नेपथ्ये भणनमिदम् । नाद इत्यादि । अयं तावन्नादः श्रोत्रयोः संवादं पूर्वोपलम्भाकारतामेति । कीदृशः । विकला त्रस्ता या कुररी हापूतीति प्रसिद्धा पक्षिवधूस्तस्याः कूजितवत्स्निग्धः स्नेहलस्तार उच्चश्च । त्रासान्मालत्यास्तारो नादः । अत एव चित्ताकर्षी प्रियत्वाच्चित्तानुकर्षकः । परिचित इव पूर्वमुपलब्ध इव । अत एव श्रोत्रसंवादितास्य । परिचयश्च शांकरगृहे वृत्तः । यदि श्रोत्रसंवादमेति कथं तर्हीविकार इत्यत आह । अन्तर्भिन्नं द्विधाभूतं संशयाक्रान्तं हृदयं भ्रमति दोलायते । उभयत आकर्षात् । अत्र मालतीगमनासंभवात्संवादस्य च स्फुटत्वात् । यद्वा । अन्तर्भिन्नं विद्रमसंभवेनेत्यर्थात् । तथा बन्धुगतानिष्टशङ्काकलङ्कात्प्रत्यङ्गं विह्वलति । करादीनि कम्पन्त इत्यर्थः । तस्याः कथमिहावस्थानमिति भयाद्देहस्तम्भः । यदाह ।

हर्षव्याधित्रासरोषाद्यैः स्तम्भः संभवति ।

चिन्तास्तिमितत्वाद्गतिश्च स्खलति । कथमकस्मादेव ममेदं वृत्तमिति विमर्शमाह । कोयं प्रकारः किंनिमित्तं स्नेहमाविष्करोति । किमेतत् । सैवेयं किमन्यद्वा तत्तुल्यमित्यर्थः । संमुग्धमिति पाठे कर्णपीडां करोतीत्यर्थः । नादश्रुत्या मोहात् ।

११९–१२३. करालेत्यादि । अयमुत्थितकरुणरसो ध्वनिः कथं वा

१ संमुग्धिमे° noticed by Com. २ गात्रस्तंभः N. देहस्तम्भः A. D. स्खलति च गतिः A. D. ३ करुणध्वनिः A. D. N.

विभाव्यते ननु स्थानमनिष्टा[1]नां तदीदृशाम् ॥

भवतु पश्यामि । इति परिक्रामति ।

ततः प्रविशतो देवो[2]र्चनव्यग्रौ कपालकुण्डलाघोरघण्टौ कृतवध्यचिह्ना मालती च ।

माल० । हा ताद णिक्करुण एसो दा[3]णिं दे णरेन्दचित्ताराहणोवअरणं जणो विवज्जइ । हा अम्ब सिणेह[4]मअहिअए हदासि देव्वदुव्विलसिदेण । हा मालदीमअजीविदे[5] मम कल्लाणसाहणेक्कमुक्कसअलव्वावारे भअवदि चिरस्स जाणाविदासि दुःखं सिणेहेण । हा पिअसहि लवङ्गिए सिविणि[6]आवसरमेत्तदंसणा अहं दे संवुत्ता । (क)

(क) हा तात निष्करुण एष इदानीं ते नरेन्द्रचित्ताराधनोपकरणं जनो विपद्यते । हा अम्ब स्नेहमयहृदये हतासि दैवदुर्विलसितेन । हा मालतीमयजीविते मम कल्याणसाधनैकमुक्तसकलव्यापारे भगवति चिरस्य ज्ञापितासि दुःखं स्नेहेन । हा प्रियसखि लवङ्गिके स्वप्नावसरमात्रदर्शनाहं ते संवृत्ता ।

संभाव्यत इत्यन्वयः । उच्चरन्नुत्तिष्ठन् । वितर्कसंप्रधारणमाह । नन्विति । ननु संभावनायाम् । ईदृशां संभाव्यमानजातीयानामनिष्टानां जनवधानामिदं करालायतनं स्थानमिति संभाव्यते । वध्यचिह्नं न्यस्तालक्तकेत्यादि ।

१२७–१२९. अत्र भगवति कामन्दकि इति शेषः । चिरस्य बहुकालम् । एकशुभस्थाने । एकमुखमिति पाठ एकमुखमेकवाक्यतापन्नम् । हन्तेति निश्चयलाभे ।

---

१ मंत्रिध्यानं B.; ईदृशं for ईदृशां A. B. C. २ देवता A.; व्यग्रहस्तौ A. D. ३ D. om. दाणिं; विवज्जइ N. ४ N. om. सिणेहमअ; A. D. insert तुमं वि before हदासि; हदंहि for हदासि N. ५ जीविए N.; मह for मम N.; ०णेक्कसुहसभल A. ०णेक्कसुहमुक्कसभल C. ०णेक्कसुल सभल N. ६ सिविणभदंसणमेत्ता अहं N. ७ मातः Com. ८ शुभ for मुक्क Com.; ०नैकमुख noticed by Com.

माध०। हन्त सैवेयं[1] मदिरेक्षणा। संप्रति निरस्त एव संदेहः। तदहमपि[2] नामैनां जीवन्तीं संभावये। त्वरितं परिक्रामति।

कापालिकौ[3]। देवि चामुण्डे नमस्ते नमस्ते।

सावष्टम्भनिशुम्भनिर्भर[4]नमद्भूगोलनिष्पीडन-
न्यञ्चत्कर्परकूर्मकम्प[5]विगलद्ब्रह्माण्डखण्डस्थिति।
पातालप्रतिमल्लगल्लविवरप्रक्षिप्तसप्तार्णवं
वन्दे नन्दितनीलकण्ठपरिषद्व्यक्तर्द्धि वः क्रीडितम्॥

१३२-१३५. सावष्टम्भेत्यादि। देवि युष्माकं क्रीडितं नृत्यं वन्दे। कीदृशम्। साटोपो यो निशुम्भो निर्दययन्त्रणं करणभेदस्ततः संभ्रमादानमतो भूगोलस्यावनिचक्रस्य निष्पीडनेन न्यञ्चदधोगच्छत्कर्परं पृष्ठास्थि यस्य कूर्मस्य तस्य कम्पेनाङ्गचालनेन विगलन्ती भ्रश्यन्ती ब्रह्माण्डखण्डस्य स्थितिर्यत्र तत्तया। अनेन भूकम्प उक्तः। तथा च नम्रीभूतभूगोले त्वर्णवानामुत्सेकात्पातालतुल्यगल्लविवरे प्रक्षिप्ताः सप्तार्णवा यत्र तत्। नन्दितभैरवसभं च प्रकटविभवम्।

उत्क्षिप्ता तु भवेत्पार्ष्णिर्निशुम्भोयं निगद्यते।
अङ्गुल्योग्राञ्चिताः सर्वाः पादाग्रतलसंचरे॥

इति भरतः॥ कटाहे च कपालेपि पृष्ठास्थनि च कर्पर इति शाश्वतः॥ नाट्येश्वरीवर्णनमिदम्।

---

१ N. om. से-क्षणा; हरिणेक्षणा B.; N. adds मे before संदेह: २. N. om. अहं; तदहमेवैनां B. °मपि नामैतां C.; N. adds एव after जीवन्तीं. ३ अघोरघण्टकपालकुण्डले A. कपा-घण्टौ N.; N. om. one नमस्ते. ४ संभ्रम N.; नदत् for नमत् B. ५ कंप N.

अपि च[1]। प्रच[2]लितकरिकृत्तिपर्यन्तचञ्चन्नखाघातभिन्नेन्दुनिःस्यन्दमानामृत[3]श्च्योतजीवत्कपालावलीमुक्तचण्डाट्टहासत्रसद्भूरिभूत[4]प्रवृत्तस्तुति श्वसदसितभुजंगभोगाङ्गदग्रन्थिनिष्पीडनस्फार[5]फुल्लत्फणापीठनिर्यद्विषज्योतिरुज्जृम्भणोड्डामरव्यस्त[6]विस्तारिदोःखण्डपर्यासितक्ष्माधरम्।ज्वलदनलपिशङ्गनेत्रच्छटाच्छन्न[7]भीमोत्तमाङ्गभ्रमिप्रस्तुता-

---

१३६–१४४. दण्डकमाह प्रचलितेत्यादि। देवि युष्माकं ताण्डवमुद्धतं नृत्यमस्माकमभीष्ट्या अशुभनाशाय तुष्ट्या आनन्दाय च भूयात्। अरिष्ट्या इति पाठे रिष्टिरशुभं तदभावोरिष्टिस्तस्यै। अनेन भाव्यनिष्टार्थसूचकदण्डोप्युक्तः। यदाह।

आकस्मिकमसंबद्धं समर्थमिव यद्भवेत्।
वाचामन्ते स दण्डः स्याद्भाव्यनिष्टार्थसूचकः॥

रिष्टिः खड्गे नाशुभे स्त्रीति मेदिनीकारः। अरिष्टे तु शुभाशुभ इत्यमरः॥ यद्वा। ऋकारो देवमाता स्यादिति कोशाद्दशब्दात्संबुद्धौ गुणे च हे अः देवमातः इष्ट्या अभीष्टयै भूयादित्यर्थः। कीदृशम्। प्रचलितगजासुरचर्मपर्यन्तेषु भ्रमतां नखानामाघातैर्भिन्नात्स्फुटिताद्देवीमस्तकस्थचन्द्रात्क्षरदमृतस्य श्च्योतेनाप्लवेन जीवन्तीभिः कपालावलिभिर्मुण्डमालाभिर्मुक्तैश्चण्डाट्टहासैरत्युच्चहसनैस्त्रसतां बहुभूतगणानां प्रवृत्ता स्तुतिर्यत्र। यद्वा। भूतगणैः प्रवृत्ता प्रवर्तिता स्तुतिर्यत्र तत्॥ अन्तर्भावितण्यर्थः॥ यद्वा। प्रचलितः करिचर्मरूपोवधिर्यत्र तत्। पश्चात्कर्मधारयः। तथा ताण्डवाडम्बरायासेन श्वसतां श्यामसर्पाणां कायैर्ये केयूराकारग्रन्थयस्तेषु निष्पीडनेनोत्फाल उद्गतमुखविकासस्तरलो वा फुल्लन्विस्तारिता-

---

१ अपीर° for अपि च N. २ प्रचलत् C. ३ अमृतोद्गीत B. ४ भूभृत् for भूत C. ५ उत्फुल्ल for स्फार N.; फुल्ल for फुल्लत् A. ६ व्यक्त C.; विस्तार D. ७ च्छाटासारभीमो° B. °पिशङ्गशिखजटाजूटभीमो° N.

लातचक्रक्रियास्यूतदिग्भागमुत्तुङ्गखट्वाङ्गकोटिध्वजोद्धूतिविक्षिप्ततारागणं प्रमुदितकटपूतनोत्तालवेतालतालस्फुटत्कर्णसंभ्रान्तगौरीघनाश्लेषहृष्यन्मनस्त्र्यम्बकानन्दि वस्ताण्डवं देवि भूयादभीष्टयै च हृष्टयै च नः ॥ इत्यभिनयतः ।

१४५ माध० । हा धिक् । प्रमादः ।

ङ्गचयः फणापीठः । विस्तारितया पीठेन रूपकम् । ततो निर्गतविषाग्नेरुज्जृम्भणेनाधिक्येनोड्डामरः केलिसंवस्तु [संस्तव ?] रसातिशयो भयंकरो वा विषमो वा व्यस्त इतस्ततोगामी विस्तारी दीर्घो यो दोःखण्डः समूहस्तेन पर्यासितः क्षिप्तः पर्वतो यत्र तत् । देव्या अनेकबाहुशालितया दोःखण्ड इत्युक्तम् ॥ अब्जादिकदम्बे खण्डमस्त्रियामित्यमरः ॥ तथा ज्वलतानलेन पिङ्गलं यन्नेत्रं ललाटलोचनं तस्य च्छटा ज्वालानिर्गमप्रसरस्तस्य साटेन विस्तारेण भीमं यदुत्तमाङ्गं शिरस्तस्य भ्रमिर्मण्डलाकारेण भ्रमणं तया प्रस्तुता प्रारब्धालातचक्रक्रिया वह्निप्रज्वलितार्धकाष्ठविशेषकर्म तया स्यूता इवैकत्र प्रतिबद्धा इव दिग्भागा यत्र तत् । तयातिमहत्खट्वाङ्गाग्रध्वजोत्कम्पाद्विक्षिप्त इतस्ततस्तारागणो यत्र तत् । तथा हृष्टकटपूतनोद्भटवेतालानां तालेन कलकलेन स्फुटत्कर्णात एव संभ्रान्ता त्रसन्ती सत्वरा वा गौरी तस्या निबिडालिङ्गनेन हृष्यच्चित्तं त्र्यम्बकं शिवमत्यर्थमानन्दयति ॥ आभीक्ष्ये णिनिः ॥ साटो निकुञ्जे विस्तार इति विश्वः । शृङ्गमग्रेपि कीर्तितमिति शाश्वतः ॥

१४५–१४९. धिक्प्रमाद इत्यत्र वर्तत इति क्रियाध्याहारः ॥ तत उपपदविभक्तेः कारकविभक्तिर्बलीयसीति धिग्योगे द्वितीयां बाधित्वा प्रथमेत्यवधेयम् ॥ न्यस्तेत्यादि । सेयं भूरिवसोः सुता यस्याः कृते मयैवं

---

१ स्फुट for स्यूत C.; खट्वाङ्ग A.; शृङ्ग for कोटि N.; ध्वजोद्भूत B. D. ध्वजोद्भूति C. २ विकटपूतनो° B. ३ सनाश्लेष B. ४ भरिष्टयै N.; तुष्टयै for हृष्टयै B. ५ N. om. हा.

न्यस्तालक्तकरक्तमाल्यवसना पाखण्डचण्डालयोः
पापारम्भकयोर्मृगीव वृकयोर्भीरुर्गता गोचरम्।
सेयं भूरिवसोर्वसोरिव सुता मृत्योर्मुखे वर्तते
हा धिक्कष्टमनिष्टमस्तकरुणः कोयं विधेः प्रक्रमः॥

दुःखमनुभूयते पाखण्डचाण्डालयोर्गोचरं संमुखं गता। पाखण्डेषु चाण्डालोसौ। तद्दर्शनविरुद्धक्रियाकारित्वात्। यदाह।

न भुञ्जीतार्कपत्रेषु स्त्रीबालं नैव घातयेत्॥

यद्वा। पाखण्डी च तौ चाण्डालौ च। निषिद्धक्रियत्वात्। यदाह।

अवध्यास्तु समाख्याताः सर्वयोनिगताः स्त्रियः॥

चाण्डालत्वादेव पापारम्भवतोर्मारणप्रवृत्तयोः। न्यस्ते अलक्तकरक्ते माल्यवसने यस्यां सा। एतद्वध्यचिह्नम्। यथा मृगी वृकयोः संमुखं गता तथेयं भीरुः। मृगीत्यनेन भयचलनेत्रतोक्ता। वसोर्दैवताभेदस्य। एतेनास्य सुखित्वमुक्तम्। मृत्योर्यमस्य मुखे वर्तते। अत एव हाशब्दः परिदेविते स्त्रीरत्नमपि वध्यत इति। निन्दायां धिगिति। विषादे कष्टम्। कोपेनिष्टम्। अस्ता नष्टा करुणा दया यत्र। एतादृशो विधेरारम्भः कोयम्। निन्दितोयम्। कीदृग्वा॥ किं वितर्के परिप्रश्ने क्षेपे निन्दाप्रकारयोरिति विश्वः॥ करुणोयं रसः।

इष्टवधदर्शनाद्वा करुणरसो नाम संभवति॥

इति भरतः। चण्डालोपि च चाण्डाल इति शब्दभेदः। पुष्पपुष्पस्रजौ माल्यमित्यमरः॥

---

१ न्यस्ता° B.; पाषाण्ड N. पाषण्डचाण्डाल° A. २ °रम्भवतोः A. N.
३ °मरिष्टम° B.

कपाल० । त्वं[1] भद्रे स्मर दयितोत्र यस्तवाभू-

द्दैवं[2] त्वां त्वरयति दारुणः कृतान्तः ।

माल० । हा दइअ[3] माहव परलोअगदो वि सुमरिदव्वो तुह्मेहिं अअं जणो । ण हु सो उवरदो जस्स वल्लहो जणो[4] सुमरेदि । (क)

कपाल० । हन्त माधवानुरक्तेयं तपस्विनी[5] ।

अघोर० । शास्त्रमुद्यम्य[6] । यदस्तु तदस्तु व्यापादयामि ।

(क) हा दयित[7] माधव परलोकगतोपि स्मर्तव्यो युष्माभिरयं जनः । न खलु स उपरतो यस्य वल्लभो जनः स्मरति ।

१५०–१५७. त्वं भद्रेत्यादि । प्रहर्षिणीच्छन्दसा श्लोकार्धम् । चामुण्डे भगवतीत्याद्यग्रिमार्धम् । हे भद्रे यस्तव दयितो वल्लभत्वेन इष्टस्तं स्मर । गुरुत्वात्स्मरणमस्य । यदाह ।

पतिरेको गुरुः स्त्रीणामिति ।

यद्वा । मदुपहरणीयत्वेन स इह जन्मनि ते वल्लभो न भूत एव । अतो जन्मान्तरेपि तल्लाभाय तं स्मर । यदाह ।

यं यं चापि स्मरन्भावं त्यजत्यन्ते कलेवरम् ।

तं तमेवेति कौन्तेय सदा तद्भावभावितः ॥ इति ।

कृतान्तो यमः । स्मरणफलमाह [न खलु स उपरत इति] । यस्येत्यत्राधीगर्थेति कर्मणि षष्ठी ॥ यस्य गुणमिति वा । अन्तकाले माधवस्मरणं मुक्तिहेतुरिति कटाक्षितम् । हन्त खेदे । कामन्दकीमित्रपुत्रत्वान्ममापि माधवस्तादृश एव । तदनुरक्ता चेयं कथं वध्येति खेद इति भावः । अत

---

१ त्वं A. B. C. D. २ °दैव त्वां A. ३ A. adds णाह after दइअ; B. om. माहव; D. N. om. वि. ४ N. om. जणो and has सुमरइ. ५ वराकी before तपस्विनी A. B. C. D. ६ B. om. शस्त्र-°म्य; शक्तिमुद्यम्य A.; N. om. यद-°यामि. ७ Com. has नाथ for हा दयित.

चामुण्डे भगवति मन्त्रसाधनादा-
वुद्दिष्टामुपनिहितां भजस्व पूजाम्॥

इति[1] हन्तुमुपक्रान्तः।

माध०। सहसोपसृत्य प्रकोष्ठे मालतीं[2] विक्षिप्य। दुरात्मन् अपेहि। प्रतिहतोसि कापालिकापसद[3]।

माल०। सहसावलोक्य। परित्ताअदु[4] मं महाभाओ। (क)

इति[5] माधवमालिङ्गति।

(क) परित्रायतां मां महाभागः[6]।

एव तपस्विन्यनुकम्प्या। उद्दिष्टां वाचा प्रतिज्ञाताम्। उपनिहितामुपढौकिताम्।

१९१–१९७. कफोणेरधोभागो मणिबन्धपर्यन्तः प्रकोष्ठः। विक्षिप्यापसार्य। खड्गहस्तत्वेन बाहुमध्येपसारणं जातिः। प्रतिहतो निराकृतः। अपसद निन्दित। मरणेत्यादि। सोयं तव मित्रं पुरत एव वर्तत इत्याक्षेपात्। यो बकुलवीथ्यादिषु सानुरागदर्शनप्रसन्नया त्वया स्वीकृतः। मरणसमय इत्यनेनानुराग उक्तः। यदाह।

साहसानुरक्तं हि स्त्रियो भजन्त इति।

तत्र मुक्ताशङ्को निर्भयः। पाखण्डादिति भावः। अत एव प्रतापेन निरर्गलोनभिभाव्यः। प्रलापेति पाठे हा नाथ माधवेत्यादिमालतीप्रलापेन निरर्गल उच्छृङ्खल इत्यर्थः। त्यक्त्वा शङ्कामिति पाठे शङ्कां भयं

---

१ N. om. इति–क्रान्तः. २ खड्गं for मालतीं B. N.; निक्षिप्य for विक्षिप्य A. B. D.; N. adds भोः before दुरात्मन्. A. om. अपेहि.; A. adds एव before प्रतिहतोसि. ३ A. adds नन्वयं न भवसि after this. ४ N. repeats परित्ताअदु and om. मं; महाणुभा° A. B. महाभावो C. D.; A. adds माहत्तो at the end. ५ B. om. इति and has तम् for मालतीम. ६ Com. adds माधवः at the end.

माध० । महाभागे न भेतव्यं[1] न भेतव्यम् ।

मरणसमये त्यक्त्वा[2] शङ्कां प्रलापनिरर्गलं
प्रकटितनिजस्नेहः सोयं सखा पुर एव ते ।
सुतनु विसृजोत्कम्पं संप्रत्यसाविह पाप्मनः[3]
फलमनुभवत्युग्रं पापः प्रतीपविपाकिनः ॥

अघो० । आः क एष पापो[4]स्माकमन्तरायः संवृत्तः ।

कपा० । भगवन्[5] स एवास्याः स्नेहभूमिः कामन्दकीसुहृत्पुत्रो महामांसस्य पणायिता[6] माधवः ।

माध० । सास्रम् । महाभागे किमेतत् ।

लज्जादिकं वा त्यक्त्वा प्रतापनिराकुलो वा प्रतापानिरङ्कुशो वेत्यर्थः । यद्वा । शङ्कां त्यक्त्वा यं प्रति त्वया प्रकटितो निजस्नेहः सोयमित्यर्थः । यद्वा । अयं कीदृशः । प्रकाशितात्मस्नेहः । मरणसमये रक्षणादिति भावः । हे सुतनु भत उद्गतं कम्पं त्यज । असौ पापः संप्रत्येव पाप्मनो निषिद्धाचरणस्य फलं मरणरूपमुग्रं तीव्रमनुभविष्यति । संप्रतीत्यनेन प्रकृतोपयुक्तं निजाप्तत्वं पौरुषं च ध्वनितम् । कीदृशस्य । प्रतीपो विपरीतो विपाको विरुद्धपरिणतिर्यत्र तस्य ॥ अनुभवतीत्यत्र वर्तमानसामीप्ये वर्तमानवद्वेति भविष्यति लट् ॥ शृङ्गारवीरसंभेदोत्र ।

१६८–१८०. अन्तरायो विघ्नः । भूमिः स्थानम् । त्रासातिशयाच्चिरान्निःश्वासः । अत्रोपरि सौधोपरि । अलिन्द ओट्ट इति प्रसिद्धे । यूयमिति । अहमबला सुप्ता चान्येनानीता यूयं धीराधीरा विबुद्धा अपी-

---

१ A. B. om. one न भेतव्यम्. २ मुक्ताशङ्को Com.; प्रताप for प्रलाप A. B. D. निरर्गलप्रकृ॰ A. C. D. निरर्गलः B. ३ वा पुनः N. ४ N. adds भयं after पापो. ५ भगवत्या एवायमस्याः A.; N. om. भगवन्. ६ पण॰ A. C. D. N.; A. adds नाम at the end.

मालo । चिरादाश्वस्य । महाभाअ अहं णं किं पि जाणामि । एत्तिअं ऊण जाणामि उवरिअलिं[3]न्दअं पसुत्ता इह पबु[4]द्धाह्मि । तुह्मे उण कहिं । (क)

माधo । सलज्जम् । त्व[5]त्पाणिपङ्कजपरिग्रहधन्यजन्मा १७५
भूयासमित्यभिनिवेशकदर्थ्यमानः ।
भ्राम्यन्नृमांसपणनाय परेतभूमा-
वाकर्ण्य भीरु रुदितानि तवागतोऽस्मि ॥

(क) महाभाग अहं न कि[6]मपि जानामि । एतावत्पुनर्जानाम्युपर्यलिन्द[7]कं प्रसुप्तेह प्रबुद्धास्मि । यूयं पुनः क ।

दानीमिह किमर्थमागता इत्यर्थः । त्वदित्यादि । हे भीरु महामांसविक्रयाय श्मशाने भ्रमंस्तव क्रन्दितान्याकर्ण्यागतोऽस्मि । महामांसविक्रयफलमाह । त्वदिति । त्वद्विवाहेन धन्यजन्मा पुण्यजन्माहं भवामीत्यभिनिवेशेनातियत्नेनावेशेन वा कदर्थ्यमानः पीड्यमानः । अतस्त्वां विना न मे जीवनमिति संभाव्यमानफलतया मांसविक्रये प्रवृत्तोऽस्मीति भावः । त्वत्पादपङ्कजेति पाठे प्रेयसीचरणग्रहणस्य मान एव कर्तव्यतया मानप्रसादनमेवोत्तरोत्तरं चरितेत्याशंसितवान् । अत एव सलज्जमित्युक्तमिति भावः ॥ धन्यः पुण्यवति स्मृत इति विश्वः ॥ कुत्सितोऽर्थः कदर्थः । भीरु इत्यनेन रोदनोपपत्तिरुक्ता । तदिह त्वन्निमित्तमहं साहसी त्वं पुनः कीदृशीति न जान

---

१ N. adds वि before ण and om. किंपि. N. has आणामि for जाणामि. २ दाणिं for ऊण N. ३ °लिन्दे A. लिंदए D.; पसु° A. D. ४ पडिबु° B. N. परिबु° A. ५ तत्पाणि A. D. पाद for पाणि noticed by Com.; पुण्यजन्मा A. ६ Com. om. किं and has अपि before न; Com. adds एव after एतावत्. ७ °लिन्दके Com. विबु° Com.

माल० । स्वगतम्[1] । कथं मम कारणादो एव्वं[2] अप्पाणिरवेख्खो परिक्कामदि[3] । (क)

माध० । अहो नु खलु भोस्तदेतत्काकतालीयं नाम[4] । संप्रति हि

राहोश्चन्द्रकलामिवाननचरीं दैवात्समासाद्य मे
दस्योरस्य[5] कृपाणपातविषयादाच्छिन्दतः प्रेयसीम् ।

(क) कथं मम कारणादेवमात्मनिरपेक्षः परिक्रामति[6] ।

इति तात्पर्यम् । अत एव हर्षविस्मयवशादाह [मालती कथमित्यादि] । परिभ्रमणमितस्ततो गमनम् । आत्मनिरपेक्षः श्मशानभ्रमणेन ।

१८१–१८५. विस्मयेहो नु खलु भोः । काकतालीयमचिन्तितोपनतम् । यथा काकागमनतालपतनयोरेकदा संभवो दैवाधीनस्तथेदमपीत्यर्थः । राहोरित्यादि । दैवाद्विधिवशादासाद्य प्राप्य । अर्थात्प्रियाम् । अस्य दस्योश्चौरस्य खड्गपातविषयात्प्रेयसीमाकर्षतो मम चेतः कथं वर्तताम् । नवनवरसोदयात्तन्न जान इत्यर्थः । कामिव । राहोराननचरीमिन्दुकलामिव । कृपाणपातविषयामिति पाठे खड्गपतनस्य विषय आश्रयो यत्र तामेतादृशीं प्रेयसीं प्राप्य कथं मम चेतो वर्ततामिति योजना । यद्वा । अस्य कीदृशस्य । आच्छिन्दतो द्विधाकर्तुमुद्यतस्य । प्रियामित्यर्थात् । ततो जीवनाभाव एवास्या इति भावः । चोरिकयापहरणेन दस्युत्वम् । तदिह प्रथमार्धेन हेतुरुक्तः । द्वितीयेन फलमाह । आतङ्कश्चित्तचमत्काराद्विकलं नत्वस्य निसर्गसात्त्विकस्य भयमिति यद्यपि तथापि प्रियप्राप्त्या जीवनसव्यपेक्षतया भयमुचितमेव पूर्वं तु जीवननिरपेक्षतया निर्भयत्वमित्यातङ्को भयमेव । राहोरित्युपमानं भयहेतुः । चन्द्रकलोपमया जग-

---

१. अपवार्य B.; A. D. add हद्धी हद्धी before कधं; कहं मह काल° N. २ एव्व N.; B. D. om. एव्वं; A. N. add एदे after एव्वं. ३ °वेक्खा A. N. परिक्कामन्दि A. पडिक्कामदि B. पडिभमन्ति N. ४. B. om. नाम. ५ चोरस्य C., समयात् for °विषयात् B. °विषयां noticed by Com. ६ परिभ्रमति Com.

आतङ्काद्विकलं द्रुतं करुणया विक्षोभितं विस्मया-
त्क्रोधेन ज्वलितं मुदा विकसितं चेतः कथं वर्तताम्[1] ॥ १८५

अघो०। [2]रे रे ब्राह्मणडिम्भ।

व्याघ्राघ्रात[3]मृगीकृपाकुलमृगन्यायेन हिंसारुचेः
पापं[4] प्राण्युपहारकेतनजुषः प्राप्नोसि मे गोचरम्।

नेत्रोत्सवकरीयं व्यसनमुपगतेति करुणया द्रवीभूतम्। दैवादासाद्येति विस्मयाद्विचलितम्। दस्योरित्यनेन मालतीमयं हन्तुमुद्यतश्चौर इति कोपेन दीप्तम्। आच्छिन्दतः प्रेयसीमिति प्रियाजीवननिर्वाहेन हर्षेण प्रसन्नम्।

१८६–१९०. ब्राह्मणेति सिद्ध्यनुगुणशुचित्वार्थं यज्ञोपवीतधारणात्। डिम्भो बालकः। ब्राह्मणकपालभोजिनो मम ब्राह्मणवधेपि न दोष इत्युक्तमनेनेत्यपि भावः। व्याघ्रेत्यादि। हे पाप मालत्युपहारकृत्यपरस्य मे गोचरं समीपं यत्प्राप्नोसि। अत एव विघ्नकारितया पापेति। कीदृशस्य मे। व्याघ्रगृहीतहरिणीकृपयाकुलो यो मृगस्तन्न्यायेन मृगीमनुसरन्व्याघ्रसंनिधौ पतन्मृगस्तस्य वध्यो भवत्येवं हिंसारुचेः। एनां न रक्षसि त्वं तु म्रियस इति भावमाश्रित्य। पाठान्तरं हिंसारुचे इति संबोधनं वा। सोहं भवतैव प्रागग्रे भूतजननीं जगन्मातरं चण्डिकामृध्नोमि प्रीणयामि॥ ऋधु वृद्धाविति स्वादिरपीति धातुप्रदीपः॥ कीदृशेन। खड्गाहत्या व्यस्तस्कन्धश्छिन्नग्रीवः। अत एव कबन्धस्तस्य रन्ध्राद्रुधिरप्राग्भारं श्चोतनं समूहं वा निःस्यन्दितुं शीलं यस्य तेन। रुचेरिति पञ्चम्यन्तपाठे रुचेर्हेतोर्मे गोचरं प्राप्नोसीत्यर्थः। पापस्थाने प्रायःपाठे समस्तमेव पदम्॥ केतनं कृत्ये केतावुपनिमन्त्रण इत्यमरः। गोचरस्तु समीपे

---

१ वर्तेत C. N. २ अरे for रे रे N. ३ घ्राण C. ४ पापः C. प्रायः noticed by Com.

सोहं प्राग्भवतेश भूतजननीमृभ्रोमि खड्गाहति-

१९० च्छिन्नस्कन्धकबन्धरन्ध्ररुधिरप्राग्भारनिःस्यन्दिना ॥

माध० । दुरात्मन् पाखण्डचण्डाल ।

असारं संसारं परिमुषितरत्नं त्रिभुवनं
निरालोकं लोकं मरणशरणं बान्धवजनम् ।

स्यादिति धरणिः ॥ यत एव च्छिन्नग्रीवोत एव कबन्ध इति हेतुहेतुमद्भावेनोक्तिपोष एव । वीररसोयम् ।

१९१–१९५. मारणेपराधमाह । असारमित्यादि । हे पाखण्ड जगदसारं सारशून्यं विधातुं कर्तुं कथं व्यवसितः कृतप्रारम्भोसि ।

अशक्यानि दुरन्तानि समव्ययफलानि च ।
असत्यानि च कार्याणि नारभेत विचक्षणः ॥

इति न श्रुतं त्वया । तया च संसारसारभूतेयमेव । अनया विनासार एव स इति । यदाह ।

सारं तु महिलारत्नं संसार इति निश्चयः ॥ इति ।
जातौ जातौ यदुत्कृष्टं तद्धि रत्नं प्रचक्षते ॥ इति ।

तत्सर्वमाकृष्येयं निर्मिता । अतो रत्नमियम् । मनोहरत्वदीप्तिमत्त्वतरलत्वादिनेयं वा रत्नम् । अत एव तदभावात्प्रमुषितरत्नं त्रिभुवनं कर्तुं व्यवसितोसि । तदेतत्सर्वविषयं चौर्यं दुरन्तमिति भावः । इयमतिकान्त्या जगदुद्द्योतयतीत्यालोकभूता । एतदभावान्निरालोकं तमःप्रविष्टं लोकं जनं कर्तुं व्यवसितोसि । अत एवोत्कृष्टं प्रति लोकोक्तिस्तेन विनान्धकारस्तत्तत्र उद्द्योत इति । बान्धवजनानामेतत्सखीनामियं जीवनहेतुः । अत एतन्नाशान्मरणशरणं सखीजनं विधातुं व्यवसितोसि ।

---

१ गृभ्णोमि B. २ व्यस्त N. ३ ०षण्ड A. N.; चाण्डाळ A. B. D.

अदर्पं कन्दर्पं जननयननिर्माणमफलं
जगज्जीर्णारण्यं कथमसि विधातुं व्यवसितः ॥

अपि च । रे[1] पाप ।

प्रणयि[2]सखीसलीलपरिहासरसाधिगतै-
र्ललितशिरीषपुष्पहननैरपि ताम्यति यत् ।
वपुषि वधाय तत्र तव शस्त्रमुपक्षिपतः
पततु शिरस्यकाण्डयमदण्ड इवैष भुजः ॥

अघोर० । दु[3]रात्मन् प्रहर नन्वयं न भवसि ।

अन्यस्त्रीनाशे तत्सख्यो दुःखिताः । एतन्नाशे तु म्रियन्त एवेति भावः । अत्रासारं संसारमित्यादिना नायिकागतरामणीयकातिशयवर्णनमुपक्रम्य मरणशरणमित्यादिस्नेहविषयताप्रतिपादनान्नैकवाक्यतयैकरसनिर्वाह इत्यदेश्यम् । मात्रादिबन्धुव्यतिरिक्तोदासीनबान्धवसंग्रहपराज्जनशब्दात्स्वस्यैव माधवस्तथा विपत्तिं सूचयतीत्यदोषात् । तदीयनानागुणचिन्तनादेव मरणशरणता ममेत्यारब्धनिर्वाहाच्च । कन्दर्पश्चैतया मोहनास्त्रेण दर्पं करोति । एतदभावाददर्पं कन्दर्पम् । जननयनस्यैतद्दर्शनमेव फलम् । अत एतन्नाशात्तदफलम् । जगदनयालंकृतमेव । एतदभावाज्जीर्णारण्यतुल्यं तदिति । अत्र प्रियाप्रशंसया शृङ्गारो बन्धुमरणात्करुणः पाखण्डाक्षेपाद्वीरः कथमित्यद्भुतमिति नाना रसाः ।

१९६–२०४. पुनरपि दोषमुद्घाट्य दण्डं चिकीर्षुराह । प्रणयीत्यादि । हे पाप तव शिरस्येष भुज आकस्मिकयमदण्ड इव पततु । आकस्मिकत्वेनाप्रातिक्रियत्वमुक्तम् । कीदृशस्य । तत्र वपुषि वधाय शस्त्रमुत्तोलयतः । अत्र भुजपदेन बाहुव्यापारमात्रेणैव हन्तव्योसीति शौर्यातिशय उक्तः । यद्वपुः सुकुमारशिरीषपुष्पाघातैरपि ताम्यति खिद्यति । कीदृशैः । सप्रश्रयस-

---

१ रे रे A. N. २ प्रणय C. N.; रसाभिगतैः C. ३ भो दुरा° A.; B. N. repeat प्रहर; B. om. ननु and has एव for अयं.

माल० । पसीद णाह साहसिअ[1] । दारुणो क्खु अअं हदासो । परित्तासु मं पडिणिअत्तीअदु इमादो अणत्थसंसआदो[2] । (क)

कपा० । भगवन् अप्रमत्तो भूत्वा दुरात्मानं[3] व्यापादय ।

माधवाघोरघण्टौ मालतीकपालकुण्डले प्रति । अयि भीरु

धैर्यं निधेहि[4] हृदये हत एष पापः

किं वा कदाचिदपि केनचिदन्वभावि ।

सारङ्गसंगरविधाविभकुम्भकूट-

(क) प्रसीद नाथ साहसिक । दारुणः खल्वयं हताशः । परित्रायस्व[5] मां प्रतिनिवर्ततामस्मादनर्थसंशयात् ।

खीसविलासपरिहासरसप्राप्तेः । अत्रापि शृङ्गारवीरकारुण्यसंभेदः । [माल० वा०] अत्र त्वज्जीवने मम जीवनमपि सफलम् । अन्यथा तु मरणमेव वरमिति भावः । मालतीव कपालकुण्डलापि स्वनाथमाह । भगवन्निति । अवष्टम्भार्थमप्रमत्त इति ।

२०५–२०९. द्वयोर्भयं ज्ञात्वोभावाहतुः । धैर्यमित्यादि । हे भीरु त्वं हृदये धैर्यं कुरु । एष पापो हतः । अस्य वधे कुतः संशय इति वृथा भयं त इति भावः । अत्र युक्तिमाह । सारङ्गेण मृगेण सह युद्धविधाने हरेः सिंहस्य प्रमादोनवधानता किं वा केनचित्कदाप्यनुभूतः । कीदृशस्य । इभकुम्भरूपं यत्कूटमुच्चप्रदेशस्तत्कुट्टनशीलं हस्त एव वज्रं यस्य । यद्वा । हरेरिन्द्रस्य हस्तिना सह युद्धे नास्ति प्रमादः । कीदृशस्य । हस्तिकुम्भवत्पीवरशृङ्ग-कुट्टाकं पाणिस्थकुलिशं यस्य ॥ कुम्भकूटपाणिकुलिशपदे शाकपार्थिवा-

---

१ A. adds णाम after साहसिअ; एसो for अअं N.; B. om. अअं; N. om. हदासो. २ A. om. परित्तासु मं, ता परित्ताअदु D. परित्ताअ N.; C. N. om. पडि; णिवत्तअदु N. °वत्तीअदु B. ३ विक्कमस्स for दुरा–°दय B. °दयस्व N. ४ निधाय C. ५. Com. om. परि–मां and has तन् before प्रतिनि°.

कुड्डाकपाणिकालेशस्य हरेः प्रमादः॥

नेपथ्ये कलकलः। सर्वे आकर्णयन्ति।

पुनर्नेपथ्ये[2]। भो भो मालत्यन्वेषणः सैनिकाः इयममात्यभूरेव-सुमाश्वासयत्यप्रतिहतप्रज्ञागतिर्भगवती[3] कामन्दकी वः समादिशति। पर्यवष्टभ्यतामेतत्करालायतनम्[4]।

नाघोरघण्टादन्यस्य[5] कर्मैतद्भीषणाद्भुतम्।
न करालोपहाराच्च फलमन्यद्विभाव्यते॥

कपा०। भो[6] भगवन् पर्यवष्टब्धाः स्मः।

अघोर०। संप्रति विशेषतः पौरुषस्यावसरः।

माल०। हा ताद हा भअवदि। (क)

(क) हा तात हा भगवति।

दिः॥ सारङ्गः पुंसि हरिणे चातके च मतङ्गज इति मेदिनीकारः॥ वी-रो रस इह।

२११–२२०. मालतीगृहकथाकथनायाह। भो भो इति। अप्र-तिहतेति सत्यवचनेत्यर्थः। एतेनाघोरघण्टकृतो मालत्यपहार इति कामन्दकीवचनं सत्यम्। मालतीमाधवयोश्च विवाहः सत्य इति षष्ठा-ङ्कावतार इति सूचितम्। पर्यवष्टम्भनं सर्वतो वेष्टनम्। नेत्यादि।

१ समाकर्ण° B. २ B. N. om. पुनर्नेपथ्ये; अन्वेषणतत्पराः B.; N. om. सैनिकाः ३ प्रतिज्ञा for प्रतिज्ञागतिः A. B.; N. om. प्रज्ञा; B. om. भगवती; N. om. वः; समाज्ञापयति for समादिशति D. ४ A. B. C. add द्रुतम् after °यतन and make this line the first half of a s'loka. A. has thus a s'loka and a half while the second half in B. C. is न करालो°–°भाव्यते, and for नाघोर–द्भुतम् they have कपालकुण्डलाप्रणयिनो नाघोरघंटादन्यतश्चैतत्कर्म° भीषणाद्भुतम्, which in C. occurs between and in B. after the two halves. ५ °दन्यस्मात् N. दारुण for भीषण N. ६ A. N. om. भो.

माध० । भवतु बान्धवसमाजसुस्थितां मालतीं विधाय तत्स-मक्षमेनं व्यापादयामि । मालतीमन्यतः कापालिकं चान्यतः प्रेरय-न्परिक्रामति ।

माधवाघोरघण्टौ । अन्योन्यमुद्दिश्य । आः पाप

कठोरास्थिग्रन्थिव्यतिकररणत्कारमुखरः

खरस्नायुच्छेदक्षणविहितवेगोऽप्युपशमः ।

एतत्कर्म मालत्यपहरणात्मकं भीषणं सिंहकौशल[कैशोर ?]हरणात् । अद्भुतं बहुरक्षकरक्षिताया अपि हरणात् । स्त्रीत्वाद्भयेन पलायनेच्छुराह । भगवन्निति । संग्रामादपसरणस्याधर्महेतुतया सात्त्विकतया चाह । संप्रतीति । पौरुषं पुरुषस्य व्यापारस्तेजो वा ॥ पौरुषं पुरुषस्योक्तं भावे कर्मणि तेजसीति विश्वः ॥ मालती तत्रावेगातिशयादाह । हा ताव हा भगवति इति । मालतीरक्षार्थं कापालिको मया हत इत्यमात्यो जानात्वित्याशयेन मालतीं च कातरां वीक्ष्याह भवत्विति । बान्धवेत्यादिना भाविकार्योपयोग उक्तः । अन्यतः कापालिकादन्यदेशं स्वसंमुखमिति यावत् ।

२२३–२२६. द्वावप्येकश्लोकेन प्रहारव्यापारमाहतुः । कठोरेत्यादि । हे पाप ममासिः खड्गस्तव प्रत्यङ्गं लवशः खण्डं खण्डं सपदीदानीमेव विक्षिपतु । कर्दमेष्विव मांसपिण्डेषु निरातङ्कं यथारुचि विचरन्सन् । कीदृशः । कठिनास्थिग्रन्थिघटनेन यो रणत्कारोऽव्यक्तध्वनिस्तेन मुखरः सशब्दः । कठिनस्नायुच्छेदेषु मुहूर्तं कृतवेगोपरमश्च ।

कतीह पञ्चमाङ्कके स्फुरन्ति नोद्भटा रसाः ।

मदीयबुद्धिरल्पिका क्व वेद तानशेषतः ॥

---

१ B. om. सु ; बान्धवसंस्थामिना विधाय N.; D. adds ततः before तत्.
२ A. D. have दुरात्मानं after एनं ; B. om. the second अन्यतः; N. om. कापालिकं चान्यतः. ३ रे रे for आः N. ४ रणत्कार N., मुखरा° B.
५ खेद for वेग B.; व्युपरमः N.

निरातङ्कः[1] पङ्क्तिष्विव पिशितपिण्डेषु विलस-
न्निसर्गात्तं गात्रं सपदि लवशस्ते विकिरतु ॥

इति निष्क्रान्ताः सर्वे[2] ।

श्मशानवर्णनं[3] नाम पञ्चमोऽङ्कः ।

प्रासोष्ट यं रत्नधरोतिभव्योतिभव्यरूपा दमयन्तिकापि ।
जगद्वरं तत्कृतटिप्पणेऽङ्केगमन्मनोहारिणि पञ्चमोयम् ॥

॥ पञ्चमोऽङ्कः ॥

---

१ °तङ्कः N.; खण्डेषु for पिण्डेषु N. २ D. om. सर्वे. ३ A. B. N. om. श्म°–नाम; A. has मालतीमाधवे before पञ्च°; संपूर्णः after अङ्कः D.

॥ षष्ठोऽङ्कः ॥

ततः[1] प्रविशति कपालकुण्डला ।

कपा० । आः[2] दुरात्मन् मालतीनिमित्तं व्यापादितास्मद्गुरो माधवहतक अहं[3] त्वया तस्मिन्नवसरे निर्दयं निघ्नत्यपि स्त्रीत्यवज्ञाता । सक्रोधम्[4] । तदवश्यमनुभविष्यति कपालकुण्डलाकोपस्य विजृम्भितम्[5] ।

शान्तिः कुतस्तस्य भुजंगशत्रोर्यस्मिन्ननुमुक्तानुशया सदैव[6] ।
जागर्त्ति दंशाय निशातदंष्ट्राकोटिर्विषोद्गारगुरुर्भुजंगी ॥

१–७. संप्रति पूर्वाङ्कवृत्तगुरुवधवर्तमानाङ्कभाविमालतीविवाहभाविष्यदङ्कमालतीहरणान्याह । तत इत्यादि । आः पीडायां कोपे च ॥ आस्तु स्यात्कोपपीडयोरित्यमरः ॥ स्त्रीनिमित्तं कापालिकवधेन पापेति । इहानुभविष्यसीत्यनेन क्रमरूपो गर्भसंधिरुक्तः । यदाह ।

भाविनोऽर्थस्य यज्ज्ञानं क्रमः स परिकीर्तितः ॥

दुरात्मन् कामोपहतात्मन् । विजृम्भितं मालत्यपहरणेनेति भावः । तदेवाह । शान्तिरित्यादि । तस्य भुजंगशत्रोः सर्पहिंसकस्य गरुडस्य वा कुतः शान्तिर्निर्वृतिरुपशमो वा । अपि तु नैव । यस्मिन्नत्यक्तकोपा तिग्मदन्ताग्रा विषोद्गारेण दुःसहा सर्पी सदैव दंशाय जागर्ति । एवकारेण मुहूर्तमात्रमपि न स्वस्थेत्याशयः । अनुशयो गाढरोषः । गरुडपक्षे तादृशी दंशार्थं जागर्ति । तस्यातिबलत्वान्न तत्करोतीति युक्तमेव ।

---

१ प्रविश्य कपा—ला N. २ D. adds पाप after आः; N. om. माल—त्तं; निपातितास्मद्गु° C. विनिपातितास्मद्गु° D. N. ३ B. adds च after अहं; निघ्नतापि C.; N. om. अपि. ४ B. om. सक्रोधम्; D. adds फलमिति after अवश्यम्; D. om. कोपस्य. ५ विजृम्भितं D. °म्भितस्य फलं N. ६ यदैव B.

नेपथ्ये । [1]भो राजानश्चरमवयसामाज्ञया संचरध्वं
कर्त्तव्येषु श्रवणसुभगं भूमिदेवाः पठन्तु ।
चित्रं नाना[2]वचननिवहैश्चेष्टयतां मङ्गलेभ्यः
प्रत्यासन्नस्त्वरयतितरां जन्ययात्राप्रवेशः ॥

[3]यावत्संबन्धिनो न परापतन्ति तावद्वत्सया मालत्या नगरदेवतागृहमविघ्नमङ्गलाय गन्तव्यमित्यादि[4]शन्ति भगवतीनिदेशवर्तिनो-

---

८–११. अधुना विवाहमङ्गलकृत्यं दर्शयति । हे राजान इत्यादि । जन्या वरस्य स्निग्धास्तेषां यात्रायाः प्रवेशो वधूगृहप्राप्तिः प्रत्यासन्नः समीपवर्त्यत एवात्यर्थं त्वरयति । ततो भो राजानः क्षत्रियाः विवाहकृत्येषु चरमवयसां वृद्धानामाज्ञया संचरध्वं प्रवर्तध्वम् । विवाहारम्भे वृद्धोपदिष्टमेव कर्मकारैः क्रियते । इह तु प्रभुतातिशयान्नृपा एव कर्मकारा इति दर्शितम् । भूमिदेवा ब्राह्मणाः कर्णमनोहरं यथा तथा पठन्तु । वैवाहिकमङ्गलवेदानित्यर्थात् । यद्वा । यद्वेदस्वरूपं श्रवणसुभगं मङ्गलत्वात्तत्पठन्त्वित्यर्थः । पुरन्ध्रीर्लक्षीकृत्याह । नानारचनानां मङ्गलादीनां समूहैः करणैश्चित्रमद्भुतं यथा तथा चेष्टयताम् ॥ भावे तङ् ॥ यद्वा चित्रं नानाकर्म । केचिन्मङ्गलगीतं केचिद्वाद्यं केचिन्नृत्यं कुर्वन्त्वित्यर्थः । मङ्गलेभ्यो मङ्गलं कर्तुम् ॥ क्रियार्थोपपदस्येति चतुर्थी । तादर्थ्ये वा । संचरध्वमिति समस्तृतीयायुक्तादिति तङ् ॥ वरस्निग्धेपि जन्यः स्यादिति मेदिनीकारः ॥ एतेन चोरिकाविवाहमङ्गलमपि ध्वानिनोक्तम् ।

१२–१७. संबन्धिनो वरस्य भ्रात्रादयः । पित्रादीनां नन्दने वृद्धेसंभवादिति । परापतन्त्यायान्ति । अविघ्नेति माधवविवाहायेति भावः । नन्द-

---

१ है N. २ वचनविहितैश्चेष्टतां B. चेष्टतां C. रचन for वचन A. D. ३ C. N. add च after यावत्; वत्साया D.; A. B. add सह after मालत्या. ४ C. adds नी after °शन्ति; for आदिश°—दाराः N. has आदिशति भगवती कामन्दकी.

मात्यदाराः । अन्यच्च[1] यथा गृहीतसविशेषमण्डनः प्रतीक्ष्यतामानुयात्रिको जनः।

कपा० । भवत्वितो[2] मालतीविवाहकर्मसत्वरप्रतीहारशतसंकुलात्प्रदेशादपक्रम्य[3] माधवापकारं प्रत्यभिनिविष्टा भवामि । इति निष्क्रान्ता । विष्कम्भकः[4] ।

ततः प्रविशति[5] कलहंसकः ।

भणिदोम्हि[6] णभरदेवदागब्भघरट्ठिदेण समभरन्देण णाहमाहवे-

नविवाहस्य विघ्नवत्त्वात् । निदेश आज्ञा । अमात्यो भूरिवसुः । दाराः स्त्रियः । अनुयात्रानुगमनं तत्र नियुक्त आनुयात्रिको मालत्यनुगामी । कामन्दकीनामश्रवणभीता निष्क्रमणार्थमाह । भवत्विति । परिकर्मेतिकर्तव्यता । अपक्रम्येति । [अ]मङ्गलवेशतयान्येनापि संभावितनिःसारणा यत इति भावः । माधवापकारमित्यनेनाष्टमाङ्कं सूचयन्ती विघ्नमुद्द्योतयति । अभिनिविष्टा बद्धकक्षा ।

१९–२७ हे राजान इत्यादौ श्लेषेण चोरिकाविवाहस्याप्यभिधानाज्जन्यपदेन माधवपरिजनतया कलहंसस्यापि वचनात्तत्प्रवेशमाह । प्रविश्येति । गर्भगृहवर्तित्वेन माधवस्य गुप्तत्वम् । राजविरुद्धचोरिकाविवाहस्य दुष्करतया कामन्दकीप्रतिज्ञासत्यत्वेन च संदेहवानाह । मालत्या इत्यादि । ममास्य विप्रलम्भजक्लेशस्य सर्वथोभयप्रकारेण निश्चितमद्यान्तः समाप्तिः । कीदृशस्य । मृगदृशो मालत्याः प्रचुरप्रेम्णा यानि विचेष्टितानि तैः परां

---

१ A. D. om. अन्यच्च; तथा C. तदा D. for यथा; N. om. यथा; गृहीतविशेष° B. C. D.; प्रतीक्षतां A. N. २ N. om. भवतु; N. om. मालती; विवाहपरिकर्म A. N.; D. om. कर्म; D. om. शत. ३ A. D. insert अस्मात् after संकुलात्; N. om. इति. ४ शुद्धविष्कंभः N. ५ प्रविश्य कलहंसः N. ६ भाणत्तम्हि D. N.; हर for घर C; ट्ठिदेण A. वट्टिणा for ट्ठिदेण N.; घराहिदमाहवसभासवट्टिणा मअरन्देण B. C.; णाहेण for णाहमाहवेण N.

ण जहा[1] जाणाहि दाव जत्ताहिमुहं पउत्ता मालदी ण वेत्ति । ता जाव णं आणन्दइस्सं । (क)

ततः प्रविशतो माधवमकरन्दौ ।

माध० । मालत्याः प्रथमावलोकदिवसादारभ्य[2] विस्तारिणो
भूयःस्नेहविचेष्टितैर्मृगदृशो नीतस्य कोटिं पराम् ।
अद्यान्तः खलु सर्वथास्य मदनायासप्रबन्धस्य मे
कल्याणं विदधातु वा[3] भगवतीनीतिर्विपर्येतु वा ॥

मक० । वयस्य कथं[4] भगवत्याः सुमेधसो नीतिर्विपर्येष्यति ।

(क) आज्ञप्तोस्मि नगरदेवतागर्भगृहस्थितेन समकरन्देन नाथमाधवेन यथा जानीहि तावद्यात्राभिमुखं प्रवृत्ता मालती न वेत्ति । तद्यावदेनमानन्दयिष्यामि ।

कोटिं प्रकर्षकाष्ठां प्रापितस्य । आद्यदर्शनदिनादारभ्य विस्तारं गतैः । तत्र प्रथमे बकुलवीथिचेष्टाभिर्द्वितीये माधवचित्रावलोकनादिना तृतीये स्वप्नोपभोगवर्णनादिना चतुर्थे मोहनाशककरस्पर्शादिना पञ्चमे भयकम्पिताङ्गालिङ्गनादिना विस्तार इति भावः । पर्यवसानमाह । भगवतीनीतिः कामन्दकीनिसृष्टार्थदूतीकल्पः कल्याणं शुभं मालतीविवाहलक्षणं वा करोतु विपर्येतु विफला वा भवतु । तथा च विवाहे सति शृङ्गारसंभोगलाभेन कामायासशान्तिः । विपर्यये मरणादिति भावः ।

२८–३७. सुमेधसः सुबुद्धेः । विपर्येष्यति विपर्ययमेष्यति । [कल० वा] अत्र यात्रा गमनम् । तस्य मुखमारम्भम् । तद्वाक्यस्याश्वासपरत्वं तर्कयन्नाह । अपीति । आपि नामेति संभावनायाम् । अस्माकमित्यादि । वा

---

१ N. om. जहा; जधा B.; N. om. दाव; जत्तामुहं A.; एत्तोमुहं N.; N. om. ता; २ °वलोकनदिना° A.; विस्तारिनैः A. ३ मे for वा B.; ४ हि after कथं A. B.; सुमेधायाः N.; शाक्तिः for नीतिः N.

कल० । उपसृत्य । णाह[1] दिट्ठिआ वड्ढसि[8] पउत्ता क्खु जत्ताहिमुहं मालदि त्ति[2] । (क)

माध० । अपि नाम[3] सत्यम् ।

मक० । सखे[4] किमश्रद्दधानः पृच्छसि । न केवलं प्रवृत्ता प्रत्यासन्ना च[5] वर्तते । तथा हि ।

> अस्माकमेकपद एव[6] मरुद्विकीर्ण-
> जीमूतजालरसितानुकृतिर्निनादः[7] ।
> गम्भीरमङ्गलमृदङ्गसहस्रजन्मा
> शब्दान्तरग्रहण[8]शक्तिमपाकरोति ॥

तदेहि जालमार्गेण पश्यामः[9] । तथा कुर्वन्ति ।

कल० । णाह पेक्ख पेक्ख[10] । इमे दाव उप्पडिअराअहंसविब्भमा-

(क) नाथ दिष्ट्या वर्धसे प्रवृत्ता खलु यात्राभिमुखं मालतीति ।

तविस्तारिमेघसमूहशब्दिततुल्यो गम्भीरमङ्गलार्थमुरजसहस्रजन्मा शब्द एकपद एकस्मिन्क्षणेस्माकं शब्दान्तरग्रहणसामर्थ्यं निराकरोति । वाद्यरवेणान्यशब्दो न श्रूयत इत्यर्थः । सहस्रग्रहणमनेकोपलक्षणम् । सहस्रपत्त्रवत् ।

३९–४६. माधवोत्साहार्थमाह नाथेति । अत्र उत्पतित उड्डीनः । विभ्रमो विलासो विशिष्टभ्रमणं वा । अभिरामस्तुल्यः । उद्वेल्लन्कम्पमानः । कदलिका पताका । तरंगितं तरंगयुक्तम् । उत्तानमगभीरम् । गगनमेव

१ माहव after णाह A.; हि for क्खु C.; एत्तोहिमुहं for जत्ताहिमुहं B. C.; एत्तोमुहं N.; जत्तामुहं A. २ N. om. त्ति ३ N. om. नाम; एतन् after सत्यम् N. ४ B. om. सखे; इव after °दधानं A.; निर्गता for प्रवृत्ता C. ५ अपि for च D. ६ एकपदमेव A.; विदीर्ण for विकीर्ण C. ७ निनद for रसित D. ८ श्रवण for ग्रहण N. ९ पश्याव: C. १० पेक्खस्स A.; इमे-भ दाव A.; °विब्भ D.; रासमंडली for राअहंस C.

हिरामचामरसमीरणोव्वेल्लकदलिआवलीतरंगिदुत्ताणगअणङ्गणसरोवरणिरन्तरुद्दण्डपुण्डरीअविब्भमं [२]वहन्तो धवलादवत्तणिवहा दीसन्ति। [३]इमाओ सविलासकवलिदतम्बूलवीडिआपूरिदकवोलमण्डलाओ अव्वइअर[४]क्खलिदमहुरमङ्गलुग्गीअबद्धकोलाहलेहिं विविहरअणालंकारकिरणावली[५]विडम्बिअदमहिन्दचावखण्डविच्छेदविच्छुरिदणहत्थलेहिं वारसुन्दरीकदम्बेहिं अज्झासि[६]आ ओक्कणन्तकणअकिङ्कणीजालझणझणझंकारिणीओ करिणीओ। (क) माधवमकरन्दौ सकौतुकं पश्यतः।

(क) नाथ प्रेक्ष[७]स्व प्रेक्षस्व। एते तावदुत्पतितराजहंसविभ्रमाभिरामचामरसमीरणोद्वेल्लकदलिकावलीतरंगितोत्तानगगनाङ्गनसरोवरानिरन्तरोद्दण्डपुण्डरीकविभ्रमं वहन्तो धवलातपत्रनिवहा दृश्यन्ते। इमा[८]ः सविला-

---

सरः। उद्दण्डमुद्गतदण्डम्। आतपत्रं छत्रम्। मङ्गलातपत्रमिति पाठे विवाहे शुक्लच्छत्रस्य प्रशस्ततया मङ्गलपदेन श्वेतत्वमुक्तम्। एताः कारिण्यश्च दृश्यन्त इत्यन्वयः। चकारोत्राऽध्याहर्तव्यः। चर्वितं भक्षितम्। व्यतिकरः संघट्टः। स्खलितं भङ्गिमत्। मङ्गलोद्गीतं मङ्गलरूपमुच्चैर्गानम्। विडम्बितं सदृशीकृतम्। विच्छेदः खण्डः। विच्छुरितं व्याप्तम्। झणझणारूपो झंकारशब्दः।

---

१ °भिराम B. C. N.; वुव्वेल्लिअ N.; कअलीआ° B. C. कअलिआ° N.; उत्ताण for °दुत्ताण N.; °दुत्ताल A.; उत्ताणगणसरो° D.; सरोभर A. सरो N. २ वहन्ता B. D.; मंगलधवलातवत्त N.; तवत्त C.; °संदि for °सन्ति D. ३ एदा अ for इमाओ A.; C. N. om. इमाओ; चव्विद for कवलिद D. कवलिअन्ती N.; तम्बोल A. B. C.; वेडिआ for वीडिआ B.; वीटिआ A. C.; N. om. वीडिआ; पूरिअ A. N.; °भोग for °भोअ N.; D. om. व्वइअर. ४ क्खलिअ N.; °ग्गीद A.; N. om. बद्ध. ५ °डम्बिअ C. D. N.; C. D. om. खण्ड; विच्छेअ A.; °रिअ A.; गणंगणेहिं for णहत्थलेहिं C. णहलेहेहिं B. ६ °सिदा N.; कणन्त A. N.; N. om. जाल; झणझणा D. N.; इझंकारि° C. ७ पश्य पश्य Com. ८ एताश्च Com.

मक°[1] । स्पृहणीयाः खल्वमात्यभूरिवसोर्विभूतयः । तथा हि ।

प्रेङ्खद्भूरिमयूख[2]मेचकचयैरुन्मेषिचाषच्छद-
च्छायासंवलितैर्विवर्तिभिरिव प्रान्तेषु पर्यावृताः ।
व्यक्ताखण्डलकार्मुका इव भवन्त्युच्चित्रचीनांशुक-
प्रस्तारस्थगिता इवोन्मुखमणिज्योतिर्वितानैर्दिशः ॥

सकवलित[3]ताम्बूलवीटिकापूरितकपोलमण्डलाभोगव्यतिकरस्खलितमधुरमङ्गलोद्गीतबद्धकोलाहलैर्विविधरत्नालंकारकिरणावलीविडम्बितमहेन्द्रचापखण्ड[4]विच्छेदविच्छुरितनभःस्थलैर्वारसुन्दरीकदम्बैरध्यासिता उत्क्वणत्कनककिङ्किणीजालझणझणझंकारिण्यः करिण्यः ।

४८–५१. प्रेङ्खदित्यादि । तरणिकिरणसंपर्कादूर्ध्वमुखैर्मणिदीप्तिसंघैर्विवर्तिभिरितस्ततो गतैः प्रान्तेषु निकटेषु पर्यावृता व्याप्ता इव दिशो व्यक्तेन्द्रचापा इव भवन्ति । कीदृशैः । प्रेङ्खन्त इतस्ततश्चलन्तो भूरीणां सुवर्णानां मयूखाः किरणा यत्र तादृशो मेचकः स्निग्धश्चयो येषु तैः । मयूरमेचकानिभैरिति पाठे प्रेङ्खन्नृत्यन्यो बहुमयूरस्तस्य मेचकाच्चन्द्रकान्निरतिशया भा येषां तैः ॥ मेचकश्चन्द्रके स्निग्धे श्यामलेऽपि च दृश्यत इति विश्वः । भूरि क्लीबं सुवर्णे च प्राज्ये स्याद्वाच्यलिङ्गक इति मेदिनीकारः ॥ उन्मेष्युड्डीनो यश्चाषः पक्षिभेदस्तस्य च्छदच्छायया पक्षकान्त्या संवलितैरिव मिलितैः । कीदृश्यः । उद्गतचित्रस्य चीनदेशभववस्त्रस्य प्रस्तारेण शय्यया प्रसारेण वा च्छन्ना इव ॥ प्रस्तारस्तानितं शय्येति हारावली ॥ मणय इहाभरणस्थरत्नानि ।

---

१ सस्पृहं after मक° D.; रमणीयाः for स्पृह° A. D. २ मयूर for मयूख A. N. निभैः for चयैः N.; चापच्छद A. ३ चर्वित for कवलित Com.; तंबूलावलिपूरित Com. ४ Com. om. खण्ड; क्वणत्कनक Com.

कल० । कधं ससंभमाणेक्कपडिहारमण्डलावज्जिदुज्जलकणअकलेहोअवत्तविचित्तवेत्तलदापरिक्खित्तरेहारइदमण्डलो दूरदो ज्जेव्व से संट्ठिदो परिअणो । एसा अ बहलसिन्दूरणिअरसंज्झाराओवरत्तमुहघोलन्तकन्तणक्खत्तमालाभरणधारिणिं करेणुरअणिं अलंकरन्ती इदो ज्जेव्व कोदूहलुम्मुहसमत्थलोअदीसन्तमणुहरा पण्डुरपरिक्खामदेहसोहा पढमुग्गअचन्दलेहाविब्भमं वहन्ती किंपि अन्तरं पसरिदा मालदी । (क)

(क) कथं ससंभ्रमानेकप्रतिहारमण्डलावर्जितोज्ज्वलकनककलधौतपत्त्रविचित्रवेत्रलतापरिक्षिप्तरेखारचितमण्डलो दूरत एवास्याः संस्थितः परिजनः । एषा च बहलसिन्दूरनिकरसंध्यारागोपरक्तमुखघूर्णत्कान्त-

५२–५८. अत्रावर्जिता तिर्यक्स्पक्ता । कनकं हिरण्यम् । कलधौतं रजतम् ॥ कलधौतं हेमरौप्ययोरिति विश्वः ॥ पङ्केन लेपेन । वेत्रलता वेत्रदण्डिका । परिक्षिप्ता रचिता । मण्डल इति । अस्मान्मण्डलात्केनापि न बहिर्गन्तव्यमिति भावः । दूरत एव मालत्या इत्यर्थात् । पृथुसिन्दूरपूर एव संध्यारागस्तेनोपरक्ता किंचिदारक्ता चटुला चपला घूर्णती लम्बमाना या नक्षत्रमाला सप्तविंशतिमौक्तिकमाला हस्तिप्रसाधनभेदो वा सैवाभरणं

१ कहं N.; °णेअ B. N.; °दुज्जळन्त N.; C. om. कणअ. २ कळधीद B. °धीअ N; N. om. वत्त; पङ्क for वत्त A. D. चित्त for विचित्त C. N; खद for खित्त B.; रइअअ N.; दूरादो N.; N. om. ज्जेव्व; A. D. N. om. से. ३ B. om. बहल, बहुळ N.; °परत्त D. N.; चडुळ after °वरत्त A. D. ४ B. D. om. मुह, मुहं C.; कणअ for कन्त C.; हरण for भरण B. °रिणीं A. C. D. N.; रजणिं D.; °रेन्ति D. ५ एव्व for ज्जेव्व N.; °हळुप्फुल्लमुह N; समच्छ for समत्थ A. समत्त N.; मणहरा N; पाण्डु–क्खम A. ६ N. adds विभाविभाणंगत्तेभणा after सोहा; पढमभन्द A. पढमचन्द D. पुढमचन्द N. अन्द for चन्द C.; दूरं for अन्तरं B. किंवि C. किंचि A. D. N.; पाविदा for पसरिदा N. ७ पङ्क for पत्त Com. ८ रागोपरक्तचटुलघूर्णत् Com.

मक० । वयस्य पश्य पश्य

इयमवयवैः पाण्डु[1]क्षामैरलंकृतमण्डना
कलितकुसुमा बाले[2]वान्तर्लता परिशोषिणी ।
वहति च वरारोहा र[3]म्यां विवाहमहोत्सव-
श्रियमुदयिनीमुद्गा[4]ढां च व्यनक्ति मनोरुजम् ॥

कथं निषादिता गजवधूः ।

नक्षत्रमालाभरणधारिणीं करेणुरजनीमलंकुर्वतीव एव कौतूहलोन्मुखसमस्तलोकदृश्यमानमनोहरा पाण्डुरपरिक्षामदेहशोभा प्रथमोद्गत[5]चन्द्रलेखाविभ्रमं वहन्ती किमप्य[6]न्तरं प्रसृता मालती ।

तद्धारिणीम् । रात्रिपक्षे नक्षत्रमाला तारकामाला । करेणुर्हस्तिनी सैव रात्रिस्ताम् । दृश्यमाना चासौ मनोहरा चेति समासः । पाण्डुरा धूसरा परिक्षामातिकृशाङ्गदीप्तिर्यस्याः सा । एतेन चन्द्रकलासाम्यमुक्तम् । दृश्यमानेत्यनेनान्येषां दर्शनमात्रं तव परमुपभोगो मालत्या इति सूचितम् । पाण्डुरेत्यादिना मालत्यामान्तर उद्वेग उक्तः । किंचिदन्तरं किंयद्दूरम् । प्रसृतागता । कलधौतटङ्कपत्रेति पाठे टङ्कपत्रं पट्टिकेत्यर्थः ।

६०–६४. इयमित्यादि । इयं वरारोहा प्रशस्तश्रोणिका विवाहमहोत्सवसंपत्तिं प्रकृष्टां रम्यां च वहति । सहजरमणीयत्वात् । उद्गाढां प्रबलां चित्तपीडां च प्रकाशयति । कीदृशी । पाण्डुक्षामैरङ्गैरलंकृतभूषणा । अतिरम्यतयामीभिरेव भूषणान्यलंक्रियन्त इति भावः । अन्तरभ्यन्तरे परिशोषिणी । अत एवाङ्गानां पाण्डुक्षामत्वम् । कलितं परिहितं कुसुमं यया सा । बाला षोडशवर्षवयस्का । अवयवैरित्यनेन सर्वाङ्गीणं पाण्डुत्वाद्युक्तम् । लतेव । यथा लता नवा वसन्तादिप्रभावात्सपुष्पापि

---

१ पाण्डुक्षान्तैः B.; मण्डला D. २ बालेयान्तर्ं B. ३ रम्या B. ४ उद्भूतां for उद्गाढां N. ५ प्रथमचद्र Com. ६ किंचिदन्तरं Com.

माध० । सानन्दम् । कथमवतीर्य भगवतीलवङ्गिकाभ्यां समभितः ६९
प्रवृत्तैव ।

ततः प्रविशति[2] कामन्दकी मालती लवङ्गिका च ।

काम० । [3]सहर्षमपवार्य ।

विधाता भद्रं नो वितरतु मनोज्ञाय विधये
विधेयासुर्देवाः परमरमणीयां परिणतिम् । ७०
कृतार्था[4] भूयासं प्रियसुहृदपत्योपयमने
प्रयत्नः कृत्स्नोयं फलतु शिवतातिश्च भवतु ॥

कुतश्चिद्रिक्ततादन्तःपरिशोषं वहति तृषेयमपीत्यर्थः । निषादिता उपवेशिता । अवतारणार्थमिदम् ।

६८–७५. सहर्षमित्यभीष्टसंपादनादिति भावः । विधातेत्यादि । नोस्माकं मनोज्ञाय हृदिस्याय विधये व्यापाराय प्रकृतविवाहाय भद्रं कुशलमविघ्नं विधाता ददातु ॥ विधय इत्यत्र तादर्थ्ये चतुर्थी । क्रियार्थोपपदस्येति वा ॥ वृत्तेपि कार्ये राजविरोधादनिष्टमाशङ्क्याह । परमरमणीयामविरोधिनीं परिणतिमुत्तरविशुद्धिं देवाः कुर्वन्तु । स्वस्यापि फलमाह । अहं कृतकृत्या भूयासम् । यतो मालतीमाधवयोर्विवाहे समस्तोयं प्रयत्नः फलतु । उत्तरकालशुद्ध्या फलदायी भवत्वित्यर्थः । परिणतिशुद्ध्या शिवदायी भवतु । कल्याणकरोस्त्वित्यर्थः । शिवतातिश्च भवत्विति पाठे शिवतातिः शिवकरः ॥ सर्वदेवात्तातिलित्यनुवर्तमाने शिवशमरिष्टस्य कर इति तातिल् ॥ अत्र मरणमेव सर्वदुःखनाशकतया निर्वाणं मोक्षस्तस्यान्तरमवसरः । यद्वा । मरणमेव निर्वाणं निर्वृतिः सुखम् ॥ निर्वाणं निर्वृतौ मोक्ष इति विश्वः । अन्तरमवसराध्यात्मसदृशेष्विति मेदिनीकारः ॥

---

१ भगवती मालतीलवङ्गिकाभ्यां सहितेन एव प्रवृत्ता B., C. same as B. but has समं for सहिता. २ ततः प्रविशन्ति ताः B. ३ D. om. सह–र्यं. ४ कृतार्थीभूयासं A. D. °सुहृदि यत्नैरभिमनः N. ५ शिवदायी A.

माल० । स्वगतम्[1] । केण उण उवाएण संपदं मरणणिव्वाणस्स अन्तरं संभावइस्सं । मरणंपि[2] मन्दभाअधेआणं अहिमदं त्ति दुल्लहं होदि । (क)

लव० । स्वगतम् । अदिकिलम्मिदा[3] क्खु पिअसही एदिणा अणुऊलविप्पलम्भेण । (ख)

प्रविश्य पेट्टालक[4]हस्ता प्रतीहारी । भअवदि अमच्चो भणादि एदिणा णलिन्दाणुप्पेसिदेण[5] विवाहणेवत्थेण देवदापुरदो अलंकरिदव्वा मालदित्ति[6] । (ग)

(क) केन पुनरुपायेन सांप्रतं मरणनिर्वाणस्यान्तरं संभावयिष्ये । मरणमपि मन्दभागधेयानामभिमतमिति दुर्लभं भवति ।

(ख) अतिक्लामिता खलु प्रियसख्येतेनानुकूलविप्रलम्भेन ।

(ग) भगवति अमात्यो भणत्येतेन नरेन्द्रानुप्रेषितेन विवाहनेपथ्येन देवतापुरतोलंकर्त्तव्या मालतीति ।

संभावयिष्ये सम्यक्प्राप्स्यामि ॥ भू प्राप्तावित्यस्यात्मनेपदिनो रूपम् ॥ सांप्रतमित्यनेन माधवालाभान्नन्दनलाभविलम्बनाच्चेति दर्शितम् । मन्दभाग्यतया माधवप्राप्तिवन्मरणमपि न स्यादिति भावः ।

७६–९० अत्र क्लामिता क्लमं श्रमं प्रापिता । अनुकूलेन माधवेन सह विप्रलम्भो विरहस्तेन । यद्वा । अनुकूलो नन्दनस्तस्य विप्रलम्भेन वञ्चनया । पेटकं मञ्जूषा[7] ॥ पेटकं पुस्तकादीनां मञ्जूषायां कदम्बक इति

---

१ B. om. स्वगतं; N. om. उण; अन्तरेण for उवायेण B.; अन्दरं B. २ णंवि A. C. D. N.; °हेआणं A. °हेभाए N.; सुदुल्लहं A. ३ अति° A. C.; °मिदा B.; N. om. क्खु; B. om. एदिणा, एदेण N.; अणुकूल C. D. ४ पेटक A. D.; अमच्चो अअवदीं विण्णवेदि A. अमच्चो भअवदीं भणादि D. एदेण for एदिणा N. ५ णरेन्दा° B. N.; णेवच्छेण A. D. N.; अलंका°. ६ °दीत्ति D. ७ Com. with A.

काम० । युक्तमाहामात्यः[1] । माङ्गलिकं तत्स्थानमतो दर्शय ।

प्रती० । एदं[2] दाव धवलपट्टंसुअचोलअं एदं च उत्तरीअं रत्तवण्णंसुअं[3] इमे अ सव्वाङ्गिआ आहरणसंजोआ अअं च मोत्तिआहारो चन्दणं कुसुमापीडो[4] अ । (क)

काम० । अपवार्य । रमणीयं हि[5] वत्समकरन्दमवलोकयिष्यति मदयन्तिका[6] । प्रकाशम् । गृहीत्वा । भवत्वोमित्युच्यताममात्यः ।

प्रती० तथा[7] । इति निष्क्रान्ता ।

काम[8] । लवङ्गिके प्रविश त्वमभ्यन्तरं वत्सया मालत्या सह ।

(क) इदं तावद्धवलपट्टांशुकचोलकमेतच्चोत्तरीयं रक्तवर्णां[9]शुकमिमे च सर्वाङ्गिका आभरणसंयोगा अयं[10] च मौक्तिकाहारश्चन्दनं कुसुमापीडश्च ।

मेदिनीकारः ॥ पेटकग्रहणं तु नन्दनप्रसाधनार्थम् । [प्रती० वा०] अत्र नेपथ्यं प्रसाधनम् । युक्तमिति । एतत्प्रसाधनेन मकरन्दमलंकृत्य मदयन्तिकां विवाहयिष्यामीति भावः । माङ्गलिकं मङ्गलहेतुः । अत्र धवलं यत्पट्टं सूत्रमयमंशुकं तेन निर्मितश्चोलकः कूर्पासकः ॥ चोलः कूर्पासकोऽस्त्रियामित्यमरः ॥ उत्तरीयरूपं रक्तांशुकं सिन्दूरीवस्त्रम् ॥ आपीडः शेखरोऽस्त्रियामिति मेदिनीकारः ॥ भवतीति संबोधनम् । गुरुसमक्षं मालत्यनुरागानुभवो माधवस्य न स्यादत उक्तं प्रविश त्वमिति । विविक्ते विजने ।

---

१ N. om. अमात्यः; एतत्स्थानं A. इतो for अतो D. N. २ इदं A. B.; वट्ट° A. पट्टंसुअं D. N.; °चोल° A. D.; N. om. चोलअं; अ for च N.; °रीअवण्णंसुअं N. ३ रत्तंसुअं B.; सव्वाङ्गिआहरण C. भरण N.; इमे for अअं N.; अ for च N.; मोत्तिअहारा N.; एदं before चन्दणं A. D. N. ४ एस च सितकुसु° D. एदं सितकुसुमापीडं त्ति N. ५ N. om. हि. ६ जनः for मदयन्तिका N.; एवं for ओमिति A.; भवति एवं N. ७ N. om. तथेति. ८ वत्से before लवङ्गिके A. D.; B. N. om. मालत्या. ९ Com. om. वर्णं; एते for इमे Com. १० एष for अयं Com.; इदं चन्दनं एष च सितकुसुमापीडः Com.

लव० । अध[१] भअवदी उण कहिं । (क)

काम० । अहमपि तावद्[२]विविक्तेलंकरणरत्नानां प्राशस्त्यं शाश्वतः परीक्षिष्ये । इति निष्क्रान्ता ।

माल० । स्वगतम्[३] । लवङ्गिआमेत्तपरिवारह्मि संवुत्ता । (ख)

लव० । एदं[४] देवदामन्दिरदुवारं पविसह्म । इति प्रविशतः । (ग)

मक० । वयस्य[५] इतस्तावत्स्तम्भापवारितौ तिष्ठावः । तथा कुरुतः ।

लव० । सहि अअं[६] अङ्गराओ इमाओ कुसुममालाओ । (घ)

माल० । तदो किं । (ङ)

(क) अथ भगवती पुनः क्व ।

(ख) लवङ्गिकामात्रपरिवारास्मि संवृत्ता ।

(ग) एतद्देवतामन्दिरद्वारं प्रविशावः ।

(घ) सखि अयम[७]ङ्गराग इमाः कुसुममालाः ।

(ङ) ततः किम् ।

९२–९७. [मा० वा०] हृद्गतमरणावकाशप्राप्त्या सानन्दोक्तिरियम् । [ल० वा०] बाह्यसंवेदनाभावान्मालती न पश्यतीति भावः । अपवारितं व्यवहितम् । अत्राङ्गरागः कुङ्कुमादिः । तत्प्रयोजनमपश्य-

---

१ N. om. अध ; N. om. कहिं. २ B. om. तावत् ; B. om. अलंकरण. ३ आत्मगतं N.; A. D. add कधं before लवङ्गिआ°; पारिभणाह्मि B.; N. adds प्रकाशम् after संवुत्ता and gives the following speech to मालती. ४ इदं A. C. D.; ता पविसह्म A.; B. D. om. पविसह्म ; पविसदु पिअसही N.; B. N. om. इति. ५ N. om. वयस्य; इतस्तम्भापवारितशरीरौ A. D.; N. om. तावत् ; °पवारितौ पश्यावः N. ६ इमे N.; °राआ N.; इमाइं कुसुमाइं B. ७ एष Com.

लव० । सहि[१] इमस्सिं पाणिग्गहणारम्भे कल्लाणसंपत्तिणिमित्तं देवदाओ पूजेहि[२] त्ति अम्बाए अणुप्पेसिदासि । (क)

माल[३]० । कीस दाणिं दारुणसमारम्भदेव्वदुव्विलासपरिणामदुःखणिद्दद्ध[४]माणसं पुणो पुणो णिव्वेददूसहं मं मन्दभाइणिं दूमावेसि[५] । (ख)

लव० । अह[६] किं सि वत्तुकामा । (ग)

(क) सखि अस्मिन्पाणिग्रहणारम्भे कल्याणसंपत्तिनिमित्तं देवताः पूजयेत्यम्बयानुप्रेषितासि ।

(ख) किमिदानीं दारुणसमारम्भदैवदुर्विलासपरिणामदुःखनिर्दग्धमानसां पुनः पुनर्निर्वेददुःसहं मां मन्दभागिनीं दुनोषि ।

(ग) अथ किमसि वक्तुकामा ।

न्तीवाह । ततः किं मयानेन कर्तव्यमित्यर्थः । अत्र पाणिग्रहणेति सामान्योक्त्या माधवनन्दनयोर्विवाहश्लेषेण नर्मस्फोटोऽयं भावः । यदाह ।

श्लेषेणोक्तिस्तु भावानां नर्मस्फोट इतीरितः ।

१००–१०५. अत्र दुर्विलासपरिणामः प्रियत्यागाप्रियप्राप्तिलक्षणः । दुःसहमिति क्रियाविशेषणम् । अनया श्लिष्टं मद्वचो न ज्ञातमत इयमेव वदत्वित्यत आह [लवङ्गिका] । अत्राभिनिवेशिना मनोरथेन

---

१ B. om. सहि; इदस्सिं C.; ग्गहणमङ्गलारम्भे A. °ग्गहमङ्गला° N. २ पूजेसि त्ति C.; अच्चेहि त्ति N.; °णुपेसि° C. ३ N. inserts स० after मालती; किं for कीस A.; दाणीं B. C. D.; दुव्विलासिद B. ४ णिब्भाविद A. निद्दलिभ N. and णिव्वाविद C. for णिद्दद्ध; B. D. om. one पुणो; वि after पुणो A. B. C. D.; मम्मच्छेभ A. and मम्मच्छेद D. N. for णिव्वेद. दुःसहं A.; C. N. om. मं; °इणीं A. B. C. D. ५ दुणेवेसि B. दुणावेसि C., दूमिव्वेदि N. ६ अइ A. अपि D. N. om. अह. ७ Com. with A. ८ Com. with A. D. N. ९ Com. with A. D.

माल०। जं[1] दाणिं दुल्लहाहिणिवेसमणोरहविसंवदन्तभाअधेओ जणो मन्तेदि। (क)

माक०। सखे श्रूयताम्[2]।

माध०। श्रुतमसंतोषश्च[3] हृदयस्य।

माल०। लवङ्गिकां परिष्वज्य। परमत्थबहिणि[4] पिअसहि लवङ्गिए एसा दाणिं[5] दे पिअसही अणाहा मरणे वट्टमाणा आगअणिग्गमाणिम्मिदणिरन्तरोवआरोवरूढवीसम्भसरिसं[6] परिस्सइअ तुमं पत्थेदि[7] जइ दे अहं अणुवट्टणीआ तदो मं हिअएण धारअन्ती सम-

(क) यदिदानीं दुर्लभाभिनिवेशमनोरथविसंवदद्भागधेयो[8] जनो मन्त्रयते।

विसंवादं प्रतिकूलं भाग्यं यस्य सः। माधवे दुर्लभां वाञ्छां मत्वाह सखे श्रुतमिति। श्लिष्टे वचस्यनिष्टाशङ्कितमाहासंतोष इति।

१०६–१११. अत्र परमार्थेत्यादिना विश्वासपात्रत्वमुक्तम्। विरूढ उपचितः। सदृशं यथा तथा परिष्वज्येत्यन्वयः। अनुवर्तनीयोपकर्तव्या। समग्रसौभाग्यपदेनारविन्दस्पर्धिनी शोभोक्ता। यदाह।

उत्तमैर्गुणिभिः स्पर्धा या सा शोभा प्रकीर्तिता॥

मां हृदये धारयन्तीत्यनेन परंपरया ममापि दर्शनं स्यादित्युक्तम्।

१ किं for जं N.; दाणीं C.; अभिणिवेसि D., अहिणिवेसि A., अभिणि° N.; मणरह N.; भाअहेओ D. N. २ श्रुतं A. N. ३ असंतोषश्च B.; तु for च C. N.; हृदये D. ४ A. C. D. insert ता before परम°; भहणि N. ५ दाणीं B. D. ६ D. om. णिग्ग–द; N. om. णिम्मिद; °रोपआरविरूढ A. °रोपआर B. °रन्तरोपारूढ N.; विस्सम्भ N.; मरिस्सइअ B. परिस्सजीअ N.; N. om. तुमं. ७ अअभत्थेदि for पत्थेदि N.; जदि N.; °वादिणीआ for °वट्टणीआ D.; हिअए for हिअएण C.; धारन्ती N. ८ °निवेशि or निवेशित Com. विसंवाद for विसंवदत् Com.

ग्गसोहग्गलच्छीपरिग्गहेक्कमङ्गलं माह[1]वसिरिणो मुहारविन्दं आणे[2]-न्दमसिणं अवलोभइस्ससि। (क) इति रोदिति।

माध०। वयस्य मकरन्द

म्लानस्य जीवकुसुमस्य विकास[3]नानि
संतर्पणानि सकलेन्द्रियमोहनानि।

(क) प[4]रमार्थभगिनि प्रियसखि लवङ्गिके एषेदानीं ते प्रियसख्यनाथा मरणे वर्त्तमानागर्भनिर्गमनिर्मितानिरन्तरोपकारोप[5]रूढविस्रम्भसदृशं परिष्वज्य त्वां प्रार्थयते यदि तेहमनुवर्त्तनीया ततो मां हृदये[6]न धारयन्ती समग्रसौभाग्यलक्ष्मीपरिग्रहैकमङ्गलं माधवश्रियो मुखारविन्दमानन्दमसृणमवलोकयिष्यसि।

माधवश्रिय इत्यत्र प्राकृते पूर्वनिपातानियमाच्छ्रीमाधवस्येत्यर्थः। आनन्दमसृणत्वेन स्निग्धा दृष्टिरुक्ता।

११३-११६. म्लानस्येत्यादि। वचांस्येवामृतानि मयापि दिष्ट्या निर्णीतानि। त्वया श्रुतमित्यादिना निर्णीतानि मया त्वधुनेत्यपिपदार्थः। अमृततुल्यत्वमाह। म्लानस्य प्रत्याशाभङ्गज्ञानेन संकोचितस्य जीवपुष्पस्य प्रकाशनानि। अमृतेपि सर्वप्रकाशकतया म्लानपुष्पप्रकाशकत्वम्। संतर्पणानि तृप्तिकरणानि। अमृतेप्येवम्। संतर्पणे सति बाह्येन्द्रियतर्पकानि। अमृतेप्येवम्। आनन्दनान्यन्तर्मोदकानि। आप्यत आनीयतेनेनेत्यायनम्। रसस्यायनं रसायनम्। वचसां चित्तोल्लासकत्वेन नवत्वजननादिवामृतस्य जरादिनाशकत्वेन नवत्वजननादिदमिति भावः। यद्वा। अमृतपदेन जलमोक्षपीयूषाण्युच्यन्ते। तत्राद्यपदेन जलसाम्यम्।

---

१ माहवस्स सिरिमुहा° N. २ N. has पलोएसु for आणन्द—स्ससि; पुलोएसि for अवलोभइस्ससि C. D. ३ विकाश° A. C. ४ तत्पर° Com. ५ °रूढारविन्द Com. ६ हृदये Com.

११५ आनन्दनानि हृदयैकरसायनानि
दिष्ट्या मयाप्यधिगतानि वचोमृतानि ॥

माल० । जह[1] तस्स जीविदप्पदाइणो जणस्स अवसिदं मं सुणिअ संतप्पमाणस्स तं[2] तहाविहं सरिररक्खणं ण परिहीअदि जधा अ[3] लोअन्तरगदं पि मं उद्दिसिअ सो जणो सुमरणसंकधामेत्तपरिसेसं

मोक्षसाम्यार्थमितरपदत्रयम् । मोक्षे हि सम्यक्तृप्तिविषये निराकाङ्क्षतैव । इन्द्रियमोहोऽपि विषयग्रहाभावात् ।

आनन्दं ब्रह्मणो रूपं तच्च मोक्षे प्रतिष्ठितम् ॥

इति श्रुतेरानन्दमयता मोक्षे । यद्वा । आद्यपदाभ्यां जलसाम्यमितरपदाभ्यां मोक्षसाम्यम् । पीयूषसाम्यार्थं शेषपदम् ॥ अमृतं मोक्षपीयूषसलिलेषु घृतेपि चेति धरणिः ॥

११७–१२६. अत्रावसिता मृता । तथाविधमनिर्वचनीयम् । न परिहीयते न नश्यति तया करिष्यसीत्यन्वयः । लोकयात्रा गार्हस्थ्यम-[स्थ्यं स-?]पत्नीकत्वं वा । माधवाप्तिप्रत्याशानाशादेवमेवेत्यवधारणम् । हन्तानुकम्पायाम् । करुणमिति । आलस्यादिसमुत्थो निरपेक्षभावः करुण औत्सुक्यचिन्तासमुत्थः सापेक्षभावो विप्रलम्भ इत्यनयोर्भेदः । अत एव निरपेक्षपदोपलक्षितनैराश्यमाह माधवः । नैराश्येत्यादि । नैराश्येन प्रत्याशानाशेन कातरा विसंष्ठुला धीर्यस्या हरिणनेत्रायाः । वात्सल्यं प्रियविश्लेषे प्राणत्यागेच्छा । मोहो भ्रमः सप्रत्याशत्वेपि नैराश्याभिमानः । ताभ्यां यत्परिदेवितं विलपनं वृत्तवर्तमानभाव्यर्थचिन्तनमतिकरुणं मनोज्ञं च श्रुत्वा चिन्तया

१ जह N.; N. om. जणस्स; अवसिदोत्ति A. C. अवसिदत्ति D. अवसीदंनीं N.
२ N. om. तं; जहा° C. and नह° D. for तहा°; सरिररक्खणं B. सरीरं N. जहा D. जह N. ३ N. om. अ; गभं for गदं N. दं वि A. C. N.; परलोअअदम्मि A;. N. om. सो जणो; °रणकधा A. D. °रणसंकहा N.; संभरण for सुमरण C.; परिग्गहेण for परिसेसं N.

कालन्तरे[1] वि लोअजत्तं ण सिढिलेदि तहा करेसु । एवं ज्जेव्व पिअसहीए पसादादो[2] मालदी किदत्था भोदि । (क)

मक० । हन्त अतिकरुणं[3] वर्त्तते ।

माध० । नैराश्यकातरधियो हरिणेक्षणायाः
श्रुत्वा निकामकरुणं च मनोहरं च ।
वात्सल्यमोहपरिदेवितमुद्वहामि
चिन्ताविषाद[4]विपदं च महोत्सवं च ॥

(क) यथा[5] तस्य जीवितप्रदायिनो जनस्यावसितां[6] मां श्रुत्वा संतप्यमानस्य तत्तथाविधं शरीररत्नं न परिहीयते यथा च लोकान्तर[7]-गतामपि मामुद्दिश्य स जनः स्मरणसंकथा[8]मात्रपरिशेषां कालान्तरेपि लोकयात्रां न शिथिलयति तथा कुरुष्व[9] । एवमेव प्रियसख्याः[10] प्रसादान्मालती कृतार्था भवति ।

यो विषादस्तेन विपत्तिमुद्वहामि । चिन्ताविषादरूपां वा विपत्तिं महोत्सवं चोद्वहामि । चकारो मिथो विरुद्धरसयोजने । इह हेतुफलभावेनान्वयः । तथा हि । नैराश्यकातरबुद्धित्वाद्वात्सल्यम् । ततः परिदेवनम् । तच्छ्रुत्वा मनोविषादः । तथा हरिणेक्षणत्वेनापहृतचित्तस्य ममालाभान्मनोज्ञपरिदेवितं श्रुत्वा महोत्सवः ।

---

१ कालंदरेण N.; पि B.; D. N. om. वि; लोअअत्तं N.; °लेइ N. तह C. N.; करेसि A. D. N.; N. om. ज्जेव्व; पिअसही दे N. २ सभासादो B. C.; N. om. पसादादो, पसा° A. माळई N. भणाहा सकामा होइ for किदत्था भोदि N.; कदत्था A. C.; भोदु B. भविस्सादि D. ३ B. om. अति; प्रस्तुतमनया for वर्तते N. ४ चिंताप्रसान B. चिंतावसाद C. ५ यथा च तस्य Com. ६ अवसितेति मां Com. ७ परलोकगतामप्यु° Com. ८ संस्मरणकथा Com.; Com. om. अपि ९ करिष्यसि Com. १० °सखीप्रसा° Com.

लव०। पडिहदं[1] दे अमङ्गलं । ण अदो वि अधिअदरं सुणिस्सं। (क)

माल०। सहि पिअं क्खु तुम्हाणं मालदीजीविदं ण उण[2] मालदी। (ख)

लव०। किं[3] एदं भणिदं भोदि। (ग)

माल०। आत्मानं[4] निर्दिश्य। जेण पच्चासाणिबन्धणेहिं

(क) प्रतिहतं तेऽमङ्गलम्। नातोऽप्यधिकतरं[5] श्रोष्यामि।

(ख) सखि प्रियं खलु युष्माकं मालतीजीवितं न पुनर्मालती।

(ग) किमेवं[6] भणितं भवति।

स पुनः क्रन्दनैर्मोहैः प्रलापैः परिदेवनैः।
देहायासाभिघातैश्च करुणाभिनयो भवेत्॥

इति भरतः।

१२७–१३०. अत्रामङ्गलप्रतिघातो विवाहादिति बाह्यम्। माधवसंनिधानादित्यान्तरम्। बाह्यार्थमाकलय्याह [सखि प्रियमिति]। अत्र तच्छरीरावच्छिन्नात्मा मालती। जीवनं त्वदृष्टविशेषकारितदेहात्मसंयोग इति जीवनमालत्योर्भेदः। जीवनस्य सुखहेतुतया प्रियत्वं तच्चेह दुःखसंततिजनकमतस्त्याज्यमेव भवतीति भावः।

१३२–१३६. अत्रान्यजनेत्यत्रान्यपदेन माधवाभिधानम्। नन्दनापेक्षयान्यत्वात्। दुर्लभत्वेन परकीयत्वारोपाद्वा। बीभत्समिह नन्दनविवाहार्थमङ्गलस्यानिष्टस्य दर्शनात्। अनपराद्धमितीषदर्थे नञ्। आन-

१ अइ पडि° A. D. N.; दाणिं before दे A. D. N.; णादो वि अधिअं सुणिस्सं D. णादो वरं सुणिस्सं N.; अहिअ° B. D. ends here. २ N. om. उण. ३ सहि before किं N.; त्ति for एदं N.; भणिदे E. भणिदेण C.; होदि N. ४ N. om. आत्मानं निर्दिश्य; C. om. जेण; A. E. have अण्णजण after जेण; °च्चासाबन्धणेहिं A. ५ नातोधिकं Com. ६ किमिव Com.

वअणसंविहाणेहिं[1] जीआविअ इमं महाबीभच्छारम्भं अणुभाविदह्मि। संपदं उणे[2] मणोरहो एसो उज्जेअ जं तस्स देवस्स परकेर[3]अत्तणेण अवरद्धं अत्ताणअं परिच्चइस्सं त्ति। ता इमस्सिं पओअणे पिअसही मे[4] अपरिपन्थिणी होदु। (क) इति पादयोः पतति।

माध०। सैषा[5] सीमा स्नेहस्य। लवङ्गिका माधवं संज्ञया समाहूयति।

मक०। वयस्य उपसृत्य[6] लवङ्गिकास्थाने तिष्ठ।

(क) येन प्रत्याशा[7]निबन्धनैर्वचनसंविधानैर्जीवयित्वेमं महाबीभत्सारम्भ[8]मनुभावितास्मि। सांप्रतं पुनर्मनोरथ एष एव यत्तस्य देवस्य परकीय[9]त्वेनापराद्धमात्मानं परित्यक्ष्यामीति। तदस्मिन्प्रयोजने प्रियसखी मेऽपरिपन्थिनी भवतु।

न्दनविवाहपर्यन्तस्यायित्वे महापराधो यतः। अन्यस्य संभोगादेरभावादेष एवेत्युक्तम्। अपरिपन्थिन्यविरोधिनी। एतदात्मत्यागरूपम्।

१३७–१४५. संज्ञया संकेतेन। परवानन्नायत्तः। साध्वसेन जडतया। अत्यभीष्टलाभादियम्। नेदीयसां निकटानाम्। स्वैरं शनैः। [माल० वा०] अत्र मर्तुं स्वीकुर्वित्यर्थः। माधवस्य संस्कृतभाषया

---

१ वअणविण्णासेहिं C. E. वअणविळभणेहिं B. वअणसंविहाणएहिं N.; वज्जेअ after इमं A. E.; °भत्सारंभं B. C. °भच्छ आरंभं N. २ मम A. मह after उण E., N. has मे after मणोरहो; एत्तिअं एव्व for एसो वज्जेअ N. B. om. वज्जेअ; N. om. देवस्स. ३ परोक्खगुणकित्तिणेण A. C. परोक्खगुणसंकित्तणेण B. परोक्खगुणकित्तणेण E.; अणवरद्धं A. C. E. अणवरदं B.; अत्ताणं A. N.; परिच्चइअ णिव्वुदा भविस्सं। सहि एदस्सिं for परिच्चइस्सं——स्सिं N.; परिच्चइस्सदि त्ति B. ४ B. om. मे; होइ for होदु C.; N. om. इति. ५ स एष N. संज्ञयाह्वयति N. ६ N. om. उपसृत्य; लवङ्गिकायाः A. C. ७ येनान्यजनप्रत्याशा° Com. °त्वेयमेवाहं. ८ महाबीभत्समनु° Com.; पुनर्ममनो° Com. ९ पराधीनत्वेनानपराद्धम् Com.; परित्यजामि Com.

माध० । [1]परवानस्मि साध्वसेन ।

मक० । इयमेव नेदी[2]यसां प्रकृतिरभ्युदयानाम् ।

माधवः स्वैरं लवङ्गि[3]कास्थाने तिष्ठति ।

माल० । सहि करेहि अणु[4]ऊलदाए पसादं । (क)

माध० । सरले साहसरागं परिहर रम्भोरु मुञ्च संरम्भम् ।
विरसं विरहायासं वोढुं[5] तव चित्तमसहं मे ॥

माल० । अ[6]लङ्घणीओ ज्जेव्व दे मालदीप्पणामो । (ख)

माध० । स[7]हर्षम् । किं त्वां भणामि विच्छेददारुणायासकारिणि ।

(क) सखि कुर्वनुकूल[4]तया प्रसादम् ।

(ख) अ[6]लङ्घनीय एव ते मालतीप्रणामः ।

लवङ्गिकाभ्रमो न स्यादिति भाषासमावेशेनाह । सरले इत्यादि । साहस आत्मनिरपेक्षकार्ये रागमनुरागं परिहर । रम्भोरु कदलीसमोरुदेशे हे संरम्भं मरणे त्वरां त्यज जीवन्त्यां प्रत्याशापि स्यादिति भावः । विरसं रसशून्यं तव विश्लेषदुःखं सोढुं मे चित्तमक्षमं यतः । अतोयं वल्लभस्त्वयि दत्तोतस्त्यज मरणाभिनिवेशामिति लवङ्गिकाभिप्रायः । अत एव सरले अज्ञे ऋजुप्रकृतिके वा । माधवपक्षे सरले अजानति हे तव विरहायासं सोढुं मे चित्तमसहमतस्तव समीपमागतोस्मि तन्मरणं त्यज । इतरत्सममेव । तदिह संस्कृतप्राकृतयोः साम्यात्प्राकृतसमकम् ।

१४७–१४८. किं वेत्यादि । किं वा भणामि । त्वदारम्भनिषेधं न करोमीत्यर्थः । हे विरहदुःसहकष्टकारिणि सुश्रोणि काममभीष्टं कुरु । यद्येवं

---

१ वयस्य before परवान् A. C. E. २ नेदीयसी B. ३ लवङ्गिकायाः C. ४ °कूल° N. ५ सोढुं A. N. ६ सहि before अलङ्घ° A. B.; अवज्जणीओ C. E. अवजाणिदो B.; N. om. ज्जेव्व; पणामो N. ७ N. om. सहर्षम्. वा for त्वां A. N. °कारिणीं C. E. ८ °तायै Com. २ सखि अल° Com. अयं for एव Com.

कामं कुरु वरारोहे देहि मे परिरम्भणम् ॥

माल० । सहर्षम्[1] । कधं अणुगहीदह्मि । उत्थाय । इअमालिङ्गामि । दंसणं उण पिअसहीए बाहुप्पीडेण णिरुद्धं ण लम्भीअदि[2] । आलिङ्ग्य[3] सानन्दम् । सहि कठोरकमलपह्मलो अण्णारिसो ज्जेव्व[4] दे अज्ज णिव्वावेदि सरीरप्फंसो । सास्रम् । किं च ।

(क) कथमनुगृहीतास्मि । इयमालिङ्गामि । दर्शनं पुनः प्रियसख्या बाष्पोत्पीडेन निरुद्धं[5] न लभ्यते । सखि कठोरकमलपक्ष्मलोऽन्यादृश एव तेद्य निर्वापयति शरीरस्पर्शः । किं[6] च । मौलिविनिवेशिताञ्जलिर्मम

सदा ममालिङ्गनं देहीति लवङ्गिकापक्षे । माधवपक्षे तु किं वा भणामि किं वक्तव्येन कामं कामव्यापारं कुरु । अतः परिरम्भणं देहि ॥ आरोहः श्रोणिकाययोरिति धरणिः ॥ श्लोकद्वयमिदं सौरसेन्या । यदाह ।

स्पष्टार्थं लक्षणं प्रोक्तं सौरसेन्याः प्रपञ्चतः ।
लक्षणं त्वेकमेवास्याः संस्कृताद्यदनूनता ॥

१५०–१६२. अत्र उत्पीडः प्रबलीभूय निर्गमः । उत्पीडः समूहो वा । अपश्चिमं चरमम् । प्रियस्पर्शादाह्लादात्सहर्षम् । कठोरमरालगर्भो बीजकोशः । पक्ष्मलो रोमाञ्चयोगात् । समाधिना सुकुमारः । अन्यादृश एवानुभूतसखीस्पर्शविधर्मा श्मशानानुभूतस्पर्शतुल्यः । निर्वापयति

१ B. om. सहर्षम् ; °मदह्मि for °गहीदह्मि N. २ E. om. पिअसहीए ; बाहुप्पीलणि° A. बाहुप्पाडणेण णि° B. बाहुप्पलाणि° C. बाहुप्पीडलेण E.; अपच्छिमं ण लम्भो° A. पच्चक्खं ण लम्भी° N.; लभेइ त्ति E. लहेइ B. लभेदि त्ति C. ३ इत्यालिंगति B.; N. om. सानन्दम्. कमलगब्भपह्म° A. E. N. ४ एव्व N.; B. om. अज्ज; °वेइ N. णिव्वावेदि B. C.; A. adds मं संतप्पमाणं पिअसहीए after °वेदि; मं after °वेदि E. N.; सहि before किं च N.; किं अ C. N. ५ °पीडनेन निरुद्धं प्रियसख्या अपश्चिमं न Com.; कमलगर्भपक्ष्मलसुकुमारोऽन्या° Com. ६ तथान्यच्च for किं च Com.

[1]मउलिविणिवेसिदञ्जली मह वअणेण विण्णवेहि तं जणं ण मए मन्दभाइणीए[2] विअसन्तपुण्डरीअलच्छीविलासहारिणो मुहचन्दमण्डलस्स दे[3] सच्छन्ददंसणेण संभाविदो चिरं महूसवो लोअणाणं। मुधामणोरहेहिं[4] अ अविरदविअम्भमाणदुव्वारुव्वेअव्वइअरुव्वत्तमाणबन्धणं धारिअं हिअअं। गमिआ अ वारं वारं सविसेस-

वचनेन विज्ञापय[5] तं जनं न मया मन्दभाग्यया विकसत्पुण्डरीक[6]लक्ष्मीविलासहारिणो मुखचन्द्रमण्डलस्य ते स्वच्छन्ददर्शनेन संभावितश्चिरं महोत्सवो[7] लोचनानाम्[8]। मुधामनोरथैश्चाविरतविजृम्भमाणदुर्वारोद्वेगव्यतिकरोद्वर्तमानबन्धनं धारितं हृदयम्। गमिताश्च

तापं शमयति। तथा तादृशः स्पर्शः शङ्काविषयोप्यत्र नेति निर्वेदात्ताश्रुता। अत्र विकसन्ति शतं पत्राणि यस्य तत्। अन्यथेदं व्यर्थं स्यात्। मण्डलपदं संपूर्णत्वार्थम्। चिरमित्यनेन स्वाधीनभर्तृकात्वमुक्तम्।

सुरतादिरसैर्यस्या बद्धः पार्श्वगतः प्रियः।
सामोदगुणसंप्राप्ता भवेत्स्वाधीनभर्तृका॥

निवेद्य दुःखं सुखी भवेदिति पूर्वानुभूतदुःखं निवेदयति। अविरतेत्यादि। उद्वर्तमानमुन्मूलितं बन्धनं स्थैर्यं यस्य तत्। बन्धनं स्वस्थानावस्थानं तस्योद्वर्तनमुन्मूलनारम्भ इति पाठान्तरव्याख्या। गमिताश्चेत्यादिना व्याख्यवस्थोक्ता। अतिवाहितातिक्रान्ता। चन्द्रातप इति तापकारित्वादातपः।

१ मोलि N.; °सिभंजली C. N. E.; मम A.; विण्णवेसि A.; जधा A. जह N. before ण मए. २ °भाभाए N. विसट्टसदपत्तलच्छी N. °हारिणो संपुण्णचन्दमण्डलाहिरामस्स मुहस्स दे A.; भन्द for चन्द A. B. C. E. ३ B. om. दे; लोभणमहोसवो for महू-णाणं N. ४ सुधाम° B. मुहा° N.; °रहेहिं अविरअं N.; विजंभ° B. विअंभ° N.; दुआरदुक्खवइअ° N.; वइअ° B.; रुन्धिज्जमाण A. ५ विज्ञापयिष्यसि Com.; यथा न मया Com. ६ विकसच्छतपत्रपुण्डरी° Com. ७ Com. with A. ८ लोचनमहोत्सवः Com.

दूसहा[1]रम्भदूमाविअसहीअणा सरीरसंदावा। कधं वि अदिवाहिदा अ[2] चन्दादवमलअमारुदप्पमुहा अणत्थपरंपरा संपदं उण णिरा[3]सा संवुत्तेत्ति। तुए वि पिअसहि सव्वदा सुमरिदव्वह्मि। एसा[4] अ माहवसिरीसहत्थणिम्माणमणुहरा वउलमाला मालदीणिव्विसेसं पिअसहीए दट्ठव्वा सव्व[5]धा हिअए धारणीएत्ति। (क) स्वकण्ठा[6]दपनीय माधवस्य हृदि विन्यस्यन्ती सहसापसृत्य साध्वसोत्कम्पं नाटयति।

वारं वारं सविशेषदुःसहारम्भदावित[7]सखीजनाः शरीरसंतापाः। कथमप्यतिवाहिता च चन्द्रातपमलयमारुतप्रमुखानर्थपरंपरा सांप्रतं पुनर्निराशा[8] संवृत्तेति। त्वयापि प्रियसखि सर्वदा स्मर्तव्यास्मि। एषा च श्रीमाधवस्वहस्तनिर्माणमनोहरा बकुलमाला मालतीनिर्विशेषं प्रियसख्या द्रष्टव्या सर्वथा हृदये धारणीयेति।

एतेषामनर्थत्वमाह भरतः।

संभोगे ये सुखं कुर्युस्ते दुःखं विरहे भृशम्। इति।

स्मर्तव्येत्यनेन करुणव्यभिचारिभावं स्मरणमाह। यदाह। व्यभिचारिणोस्य

निर्वेदो ग्लानिमरणव्याधिदैन्यभ्रमादयः॥

---

१ सविसेस दुमण्णाइअसहिअणा A. दूसहाआसदूमा° N. °जणा N.; कहं N. २ A. N. om. अ; पुण for उण N. ३ णिरासह्मि A. °साह्मि N.; पिअसहीए A. °सही N.; सव्वहा N. E.; °व्वाह्मि N. E. ४ एसा वि मा° N. सिरिमाहवसह° A.; B. om. सिरी; °सिरीहत्थ N.; मणो° B. मण° N.; B. om. मालदी and has जीविद; मालदीजीविद A. C. E. ५ सव्वहा हिअएण N. ६ स्वकण्ठाद्बकुलमालामुन्मुच्य for स्वकण्ठादपनीय N., °दवतीर्य for °दपनीय B.; हृदये for हृदि C. न्यस्य for विन्यस्यन्ती N.; °सोपसृत्य for °साप सृत्य A. B. C. N. ७ दुर्मनायित for दावित Com. ८ निराशास्मि सं° Com.

माध० । अपवार्य । हन्त[1] ।

एकीकृतस्त्वचि निषिक्त[2] इवावपीड्य
निर्भुग्न[3]पीनकुचकुड्मलयानया मे ।
कर्पूरहारहरिचन्दनचन्द्रकान्त-
निःस्यन्दशैवलमृणालहिमादिवर्गः ॥

माल० । स्वगतम्[4] । अहो लवङ्गिआए मालदी विप्पलद्धा । (क)

(क) अहो लवङ्गिकया[5] मालती विप्रलब्धा ।

नैराश्याच्च मरणोदयः । यदाह ।

सर्वैरेतैः प्रतीकारैर्यदि नास्ति समागमः ।
कामाग्निना प्रदीप्ताया जायते मरणं ततः ॥

विप्रलम्भकरुणानन्तरं स्थायिनः शृङ्गारस्योपक्रममाह । एषा चेति । साध्वसं भयम् ।

१६५–१६९. हन्त हर्षे । एकीत्यादि । अनया मालत्या कर्पूरादिवर्ग एकीकृतः सन्नालिङ्ग्य मे त्वचि निषिक्त इव । स्पर्शस्य त्वगिन्द्रियग्राह्यतया त्वचीत्युक्तम् । निर्भिन्नौ निरन्तरावलग्नौ पीनौ स्तनकुड्मलौ यस्यास्तया । हरिचन्दनं चन्दनविशेषः । ।निःस्यन्देन द्रव्याभिधानम् ॥ कृदभिहितो भावो द्रव्यवत्प्रकाशत इति न्यायात् ॥ निःस्यन्दीति पाठे निस्यन्दिनः सरसाः शैवालादय इत्यर्थः । अनेन प्रशान्तो मे कामजस्ताप इत्युक्तम् । बहूपमेयम् ।

---

१ N. om. हन्त. २ निषक्त A. B.; उपपीड्य C. ३ निर्भिन्न for निर्भुग्न Com.; कुड्मळ B. E. ४ N. om. स्वगतं; भमहे for अहो N.; माळनीविप्रलंभी पज्जत्तो N. ५ लवंगिकाया माळनीविप्रलंभप्रसादः । Com.

माध०। अयि स्वचित्त[1]वेदनामात्रनिवेदिनि परव्यथानभिज्ञे इयमुपालभ्यसे।

उद्दामदेहपरिदाहमहाज्वराणि
संकल्पसंगमविनोदित[2]वेदनानि।
त्वत्स्नेहसंविदवलम्बितजीवितानि १७५
किं वा मयापि न दिनान्यतिवाहितानि॥

लव०। सहि उवालम्भणिज्जेव[3] उवालद्धासि। (क)

(क) सखि उपालम्भनीयैवोपालब्धासि।

१७१–१७६. आत्मानुरागप्रकाशनायानुभूतवेदनामाह। अयीति उद्दामेत्यादि। एतादृशानि दिनानि मयापि किं वा नातिक्रान्तानि। अपि त्वतिक्रान्तान्येव। किं वेति संभावनायाम्। यद्वा। किं निषेधे वैवार्थे। कीदृशानि। उद्दाम उद्भटो देहदाह एव महाज्वरो येषु। एतेनोद्वेग उक्तः। संकल्पसंगमेनापनीता व्यथा येषु। अनेनोन्माद उक्तः। यदाह।

बाहू प्रसार्य गमनं संकल्पाकल्पिते प्रिये।
निवृत्तिः सहसान्यस्मिन्नुन्मादे हि प्रजायते॥

यद्वा। संकल्पसंगमेनान्यस्त्रीद्वेषः सूचितस्तेन च निःसपत्नीकत्वं कन्याहरणबीजमाह। यदाह। आसक्तिं वा दर्शयेत्सुखमनुपहतमेकपत्नीकत्वे वा वर्णयेदिति। त्वदीयस्नेहज्ञानेनावलम्बितं जीवितं येषु। त्वत्स्नेहाज्ञाने मम मरणमेव स्यादित्याशयः॥ उपलब्धिश्चित्संविदित्यमरः॥

१७७–१८६. अर्हणीयः॥ अत्र सरसत्वेन शृङ्गारादित्वेन रम्यता। यदाह।

शृङ्गारकरुणावेव रसेष्वादौ प्रकीर्तितौ॥

---

१ A. om. चित्त; वेदिनि for निवेदिनि N.; चित्तवेदना for व्यथा N. २ विनोदनवेदनानि B., निवेदितवेदनानि C. ३ उवालहणिज्जे उवा° N., उवालम्भणिज्जं उवा° A.

कल० । अहो सरसरमणीअदा संविहाणस्स[1] । (क)

मक० । महाभागे एवमेतत् ।

त्वं वत्सलेति कथमप्यवलम्बितात्मा
सत्यं जनोऽयमियतो[2] दिवसाननैषीत् ।
आबद्धकङ्कणकरप्रणयप्रसाद-
मासाद्य नन्दतु चिराय फलन्तु कामाः ॥

लव० । महाणुभाअ[3] हिअए वि अप्पडिहदसअंगाहसाहसो अअं जणो किं दाणिं[4] कङ्कणाभरणं करं विआरेदि । (ख)

(क) अहो सरसरमणीयता संविधानस्य ।

(ख) महानुभाव हृदयेऽप्यप्रतिहतस्वयंग्राहसाहसोऽयं जनः किमिदानीं[5] कङ्कणाभरणं करं विचारयति[6] ।

संविधानं नायिकासंघट्टनप्रकारः । त्वमित्यादि । त्वं वत्सला सस्नेहेतिहेतोरयं जनो माधवो विधृतजीवितः सन्सत्यमियद्दिनानि कथमप्यनैषीन्नीतवान् । अत आबद्धकङ्कणो धृतविवाहसूत्रो धृतविभूषणो वा यः करस्तस्य प्रणयो विवाहकाले ग्रहणं तद्रूपं प्रसादं प्राप्य नन्दतु । बहुकालमभीष्टाः संभोगादयः फलन्तु ॥ कङ्कणं भूषणे सूत्र इति विश्वः ॥ अत्राप्रतिहतः परिगृहीतः । अयं जनो मालती । स्वयमेवास्याः करं गृहाणेत्या-

---

१ °आनस्स C. २ °यदियतो C. ३ महाभाअ N., °भाव A.; अप्पडि° A. B. E.; °गह B. N. ४ °णीं E.; °भरणे करे N.; A. adds महाभाओ and E. महाणुभाओ after विआरेदि. ५ तत्किम् Com. ६ विचारयति महाभागः Com.

माल० ।[1] हा हदह्मि । कण्णआअणविरुद्धं किं पि[2] एसा ववण्णस्सदि । (क)

प्रविश्य कामन्दकी ।[3] पुत्रि कातरे किमेतत् ।

मालती कम्पमाना कामन्दकीमालिङ्गति ।

काम० । तस्याश्चिबुकमुन्नमय्य ।

पुरश्[4]चक्षूरागस्तदनु मनसोनन्यपरता
तनुग्[5]लानिर्यस्य त्वयि समभवद्यत्र च तव ।

(क) हा[6] हतास्मि । कन्यकाजनविरुद्धं किमप्येषोपन्यस्यति ।

शपः । अत्र अम्मका कुलकन्यका । विरुद्धमिति कुलकन्यकाविवाहा दैवार्षब्राह्मा एव शुभा दृश्यन्त इति भावः ।

१८८–१९४. स्वयंग्राहविवाहं कर्तुमनर्हमिति मन्यमानां मालतीमाह । पुत्रीति ॥ अत्र गौरादित्वान्ङीषित्यवधेयम् ॥ कातरे विह्वले । करग्रहभयेन तदङ्गस्पर्शेन माधवस्य दर्शनहर्षेण च मालत्याः कम्पः । यदाह ।

शीतभयहर्षरोषस्पर्शजरासंभवः कम्पः ॥

नर्मस्फोटोयम् । यदाह ।

नर्मस्फोटस्तु भावानां देहस्थानां प्रकाशनम् ।

चिबुकमुन्नमय्यौष्ठाधःप्रदेशमुत्तोल्य ॥ अधः स्याच्चिबुकमित्यमरः ॥ पुरावृत्तं संकलय्याह । पुर इत्यादि । प्रथमं नेत्रप्रीतिरथ मनसस्तद्गतत्वं

---

१ A. C. E. add स्वगतम् before हा; हद्धी हद्धी after हा A.; भट्टिदं for हा हदह्मि N.; अअण्णा for कण्णआ N.; जण for अण B. N. २ किं वा N.; N. om. एसा; °सदि A. B. C. E. ३ N. here omits the portion beginning with पुत्रि कातरे and ending with हा अम्ब and has after प्रविश्य कामन्दकी, वत्स माधव &c. ४ N. adds वत्से before पुरः. ५ म्लानिर्यस्य B. N.; तव च B. ६ धिक् हा धिक् after हा Com.; अम्मका for कन्यका Com.

युवा सोयं प्रेयानिह सुवदने मुञ्च जडतां
विधातुर्वैदग्ध्यं विलसतु सकामोस्तु मदनः ॥

लव० । [1]भअवदि कसणचउद्दसीरअणीमसाणसंचरणणिठ्ठत्तिद-विसमठ्[2]ठेववसाअणिठ्ठापिअघण्डपासण्डपअण्डदोद्दण्डसाहसो सोह[3]-

---

शरीरग्लानिश्च त्वद्विषये यस्याभूद्यद्विषये तवाप्येतादृशा अभूवन्हे सुमुखि सोयं युवा प्रेयाग्प्रियतमः । अतो जडतां कार्याप्रतिपत्तिं त्यज गान्धर्व-विवाहपरा भवेत्याशयः । तेन धातुः प्रयत्नो विलसतु । कामः पूर्णेच्छो भवतु । आत्मव्यापारस्तत्रनौद्धत्याय नोक्तः । इह चक्षूरागादिकं कामा-वस्था । यदाह ।

चक्षुःप्रीतिर्मनःसङ्गः संकल्पोत्पत्तिरेव च ।
निद्राच्छेदस्तनुत्वं च व्यावृत्तिर्विषयान्तरात् ॥
लज्जाप्रणाश उन्मादो मूर्च्छामरणमेव च ॥ इति ।

मनसोनन्यपरतया मनःसङ्गसंकल्पोत्पत्ती उक्ते । ग्लानिरित्यनेन नि-द्राच्छेदादयो मूर्च्छान्ता उक्ताः । तेषां ग्लानिहेतुत्वात् । अत्र च पुरस्तद-न्वित्यादिना हेतुफलभावः सूचितः । युवत्वप्रियत्वे प्रवृत्तिहेतू उक्ते । प्रियश्च

यो विप्रियं न कुरुते न चायुक्तं प्रभाषते ।
तथार्जवसमाचारः स प्रियः परिकीर्तितः ॥

इति भरतोक्तः ॥ तत्रापि प्रकर्ष इयसुन् ॥ जडताप्रियदर्शनात् ।

१९५–२०७. अत्र कृष्णरजनी कृष्णपक्षचतुर्दशीरात्रिः । विषमव्य-वसायो महामांसविक्रयः । निष्ठापितो निहतः । पाखण्डो घोरघण्टः । साहसं

---

१ N. om. भअवदि; किसण N.; चउद्दसीए मसाण° B.; संचार N.; णिव° A. C. E. २ वव° C. N.; N. adds साहसो and B. वेअ after व्ववसाअ; णिट्ठाविअ A. and णिट्ठाविद N. for णिठ्ठाविअ; B. om. पासण्ड; C. N. om. पअण्ड; C. om. दोद्दण्ड. ३ N. om. साहसिओ; °सिक्को B. C.

सिओ क्खु एसो । अह्मो पिअसही उक्कम्पिदा । (क)

मक० । स्वगतम्[१] । साधु लवङ्गिके साधु । अवसरे खलु रागोपकारयोर्गरीयसोरुपन्यासः ।

माल०[२] । हा ताद हा अम्ब । (ख)

काम० । वत्स[३] ।

माध० । आज्ञापय ।

काम० । इयमशेष[४]सामन्तमस्तकोत्तंसपरागरञ्जितचरणाङ्गुलेरमात्यभूरिवसोरेकम[५]पत्यरत्नं मालती भगवता सदृशसंयोगरसिकेन वेधसा मन्मथे[६]न मया च तुभ्यं दीयते । इति रोदिति ।

मक० । फलितं[७] नस्तर्हि भगवतीपादप्रसादेन ।

(क) भगवति कृष्णच[८]तुर्दशीरजनीश्मशानसंचरणनिर्वर्तितविषमव्यवसायनिर्वापित[९]चण्डपाखण्डप्रचण्डदोर्दण्डसाहसः साहसिकः खल्वेषः । अतः[१०] प्रियसख्युत्कम्पिता ।

(ख) हा तात हा अम्ब ।

स्त्रीवधरूपम् । साहसिकाद्धि भयं भवत्येव । तया च प्राणदानेन माधवक्रीतमात्मानं कथं न समर्पयसीति भावः । [मा० वा०] साहसविवाहारम्भाद्दुर्जनभयात्पित्रादिवियोगशङ्कनाच्च खेदे हाशब्दः ॥ उत्तंसः कर्णपूरे च शेखरे च प्रकीर्तित इति विश्वः ॥ अङ्गुलिपदेन चरणाग्रे प्रणामादधृष्टतोक्ता । अन्योन्यदर्शनेन धात्रा । प्रीतिजननात्कामेन । चोरिकावि-

१ B. N. om. स्वगतं; स्थाने for अवसरे N.; अनुराग for राग A. N. २ N. adds स्वगतं after माल.; N. om. हा ताद. ३ A. N. add माधव after वत्स. ४ अशेषभुवनसामन्त B. ५ °रेकापत्य B.; मालती नाम B.; वस्तु for संयोग N. ६ च before मया C.; प्रदी° A.; N. om. इति–ति. ७ हि after फलितं A. N.; E. N. om. नः; भगवत्याः प्रसादेन N. ८ Com. om. चतुर्दशी; संचार for संचरण Com. ९ निर्वापित Com. १० अतो मे Com.

माध[1]० । तत्किमिति बाष्पायितं भगवत्या ।

काम० । चीवरो[2]ञ्चलेन नेत्रे प्रमृज्य । विज्ञापयामि कल्याणिनम् ।

माध० । न[3]न्वाज्ञापय ।

काम० । परिणतिरमणीयाः प्रीतयस्त्वद्विधाना-
म[4]हमपि तव मान्या हेतुभिस्तैश्च तैश्च ।
तदिह सुवदनायां तात मत्तः परस्ता-
त्परिचयकरु[6]णायां सर्वथा मा विरंसीः ॥

इति न[7]न्तुमिच्छति ।

वाहान्मयेत्याशयः । बाष्पायितमुद्गतबाष्पं वृत्तम् । मातृवत्स्नेहेनेदमुपपन्नम् ।

२११-२१६. परिणतीत्यादि । त्वद्विधानां कुलादिमतां प्रीतयः परिपाकरम्या भवन्ति । अधुनावश्यत्वेन परिणतिपदम् । तैस्तैर्हेतुभिः पितृबन्धुत्वोपदेशकत्वादिभिरहं तव मान्या । हेतूनां बहुत्वेन वीप्सा । तत इह मालत्यां मत्तः परस्तान्मत्परोक्षे परिचयरूपकरुणायां मा विरंसीर्मा विरतो भविष्यसि । करुणाया इति पाठे जुगुप्साविरामप्रमादार्थानामुपसंख्यानमिति पञ्चमी ॥ तातेति सर्वं ततं व्याप्तमनेनेति तात व्यापक हे । यद्वा । तातो विधेयः ॥ तातो विधेये जनक इति विश्वः ॥ विरंसीरित्यत्र माङि लुङिति भविष्यति लुङ् ॥ वात्सल्यात्प्रपन्नानुकम्पातः । अतिक्रमोऽन्यथात्वम् । अत्र माला नाम नाट्यालंकारकथनम् । यदाह ।

---

१ N. om. माध० and gives the speech to मक०; °यितमाननं भगवत्याः N. २ चीर for चीवर C. N.; परिमृज्य A. B.; for विज्ञा–णिनम् N. has वत्स किमपि कल्याणिनं त्वां वक्तुकामास्मि. ३ B. N. om. ननु. ४ वयं for अहं N. ५ परस्मात् N. ६ °णायाः N. ७ पादयोः पतितुम् for नन्तुम् A.; N. om. इति–च्छति.

माध० । वारयन् । अहो वात्सल्यादतिक्रामति प्रसङ्गः ।[1]

मक० । भगवति

श्लाघ्यान्वयेति नयनोत्सवकारिणीति
निर्व्यूढसौहृदभरेति[2] गुणोज्ज्वलेति ।
एकैकमेव हि वशीकरणं गरीयो
युष्माकमेवमियमित्यथ किं ब्रवीमि[3] ।

काम० । वत्स[4]

माध० । आज्ञापय ।

काम० । वत्से[5] ।

माला बहूनां हेतूनां निर्देशः साध्यसिद्धये ॥ इति ।

२१८–२२१. श्लाघ्यान्वयेत्यादि । उज्ज्वलकुला । चक्षुःप्रीतिजननी रूपवती । उपचितसौहार्दातिशयानुरक्ता । गुणोज्ज्वला शीलादिमती । एतत्सर्वं वशीकरणमस्त्येव गुरुतरम् । एवं सति युष्माकमियमिति हेतोरनन्तरं किं ब्रवीमि । अतः परं न वाच्यमस्तीत्यर्थः । इतिकारचतुष्टयं स्वरूपोपदर्शनाय । तथा च त्वदभ्यर्थना सहजासिद्धैवेति भावः । इह प्रसिद्धिनामा नाट्यालंकारः । यदाह ।

वर्णने वस्तुनो यत्तु गुणस्योत्कीर्तनं भवेत् ।
प्रसिद्धिरिह सा ज्ञेया नाटके कथिता बुधैः ॥ इति ।

---

१ मक० for माध० N.; निवारयन् A.; B. N. om. वारयन् ; B. om. अहो; N. adds क्रमादति before प्रसङ्गः. २ सौहृदमयीति N. ३ After this, N. adds the following speeches काम० । वत्स माधव । माध० । आज्ञापय । काम० । स्वीक्रियतामियम् । माल० । हद्धी हद्धी अअगाअणरिद्धं किं उण उवण्णस्सदि; after this follows the portion omitted above (p. 223 n. 3) and then काम० । वत्स माधव &c. ४ माधव after वत्स A. N. ५ मालति after वत्से A. N.

माल[1]० । आणवेदु भअवदी । (क)

काम० । प्रेयो मित्रं बन्धुता वा समग्रा
सर्वे कामाः शेव[2]धिर्जीवितं वा ।
स्त्रीणां भर्ता धर्मदाराश्च पुंसा-
मित्यन्योन्यं वत्सयोर्ज्ञातमस्तु ॥

म[3]क० । अथ किम् ।

लव० । भअ[4]वदी जधा आणवेदि । (ख)

काम० । वत्स मक[5]रन्द त्वमनेनैव वैवाहिकेन मालतीनेपथ्येन

(क) आज्ञा[6]पयतु भगवती ।

(ख) भग[7]वती यथाज्ञापयति ।

२२६-२२९. प्रेय इत्यादि । वत्सयोर्मालतीमाधवयोरन्योन्यमेतद्विदितमस्तु यत्स्त्रीणां भर्ता प्रेयः प्रियतमं वस्तु मित्रं सुहृद्बन्धुता बन्धुसमूहः सर्वे ईप्सिताः समग्रा मिलिताः शेवधिर्निधिर्जीवनं च । पुरुषाणां धर्मदाराः पाणिगृहीताः प्रेय इत्यादि ॥ बन्धुतेत्यत्र ग्रामजनबन्धुसहायेभ्यस्तलिति समूहे तल् ॥ निधिर्ना शेवधिरित्यमरः ॥ अनेन गान्धर्वविवाहो दर्शितः । स चानुरागमूलत्वाच्छ्रेष्ठः । यदाह ।

अनुरागात्मकत्वेन गान्धर्वः श्रेष्ठतां गतः । इति ।

२३३-२५०. परिवर्तस्व परिवृत्य गच्छ । जवनिका पिधानपटः । तत्रान्तर्धानम् । स्त्रीणामग्रे स्त्रीवेषादिकरणेनौचित्यात् । मालत्यस्मि संवृत्त इत्यनेन वैमूढकनामा भाव उक्तः । यदाह ।

१ लव० for माल० A. N. २ सेवदी for शेवधिः N.; च for वा A. C. E. ३ माध० for मक०. N. ४ °वदि A. B.; N. om. भअवदी; जह B. N.; A. N. add तुह्मे after जधा; आणवेध A. B. N. ५ B. om. मकरन्द; N. om. त्वं; B. om. एव; वैवाहिकेनैरथ्येनाच्छादितः प्रवर्तस्व परिणमय आत्मनः for वैवा—त्मने. N. ६ Com. has लव० वा० before this. ७ Com. with A.

[1]प्रसाधितः परिणाययात्मानम् । इति पेट्टालकमर्पयति ।

मक० । [2]यथाज्ञापयति भगवती । यावदितश्चित्रजवनिकामन्तर्धाय ने[3]पथ्यं धारयामि । तथा करोति ।

माध० । भगवति सुलभब[4]हुनर्थमतिसंकटमिदं वयस्यस्य ।

काम० । [5]आः कस्त्वमस्यां चिन्तायाम् ।

माध० । एवं भगवत्येव जानाति ।

प्रविश्य म[6]करन्दः । विहसन् । वयस्य मालत्यस्मि । सर्वे सकौतुकं पश्यन्ति ।

माध० । मक[7]रन्दं परिष्वज्य सोपहासम् । भगवति कृतपुण्य एव नन्दनो [8]यः प्रियामीदृशीं कामयिष्यते ।

वैमूढकं तु लास्यं स्यात्पुंसः स्त्रीवेषधारणम् ॥ इति ।
सस्मितमिति क्रियाविशेषणम् । मुहूर्तमित्यनेनानन्तर एव विच्छेद उक्तः । कामयिष्यत इत्यनेन पराङ्कावतारः कृतः । अनुपलम्भार्थमाह । वृक्षगहनेनेति । गहनेन वनेन विषमेन वा ॥ गहनं विषमे त्रिष्विति विश्वः ॥ उद्वाहमङ्गलं विवाहार्थं कर्म । गाढेत्यादि । तद्भुवो भागा उद्यानवाटिकायाः

---

१ प्रसाधितशरीरः E.; परिणय for परिणायय A. C. E.; N. om. इति; पेट्टालकम् A.; पिट्टालकम् B. पट्टालकम् C. पटलकम् N. २ यदा° for यथा° A. N.; °यसि for °यति N.; N. om. भगवती; यवनिका N.; °आप्य N. ३ नैपथ्यं N.; रचयामि for धारयामि B. ४ सुलभमपि बहु° N.; N. om. अति and इदं; वयस्यस्येति B. ५ N. om. आः. ६ मालतीवेशधारी before मकरन्दः C.; विहस्य for विहसन् N.; B. om. विहसन् ; N. om. वयस्य; संवृत्ता B. संवृत्तः Com. after अस्मि सविस्मयं च for सकौतुकम् N. ७ N. om. मकरन्दं; N. om. सोपहासम्. ८ यतः for यः N.; प्रियवयस्यमीदृशीं for प्रियामीदृशीं N.; A. N. add मनसा मुहूर्तमपि after ईदृशीं; °ष्यति A. B.

कामं०। वत्सौ मालतीमाधवौ इतो निर्गत्य वृक्ष[1]गहनेन गम्यतामुद्वाहमङ्गलार्थम[2]स्मद्विहारिकायाः पश्चादुद्यानवाटः। [3]सुविहितं च तत्र[4] वैवाहिकं द्रव्यजातमवलोकितया। भूयश्च

गाढोत्कण्ठकठोरकेरलवधूगण्डावपाण्डुच्छदै-
स्ताम्बूलीपटलैः पिनद्धफलिनै[5]रानम्रपूगद्रुमाः।
[6]कङ्कोलीफलजग्धिमुग्धविकिरव्याहारिणस्तद्भुवो

प्रदेशा वां युवयोः श्रेयः शृङ्गारादिकं विधास्यन्ति शृङ्गारस्योपवनविहरणजन्यत्वात्। यदाह।

उपवनगमनविहारैः शृङ्गाररसः समुद्भवति ॥

कीदृशाः। ताम्बुली पर्णलता तासां समूहैः पिनद्धा वेष्टिताः फलिनाः फलयुक्ता अत एवानता क्रमुकवृक्षा येषु ते ॥ सापेक्षकत्वेपि गमकत्वात्समासः ॥ कीदृशैः। गाढोत्कण्ठा यस्याः सा च कठोरा तृतीययौवनवयाः केरलदेशवधूस्तस्याः कपोलवदवपाण्डुरीषद्धूसरश्छदः पत्रं येषां तैः।

रतिसंभोगे दक्षा प्रतिपक्षासूयिका गुणाढ्या च।
अनिभृतगर्वितचेष्टा सा विज्ञेया तृतीया तु ॥

इति भरतः। अत एवोत्कण्ठाधिक्यम्। केरलदेशजत्वेन गौरत्वमुक्तम्। अतः पीतिमसंबन्धाच्छ्वेत ईषत्पाण्डुरत्वम्। यदाह।

सितपीतसमायोगादीषत्पाण्डुरिति स्मृतः ॥

पिनद्धेति वष्टि भागुरिरल्लोपमित्यल्लोपे रूपम्। फलिन इति फलबर्हाभ्यामिनज्मत्वर्थीयः ॥ तथा कङ्कोलीफलस्य जग्ध्या भक्षणेन मुग्धाः प्रीता

---

१ गहनं B. गहने C.; निर्गम्यताम् A. २ अस्ति च तत्र विहाराय for अस्मद्विहारिकायाः N.; वाटिकायाः A. वाटिकायां E. ३ E. om. सु; संनिहितं for सुविहितं C.; A. N. om. च. ४ तत्रैव A. N.; B. om. वैवाहिकं; वैवाहिकद्रव्य° A.; A. adds सर्वं संपादितमास्ते after अवलोकितया. ५ फलित B. C. N. ६ तक्कोली N. कक्कोली Com.

भागाः प्रेङ्खितमातुलुङ्गवृतयः[1] प्रेयो विधास्यन्ति वाम् ॥

[2]गत्वा च तत्रैव मकरन्दमदयन्तिकागमनं यावत्प्रतीक्षावहे । इत्याकर्ण्य, ...

माध० । [3]सहर्षम् । कल्याणावतंसा हि कल्याणसंपदुपरिष्टा-द्भवति ।

कल० । दिट्ठिआ[4] एव्वं पि भविस्सदि । (क)

म[5]कर० । कथं संदेह एवात्र भवतः ।

लव० । सुदं[6] पिअसहीए । (ख)

काम० । वत्स मकरन्द [7]वत्से लवङ्गिके इत इतः प्रतिष्ठामहे ।

(क) दिष्ट्या एवमपि भविष्यति ।

(ख) श्रुतं प्रियसख्या ।

ये विकिराः पक्षिविशेषास्तेषां व्याहार उक्तिर्येषु ते ॥ कक्कोली बदरी कोलीत्यनेकार्थः ॥ भूमिं नखैर्विलिख्य ये चरन्ति ते विकिराः ॥ नगौको-वाजिविकिरविविष्किरपतत्रय इत्यमरः ॥ अदो जग्धिः ॥ व्याहार उक्तिर्ल-पितमित्यमरः ॥ तथा प्रेङ्खिता वातेन चलिता मातुलुङ्गवृतिर्वेष्टनं येषु ते । तथा चैवंविधनानागुणवनगमनेन सर्वमनोरथसिद्धिस्ते भविष्यती-ति भावः । मातुलुङ्गश्चोलङ्गवृक्षः ॥ रुचको मातुलुङ्गक इत्यमरः ॥

२५१–२५८. कल्याणान्तरावतंसा मकरन्दविवाहकल्याणभूषणा माधवविवाहसंपत्तिः । कलहंसकवाक्ये [दिष्ट्येत्यादि] । मकरन्दविवाहे-नाप्यस्माकं प्रमोदः स्यादित्यर्थः । संभोगार्थं विजनकरणाय कर्त-

---

१ मातुलिंग B. C. E. मातुलङ्ग A.; श्रेयो for प्रेयो B. २ अतः for गत्वा च N.; B. om. एव; मदयंतिकामकरंदयोरागमनं N.; मंगळं for आगमनं B. E. ३ N. om. सहर्ष; N. om. कल्याणावतंसाहि, कल्याणान्तराव° A. ४ कहं for दिट्ठिआ N.; एदम् for एव्वं A.; णो after पि A. C. N.; भोदि for भविस्सदि C. ५ माध० । A.; संदेहो भवतः N. ६ तुए for पिअसहीए B. ७ भद्रे for वत्से N.; N. om. one इतः.

माल० । सहि तुए वि ग[1]न्तव्वं । (क)

लव० । विहस्य । संपदं क्खु अ[2]म्हे एत्थ तुवराम । (ख)

इति नि[3]ष्क्रान्ता कामन्दकी लवङ्गिका मकरन्दश्च ।

माध० । अयमहमिदानीम्

आमूलकण्टकितकोमलबाहुनाल-

मार्द्राङ्गुलीदलमनङ्गनिदाघतप्तः ।

(क) सखि त्वयापि गन्तव्यम् ।

(ख) सांप्रतं खलु वयम[4]त्र त्वरामहे ।

व्यमकरन्दविप्रलम्भार्थं च सर्वेषां निष्क्रमणमाह वत्स इत्यादि । माल० वा० । सखि त्वयापि गन्तव्यम् । एकाकिन्या मयात्र कथं स्थातव्यमिति भावः । ल० वा० । सांप्रतं खलु वयमत्रावशिष्यामहे । यूयं सर्वे एव स्वार्थं चलिता इत्यर्थः ।

२६०–२६४. आमूलेत्यादि । अस्या रम्यं हस्तं हस्तेन गृह्णामि । यथा सरस्या ईषद्रक्तपद्मं मनोज्ञं हस्ती करेण स्थूलहस्तेन गृह्णाति तथेत्यर्थः । कोमलाङ्ग्याः कर ईषद्रक्त एवेति साम्यम् । कीदृशम् । आमूलं कक्षादेशपर्यन्तं कण्टकितो रोमाञ्चितः कोमलो बाहुरेव नालं यस्य तम् ॥ कण्टकः क्षुद्रशत्रौ च रोमाञ्चेपि च दृश्यत इति विश्वः ॥ आर्द्राङ्गुल्य एव दलानि पत्राणि यस्य तम् । रोमाञ्चितत्वार्द्रत्वे सात्विकभावात् । अहं कीदृशः । अनङ्ग एव ग्रीष्मस्तेन तप्तः । तथा च कामतापप्रशान्त्यर्थं करग्रहणमित्यर्थः । पद्मस्याप्युद्धृततया तस्य कण्टकितकोमलनालत्वमार्द्रपत्रत्वं च भवति । गजोपि ग्रीष्मतप्तः । पद्मपक्ष आमूलं कन्दपर्यन्तम् । तदनेनानन्तरकर्तव्यताध्यवसायस्य धैर्यमुक्तम् ।

१ गंदव्वं B. २ वअं एत्थ उवचरामो A. अवसरामो N. ३ निष्क्रान्ताः कामन्दाः A. N. ४ वयमत्रावशिष्यामहे Com.

अस्याः करेण करमाकलयामि कान्त-
मारक्तपङ्कजमिव द्विरदः सरस्याः ॥

इति निष्क्रान्ताः सर्वे[1]। २६५

॥ मालत्युपहारो[2] नाम षष्ठोऽङ्कः ॥

सूते स्म यं रत्नधरः पवित्रः पवित्ररूपा दमयन्तिकापि।
जगद्धरं तत्कृतटिप्पणेऽङ्कः षष्ठोऽगमद्रम्यरसाधिवासः ॥

॥ इति षष्ठोऽङ्कः ॥

---

१ N. om. सर्वे; मालतीमाधवे चौरिकाविवाहो नाम after सर्वे A. २ C. E. N. om. मालत्युपहारो नाम; षष्ठोऽङ्कः समाप्तः C.

॥ सप्तमोऽङ्कः ॥

[1]ततः प्रविशति बुद्धरक्षिता ।

बुद्ध० । अम्महे सुसिलिट्ठमालदीणे[2]वत्थलच्छीविप्पलद्धणन्दणकिदकरग्गहो [3]अमच्चभूरिवसुमन्दिरे भअवदीवअणसंविहाणेहिं खेमेण गोवा[4]इदो मअरन्दो । अज्ज अह्मे पि णन्दणावासं उवगदा । तदो भअवदी णन्दणमापुच्छिअ गदा आवसहं । [5]अभं च णववहूघ-

(क) अम्महे सुश्लिष्टमालतीनेपथ्यलक्ष्मीविप्रलब्धनन्दनकृतकराग्रहोमात्यभूरिवसुमन्दिरे भगवतीवचनसंवि[6]धानैः क्षेमेण गोपायितो मकरन्दः । अ[7]द्य वयमपि नन्दनावासमुपगताः । ततो भगवती नन्दनमापृच्छ्य गतावसथम् । अयं च नववधूगृहप्रवेशाविरचिताकाल-

अधुना मालतीरूपधारिणा मकरन्देन कथं नन्दनविप्रलम्भो मदयन्तिकाहरणं च कृतं भवेदिति प्रबन्धाभिधानाय नियुक्तैव तत्र मयेत्यादिना प्रथमाङ्कसूचितबुद्धरक्षिताप्रवेशः ।

२–१३ अत्र माधवविवाहनिर्वाहाद्धर्षाश्चर्येऽम्महेशब्दः । सुश्लिष्टत्वं मकरन्दस्य गौरत्वादश्मश्रुलत्वादिना मालतीसाम्यात् । भगवतीति भगवत्यैवालंकृत्य प्रहित इत्यर्थः । क्षेमेण कुशलेन । एतत्तु केनाप्यनु-

१ प्रविश्य for ततः प्रविशति N. २ °पत्थ B. °वच्छ N. वच्छ A. E.; N. om. किद ३ N. om. अमच्च; संविहाणेण A.; भअवदीए संविहाणेण N.; क्खेमेण B. ४ गोवा° E.; अज्ज after गोवाइदो N; C. om. मअरन्दो; तुम्मनि after मअरन्दो A.; इमं before णंदणावासं A. अह्मोहि समं णंदणावासं गआ भअवदी तदो णंदणमापुच्छिअ णिअवासं गआ N. ५ अण्णं च for अभं च A. B.; N. om. च; गिह for घर A. B. C. E. ६ संनिधानेन Com. ७ अद्य च वयमिमं नंदनावसथमुप° Com.

रव्वंचसंविरइदो कालकोमुदीमहूसवप्पउत्तिपउजाउलासेसपरिअणो प-दोसो अणुऊलइस्सदि अज्ज णो वेवसिदं । संपदं तुवरन्तकामो कामिणिं कामेदुं बहुसो सपादवन्दणं अब्भत्थिअ पुणो वि बलामोडिअ अहिद्दवन्तो मअरन्देण णिट्टुरं पडिहदो जामादा । तदो सो क्खु अधिअवेलक्खखलन्तअक्खरो सरोसणिब्भरदुःक्खिदो मदप्पप्फुरन्त-

कौमुदीमहोत्सवप्रवृत्तिपर्याकुलाशेषपरिजनः प्रदोषोऽनुकूलयिष्यत्यद्य नो व्यवसितम्। सांप्रतं त्वरमाणकामः कामिनीं कामयितुं बहुशः सपादवन्दनमभ्यर्थ्य पुनर्बलात्कारेणाभिद्रवन्मकरन्देन निष्ठुरं प्रतिहतो जामाता। ततः स खल्वधिकवैलक्ष्यस्खलदक्षरो सरोषनिर्भरदुःखितो मदप्रस्फु-

पलम्भात्। गोपायितो गुप्तीकृतः। आपृच्छ्य संवादं कृत्वा। तत्र नन्दनगृहं गच्छामीति तद्भवाननुमन्यतामिति संवादः। आपृच्छिः संवादार्थ इति शाब्दिकाः। अत एवापृच्छस्व प्रियसखममुमिति मेघदूतादौ टीकाकृता तथैव विवृतमित्यवधेयम्। आवसथं गृहम्। कौमुद्याश्विनपूर्णिमाव्रतम्। यद्वा। कार्तिक्यां चन्द्रमण्डलपूजा कौमुदीव्रतम्। तदुभयं च ग्रीष्मे प्रवृत्तमित्यकालकौमुदीत्युक्तम्। यद्वा। जननयनानन्दकत्वेन कौमुदीव

१ °इआ for °इदा N.; पमत्त for पउत्त C. N.; एसो after परिअणो B.; पओसो N. २ त्वर° for तुव° A. E.; क्खु after संपदं A. ३ E. N. om. कामिणिं; °णीं for णिं A. C.; N. om. बहुसो; °पाद for °पाद B. E.; पउणं for वन्दणं N.; °च्छिअ for °त्थिअ C.; N. om. वि; °मोडिएण N. ४ अभि° for अहि° N.; °दवन्तो A. C.; णिट्ठुरपडिहदो A.; अहि° for पडि° N.; जामादरा C.; स अ for तदो सो क्खु A.; अधिअदरवेल° A.; जामादा। सो वेलक्खरोसणिब्भरदुक्खिदो N. ५ B. E. add रोस after वेलक्ख; वेलक्ख B.; रोस for सरोस A.; रुदिअ A. रुदद N. for मद; पप्फु° for प्फु° A. B. C. N.; वभणो for गभणो N. ६ Com. with A. ७ जामाता। सत्वाधिकतरवैलक्ष्य स्खलदक्षरस्वरो रोषनिर्भरसंशुष्कितारुदितप्रस्फुरद्वदनो Com.

णअणो ण मे संपदं तुए कोमारबन्धईए पओअणं त्ति ससवहं पइण्णं काउण[2] वासभवणादो णिग्गदो त्ति । एदिणा पसङ्गेण मदअन्तिअं आणिअ मअरन्देण सह[3] संजोजइस्सं । (क)

इति[4] निष्क्रान्ता । प्रवेशकः ।

रत्नयनो न मे सांप्रतं त्वया कौमारबन्धक्या प्रयोजनमिति सशपथं प्रतिज्ञां कृत्वा वासभवनान्निर्गत इति । एतेन प्रसङ्गेन मदयन्तिकामानीय मकरन्देन सह संयोजयिष्ये ।

कौमुदीति रूपकम् । कौमुदी चन्द्रज्योत्स्ना यथाकालसंभवा संध्याकालीना वर्षर्तुभवा जनानन्दाय तथेयमपीत्यर्थः । अः केशवस्तस्य कालो वर्षाकालः संध्याकालश्च ॥ प्रदोषो रजनीमुखमित्यमरः ॥ व्यवसितं मदयन्तिकाविवाहरूपम् । अन्यकार्यव्यावृत्ते जने तदप्रत्यूहं निर्वहेदिति भावः । त्वरमाणेति विलम्बासहकामावेश इत्यर्थः । तिरस्काराद्वैलक्ष्येण स्खलदक्षरैः सह स्वरो यस्य सः । रोषेण निर्भरं व्याप्तम् । खुलुङ्कितमिति पाठे खुलुङ्कितं मौनम् । खुलुङ्कितमाहुर्मुखसंकोचं च काव्यविद इत्यभिधानात् । कौमारबन्धकी वेश्या । माधवानुरक्तत्वात् तदत्र नन्दनस्य विवाहदिन एव बलादभिद्रवणेनाधार्मिकत्वम् । कामशास्त्राविज्ञत्वं च दर्शितम् । यदाह ।

सुकुमाराः पुरुषाणामाराध्या योषितः सदा ।
अनिच्छया प्रवृत्तश्चेच्छृङ्गारं नाशयेद्रसम् ॥

बन्धकीति परुषवाक्येन दुराचारत्वमप्यस्य । यदाह ।

ताडनं बन्धनं वा यो न विमृश्य समाचरेत् ।
ब्रूते परुषवाक्यं च दुराचारः स उच्यते ॥

प्रसङ्गेन संविधानकेन । एतेन सूचनात्प्रवेशः ।

---

१ तुमए A. इमाए N. for तुए; °संपदं N. पडिण्णं for पइण्णं B. २ कदुअ for काउण B.; N. om. त्ति; ता एदेण पसङ्गेण N. ३ समं for सह N.; संजोइस्सं B.; त्ति after संजोजइस्सं N. ४ N. om. इति.

ततः प्रविशति शय्यागतो मालती[1]वेशो मकरन्दो लवङ्गिका च।

मक०। लवङ्गिके[2] अपि नाम बुद्धरक्षितासंक्रान्ता भगवतीनीतिर्विजेष्यते।

लव०। को[3] संदेहो एत्थ महाणुभावस्स। किं बहुणा जहा एसो मञ्जीरसद्दो सुणीअदि तहा जाणा[4]मि तेण ववदेसेण आणीदा बुद्धरक्खिदा[5]ए मदअन्तिआ त्ति। ता उत्तरीआववारिदो पसुत्तलक्खणो चिट्ठ। (क) मकरन्दस्तथा करोति।

(क) कः संदेहोत्र महानुभावस्य। किं बहुना यथैष मञ्जीरशब्दः श्रूयते तथा जाना[6]मि तेन व्यपदेशेनानीता बुद्धरक्षितया मदयन्तिकेति। तदुत्तरीयापवारितः प्रसुप्त[7]लक्षणस्तिष्ठ।

१५–२१. सुप्तस्य प्रवेशो भरतनिषिद्ध इति शय्यागत इत्युक्तम्। भगवतीनीतेरव्यभिचारित्वेप्याश्रयभेदात्तदाशङ्क्याह। अपीति संभावनायाम्। अव्यभिचारित्वमेवाह। लवङ्गिकावाक्ये। कः संदेहोत्र महानुभावस्य। मदयन्तिकापरिणयोवश्यं भावीति भावः। अत्र किं बहुना भणितेनेत्यर्थः। मञ्जीरो नूपुरम्। व्यपदेशेन मालतीप्रबोधच्छलेन। उत्तरीयेति उपरिवासःपिहिताङ्ग इत्यर्थः। लक्षेण व्याजेन। इह नर्मगर्भा कैशिकीवृत्तिः। यदाह।

---

१ N. om. मालतीवेशो. २ B. om. लवङ्गिके; नामेयं बुद्ध° B.; नीतिरविपर्येष्यति A. नीतिर्विपर्येष्यते E. नीतिर्न विपर्येष्यते C. ३ कहं संदेहो महाभाव सा क्खु निउणा। जहा N.; भावस्स C. E. ४ तक्केमि for जाणामि A.; त्त° A. E.; आणिदा B. C. ५ °आए N.; मदअंतिएत्ति C. E.; B. om. त्ति; °रीअवारिदो B. °रीओवांतरिदो C. °रीओवारिदो A. E.; सुत्तलक्ख° N. °लक्खणो A. C. °लक्खो E.; चिट्ठदु A. ६ तर्कयामि Com. ७ सुप्तलक्षेण Com.

ततः प्रविशति मदयन्तिका बुद्धरक्षिता च ।

मद० । सहि सच्चं उजेव[1] परिकोविदो मे भादा मालदीए । (क)

बुद्ध० । अध[2] इं । (ख)

मद० । अहो अच्चाहिदं ता एहि वामसीलं[3] मालदिं निभच्छेह्म । (ग) परिक्रामतः ।

बुद्ध० । इदं वासभवणदुवारं[4] । (घ) इति प्रविशतः ।

(क) सखि सत्यमेव परिकोपितो[5] मे भ्राता मालत्या ।

(ख) अथ किम् ।

(ग) अहो अत्याहितं तदेहि वामशीलां मालतीं निर्भर्त्सयावः ।

(घ) इदं[6] वासभवनद्वारम् ।

कार्यकारणतो यत्र नायको गोपयेत्तनुम् ।
नर्मगर्भः स कथितो नाट्यवेदिभिरुत्तमः ॥

२५–२७. अत्रात्याहितमतिक्रमः । निर्भर्त्सयाम इति ।

त्रिरात्रं नायकं ज्ञात्वा वाचा हीनं तु कन्यका ।
पश्यन्ती स्तम्भयच्छन्नं निर्विद्येत ततः परम् ॥

इति भरतानुरोधेन कन्याविस्रम्भपरे मे भ्रातरि व्यर्थमियं रुष्टेति निर्भर्त्सनमस्या इति भावः । बुद्धरक्षितावाक्ये । एतद्वासभवनद्वारम् । तत्प्रविशेति शेषः ।

---

१ एव्व N. २ अह N. ३ सीलां B. शीलं A. C. E.; वामसीलं निभच्छिअ मालदिं गच्छह्म N.; °दीं. C. ४ N. om. दुवारं; B. om. इति; उभे for इति N. ५ Com. om. परि. ६ एतद् for इदं Com.

मद०। सहि लवङ्गिए जाणीअदि[1] पसुत्ता दे पिअसही त्ति। (क)

लव०। एहि[2] मा णं पडिबोधेहि जदो एसा चिरं दुम्मणाअन्ती दाणिं[3] ज्जेव्व ईस मण्णुं उज्झिअ पसुत्तेत्ति। तदो सणिअं इध[4] ज्जेव्व सअणुप्पन्ते उवविस। (ख)

मद०। तथा कृत्वा। सहि[5] दुम्मणाअदि इअं वामसीला। (ग)

(क) सखि लवङ्गिके ज्ञायते[6] प्रसुप्ता ते प्रियसखीति।

(ख) एहि[7] मैनां प्रतिबोधय यत एषा चिरं दुर्मनायमानेदानीमेवेषन्मन्युमुज्झित्वा प्रसुप्तेति। ततः शनैरिहैव शयनीयोपान्त उपविश।

(ग) सखि दुर्मनायत इयं वामशीला।

३०–३८. अत्र कथमस्माद्दुराचारात्स्थास्यामीति चिन्तया दौर्मनस्यान्निद्रा। यदाह।

आलस्यदौर्मनस्यक्लेशश्रमचिन्तनस्वभावेभ्यः।
रात्रौ जागरणादपि निद्रा मनुजे दिवापि संभवति।

तथा च दुःखहानाय निद्रयापि क्षणं नयत्वियमित्याशयः। अत्र विस्रम्भणं विश्वासमुत्पाद्य वशीकरणम्। लडहं मनोहरम्। विदग्धं कलाभिज्ञम्। नववधूविस्रम्भणोपायस्ताम्बूलादिदानम्। यदाह। बाला ताम्बूलमालाफ-

---

१ जाणीहि दाव A.; ते for दे B.; E. om. त्ति; पिअसही न वेत्ति A. २ सहि before एहि A. N.; पडिभोधेहि E.; N. om. जदो. ३ इदाणीं for दाणिं A. C. E.; N. om. ज्जेव्व; ईसि मण्णे पसुत्तोत्ति N.; °त्तेत्ति A. B. E.; इदो C. अदो N. for तदो.; अदो एदस्सिं सअणब्भासम्मि उवविस N. ४ इह ज्जेव्व अणुप्पन्ते B.; °णुप्पंतं E.; उप° C. ५ N. om. सहि; कथं after सहि A.; °आदि किं इअं N. ६ Com. with A. ७ सखि before एहि Com. प्रतिबोधयिष्यसि एषा हि चिरं Com. ८ त्यक्त्वा. Com.

लव०। [1]कहं णाम णववहूविस्सम्भणोवाअजाणुअं लडहं विअ-[2]ड्ढमहुरभासिणं ससिणेहं अरोसणं अ दे भादरं भत्तारं समासादिअ [3]सही ण दुम्मणाइस्सादि। (क)

मद०। [4]बुद्धरक्खिदे पेक्ख विप्पदीअं अह्मे वि उवालम्भी-आमो। (ख)

(क) कथं नाम नववधूविस्रम्भणोपायज्ञातारं मनोहरं विदग्धमधुरभाषिणं सस्नेहमरोषणं च ते भ्रातरं भर्तारं समासाद्य सखी न दुर्मनायिष्यते।

(ख) [6]बुद्धरक्षिते प्रेक्षस्व विप्रतीपं वयमपि उपालभ्यामहे।

लरसमुरसाहारसंमानहार्येत्यादिकः सुप्रसिद्ध एव। प्रकृते तूपालम्भपरत्वाद्विपरीतार्थकत्वमिति भावः। विप्रतीपं विपरीतम्। पादपतितनन्दनाननुवर्तनान्मालत्येवोपालभ्या तदकरणाद्विपरीतत्वमिति भावः। पादपतनेनुवृत्तौ भरतः।

> व्रीडायुक्तापि या योषिदातिरुष्टापि या भवेत्।
> पादे पतन्तं पुरुषमनुवर्तेत सर्वदा॥

---

१ कथं A.; णाम ण णव° B.; जाणअं B. C.; लउहं C.; विअड्ढ N.; B. has मनोहरं for लउहं and om. विअड्ढ. २ महुरालावभासिणं N. °भासणं C.; A. N. om. ससिणेहं; च for अ B.; अरोसणं अकाअरं दे N. भाअरं A. ३ पिअसही A. E. N.; णी for ण B.; E. om. ण; °दिअ ण दुम्मणाइस्सदि मे पिअसही N. ४ कहं before बुद्ध° N.; पेक्ख पेक्ख A. B.; °दीवं B. °द्दीवं N.; N. om. अह्मे वि; उआलं० C. उवालम्भाम्ह N. ५ समासाद्य मे प्रियसखी Com. ६ सखि before बुद्ध° Com.; पश्य पश्य वयमेव Com.

बुद्ध० । विप्पदीअं[1] ण विप्पदीअं वा । (क)

मद० । केधं[2] विअ । (ख)

बुद्ध० । जं दाव चलणपडिदो[3] वि भत्ता ण बहुमाणिदो एत्थ लज्जादोसेण एसो जणो[4] उआलम्भणिज्जो । जं पि पिअसहि णववहूविरुद्धसाहसोवक्कमक्खलणवेलक्खविच्छडिदमहाणुभावत्तण-[5]

(क) विप्रतीपं न विप्रतीपं वा ।

(ख) कथमिव ।

बुद्धरक्षितावाक्ये । विप्रतीपं न वा विप्रतीपम् । तच्चित्तानुवर्तनेन स्वीकृत-युक्त्या निराकरणेन न वैपरीत्यमिति भावः ।

४०-४१ स्वाभिप्रायं गोपायितुं साधारणोक्त्या स्ववचो वदति [बुद्ध०]। अत्रेयमिति वक्तव्ये जन इत्यभिधानं मालतीमकरन्दसा-धारण्यार्थम् । नववध्वा लज्जयातिक्रमे न दोषः । यदाह ।

नवपरिणीता योषिद्यत्नादपनीय साध्वसं सद्यः ।
विविधविनोदकथाभिर्विश्वासं नीयते सरसैः ॥

रभसोपक्रमः सहसा प्रवृत्तिः स च विरुद्धः । यदाह ।

सहसा वाप्युपक्रान्ता कन्याचित्तमविन्दता ।
साध्वसं त्रासमुद्वेगं सद्यो द्वेषं च विन्दति ॥
सा प्रीतियोगमप्राप्य तेनोद्वेगेन दुःखिता ।
पुरुषद्वेषिणी वा स्याद्विद्विष्टा वा ततोन्यगा ॥

---

१ °दीतं B. °वीवं N. in both places.; वि for वा A.; C. om. वा. २ कहं N. ३ पडिभी A. E.; चळणाणदो भत्ता N.; °मण्णिदो N. ४ जणो ण वभाळ° A. C. E. N.; उवाळं° N.; जं पिभसहि B. N. ५ रहसोवक्कम A. भसोवक्कम N.; विच्छरिभ for विच्छडिद N.; °भाभत्तणस्स B.

स्स भादुणो दे वा[1]आगदं किं वि अपरिट्ठाणं तेण तुह्मे त्ति । किं [2]च । कुसुमसधर्माणो हि योषितः सुकुमारोपक्रमाः । ता[3]स्त्वनधिगतविश्वासैः प्रसभमुपक्रम्यमाणाः सद्यः संप्रयोगविद्वेषिण्यो भवन्ति । एवं किल कामसुत्तआरा आम[4]णन्ति । (क)

(क) यत्तावच्चरणपतितोपि भर्ता न बहुमानितोत्र लज्जादोषेणैष जन उपालम्भनीयः । यदपि प्रियसखि नववधूविरुद्धसाहसोपक्रमस्खलनवैलक्ष्यविच्छर्दितमहानुभावत्वस्य भ्रातुस्ते वाचागतं किमप्यपरिस्थानं तेन यूयमिति । एवं किल कामसूत्रकारा आमनन्ति ।

स्खलनमुपक्रान्तानिर्वाहः । विच्छर्दितं विशीर्णम् । अपरिस्थानकमपरिस्थितिः । अधैर्यमिति यावत् । यूयमुपालभ्या इति मदयन्तिकां प्रति वचनम् । भ्रातृपक्षप्रवेशात् । अह्मेति पाठे बुद्धरक्षिता मदयन्तिकया सह स्वाभेदं मन्यमाना वयमित्याह । शिल्पकारित्वात्संस्कृताश्रयणम् । यदाह ।

दिव्याया गणिकायाश्च शिल्पकार्यास्तथैव च ।
विदग्धायाः स्त्रिया भाषां संस्कृतेनापि योजयेत् ।

यद्वा । कामसूत्रानुकरणात्संस्कृतभाषा । सधर्माणस्तुल्याः । उपक्रम आरम्भः । प्रसभं हठात् । संप्रयोगः सुरतम् । किल प्रसिद्धौ । कामसूत्रकारा मन्त्रयन्ते ।

---

१ वाआगमं B. °गअं N. किं पि B.; N. om. वि; अपाडि° N.; तेण वि तुह्मे त्ति C. तेण वअं त्ति B. तेण जाणीअदि अवरद्धा त्ति तुह्मे त्ति E. तेण जाणीअदि किंअवराहा अह्मे त्ति N. २ किं अ N.; A. N. add संस्कृतमाश्रित्य after किं च; कुसुमधर्माणो B. कुसुमसमधर्माणो N. ३ ताश्चानधि° A., E. om. तास्तु ; संप्रयोगे A.; द्वेषिण्यो E.; °विद्वेषिण्योऽरिपुरुषद्वेषिण्यो भवंति N. ४ भणंति A. C. E. आमणांदि N. for आमणन्ति. ५ रभसोपक्रम Com. ६ अपरिस्थानकं Com.

लव० । सास्रम् । घरे घरे [1]पुरिसा अम्मकाओ समुव्वहन्ति ण [2]क्खु को वि लज्जापराधीणं अणवरद्धं मुद्धलडहसहावं कुलकुमारिअणं [3]पहवामि त्ति वाआणलेण पज्जालोदि । एदे क्खु दे हिअअसल्लणिक्खेवा [4]आमरणं संभरिज्जन्तदूसहा पदिघरणिवासवेरग्गकारिणो महापरि[5]भवा जाणं कदे इत्थिआणं जम्मलाहं जुगुच्छन्ति वान्धवा ।(क)

(क) गृहे गृहे पुरुषाः कुलकन्यकाः समुद्वहन्ति न खलु कोपि लज्जापराधीनमनपराद्धं मुग्धसुकुमारस्वभावं कुलकुमारीजनं प्र[6]भवामीति वाचानलेन प्रज्वालयति । एते खलु ते हृदयशल्यनिक्षेपा आमरणं [7]संस्मर्यमाणदुःसहाः पतिगृहनिवासवैराग्यकारिणो महापरिभवा येषां कृते स्त्रीणां जन्मलाभं जुगुप्सन्ते वान्धवाः ।

४९–६४ अत्र निक्षेप आरोपणम् । जुगुप्सन्ते निन्दन्ति । दुःशीला कन्या मा जायतामिति भावः । [मद० वा०] कथमन्यथात्युद्विग्नेपमिति भावः । [मद० वा०] । अत्र प्रभवामीति वरभगिन्यपि त्वयि

---

१ पुरुसा B. N.; कुलकण्णकाओ A. कण्णआओ B. अह्मगाओ N. for अम्मकाओ; वन्नहंति N. २ ण हु को वि B. C. ण अ को वि N.; पराहीणं C. वराधीणं B. लज्जापसाहणं N.; अणवरद्धं B. अणवलद्धं E.; A. om. मुद्ध; लडसहावं B. लडुहस° C. लडउस° E., N. om. लडह; कुलकुमारिणां पहवामि C. ३ पहरामीति A.; वाआअणले B.; पज्जाकुलेअदि N.; E. om. दे; निक्खेवा A. B. N. ४ आमरणसंभ° N.; सुमरिज्जन्त A.; समरिण्णंत B.; दुःसहा A. B. C. E.; दूसहाआसा N.; परघर B. C. E.; °आरिणो N. ५ °हवा B.; किदे B किए N.; इत्थिजणाणं B. इत्थिआजम्म° N. इत्थिअणजम्म° E.; जुउच्छन्दि N. °च्छन्दि B.; वंधवा B.; वंधवजणा N. ६ प्रहरामीति Com. ७ स्मर्यमाण Com.

मद०। बुं[1]द्धरक्खिदे अदिदुम्मिदा पिअसही लवङ्गिआ। [2]महन्तो को वि मे भादुणा वाआवराधो से कदो। (क)

बुद्ध०। अं[3]ध इं। सुदं अह्मेहिं जधा मम ण तुए संपदं कोमारबन्धईए पओअणं त्ति। (ख)

(क) बुं[4]द्धरक्षिते अतिदूना प्रियसखी लवङ्गिका। मह[5]न्कोपि मे भ्रात्रा वाचापराधोस्याः कृतः।

(ख) अ[6]थ किम्। श्रुतमस्माभिर्यथा मम न त्वया सांप्रतं कौमारबन्धक्या प्रयोजनमिति।

प्रणयवशादाश्वासवत्यहमिति भावः। [ल० वा०] अत्र यथेच्छसि तथा ब्रूहीत्यर्थः। [म० वा०] अत्रेदृशोपि दुःशीलोपि। यथाचित्तं चित्तानतिक्रमेण। भर्तेति।

कोपि देवः कुलस्त्रीणां पतिरेव पतन्नपि॥

---

१ अइ A. सहि N. before बुद्धरक्खिदे; °रक्खिदए N.; अदिदुम्मविदा A.; मूमिआ N.; N. om. पिअ. २ अदिमहन्तो A. अति महंतो N.; क्खु after महन्तो A. E.; भादुणो N.; वाआअवराओ A. °राहो N.; N. om. से; किदो B. N.; E. gives the portion of this speech beginning with महन्तो to लवङ्गिका and has दे for मे. ३ बुद्ध०। अभइं सुदं अह्मेहिं। मद०। सहि केरिसो। बुद्ध०। मम ण &c. A., बुद्ध०। अभइं। मद०। सहि कोदिसो। बुद्ध०। सुदं अह्मेहिं जधा मह ण &c. C.; N. om. जधा; मह for मम E.; ण मे संपदं इमाए N.; कुमारबंध० C.; बंधइए A.; after पओअणं त्ति N. adds ससग्गहं गहण्णं काऊण वासभवणादो गदो।. ४ Com. with A.; अत्युन्नाविना Com. ५ Com. with A. ६ Com. with A. except that it has यथा before मम.

मद०। कर्णौ पिधाय। अहो अदिक्कमो। अहो पमादो[1]। सहि लवङ्गिए असमत्थम्हि दे मुहं पि संपदं दंसिदुं[2] तधावि पहवामि त्ति किं पि[3] मन्तइस्सं। (क)

लव०। [4]साधीणो दे अअं जणो। (ख)

मद०। चिट्ठदु[5] ज्जेव्व मह भादुणो दुस्सीलदा अवरिट्ठाणं अ। तुम्होहिं[6] ईदिसो वि संपदं जधाचित्तमणुवत्तणीओ जेण भत्ता एसो त्ति। अण्णं[7] च। तुम्हे इमस्स अणहिजादक्खराहिक्खेवोवालम्भदूसणस्स[8] जं मूलं तं ण आणध। (ग)

(क) अहो अतिक्रमो। अहो प्रमादः। सखि लवङ्गिके असमर्थास्मि ते मुखमपि सांप्रतं दर्शयितुं तथापि[9] प्रभवामीति किमपि मन्त्रयिष्ये।

(ख) स्वाधीनस्तेयं जनः।

(ग) तिष्ठत्वेव मम भ्रातुर्दुःशीलतापरिस्थानं च। युष्माभिरीदृशोपि सांप्रतं यथाचित्तमनुवर्तनीयो येन भर्तैष इति। अन्यच्च। [10]यूयमस्यानभिजाताक्षराधिक्षेपोपालम्भदूषणस्य यन्मूलं तन्न जानीथ।

इतिवचनात्स्त्रीषु भर्ता प्रभवतीति भावः। न चेति न च न जानीथ। किं तु जानीथ एवेत्यर्थः।

१ पमादो A. B. C. E. मुहं वि B. N.; C. E. om. पि. २ दअदुं for दंसिदुं A.; तह वि N.; पहवामि A. C. E. ३ किं वि N. ४ स्साधीणो B. साहीणो N. ५ दाव for ज्जेव्व N.; मम for मह B., N. om. मह; अणवरि° N. अवरिट्ठाणअं B. C.; च for अ B. ६ तुह्मोहिं वि ईदिसो N.; एरिसो A.; B. om. संपदं; जह N. °मणुवत्तणीओ B. ७ N. om. अण्णं च; अ for च B.; A. adds ण अ before तुम्हे; इमस्सि B.; किं after इमस्स C.; अणहिआदअक्खरा° N. इमस्स अणक्खराहिक्खे° B. C. इमस्स इत्थीअणअणभिजाददुरक्खराहिक्खे° A. इत्थीयाजणाणहिजाद E. ८ A. N. om. दूसण; B. om. ण; जाणध. A. आणेह N. ९ तथापि च प्रभ° Com. १० Com. with A. except that it has उपालम्भदीमिनस्यस्य.

लव० । [1]कधं वाआमन्तिदं वि णाम ण जाणीमो । (क)

मद० । जं [2]दाणिं तस्सिं महाणुभावे माहवे किं पि किल मालदीए [3]तारामेत्तअं आसी तहिं सव्वलोअस्स अदिभूमिं गदो पवादो । तं[4] क्खु एदं विअम्भादे । ता पिअसहि जधा एस भत्तुणो अवक्खाहिणिवेसो णिरवसेसं हिअआदो उद्धरीअदि [5]तधा करेध । अण्णधा महादोसो त्ति जाणिदं [6]भोदु । णिक्कम्पदारुणा अम्मकाओ दूमावेन्ति हिअअं मणुस्साणं [7]ईदिसादो दुरभिसङ्काओ त्ति मा णं भणिस्सध मदअन्तिआए कधिदं त्ति । (ख)

(क) कथं वा[8]ऽऽमन्त्रितमपि नाम न जानीमः ।

(ख) यदिदानीं तस्मिन्महानुभावे माधवे किमपि किल मालत्यास्तारामैत्रकमासीत्तत्र सर्वलोकस्यातिभूमिं गतः प्रवादः । तत्खल्विदं विजृम्भते । तत्प्रियसखि यथैष भर्तुरपक्षाभिनिवेशो निरवशेषं

६६–७४ अत्र किल प्रसिद्धौ । तारामैत्रकं प्रेम । तत्र माधवे । अतिभूमिमतिदूरम् । तत्खल्विति । माधवानुरक्ता मालतीत्यस्यानुशय इत्याशयः । विजृम्भते प्रकाशते । अपक्षे मालती माधवपरेत्यसत्पक्षे । अभिनिवेशो रोषः । निरवशेषमिति क्रियाविशेषणम् । दोष इत्यस्या दौर्भाग्यं त्यागो वा नित्यश-

---

१ कहं अहो असंतं वि जाणामी for कधं–जाणीमो N.; E. om. ण. २ °णीं E; °णुभाए B.; °णुहावे N.; किं वि A. C. D. ३ वाआमेत्तअं A. वाआमेत्तं N. तारामेत्तिअं C.; आसि B. C. E.; भासी साहे तस्सिं सव्व° N.; तहिं अ A. E.; ण° A. C. E. ४ ता क्खु A.; विअम्हाहे C. विइम्भइ N.; जह N.; एसो N. एसा B. E. for एस; अक्खराहिणिवेसो B. वक्खराहिणिवेसो C. वेळक्खाहिणिवेसो N. ५ तह करेह N.; अण्णहा N. ६ होदु N.; °दारुणासु अह्मकासु दुमावेदि° B.; °दारुणा क्खु अण्णकासु C.; °दारुणा क्खु अम्मकाओ E. °दारुणा क्खु अण्णकाओ A.; दुम्मवेदि A.; C. E. ७ ईरिसी दुरभिसंकेत्ति E. ईरिसो दुरभिसंगोत्ति A. B. ईदिसो दुरभिसंगोत्ति C. A. N. om. णं; भणह N.; मदअंतिआकधिदं त्ति B. कहिदं N. ८ वाग्गनमपि Com.

लव०। अइ असावधाणे असंबद्धलोअप्पवादमोहिदे अवेहि ण तुए सह जंपिस्सं। (क)

मद०। सँहि[3] पसिद पसीद। अहवा ण तुम्हे अफुडं भणिदाओ चिट्ठध[4]। किं च। अम्हे सच्चं ज्जेव्व माहवेक्कमअजीअलोअं मालदिं

हृदयादुद्धियते तथा कुरुत। अन्यथा महादोष इति ज्ञातं भवतु। निष्कम्पदारुणाः कन्यका दुन्वन्ति हृदयं मनुष्याणामीदृशाहुर-भिसङ्गादिति। मैनां भणिष्यथ मदयन्तिकया कथितमिति।

(क) अयि असावधाने असंबद्धलोकप्रवादमोहिते अपेहि न त्वया सह जल्पिष्यामि।

(ख) सखि प्रसीद प्रसीद। अथवा न यूयमस्फुटं भणितास्तिष्ठथ। किं च। वयं सत्यमेव माधवैकमयजीवलोकां मालतीं जानीमः।

लाकुलतया स्यादिति भावः। निष्कम्पेति। सततपरपुरुषालोकनेन ल-ज्जाहीनतया दारुणत्वमत एवेयं कुलटा न वेत्ति परेषां संदेह इति भा-वः। [लव० वा०] अत्रापेहि दूरं गच्छ।

७५–८८ अत्र न यूयमिति त्वदस्फुटवादे मेवसाद इत्यर्थः। न खलु न जानीमः। अपि तु जानीम एव। तथा च त्वमपह्नवं किं करोषीत्यर्थः। कठोरः परिणतो जातपाण्डिमेत्यर्थः। यद्वा। अकठोरा बाला केतकीत्यर्थः।

---

१ N. om. असावधाणे. २ सह किं पि मन्तिदव्वं A. तुए सह ण मंतइस्सं N. ३ N. om. सहि; C. om. one पसीद, पसीद B.; णै for ण E.; अपुडं A. अप्फुटं C. अप्फुटं E. मह एअं for अफुडं N. ४ चिट्ठद A. चिट्ठह N.; अ for च A., E. om. च; त्ति after अम्हे N.; सच्चकं A. C. E.; एव्व N.; माधवमअजीविदं N.; °दीं A. B. C. E. ५ Com. with E. and has सन्तापयन्ति for दुन्वन्ति. ६ Com. om. असावधाने. ७ सह किमपि मन्त्रयिष्ये Com. ८ भणन्त्यः Com. ९ मालतीं खलु न जानीमः Com. but Jag. takes मालतीं न खलु न &c.

जाणिमो[1]। केण वा कठोरकेदअगब्भविब्भमावअवदोब्बल्लणिव्वहिदसुंदरत्तणविसेसं माहवसहत्थणिम्माविद[2]बउलावलीविरइदकण्ठावलम्बमेत्तसंधारिद[3]जीविणं मालदीए माहवस्स अ पभातचन्दमण्डलावाण्डु[4]रपरिक्खामरमणीअदंसणं ण विभाविदं सरीरं। किं च तद्दिअसे कुसुमाअरुज्जाणपेरन्तरच्छा[5]मुहसमागमे सविब्भमुल्लसिदको-

---

केन वा कठोरकेतकगर्भविभ्रमावयवदौर्बल्यनिर्वाहितसुन्दरत्वविशेषं माधवस्वहस्तनिर्मितबकुलावलीविरचितकण्ठावलम्बमात्रसंधारितजीवनं मालत्या माधवस्य च प्रभातचन्द्रमण्डलापाण्डुरपरिक्षामरमणीयदर्शनं न विभावितं शरीरम्। किं च। तद्दिवसे कुसुमाकरोद्यानपर्यन्तरथ्यामुखसमागमे सविभ्रमोल्लसितकौतूहलोत्फुल्ल[6]प्रसरन्नयनोत्पलबहलविलासमसृणसंचारचारु-

---

तादृशी सातिपाण्डुरेव भवति। न विभावितं न ज्ञातम्। अपि तु सर्वैरेव ज्ञातमित्यर्थः। तत्किमपह्नुयं करोषीति भावः। विभ्रमो विलासः। स च स्त्रियां यथा।

यानस्थानासनादीनां नेत्रवक्त्रादिकर्मणाम्।
उत्पद्यते विशेषो यः स विलास इति स्मृतः॥

पुरुषे यथा।

मन्दसंचारिणी दृष्टिर्गतिश्च वृषभायिता।

---

१ वखु ण A. and ण B. E. before जाणिमो; जाणामो N.; भकठोरकेभई N.; कत्राभम for केदभ B.; °वभवसोहावधिभसुंदरत्तणं माहव° N.; णिव्वत्तिद for णिम्माविद A. E. २ णिम्मिद for णिम्माविद E.; बउलमाला N.; रइद for विरइद C. E.; °इभ N. ३ °मेत्तसंजीवणं A. °वलीविभमेत्तसंठाविवणं णिभसहीए मालदीए N.; णभात A. पहात N. ४ पाण्डुर A. पंडुर E. N.; कपोल for परिक्खाम N.; भ for च A. C. N.; तद्दिभहे C. तस्सिं दिभहे N. ५ रत्था for रच्छा A. B.; समाभमे N.; °सिभ N. ६ °लोत्फुल्ललोचनविलास Com.

[1]दूहलुप्फुल्लपसरन्तणअणुप्पलबहलाविलासमासिणसंचारचारुतारआ-
विराअन्तविब्भमा अणङ्गणट्ठाआरिअसव्वाआरोवदेसणिम्मविअविअ-
ड्ढमुद्धमहुरा[3] तुए वि ण णिरूविदा इमाणं दिट्ठिसंभेदा । किं अ । मम
भादुणो दाणवुत्तन्तं सुणिअ तक्खणुच्छालिदगम्भीरावेअव्वइअरमि- ८५
लाअन्तदेहसोहाणं[5] उव्वत्तमाणमूलं विअ ण लक्खिदं हिअअं । किं
अ । एदं[6] पि अवरं सुमरिदं मए । (ख)

तारकाविराजमानविभ्रमा अनङ्गनाट्याचार्यसर्वाकारोपदेशनिर्मितवैद-
ग्ध्यमुग्धमधुरास्त्वयापि न निरूपिता अनयोर्दृष्टिसंभेदाः । किं च । मम
भ्रातुर्दानवृत्तान्तं श्रुत्वा तत्क्षणोच्छालितगम्भीरावेगव्यतिकरम्लायमानदे-
हशोभयोरुद्वर्तमानमूलमिव न लक्षितं हृदयम् । किं च । एतदप्यपरं
स्मृतं मया ।

स्मृतिपूर्वस्तथालापो विलासः कथ्यते यथा ॥

किं न त्वया निरूपिता येनापकृष इत्यर्थः । आवेगोऽप्राप्तिदुःखम् । अङ्गा-
रितं सुतप्तम् । उद्वर्तमानमुत्पतत् । आवेगोऽपमिष्टानाप्तिजः । यदाह ।

आवेगश्च भवेत्पुसामिष्टानावाप्तिसंभवात् ॥

---

१ कोऊहलुप्फुण्ण N.; °फुल्लीअणविलास A. °प्फुण्णपरिसरुवत्तमाणसविलास N.; तारआविइम्भमाणाणंगणिसगारागूरिअणट्टाआरोवदेस N. २ णीट्टारिअ B.; णिम्मिद for णिम्मविअ A. णिम्मिअ N. ३ मणहरा for महुरा N.; मए for तुए A. B.; मए णं णिरूविदा N.; किं च B.; मह for मम N. ४ तक्खणुभारिद B. E. तक्खणुवत्तमाण N.; गभीर C.; °हत्थेअवइअर N. व्वइअरंगारिदमिला° A. व्वइअरुट्ठंविदमिला° E. ५ देहसोहंउव्वत्तिअमाणमूलं N.; °मूलवन्धणं A.; लक्खिअं N.; किं च B. ६ अअं for एदं B.; एअं for एदं E.; वि for पि C.; A. N. om. एदं पि; अवरम्मि सु° A.; अवरं वि सु° N.; विसुमरिदं C. E. ७ नृत्यायित for नाट्याचार्य Com. ८ व्यतिकराङ्गारितग्लायमान Com. ९ मूलबन्धनमिव Com. १० Com. with A.

लव० । किं दाणिं अवरं । (क)

मद० । [1]जं मम तस्स जीविदप्पदाइणो महाणुभावस्स चेअ-[2]णोपडिलम्भपिअणिवेदिआए मालदीए भअवदीविअड्ढवअणोवण्णास-बोधिदेण हिअअं जीविदं [3]अ माहवेण पारितोसिअत्तणेण सअंगाह-साहसे णिउ[4]त्तं । अह अ लवङ्गिए तहिं तुए ज्जेव्व भणिदं प[5]डिच्छिदो क्खु णो पिअसहीए अअं पसादो त्ति । (ख)

(क) किमिदानीमपरम् ।

(ख) यत्खलु मम तस्य जीवितप्रदायिनो महानुभावस्य चेतनाप्रतिलम्भप्रियनिवेदिकाया मालत्या भगवतीविदग्धवचनोपन्यासबोधितेन हृदयं जीवितं च माधवेन पारितोषिकत्वेन स्वयंग्राहसाहसे नियुक्तम् । अथ च लवङ्गिके तत्र त्वयैव भणितं प्रतीष्टः खलु नः प्रियसख्या अयं प्रसाद इति ।

[लव० वा०] किमिदानीमपरम् । त्वया स्मृतमिति शेषः ।

९०–९४. अत्र चेतनाप्राप्तिरूपमेव प्रियम् । पारितोषिकं यद्बालप्रणितेत्यादिश्लोके दर्शितम् । नियुक्तं दत्तम् । तच्चित्तानुरागं विना नोपपन्नमिति भावः । अर्थान्तरोक्तिप्रसङ्गेन प्रकृतापकृतार्थमाह । [लव० वा०] आं सखि इति । आमिति पूर्वस्मरणार्थः । विस्मृतमिति । ज्ञात्वापि तत्कथाकथनायायं प्रश्न इति भावः ।

---

१ जं क्खु मम A. E.; मह for मम C. N.; °ददाइणो B. C.; °हावस्स N. °भाअस्स B. २ चेअणालाहे पिअ° B. C. चेअणोवलंभपिअ° N.; B. om. मालदीए; विदद्ध B.; °अणासेण चोदिदेण N. ३ B. C. om. अ; च for अ N.; पारितोसिअअत्तणो सअंगाहेण णिउत्तं B. पारिदोसअत्तणेण सअंगाहे णिउत्तं N.; सअंगहेण E. ४ णिछ्नं for णिउत्तं C.; B. N. om. अ; N. om. तहिं; वि N. एव्व C. एव्वं E. for ज्जेव्व. ५ पडिच्छदो B.; पसादो A.

लव०। क[1]दमो उण महाभाओ त्ति विसुमरिदं मए। (क)

मद०। स[2]हि सुमर सुमर जेण तस्सिं दिअसे विअडदुट्ठसावदावदेसकालगोचरं ग[3]दा असरणा तक्कालसंणिहिदेण जीविदप्पदाइणा पी[4]अरभुअत्थम्भेण णिक्कारणबन्धवेण सअलभुवणेक्कसाराणिअदेहोवहारसाहसं कदुअ प[5]रिरक्खिदह्मि। जेण अ दिढदाढाविदारिआविअडमंसलु[6]त्ताणपरिणाहिवक्खत्थलेण जरढजज्जरिदजवापीडहारिणा क[7]रुणेक्कमणेण मम किदे विसहिदा अतिदुट्ठसद्दूलणहासिहावज्जप्पहारा मारिदो अ[8] सो दुट्ठसावदमहारक्खसो त्ति (ख)

(क) क[9]तमः पुनर्महाभाग इति विस्मृतं मया।

(ख) सखि स्मर स्मर येन तस्मिन्दिवसे विक[10]टदुष्टश्वापदापदेशका-

---

९५–१०२. अत्र स्मर इति मकरन्दामिति भावः। विक्रुष्टो रुष्टः। श्वापद इति व्याघ्रव्याजेन यम इत्यर्थः। अवलम्बसंनिहितेति पाठे-

---

१ आं सहि before कदमो A.; महाणुभावो C. N.; °भावो E.; B. N. om. त्ति. २ N. om. सहि; N. om. one सुमर; दिअहे C. N. दिवहे E.; विकडदुट्ठसद्दूलावदेसगोअरं A.; सावदवादगोअरं N. ३ गआ N.; सुलग्ग for तक्काल N.; °दायिणा C. E.; N. om. जीविदप्पदाइणा. ४ पीवर भुअथंभेण संभाविदा णिक्कारणसिणिध्धबंधवेण N.; भुज for भुअ C. E.; भुअत्थम्भसम्भाविदणिक्कारण A.; बंधुणा C. बान्धवेण A.; णिब्ज for णिअ E.; °वहार N. ५ N. om. परि; जेण अ ठड्ढदाढादारिअ C. अतिदिढदंट्ठाविआरिद E.; N. om. दिढदाढाविदारिअ. ६ मांसलु° N.; मंसलोत्ताल E.; वक्खत्थलल्लङ्छणेण A. वक्खत्थलल्लंछणं E. वच्छथ्थलुब्बलंतजरढ N.; जरठ A. जठर B. C. for जरढ; जाआपीड E. मुत्तालदा for जवापीड N.; आरिणा N. ७ कलिकरुणे° E.; करुणाभरेण N.; कदे for किदे C. E.; निवडंत for अतिदुट्ठ B. E.; अदिदुट्ठ C.; °दुट्ट A.; णहग्गिप्पादवज्ज° B. णहरासिहा A. णहराणिग्घादवज्ज° E.; मम किदे णिमज्जंतसअलणहग्गिकाअवज्जांजरपहारो N. ८ अ एसो E.; दुट्ठरक्खसो त्ति B. दुट्ठसद्दूलमहारक्खसो त्ति A. E.; N. om. त्ति. ९ आं सखि कतमः पुनरसौ महा° Com. १० विक्रुष्ट for विकट Com.

लव० । हुं मअरन्दो । (क)

मद० । सानन्दम् । पि[1]असहि किं किं भणासि । (ख)

लव० । [2]णं भणामि मअरन्दो त्ति । (ग) सस्पृहं शरीरमस्याः

१०५ स्पृशन्ती संस्कृतमाश्रित्य ।

लगोचरं गताशरणा [3]तत्कालसंनिहितेन जीवितप्रदायिना पीवरभुजस्तम्भेन निष्कारणबान्धवेन सकलभुवनैकसारनिजदेहोपहारसाहसं कृत्वा परिरक्षितास्मि । येन च दृढदंष्ट्राविदारितविकटमांसलोत्तानपरिणाहि-वक्षः[4]स्थलेन जरठजर्जरितजवापीडहारिणा करुणैकमनसा मम कृते विसोढा अतिदुष्टशार्दूलनखशिखावज्रप्रहारा मारितश्च स दुष्टश्वापद-महाराक्षस इति ।

(क) हुं मकरन्दः ।

(ख) प्रियसखि किं किं भणसि ।

(ग) ननु भणामि मकरन्द इति ।

वलग्नं कण्ठः । संभावितः ख्यातः ॥ कर्मधारयोत्र ॥ विकटं विशालम् । मांसलं स्थूलम् । उत्तानमुच्छ्रितम् । जरठं कठिनं जर्जरितं विध्वंसितं यदोड्रपुष्पमुकुटं तादिव हरति ॥ कर्तर्युपमान इति णिनिः ॥ हरणमिह समीकरणम् । रक्ताक्तदेहतया साम्यम् । शिखाग्रम् । [ल० वा०] अत्र हुं वितर्के ॥ हुं वितर्के ।विस्मय इत्यमरः ॥

१०३–१०४ [मद०वा०] अत्राह्लादातिशयात्पुनः पुनः प्रश्नः । प्रियनाममधुपानेपि न तृप्तातो श्रुत्वेवाहेति भावः । [लव० वा०] ननुशब्द आशयाविष्कारे ।

---

१ N. om. पिअ; A. C. E. om. one किं. २ णणु A. and ननु C. E. for णं; सस्मितं for सस्पृहं N. ३ °रणा पवनसंनिभानिजजीवितेन जीवित° one Ms. Com. °रणास्तजलसंनिभनिजजीवितेन another Ms. Com.; भवळ्यसं-निहितेन noticed by Com.; भुजस्तंभसंभावितनिष्कारण Com. ४ वक्षःस्थल-लाञ्छनेन Com.

[1]वयं तथा नाम यदात्थ किं वदा-
म्ययं [2]त्वकस्माद्विकलः कथान्तरे ।
कदम्बगोलाकृतिमाश्रितः कथं
विशुद्धमुग्धः कुलकन्यकाजनः ॥

मद० । सलज्जम् । सहि की[3]स मं उवहससि । णं भणामि णिव्वा-वअन्ति [4]मं तारिसस्स अप्पणिरवेक्खव्ववसाइणो किदन्तकवलिज्जन्तजीवि[5]दबलामोडिअपच्चाणअणगुरुओवआरिणो जणस्स संकधासु

(क) सखि किं मामुपहससि । ननु भणामि निर्वापयन्ति मां तादृशस्यात्मनिरपेक्षव्यवसायिनः कृतान्तकवल्यमानजीवितबलात्कारप्रत्यानयनगुरू[6]पकारिणो जनस्य संकथासु नामग्रहणस्मरणानि । तथा च

१०६–१०९. अहमित्यादि । यथात्वमात्थ तत्तथा । मालती माधवानुरक्तेति स्वीकृतमित्यर्थः । अहं किं नाम वदामीत्यभिनिवेशमात्रम् । अयं पुनः कुलकन्यकाजनः कथामध्ये कथमकस्मात्कदम्बगोलकाकारमाश्रितः । बहलपुलकशालित्वात् । विकलो विह्वलः सन् । कीदृशः । विशुद्धः निष्कलङ्कः । कामाभिषङ्गदोषशून्य इति यावत् । मुग्धो रसानभिज्ञः । सर्वमिदं सोत्प्रासम् । अत एव वैदग्ध्यतया शिल्पकारिणीत्वेन संस्कृताश्रयणम् ।

११०–११७. अत्र उपहससीति नाहं मकरन्दानुरक्ततया हृष्टा किं तु तद्धीरत्वमभिनन्दामीति न हासस्थानमिति भावः । अत एव चित्तचोरिकयाह । नन्विति । एवं स्वहर्षस्यान्यथासिद्धिमुक्त्वा निजाङ्गसङ्गजं स्वे-

१ अहं for वयं B. E. २ °म्ययं च कस्मा° A. N. ३ किं तुमं उवहससि N.; णिव्वावेदि A. E. and सहभांदि N. for णिव्वावअन्ति. ४ N. om. मं; अंगाणि for मं C.; तादिसस्स A. C. E.; °वेक्ख° N.; ववसा° B. N.; °सायिणो C. E.; कदंत B. कअंत N. for किदंत. ५ जीविअ N.; पच्चाअण for पच्चाणअण B.; गुरुदरोवआरिणो A.; संकहाणामग्गहण N. ६ गुरुतरोपकारिणो Com.

णामग्गहणसुमरणाइं[1]। तधा अ सो तुए वि गाढप्पहारवेअणारम्भविस्मारिद[2]सरीरसंगलिदसेअसलिलुप्पीलो मोहमउलाअन्तणेत्तकन्दोट्टजुअलो भूमि[3]विलग्गिदासिलदाविट्ठम्भधीरधारिदसरीरभारो पच्चक्खीकिदो[4] ज्जेव्व मदअन्तिआणिमित्तमेत्तविच्छाडिअमहामहग्घजीवलोओ महाभाओ त्ति[5]। (क) मदयन्तिका स्वेदादीन्विकारान्नाटयति।

स त्वयापि गाढप्रहारवेदनारम्भविस्मारितशरीरसंगलितस्वेदसलिलोत्पीडो मोहमुकुलायमाननेत्रकन्दोट्टयुगलो[6] भूमिविलग्नासिलताविष्टम्भधैर्यधारितशरीरभारः[7] प्रत्यक्षीकृत एव मदयन्तिकानिमित्तमात्रविच्छर्दितमहामहार्घजीवलोको महाभाग इति।

दादिकं मकरन्देन्यथयति तथा चेति। विस्मारितशरीरेति मूर्छाकथनम्। संगलितो मिलितः। उत्पीडः पूरः। कन्दोट्टो नीलोत्पलम्। मोहेति मोहेन नेत्रमीलनं न तु मदङ्गसङ्गादिति भावः। यदाह। व्यसनाभिघातभयपूर्ववैरस्मरणजो भवति मोह इति। प्रहारमूर्छने कथमयं भूमौ न पतितोत आह भूमीति। विष्टम्भः संबन्धः। विच्छर्दितः परित्यक्तः। महामहार्घमतिदुर्लभम्। जीवलोको मर्त्यभुवनम्। प्रियालिङ्गनस्मरणादिना स्वेदादिकम्। स्वेदादीनित्यनेन किलकिंचितभावाविष्करणम्। यदाह।

---

१ °णाइं अ A.; तह सो N.; गाढप्पहरप्पहार N.; वेदणा B.; वेअणालंभविवलिअसरिर N. २ विब्भमाविद C. E. for विस्मारिद; °लिअ N.; N. om. सेअ; °लुप्पधो N.; मोहमुउलंतणेत्त N. मोहमउलंतणेत्त B. E.; कंदोट्ट C. N. ३ भूमिविगलिदासि A. भूमिलग्गिदासि C. E. भूमिणिहिदासि N.; धीरत्तणभारिदसरीरो A. भारिअसरीरो B. भारिदसरीरसारो N. ४ °कदो A. C. E.; एव्व N.; मदअंतिआमेत्तनिमित्तअ N.; °छाड्डिअ A. N.; N. om. महा; जीअ B. C.; जीविदो for जीवलोओ N. ५ N. om. त्ति; इति स्वेदादिविकारान् N.; E. om. मदयंतिका; B. om. विकारान्. ६ मोहमिलिन्नेत्र Com.; यष्टि for लता Com. ७ शरीरः Com.

बुद्ध० । [1]ववसिदं पिअसहीए सरीरेण । (क)

मद० । [2]सलज्जम् । पिअसहि अवेहि । उब्भिण्णह्मि सहवासिणीए वीसम्भेण । (ख)

लव० । सहि मदअन्तिए अह्मे वि जाणिदव्वं [3]जाणिमो । ता पसीद [4]विरम ववदेसादो । एहि वीसम्भगब्भकधाबन्धसरिसं सुहं चिट्ठह्म । (ग)

(क) [5]व्यवसितं प्रियसख्याः शरीरेण ।

(ख) प्रियसखि अपेहि । उद्भिन्नास्मि सहवासिन्या वि[6]स्रम्भेण ।

(ग) सखि मदयन्तिके वयमपि ज्ञातव्यं जानी[7]मः । तत्प्रसीद विरम व्यपदेशात् । [8]एहि विस्रम्भगर्भकथाबन्धसदृशं सुखं तिष्ठामः ।

यदन्वर्निहितस्याङ्गैः सव्यापारैर्मनोभुवः ।
सव्रीडाविष्कृतिः स्त्रीणां तदाहुः किलकिंचितम् ॥

११८–१२६. अत्र स्वेदादिमता तव शरीरेण मकरन्दसंभोगोभिलषित इत्यर्थः । अत्र सहवासिन्याः सख्याः । नाहं कामजस्वेदादिनोद्भिन्ना किं तु त्वद्विस्रम्भकथयेति भावः । अभिण्णह्मीति पाठेभिज्ञातास्मीत्यर्थः । अत्र जानीम एवेति कामन्दक्यादिद्वारा तव मकरन्दस्य च चेष्टितं ज्ञातमेव । तत्कथमपह्नुव इति भावः । व्यपदेशाच्छलात् । सदृशमिति मकरन्दे स्नेहानुबन्धमपि कथयेत्याशयः । उभयमपि

१ व्वव° A.; N. has after बुद्ध°, शरीरमस्याः स्पृशन्ती and has अस्सत्थसरीरे पिअसहि for ववसिदं–रेण. २ A. om. सलज्जं; N. om. पिअसहि अवेहि; अपेहि B.; अभिण्णह्मि noticed by Com.; N. has पिअसहीए मालदीए for वीसम्भेण. ३ जाणामो N. ४ N. om. विरम; व्वव° A. B. C.; उवदेसाववदेसादो for ववदेसादो E.; सहि before एहि E.; विस्स° N.; कधाणुबन्ध A.; संकहाए सविसेसं for गब्भ–रिसं N. ५ व्यवसितमिव ते शरीरेण प्रियसख्यावेदितं Com. ६ विस्रंभतया Com. ७ जानीम् एव Com. ८ सखि before एहि Com.; कथानुबंध Com.

बुद्ध०। सो[1]हणं लवङ्गिआ भणादि। (क)

मद०। वि[2]धेअह्मि संपदं पिअसहीओ। (ख)

लव०। जइ एव्वं ता क[3]धेहि कधं णु दे कालो गच्छदि त्ति। (ग)

मद०। णि[4]सामेहि पिअसहि। मम बुद्धरक्खिदापक्खवादपच्चएण पे[5]ढमं उज्जेअ[6] तस्सिं जणे अदिभूमिं गदो अणुराओ। अवि अ। त-

(क) शोभनं लवङ्गिका भणति।

(ख) विधेयास्मि सांप्रतं प्रियसखयो[7]।

(ग) यद्येवं तत्कथय कथं नु ते कालो गच्छतीति।

क्रियाविशेषणम्। अत्र शोभनं कथयितुमर्हसीत्यर्थः। [लव० वा०] अत्र मकरन्दवियोगेन कथं वर्तस इति भावः।

१२७–१५५. अत्र निशामय शृणु। एकवचनमिह लवङ्गिकापेक्षया। बुद्धरक्षितायाः विदितवृत्तान्तत्वात्। कथाकथनं तु रागवृद्धये यदाह।

यात्रा पुरस्कन्दनमुत्सवो वा स्वप्नोऽथ चित्रं रतिसंकथा च।
भवन्त्युपायाः प्रथमावलोके यूनोर्यतो वृद्धिमुपैति रागः॥

पक्षपात इति बुद्धरक्षितापक्षपातो गुणबाहुल्यं विना न भवतीति विश्वास इति भावः। भृतोद्वृत्तमतिरिक्तीभवत्। कौतूहलमुत्कण्ठा च मनोरथश्चेति विग्रहः। ततो बहुव्रीहिः। यद्वा। अतिरिक्तीभवत्कौतूहलमुत्कण्ठा च यत्र मनोरथे तादृशो मनोरथो यत्र तत्तथा।

सर्वाङ्गदाहो व्याध्यवस्थायाम्। यदाह।

---

१ साहि before सोहणं N.; लवंगिआए भणिदं N. २ विहे° B.; पिअसहीणं A. N.; E. om. this speech and the following. ३ कहेहि B. N.; कहं N.; B. om. त्ति. ४ णीसा° A. C. E.; °मेह N.; B. om. मम, मह N.; परोक्खवाद A. C.; वअणेण for पच्चएण N. ५ पुढमं N.; एव्व N. ६ वदति Com. ७ प्रियसखीनां Com.

स्सिं जणे भरिदुव्वरन्तकोदूहलुक्कण्ठामणोरहं हिअअं आसी। तदो [2]विहिणिओअणिव्वुत्तदंसणा भविअ दुव्वारदारुणाणङ्गदुक्खसंदाविदक[3]ढुन्तचित्तविहडन्तजीविदा संभाविअह्मि। विअम्भिअपुव्वसव्वङ्गप्पज[4]ालिअमअणहुअवहुद्दामदूसहाआसदुम्मणाअन्तपरिअणा पआसाविमोक्खमेत्तसुलहामि[5]च्चुणिव्वाणपडिऊलबुद्धरक्खिदावअणवड्ढिदावे[6]अव्वइअराविसंठुला इमं जीअलोअपरिवत्तं अणुभवामि। (क)

(क) निशामय प्रियसखि मम[7] बुद्धरक्षितापक्षपातप्रत्ययेन प्रथममेव तस्मिञ्जने[8]तिभूमिं गतोनुरागः। अपि च तस्मिञ्जने भृतोच्चरत्कौतूहलोत्कण्ठामनोरथं हृदयमासीत्। ततो विधिनियोगनिर्वृत्तदर्शना भूत्वा दुर्वारदारुणान[9]ङ्गदुःखसंतापितक्वथच्चित्तविघटमानजीविता संभाविताऽस्मि। विजृम्भितापूर्वसर्वाङ्गप्र[10]ज्वलितमदनहुतवहोद्दामदुःसहायासदुर्म-

मनःसंमोहसर्वाङ्गदाहवृत्यादिभिस्तथा।
शिरसो वेदनाभिश्च व्याधेरभिनयो यथा॥

१ N. has तस्सिं जणे अविरलुक्कण्ठामणहरं for तस्सिं जणे अदिभूमिं–मणोरहं; भरिदुव्वरन्त A. B. C. मणोहरं B. E.; आसि A. B. C. २ विहि A. C. E.; णिउत्त A.; रमणी for दंसणा C.; N. om. भविअ; दारुणाआसदुक्खसंतावदज्झंतचित्त N.; C. E. add संग after अणङ्ग. ३ उक्कण्ठिअ for कढुन्त A. E.; जीविआ A.; जीविआसा दूराविइंभिआपुव्व N.; °दह्मि B.; °म्भिदअपुव्व A. °ह्मिआअपुव्व C.; संभाविदह्मि अव्वसव्वंग B.; सव्वंगसंदावसंजालिअ N. ४ संज्वालिद A. पज्जालिद C. जालिद E.; हुदवहुद्दाहदूसहा° B. हुदवहुद्दामदाहदूसहा° N.; दूमणा° B. ५ मित्तु B. and मरण A. E. for मिच्चु; °क्खिअआ N.; विरहदा° for वड्ढिदा° B. ६ °आवेग N.; वइ° N.; लोक A. B.; °वुत्तं N. ७ मम हि तावद्बुद्ध° Com. ८ Com. om. अतिभू–जने; भृतोद्वृत्तकौ° Com. ९ मदन for अनङ्ग Com.; संतापितोत्कंठितचित्त Com. १० संज्वलित Com.

संकप्पसिविणंभन्तरेसु अ मणोरहुम्मादमोहिदा पेक्खामि तं जणं। [2]सो वि पिअसहि मुहुत्तणिव्वूढविह्मअविसंतुलुव्वेल्लवित्थरन्तल[3]लिदणेत्तपुण्डरीअतण्डवुप्पीलडम्बरपडिरूढमेरेअदप्पं विअ णिरं णिज्झा[4]अदि मं। (क)

नायमानपरिजना प्रत्याशाविमोक्षमात्रसुलभ[5]मृत्युनिर्वाणप्रतिकूलबुद्धरक्षितावचनवर्धितावेगव्यतिकरविसंष्ठुलेमं जीवलोकपरिवर्तमनुभवामि।

(क) संकल्पस्वप्नान्तरेषु च मनोरथोन्मादमोहिता प्रेक्षे[6] तं जनम्। [7]सोपि प्रियसखि मुहूर्तनिर्व्यूढविस्मयविसंष्ठुलोद्वेल्लविस्तार्यमाणलालितने-

---

मरणमेव निर्वाणं मोक्षः। सर्वदुःखापहारकत्वात्। मद्यत्नादिष्टसङ्गस्तव स्यादिति बुद्धरक्षितावचनम्। विसंष्ठुला संशयितचित्ता। जीवलोकस्य परिवर्तोन्यथात्वं मूर्छेत्यर्थः। यद्वा। मूर्छानन्तरं पुनर्जीवलोकप्रवेशोत्र परिवर्तनम्।

१३६–१३९ संकल्पान्तरे भावनाबलजज्ञानमध्ये स्वप्नज्ञानमध्ये चेत्यर्थः। निर्व्यूढ उपचितः। उद्वेल्लत्सभ्रूक्षेपम्। प्ररूढमैरेयं प्रसन्नमद्यम्। तस्य मदो मत्तता॥ मैरेयमासवः सीधुरित्यमरः॥ घूर्णितमितिक्रियाविशेषणम्। निर्ध्यायति चिन्तयति।

---

१ सिविणन्तरेसु A. सिविणएसु N.; मणोहरुम्माद B. N.; °हिआ N.; A. B. insert अ and C. E. विअ before तं. २ स चावि C. तथा अ E. तह वि N. for सो वि; णिव्वुह B. णिव्वूंत C. and उव्वूद N. for णिव्वूढ; विसंठलु° N. विसंखलु° C. विसंकुलु° E. for विसंठलु°; थरथरंत for वित्थरन्त N. ३ N. om. ललिद.; तण्डवुब्भडप्परूढ A. तंडवुप्पलिमहरेअ B.; °रीअं उव्वेअडामरपरूढमेरेअ N.; मअघुण्णिअं A. and मअघुम्मिदं E. for दप्पं; N. om. विअ. ४ °णदि A. E. णमि N.; C. N. om. मं. ५ मरण for मृत्यु Com. ६ पश्यामि Com. ७ स चापि Com. ८ °लोद्वेल्लद्वि° Com.; रक्त for ललित Com.

कि[1] अ। कवलिदारविन्दकेसरकसाअकण्ठकलहंसघोसघग्घरक्खलिदगम्भीरे[2]तारधीरणादभरिदकण्णविवरं पिए मदअन्तिए त्ति वाहरादि। अध अ। पप्फुरन्त[3]पओहरुच्छलदुत्तरीअअञ्चलावलम्बणपारिभवेण ससंभ[4]मुत्तरंगिधमधमाअन्ताहिअअं मं समुत्तासेदि। (क)

त्पुण्डरीकताण्डवोत्पीडे[5]डम्बरप्रतिरूढमैरेयदर्पमिव चिरं निर्ध्यापयति माम्।

(क) किं च। कवलितारविन्दकेसरकषायकण्ठकलहंसघोषघर्घरस्खलितगम्भीरे[6]तारधीरनादभरितकर्णविवरं प्रिये मदयन्तिके इति व्याहरति। अथ च। प्रस्फुरत्पयोधरोच्छलदु[7]त्तरीयाञ्चलावलम्बनपरिभवेन ससंभ्रमोत्तरंगिधमधमायमानहृदयां मां समुत्तासयति।

१४०-१४३ कषायः सुरभितः। कलहंसो राजहंसः। घोषः शब्दः। घर्घरमस्फुटम्। स्खलितं च्युतम्। एतदुभयं साध्वसवशात्। हर्षसंजातस्वरभेदाद्वा। यदाह।

स्वरभेदो भयक्रोधमदहर्षादिभिर्भवेत्।

भरितकर्णविवरमिति क्रियाविशेषणम्। वस्त्राञ्चलग्रहणेन स्त्रीप्रसादनम्। यदाह।

रहसि ग्रहणेनापि हस्ते वस्त्रे च मूर्धनि।
कार्यं प्रसादनं नार्या अपराधं समीक्षता।

---

१ किं च B.; °लिभार° N. स्खलिदं A. स्खलिभ N. २ A. om. तारधीरणाद; गंभीरभारईपूरिभकण्ण N.; मं before पिए A.; °अन्तिभत्ति N.; एहि before त्ति A. E.; मं after त्ति N.; व्याह° E.; °रइ N. ३ °रंद E.; °हरूत्तुंगुत्तरीभ E.; °रिभअंसुभञ्चला° A.; अवलुंचन for अवलम्बण C.; वाहरइ वाहरंतो कोपुच्चलंतुत्तरीअंचलावलंबणावराहत्तिसमुत्तरंगभमभमाभंत N. ४ ससब्भुत्तरङ्गि A. ससंभमुत्तरंग C.; C. om. मं; समुल्लासेदि for समुत्तासेदि B.; °सेइ N. ५ ताडवोड्डमरूढमैरेयमदघूर्णितमिव Com. ६ गंभीरभारतीभरित Com.; मां before प्रिये Com. ७ उत्तरीयांशुकाचला° Com.

सहसा विसज्जिअंसुअं[1] ओसरिअतक्खणकठोरकमलदण्डाअमाणबाहुबन्धणावबारिअपओहरुग्गमं[2] विहडन्तविअडमेहलावलअसंदाणिज्जन्तपीवरोरु[3]प्पडिसिद्धविप्पदीवगमणं पडिऊलवादिणिं पि अच्चाअरपअत्तणिव्वत्तिअमुहुत्तकोवोवराअदुक्खपरुसीकिदहिअअं[4] सिणिद्धपुणरुत्तपल्हत्थलोअणविभाविदासेसचित्तसारं[5] उवहसदि । (क)

(क) सहसा विसर्जितांशुकामवसृत्य[6] तत्क्षणकठोरकमलदण्डायमानबाहुबन्धनापवारितपयोधरोद्गमां विघटमानविकटमेखला[7]वलयसंदानितपीवरोरुप्रतिषिद्धविप्रतीपगमनां प्रतिकूलवादिनीमप्यत्यादरप्रयत्ननिर्वर्तितमुहूर्तकोपोपरागदुःखपरुषीकृतहृदयां स्निग्धपुनरुक्तपर्यस्तलोचनविभाविताशेषचित्तसारामुपहसति ।

परिभवेन प्रतिकारबुद्ध्या । सभयं पूर्वाननुभवात् । अत्र किं स्यादित्युत्तरंगि कम्पवत् । आतङ्काद्धमधमायमानमुष्णमिव चित्तं यस्यास्ताम् । यद्वा । उत्तरंगमुद्गतकल्लोलम् । धमधमायमानं सकम्पम् । कल्लोलश्च कम्पस्योत्तरोत्तरप्रकर्षः । उत्त्रासयति चकितां करोति ।

१४४–१४८. शीघ्रं त्यक्तवस्त्रा च सा प्रसृता गमनोद्यता च ।

१ विसज्जिअंसुअण्णसरिदं A. विसज्जिअंसुअं मं तक्कालकठोर B. विसज्जिअंसुओ ओसरिअकोवं तक्खण N.; कठोरकंउद्दअणालकमलाहिलाअंतबाहु N.; दंडाअंत B. २ बंधणोप्पावारिअ B. बंधणावारिअ C. E.; विहड A. B. विकल C. विआलिअ N. for विअड; मेखला B.; कलाव for वलअ N. ३ पीवरोरु B. N.; पडिकुल C. E.; णीं पि A. C. E.; मं after पि A.; पडिऊलविहिदादरप्पअत्त N.; अच्चादर B. ४ °व्वत्तिद B. विणिवत्तिअ E. °वत्तिअ A.; B. om. मुहुत्त; कोवो° N.; कद for किद C. E.; णिसिद्ध for सिणिद्ध A. B. ५ °रुत्तपह्मलाविलोअणविभाविआ° N.; हिअअ for चित्त N.; मं before उवहसदि A.; उवहसिअ N. ६ विसर्जितांशुकप्रसृतां च तत्क्षण Com. ७ विकलमेखला Com.; ८ °वादिनीमपि मामन्या° Com. ९ निषिद्ध for स्निग्ध Com.; १० मारां मामुप° Com.

दि[1]उणबाहुदण्डावेढणाणिअन्तिदं पिअसहि परूढसद्दूलकठोर-
क[2]रेरुहोरम्फविभङ्गपत्तावलीपसाहणुत्ताणवच्छत्थलणिट्ठुरणिव्वेसणीसहं १५०

कर्मधारयः। पुलकितत्वेन च दण्डायमानता। अपवारितोऽपिहितः। उद्गमो विस्तारः। आलिङ्गनाविघटनं कृत्वापसरणे कुचालोकनादिकं नायकस्य जायते। नायिका च तदा संवरणाय न प्रभवतीति भावः। तर्हि पलायते किमिति नेत्यत आह। विघटमानेति। विघटमानालिङ्गनजरोमाञ्चसंचयात्। विकला स्वस्थानचलनात्। संदानं बन्धनम्। तत्प्रापिताभ्यामित्यर्थः। प्रतीपं प्रतिकूलम्। गमनाभावे पुनःकान्तावरुद्धतया हूं हूमित्यादिनिषेधमाह प्रतिकूलेति। उपरागः संबन्धः। निषिद्धपुनरुक्ते पुनःपुनर्निषेधवाक्ये पर्यस्तं निषेधविपरीतं स्निग्धत्वादिधर्मत्वात्। यद्वा। पर्यस्तं विभ्रान्तम्। चित्तसारः संभोगेच्छापरता। उपहासः परिहासः। स च हृदि संभोगेच्छा वाचि परं ते निषेध इत्येवंरूप इत्यर्थः। स्निग्धपुनरुक्तेति पाठे स्निग्धपुनरुक्तं पुनःपुनः स्निग्धं पर्यस्तं क्षिप्तं लोचनमित्यर्थः।

१४९-१५६. आवेष्टनमावेष्टः। तेन गाढालिङ्गनमुक्तम्। कररुहो नखः। ओरम्फ आक्रमणम्। प्रौढव्याघ्रनखवत्कठोरं यत्कररुहमिति भावः। निष्ठुरं निबिडम्। निवेशोऽर्पणम्। निःसहां वचनाद्यक्षमाम्। अत्र कररुहाक्रमणमेव पत्रावलीति रूपकम्। चुम्बनमाह। सावेगेति। ओवग्गिदं पुञ्जीकृतं लम्बितमित्यर्थः। मुखावयवा ललाटादयः। विकासितं चुम्बनादिनियुक्तम्। वदनस्य वैदग्ध्यं चुम्बनचातुर्यात्। इह कन्यायास्त्रिविधं चुम्बनम्। ललितकच्छुरितकघटितकभेदात्। तत्र ललितकमाह। प्रस्फुरितेति। घटितकमाह। पुञ्जितं योजितम्। ईषत्पारि-

---

१ दुउणिअ for दिउण N.; णिव्वेढ after वेढण E. N.; णिव्वत्तिअं for णिअन्तिदं N. °अंतिअं E.; N. om. कठोर. २ कररुहोरप्पहार A. कररुहाक्कमण B. कररुहोरखंड E. कररुहखुरप्पविणिगिहिदविभङ्ग N.; वत्ता° B.; °णुत्ताणविभङ्गवच्छत्थल N.; वच्छत्थलाणित्थुर E.; णिवेसणिट्ठुरणीसहं A.; मं before कढुभ A.; णिट्ठुरोणिवेसणं सभंगाहसाहसं कढुभ N.

कदुअ सात्तेआविहुअमत्थआविद्ध[१]कबरीणिहिदकरपरिग्गहोवग्गिदुण्णमिदाणिच्चलमुहा[२]अंबसच्छन्दविआसविभङ्गुरभणकमलो वामगण्डमूलोवरिणिहिद[३]पप्फुरन्तपोञ्जदाहरसमुग्गभमणुहरप्फंसणिब्भरुब्भमाविदसरीरसोहं उल्लासिदसज्झ[४]साणन्दाविसमसंभमवलणमोहमन्थरभमन्तलो[५]अणं किं पि दुव्विणीदसाहसाणुरूववसाओ मं अणब्भत्थणीअं अब्भत्थेदि। (क)

(क) द्विगुणबाहुदण्डावेष्टननियन्त्रि[६]तां प्रियसखि प्रौढशार्दूलकठोगृह्य मीलितनेत्रा जिह्वाग्रेण घटयति करेण नेत्रे तस्याच्छादयतीति घटितकम्। छुरितकं तु प्रागेवोक्तम्। समुद्गम उद्रेकः। एवं च सर्वाङ्गीणनायकस्पर्शात्प्रमोदमाह मनोहरेति। उद्धर्षितमुद्गतरोमाञ्चम्। नायिकाया वामाङ्गे सकलोपचारव्यवस्थापनाद्वामकपोलेत्युक्तम्। वर्द्धमानां सुरतावस्थामाह। समुल्लसितेति। समुल्लसिताभ्यां साध्वसानन्दाभ्यां विषमो यः संभ्रमः संवेगस्तत्र मोहेन किंकर्तव्यतामूढतया मन्थरत्वमेकतरपक्षाव्यवस्थितिः। साध्वसेन प्रवृत्तिरानन्देन च निवृत्तिरित्याशयः। अनभ्यर्थनीयं सुरतादिकम्।

१५७. ततो झटितीति जागरावस्थाकथनम्।

---

१ बद्ध for विद्ध A.; विणिहिद N.; परिग्गहोवग्गिदणामिद A. परिग्गहणगुंजीकिदोण्णामिद E. °मिअ N. २ °वअवं N.; विकासिद A. विहसोविअ C. विआसिद E. for विआस; विभद्ध B.; वदण N.; वामकपोलमूलाचिराणिहिद A. वामकवोलमूलचिराणिहिद E. वामगंडमूलाचिराणिहिद N. ३ णिहित्त C.; विप्फुरंत N. पप्फुरंद E.; °आहरसमग्गमणहर N.; ग्गद A.; कर before प्फंस E.; °अरुद्धसिदसरीर A. °अरुद्धुअसरीर N. ४ सद्धसा° A. B.; B. om. वलण, चलण for वलण E.; मंथरं E. ५ चेअणं for लोअणं N.; किं वि किं वि N.; दुव्विणद A.; मं अभत्यणीअं अब्भत्थोदि णामेत्ति C. मं अभअत्थेइ णामेत्ति N. ६ निर्गाडिना for नियन्त्रिता Com.

पिअसहि[1] समक्खं अ सव्वं अणुभविअ झत्ति पडिबुद्धा सुण्णारण्णसंणिहं[2] पुणो वि मन्दभाइणी विभावेमि जीअलोअं त्ति । (क)

लव० । विहस्य[3] । सहि मदअन्तिए फुडं आचक्खेहि । अध तस्सिं अवसरे सिणेह[4]विब्भमुम्मीसहासविअसन्तबुद्धरक्खिदालोअणाणिरू-

---

रकररुहाक्रमणाविकट[5]पत्रावलीप्रसाधनोत्तानवक्षःस्थलनिष्ठुरानिवेशानिःसहां कृत्वा[6] सावेगविधुतमस्तकाविद्धकबरीनिहितकरपरिग्रहपुञ्जीकृतोन्नामितनिश्चलमुखावयवस्वच्छन्दविकास[7]विदग्धवदनकमलो वामगण्डमूलोपरिनिहितप्रस्फुरत्[8]पुञ्जिताधरसमुद्गतमनोहरस्पर्शनिर्भरोद्भ्[9]ामितशरीरशोभाम्[10]उल्लसितसाध्वसानन्दविषमसंभ्रमवलनमोहमन्थरभ्रमल्लोचनां किमपि दुर्विनीत[11]साहसानुरूपव्यवसायो मामनभ्यर्थनीयमभ्यर्थयति ।

(क) प्रियसखि समक्षं च सर्वमनुभूय[12] झटिति प्रतिबुद्धा शून्यारण्यसंनिभं पुनरपि मन्दभाग्या विभावयामि जीवलोकमिति ।

१६१–१७९ अत्र मच्चूडकं वियावीति ख्यातम् । निःसहतनुत्वेनासनमच्चूडकेपि धातुत्यागप्रश्नवैदग्धीयमिति भावः । पुष्पवतीशङ्कया परिजनहासनिवारणाय गोपनम् । [बुद्ध० वा०] अत्र पृच्छामि यदि हृद्गतं

---

१ A. om. पिअसहि; पिअसमक्खं च सव्वं B.; A. E. N. om. अ; अणुहविअ B.; तदो before झत्ति A. E.; A. E. om. पडिबुद्धा. २ संणिभं N. and सरिसं A. E. for संणिहं; इमं after वि N. ३ N. om. विहस्य; B. om. सहि; आचक्ख E. आअक्खअहि N.; अवि for अध N. ४ सिणेहविब्भमुम्मीस° B. °म्मिस्सहा° E.; अवसरे सविब्भमं हसिहासविअसितबुद्धरक्खिआ N.; विलोअण B. लोअणान्तणिरू° A. ५ विकच for विकट Com. ६ मां before कृत्वा Com.; आबद्ध for आविद्ध Com. ७ विकासित for विकास Com.; वामकपोलमूलोपरिनिहित Com. ८ प्रस्फुरित for प्रस्फुरत् Com. ९ निर्भरोद्धर्षित-शरीर Com. १० समुल्लसित Com. ११ दुर्विनय for दुर्विनीत Com. १२ °भूय ततो झटिति शून्या° Com.

विदं परिअणादो गोवणिज्जं दे णिअम्बस्समूलं सअणिज्जपच्छदव-डावारिदं [2]भोदि किं ण वोत्ति। (क)

मद०। अइ असंबद्[3]धपरिहाससीले अवेहि। (ख)

बुद्०। [4]सहि मदअन्तिए मालदीपिअसही क्खु ईदिसाइं ज्जेव्व मन्तिदुं जाणादि। (ग)

मद०। [5]सहि मा क्खु एव्वं मालदिं उवहस। (घ)

(क) सखि मदयन्तिके स्फुटमाख्याहि। अथ तस्मिन्नवसरे स्नेहविभ्रमोन्मिश्रहासविकसद्दूरक्षितालोचननिरूपितं परिजनाद्गोपनीयं ते नित[6]म्बस्य मूलं शयनीयप्रच्छदपटापवारितं भवति किं न वेति।

(ख) अपि असंबद्धपरिहासशीले अपेहि।

(ग) सखि मदयन्तिके मालतीप्रियसखी खल्वीदृशान्येव मन्त्रयितुं जानाति।

(घ) सखि मा खल्वेवं मालतीमुपहस।

रहस्यं कथयसीति भावः। अत्र कृतापराध इत्यत्र शिरश्चालनगतिः। [बुद्०वा०] अत्रात्मसमर्पणमेव त्वया कार्यमिति भावः। [मद० वा०] अत्र तद्दर्शनामृतसेकशीतला भविष्यामीति भावः। निःसङ्गः सर्वाङ्गव्यापी। [बुद्० वा०] अत्राथशब्दो यद्यर्थे। बलात्कारितो बलात्कारेण प्रवर्तितः। रुक्मिणी काममाता प्रद्युम्नमातृत्वात्। पक्षे कामावस्थाकारिणीम्। पुरुषो-

---

१ गोअणिज्जं A. गोवाअणिज्जं C. आसणमचूलअं for णिअम्बस्समूलं A.; सअणिअ A.; सअणिज्जं B. वटोवारिदं A. E.; परिअणादो गोवाइणिज्जं दे मअगसासणसुअअं सभागिज्जं पच्छदपडं वा होइ त्ति किं ण वेत्ति N. २ होदि A.; वा after किं A. ३ सुसलिड for असंबद्ध N.; परिवाद for परिहास E.; A. adds ण तुए सह मंतिस्सं after अवेहि. ४ N. om. सहि; A. om. क्खु; एव्वं for क्खु ईदिसाइं E.; णिअसही इअं ईदिसाइं जाणाइ N. ५ सहिओ E.; B. om. एव्वं; °दीं A. B. E. °दीए C.; उवहसअ E. ६ आसनमचूडकं for नितम्बस्य मूलं Com.

बुद्ध० । सहि मदअन्तिए भणिस्सं दाणिं दे किं वि जइ ण वीसासभङ्गं करेसि । (क)

मद० । सहि किं पुणो वि पणअभङ्गेण कदावराहो अअं जणो जेण एव्वं मन्तेसि । पिअसहि तुमं लवङ्गिआए सह संपदं मे हिअअं । (ख)

बुद्ध० । जइ दे कधं वि मअरन्दो पुणो वि दंसणपहं ओदरादि तदो किं तुए कादव्वं । (ग)

(क) सखि मदयन्तिके भणिष्यामीदानीं ते किमपि यदि न विश्वासभङ्गं करोषि ।

(ख) सखि किं पुनरपि प्रणयभङ्गेन कृतापराधोयं जनो येनैवं मन्त्रयसि । प्रियसखि त्वं लवङ्गिकया सह सांप्रतं मे हृदयम् ।

(ग) यदि ते कथमपि मकरन्दः पुनरपि दर्शनपथमवतरति ततः किं त्वया कर्तव्यम् ।

तमः कृष्णः । अय च पुरुषेषूत्तमो मकरन्दः । स्वयंग्राहेण गान्धर्वेण । सधर्मचारिणी भार्या । प्रवृत्तिर्वार्ता । [मद० वा०] इह ममाभाग्येन किं स्यादिति निःश्वास इति भावः ।

---

१ पुच्छिस्सं for भणिस्सं A. N.; N. om. दे; किं पि A.; B. om. किंवि; जादि C. E.; णाम after जादि C.; मे after ण N. २ कदा उण for सहि—वि N.; किदा° B. किआ° N.; °राओ C. E. ३ भणेसि for मंतेसि A.; N. om. पिअ; B. om. तुमं; लवंगिआ अ संपदं C. N.; समं for सह and मम for मे A. ४ सहि जइ एव्वं ता कहेहि जइ दे कहं वि N. जादि C. E.; हि for दे C.; °पहं A. B. वहं C. E.; °रइ N. ५ प्रक्ष्यामि for भणिष्यामि Com.; मे after यदि Com. ६ समं for सह Com.

मद०। एक्केक्कावअवणी[1]सङ्कुलग्गणिच्चले चिरं लोअणे णिव्वावइस्सं। (क)

बुद्ध०। जई सो वि मम्महबलक्कारिदो कन्दप्पजणणिं तुमं रुक्किणिं[3] विअ पुरिसोत्तमो सअंग्गाहसहधम्मचारिणिं करेदि तदो का पडिवत्ती[4]। (ख)

मद०। निःश्वस्य[5]। कीस मं एत्तिअं आसासेसि। (ग)

बुद्ध०। सहि कहेहि। (घ)

लव०। कधिदं उजेव्व हिअआवेअसूअएहिं दीहणीसासेहिं। (ङ)

(क) एकैकावयवनिःसङ्कुलग्ननिश्चले चिरं लोचने निर्वापयिष्यामि।

(ख) यदि सोपि मन्मथबलात्कारितः कन्दर्पजननीं त्वां रुक्मिणीमिव पुरुषोत्तमः स्वयंग्राहसहधर्मचारिणीं करोति ततः का प्रतिपत्तिः।

(ग) किं[10] मामेतावदाश्वासयसि।

(घ) सखि कथय।

(ङ) [11]कथितमेव हृदयावेगसूचकैर्दीर्घनिःश्वासैः।

---

१ णिस्संग N.; लग्गणिच्चलं A.; N. om. चिरं; N. adds तदो हिअअं after णिव्वावइस्सं. २ सहि before जइ B. E.; अअ A. and अह N. for जइ; N. om. वि; °रिओ N.; °णीं A. C. ३ रुक्मि° A. B. रुग्गि° N.; पुरुसो° A. N. °गाह C. °गाहसधम्मचारिणीं A. °ग्गाहधम्मचारि° B. C. E. °गाहेण सहधम्मचारिणिं N.; °णीं C. E.; कारेइ N.; तदा for तदो A. ४ पज्जत्ती A. B. ५ B. om. निःश्वस्य; तुए for मं N.; एत्तिकं E.; °सेअ A. °सासिदाक्षि N. ६ तह वि before कहेहि C.; कधेहि B. E. ७ कहिदं एव्व N.; हिअअआवेअ A. हिअआवेग B. हिअआवेस C. E.; सूच° B. ८ अथासावपि for यदि सोपि Com. ९ सधर्मचारिणीं Com.; प्रवृत्तिः for प्रतिपत्तिः Com. १० सखि before किं Com. ११ सखि before कथितं Com.

मद०। सहि[1] का अहं इमस्स तेण ज्जेव्व अत्ताणअं पणी-
कदुअ दुट्ठस[2]द्दूलकवलादो कड्ढिअस्स तस्स ज्जेव्व केरअस्स अत्तणो १८९
सरीरस्स। (क)

लव०। सरि[3]सं महाणुभावदाए। (ख)

बुद्ध०। सु[4]मरेहि एदं वअणं। (ग)

मद०। क[5]धं दुदीअपहरणाडिआविच्छेदपडहो ताडीअदि। ता
जाव ण[6]न्दणं णिब्भच्छिअ से पादपडणं अब्भत्थिअ मालदीए उवरि
अणुऊलइस्सं (घ)। इत्युत्थाय गन्तुमिच्छति। १९०

(क) सखि काहमस्य तेनैवात्मानं पणीकृत्य दुष्टशार्दूलकवलादाकृष्टस्य तस्यैव कृत्यकरस्यात्मनः शरीरस्य।

(ख) सदृशं महानुभावतायाः।

(ग) स्मरैतद्वचनम्।

(घ) कथं द्वितीयप्रहरनाडिकाविच्छेदपटहस्ताड्यते। तद्यावन्नन्दनं निर्भर्त्स्य तस्य पादपतनमभ्यर्थ्य मालत्या उपर्यनुकूलयिष्यामि।

१८३-१९३ अत्र काहमात्मशरीरस्य किं तु न कापि। मकरन्दस्यैव मच्छरीरमिति भावः। केरकशब्दः कृत्यकरवाची। पणीकृत्य मूल्यतया यो व्यवस्थाप्यते स कृत्यकरः। अत्र महानुभावता कृतज्ञता।

---

१ सहिभो E.; तेणेव्व for तेण ज्जेव्व N.; अत्ताणं N. २ मिचु for दुट्ठसद्दूल N.; वळादो for कवलादो B.; आकड्ढि° B. कड्ढिदस्स A. कड्ढिअस्स E.; उक्खडिअस्स N.; तस्स पहुणो सरीरस्स E.; एव्व परकेरअस्स N.; सरीरअस्स A. ३ खु after सरिसं N.; °भाअ° B. °हाव° N. ४ सहि before सुमरेहि N.; सुमरेहासि A. सुमरेसि B. E.; N. om. वअणं. ५ कहं N.; N .om. पहर, विछेदमुअओ पडहो N.; फडओ B.; चिरं बाहिणिआविछेदं उवरुदा पीडिअदि after ताडिअदी E. ६ णं for णंदणं N. णिब्भवत्थिअ A.; सपाअपडणं A. सपादपडणं वा अब्भत्थिअ N.; °कूल° C. E.; इति उत्थानुमिच्छति A. उत्थानुमिच्छति N. ७ स्मरिष्यासि for स्मर Com. ८ Com. om. प्रहर. ९ निर्भर्त्स्य सपादपतनं Com.

मकरन्दो मुखमुद्घाट्य हस्तेन[1] गृह्णाति ।

मद० । सहि मालदि विप्पबुद्धासि[2] । विलोक्य सहर्षसाध्वसम् ।
अम्मो[3] अण्णं ज्जेव्व किं पि एदं वट्टादि । (क)

मक० । रम्भोरु संहर भयं क्षमते विसोढुं[4]-
मुत्कम्पितं[5] स्तनभरस्य न मध्यभागः ।
इत्थं त्वयैव कथितप्रणयप्रसादः
संकल्पनिर्वृतिषु संस्तुत एष दासः ॥

(क) सखि मालति विप्रबुद्धासि[6] । अम्मो अन्यदेव किमप्येतद्वर्तते ।

सांप्रतमेवैतद्वचनस्योपयोगं स्थिरीकृत्याह । [बुद्ध० वा०] स्मरिष्यसीदं वचनम् । अत्र ॥ नाडी कालेपि षट्क्षणइत्यमरः॥ षट्क्षणावच्छिन्नः कालो नाडी । द्वितीया नाडी द्वादशक्षणात्मकः कालः । मदयन्तिकामकरन्दसंघट्टनविषयस्य समाप्तिपटहोपमित्यर्थः । यद्वा । द्वितीयनाडी द्वितीयभगिनी मालती तया सह विच्छेदो वियोगो यथोपक्रान्तसंबन्धाविघटनामित्यर्थः । गृह्णाति मदयन्तिकामित्यर्थः । अत्राम्मो इति स्वच्छन्दप्रलपितस्वाभिप्रायानुतापे ।

१९४–१९७ रम्भेत्यादि । हे रम्भोरु भयं त्यज । यतस्तव स्तनभारस्योत्कम्पं सोढुं मध्यभागो न क्षमते समर्थो न भवति । अतिकृशो मध्यदेशः कुचयोर्भयकम्पस्य भारं न सहत इति भावः । भयमिहापरिचितदर्शनात् । विकारमिति पाठे तव सकम्पस्य स्तनभारस्य विकारं मध्यभागो न क्षमते । संकल्पसुखेष्वनेनोक्तप्रकारेण त्वयैव कथितप्रार्थनासंपत्तिरेषोहं संस्तुतः परिचितो दासो विधेयः । प्रणयः प्रेम तद्रूपो वा प्रसादः ।

---

१ हस्ते for हस्तेन B. N. २ किं पडिबुद्धासि N. विबुद्धासि A. विउद्धासि E. पबुद्धासि C.; सहर्षं ससाध्वसं च A. N. ३ अहो A. अह्मो N.; एव्व N.; किं वि N.; A. B. om. एदं; वट्टइ N. ४ न सोढुं C. विकारं N. for विसोढुं. ५. उत्कम्पनं A. उत्कंठितं C. उत्कंपिनः N.; च for ण C. ६ विबुद्धासि Com.; Com. om. एतत्.

[1]बुद्धरक्षिता मदयन्तिकामुखमुन्नमय्य संस्कृतमाश्रित्य ।

प्रेयान्मनोरथसहस्रवृतः स एष
सुप्तप्रमत्तजनमेतदमात्यवेश्म ।
प्रौढं तमः कुरु कृतज्ञतयैव[2] भद्र-
मुत्क्षिप्त[3]मूकमणिनूपुरमेहि यामः ॥

मद० । सहि बुद्धरक्खि[4]दे कहिं उण अह्मेहिं गन्तव्वं । (क)

बुद्ध० । जहिं ज्जेव्व[5] मालदी । (ख)

(क) सखि बुद्धरक्षिते क्व पुनरस्माभिर्गन्तव्यम् ।

(ख) यत्रैव मालती ।

१९९–२०२ प्रेयानित्यादि । प्रेयान्प्रियतमो मनोरथसहस्रैर्वृतः प्रार्थितो यस्त्वया संकल्पादिष्वनुभूतः स एष सोयमित्यर्थ इति प्रागनुरागोद्भेदः । अतः कृतज्ञतया पूर्वोपकारस्य स्मरणेनैव भद्रमभीष्टं विवाहरूपं कुरु । तत्र सामग्रीमाह । एतदमात्यगृहं केचित्सुप्ताः केचित्प्रमत्ता जना यत्र तादृशम् । गाढं तमः । अन्धमिति पाठेन्धं करोतीत्यन्धम् । तम इत्यर्थः । उत्क्षिप्तमुत्तोलितमत एव मूकमशब्दं मणिप्रधानं नूपुरं यया तथेहि यामः । विवाहसंपादनायेति भावः । तत्र सुप्तादिना गृहलोकानामदर्शनं प्रौढान्धकारतया बहिर्लोकानामदर्शनम् । नूपुरस्याप्यशब्दतया परवितर्काभाव इति गमनमप्रत्यूहं स्यादिति दर्शितम् ॥ प्रमत्त इति रदाभ्यां निष्ठातो न इति नत्वं न भवति । न ध्याख्यापृमूर्छिमदामिति निषेधात् ॥

२०३–२०९. [मद० वा०] अत्रानेन मकरन्दसंमतिमाह । यत्रैव मालती । वर्तत इति शेषः । एतेनागामिनोङ्कस्यावतारः सूचितः ।

---

१ लवंगिका for बुद्धरक्षिता B. C. E.; मदयंतिकाया मुखं C. E. अवलंब्य for आश्रित्य N. २ एक for एव A. ३ उत्क्षिप्य E. ४ °क्खिदए N.; क्खु for उण B., N. om. उण; गंदव्वं A. B. ५ गुत्तं before ज्जेव्व A.; एव्व N.

मद० । किं[1] णिव्वुत्तसाहसा मालदी । (क)

बुद्ध०[2] । अध इं । अण्णं च । तुमं भणासि का अहं इमस्स (ख) इत्यादि पठति । मदयन्तिकाश्रूणि पातयति ।

बुद्ध० । महाभाअ[3] दिण्णं क्खु अत्ताणं पिअसहीए पडिवज्जस्स । (ग)

मक० । अद्योर्जितं[4] विजितमेव मया किमन्य-
दद्योत्सवः फलवतो मम यौवनस्य ।
यस्य[5] प्रसादसुमुखेन समुद्धृतेयं
दैवेन बान्धवधुरा मकरध्वजेन ॥

(क) किं निर्वृत्तसाहसा मालती ।

(ख) अथ किम् । अन्यच्च । त्वं भणसि काहमस्य ।

(ग) महाभाग दत्तं[6] खल्वात्मानं प्रियसख्या प्रतिपद्यस्व ।

[मद० वा०] अत्र पितृनैरपेक्ष्येण मालत्यात्मनिवेदनं यदि तदा ममापि तत्स्यादित्याशयः । [बुद्ध० वा०] अत्र च तथा प्रागेव मत्समक्षं त्वया मकरन्दायात्मा दत्तः । इदानीं कुतस्तेपास्यमित्याशयः । स्वगृहत्यागदुःखादश्रुपातेन सूचितात्मदानां मदयन्तिकामाह [बुद्धरक्षिता] । अत्र तुभ्यमिति शेषः ।

२१०–२१४ अद्येत्यादि । अद्योर्जितं सातिशयं कृत्वा मया विजितम् । सर्वकार्यसंपादनात् । सफलस्य मम यौवनस्याद्योत्सवः । अत एवान्यत्किम् । अपि तु न किमपि । साध्यमस्तीति शेषः । यस्य मम

---

१ C. om. किं. २ लव° for बुद्ध° C.; अह इं N.; अ for च C. N.; भणामि A. C. E.; C. E. om. अहं; N. om. इमस्स. ३ महाणुभाअ C.; दिण्णो A. E.; अत्ता A. B. E. अत्ताणअं C.; A. B. E. om. पडिवज्जस्स, मेण्ह for पडिवज्जस्स C. ४ अति for अद्य A. B. C. E. ५ यन्मे for यस्य N; समर्पितेयं B. समर्पितेयं C. E. समुद्धृतैव A. ६ Com. with A.

तदनेन पक्षद्वारेण [1]निर्गत्य साधयामः । निभृतं परिक्रामन्ति ।

[2]मैक० । अहो निशीथनिःसंचाररमणीयता राजमार्गस्य । तथा हि संप्रति[3]

प्रासादानामुपरि वलभितु[4]ङ्गवातायनेषु
भ्रान्[5]त्वावृत्तः परिणतसुरागन्धसंस्कारगर्भः ।
माल्यामोदी मुहुरु[6]पचितस्फारकर्पूरवासो

बान्धवमधुरा मित्रकृत्यं कामदेवेन सम्यग्धृता । प्रसन्नतया सुमुखेन । एवकारो ऽप्यत एव । यदि माधवसंगतेयं स्यात्तदा मया सर्वाकारं जितं न स्यादिति भावः । कन्यावरणे बान्धवा एव भवन्ति । यदाह ।

कन्याया वरणे माता पितरौ बान्धवा अपि ॥

पक्षद्वारं खडिक्किका ॥

२१५–२२०. अर्धरात्रनिशीथौ द्वावित्यमरः ॥ प्रासादानामिति । अयं वायुस्तरुणानां नूतनस्त्रीसमागमं प्रकाशयति । अनेन मदयन्तिकाप्रोत्साहनमुक्तम् । कीदृशः । उक्तस्थानेषु भ्रान्त्वावृत्तः । आदौ भ्रान्तः पुनरावृत्त आयातः । अनेन मन्दत्वम् । भ्रान्त्या भ्रमणेनायात इति वा । परिणतपुष्परसगन्धसमूहबन्धुः । पुष्पस्रजा हृष्टः सुरभिर्वा । मुहुरुपचितोऽत्यर्थं प्रवृद्धः । स्फारो दीर्घतया वृहत्तरः । कर्पूरसंपर्की च । पश्चात्कर्मधारयः । यद्वा । कर्पूरविशेषणमेव द्वयम् । एभिरतिसौगन्ध्ये ध्वनिते यतोतिमनोहरोत एव स्त्रीसांनिध्यकर इति भावः । उपहितम्लानेति पाठेपि कर्मधारयः ।

---

१ विनिर्गत्य A. C.; समाहितं after निर्गत्य E. २ B. om. मक०; निशीथिनीसंपातरमणीयता N.; A. om. राज; A. om. तथाहि. ३ हि after संप्राति N. ४ जाल for तुङ्ग N. ५. भ्रान्त्या E.; प्रासामोदः परिणत N.; परिचित for परिणत A.; संभार for संस्कार B. ६ उपहितम्लान noticed by Com.

वा[1]युर्यूनामभिनववधूसंनिधानं व्यनक्ति ॥

इति निष्क्रान्ताः सर्वे ।

॥ [2]नन्दनविप्रलम्भो नाम सप्तमोऽङ्कः ॥

प्रासोष्ट यं रत्नधरो द्विजेशो द्विजेशवन्द्या दमयन्तिकापि ।
जगद्धरं तत्कृतटिप्पणेऽङ्कोगमन्मनोहारिणि सप्तमोयम् ॥

इति सप्तमोऽङ्कः ।

---

१ वातो यूनामभिमतवधू N. २ N. om. नंद°–नाम; मालतीमाधवे for नंद°–नाम A. E.

॥ अष्टमोऽङ्कः ॥

ततः प्रविशत्यवलोकिता ।

अव० । वन्दिदा मए[1] णन्दणावासपडिणिउत्ता भअवदी । ता जाव मालदीमाहवसआसं[2] गच्छामि । परिक्रम्य । एदे दे णिव्वत्तिदगिम्हदि[3]अहावसाणमज्जणा दीहिआतडसिलादलं अलंकरान्ति मालदीमाहवा । तं[4] जाव उवसप्पिस्सं । (क) निष्क्रान्ता । प्रवेशकः ।

ततः प्रविशत[5] उपविष्टौ मालतीमाधवाववलोकिता च ।

(क) वन्दिता मया नन्दनावासप्रतिनिवृत्ता भगवती । तद्यावन्मालतीमाधवसकाशं[6] गच्छामि । एतौ तौ निर्वर्तितग्रीष्मदिवसावसानमज्जनौ दीर्घिकातटशिलातलमलंकुरुतो मालतीमाधवौ[7] । तद्यावदुपसर्प्स्यामि ।

तदेवं मदयन्तिकामादाय मकरन्दे माधवान्तिकं चलिते मालतीमादाय निर्गतस्य माधवस्य कामन्दकीगृहास्थितस्य वार्ताप्रस्तावनायावलोकिताप्रवेशः । सूचनं च पूर्वाङ्के । जहिं ज्जेव्व मालतीति वचनेन मालतीमाधवयोरेकत्र वासः सूचितः । तत्र च यद्यपि तयोरेव प्रवेशोऽर्हति तथापि कन्याप्रलोभने सख्यानुकूल्ये तत्प्रवेश इति पूर्वाङ्के कृतमेव ।

४–१२. अत्र सरो वापी तु दीर्घिकेत्यमरः॥ दलयतीत्यादि । अयं चान्द्र उद्योत उद्गच्छन्नत एव शुष्यत्प्रगल्भतालीपत्त्रवत्पाण्डुरस्तिमिरसंघं

---

१ जाव after मए A.; °णिअत्ता C. °णिवत्तमाणा N.; देवी before भअवदी B. २ सआस before गच्छामि A.; परिक्रम्यावलोक्य N.; A. om. एदे दे; तं for दे C.; एदे खु मालदीमाहवा णिव्वुत्तगिम्ह N. ३ दिवसा° N.; सिलातलं A. N.; °करेंति C. °करांति N.; A. om. मालदीमाहवा, N. has it above. ४ A. om. ता; B. N. om. जाव; उप° C. E.; उवसप्पामि N.; इति before निष्क्रान्ता A. E.; N. om. निष्क्रान्ता. ५ ततः प्रविशतो माल° A. ६ सकाशमेव Com. ७ Com. om. मालतीमाधवौ; उपसर्पामि Com.

माध०। सा[1]नन्दम्। वर्तते हि मन्मथप्रौढसुहृदो निशीथस्य यौवनश्रीः। तथाहि।

दलयति परिशुष्य[2]त्प्रौढतालीविपाण्डु-
स्तिमिरनिकरमुद्यन्नैन्दवः प्राक्प्रकाशः।
वियति पवनवेगादुन्मुखः केतकीनां
प्रचलित इव सान्द्रो मा[3]करन्दः परागः॥

स्व[4]गतम्। तत्कथं वामशीलां मालतीमुपावर्तये। भवत्वेवं तावत्। प्रकाशम्। प्रिये मालति प्रत्यग्र[5]सायंतनस्नानसविशेषशीतलामत्रभवतीं निदाघ[6]शान्तये विज्ञापयामि। तत्किमित्यद्यानिमित्तमन्यथैव संभावयसि।

नि[7]श्चोतन्ते सुतनु कबरीबिन्दवो यावदेते
यावन्मध्यः स्तन[8]मुकुलयोनार्द्रभावं जहाति।
यावत्सान्द्रप्रत[9]नुपुलकोद्भेदवत्यङ्गयष्टि-
स्तावद्गाढं वितर सकृदप्यङ्क[10]पालीं प्रसीद॥

खण्डयति। प्रथमतो व्योम्नि वायुवेगेनोर्ध्वमुखीभूय प्रचलितो घनः केतकीपराग इव। इन्दोरयमैन्दवः। मन्दमन्दमिति प्रचलनक्रियाविशेषणम्। उपावर्तये संमुखीकरोमि।

१७–२०. निश्चोतन्त इत्यादि। हे सुशरीरे यावदेते कबरीजलबिन्दवः स्रवन्ति यावत्कुचकलिकयोर्मध्य आर्द्रतां न त्यजति यावच्च निबिड-

---

१ स्वगतं before सानन्दम् A.; N. om. हि; निशीथिनीनाथस्य यौवनश्रीः B. २ शुष्क for शुष्यत् E. ३ मन्दमन्दः A. मंदमंदं B. for माकरन्दः. ४ A. B. om. स्वगतम्. ५ स्नानविशेष A. ६ निदाघतापशान्तये A. E.; किंचित् before विज्ञापयामि N.; अपि after अद्य C.; तत्किमिति नित्यमन्यथैव मां संभावयसि A. तत्किमित्यन्यथैव मां संभावयसि N. ७ निश्चयी° N. ८ स्तनयुगुलयोः A.; मुकुलयोरार्द्र-भावं N. ९ प्रतत for प्रतनु B. E. १० भङ्गपालिं N.

अयि निरनुरोधे

जीवयन्निव ससूढसाध्वसस्वेदबिन्दुरधिकण्ठमर्प्यताम् ।
बाहुरैन्दवमयूखचुम्बितस्यन्दिचन्द्रमणिहारविभ्रमः ॥

अथवा दूरे तावदेतत्[२] । कथमालापसंविभागस्याप्यभाजनमयं जनो भवत्याः ।

दग्धं चिराय मलयानिलचन्द्रपादै-

र्व्यापि रोमाञ्चं प्रकाशयन्ती काययष्टिस्तावद्गाढं यथा तथा सकृदपि मेऽङ्कपालिं क्रोडप्रदेशं देहि । अतः प्रसीद । तदिह निदाघतापशान्तये जलबिन्दवः । कुचार्द्रता पुलकोद्गमश्च सर्वाङ्गशैत्यापत्तये । यावत्तावच्छब्दावधार्यौ ॥ सान्द्रेत्यादिपदे कर्मधारयमत्वर्थीयाद्बहुव्रीहिरेवेष्टो लघुत्वादिति न्यायेन बहुव्रीहिसंभवे कथं मत्वर्थीय इति न देश्यम् । एतद्वचनस्य प्रायिकत्वात् । तथैव नानाप्रयोगदर्शनादिति दिक् ॥ पालिः पङ्क्तिप्रदेशयोरिति शाश्वतः ॥

२२–२५. जीवयन्नित्यादि । बाहुः कण्ठेऽर्प्यताम् । कीदृशः । समूढं सद्योजातं पुञ्जितं वा यत्साध्वसं भयं तेन स्वेदबिन्दुर्यत्र सः । अननुभूततया भयम् । चान्द्रकरस्पृष्टोत एव स्यन्दी क्षरन्बालचन्द्रकान्तहारस्तत्तुल्यः । घर्मविघातकत्वात् । अत एव सौहित्याज्जीवयन्निव ॥ समूढः पुञ्जिते भुग्ने सद्योजाते सुनिश्चित इति विश्वः ॥ ससाध्वसश्रमेति पाठे ससाध्वसो भयवान्यः श्रम इत्यर्थः । संविभागो भेदः । अभाजनमस्थानम् । अजहल्लिङ्गोऽयम् । अयं जन इत्यनेन दीनतोद्भावनेनानुकूल्यं स्वीयमाह । भवत्या इत्यनेन नायिकोत्तेजनम् ।

२६–२९. दग्धमित्यादि । चिरं दक्षिणवायुचन्द्रकरैस्तापितं मे वपुरालिङ्ग्य न चेन्निर्वापितमतसीकृतं तदा समदकोकिलरवपीडिता

---

१ मालति after अयि N. २ B. om. एतत्.

निर्वापितं तु परिरभ्य वपुर्न नाम ।
आमत्तकोकिलरुतव्यथिता[1] तु हृद्या-
मद्य श्रुतिः पिबतु किंनरकण्ठि वाचम् ॥

अव० । [2]उपसृत्य । अइ आणिब्वहणसीले जं दाणिं मुहुत्तंतरिद-माहवा[3] दुम्मणाअन्ती मम पुरदो भणासि चिराअदि अज्जउत्तो [4]अवि णाम काबिरेण पेक्खिस्सं जेण विच्छड्डिआसेससज्झसा विसु-[5]मरिदणिमेसविग्घं आलोअअन्ती एव्वं भणिस्सं विउणवेढपरिरम्भेण

मे श्रुतिः कर्णोद्येदानीं हृद्यां वाचं पिबतु । सादरं शृणोत्वित्यर्थः । अत एव वाङ्माधुर्यद्योतनाय किंनरकण्ठि इति संबोधनम् । किंनरस्येव कण्ठः स्वरो यस्यास्तादृशि हे ॥ स्वरे कण्ठः प्रकीर्तित इति रत्नकोशः । अङ्गकण्ठगात्रेषूपसंख्यानान्ङीष् ॥ पूर्वार्धे तुशब्दो यद्यर्थः । द्वितीये पुनरर्थः । यदि नालिङ्गनं देयं तदा मधुरमालपेति भावः । नाम संभावनायाम् । आलिङ्गनादानं संभाव्यते यतः । त्वयि वदन्त्यां कलकोकिलरवोपि कर्णकटुरित्यनुरागाधिक्यमात्मन उक्तम् । इहाद्यपदमिदानीमर्थे । अन्यथा निशीथवर्णनेद्यास्मिन्नहनीत्यस्यानर्थक्यापत्तेः । एवं चाद्यास्मिन्नहनीति व्युत्पत्तिः प्रायिका ।

३०–३९. अत्र यदिदानीमिति वाक्यभूषायाम् । भणनस्वरूपमेवाह चिरयतीति संभावयेरितीत्यन्तम् । सांप्रतमिति शिरश्चालनकाकौ । चिरयाति विलम्बते । विच्छर्दितं त्यक्तम् । विघ्नमिति क्रियाविशेषणम् ।

१ व्यथिता नु हृद्यान्यद्य श्रुतिः पिबतु वर्णरसायनानि B.; नु for तु E. २ N. om. उपसृत्य; अवि for अइ C.; °व्वहणासीळे B.; आदेइ A. दरिद B. तरिअ N. for तरिद. ३ माहवे E.; त्ति after माहवा N.; उम्मणाअन्ती C.; मह for मम C. N.; भणासि C. ४ वि णाम कियत् चिरेण B.; अवि णाम अइरादो तं पेक्खे N.; विच्छडि° A. विछड्डि° E.; सद्धसा A. B.; सद्धसं N. ५ °रिअ B. E. N.; णिमिसा विआ-लोअंती B.; विग्घमवलोअअन्ती A. विलोअंती N.; दुउणवेढ° B. द्विउणवेढन A. वेढण C. वेढ E.; णिब्भरिद for विउणवेढ N.

संभावअसि त्ति तस्स दे अअं परिणामो । (क) मालती सासूयमिव तां पश्यति ।

माध० । स्वगतम् । अहो भगवतीप्रधानान्तेवासिन्याः सर्वतोमुखं वैदग्ध्यम् । प्रकाशम् । सत्यमवलोकिता वदति ।

मालती मूर्धानं चालयति ।

माध० । शापितासि मम लवङ्गिकावलोकितयोश्च जीवितेन यदि वाचा न कथयसि ।

माल० । णाहं किं वि जाणामि । (ख) इत्यर्धोक्ते लज्जां नाटयति ।

(क) आयि अनिर्वाहनशीले यदिदानीं मुहूर्तान्तरितमाधवा दुर्मनायमाना मम पुरतो भणसि चिरयत्यार्यपुत्रोपि नाम कियच्चिरेण प्रेक्षिष्ये येन विच्छर्दिताशेषसाध्वसा विस्मृतनिमेषविभ्रमालोकयन्त्येवं भणिष्यामि द्विगुणावेष्टपरिरम्भेण संभावयेरिति तस्य तेयं परिणामः ।

(ख) नाहं किमपि जानामि ।

परिणाम इति । या त्वं चिरविरहमसहमाना माधवार्थिनी सा कथमधुना तत्र वाग्यमनमालम्बस इति भावः। असूया गुणेषु दोषारोपः । सा चेह रहस्यनिवेदनादिति भावः । सर्वतोमुखं सर्वतोगामि । सुभाषितान्येव रत्नानि तेषां कोषः पात्रम् ॥ कोषोस्त्री कुड्मले पात्र इति मेदिनीकारः ॥ प्रियेत्यादि प्रश्नवाक्यम् । मूर्धकम्प उक्तनिषेधाय । शापितासि शपथीकृतासि ।

---

१ संभावअन्ति A. संभावइस्संत्ति N.; संवदं before तस्स A. N.; तस्सिं A.; N. om. दे. २ अपवार्य for स्वगतं N.; भगवत्याः प्रधाना° N. ३ अक्षय्य सुभाषितरत्नकोषः A. अक्षयः सुभाषितरत्नकोषः N. अक्षय्यं सुभाषितरत्नसंस्करणं E. after वैदग्ध्यम्; प्रिये सत्य° A. प्रिये भरि सत्य° N. ४ तिर्यङ्मूर्धानं A. ५ मया for मम A.; °तयोर्जीवितेन A.; N. om. वाचा. ६ ण अहं C. E.; किं पि C.; अर्धोक्तौ B. ७ मुहूर्तमात्रान्तरितमाधवेति Com. ८ कियता चिरेण Com. ९ Com. with A.

माध० । [1]अहो अनवसितार्थमन्थरस्य वचसश्चारुता । सहसा निरूप्य[2] । अवलोकिते किमेतत् ।

बाष्पाम्भसा मृगदृशो विमलः कपोलः
प्रक्षाल्यते सपदि राजत [3]एष यस्मिन् ।
गण्डूषपेयमिव कान्त्यमृतं पिपासु-
रिन्दुर्निवेशितमयूखमृणालदण्डः ॥

अव० । सहि किं दाणिं [4]उच्छलिदबाहुप्पीलमन्थरं रोदिसि । (क)

माल० । सहि केच्चिरं पिअसहीए लवङ्गिआए असंणिधाणदुःखं [6]अणुभविस्सं । पउत्तिलम्भो वि मे दुल्लहो । (ख)

(क) सखि किमिदानीमुच्छलितबाष्पोत्पीडमन्थरं रोदिषि ।

(ख) सखि कियच्चिरं प्रियसख्या लवङ्गिकाया असंनिधानदुःखमनुभविष्यामि । प्रवृत्तिलाभोपि मे दुर्लभः ।

४२—४७. अनवसितोऽनिश्चितः । किमेतदिति वक्ष्यमाणवाक्यार्थस्य प्रश्नः । बाष्पेत्यादि । हरिणाक्ष्या एष कपोलो बाष्पजलेन सपदि प्रक्षाल्यते । अत एव विमलः । किमेतत् । यत्र चन्द्रो राजते । कीदृक् । गण्डूषेण मुखपूरणेन पातव्यं दीप्त्यमृतं पातुमिच्छुरिव निहितः किरण एव मृणालदण्डो येन सः । किरणरूपमृणाललतिकया पातुमिच्छतीत्यर्थः । अनेन कपोलस्य चन्द्राधिककान्तिमत्त्वमुक्तम् ॥ गण्डूषो मुखपूर्तौ स्यादिति शाश्वतः ॥

४८—५०. अत्रोच्छलितो बहुलीभवन् । मन्थरमिति क्रियावि-

---

१ B. om. अहो; °सितार्थस्य वचसः B. °सितार्थमंदअर्थवचसः N. २ अवलोक्य for निरूप्य B. ३ एव N. ४ उच्चलिअवाहुप्पीडमंथरा रोदिति N. उच्छडिद B.; वाहूप्पी° A.; °भीड B.; मंथरा A.; रोदेसि B. ५ जनान्तिकं after माल०। A.; A. om. सहि; लवंगिकाए E.; °हाण N. ६ °हविस्सं N.; से for मे A. E. N. सुदुल्लहो त्ति A. दुल्लहो त्ति C. E. ७ लंभोपि तस्या दुर्लभ इति Com.

माध०। अवलोकिते किं[1] नाम।

अव०। तुह[2] ज्जेव्व[3] सवधोवण्णासेण एसा लवङ्गिअं संभरिअ ताए पउत्तिणिमित्तं[3] उत्तम्मदि। (क)

माध०। नन्विदानीमेव तत्र[4] मया कलहंसकः प्रेषितः प्रच्छन्नमुपेगत्य[5] नन्दनावासप्रवृत्तिमुपलभस्वेति। साशंसम्। अवलोकिते अपि नाम बुद्धरक्षिताप्रयत्नः सफलोदर्क[6] एव मदयन्तिकां प्रति स्यात्।

अव०। कुदो[7] संदेहो महाणुभाअस्स। महाभाअ पढमं ज्जेव्व सद्दूलणहरालंकिदस्स[8] मअरन्दस्स मोहविरामहूसवं णिवेदअन्तीए

(क) तवैव शपथोपन्यासेनैषा लवङ्गिकां स्मृत्वा तस्याः प्रवृत्तिनिमित्तमुत्ताम्यति।

शोषणम्। अत्रासंनिधानदुःखमसंगमेन जनितक्लेशम्। प्रवृत्तिलम्भो वार्ताप्राप्तिः॥ वार्ता प्रवृत्तिर्वृत्तान्त उदन्तः स्यादथाह्वय इत्यमरः॥

५८–६८. अत्र निवेदयन्त्या मालत्या इत्यन्वयः। मालत्या इति षष्ठ्यन्तम्। मालत्याः कृत इत्यर्थः। अनुयुक्तः पृष्टः। स्वकीयहृदयालोकनमागामिश्लोकस्यरसद्योतनाय। प्रसवः पुष्पम्। प्रेम्णेत्यादि। या माला प्रियसख्या लवङ्गिकया हस्तेनोपनीता मद्ग्रथितेति हेतोः प्रेम्णानया मालत्या पीनकुचघटमुकुलस्य मरो यत्र तेन क्रोडेन सह संभाविता संभावनां नीता ततो नन्दनेन सह विवाहे संप्राप्ते मां प्रति निरस्तप्रत्याशया

१ किं हि नामैतत् N. २ एव्व N.; सवहो° B. सपधो° C. वभणो° for सवधो° N.; सुमरिअ for संभरिअ A. N. ३ पउत्तिलंभणिमित्तं N. ४ A. om. तत्र, हि for तत्र N.; कलहंसः N.; प्रहितः A.; गच्छ त्वं before प्रच्छन्न N.; प्रच्छन्नः सन्निपत्य नन्दनावासं प्रवृत्ति° A. ५ उपगम्य C. N.; नंदनावासं प्रवृत्ति° E.; उपालभस्वेति B.; साशंकं C.; B. om. अवलोकिते. ६ फलोदर्कं N. सफलोदय E. ७ B. N. om. कुदो—°भाअस्स, महाभाअ कुदो संदेहो E.; पुढमं तस्स एव्व सद्दूलणहरालिखिदस्स N. ८ मोहविरहूसवं णिवेद° C. E. मोहविच्छेदिअं णिवेद° N.

[1]भअवदीए णिउत्तेण भवदा मालदीए जीविदेण समं पसादीकिदं हिअअं। [2]जेइ को वि तुमं संपदं मदअन्तिआलम्भेण वड्डावेदि तदा किं [3]दाणिं तस्स पारितोसिअं करेसि त्ति। (क)

माध०। [4]अनुयोक्तव्यमनुयुक्तोऽस्मि। हृदयमवलोक्य। इयमस्ति मालतीप्रथमदर्शन[5]ाभिषङ्गसाक्षिणः कामकाननालंकारस्य लक्ष्मीवतः केसरतरोः प्र[6]सूनमाला।

प्रेम्णा मद्ग्रथितेति [7]या प्रियसखीहस्तोपनीतानया
विस्तारिस्तनकुम्भ[8]कुड्मलभरोत्सङ्गेन संभाविता।
संप्राप्ते त्वथ पाणिपीडनविधौ मां प्रत्यपेताशया

(क) कुतः संदेहो महानुभावस्य। महाभाग प्रथममेव शार्दूलनखरालंकृतस्य मकरन्दस्य मोहविराममहोत्सवं निवेदयन्त्यै भगवत्या नियुक्तेन भ[9]वता मालत्यै जीवितेन समं प्रसादीकृतं हृदयम्। यदि कोपि त्वां [10]संप्रतं मदयन्तिकालाभेन वर्धापयति तदा किमिदानीं तस्य पारितोषिकं [11]करोषीति।

लवङ्गिकेयमित्यधिगते मय्येव यया सर्वस्वदानं कृतम्। अनेन पूर्वानुरागकथनेन नायिकाविस्रम्भ उक्तः। विस्तारः परिणाहः। कुम्भपदेनोन्न-

१ B. om. भअवदीए-°वदा; भअवदा for भवदा A. C. E.; समं before and after जीविदेण B.; अ after °किदं C. २ ता before जइ N.; जदि C. E.; N. om. तुमं; तस्स एव्व after संपदं N.; जेव्व after संपदं C. E.; मदअंतिआए लंभेण C. E.; वड्ढावेदि B. वड्ढावादि A.; A. N. om. तदा. ३ A. om. दाणिं; °दोसिअं N.; भविस्सदि for करेसि त्ति A. N. ४ अनया before अनुयोक्तव्यं A.; °क्तव्यमेवानु° N. ५ अभिष्वंग for आभिषङ्ग C.; °लंकारभूतस्य N. ६ प्रसव for प्रसून A. E. N. ७ ना for या N.; °नीता यया C. °नीतेति वा N. ८ कुड्मल B. E. ९ भगवता for भवता Com. १० सांप्रतमेव मद° Com. ११ भविष्यति for करोषीति Com.

या[1] मय्येव लवङ्गिकेत्यवगते सर्वस्वदायीकृता ॥

अव० । सहि मालदि वल्लहा क्खु[2] दे इअं वउलमाला तदो अवहिदा भव[3] मा दाणिं एसा सहसज्जेव्व परहत्थगदा भविस्सदि त्ति ।(क)

माल० । पिअं पिअसही[4] मे उवदिसादि । (ख)

अव० । कधं[5] पदसद्दो विअ । (ग)

माध० । नेपथ्याभिमुखमवलोक्य । अये[6] कलहंसकः प्राप्तः ।

माल० । दिट्ठिआ वड्ढसि[8] मदअन्तिआलम्भेण[7] । (घ)

(क) सखि मालति वल्लभा खलु त इयं बकुलमाला ततोवहिता भव मेदानीमेषा सहसैव परहस्तगता भविष्यतीति ।

(ख) प्रियं प्रियसखी[9] म उपदिशति ।

(ग) कथं पदशब्द इव ।

(घ) दिष्ट्या वर्धसे मदयन्तिकालाभेन ।

तता । कुड्मलपदेन मृदुता । भरशब्देन प्रौढिरुक्ता । पाणिपीडनं विवाहः । दीयत इति दायः ।

६९–८६. अत्र येनैव मकरन्दस्य मदयन्तिकालाभः कथनीयस्तेनैवेयं प्राप्या । अतस्त्वमेव तं कथयेति गुह्या माधवेन सहात्मानं संभावयेत्याशयः । [माल० वा०] तथा चाहमेव कथयामीति भावः । [अव० वा०]

---

१ मय्येवं हि for या मय्येव E.; दायः कृतः B. N. २ खु N.; जदो for तदो N. ३ N. om. भव मा–°दाित्त and has भोल्लीएसि after अवहिदा; होहि C. भाविस्ससि E. for भंव; B. om. मा, जधा for मा A.; सहसं ब्बेज्व A.; ण after गदा A.; B. om. त्ति. ४ पिअसहि A. E.; उवदिसासि A. E. उवहसादि B.; for पिअं–°दिसदि N. has सहि मं उवहससि. ५ कहं N.; पाद B. ६ अए कलहंसस्संप्राप्तः N. ७ लाहेण for लम्भेण N. ८ अतः for ततः Com. ९ सखि प्रियं मे उपदिशसि Com.

माध० । सहर्षं[1] परिष्वज्य । प्रियं प्रियं नः । आत्मनः कण्ठादवतार्य बकुलमालां ददाति ।

अव० । णिव्वूढो क्खु[2] भअवदीए संभावणाभारो बुद्धरक्खिदाए । (क)

माल० । सहर्षम्[3] । अम्महे पिअसही लवङ्गिआ वि दीसइ । (ख) उत्तिष्ठति ।

प्रविश्य[4] संभ्रान्ताः कलहंसकमदयन्तिकाबुद्धरक्षितालवङ्गिकाः ।

लव[5]० । परित्ताअदु परित्ताअदु महाभाओ । अद्धमग्गे क्खु णअर[6]रक्खिपुरुसाभिओओ मअरन्दस्स जादो तदो तक्कालमिलि-

---

(क) निर्व्यूढः खलु भगवत्याः संभावनाभारो बुद्धरक्षितया ।

(ख) अम्महे प्रियसखी लवङ्गिकापि दृश्यते ।

अत्र श्रूयत इति भावः । [माल०वा०] अत्र मकरन्दस्य मदयान्तिकाविवाहेनेत्यर्थः । इदं वचनं मालत्या माधवं प्रति । प्रियं न इति । आलापलाभेनातिप्रियमित्यर्थः । अत्र निर्व्यूढो निर्वाहं नीतः । खलु निश्चये ।

---

१ B. E. om. परिष्वज्य; प्रियां before परिष्वज्य C.; A. om. one प्रियं, प्रियं नः प्रियं नः N.; N. om. आत्मनः–°तार्य; कण्ठे before ददाति E. N. २ N. om. क्खु; संभावणभारो B. C. E. ३ B. E. om. सहर्षम्; N. om. अम्महे; E. N. om. वि; सर्वे उत्तिष्ठन्ति A. इत्युत्तिष्ठति N. ४ ततः प्रविशन्ति A. and ततः प्रविशति N. for प्रविश्य; B. om. संभ्रान्ताः, संभ्रांतः कलहंसकः बुद्धरक्षिता मदयंतिका लवंगिका च N.; कलहंस A. E. ५ बुद्ध० for लव० N.; सर्वाः for लव० Com.; N. om. one परित्ताअदु; खु N. ६ णअररक्खअपुरुसेहिं अहिओओ N.; पुरिसा° C. E.; मकरंदस्स C.; संजादो N.; N. om. तदो.

देण कलहंसएण सहिदो अह्मे अणुप्पेसिदाओ त्ति । (क)

कल० । जधा[2] इदोमुहागदेहिं पि महन्तो कलकलो सुदो अह्मेहिं तधा तक्केमि[3] अण्णं पि पारक्कअं बलं उवगदं त्ति । (ख)

मालत्यवलोकिते[4] । हद्धी हद्धी समं ज्जेव्व हरिसुव्वेअसंभेदो उवणदो[5] । (ग)

माध० । सखि[6] मदयन्तिके स्वागतमेह्येहि । अनुगृहीतमस्मद्गृहं

(क) परित्रायतां परित्रायतां महाभागः । अर्द्धमार्गे खलु नगररक्षिपुरुषाभियोगो मकरन्दस्य जातस्ततस्तत्कालमिलितेन कलहंसकेन सहिता वयमनुप्रेषिता इति ।

(ख) यथेतोमुखागतैरपि महान्कलकलः श्रुतोस्माभिस्तथा तर्कयाम्यन्यदपि पारक्यं बलमुपगतमिति ।

(ग) हा धिक् हा धिक् सममेव हर्षोद्वेगसंभेद उपनतः ।

संभावना प्रतिष्ठा । अत्र अम्महे विस्मये । [सर्ववा०] अत्राभियोगो अवस्कन्दः । [कल० वा०] अत्र पारक्यं परकीयम् ।

८९–९६. स्वागतं कुशलम् । स एव प्रसिद्धपौरुषः । असौ मकरन्दः । यत्किंचिदिति न गणनीयमित्यर्थः । हरेरित्यादि । हरेः सिंहस्य स उक्तगुणः कर एव सखा द्वितीयो भवति । विक्रमे कर्तव्ये । नान्यमत्रा-

---

१ समं for सहिदा N.; B. om. अह्मे; N. om. त्ति. २ जह एत्तोमुहं आअदेहिं अह्मेहिं वि कलकलो सुदो तह तक्केमि N.; एदो for इदो E.; °देहिं वि E.; A. B. om. पि; ओअकळकलो A. कळअलो E. ३ तक्केम B.; अण्णं वि E.; अण्णं वि उवगअं आरक्खिअजालं ति N.; पारेक्कं C. E.; उवागदं ति B. ४ माल० । अवलोइदे हद्धी &c. A. B. C. E.; समकालं for समं A.; एव्व N.; संभेओ N. ५ उवगदो A. उअणदो B. ६ B. om. सखि; N. om. एह्येहि; अस्मद्गृहिणी for अस्मद्गृहं N. ७ कलहंसकेन समं वयमत्रानु° Com. ८ समकालमेव for सममेव Com.

भवत्या[1]। ननु स एवासौ किमित्यस्वस्था भवती । एकाकिनो बहुभिरभि[2]योग इति यत्किंचिदेतद्वयस्यस्य ।

हरेरतुलविक्रमप्रणयलालसस्याहवे
स एव[3] भवति क्वणत्कररुहप्रचण्डः सखा ।
स्फुर[4]त्करटकोटरस्खलितदानसिक्तानन-
द्विपेश्वरशिरःस्थिता[5]स्थिदलनैकवीरः करः ॥

तदहमपि[6] विक्रान्तप्लुतं विलसतः प्रियसुहृदः प्रत्यनन्तरो भवामि।

इ[7]ति विकटं परिक्रम्य कलहंसकेन सह निष्क्रान्तः ।

अवलोकितालवङ्गिकाबुद्धरक्षिताः। अवि णाम अ[8]णाहदा पडिणिअत्तिस्सन्ति ए[9]दे महाणुभावा। (क)

माल०। सहिओ अ[10]वलोइदाबुद्धराक्खिदाओ तुरिदं गदुअ

(क) अपि नामानाहतौ प्रतिनिवर्तिष्येते एतौ महानुभावौ ।

पेक्षत इत्यर्थः। करः कीदृशः। अतिपराक्रमप्रश्रये सतृष्णः। शब्दायमाननखैः प्रचण्डः। स्फुटतः करटस्य गण्डस्थलस्य मध्याच्च्युतेन मदजलेन सिक्तमुखहस्तिराजमस्तकस्थितास्थिविदारणे श्रेष्ठवीरः। तथा च

---

१ भवन्याः A.; स्वस्था भवंतु भवत्यः for स एवासौ–भवती N.; मा भूत् परिभवोद्वेगः after भवतौ A.; B. E. have तत्र and C. तत् before किमिति; एकाकिनोऽपि बहु° N. २ योग for अभियोग B.; न किञ्चिद् for यत्किंचिद् A.; B. om. एतद्; पश्य before हरे &c. A. ३ एष for एव A. ४ स्फुटत् for स्फुरत् C. E. ५ स्थितास्थिकदनास्थिरैकः करः B.; स्थिर for स्थित N. ६ °हमपि विक्रमानुरूपं विलसतः A.; °हमपि विक्रान्तिप्लुतः सुहृदः प्रत्यंतरोभवामि N.; प्रत्यनन्तरीभवामि A. C. ७ N. om. इति; परिक्रामन् for परिक्रम्य A.; कलहंसेन N.; C. om. सह. ८ अण्णाइहदा णिवत्तिस्संति N.; °णिवत्ति° B. ९ ते for एदे B.; °णुभाभा A. B. °हावा N. १० B. om. अवलो–दाओ; E. has lost the portion beginning with अवलोइदा and ending with परिक्कंभस्स इत महा (l. 124); तुरिअं A. N.; गदुअ for गदुअ B.

भअवदीए एदं[1] वुत्तन्तं कहेध। तुमं पि लवङ्गिए विण्णवेहि अज्जउत्तं जइ[2] दाव तुह्माणं अह्मे अणुकम्पणीआ तदो अप्पमत्ता परिक्कमेध त्ति। (क)

निष्क्रान्ता[3] लवङ्गिकाबुद्धरक्षितावलोकिताः।

माल०। हद्धी[4] हद्धी ण आणीअदि कधं वेला गमिअदु त्ति। भोदु पिअसहीए लवङ्गिआए पडिणिवुत्ति[5]मग्गं अवलोअअन्ती चिट्ठिस्सं। परि-

---

(क) सख्यौ अवलोकिताबुद्धरक्षिते त्वरितं गत्वा भगवत्या एतं[6] वृत्तान्तं कथयतम्। त्वमपि[7] लवङ्गिके विज्ञापयार्यपुत्रं यदि तावद्युष्माकं वयमनुकम्पनीयास्ततोऽप्रमत्ताः परिक्रामतेति।

सखा मकरन्दः सिंह इव साहसे द्वितीयानपेक्ष इत्यर्थः॥ काकेभगण्डौ करटावित्यमरः॥ निष्कुहः कोटरं वा नेत्यपि॥ विक्रान्तस्य वीरस्य प्लुतं गतिविशेषम्। विलसतः कुर्वतः। प्रत्यनन्तरो द्वितीयः।

---

१ इमं A. एमं G. for एदं; कभेअ C. णिवेदह A. णिवेदेअ G. णिवेदेह N. for कहेअ; वि for पि A. N.; पिअसहि before लवङ्गिए A.; तुरिदं A. G. and तुरिअं N. before विण्णवेहि; विणवेहि B. C. E. २ जदि for जइ; तात्र for दाव A.; °णीआओ N.; तदा for तदो G.; अप्पमत्तं G.; परिक्कमेत्ति A. ३ मालतीमदयंतिकावर्जं सर्वे निष्क्रान्ताः for निष्क्रा–किताः N. ४ G. om. हद्धी हद्धी, A. om. one हद्धी; आणीएआदि B. आणिअदि N.; लवङ्गिआ किं चिराअदि A. and कधं एत्तिअं लवंगिआ चिराअदि B. before कधं; B. om. कधं–°अदु त्ति; कहं N.; एत्तिआ before वेला A. C.; गमिआदि त्ति G. N.; होदु N.; पिअसहि मदअन्तिए before पिअसहीए A.; °सहिलव° G. ५ °णिउत्ति A. B. G.; मग्गे ओलोअंती चिट्ठिस्सं N. मग्गमणुगमिस्सं A. मग्गं अणुगमिस्सं G.; इति परिक्कमाति G. ६ इमं for एतं Com. ७ त्वमपि प्रियसखि लवंगिके गत्वा त्वरितं विज्ञा° Com.

कामति। सा[1]तङ्कम्। फुरिदं क्खु मे वामेदरेण लोअणेण। (क) उपवि[2]शति।

प्र[3]विश्य कपालकुण्डला। आः पापे तिष्ठ।

माल०। सत्रासम्। हा[4] अज्जउत्त। (ख) इत्यर्धोक्ते वाक्स्तम्भं नाटयति।

कपा०। सक्रोधहा[5]सम्। नन्वाक्रन्द।

त्वद्वत्सलः क्व स[6] तपस्विजनस्य हन्ता
कन्याविटः पतिरसौ परिरक्ष[7]तु त्वाम्।
श्येनावपातचकिता [8]वनवर्तिकेव
किं चेष्टसे ननु चिरात्कवलीकृतासि॥

यावच्छ्रीपर्वत[9]मुत्तीर्य लवशो लवश एनां निकृत्य दुःखमरणां करोमि। [10]इति मालतीमाक्षिप्य निष्क्रान्ता।

(क) हा धिक् हा धिक् [11]न ज्ञायते कथं वेला गम्यतामिति। भवतु प्रियसख्या लवङ्गिकायाः प्रतिनिवृत्तिमार्गमवलोकयन्ती स्थास्यामि। [12]स्फुरितं खलु मे वामेतरेण लोचनेन।

(ख) हा आर्यपुत्र।

१०७–११६. अत्र वाममनिष्टम्। अवामो दक्षिणः। दक्षिणाक्षिस्पन्दनं स्त्रीणामनिष्टसूचकमिति भावः। अनेन कपालकुण्डलाप्रवेशोपि

---

१ मद० before सातङ्कम् &c. A. B. C. G. साशंकं for सातङ्कम् N.; कहं before फुरिदं N.; N. om. क्खु, B. om. क्खु मे; वामदरणओणण B. वामेदरलोअणेण G. वामेभरेण C.; मे वामं अवामेण लोअणेण N. २ G. om. उपविशति. ३ ततः प्रविशति for प्रविश्य G. N.; मालति before तिष्ठ N. ४ A. om. हा; इत्यर्धोक्तेन स्तंभं G. इति वाक्स्तंभं N. ५ सक्रोधं A.; G. om. सक्रोधहासम्; A. C. repeat नन्वाक्रन्द. ६ नु for स N. ७ परिरक्षति A. परिरक्षिता C. ८ नववर्तिकेव G. ९ उपनीय A. N. उपगत्य G. for उत्तीर्य; B. om. one लवशः, पर्वशास्तिलश एनां G. तिलशास्तिलशास्तिलश एनां N. for लवशो लवश एनां; निःकृत्य C. निष्कृत्य G.; दुःखमरणं B. C. दुःखमारणीं N. १० N. om. इति; मालतीमादाय N. मालत्या सह नि° A. B. G. ११ न ज्ञायते लवंगिका किं चिरयति कथमेतावती वेला Com.; प्रियसखि मदयंतिके after भवतु Com. १२ मद०। स्फुरितं मे वाममवामलोचनेन Com.

मद० । अहं पि[1] मालदिं ज्जेव्व अणुगमिस्सं । परिक्रम्य । सहि[2] मालदि । (क)

प्रविश्य लवङ्गिका । सहि मदअन्तिए लवङ्गिआ क्खु अहं । (ख)

मद० । अवि संभाविदो क्खु[3] तुए महाभाओ । (ग)

लव० । णहि[4] णहि सो क्खु उज्जाणवाडोवणिग्गमादो ज्जेव्व कल-

(क) अहमपि मालतीमेवानुगमिष्यामि । सखि[5] मालति ।

(ख) सखि मदयन्तिके लवङ्गिका खल्वहम् ।

(ग) अपि संभावितः खलु त्वया महाभागः ।

सूचितः । त्वदित्यादि । ननु हे स त्वत्प्रियः क्व वर्तते । तापसजनस्याघोरघण्टस्य घातकः कन्याया विटोतिकामुकोसौ त्वां रक्षतु । अत एव पातीति पतिः । यच्चिराय कवलितासि किं चेष्टसे वनवार्तिकेव । श्येनः सैवान इति ख्यातः पक्षी तस्यावपातोतिवेगस्तेन त्रस्तारण्यवार्तिका यथेत्यर्थः ॥ वर्तको वर्तिकादय इत्यमरः ॥ अत्र वनग्रहणेन वार्तिकायाः स्वकुलवेष्टितत्वमुक्तम् । एतस्यास्तद्वैपरीत्यमिति भावः । यद्वा । वनेनारक्षितत्वेन वर्तिकाया अतिभीरुत्वमुक्तम् । यद्वा । वनावस्थानेन वार्तिकाया एकाकिनीत्वमुक्तम् । अत एव मालत्यपि तथेति साम्यम् । नववार्तिकेत्यपि पाठः । लवशो लवशोनेककणान्कृत्वा । आक्षिप्य गृहीत्वा ।

१२०–१२८. अत्रापि प्रश्ने । संभावितो लब्धः । अत्र उपनिर्गमः समीपगमनम् । एतेन मार्गस्य शून्यत्वमुक्तम् । अवक्षेपोवहेला । अपविद्ध-

१ वि N.; °दीं A. B. C.; एव्व N.; G. om. ज्जेव्व. २ पिअ before सहि A.; after परिक्रम्य N. has प्रविश्य लवंगिका । सहि मालदि सहि मालदि । मद०। सहि लवंगिए मदअंतिआ अहं । अवि संभाविदो सो महाभाओ तुए instead of the above. ३ A. G. N. om. क्खु; महाणुभाओ A. G. ४ G. om. one णहि; नाहि नाहि N.; वाडोवाडिणिग्ग° B. वाडोणिग्ग° G.; उज्जाणावरोहणिग्गमादो N.; एव्व N.; कलकलं A. ५ प्रियसखि Com.

अलं सुणिअ[1] साधिक्खेवं दूरणिक्खेवाविद्धविअडोरुदण्डणिट्ठुरं पधाविअ पराणीअं पविट्ठो। तदो[2] पडिणिवुत्तह्मि मन्दभाइणी। सुणामि अ[3] घरे घरे गुणाणुराअणिब्भरस्स पोरलोअस्स हा महाणुभाव माहव हा मअरन्द हा[4] साहसिअ त्ति परिदेवणाओ। महाराओ वि किल मन्तिधीआणं[5] विप्पलम्भवुत्तन्तं सुणिअ संजादमच्छराधिक्खेवो तक्खणाविसज्जिदा[6]णिअप्पोढपाइक्काणिवहो चन्दादवेण सोहासिहरट्ठिदो पेक्खदि त्ति मन्तीआदि[7]। (क)

(क) न हि न हि स खलूद्यानवाटोपनिर्गमादेव कलकलं श्रुत्वा सा[8]धिक्षेपं दूरनिक्षेपाविद्धविकटोरुदण्डनिष्ठुरं प्रधाव्य परानीकं प्रविष्टः। ततः प्रतिनिवृत्तास्मि मन्दभागिनी। शृणोमि च गृहे गृहे गुणानुरागनिर्भरस्य पौरलोकस्य हा महानुभाव माधव हा मकरन्द हा साहसिक इति परिदेवनाः। महाराजोऽपि किल मन्त्रिदुहित्रोर्विप्रलम्भवृत्तान्तं श्रुत्वा संजात-

---

माक्रान्तम्। विशालोरुयुगलदण्डाभ्यां निर्भरं गाढं यथा तथा धावित्वेत्यर्थः। अनीकं सैन्यम्। धिआ दुहिता। विप्रलम्भो वञ्चनम्। चन्द्रातपश्चन्द्रप्र-

---

१ सुणिस्सं for सुणिअ B.; सावक्खेवावविद्धविकटो° A. साक्खिक्खेवाविद्ध G. सावलेवदूर N.; णिब्भरं for णिट्ठुरं A. G. N. निठ्ठुरं B.; पहाविअ for पधाविअ N. २ तदा C. °णिअत्तह्मि C. G. °णिउत्ता° A. B. ३ N. om. अ; काअरस्स A. कादरस्स G. for णिब्भरस्स; पोल for पोर A.; N. om. महाणुभाव, °णुभाअ A. °णुहाव E.; हा before माहव A. ४ N. om. हा; ° सिएत्ति E.; परिदेवणा B. परिदेवणं C. पलिदेवणं E.; महाभाओ for महाराओ C.; ति for वि A.; एदाणं after किल A. ५ वहूवराणं for मन्तिधिआणं N.; दुहिदुविप्प° for धिआणं विप्प° E.; संजाअ A. N.; °वेओ for °क्खिवो N. ६ °आ for °दा E. N.; °क्किदपोढपाइक्क A.; N. om. प्पोढ; पोढ C.; पअत्ति for पाइक्क E.; °तपेण B.° तवेण E.; चंदादवसोअ N.; सोह A.; सिहरदो B.; सोआसिअरट्ठिओ E.; सोअ C.; एव्व before पेक्खदि N. ७ मंति° N. ८ सावक्षेपापविद्धविकटो° Com.; निर्भरं for निष्ठुरं Com.

मद० । हा हदम्हि मन्दभाइणी । (क)

लव० । सहि मालदी उण कहिं । (ख)

मद० । सा क्खु पढमं[1] ज्जेव्व दे मग्गं अवलोइदुं पसारिदा । पच्छादो अहं ण तं[2] पेक्खाम्मि । अवि णाम उज्जाणगहणं पविट्ठा भवे । (ग)

लव० । सहि तुरिदं[3] अण्णेसम्ह । अदिकादरा मे पिअसही । उवहिदाणत्थे इमस्सिं[4] अवसरे सा ण धारेदि अत्ताणअं । त्वरितं परिक्रम्य ।

मत्सराधिक्षेपस्तत्क्षणविसर्जितानेकप्रौढपदातिनिवहश्चन्द्रातपेन सौधशिखरास्थितः प्रेक्षत इति मन्त्र्यते ।

(क) हा हतास्मि मन्दभागिनी ।

(ख) सखि मालती पुनः क ।

(ग) सा खलु प्रथममेव ते मार्गमवलोकयितुं प्रसृता । पश्चादहं न तां प्रेक्षे[5] । अपि नामोद्यानगहनं प्रविष्टा भवेत् ।

काशः । मालत्या वियोगदशायां तापकत्वेनानुभवादातप इत्युक्तम् । मन्त्र्यते पौरलोकैरेव ।

१३१–१३२. अत्र प्रसृता निर्गता । अहं प्रसृतेत्यन्वयः । अपीत्यादि शङ्कायाम् ।

---

१ पुढमं एव्व N.; ते for दे B.; ओलोइदुं for अवलोइदुं N., B. om. अवलोइदुं; पउत्ता for पसारिदा E.; पुण्णो for पच्छादो N. २ अ before तं B. C. तां for तं A.; N. om. अवि; णं for णाम N.; गहणे A. C.; इवे N. ३ तुवरिदं E. तुरिअं N.; अणेसह for अण्णेसम्ह C.; अदिकाअरा णो पिअसही A.; खु before मे E.; वअवण्णे after पिअसही E.; A. om. उवहिदाणत्थे. ४ एदस्सिं अवसले E.; for उवहिदा°–अत्ताणअं B. has तं णत्थि भविदव्वं जं सहसा ण करेदि and N. has उववणहिदं इमस्सिं अवसरे सा ण करेदि; अप्पाणं ण धारेदि for सा–°णअं A.; हिदा before सा E.; अत्ताणं E.; after धारेदि अत्ताणं E. has तण्णत्थि भविदव्वं &c. as in B.; त्वरितं परिक्रामन्तौ । उभे । सहि मालदि मालदि इतीतस्ततः C.; त्वरितं परिक्रामतः । उभे । सहि N. ५ पश्यामि Com.

सहि मालदि णं भणामि सहि मालदि त्ति । (क) [1]इतस्ततः परिक्रामतः ।

[2]प्रविश्य प्रहृष्टः कलहंसकः । दिट्ठिआ कुसलेण भअे णिग्गदा संघट्ट[3]दुग्गमादो । (ख)

[4]हीमाणहे पेक्खामि विभ णिम्मलाणिरन्तरुद्धूदधोदतरवारिधारापरि-प्फुरिदचन्[5]दकिरणुज्जलविडुरिल्लदंसणं मदलीलाकलिदकामवालविअ-

---

(क) सखि त्वरितमन्विष्यावः । अतिकातरा मे[6] प्रियसखी । उपस्थितानर्थेऽस्मिन्नवसरे सा[7] न धारयत्यात्मानम् । सखि मालति ननु भणामि [8]सखि मालति इति ।

(ख) दिष्ट्या कुशलेन वयं निर्गताः संघट्टदुर्गमात् ।

---

१३६. अत्र नन्वहम् । अन्ययत्वादनेकार्थत्वम् । तथा च । मद्वचनमपि न शृणोषीत्यर्थः ।

१३९–१४४. अत्र हीमाणहे इति हे मातरितिवन्नीचस्य हर्षाश्चर्ये । पश्यामीव परबलमित्यन्वयः । धौतो निशितः । तरवारिः खड्गः । विडुरिल्लं भीषणम् । कलितः स्वीकृतः ॥ कलिवलो कामधेनू इति शाब्दिकाः । कामपालो हलायुध इत्यमरः ॥ आविद्धा वक्रं प्रेरिता । हेला क्रीडा । कलिन्दतनया यमुना । संनिभमिति यथा बलेन हलाकृष्टा यमुना

---

१ E. om. इत–°मतः. २ E. om. प्रवि–°सकः; N. om. प्रहृष्टः; हृष्टः for प्रहृष्टः B.; B. om. कुसलेण; वअं for भअे E.; N. om. भअे; णिग्गदो N. ३ समर before संघट्ट A. E.; संकडादो for संघट्टदुग्गमादो N. ४ हीहीमाणहे C. हीमाणाहे N.; पेक्खामो E.; भ for विभ N;. °रुद्धत A. C.; °रुद्धभ E.; धोन B. धोद C. धौत A.; °रुद्धूभंतमुंगकरवालधारापडिहलिभचंद N.; तरवार E.; परिप्फुडिद B. पडिफलिद A. ५ B. om. चन्द, चंद for चन्द C. °ज्जलरमणीयभीसणदंसणं B. °ज्जलदुरिदंसणं C. °ज्जलंतरिंजरिभदंसणं N.; कलण for कलिद N.; कामपाल A.; विभट A. ६ नः for मे Com. ७ Com. om. सा. ८ Com. om. सखि.

डभु[1]अदण्डाविद्धहलहेलाविक्खुभिदुव्वेल्लिदतरंगकालिन्दतणआसोतसं-णिहं वि[2]अडविसङ्खलुप्पडिदणिद्दआमन्दमअरन्दव्वइअरक्खोहविभल-पडि[3]जोहपरिवत्तणुग्गदसमत्थगअणङ्गणावआसओसरन्तकलअलं पा-इक्कसमूहं । (क)

(क) हीमाणहे प्रेक्षे[4] इव निर्मलनिरन्तरोद्भूतधौततरवारिधारापरि-स्फुरितचन्द्रकिरणोज्ज्व[5]लरमणीयभीषणदर्शनं मदलीलाकलितकामपाल-विकटभुजदण्डाविद्धहलहेलावि[6]क्षुभितोद्वेल्लिततरंगकालिन्दवनयास्रोतःसं-निभं विकटविशृङ्खलो[7]त्पतितनिर्दयामन्दमकरन्दव्यतिकरक्षोभविकलप्र-तियोधपरिवर्तनोद्गतसमस्तगगनाङ्गनावकाशा[8]विसरत्कलकलं पदातिस-मूहम् ।

प्रतीपमागता तथा परबलमपीति भावः । विस्तारेण वा बलस्य तादृ-ग्यमुनासाम्यम् । विकटं विस्तीर्णं यथा तथा । विशृङ्खलः स्वच्छन्दः । आपतितः संमुखागतः । निर्दयो निष्करुणः । अमन्दः सत्वरः । व्यतिक-रेण मिलनेन क्षोभः । परिवर्तनेन पलायनेन । उद्गत उत्थितः । विशङ्क-लितो व्याप्तः ॥ दोर्दोषा भुजा भुज इति शब्दप्रकाशः ।

---

१ भुअ A. C.; हेलाविक्खुभिदकालिंद B.; हेलाविब्भलिदुव्वेल्लुदोलिदकलिन्द A. हेलाविदडुव्वेल्लिदतरंगकालिंद E. हेलावखंडणतरलुव्वेल्लतरंगकलिंदकण्णभागत्तसंणिहं N. हेलाविरालिदुव्वेल्लिद C. संकुलं for संणिहं B. C. २ विकड B. विभट A. for विअड; N. om. विअड; °संखलपडिद E.; णिदभमन्द A.; °संखलोरदभणिदभमभरंद N.; वइ° A. C. E N.; °भरुक्खो° B. N.; क्खोभ A. क्खोभ N.; विभड A. विहल N. for विभल. ३ °जोध A. B.; विहलप्पडिणिवुत्तणुग्गभगणंगणो-वभासविसंटंतकलभलं N.; पडिवत्तणु° A. B.; ओसरंत C. विसरंत E. विभसन्त् A. for ओसरन्त; कलकलं A.; पाइक्कसमूहं C. E. पारक्कबलसमूहं A. ४ पश्यामीव Com.; प्रतिफलित for परिस्फुरित Com. ५ उद्भासित Com. ६ विहूलित one Ms. Com. विच्छुरित another. ७ आपतित Com. ८ विशंकलित Com. for अवसरत्; पारक्यबलसमूहं one Ms. Com. पारक्यबलं another.

सुमरामि[1] अ भीसणभुअवज्जजज्जरिदपञ्जरोवसण्णसुहडहत्था-वलुत्ते[2]विविहाउहोपमद्दसमोसारिअसेणिअणिअरं पाइक्करिक्कमग्गसंचारणि[3]व्वत्तिदविसमसमरसाहसं णाहमाहवं । (क)

अहो गुणाणुराओ ण[4]रिन्दस्स जं दाणिं सोधसिहरंतरिदाव-दिण्णपडिहारविण[5]ओवण्णासपडिसाभिदविरोहसंकडो उवणीदमाहव-मअरन्दमुहचं[6]न्दे वारं वारं संचारिअसिणिद्धलोअणो कलहंसभादो अहिअ[7]णं जाणिअ णिव्वत्तिदमहग्घगुरुभबहुमाणो पप्फुरन्त-

(क) स्मरामि च भीषणभुजवज्रजर्जरितपञ्जरोपसन्नसुभटहस्ताव-लुप्तविविधायुधोपमर्दसमवसारितसेनिकानिकरं पदातिरिक्तमार्गसंचारानिर्वर्तितविषमसमरसाहसं नाथमाधवम् ।

१४५–१४६. जर्जरितपञ्जरा अत एवापसृताः पलायिताः । ओभल्लोपसृतः । हस्तेभ्योवलुप्त आच्छेदितः । विकटो विषमः । अपसारः पलायनम् । रिक्तः शून्यः ।

१ अवि अ before सुमरामि A.; A. om. अ; सुमरामि असिभीसण C.; भुअवज्जपंजरजज्जरिअवज्जंतसुभटसत्थामुक्कविविहा° N. पञ्जरापसीरदसुभड A. पंजरावसण [सु?] हड E. ओभल्लो for उवसण्ण Com. २ विविहाउहणिअहघातिदासेअरिउसेणाहदविअडापसारपाइक्कसूण्णमग्गसञ्चारणिअत्तिदविसम A. °पमद्दघालितासेसारिपुजणं पाइक्कमग्गसंचार B. °पमद्दं ओसारिअसेणविअडापसारवहअरिक्कमग्गसंचाराणिम्मिदववसाअसाहसं णाहं माहवं N.; सार before पाइक्क C. ३ णिम्मविद for निव्वत्तिद E.; णाध C. E. ४ णरन्दस्स A. णरिंदस्स N.; B. om. जं; दाणीं E.; सोह A.; सिहरद्विदावत्तिण्णपडिहार A. सिहरट्ठिदो पडिहार B. सिहरंतरावदिणपडिहार E. ५ विणओवणास C. E.; विण्णवीवण्णास B.; °वण्णास A.; °समिद A. °साभिभ N.; सङ्कुडोवणीदे माहव A.; सामिदविरोधो संकडोवणीदमाहव B.; विरोहसंकडो उवणदमाहव E.; विरोहो सोमिक्करसो उवणदमाहव N. ६ मुहारविंदं B. मुहचंदं C. मुहारविंदं पलोइअ वारं वारं वारिअणिअलोअकलअलो अभिअणं जाणिअ सबहुमाणं णिव्वत्तिअपसाओ प्फुरंत N.; सञ्चारिअसिणिद्धलोअणो A.; कलहंससभासादो C. ७ अभिजणं A. अहिअणं B.; आणिअ for जाणिअ C.; A. om. गुरुअ, गरुअ E.; प्फुरिद for पप्फुरन्त A. ८ भुजावज्र Com.; पंजरासृतसुभट Com.; °युधनिवहघातिताशेषरिपुसैन्यदत्तविकटत्वरितापसारपदातिशून्यमार्ग Com.

मच्छर[१]वेलक्खमसीमइलिदमुहे भूरिवसुणन्दणे महुरोवण्णासेण किं दाणिं तुह्माणं भुअणाभोअभूसणेहिं महाणुभाएहिं णवदं-सणगुणाहि[३]रामेहिं जामादुकेहिं अपरितोसो त्ति पडिबोधिअ गदो [४]अब्भन्तरं राआ। इमे वि माहवमअरन्दा आअच्छन्ति। अहं पि भअवदीए [५]इमं वुत्तन्तं णिवेदेमि त्ति। (क) निष्क्रान्तः।

(क) अहो गुणानुरागो नरेन्द्रस्य यदिदानीं सौधशिखरान्तरितावतीर्णप्रतीहारविनयोपन्यासप्रतिशमितविरोधसंकट उपनीतमाधवमकरन्दमुखचन्द्रे वारं वारं संचारितस्निग्धलोचनः कलहंसकादभिजनं ज्ञात्वा निर्वर्तितमहार्घगुरुबहुमानः प्रस्फुरन्मत्सरवैलक्ष्यमसीमलिनितमुखे भूरिवसुनन्दने मधुरोप[६]न्यासेन किमिदानीं युवयोर्भुवनाभोगभूषणाभ्यां महानुभावाभ्यां [७]नवदर्शनगुणाभिरामाभ्यां जामातृभ्यामपरितोष इति प्रतिबोध्य गतोऽभ्यन्तरं राजा। इमावपि माधवमकरन्दावागच्छतः। अहमपि भगवत्या इमं वृत्तान्तं निवेदयामीति।

१४८–१५४. सौधेति। प्रतीहारेण सौधाग्रादवतीर्य तयोः स्वरूपं ज्ञात्वा तदुपन्यासः कृत इत्यर्थः। अभिजनो वंशः। बहुमानः संमानः। [८]तावानीय दृष्ट्वा तयोः सापराधयोरपि गुणानुरागादतिगौरवमेव राज्ञा कृतमिति भावः। न परितोष इति नः शिरश्चालने।

---

१ वेलक्खमइलमुहे B. वेलक्खमसीमलिणिअमुहे A. वेलक्खामरिसमुवलिअणिअमुहे N.; महुरवअणोवण्णा° A. २ भुआभोअभूस° B. भुवणाभोअ C.; भूसणमहाणु° C. E. N.; °हाएहिं N. °भावेहिं A.; अभिअण A. णउर B. E. for णव. ३ °भिरा° B. N. °णुरा° C.; A. has after अहिरामेहिं, णवचन्ददंसणरमणीएहिं; जामादुएहिं A. N.; परितोसो A. अपरितोस N. परिदोसो E.; °बोहिअ A.; गओ N. ४ गदोअंतरं B.; B. om. राआ; अ for वि N.; °च्छन्दि B.; अहं ति A. E. N. ५ एदं for इमं A. N.; णिवेदिस्सं त्ति C. णिवेदइस्सं त्ति E.; N. om. त्ति and has इति निष्क्रान्तः. ६ मधुरवचनोप° Com.; भुजाभोग for भुवनाभोग Com. ७ अभिजन for नव Com.; न परितोष for अपरितोष Com. ८ एतावपि Com.

ततः प्रविशतो माधवमकरन्दौ ।

मक० । अहो[1] प्रेयसः सर्वपुरुषातिशायि निर्व्याजमूर्जितं तेजः । तथा हि । दोर्निष्पेषविशीर्णसंचयदलत्कङ्कालमुन्मथ्नतः

प्राग्वीरानमुपेत्य[2] तत्प्रहरणान्याच्छिद्य विक्रामतः ।

उद्वेल्लद्धन[3]रुण्डखण्डनिकराकीर्णस्य संख्योदधे-

र्द्वेधास्तम्भितपत्तिपङ्क्तिविकटः पन्थाः पुरस्तादभूत् ॥

माध० । नन्वनुशयस्थानमेतत्[4] । पश्य

अत्रैवेन्दुमयूखखण्डखचितं पीतं निशीथोत्सवे

यैर्लीलापरिरम्भदायिदयितागण्डूषशेषं मधु ।

संप्रत्येव भवद्भुजार्गलगुरुव्यापारभग्नास्थिमि-

र्गात्रैस्ते[5] कथयन्त्यसारविधुरान्प्रायेण संसारिणः ॥

१५८–१६२. प्रेयसः प्रीतस्य । मकरन्दस्येत्यर्थः । निर्व्याजं वास्तवम् । ऊर्जितं बलवत् । दोरित्यादि । प्रेयसो युद्धार्णवस्य पन्था अग्र एवमभूत् । द्वेधा पार्श्वद्वये स्तम्भितया पत्तिपङ्क्त्या भयंकरः । प्रेयसः कीदृशस्य । बाहुसंचूर्णनत्रुटितसंधिस्फुटत्कङ्कालं यथा तथा प्रथमं वीरानुन्मथ्नतोभिभवतः । इतरत्र तदीयायुधानि गृहीत्वा पराक्रमं कुर्वतः । इदं विशेषणद्वयं योग्यतया प्रेयस इत्यस्य । संख्योदधेः कीदृशस्य । स्फुरन्नरमुण्डखण्डसमूहव्याप्तस्य ।

१६४–१६७. अत्रेत्यादि । ये रात्र्युत्सवे चन्द्रकिरणखण्डखचितं क्रीडालिङ्गनदातृवनितागण्डूषावशिष्टं मधु पीतमत्रैव ते संप्रत्येव लोकान्बाहुल्येन तुच्छविकलाङ्गशरीरैः कथयन्ति । कीदृशैः । त्वदीयभु-

---

१. मे after अहो B. २. अनुगत्य B. अनुपात्य N. and अपरत्र C. for अनुपत्य. ३. उद्वेलद्भारिरुण्ड A.; तुंड C. and मुंड N. for रुण्ड; उदये for उदधेः N. ४ वयस्य नन्वनु० N.; A. om. पश्य. ५ तैः for ते B.; विकरान् for विधुरान् B.

स्मर्तव्यं तु सौजन्यमस्य नरपतेर्यदपराधिनोरप्यनपराद्धयोरिव[1] नौ[2] सांप्रतं चेष्टितवान्। तदेहि मालतीसमक्षमधुना मदयन्तिकाहरणवृत्तान्तं विस्तरतः कथ्यमानं[3] श्रोतुमिच्छामि। तथा च

कथयति त्वयि सस्मितमालतीवलित[4]लोलकटाक्षपराहतम्।
वदनपङ्कजमुल्लसितत्रपा[5]स्तिमितदृष्टि सखी नमयिष्यति॥

इति[6] परिक्रामतः। अयमसावुद्यानवाटः। प्रविशतः।

माध०। कथं शून्य[7] एव दीर्घिकाप्रदेशः।

मक०। वयस्य नूनमस्मद्व्यतिकरो[8]द्वेगपर्याकुलत्वादितस्ततः परिभ्रमन्त्य आत्मनो[9]ऽत्रैवोद्यानगहने विनोदयन्त्यो भविष्यन्ति। तदेहि पश्याव[10]ः। उभौ परिक्रामतः।

जार्गलप्रबलताडनात्त्रुटितास्थिभिः। तथा च। क्षणदृष्टनष्टमुग्धचेष्टिताः प्राक्तनकर्मायत्ता जना इति भावः।

१७१–१७२. कथयतीत्यादि। त्वयि कथयति सति वदनपद्मं सखी मालत्या एव मदयन्तिका नमयिष्यति। कीदृशम्। सहासमालतीचञ्चलपक्ष्मकटाक्षैः पराहतम्। उद्गतलज्जानिश्चलदृष्टि च। मदयन्तिकानिमित्तयुद्धश्रवणेन मालत्या हासः।

---

१ पर for यद् B.; अपराद्धयोरप्य° N.; अनपराधिनोरिव C. अनपराध्ययोरिव A. २ नौ कृतप्रसादमधिष्ठितवान् A. नौ कृतोपसदनं चेष्टितवान् N.; मदयन्तिकायाः कलहंसेन रणवृत्तान्तं विस्तरतः A. ३ कथ्यमानमनुभवामः N.; अन्यच्च for तथा च A., N. om. तथा च. ४ चलित for वलित C. E. ५ °मुल्लसितभ्रु तत्स्तिमित N. ६ N. om. इति परिक्रामतः, परिक्रम्य for इति–मतः B. E.; C. om. अय–वाटः; प्रवेशं नाटयतः N.; माधवमकरन्दौ after प्रविशतः A. ७ शून्या एव प्रदेशाः A. शून्या इदानीं प्रदेशाः C.; प्रवेशः for प्रदेशः B.; N. om. this speech and the following. ८ व्यतिरेक for व्यतिकर A.; एव after इतस्ततः B. ९ आत्मानं for आत्मनः A. C. E.; विनोदयिष्यन्ति for विनोदयन्त्यो भविष्यन्ति A.; अयमसावुद्यानवाटः after भविष्यन्ति C. १० प्रविशावः for पश्यावः C. E.; B. om. उभौ परिक्रामतः, उभौ प्रविशतः C.

लवङ्गिकामदयन्तिके[1] । सहि मालदि । सहसावलोक्य । दिट्ठिआ पुणो वि एदे[2] अणाहदा महाणुभाआ दीसन्ति । (क)

माधवमकरन्दौ । भवत्यौ[3] क्व मालती ।

उभे । कुदो[4] मालदी पदसद्देण अम्हे विप्पलद्धाओ मन्दभाइणीओ । (ख)

माध० । भवत्यौ[5] कथं कथमपि सहसैव विध्वंसते नो हृदयमतः[6] स्पष्टमभिधीयताम् ।

मम हि कुवलयाक्षी प्रत्यनिष्टैकबुद्धे-
र्द्रवति[7] हृदयमन्तर्भ्रश्यतीवान्तरात्मा ।
स्फुरति[8] च खलु चक्षुर्वाममेतच्च कष्टं
वचनमिह[9] भवत्योः सर्वथा हा हतोस्मि ॥

(क) सखि मालति । दिष्ट्या पुनरप्येतावनाहतौ महानुभावौ दृश्येते ।

(ख) कुतो मालती पदशब्देनावां विप्रलब्धे मन्दभागिन्यौ ।

१८१–१८८. अत्रानेनावाभ्यां समर्थिता मालती । अधुना तु युवयोरवलोकनेनावां वञ्चिते इत्यर्थः । कथमिति त्रासे । कथमप्यनिर्वचनीयेन रूपेण ध्वंसते । स्थितिं न बध्नाति । ममेत्यादि । पद्योयं ममान्तरात्मात्यर्थमनुगतोत्कम्प एवास्ति । कीदृशस्य । पद्माक्षीं प्रत्यनिष्टैकमतेः । मम वामं चक्षुः

१ लव । सहि मदअन्तिए मालदि A.; सहि मालदि twice, N. २ N. om. एदे; A. B. N. om. अणाहदा. ३ B. om. भवत्यौ; क्व सा मालती A. क्वासौ मालती N. ४ B. om. कुदो; अम्मे for अम्हे B. ५ A. om. भवत्यौ; E. N. om. one कथं; कथं । त्रासे । कथमपि C.; °त्यौ कथमिव सहसैव ध्वंसते N.; A. om. सहसैव; मे for नो A. N. ६ N. om. अतः A. om. स्पष्टम्, स्फुटं for स्पष्टं N.; समभिधीयताम् A. ७ बुद्धेरविरतमनुबद्धोत्कंप एवान्तरात्मा N.; त्रस्यति for भ्रश्यति A. ८ स्फुरति हि खलु चक्षुः स्पष्टमेतच्च वामं A. ९ वचनमपि भवत्योः N.

मद० । तीए[1] इदो णिग्गदे महाणुभावे अवलोइदं बुद्धरक्खिदं अ भअवदीसआसं[2] विसज्जिअ अप्पमादणिमित्तं विण्णवेहि अज्जउत्तं त्ति लवङ्गिआ अणुप्पेसिदा । तदो उत्तम्ममाणा एदाए[3] मग्गं अवलोइदुं[4] अग्गदो पसरिदा । पच्छादो अह्मे ण तं पेक्खामो । तदो अह्मेहिं[5] जाव विडवन्तराइं विचिणिदाइं ताव तुह्मे दिट्ठात्ति । (क)

माध० । हा प्रिये मालति

(क) तदेतो[6] निर्गते महानुभावेवलोकितां बुद्धरक्षितां च भगवतीसकाशं विसृज्याप्रमादनिमित्तं विज्ञापयार्यपुत्रमिति लवङ्गिकानुप्रेषिता[7] । तत उत्ताम्यमानैतस्या मार्गमवलोकयितुमग्रतः प्रसृता । पश्चादावां न तां प्रेक्षावहे । तत आवाभ्यां यावद्विटपान्तराणि विचितानि तावद्युवां दृष्टाविति[8] ।

स्फुरति च । इह भवत्योर्वचनम् । कष्टमेतद्दुःखदायि । हा कष्टे । सर्वथा हतोस्मि । अन्तरात्मनोशकुनस्य भवद्वचनस्य चैकमत्यादिति भावः ।

१९२–२०२. अत्र पश्चादावां प्रसृते इत्यन्वयः । विचितान्यान्विष्टानि । किमपीत्यादि । मङ्गलेभ्योन्यदनिष्टं किमप्यनिर्वचनीयं यद्यस्मात्परिहासादहं शङ्के स परिहासो विरमतु । परिहासेन तव निह्नवेनिष्टं शङ्कितस्त्वं मुञ्चेति भावः । हे चण्डि कोपने समुत्सुकोस्मि यतः । तया च

---

१ तदा क्खु इदो A. ताए क्खु इदो N.; B. om. ताए; °णुभाए B. °णुहावे N.; अवलोइदा बुद्धरक्खिदा अ उभे भअवदी C. E. अवलोइदादुदिआ बुद्धरक्खिदा भअवदी B.; °रक्खिअं N. २ भअवदीए सआसं पेसिअ अप° A. N.; अप्पमत्तणिमित्तं A. ३ एताए A. ताए N. for एदाए. ४ आलोअइदुं N.; परिट्ठिदा A. ओसारिआ N. for पसरिदा; पच्छादे अहं ण अ तं पेक्खामि A.; पच्चादो अहं तं ण पेक्खामि N.; ण अ तं E. ५ अह्मेहिं मग्गिदाइं एत्थ विडवंतराइं जाव तुह्मेहिं ण दिट्ठत्ति N.; एत्थ after अह्मेहिं A.; °न्तराणि A.; विचुणिदाणि A. विचिणदाइं C.; दाव for ताव B.; तुह्मे हुंति B. दिट्ठंति C. दिट्ठेत्ति A. ६ तदा खाल्वितो Com.; बुद्धरक्षितामवलोकिता चोभे भग° Com. ७ लवङ्गिकामनुप्रेष्य Com. ८ यद्यावः Com.; आवाभ्यामिह विहरन्तीभ्यां यावद्वि° Com.

किमपि किमपि शङ्के मङ्कलेभ्यो यदन्य-
द्विरमतु परिहासश्चण्डि पर्युत्सुकोस्मि ।
केलयसि कलितोहं वल्लभे देहि वाचं
भ्रमति हृदयमन्तर्विह्वलं निर्दयासि ॥

उभे । हा पिअसहि कहिं सि । (क)

मक० । [3]वयस्य किमित्यविज्ञाय वैक्लव्यमवलम्ब्यते ।

माध० । सखे त्वमपि किं न जानासि माधवस्नेह[4]दुःखितायास्तस्याः कातर्यचेष्टितानि ।

मक० । अस्त्येतत् । किं तु भगवतीपादमूलगमनमप्याशङ्क्यते । तदेहि तत्र तावत्पश्यावः ।

उभे० । [6]एवं पि संभावीअदि । (ख)

माध० । एवं [7]नामास्तु ।

(क) हा प्रियसखि क्वासि ।

(ख) एवमपि संभाव्यते ।

कोपेनापि निह्नवं माकुर्वित्याशयः । अथ मामनेन प्रकारेण कलयसि जिज्ञाससे तर्हि कलितो ज्ञातोहम् । हे वल्लभे वाचं देहि । त्वमेव मे वल्लभा । अतो वदेत्यर्थः । विह्वलमधीरं सन्मम चित्तमन्तर्भ्रमति स्थितिं न लभते । अत एव सोपालम्भमाह निष्करुणासि । वैक्लव्यं दुःखित्वम् । कातर्यं कातरत्वं तेन चेष्टितानि प्राणत्यागादीनि ।

---

१ कथय विकल्पितोहं N. २ N. om. this speech; गदा after कहिं A. ३ B. N. om. वयस्य; अवज्ञाय for अविज्ञाय B. N.; आलंब्यते for अवलम्ब्यते C. E. ४ दुःस्थितायाः for दुःखितायाः N.; तन्व्याः for तस्याः B. ५ B. om. तत्र; गच्छावः for पश्यावः N. ६ एदं वि संभाविअदि N. ७ N. om. नाम; भवतु for अस्तु A. N.; सों परिक्रामन्ति A. परिक्रामति N. after अस्तु. ८ एतत् for एतं Com.

मक० । विचिन्त्य स्वगतम् ।

याता भवेद्भगवतीभवनं सखी नो
जीवन्त्युपेष्यति न वेत्युपशङ्कितोऽस्मि ।
प्रायेण बान्धवसुहृत्प्रियसंगमादि
सौदामिनीस्फुरणचञ्चलमेव सौख्यम् ॥

इति निष्क्रान्ताः सर्वे ।

॥ मालत्यपहारो नामाष्टमोऽङ्कः ॥

२०८–२११. यातेत्यादि । अस्माकं सखी भगवतीगृहं यदि गता भवेत्तदा जीवन्ती समागमिष्यति । न वा गता तदा नागमिष्यतीत्याशङ्कितोऽस्मि । तत्र हेतुः । बन्धुजनमित्रप्रियाणां संगम आदौ यस्य तत्सौख्यं बाहुल्येन विद्युत्स्फुरणचञ्चलमेव भवति । तदिह भगवतीपादमूलेति साधारणपदोल्लेखेन मालत्या भविष्यत्सौदामिनीपार्श्वगमनस्य सूचनेन नवमाङ्कावतारोऽपि सूचितः । अत एवाङ्कावतारोऽयम् । यदाह ।

समाप्यमान एकस्मिन्नङ्केऽन्यस्य च सूचनम् ।
समासतो हि नाट्यज्ञैरङ्कावतार उच्यते ॥

सुहृन्मित्रम् । प्रियं प्रीतिविषयं मनोज्ञं वस्तु ।

सूते स्म यं रत्नधरोऽतिमान्यो मान्यातिमान्या दमयन्तिकापि ।
जगद्धरं तत्कृतटिप्पणेऽङ्को गतोऽष्टमोऽयं रसरम्यरूपः ॥

॥ इत्यष्टमोऽङ्कः ॥

---

१ B. om. मक० N. om. विचिन्त्य; आत्मगतं for स्वगतं A., C. om. स्वगतम्. २ सदनं for भवनं N. ३ जीवन्त्यपैष्यति न चेत्यभिशङ्कितोऽस्मि A. जीवन्त्यपैष्यति न वेत्यभिशंसितोऽस्मि N. ४ इति मालतीमाधवे A. मालतीमाधवे C. for माल–नाम; N. E. om. माल–नाम.

॥ नवमोऽङ्कः ॥

ततः प्रविशति सौदामिनी ।

सौदा० । एषास्मि[१] सौदामिनी भगवतः श्रीपर्वतादुत्पत्य पद्मावतीमुपाश्रिता । मालतीविरहिणः[२] संस्तुतप्रदेशदर्शनासहिष्णोः संस्त्यायं परित्यज्य सह सुहृद्वर्गेण बृहद्द्रोणी[३]शैलकान्तारप्रदेशमधितिष्ठतो माधवस्याधुनान्तिकं प्रयामि । भोस्तथाहमुत्पतिता यथा सकल[४] एष गिरिनगरग्रामसरिदरण्यव्यतिकरश्चक्षुषा परिक्षिप्यते । पश्चाद्विलोक्य । साधु[५] साधु ।

पद्मावतीवि[६]मलवारिविशालसिन्धु-
पारासरित्परिकरच्छलतो बिभर्ति ।

१–११. अधुना पूर्वसूचितसौदामिन्या मालतीजीवननिवेदनेन माधवप्रत्युज्जीवनाय प्रवेशमाह । तत इति । नानासिद्धिस्थानत्वेन देवतात्मकतया भगवत्पदं श्रीपर्वते । संस्तुतः परिचितः । द्रोणी नद्या मध्यम् । तथेत्यनेनोत्पतनस्य दूरत्वमुक्तम् । व्यतिकरः समूहः । परिक्षिप्यत इव नेत्रमण्डले प्रविष्टीक्रियत इव । पद्मावतीत्यादि । पद्मावती पुरी गगनमिव धारयति । विमलवारिरच्छजला महती सिन्धुश्च पारा च सरितौ

---

१ B. C. om. एषास्मि सौदामिनी; उत्पत्य for उत्पत्य A. B. C.; उपसृत्य A. B. C. E. उपाश्रित्य N. for उपाश्रिता, the text उपाश्रिता with G.; तत्र before मालती N. २ विरहिणो माधवस्य संस्तु॰ N. संस्तुतादर्शना॰ B.; स्थानं A. संस्त्यानं B. संस्थायं C. for संस्त्यायं. ३ ब्रह्मद्रोण for बृहद्द्रोणी N. कान्तारप्रदेशं परिभ्रमतो माधवस्याधुनान्तिकमुपयामीति A. कान्तारप्रवेशो माधवस्याधुना तदन्तिकमनुप्रयामीति C. E.; B. with C. E. except that it omits अधुना; कान्तारमुपसृत्याधुना तदन्तिकं प्रयामि N., the text with G. ४ सकलगिरिनगर B. ५ N. om. साधु साधु. ६ विपुल for विमल E. सिन्धुर्वीचीसरित् N.; परिसर for परिकर C.

उत्तुङ्गसौधसुरमन्दिरगोपुराट्ट-
संघट्टपाटितविमुक्तमिवान्तरिक्षम्[2] ॥

भपि च । **सैषा विभाति लवणा[3] ललितोर्मिपङ्क्ति-**
रब्धागमे जनपदप्रमदाय यस्याः ।
गोगर्भिणीप्रियनवोलपमालभारि-
सेव्योपकण्ठविपिनावलयो भवन्ति[4] ॥

अन्यतोवलोक्य । **अयमसौ भगवत्याः सिन्धोर्दारितरसातलस्त[5]-टप्रपातः ।**

यत्रत्य एष तुमुलो[6] ध्वनिरम्बुगर्भ-

तयोः परिकरो वेष्टनं तद्याजात् । उच्छ्रितप्रासाददेवकुलपुरद्वाराट्टालिकानां घर्षणेनादौ विदीर्णं ततो विशेषेणोभयतस्त्यक्तम् । उत्तुङ्गसौधादय आकाशं पाटयित्वा निर्गताः । अथ नदीच्छलेन तदाकाशं पतितमिवेत्यर्थः ।

१२–१७. सैषेत्यादि । सैषा लवणा नदीभेदो विभाति । मनोज्ञकल्लोलावलिः । वर्षासु यस्या गवां गर्भिणीनां प्रिया नवा योलपमाला तृणविशेषराजिस्तां बिभ्रति ॥ ताच्छील्ये णिनिः ॥ अत एव सेव्याः परिशीलकसुखदाः समीपवनपङ्क्तयो लोकहर्षाय भवन्तीति । सैषेत्यनेन पूर्वदृष्टत्वमुक्तम् । अपो बिभर्तीत्यब्भ्रम् । अभ्रति गच्छति वेत्यभ्रम् । अतो बकारयुक्तं तद् । अयुक्तं चेदं पदमित्यवधेयम् ॥ चतुष्पादो गर्भिण्येति समासः । उलपो नाम तृणान्तर इति मेदिनीकारः ॥ मालभारीत्यत्रेष्टकेषीकामालानां चिततूलभारिष्विति ह्रस्वः ॥ रसातलतटः पृथ्वीतटः । तलशब्दः स्वरूपे । प्रपातोतटम् । यद्वा । तटे प्रपातोतिशयितं पतनम् ।

१८–२६. यत्रत्येत्यादि । यदीय एष महाध्वनिः सिन्धोः पर्यन्तगिरिकुञ्जेषु वर्धमान[नो?]विघ्नेशगलध्वनिसाम्यं गच्छति । तस्य गजास्यत्वेन

---

१ उत्तुंगसौधगुरगोपुरमंदिराट्टसंघट्ट N. २ अन्तरीक्षं A. ३ वरदा for लवणा N. ४ विभान्ति for भवन्ति A. C. E. N. ५ रसातलतट C. तलप्रायस्तट A. ६ तुमुलध्वनि B. N.

गम्भीरनूतनघनस्तनितप्रचण्डः ।
पर्यन्तभूधरनिकुञ्ज[1]विजृम्भमाणो
हेरम्बकण्ठ[2]रसितप्रतिमानमेति ।

[3]एताश्च चन्दनाश्वकर्णकेसरपाटलाप्रायतरुगहनाः परिणतमालूरसुरभयोरण्यगिरि[4]भूमयः स्मारयन्ति खलु तरुणकदम्बजम्बूवनावनद्धा[5]न्धकारगुरुनिकुञ्जगम्भीरगह्वरोद्गारगोदावरीमुखरितस्निग्धविशालमेखलाभुवो दक्षिणारण्यभूधरान् । अयं च मधुमतीसिन्धुसंभेदपा[6]वनो भगवान्भवानीपतिरपौरुषेयप्रतिष्ठ[7]ः सुवर्णबिन्दुरित्याख्यायते । प्रणम्य ।

गभीरध्वनित्वात् । कीदृशः । जलपूर्णगभीरनवमेघध्वानिवत्प्रचण्डः ॥ तुमुलो महति स्मृत इति विश्वः ॥ चन्दनं रक्तचन्दनं देवदारुर्वा । उपचारात् । अन्यथास्य मलयजत्वविरोधात् । अश्वकर्णो वृक्षभेदः । प्रायःशब्दः प्रभृत्यर्थो बाहुल्यार्थो वा । परिणतं पक्वम् । मालूरं बिल्वफलम् । तरुणो वृक्षभेदः । अवनद्धो धृतः । उद्गारः प्रतिशब्दः । गोदावरी नदीभेदः । मेखला नितम्बः । भूधरान्मलयादीन् । सौदामिन्या दक्षिणदेशवासित्वेन स्मरणम् । मधुमतीसिन्ध्वोर्नद्योः संभेदः संगमस्तस्य पावनः पावित्र्यहेतुः । स्वयंभूसंनिधानस्य महातीर्थहेतुत्वात् । अपरिमिताज्ञाता पुरुषकृता प्रतिष्ठा स्थितिर्यस्य । एतेन स्वयंभूत्वमुक्तम् । आख्यानं प्रसिद्धिः ।

---

१ निकुञ्जविजृम्भमाणहेरम्ब A.; निकुंजविजृंभणेषु हेरंब B. C. E. २ रणित for रसित N. ३ एताश्चन्दनाश्वकर्णसरलपाटलप्राय A. N. एताश्च चंदनाश्वकर्णसरलपाटलप्राय E.; परिणामाळूरसु° N. ४ N. om. गिरि; स्मरयंति B. E.; N. B. om. खलु; तास्तरुण N.; अवबद्ध for अवनद्ध N. ५ अंधकारि B. C.; गुरुगिरिनिकुंजगुंजद्गंभीरगह्वरोद्गारघोरघोषणगोदावरीरवमुखरितविशाल N. निकुंजगुंजगंभीरगह्वरोद्गार B. गह्वरोदारगोदा C.; गभीर A.; गोदावरीरवमुख° A.; A. om. स्निग्ध. ६ संभेदे पार्वतीभवानीपतिर° C. ७ प्रतिष्ठस्सुवर्णबिंदु N.; E. om. इति.

जय देव भुवनभावन जय भगवन्निखिलनिगमनिधे[1] ।
जय रुचिरचन्द्रशेखर जय मदनान्तक जयादिगुरो[2] ॥

गमनमभिनीय । अयमभिनवमेघश्यामलोत्तुङ्गसानु-
र्मदमुखरमयूरी[3]मुक्तसंसक्तकेकः ।
शकुनिशबलनीडानोक[4]हस्निग्धवर्ष्मा
वितरति बृहदश्मा पर्वतः प्रीतिमक्ष्णोः ॥

२८–२९. अदृष्टार्थं शिवनुतिमाह । जयेति । भुवनानां कार्यजातानां भावन उत्पादक । दीव्यतीति देव द्युतियुक्त । भगवन् भगं तत्त्वज्ञानं तद्युक्त । तथा च रागद्वेषादिरहित इत्यर्थः । स्तुतिफलमाह । अखिलवरान्भुक्तिमुक्त्यादीन्ददाति तादृशो निगमो वेदस्तन्निधे तत्कर्तः । यद्वा । निगम आविर्भावस्तदाश्रय । तथा च । वेदद्वाराविर्भावेन जगदुपकारक इत्यर्थः । मनोज्ञचन्द्रभूषण । तथा च वेदकारणाय कृतशरीरपरिग्रह इत्यर्थः । तर्हि पौरुषेयत्वाद्वेदाप्रामाण्यं स्यादित्यत आह । मदनेति । सर्वदोषनिधेः कामस्य नाशन निर्दोष । अत एव भगवन् । तथा च नोक्तदोषः । आदौ सर्गादौ गुरो । ब्रह्मादीनामित्यर्थात् । तथा च वेदस्य भगवत्कर्तृत्वमायाति ।

३०–३३. अयमित्यादि । अयं गिरिर्नेत्रयोर्हर्षं ददाति । कीदृशः । नवीनमेघश्यामतुङ्गसानुः । हर्षप्रीतमयूरस्त्रीकृता संसक्ता मिलिता केका मयूरवाणी यत्र सः । शकुनिभिः पक्षिभिः शबलाः कर्बुरा ये नीडानोकहाः पक्षिवासवृक्षास्तैः स्निग्धं वर्ष्म शरीरं यस्य सः । तरूणां पक्षिव्याप्तत्वेनाशेषपक्षिणो नीड एव वसन्तीति भावः । बृहदश्मा विपुलशिलः ॥ केका वाणी मयूरस्येत्यमरः । शबलैताश्च कर्बुर इति च । कुलायो नीडमस्त्रियामिति च । अनोकहः कुटः शाल इति च । शरीरं वर्ष्म विग्रह इति च ॥

---

१ निखिलवाङ्निगम B.; अखिल for निखिल A. C.; वेद for निगम C. २ जयजयादिगुरो E. जय जगदादिगुरो A. ३ चकोरी for मयूरी C. ४ नीलानोकह B.

[1]अपि च । दधति कुहरभाजामत्र भल्लूकयूना-
मनुरसितगुरूणि स्त्यानमम्बूकृतानि ।
शिशिरकटुकषायः स्त्यायते सल्ल[2]कीना-
मिभदलितवि[3]कीर्णग्रन्थिनिष्यन्दगन्धः ॥

[4]ऊर्ध्वमवलोक्य । कथं मध्याह्नः । तथाह्यत्र संप्रति
[5]काश्मर्याः कृतमालमुद्गतदलं कोयष्टिकष्टीकते

३४–३७. दधतीत्यादि । अत्र गिरौ गुहावासिनां तरुणभल्लूकानामम्बूकृतानि सश्लेष्मकघूत्कारध्वनयोनुरसितेन प्रतिरवेण स्थूलानि स्त्यानं घनतां दधति । शल्लकीनां वृक्षभेदानां गजखण्डितविस्तीर्णसंधिपर्वनिर्गतगन्धः स्त्यायते निबिडीभवति । निष्यन्दः स्पर्शाच्छिशिरः शीतो रसतः कटुः कषायः । स्त्यानमिति भावप्रधानो निर्देशः ॥ अम्बूकृतं सनिष्ठीवमित्यमरः ॥

३९–४२. काश्मर्या इत्यादि । गम्भार्याः सकाशात्कृतमालमारग्वधवृक्षमुद्गतपत्रम् । घनच्छायमिति यावत् । कोयष्टिकः कोवा इति ख्यातः पक्षी टीकते गच्छति । गम्भार्या अल्पपत्रत्वात् । यद्वा । कृता संपन्ना माला वृक्षपङ्क्तिर्यत्र तं प्रदेशं गच्छतीत्यर्थः । तीरस्थोश्मन्तकस्तीराश्मन्तकः । शाकपार्थिवादिः । अश्मन्तकोल्लकोला इति ख्यात आम्रातको वा वीरणं वा । तस्य शिम्बिः शिखा लताभेदो वा तस्याश्चुम्बिनं चुम्बनकरणं मुखं यासां तादृशाः पूर्णिका पक्षजातयोपः पानीयानि धावन्ति गच्छन्ति । ग्रीष्मतप्तास्ता नीडं विहाय जलमनुगच्छन्तीत्यर्थः । यद्वा । तीराश्मन्तकं तीरवर्तिवीरणमपःपूर्णिका कुम्भीरमक्षिका धावन्ति व्रजन्ति । ग्रीष्मतप्तजलं त्यक्त्वा तीरवीरणादिच्छायामनुसरन्तीत्यर्थः । यद्वा ।

---

१ C. N. om. अपि च; °भाजां मत्तभल्लूक A. E. २ शल्ल° A. E. ३ विशीर्णं for विकीर्णं N. ४ N. om. ऊर्ध्वमवलोक्य; अये before कथं N.; N. om. अत्र; E. om. संप्रति. ५ काश्मीर्याः B. C. काश्मर्यान् N.

तीरा[1]श्मन्तकशिम्बिचुम्बनमुखा धावन्त्यपः पूर्णिकाः।
दात्यूहैस्तिनि[2]शस्य कोटरवति स्कन्धे निलीय स्थितं
वीरुन्नीडकपोतकूजितमनुक्रन्दन्त्यधः कु[3]क्कुटाः।

तद्भ[4]वतु माधवमकरन्दावन्विष्य यथाप्रस्तुतं साधयामि।

इति निष्क्रान्ता। विष्क[5]म्भकः।

अश्मन्तकं शिंशिपावृक्षस्तस्य शिम्बिरग्रमित्यर्थः। तिनिशस्यातिमुक्ताख्यवृक्षस्य च्छिद्रवति स्कन्धे प्रकाण्डे च्छायासेवनार्थं दात्यूहैः पक्षिभेदैः कोण्डाडाडक इति ख्यातैर्निलीय स्थितम्। वीरुल्लता नीडं वासो यस्य कपोतस्य पाण्डुनामपक्षिणः शब्दितं लक्षीकृत्य कुक्कुभा अधस्तरूणां रुदन्ति। ग्रीष्मतापात्कपोता निजनीडवासिनः कुक्कुभाश्च तृषार्ता रुदन्तीत्यर्थः। जातिस्वभाव एवासौ। यद्वा। कुक्कुभाः क्रन्दन्त्याल्हादयन्ति। अहो कपोतरुतमित्यभिलषन्तीत्यर्थः॥ गम्भारी सर्वतोभद्रा काश्मरी मधुपर्णिकेत्यमरः। आरग्वधे राजवृक्षशम्याकचतुरङ्गुलाः। आरेवतव्याधिघातकृतमालसुवर्णका इति च। कोयष्टिकटिट्टिभक इत्यपि। आम्रातकेम्लिकायामश्मन्तको वीरणेपि च। शिंशिपाश्मन्तकं प्राहुरिति धरणिः। शिम्बिः शिखा लताभेद इति विश्वः। नासाच्छिन्न्यां तु पूर्णिकेति च॥ पूर्णिका पल्लीति ख्याता पतविङ्गेति ख्याता वा॥ अपःपूर्णिका कुम्भीरमक्षिकेत्यपि धरणिः। दात्यूहः कालकण्टक इत्यमरः। तिनिशे स्यन्दनो नेमी रथद्रुरतिमुक्तक इति च। अस्त्री प्रकाण्डः स्कन्धः स्यादिति च। तित्तिरिः कुक्कुभो लाव इति च॥ मयूरप्रमाणोयं पक्षी। तदित्युपसंहारे। विष्कम्भक इति। शुद्धविष्कम्भकोयम्। यदाह।

---

१ तीरान्तंविकशिंबि C.; चुंबित C. E.; चुंबन B.; अभः for अपः B.; नीराश्मांतरकच्छांबिचुंबनतरा भाव ० N. २ तिळिशस्य E. तिमिशस्य N. ३ कुक्कुभाः E. ४ यावत् for भवतु B.; ग्रान्वायांग A. संपादयामि C. for साधयामि ५ शुद्धविष्कंभः N.

ततः प्रविशतो[1] माधवमकरन्दौ ।

मक० । सकरुणं[2] निःश्वस्य ।

न यत्र प्रत्याशामनुपतति नो वा[3] रहयति
प्रतिक्षिप्तं[4] चेतः प्रविशति च मोहान्धतमसम् ।
अकिंचित्कुर्वाणाः पशव इव तस्यां[5] वयमहो
विधातुर्वामत्वाद्विपदि परिवर्तामह इमे ॥

माध० । हा प्रिये मालति क्वासि[6] । कथमविज्ञाततत्त्वमद्भुतं झटिति पर्यवसितासि । नन्वकरुणे प्रसीद संभावय माम् ।

प्रियमाधवे किमसि मय्यवत्सला
ननु सोऽहमेव यमनन्दयत्पुरा ।

शुद्धो मध्यमपात्रेण संस्कृतोक्त्या निबध्यते ॥ इति ।

४७-५०. न यत्रेत्यादि । यैरस्माभिस्तादृशं राजसैन्यं जितमिमे वयं स्रष्टुर्वाम्याद्विपत्तौ पुनःपुनर्वर्तामहे । यत्र विपत्तौ चित्तम् ॥ कर्तृ ॥ प्रत्याशां नानुगच्छति न वा त्यजति । अन्वयव्यतिरेकानिश्चयात् । तथा च सा जीवति न वेति न ज्ञायत इति भावः ॥ रहत्यागे स्वार्थे णिच् ॥ प्रतिक्षिप्तं पुनःपुनः प्रेरितं सच्चेतः पुनर्मोहरूपगाढान्धकारं प्रविशति । किं कर्तव्यमिति न जानीम इति भावः । अत एव कामप्यर्थक्रियामकुर्वाणाः पशव इव ।

५१-५७. यत एवाविज्ञातं तत्त्वमत एवाश्चर्यम् । पर्यवसिता समाप्तिं गता । संभावयाश्वासय । प्रियेत्यादि । हे प्रियमाधवे मयि किमस्निग्धासि । माधवान्यशङ्कामपनयति । ननु हे अहमेव स यं पूर्वं तव

---

१ प्रविशतो माधवो मकरन्दश्च A. N. २ निःश्वसन् for सकरुणं निःश्वस्य B. E. om. निःश्वस्य. ३ नो वा रहयति च E. ४ प्रतिक्षिप्तं B. E.; तु for च E. N. ५ तस्या A. ६ क्वासि प्रयच्छ मे प्रतिवचनं कथमवि° B.; A. om. अद्भुतं; प्रिये B. च N. after अद्भुतं; उपरता B. अपक्रान्ता N. for पर्यवसिता.

स्वयमागृहीतकमनीयकङ्कण-
स्तव मूर्तिमानिव महोत्सवः करः ॥

वयस्य मकरन्द दुर्लभः पुनर्जगति तावतः स्नेहस्य संभवः।

सरसकुसुमक्षामैरङ्गैरनङ्गमहाज्वर-
श्चिरमविरतोन्माथी सोढः प्रतिक्षणदारुणः।
तृणमिव ततः प्राणान्मोक्तुं मनो विधृतं तया
किमपरमतो निर्व्यूढं यत्करार्पणसाहसम् ॥

अपि च। मयि विगलितप्रत्याशत्वाद्विवाहविधेः पुरा

करः स्वयमनन्दयत्। तथा च माधवान्यशङ्कामपि मा कृथा इति भावः। आगृहीतमीषद्गृहीतं सात्त्विककम्पादिना चपलतया मनोज्ञसूत्रं येन सः। यद्वा। आगृहीतमभिगृहीतं करसमर्पणात्। अत एव मूर्तिमान्कृतदेहपरिग्रहो महोत्सव इव। सोपि गृहीतमण्डनो नन्दकश्च भवति। उद्गृहीतमिति पाठ उच्चैर्गृहीतमित्यर्थः॥ कङ्कणं मण्डने सूत्र इति विश्वः॥ तादृशस्येत्यनुस्मृतिः करग्रहणमहोत्सवानुध्यानस्वास्थ्यात्तदभ्यासाद्वा। यदाह।

स्वास्थ्याभ्याससमुत्था श्रुतिदर्शनसंभवानुस्मृतिः॥ इति।

५८–६१. सरसेत्यादि। तया काममहाज्वरोवस्थादशको बहुकालं सोढः। अनङ्ग एव महाज्वर इति वा। नवपुष्पमृदुभिरङ्गैः। कीदृशः। संततमर्मव्यथाकारी। अत एव प्रतिमुहूर्तमुन्मूलनोद्यतः। एतेन दुःसहत्वमुक्तम्। ततः प्राणांस्त्यक्तुं तया मनो विशेषेण निरपेक्षतया धृतम्। अत एव तृणमिव। सारमाह। इतः करार्पणसाहसादपरं किमस्ति। अपि तु न किमपीत्यर्थः। यत्करस्यार्पणं स्वयमेव दानं तदेव साहसं निर्व्यूढं निःशेषेण दोषमपहाय वृत्तम्। कुलकन्यकानां तन्निषेधात्साहसत्वम्।

---

१ अयमुद्गृहीत A. E. अयमागृहीत N. २ पुनस्तादृशस्य स्नेहस्य B. ३ सरलकु° N. ४ इतो for अतो Com.; तत् for यत् E.

विकलकरणै[1]र्मर्मच्छेदव्यथाविधुरैरिव ।
[2]स्मरसि रुदितैः स्नेहाकूतं तथा व्यतनोदसा-
वहमपि [3]यथाभूवं पीडातरंगितमानसः ॥

सावेगम् । [4]अहो नु खलु भोः ।

दलति हृदयं गाढोद्वेगं द्विधा तु न भि[5]द्यते
वहति विकलः कायो [6]मोहं न मुञ्चति चेतनाम् ।

तृणमिवेत्यत्र लिङ्गवचनभेदे नोपमादोषो भवति । रसान्तर्गतत्वेन धीमतामनुद्वेगात् । यत्रोद्वेगो न धीमतामिति दण्डिवचनात् ।

६२–६५. मयीत्यादि । सखे असौ प्रिया स्नेहेङ्गितं रुदितैस्तथा विस्तारयामास यथा पीडाचपलचित्तोहमप्यभूवं भूतोस्मीति स्मरसि । इति-रध्याहार्यः । अन्यथा कर्माप्राप्तिः । रुदितस्य करुणजन्यत्वात्करुणहेतुमाह । विवाहविधेः पूर्वं मयि नैराश्याद्विकलानि स्वविषयव्यावृत्तानि करणानी-न्द्रियाणि तैर्लक्षिता । अनेन मोह उक्तः । लक्षणे तृतीया । कीदृशैः । मर्मच्छेदव्यथादीनैरिव । अनेन निःश्वासवत्त्वमुक्तम् । निःश्वासेन मर्म-च्छेदोन्नयनात् । तथा च निःश्वासरुदितमोहैः करुणरस उक्तः । यद्वा । विकलकरणैर्व्यतनोद्रुदितैरिव । इतरत्समम् ।

६६–७०. अहो नु खलु भो इत्याश्चर्ये । दलतीत्यादि । मम हृदयं दलति विदीर्यते । सवेदनत्वात् । दृढोद्वेगम् । नैव द्विधा भिद्यते द्विधा भिन्नं न भवति । स्फुटिते पीडोपशान्तिरिति भावः । तुशब्द एवार्थे पुन-रर्थे वा । पुनर्न भिद्यत इत्यर्थात् ॥ भिद्यत इति कर्मकर्तरि तङ् ॥ अथ च दलति तन्न भिद्यत इति विरोधाभासः । एवमुत्तरत्रापि । विह्वलः कायो मोहं

---

१ करणैर्म° A. N., मर्मच्छेदैर्व्यथामधुरैरिव B. २ स्मरति B. स्मरविलसितै स्नेहा° N.; यथा for तथा B. ३ तथाभूवं N. ४ B. om. अहो-भोः; E. om. नु. ५ भज्यते E. ६ नूनं for मोहं B.

ज्वलयति तनूमन्तर्दाहः करोति न भस्मसा-
त्प्रहरति विधिर्मर्मच्छेदी न कृन्तति जीवितम् ॥

मक० । [1]वयस्य निरवग्रहं दहति देवमिव दारुणो विवस्वान् । [2]इयं च ते शरीरावस्था । तदस्य पद्मसरसः परिसरे मुहूर्तमास्यताम् । [3]अत्र हि

उन्[4]नालबालकमलाकरमाकरन्द-
निष्यन्दसं[5]वलनमांसलगन्धबन्धुः ।

दधाति न तु चेतनां त्यजति । पुनश्चैतन्ययोगात् । स्थिरे मोहे दुःखाज्ञानात्कृतार्थः स्यामिति भावः । तदिहाध्यात्मिकविपद्द्वयमुक्तम् । अन्तर्दाहः शरीरं दीपयति न भस्मसात्करोति । कार्त्स्न्येन भस्मरूपं न करोतीत्यर्थः ॥ सातिः कार्त्स्न्ये ॥ तथात्वे दुःखाज्ञानमेव स्यादित्याशयः । अनेनाधिभौतिकी विपदुक्ता । तदिह व्याधिदशायां मोहादय उक्ताः । यदाह ।

मनःसंमोहसर्वाङ्गदाहवृत्त्यादिभिस्तथा ।
शिरसो वेदनाभिश्च व्याधेरभिनयो भवेत् ॥ इति ।

इह कायावच्छिन्न आत्मा कायपदेनोक्तः । अन्यथा मोहस्यात्मधर्मतया कायेसंभव इत्यवधेयम् ॥ स्त्रियां मूर्तिस्तनुस्तनूरित्यमरः ॥

७१–७७. जडतानिवृत्त्यर्थं माधवमन्यचित्तं कर्तुमाह । वयस्य इति । निरवग्रहं निष्प्रतिबन्धं यथा । उपवेशनफलमाह । उन्नालेत्यादि । समीरो वायुरिह त्वां प्रीणयिष्यति प्रीतिं करिष्यति । तद्योग्यतामाह । ग्रीष्मान्तेल्पोदकतयोद्गतनाला बाला ये पद्मसंघास्तेषां पुष्परसीयक्षरणेन यन्मिश्रणं तेन मांसलः पुष्टो यो गन्धस्तन्मित्रम् । अग्रे दोलायमानकल्लोलशीकरैः शीतलो जडो मन्दः । यद्वा । शीकर एव तुषारस्तैर्जडः

---

१ माधव after वयस्य A. E. N.; दाव इव for देवमिव N. २ भस्मान् after विवस्वान् C.; B. om. इयं च–°वस्था; तटे for परिसरे B. ३ यत्र B. भद्र N. for अत्र. ४ उत्तालबाल C. E. ५ सञ्चलन A.

त्वां [1]प्रीणयिष्यति पुरःपरिवर्तमान-
कल्लोलशीकरतुषारजडः समीरः ॥

[2]परिक्रम्योपविशतः ।

मक० । [3]स्वगतम् । भवत्वेवं तावदाक्षिपामि । प्रकाशम् । वयस्य माधव

एतस्मिन्मदकलमल्लिकाक्ष[4]पक्ष-
व्याधूतस्फुरदुरुदण्डपुण्डरीकाः ।
बाष्पाम्भःपरिपतनोद्गमान्तराले
[5]दृश्यन्तामविरहितश्रियो विभागाः ॥

माधवः [6]सावेगमुत्तिष्ठति ।

शीत इत्यर्थात् ॥ आकरो निवहोत्पत्तिस्थानश्रेष्ठेषु कथ्यत इति मेदिनीकारः ॥ माकरन्दः ॥ तस्येदमित्यण् ॥

७९–८४. आक्षेपोऽन्यमनस्कता । एतस्मिन्नित्यादि । अत्र सरसि भुवः प्रदेशा दृश्यन्ताम् । अश्रुपूर्णनेत्रतयादर्शनमाशङ्क्याह । एकस्य नेत्रजलस्य परिपतनमन्यस्योत्थानं तयोर्मध्ये । कीदृशाः । हर्षाव्यक्तमधुरवहंसविशेषपक्षकम्पितवलद्दीर्घनालपद्माः । नीलोत्पलयुक्ताश्च । पूर्वं विशिष्टपद्ममुक्तमिह तु नीलपद्ममात्रमित्यपौनरुक्त्यम् । यद्वा । पूर्वं श्वेतपद्ममुक्तम् । इह तु नीलं तदित्यदोषः । श्वेतश्यामकमलसंवलनेनातिरम्यतोक्ता । अविरहिश्रिय इति पाठे श्रीः शोभा लक्ष्मीर्वा । सरसि तस्याः सतताधिवासात् । तथा च श्रीयुक्ता इत्यर्थः ॥ मलिनैर्मल्लिकाक्षास्त इत्यमरः ॥ मल्लिको हंसभिदापीति मेदिनीकारान्मल्लिक आख्या यस्येति ज्ञायते । अनुप्रासश्च नागरागेति समानश्रुत्यापि संभवतीत्यवधेयम् । सोद्वेगं शीतवातादिदुःसहत्वादिति भावः ।

---

१ प्राणयिष्यति N.; पुरा for पुरः A.; परिवर्तमानः C. २ इति before परिक्रम्य A. E.. ३ B. om. स्वगतं; तावदन्यतः प्रक्षिपामि A. E.; B. om. प्रकाशम्. ४ मल्लिकाख्य A. E. मल्लिकाक्षि B. ५ दृश्यन्तां कुवलयिनी भुवो विभागाः appears to be the reading of Com. ६ सोद्वेगमु° A. B.

मक० । कथं[1] प्रतिपत्तिशून्यमुत्थायान्यतः प्रवृत्तः । निःश्वस्योत्थाय च[2] । सखे प्रसीद । पश्य पश्य

वानीर[3]प्रसवैर्निकुञ्जसरितामासक्तवासं पयः
पर्यन्तेषु च यूथिकासुमनसामुज्जृम्भितं जालकैः ।

८५-९०. प्रतिवाक्यप्रदानादिश्रुत्यालोकनवर्जनम् ।
तूष्णींभावो विचेतस्त्वं जडतायां भवन्ति हि ॥

इति जडताचिह्नं माधवे सचमत्कारमाह । कथमिति । निरूप्य नेयं जडता किं त्वनुस्मृतिरित्याह शून्यमिति । शून्यं निर्लक्ष्यमन्यतो गमनेनानुस्मृतिः । यद्वा । अन्यतः शून्यं मालतीव्यतिरिक्तवस्त्वज्ञानात् । अत एव प्रद्वेषादन्यकार्याणां कथितानुस्मृतिरिति । अप्रतिपत्तिशून्यमिति पाठेनवधानेन चैतन्यविरहो यथा तथोत्थायेत्यर्थः । वानीरेत्यादि । सखे कुञ्जसंबन्धि नदीनां पयः पश्य । वेतसपुष्पैर्लब्धसौरभम् । तासामेवोपान्तेषु च यूथिकाकुसुमानां जालकैः कोरकैर्विकासितम् । यद्वा । यूथिकाश्च सुमनसश्च तासां जालकैः । यूथिका जूहीति प्रसिद्धा । सुमनसो जात्यः ॥ सुमना मालती जातिरित्यमरः ॥ तथा गिरेः सानूनेकदेशानालम्ब्येह प्राग्भारेषु शिखरेषु वर्तमानैर्मेघैर्वितानाय्यते । वितानाचारः क्रियते । मयूरनृत्यविधाननिमित्तम् । निमित्तसप्तमीयम् । कीदृशेषु । विकसत्कुटजपुष्परूपहासवत्सु । तदिह मयूरनृत्यार्थं मेघैर्वितानं कुटजैर्हास इति यत्तत्पश्येत्यर्थः । एवं च कुटजवृक्षा द्रष्टारो मयूरा नर्तका मेघो वितानमिति नृत्यसामग्री । ध्वनिस्तु शिखण्डिपदेन पञ्चचूडोपेतशिरस्कत्वेन विदूषक उक्तः । प्राग्भारपदेन च प्राञ्चतीति प्राक्प्रकृष्टज्ञानवान्भारो दुःसहो यस्य स मूर्खो द्रष्टोक्तः । तस्य च हास उचित एव ।

---

१ कथमप्रतिपत्ति C.; उत्थाप्य for उत्थाय A. २ C. N. om. च; B. N. repeat प्रसीद; A. B. N. om. one पश्य. ३ नीवार for वानीर B.

उन्मीलत्कुटजप्रहासिषु[1] गिरेरालम्ब्य सानूनितः
प्राग्भारेषु[2] शिखण्डिताण्डवविधौ मेघैर्वितानाय्यते ॥

अपि च । जृम्भाजर्जर[3]डिम्बडम्बरघनश्रीमत्कदम्बद्रुमाः
शैलाभोगभुवो भवन्ति ककुभः कादम्बिनीश्यामलाः ।

यद्वा । शिखण्डिपदेन त्रिशिखण्डयोगितया बाल उक्तः । तस्य च नृत्ये मूर्खो हसत्येव ।

बालानामपि कर्तव्यं त्रिशिखण्डविभूषणम् ॥

इति बालानां शिखण्डित्वे मानम् ॥ वानीरवञ्जुला इत्यमरः । क्षारको जालकं क्लीबे कलिका कोरकः पुमानिति च ॥ वितानमाचरतीत्यर्थे क्यङन्ताद्यकि वितानाय्यत इति रूपम् ॥

९१–९४. जृम्भेत्यादि । सखे शैलपर्यन्तभूमयो जृम्भया विकासेन जर्जरः पृथग्भूतो यो डिम्बो गोलकस्तस्य डम्बरेणारम्भेण व्याप्ता अत एव श्रीमन्तो नीपवृक्षा यत्र तादृश्यो भवन्तीति यत्तत्पश्येत्यर्थः । एवं सर्वत्र दिशो मेघमालाश्यामा भवन्ति । यद्वा । कादम्बानां कलहंसानां स्त्रियः कादम्बिन्यस्ताभिः श्यामाः । नदीप्रवाहानां कच्छाः कूलान्युद्यद्भिर्विकसितैः कन्दलैर्नवाङ्कुरैः कान्ता मनोज्ञा ये केतकवृक्षास्तद्वारका भवन्ति । यद्वा । उद्यन्कन्दलः कन्दो यस्य कान्तकेतकस्येत्यर्थः । यद्वा । उद्यन्यः कन्दलो मल्लीवृक्षस्तं कान्तकेतकं च बिभ्रतीत्यर्थः । वनानां मालाभिर्गन्धानि व्यक्तीभवत्सौरभानि यानि शिलीन्ध्रलोध्रकुसुमानि तैः स्मेरा सहासेव । मनोज्ञा वा ॥ शिलीन्ध्रं कन्दलीपुष्पमिति विश्वः ॥ शिलीन्ध्रं सूल [सून] इति ख्यातम् । वनमिह पद्मं जलं विपिनं वा ॥ जृम्भा त्रिकासजम्भयोरिति विश्वः । डिम्बोण्डेपि च गोलक इति धर-

---

1 प्रहासिनि C.; हर for इतः A. 2 प्राग्भागेषु E. प्राग्भागे तु N.; वितानायते B. E. N. 3 मर्झर N.

[1]उच्चल्कन्दलकान्तकेतकभृतः कच्छाः सरित्स्रोतसा-
[2]माविर्भूतशिलीन्ध्रलोध्रकुसुमस्मेरा वनानां ततिः ॥

माध० । सखे पश्यामि किं तु [3]दुरालोकरमणीयाः संप्रत्यरण्यागिरिभूमयः । तत्किमेतत् । सास्रम् । अथवा किमन्यत् ।

उत्फुल्लार्जुन[4]सर्जवासितवहत्पौरस्त्यझञ्झामरु-
त्प्रे[5]ङ्खोलस्खलितेन्द्रनीलशकलस्निग्धाम्बुदश्रेणयः ।

णिः । डम्बरोस्त्री समारम्भ इति विश्वः । कादम्बिनी मेघमाला कादम्बस्त्री च कथ्यत इति शाश्वतः । कन्दलः कलहे कन्दे मल्ल्यामङ्कुरसंघयोरिति मेदिनीकारः । पुंसि कच्छस्तथाविध इत्यमरः । वनं नीरेम्बुजे क्लीबं काननेप्यालये वनमिति मेदिनीकारः ॥

९७–१००. उत्फुल्लेत्यादि । अधुना त एवे दिवसाः प्राप्ता ये मनोराज्येन मया धृता इत्यर्थः । इह त एव इति सर्वनामभ्यां दिनानामत्युत्कण्ठाहेतुत्वं ध्वनितम् । कीदृशाः । उत्फुल्लाभ्यामर्जुनशालाभ्यां वासितः सुरभीकृतो वहन्पौरस्त्यः प्राच्यो यो झञ्झानिलः प्रचण्डवायुः प्रावृषेण्यवातो वा तस्य प्रेङ्खोल आन्दोलनं तेन स्खलिताः स्वस्थानच्युता इन्द्रनीलमणिखण्डा इव श्यामा मेघपङ्क्तयो येषु ते । अत्रार्जुनग्रहणेपि द्वितीयतरोः सर्जस्य ग्रहणं कदम्बाद्युपलक्षणार्थम् । तथा ग्रीष्मोष्मतप्तमहीसेकसौरभवन्तः । ईषद्वृष्टौ तदुद्गमात् । घर्मस्य ग्रीष्मस्य विगमोपगमोम्भस आगम आगमनं तयोर्व्यतिकरः संबन्धस्तेन श्रियं शोभां वोढुं शीलं येषां ते । यद्वा । घर्माम्भसः स्वेदजलस्य यौ विगमागमौ तयोर्व्यतिकरः संभेदः । वर्षारम्भ इत्यर्थः । तस्य श्रीः संपत्तिस्तद्वाहिन इत्य-

१ B. has lost the part from उच्चल्कन्दल to स्निग्धाम्बुदश्रेणयः.
२ माविर्गेधशिली° N. ३ दूरालोक E.; संप्रत्यारण्य N.; A. N. om. गिरि.
४ सार्ज C.; झञ्झानिल A. E. ५ प्रेंखोलत्स्खलि° N.; °तेंद्रशेखरमणिस्निग्धा° C.; निवय for शकल E.

धारासिक्तवसुंधरासुरभयः प्राप्तास्त एतेधुना[1]
घर्माम्भोविगमागमव्यतिकरश्रीवाहिणो[2] वासराः ॥

हा प्रिये मालति

तरुणतमालनीलबहुलोन्नमदम्बुधराः
शिशिरसमीरणा[3]विधूतनूतनवारिकणाः ।
कथमवलोकयेय[4]मधुना हरिहेतिमती·

र्थः ॥ पौरस्त्य इति पुरसस्त्यक् ॥ झञ्झा ध्वनिविशेषे स्यादिति मेदिनीकारः ॥ तदन्वितोनिलो झञ्झानिलः । यद्वा । झञ्झानिलः प्रावृषेण्य इति रत्नकोशः ॥ अत्र वास्यमानेति कर्तव्ये संपूर्णक्रियत्वपरनिष्ठाप्रत्ययान्तवासितपदोपादानात्समस्तपुष्पसौरभसंक्रान्तिर्वायोर्ध्वनिता । अत एव मलयानिलाज्झञ्झानिलोत्कर्षः कटाक्षितः । उन्मादावस्थो माधवः । उन्मादश्चेष्टवियोगात् । यदाह ।

इष्टजनस्य वियोगादुन्मादो विभवनाशाच्च ।

१०२–१०६. तरुणेत्यादि । कथमधुना दिशोहमवलोकयेयम् । तरुणतमालान्नीलास्तद्वद्वा नीलाः प्रचुरा उद्गच्छन्तो मेघा यासु ताः । शीतवातक्षिप्तनवजलकणाः । हरेरिन्द्रस्य हेतिरस्त्रं धनुस्तद्वतीः । मदकलमयूरकोलाहलैः शब्दवतीः ॥ कलहं कलकलेपि चेति विश्वः ॥ सरिव इति पाठे प्रतिबिम्बेन मेघवत्त्वम् । हरेः कृष्णस्य हेतिश्चक्रं तन्नामकपक्षियुक्ताः । दुःखितेनर्तुज्ञानं दुःखमयत्वेनैव । यदाह ।

ऋतून्पश्यति दुःखार्तः सर्वान्दुःखसमाश्रितान् ॥ इति ।

तदनेन प्रबन्धेन वर्षाकाल उक्तः । यदाह ।

कदम्बनीपकुटजैः शाद्वलैः सेन्द्रगोपकैः ।

---

१ एताभुना A. E. N. २ वाहिनो A. E. N. ३ °णाविभुत N. ४ °येहमभुना E.

मंदकलनीलकण्ठकलहैर्मुखराः[1] ककुभः ॥

शोका[2]र्तिं नाटयति ।

मक० । को[3]ऽयमतिदारुणो दशाविपाकः संप्रति वयस्यस्य । सास्रम् । मया पुनर्वञ्च[4]यमानेन विनोद आरब्धः । निःश्वस्य । एवं च पर्यवसित[5]प्रायैव नो माधवं प्रति प्रत्याशा । सभयं विलोक्य । कथं प्रमुग्ध ए[6]व । आकाशे । मालति मालति किमपरं निरनुक्रोशासि ।

अपहस्तितबान्धवे त्वया विहितं साहस[7]मस्य तृष्णया ।
तदिहानपराधिनि प्रिये सखि कोऽयं करुणोज्झित[8]क्रमः ॥

कथमद्या[9]पि नोच्छ्वसिति । हन्त मुषितोऽस्मि दैवेन ।

मेघवातैः सुखस्पर्शैः प्रावृट्कालं प्रदर्शयेत् ॥

शोकेति । मूर्च्छितः पततीति भावः ।

१०८–११३. विनोदश्चित्तस्वास्थ्यम् । प्रमुग्धः संज्ञाशून्यः । अनुक्रोशोऽनुकम्पा तद्विपरीतासि । अपेत्यादि । अगणितमात्रादिके हे सखि अस्य लोभेन त्वया साहसं कृतम् । तदिह प्रिये प्रीते निरपराधेऽपि निर्दयः क्रमः कोऽयम् । केयं परिपाटिस्तवेत्यर्थः । कथमीदृशं पतिं त्यक्त्वा निर्दयासीति भावः । उच्छ्वासः संज्ञालाभः ।

---

१ हरितः C. सरितः noticed by Com. for ककुभः. २ इति शोकार्तिं B. शोकार्तं C. ३ कोऽयमति° C. कोऽयमतिशयदारुणो B.; C. om. संप्रति; वर्तते after संप्रति N. ४ वञ्चमयेन A. E.; वञ्चायमानेन पुरो विनोदनमारब्धं B.; पुनरज्ञानेन वञ्चमयेन किल विनोदनं प्रारब्धं N.; कोऽपि before विनोद A. E.; निश्वस्य A. C. E. N; A. E. om. च. ५ प्रायैव माधवप्रत्याशा नः B.; नो माधवप्रत्याशा N. ६ वयस्य: after एव C.; N. om. आकाशे; सखि A. E. and हा N. before मालति; A. E. N. om. one मालति; किं वा निरनु° N. ७ साहसमप्यभूष्टया N. ८ °ज्झितः क्रमः B. ९ E. om. अपि; E. om. अस्मि; N. om. दैवेन.

मातर्मातर्दलति हृदयं ध्वंसते देहबन्धः
शून्यं मन्ये जगदवि[१]रतज्वालमन्तर्ज्वलामि ।
सीदन्नन्धेतमसि विधुरो मज्जतीवान्तरात्मा
विष्वङ्मोहः स्थगयति कथं मन्दभाग्यः करोमि ॥

कष्टं भो[२]ः कष्टम् ।

बन्धुताहृदयकौमुदीमहो मालतीनयनमुग्ध[३]चन्द्रमाः ।
सो[४]यमद्य मकरन्दनन्दनो जीवलोकतिलकः प्रलीयते ॥

हा वयस्य माधव

गात्रेषु चन्दनरसो दृशि शारदेन्दु-
रानन्द एव हृदये मम यस्त्वमासीः ।

११४–११८. मातरित्यादि । मातर्मातरित्यावेगः । द्विधा भवति हृदयमिति पीडा । अवयवसंधिः शिथिलीभवतीत्यस्वस्थता । विश्वं शून्यं मन्य इति बाह्यासंवेदना निर्वेदः । अविरतज्वालं यथा तथान्तर्ज्वलामीति चिन्ताजनितो दाहः । अन्तरात्मा निरालम्बः सीदन्नवसादं गच्छन्गाढान्धकारे मज्जतीवेति ग्लानिः । विष्वक्सर्वतो मोहश्छादयतीति मोहः । मन्दभाग्योहं किं करोमीति दैन्यम् । कथंशब्दः किमित्यर्थे । सर्वनामत्वाभ्यानार्थता ॥ विष्वगित्यत्र सुषमादित्वात्षत्वम् ॥ परिदेवितमाह । कष्टमिति ।

११९–१२५ बन्धुतेत्यादि । सोयं बन्धुसमूहचित्तकार्तिक्युत्सवो मालतीनेत्रबालचन्द्रो मकरन्दहर्षजनकः सर्वजनतिलकोद्य प्रलयमापद्यत इत्यर्थः ॥ मह उद्धव उत्सव इत्यमरः ॥ गात्रेष्वित्यादि । यस्त्वं मम काये चन्दनरस आसीः । सुखस्पर्शत्वात् । नेत्रे शरत्कालीनचन्द्रः । आनन्दजनकत्वात् । चित्त आनन्द एव साक्षाद्धर्ष एवासीः । तं त्वामतिकान्तमकस्मादेव

---

१ अविकल B. अविरल C. for अविरत २ C. om. भोः. ३ पूर्ण for मुग्ध A. E. ४ माधवोथ for सोयमद्य B.

तं[1] त्वां निकामकमनीयमकाण्ड एव
कालेन जीवितमिवोद्धरता हतोस्मि ॥

स्पृशन्[2] ।

अकरुण वितर स्मितोज्ज्वलां दृशमतिदारुण देहि मे गिरम् ।
सहचरमनुरक्तचेतसं प्रियमकरन्द कथं न मन्यसे ॥

माधवः संज्ञां लभते ।

मक० । सोच्छ्वासम् । अयमं[3]चिरधौतराजपट्टरुचिरमांसलच्छविर्न-वजल[4]धरस्तोयसीकरासारेण प्रियवयस्यं मे जीवयति । दिष्ट्या समुच्छ्वसितस्तावत् ।

मम जीवनमिवोद्धरतोन्मूलयता कालेन समयेन यमेन वा हतोस्मि । यथा जीवनोद्धारेहं हतस्तया त्वदुद्धारेपीति भावः ।

१२७–१३०. सोन्मादो विलपति । अकरुणेत्यादि । हे निर्दय हासमनोज्ञां दृशं देहि । हासपूर्वं पश्येत्यर्थः । यद्वा । स्मितेन विकासेनोज्ज्वलां विकसितामित्यर्थः । वचनादानादतिदारुण हे मे वाचं देहि । मित्रमनुरक्तचित्तं हे प्रियमकरन्द कथं न मन्यसे । कथं नाङ्गीकरोषि । इहावेगादीनां सत्त्वात्करुणो रसः । यदाह ।

इष्टनाशधनापायबन्धुव्यसनताडनैः ।
शापक्लेशोपघातैश्च जायते करुणो रसः ॥
अश्रुनिश्वासवैवर्ण्यस्रस्ताङ्गैश्च स्मृतिक्षयैः ।
परिदेवितशोकाद्यैरभिनेयः स सूरिभिः ॥

अचिरधौतत्वेन राजपट्टस्य नीलत्वस्निग्धत्वे उक्ते । राजपट्टं खडीति ख्यातम् । रुचिरा दीप्तिमती मांसला घना च्छविः कान्तिर्यस्य सः ।

---

१ तत्त्वा A. तं त्वा B. E. २ गात्रमस्य स्पृशन् C. ३ प्रियं for अयं B. ४ नवजलदस्तोय N.; शीकरा° E. N.; °सारवर्षेण B.; A. E. om प्रिय; C. om. मे; संजीवयति N.; दिष्ट्या जगदुच्छ्वसितन्तावत् A. यदुच्छ्वसि° for समुच्छ्वसि° C. E., उच्छ्व° for समुच्छ्व° B.; माधवः after तावत् B.

माध० । तत्कमत्र[1] विपिने प्रियावार्ताहरं करोमि । विलोक्य । साधु साधु ।

१३५ फलभरपरिणाम[2]श्यामजम्बूनिकुञ्ज-
स्खलिततनु[3]तरङ्गामुत्तरेण स्रवन्तीम् ।
उ[4]परि विघटमानः प्रौढतापिच्छनीलः
श्रयति शिखरमद्रेर्नूतनस्तोयवाहः ॥

स[5]रभसमुत्थायोन्मुखः कृताञ्जलिः ।

१३३–१३९. वार्ताहारो दूतः । अतिप्रवृद्धकालतया दूतप्रेषणम् । यदाह ।

प्रसह्यमानकामार्तो बहुस्थानसमुत्थितः ।
स्वावस्थादर्शनार्थं तु प्रेषयेद्दूतमात्मनः ॥

फलेत्यादि । नवमेघो गिरेरग्रं श्रयति । फलभारपाकश्यामजम्बूनिकुञ्जात्स्खलनेनाल्पकल्लोलां नदीमुत्तरेण नद्या उत्तरसमीपे ॥ एनपा द्वितीया ॥ कीदृशः । उपरि विघटमान ऊर्ध्वस्थानं त्यजन् । विकासितमालपुष्पान्नीलस्तद्वद्वा नीलः । उपचितघनमालेति पाठ उपचिता घना च माला येषामित्यर्थः । घने नूतनत्वेनातिश्यामता । यद्वा । स्रवन्तीमुपरि विघटमानो विविधप्रकारेण श्रयन् । उत्तरेणोत्तरदेशे ॥ उत्तरेणेति विभक्तिप्रतिरूपको निपातः ॥ किंचिदेवोत्तरेणेतिवत् । आश्रयार्थकतया घटेः सकर्मकता ॥ स्रवन्ती निम्नगापगेत्यमरः ॥ कृताञ्जलिरित्यनेन विनय उक्तः । विनयपूर्वकश्च संदेशः कार्यः । यदाह ।

संदेशं चैव दूत्यास्तु प्रदद्यान्मदनाश्रयम् ।
तस्येयं समवस्थेति कथया विनयेन हि ॥

---

१ तत्कथमत्र A. B. तत्किमिवात्र N.; E. om. विपिने; प्रियाया वार्ता C.; वार्ताहर्तारं E. २ परिणाहश्याम N. ३ तनुशरीराम॰ N.; स्रवंती C. E. ४ उपचितघनमालप्रौढ A.; ॰मानप्रौढ N. ५ सादरं for सरभसं A. E.; उन्मुखं E.

कच्चित्सौम्य प्रियसह[1]चरी विद्युदालिङ्गति त्वा- १४०
माविर्भूतप्रणयसुमु[2]खाश्चातका वा भजन्ते ।
पौरस्त्यो वा सुखयति मरुत्साधुसंवाहनाभि-
र्विष्व[3]ग्विभ्रत्सुरपतिधनुर्लक्ष्म लक्ष्मीं तनोति ॥

आकर्ण्य । अ[4]यं प्रतिरवभरितकन्दरानन्दितोत्कण्ठनीलकण्ठकलकेका-

---

१४०–१४३. कच्चिदित्यादि । प्रार्थनोचितं सुभगप्रश्नमाह । हे सौम्य सुन्दर प्रिया वल्लभा सहचरी सततानुगता विद्युत्त्वामालिङ्गति कच्चित् । कथयेत्यर्थः ॥ कच्चित्कामप्रवेदन इत्यमरः ॥ विरहित्वेन कान्ताभिलाषात्प्रथमं कान्तासंगमप्रश्नः ॥ चारुचन्द्रजयोः सौम्य इति शाश्वतः ॥ प्रियालिङ्गने सुखं तद्विरहे दुःखमिति त्वमपि जानासीति ध्वनितम् । यद्वा । कच्चिदेवमभिमतं ममेत्यर्थः । उत्पन्नस्नेहेन सुभगाः सुमुखाश्चातकास्त्वं सेवन्ते । वा समुच्चये । अनेनार्थिसंपत्तिरुक्ता । पुरोवातश्च मृदुप्रेरणाभिस्त्वां सुखयति । अन्योपि सहायश्चरणमुष्टिग्रहणादिरूपसंवाहनां कुरुत इति ध्वनिः । अनेन सहायसंपत्तिरुक्ता । विष्वक्सर्वतो लक्ष्मीं शोभां बिभ्रदिन्द्रधनुः ॥ कर्तृ ॥ लक्ष्म चिह्नं तव तनोति । अनेन प्रसाधनमुक्तम् । विश्वं बिभ्रदिति पाठे हे विश्वं बिभ्रद्भुवनं दधान । वर्षेण सस्यादिसमृद्ध्या जगदुपकारकत्वमुक्तम् । प्रसाधनमाह । इन्द्रधनूरूपं चिह्नं तव शोभां तनोति । बिम्बं बिभ्रादिति पाठे तु बिम्बं मण्डलं शोभां तनोति । कीदृशम् । इन्द्रधनुश्चिह्नं बिभ्रद्दधानम् । तदिह जगदुपकारकतया ममाप्युपकारं करिष्यसीति भावः ।

१४४–१५०. गर्जितेनानुमतिमाह । अये इति । प्रतिशब्दभरितकन्दरत्वेनानन्दिता समृद्धोत्कण्ठा यस्य सः । यद्वा । आनन्दिता

---

१ सहचर A. २ मुखराः B. सुखिताः E. सुभगाः Com. for सुमुखाः. ३ विष्वग्विभ्रत्सु° B. विश्वग्द्रीचं सु° N. विश्वं बिभ्रत् and बिंबं बिभ्रत् noticed by Com. ४ अथ किमयं प्रतिरव B.; अये for अयं Com. °नंदितोत्कंठितनीलकंठेन कृतेन ध्वनिना मामनुमन्यते N.; A. om. नीलकण्ठ.

नुबन्धिना मन्द्र[1]हुंकृतेन मामनुमन्यते । यावदभ्यर्थये । भगवन् जीमूत

दैवात्[2]पश्येर्जगति विचरन्निच्छया मत्प्रियां चे-
दा[3]श्वास्यादौ तदनु कथयेर्माधवीयामवस्थाम् ।
आशातन्तुर्न च कथयतात्यन्तमुच्छेदनीयः
प्राणत्राणं कथमपि करोत्यायताक्ष्या[4]ः स एकः ॥

सहर्षम् । अ[5]ये प्रचलितस्तदन्यतः संचरामि । परिक्रामति ।

हृष्टा उत्कण्ठा उद्ग्रीवा इत्यर्थः । मन्द्रं गभीरम् । अनुमन्यते स्वीकरोति । आर्तिवशाद्देवत्वारोपणेन भगवन्निति । अवधारणे यावत् । जीमूत मेघ । दैवादित्यादि । इच्छया जगति विचरंस्त्वं मत्प्रियां यदि दैववशात्पश्येर्द्रक्ष्यसि तदा प्रथमं तां प्रबोध्याथ माधवदशां कथयिष्यसि । अवस्यानिवेदनेन तन्मरणमाशङ्क्याह । कथयता त्वयाशा पुनःसंगमप्रत्याशा सैव तन्तुः । जीवनबन्धहेतुत्वात् । नैवात्यर्थमुच्छेद्यः । चैवार्थे । अत्र हेतुमाह । स आशातन्तुरेकस्तस्याः प्राणत्राणं कष्टाकष्ट्या करोति नाहमित्यर्थः। इह तावत्कालं सा जीवति न वेति संभावना दर्शनस्य दैवादित्यनेनोक्तम् । प्रसङ्गतो मत्कार्यमिति जगति विचरन्नित्यनेनोक्तम् । मत्प्रियामित्यनेन सुकुमारत्वादिना विरहदुःखासहिष्णुतोक्ता । आदावाश्वासनं वार्ताश्रवणपटुत्वार्थम् । अत्यन्तामित्यनेन मध्यमविधया दशाकथनम् । तेन च तन्नैराश्यनिषेध इत्युक्तम् । कथमपीत्यनेनाशातन्तुमात्रं तद्रक्षणाय कल्पत इत्युक्तम् । आयताक्ष्या इत्यनेन कटाक्षादिस्मरणेन गुणकीर्तनम् । माधवस्येयं माधवीया ॥ वृद्धाच्छः ॥ उन्मादावस्थेयम् । असंबद्धप्रलापात् । सहर्षत्वं मद्वचनमङ्गीकृत्य प्रचलित इति ।

---

१ A. E. om. मन्द्र; मन्यते इदमेव तावद° B.; यावदर्थये A.; जीमूतनाथ N. २ दैवात्पश्येर्यदि जगति तां मत्प्रियां मालतीं चेदाश्वस्यादौ B.; मालतीं for इच्छया N. ३ °दाश्वस्य E. N.; माधवस्थामवस्था N.; °तात्यंतमिच्छे° C. ४ °ताक्ष्ण: B.; स एव C. ५ अहो for अये A. E.; B. om. अये; प्रचलितस्तावदयं तद° B.; °दन्यत्र संच° A. C. E.; इति परिक्रामति C.

मक० । साकूतम्[1] । कथमिदानीमुन्मादोपरागो माधवेन्दुमास्कन्दति । हा तात हा अम्ब [2]हा भगवति परित्रायस्व परित्रायस्व । पश्य माधवस्यावस्थाम्[3] ।

माध० । धिक्[4]प्रमादः ।

नवेषु लोध्र[5]प्रसवेषु कान्तिर्दृशः कुरङ्गेषु गतं गजेषु ।
लतासु नम्रत्वमिति प्रमथ्य व्यक्तं विभक्ता विपिने प्रिया मे[6] ॥

हा प्रिये मालति[7] ।

मक० । सुहृदि गुणनिवासे प्रेयसि प्राणनाथे
कथमपि[8] सहपांसुक्रीडनप्रौढसख्ये ।

१५१–१५६. उपरागो राहुग्रासः । शैशवे संकटप्रदेशे पित्रादीनां स्मरणस्य स्वभ्यस्ततया विरहसंकटेपि वदाह हा तातेति । प्रमादोनिष्टम् । नवेष्वित्यादि । नूतनलोध्रपुष्पेषु कान्तिः पाण्डिमा गौरत्वं वा । इह नवपदेन स्निग्धतोक्ता । दृशो विलोकितानि हरिणीषु । गमनं हस्तिषु । नम्रत्वं लतासु । इतिशब्द आद्यर्थे । हेला लीलेत्यमी हावा इतिवत् । प्रमथ्य मारयित्वा मे प्रिया विपिने विभक्ता खण्डखण्डीकृत्य धृता । यद्वा । इतिः प्रकारार्थः । तेन लोध्रप्रसवादिभिर्मे प्रिया विभागीकृता । कान्त्यादिविभागद्वारा प्रियाविभाग एवोन्नीयत इत्यवधेयम् । विपिन इति प्राणिवधस्थानाभिप्रायम् ।

१५८–१६४. सुहृदीत्यादि । हे हतहृदय कथमपि विदीर्य द्विधा त्वं न प्रयासि । हतेति निन्दायाम् । मित्रे गुणनिधानेतिप्रेमवति जीवेश्वरे सहधूलिक्रीडागाढमैत्रे कान्तावियोगमनोव्यथाव्याधिमन्तर्दधाने सति । सुहृ-

---

१ सोद्वेगं A. N. स्वगतं B. for साकूतम्; °राग एव माध° C. N. २ A. E. om. हा; त्रायस्व for परित्रायस्व B.; B. N. om. one परित्रायस्व. ३ माधवावस्थां A. E. माधवस्थामवस्थां N. ४ दिग्दिक्कया सर्वतोवलोक्य after माध° A. ५ लोध्रप्रसवेषु C.; दृशौ कुरंगेषु N.; कुरङ्गेषु गजेषु यातं A. C. E. ६ प्रियास्मिन् A. C. E. ७ इति मूर्च्छति after मालति A. ८ कथमिव सह A. E. N.

प्रियजनविरहाधिव्या[1]धिवेगं दधाने
हतहृदये[2] विदीर्य त्वं द्विधा न प्रयासि ॥

माध॰ । सु[3]लभानुकारः खलु जगति वेधसो निर्माणसंनिवेशः । भवत्वेवं तावत् । उ[4]च्चैः । अयमहं भोः प्रणिपत्य भूधरारण्यवासिनः सत्त्वान्विज्ञापयामि मां[5] मुहूर्तमवधानदानेनानुगृह्णन्तु भवन्तः ।

भवद्भिः सर्वाङ्गप्रकृतिरमणीया कु[6]लवधू-
रिहस्थैर्दृष्टा वा विदितम[7]थ वास्याः किमभवत् ।
वयोवस्थां तस्याः शृणुत सु[8]हृदो यत्र मदनः

दित्यादौ हेतुहेतुमद्भावः ॥ धूलिः स्त्रियां पांसुर्नेत्यमरः ॥ प्रियाविभागाशङ्कां निरस्यति सुलभेति । संनिवेशः प्रकारः । अनुकारः सादृश्यम् । तथा च लोध्रप्रसवादीनि प्रियाकान्त्याद्यनुकारीणि न तु सा विभक्तेति भावः । सत्त्वान्प्राणिनो विज्ञापयामीति सानुनयं वचनम् ।

१६५–१६८. भवद्भिरित्यादि । भवद्भिरिहस्थैः सर्वाङ्गेषु स्वभावरम्या सा कुलवधूर्दृष्टा वा । अथवास्या भवद्भिः किं विदितमभवत् । शुभमशुभं वा किं विज्ञातमित्यर्थः । ननु तस्याः किं वय इत्याह । हे सुहृदस्तस्या वयोवस्थां शृणुत । यत्र वयोवस्थायां हृदि मदनः प्रगल्भव्यापारो वपुषि मुग्धो बालश्चराति । एतेन वयःसंधिरुक्ता । सर्वाङ्गेत्यनेनाभिज्ञानप्रकाशनम् । कुलवधूत्वेन चाञ्चल्याभावः । इहस्थैरित्यनेन परिचयचातुरी । वाकारद्वयेन दर्शनवृत्तान्तयोः सफलत्वं दर्शयति ।

---

१ व्याधिखेदं N. २ हृदय विशीर्य किं वि [द्वि?] धा किं न यासि C.; विदीर्णे for विदीर्य E. ३ आइवस्योत्थाय after माध॰ A.; B. om. खलु. ४ B. N. om. उच्चैः; अयमयं भोः E.; चारिणः for वासिनः A. C. E. ५ ते before मां A. C. E.; अवधानेनानु॰ C. E.; A. C. E. om. भवन्तः. ६ खलु वधू B. ७ विदितम॰ E. ८ सुहृदोर्यत्र B. सुहृदा यत्र E.

'प्रगल्भव्यापारश्चरति हृदि मुग्धश्च वपुषि ॥

कष्टं भोः [1]कष्टम् ।

केकाभिर्नीलकण्ठस्ति[2]रयति वचनं ताण्डवादुच्छिखण्डः
[3]कान्तामन्तःप्रमोदादभिसरति मदभ्रान्ततारश्चकोरः ।
गोलाङ्गूलः कपोलं छुरयति रजसा कौ[4]सुमेन प्रियायाः
कं[5] याचे यत्र तत्र ध्रुवमनवसरग्रस्त एवार्थिभावः ॥

अयं च । दन्तच्छदारुणिमर[6]ञ्जितकान्तदन्त-
मुन्नम्य चुम्बति वलीवदनः प्रियायाः ।
काम्पि[7]ल्लकप्रसवपाटलगण्डपाली-
पाका[8]रुणस्फुटितदाडिमकान्ति वक्त्रम् ।

सुरते निःसाध्वसता प्रागल्भ्यं समुदाहृतम् ॥

इति भरतः ।

१७०–१७३. केकाभिरिति । किं यत्र तत्र याचे । अपि तु न किमपि प्रार्थये । यतोप्रस्तावग्रस्तोर्थिभावोर्थित्वम् । अनवसरमाह । नृत्यादुद्धृतापिच्छभारो मयूरः केकाभिर्वचनं छादयति । चकोरः पक्षिभेदो मत्ततया भ्रमत्तारकः संश्रितहर्षात्प्रियामभिसरति । गोलाङ्गूलः श्याममुखो वानरः पुष्पजधूल्या कान्तायाः कपोलौ चित्रयति । अतः सत्त्वानामन्यत्रासक्ततयार्थित्वानवसर इति भावः ॥ प्लवङ्गकीशप्लवगगोलाङ्गूलवलीमुखा इत्यमरमाला ॥ कं याचे इति पाठे कं प्राणिनं प्रार्थये इत्यर्थः ।

१७४–१७८. दन्तेत्यादि । वलीवदनो वानरोयं कान्ताया मुखमुत्क्षिप्य चुम्बति । कीदृशम् । अधररागेण रक्ता मनोज्ञा दशना यत्र तत् । का-

---

१ A. N. om. कष्टम्. २ स्थगयति for तिरयति N. ३ कातामन्तम° B. C.; °दाभिरसति C. ४ कौकुमेन B. ५ किं याचे B.; तत्र तत्र N. ६ रंजितदंतकांत° N. ७ कापित्यक N.; पालि A. B. C. ८ पाकान्तरस्फु° Com.

[1] एष प्रियतमास्कन्धविश्रान्तकरः करी । कथमत्राप्यनवसरः ।

कण्डूकु[2]ड्मलितेक्षणां सहचरीं दन्तस्य कोटया लिख-
न्पर्यायव्यतिकीर्णकर्णपवनैराह्लादिभिर्वीजय[3]न् ।
जग्धार्धैर्नवस[4]ल्लकीकिसलयैरस्याः स्थितिं कल्पय-
न्[5]धन्यो वन्यमतङ्गजः परिचयप्रागल्भ्यममभ्यस्यति ॥

[6]अन्यतोवलोक्य । अयं तु ।

नान्तर्वर्तयति ध्वनत्सु जलदेष्वामन्द्रमुद्गर्जितं
नासन्नास्सरसः करोति कवलाना[7]वर्जितैः शैवलैः ।

म्पिल्लो रोचनीवृक्षः ॥ स्वार्थे कन् ॥ तस्य प्रसवेन पुष्पेण फलेन वा रक्त-गण्डप्रदेशः । पाकान्तरमान्तिमपाकस्ततः स्फुटितं विदीर्णं यद्दाडिमफलं तत्कान्ति । तत्समभित्यर्थः । तदिहाप्यनवसर एव ॥ शाखामृगवलीमुखा इत्यमरः । काम्पिल्लः कर्कशश्चन्द्रो रक्ताङ्गो रोचनीत्यपीत्यमरः ॥ रोहिणानोकहो रोहणवृक्षः ।

१७९–१८२. कण्ड्वित्यादि । अयं सुकृती वन्यहस्त्यस्याः प्रियायाः परिचयप्रागल्भ्यं सुरतनिःसाध्वसतामनुतिष्ठति । कीदृशः । कण्डूतिमुद्रितेक्षणां प्रियां दन्ताग्रेणालिखन्नीषदुल्लिखन् । कण्डूयन्नित्यर्थः । अत एव कण्डूकाले कुड्मलितेक्षणत्वं जातिः । पर्यायेण क्रमेण निक्षिप्तौ कर्णौ तयोर्वातैः सुखदैर्वीजयन् । कवलितार्धैर्नवशल्लकीपल्लवैरस्याः प्राणधारणं कल्पयन् ।

१८३–१८७. नान्तरित्यादि । अयं स्तम्बेरमो हस्ती ताम्यति ग्लानो भवति । नूनं निश्चितं प्रेयसीविश्लेषेण विह्वलः । जलदेषु ध्वनत्सु

---

१ अप्रतीवलोक्य । अये एष प्रियतमा B.; अये अयं च रोहिणानोकहस्कंध N.; विश्रांतकरः C.; रोहिणानोकहस्कन्धविश्रान्तकन्धरः before करी A. E.; अस्य for अत्र B. २ कुट्म° A. N.; °क्षणामनुचरीं A. E. ३ जीवयन् C. ४ शल्लकी A. E.; किशल° E.; कारयन् for कल्पयन् N. ५ मन्ये for धन्यो B.; प्रारंभ for प्रागल्भ्य N. ६ A. E. om. अन्यतोवलोक्य. ७ कवलान्यावर्जितैः A. कवलान्या° E.

दानज्यानिविषादमूकमधुपव्यासङ्गदीनाननो

नूनं प्राणसमावियोग[1]विधुरः स्तम्बेरमस्ताम्यति ॥

अ[2]लमनेनायासितेन। एष सानन्दसहचरीसमाकर्ण्यमानमधुरग-म्भीर[3]कण्ठगर्जितध्वनिरपरो मत्तमातङ्गयूथपालः प्रत्यग्रविकसितक-दम्बसंघात[4]सुरभिशीतलामोदबहलसंवलितमांसलकपोलनिष्यन्दकर्द-मितकषाय[5]मुद्दलितकमलिनीखण्डविप्रकीर्णपर्णकमलकेसरमृ[6]णालवि-

---

सत्स्वीषद्गम्भीरमुद्भवकण्ठगर्जनं नान्तर्वर्तयति न करोति। समीपस्था-त्सरस आवर्जितैर्मिलितैः शैवलैः कवलान्न करोति। मदहान्या यो विषा-दस्तेन मूकानां भ्रमराणां व्यासङ्गेनान्यचित्ततया शोष्यमुखः। यद्वा। व्यासङ्गो विशेषेणासङ्ग इत्यर्थः। तदिह मदहानिश्चिन्तया संतापात्। दीनत्वमधोमुखचिन्तनात्। एतेनानुस्मृतिसंजाता विषयव्यावृत्तिरुक्ता।

१८८–१९५. अहमिवायमपि कान्तातिरिक्तमन्यन्न वेत्तीत्यत आह। अलमिति। रतौत्सुक्यान्मधुरकण्ठगर्जितश्रवणाद्वा सानन्देति। मातङ्गो हस्ती। संपातः संपर्कः। संगलितो मिलितः। मांसलः पीनः। निष्यन्दो मदः। कषायः सुगन्धिः। करटो गण्डदेशः॥ सुरभौ च कषायः स्यादिति शाश्वतः॥ समुद्दलितमुन्मूलितम्। पर्णं पत्रम्॥ वालो

---

१ °योगमधु° E. २ तदलम° C.; °नेनाप्यायां° N.; अन्यतः संचरामि। निळीक्य। before एष A. सानंदं before एष N.; सानंदं सह° C. ३ गंभीर-धीरकंठध्वाने: प्रवृद्धनवयौवनोन्मादमस्तुतामंदसप्तपर्णप्रसूनमकरंदसुंदरमदवारिसंस्वाददत्त-चित्तोन्मत्तानुरक्तेंदिंदिरनिकरझणझणायमानरणत्कारझंकारसंभारश्रवणालंबितकर्णो गोदावरीं-दीवरवासितामंदमकरंदतुंदिलमलयानिलोल्लासितामलविदलितललितकमलपरंपरागुंजत्परिमल-प्राग्भारघ्राणसुखितेंद्रियवर्गो परोन्मत्तमातंगवर्गपालः प्रत्यप्रविकासित B.; °रपरोत्तममातंग C.; °रपरोपि मत्तमातंगवर्गपालकः प्रत्यग्र N.; विकाशित A. E. ४ संपात C. संपाति N. for संघात; बहुल for बहल A.; संकलि [त] E. संगलित B. for संवलित; °मोदमेदुरकपोल N. ५ कषायं समुद्द° C. कषायकरटः समुद्द° A. कर्द-मितकरटः समुद्द° E. खंडप्रकीर्णकेसर N.; विकीर्ण A. प्रकीर्ण C. for विप्रकीर्ण; पत्र for पर्ण C.; B. om. मृणाल; N. om. बिस.

सकन्द[1]कोमलाङ्कुरनिकरमनवरतप्रवृत्तकमनीयकर्णतालताण्डवप्रचल[2]झर्जरितजलतरंगावितननीहारमुत्त्रस्तकुररसारसं सरोवगाह्य विहरति। भवत्वा[3]भाषे। महाभाग नागपते श्लाघ्ययौवनः खल्वसि कान्तानुवृत्तिचातुर्यमप्यस्ति भवतः। किं[4] तु। सापवादम्।

लीलोत्खातमृणालका[5]ण्डकवलच्छेदेषु संपातिताः
पुष्यत्पुष्करवासितस्य पयसो गण्डूषसंक्रान्तयः।
सेकः शी[6]कारिणा करेण विहितः कामं विरामे पुन-
र्न[7] स्नेहादनरालनालनलिनीपत्त्रातपत्रं धृतम् ॥

गीवक्रियामाने मध्यमाङ्गुलिसंमित इत्यमरमाला। नीहारस्तु कुहेलिकेति हारावली॥ कुररः पक्षिभेदः। अनुवृत्तिः सेवा। सापवादं सदोषम्।

१९६–२००. लीलेत्यादि। क्रीडोन्मूलितबिसदण्डकवलसमाप्तिषु विकसत्पद्मसुरभितस्य जलस्य गण्डूषसक्रान्तयः संबन्धाः संपादिता दत्ताः। पुष्यदिति पाठे पुष्टीभवदित्यर्थः। अम्भःकणवता स्थूलहस्तेन सेकः कृतः। तदिदं द्वयं कामं युक्तमेव। दोषमाह। विरामे सरोवगाहविरतौ गमनकाले पुनरकुटिलनालपद्मपत्रच्छत्रं न स्नेहाद्धृतम्। एतदयुक्तमित्यर्थः। अतः कान्तानुवृत्तिं न जानासीति भावः॥ पुष्कराम्भोरुहाणि चेत्यमरः॥ गण्डूषपदेन स्वयं पीत्वा जलदानं ध्वनितम्॥ नलिनी पद्मिनी पद्म-

---

१ N. om. कोमळ; °रमनोहरम° C. °रानिकरम° B. for °रनिकरम° °ळाङ्कुरमाहरन्ननवरत A. E.; N. om. कमनीय; A. E. om. कर्ण; प्रचळकर्णमर्झरि° A. B. E. ताण्डवळजर्झ° C. २ जर्झरिततरळजळ N.; नीहारसमुद्भस्त A.; नीहारसमु° E. नीहारं समु C.; क्रीडति for विहरति B. N. ३ °त्वाभाषये B.; °त्वेवमाभाषे A. °त्वेनमाभाषे E.; A. om. महाभाग. ४ A. E. N. om. किं तु; तु after सापवादम् N. ५ खंड for काण्ड B.; संपादिताः A. E. N. ६ शीक° A. E. N. ७ तत् for न N. नाळ for नाल A. B. E.; रूप for पत्त N.

[1]कथमवधीरणानीरसं व्रजति। हन्त मूढ एवास्मि योऽस्मिन्वनेचरे वयस्यमकरन्दोचितं [2]व्यवहरामि। हा प्रियवयस्य

धिगुच्छ्वसित[3]वैशसं मम यदित्थमेकाकिनो
[4]धिगेव रमणीयतां त्वदनुभावभावादृते।
त्वया सह [5]न भाति योऽत्र दिवसोऽपि स ध्वंसतां

मित्यमरलता। अरालः कुटिले मत इति मेदिनीकारः॥ आतपात्त्रायत इत्यातपत्रमित्युचितं पदम्। चलचित्तत्वेन पार्श्वस्थं मित्रमपश्यन्सखेदमाह कथमिति।

२०२–२०५. धिगित्यादि। इत्थमेकाकिनो मम यदुच्छ्वासितवैशसं प्राणधारणदुःखं तद्धिग्वृथा। एकाकित्वमत्र हेतुः। धिगेव रमणीयवस्त्वनुभवान्वृथाभाविन इति मुख्यपाठः। रम्यपदार्थविषयानुभवान्निष्फलोत्पादशीलान्धिक्। रमणीयवस्त्वनुभवादिति पाठे वृथाभाविनोऽनुभवाद्रम्यवस्तु धिक्। निष्फलं तज्ज्ञानमित्यर्थः। धिगेव रमणीयतां त्वदनुभावभावादृत इति पाठे मम सौन्दर्यादिकं धिक्। कुतः। तवानुभावः सहभावस्तत्र भावोऽभिप्रायस्तं विना। यद्वा। अनुभावे वागङ्गसत्त्वाभिनये भावः सत्त्वं तं विना।

वागङ्गसत्त्वाभिनयेऽनुभावस्तु स्मृतो बुधैः॥

इति भरतः। भावादित्यृते योगे पञ्चमी॥ त्वया मकरन्देन तया मालत्या च सह यो दिवसो नास्ति सोऽपि दिवसो विलीयताम्। अन्यत्र मालतीमकरन्दाभ्यां या प्रमोदमृगतृष्णा मम जायते तामपि धिक्। युवाभ्यां विना दैवान्मे

१ निरूप्य before कथम° B.; व्रजसि B. जनयति for व्रजति E.; मूढ एवास्मिन्वने° A.; वनचरेति वयस्य N. २ न before व्यवह° E.; A. E. om. प्रिय; मकरंद after °वयस्य N. ३ °च्छ्वसिमि N. वैशसं समपटीत्थमे° E. ४ (2nd line)–तिरोधिरमणीयवस्त्वनुभवाद्वृथाभाविनः N. धिगेव रमणीयवस्त्वनुभवं वृथाभाविनं G. धिगेव रमणीयवस्त्वनुभवान्वृथाभाविनः Com. °नुभवाद्वृथा° noticed by Com.; तदनुभाव E. ५ न यस्तया च दिवसः स विध्वंसतां A. E. N.; याति for भाति C.

प्रमोदमृगतृष्णिकां[1] धिगपरत्र या जायते ॥

मक० । अये उन्मादमोहान्तरितोपि[2] मां प्रति कुतश्चिद्व्यञ्जनात्प्रबुद्ध एवास्य सहजस्नेहसंस्कारस्तदसंनिहितमेव[3] मां मन्यते । पुरः स्थित्वा । एष पार्श्वचर एव ते[4] मकरन्दो मन्दभाग्यः ।

माध० । प्रियवयस्य संभावय परिष्वजस्व माम्[5] । प्रियां तु मालतीं प्रति[6] निराशः परिश्रान्तोस्मि । इति मूर्छति ।

मक० । सहर्षम्[7] । एष संभावयामि जीवितेश्वरम् । विलोक्य सकरुणम् । हा कष्टम्[8] । आविर्भूतमत्परिष्वङ्गोत्कण्ठ एव निश्चेतनः संवृत्तः । तत्कृतमिदानीमाशाव्यसनेन[9] । सर्वथैव मे नास्ति वयस्य इति युक्तः परिच्छेदः । हा वयस्य

यत्स्नेहसंज्वरवता हृदयेन नित्य-
माबद्धवेपथु विनापि निमित्तयोगात् ।

हर्षोप्याभासीभूत इति भावः । अत एव प्रमोदस्य मृगतृष्णाया रूपकेणालीकत्वमुक्तम् ।

२०६–२१४. उन्माददशायामनिश्चयाद्यतः कुतश्चिदित्युक्तम् । व्यञ्जकात्संस्काराभिव्यञ्जकात् । प्रबुद्ध उद्बुद्धः । संभावय पालय । श्रमाद्वैराग्याच्च मूर्छेत्येतदर्थं निराश इत्युक्तम् । जीवितेश्वरमित्यनेन तुल्या जीवनसामग्र्युक्ता । निश्चेष्टः प्रलपयुक्तजनाकृतिः । परिच्छेदो निश्चयः ।

२१५–२१८. यदित्यादि । स्नेहरूपसंतापवता हृदा विनापि भय-

---

१ प्रमोदमृग N.; या मानुषे A. E. का मानुषे N. for या जायते. २ °तोपि संप्रत्ययं मां प्रत्यप्रतिकूलः यतः कुतश्चिद्व्यञ्जकात्प्रबुद्धः A. °तोपि मां प्रत्यविकलः यतः कुतश्चिद् C. °तोपि संप्रत्ययं यतः कुतश्चिद्व्यंजकात्प्रबुद्धः E. ३ तत्संनिहितमेव मां न मन्यते N. ४ स after ते N.; ते वयस्यमकरंदो मंददैवः B. ५ परिष्वज्य संभावय मां N.; B. om. तु. ६ प्रति निराशपरिश्रमसंवृत्तोस्मि B. निराश एव संवृत्तोस्मि N.; मूर्छितः पतति for इति–°ति B., E. om. इति, N. om. इति–°ति. ७ A. N. om. सहर्षं; स्थान एष N.; एवं for एष A. E. ८ कष्टं कथमाविर्भूत N.; निश्चेष्टः संवृत्तः B.; वृत्तः for संवृत्तः A. E. ९ तत्किमिदानीमा° A. E.; B. om. एव; प्रियवस्यः C.; सर्वथा नास्ति प्रियवयस्यो मम N.

त्वद्व्यापदो[1] गणयता भयमन्वभावि
तत्सर्वमेकपद एव मम [2]प्रशान्तम् ॥

सखे वरं [3]ते एवातिक्रान्ता मुहूर्तास्तथाविधमपि भवन्तं येषु चेतयमानमनुभूतवानस्मि । इदानीं तु

भारः कायो जीवितं [4]वज्रकीलं काष्ठाः शून्या निष्फलानीन्द्रियाणि ।
कष्टः कालो मां प्रति त्वत्प्रयाणे शान्तालोकः सर्वतो जीवलोकः ॥

कारणेन सकम्पं भयं निश्चयमन्वभाव्यनुभूतं यत्तत्सर्वं मम भयं त्वदीयविपत्तीर्गणयतः संभावयत एकस्मिन्क्षणे परिसमाप्तम् । कदा ते किं स्यादित्यादिभयं प्रकृतदशया प्रशान्तमिति भावः । एतत्पक्षे गणयतेति पाठे विधिनेत्यर्थात् । यद्वा । त्वय्यापदो गणयता हृदा यद्भयमनुभूतं तदधुना गतमित्यर्थः । तथा च त्वन्निमित्तमधुना तु सहेतुकैव विपदिति भावः ।

२१९–२२२. वरं मनागिष्टे ॥ मनागिष्टे वरं यत्तु कश्चिदाह तदव्ययमिति शाश्वतः ॥ अव्ययानामनेकार्थत्वादुक्तोर्थः सुलभ एव । चेतयमानं चेतनावन्तम् । भार इत्यादि । कायो भारो धर्तुमशक्यः । धारणाशक्यतया व्याधिः । जीवनं वज्रकीलकमनुच्छेदात् । अनेन मर्मच्छेदः । मर्मच्छेदेन चिन्ता । दिशः शून्या इति जडता । इन्द्रियाणि नेत्रादीन्यफलानि कार्याक्षमाणि । बाह्यविषयाग्रहाद्दैन्यम् । कालः कष्टो दुःखदः । दैन्येन जीवनाक्षमता । संसारः सर्वत्र प्रशान्तदर्शनः । तथा च त्वां विना न मज्जीवनमिति भावः । त्वत्प्रयाणे तव गमने विनाश इति यावत् । सतिसप्तमीयम् । मां प्रतीति सर्वत्र योज्यम् । यद्वा । पृथिव्यादिद्रव्यनवकं प्रधानद्रव्यदूषणेन दोषमाह । तत्र काय इति पृथिव्या जीवन-

१ त्वय्यापदो A. E.; गणयतो भय B.; स्वय for भय N. २ प्रणष्टं for प्रशान्तम् N. ३ तावन्त for ते A. E.; अथवा परतो for सखे वरं त एव N. अतिक्रान्तवन्तः C.; दिवस before मुहूर्ताः B.; C. om. भवन्तं; चेतयानम° N.; अहं for अस्मि C.; B. om. अस्मि and has गतेदानीं तु. N. om. इदानीं तु→जीवलोकः. ४ जीवितं शल्यभूतं B. कील: C.

विचिन्त्य[1]। तत्किं नु खलु माधवास्तमयसाक्षिणा मया भवितव्यमिति जीवामि। [2]भवत्वमुष्माद्गिरिशिखरात्पाटलावत्यां निपत्य माधवस्य मरणा[3]ग्रेसरो भवामि। किंचित्परिक्रम्य सकरुणं निवृत्यावलोक्य च। कष्टं भोः कष्टम्।

तदेतदसितोत्पलद्युतिशरीरमस्मिन्नभू-
[4]न्ममातिदृढपीडनैरपि न तृप्तिरालिङ्गनैः।
यदुल्लसितैर्विस्मया बत निपीतवत्यः पुरा
नवप्रणयविभ्रमाकुलितमालतीदृष्टयः॥

मित्यात्मनः काष्ठा इति दिश इन्द्रियाणीवीन्द्रियाणां काल इति कालस्य लोक इति विषयाणां दोष उक्तः। शान्तालोकोनुपभोग्य इत्यर्थः।

२२३–२३०. अस्तमयो विनाशः। व्याधिदशायामयम्। यदाह।

निर्वेदश्चैव चिन्ता च दैन्यं ग्लानिः श्रमस्तथा।
जडता मरणं चैव व्याधौ तु करुणेपि च॥

पाटलावती नदीभेदः। प्रियदर्शनार्थं निवर्तनम्। मूर्छां दृष्ट्वा सकरुणम्। तादृशं दृष्ट्वा सखेदमाह। तदित्यादि। सखे यत्तवाङ्गं नीलनलिनश्यामं तदेतत्। अस्मिन्नङ्गे गाढासङ्गनैरप्यालिङ्गनैर्मम तृप्तिर्नाभूत्। यदङ्गं नवस्नेहविलासव्याकुलमालतीदृष्टय उपचिताद्भुताः पूर्वं निपीतवत्यो नित्यादरेणावलोकितवत्य इत्यर्थः। बत खेदे।

---

१ A. B. E. om. विचिन्त्य; C. om. खलु; B. N. om. मया; E. om. इति जीवामि; °मित्यनो जीवामि N. २ E. has lost भवत्व°—भवामि; तत्तस्माद् for भवत्वमुष्माद् N.; एव before गिरि A. E.; °लावतीं N.; B. om. पाटलावत्यां; N. om. माधवस्य. ३ °प्रसरो N. माधवमरणस्याग्रेसरो B.; भविष्यामि for भवामि C.; A. E. N. om. किंचित्परिक्रम्य; परिवृत्य for निवृत्य N.; आलोक्य A.E.; A. E. N. om. च. ४ °न्समाति° B.; पीडितैरपि B. N.; °लिंगितैः B. ५ °सितान्विस्मयं मधु निपीत° B. E. N.

र्यम्[1]। एतस्यां तनावचरमे वयसि तावतो गुणसमाहारस्य संनिवेशः कथमिवाभूत्। सखे[2] माधव

आपूर्णश्च कलाभिरिन्दुरमलो यातश्च राहोर्मुखं
संजातश्च घनाघनो जलधरः शीर्णश्च वायोर्जवात्।
निर्वृत्तश्च फलेग्रहिर्द्रुमवरो[3] दग्धश्च दावाग्निना
त्वं चूडामणितां गतश्च जगतः[4] प्राप्तश्च मृत्योर्वशम्॥

तत्[5]परिष्वजेहं तावदेवं गतमपि वयस्यम्। अर्थितश्चानेन संप्रत्येवायमर्थः। परिष्वज्य। हा[6] वयस्य विमलविद्यानिधे गुणगुरो मालती-

---

२३१–२३६. अचरमे नूतने। समाहारो मेलकः। आपूर्ण इत्यादि। सखे त्वं संसारस्य चूडामणीभूतश्च मरणं प्राप्तश्च। अत्र तुल्ययोगितया दृष्टान्तमाह। निर्मलश्चन्द्रः कलाभिः पूर्णश्च राहुग्रस्तश्च। मेघो घनाघनो वर्षुकाब्दश्च वातवेगाद्विशकलितश्च। द्रुमश्रेष्ठः फलेग्रहिः फलभारवान्निर्वृत्तो जातश्च वनाग्निना दग्धश्च। यथा त्वमपीत्यर्थः॥ घनाघनो मत्तगजे वर्षुकाब्दमहेन्द्रयोरित्यमरमाला॥ यद्वा। घनाघनोतिनिबिडः। घनशब्दस्यैवावृत्त्या प्रयोगाद्द्रवद्द्रवद इतिवत्। फलेग्रहिर्निपातनात्। फलानि गृह्णाति धारयतीति फलेग्रहिः॥ स्यादवन्ध्यः फलेग्रहिरित्यमरः॥

२३७–२४८. एवं गतं मूर्छितम्। अयमर्थ आलिङ्गनरूपः। मया संहेति शेषः। अपश्चिमो दुर्लभः। पश्चिमावस्था शेषावस्था। आजन्मेत्यादि। हे पद्मास्य जन्मन आरभ्य मयैव समं तुल्यगृहतया मातुः

---

१ आश्चर्यम् twice C.; एकस्याचरमे A. एकस्यां तनौ अचरमे B. एकत्राचरमे E. तनावेनावतो N.; वयसि स्थितस्य गुण B. २ स एष माधवः स एष माधवः for सखे माधव B. ३ °ग्रहिद्रुम A. C. ४ जगतो B.; प्राप्तोसि मृत्यो° A. E.; मुखं for वशं B. C. ५ विचिन्त्य before तत् A.; A. E. N. om. अहं; एनं for तावत् B.; प्रियवयस्यं N.; एव for च N.; संप्रत्ययमेवार्थः N. ६ C. om. हा; प्रियवयस्य N.; हा before गु°, मा°, का° N.

स्वयंग्राहजीवितेश्वर[1] कामन्दकीमकरन्दानन्दनमुखचन्द्र माधव अयमत्र[2] ते जन्मन्यपश्चिमः पश्चिमावस्थाप्रार्थितो मकरन्दबाहुपरिष्वङ्गः । संप्रति[3] मुहूर्तमपि मकरन्दो जीवतीति मैव मंस्थाः ।

आजन्मनः सहनिवासितया[4] मयैव
मातुः पयोधरपयोपि समं [5]निपीय ।
त्वं[6] पुण्डरीकमुख बन्धुतया निरस्त-
मेको निवापसलिलं पिबसीत्ययुक्तम् ॥

सकरुणं विमुच्य परिक्रम्य[7] च । इयमधस्तात्पाटलावती । भगवति आपगे प्रियस्य[8] सुहृदो यत्र मम तत्रैव संभवो भूयादमुष्य भूयोपि भूयासमनुसंचरः । इति पतितुमिच्छति ।

प्रविश्य[9] सौदामिनी । वारयित्वा । वत्स कृतं साहसेन ।

स्तन्यं पीत्वाधुनात्वमेको निवापसलिलं प्रेतोदकाञ्जलिं बन्धुसमूहेन दत्तं पिबसीत्येतदयोग्यम् । सहपानार्थमहमप्यागच्छामीत्यर्थः ॥ निवापः पितृदेये स्यादित्यमरः ॥ आपगा नदी । प्रियस्येत्यादि । मित्रस्य संभव उत्पत्तिर्यत्र ममापि तत्रैव भूयात् । अमुत्रापरस्मिँल्लोके पुनरप्यस्यानुचरो भूयासमित्यर्थः ॥ भूयादित्यादौ प्रार्थनायां लिङ् ॥

---

१ जीवितेश्वर हा सौन्दर्यविनिर्जितरतिरमणच्छाय हा कामिनीहृदयमन्मथ हा बान्धवपयोनिधिशरच्चन्द्र हा कामन्दकी° A. E.; °नंदचंद्र B.; °नंदनचंद्रमुख C.; °नंदमुग्धचंद्रमः N. २ स for अत्र B.; B. om. अपश्चिमः; N. om. अत्र and जन्मन्यपश्चिमः; °वस्था प्रार्थितो मक° A. B. E. ३ स एव A. E. for संप्रति; सखे before संप्रति C. N.; मैवं A. एवं मा C.; B. om. एवं; कुतः after मंस्थाः N. ४ °वासनया A.; सदैव for मयैव B. ५ निपीतं N. ६ तत् for त्वं N. ७ N. om. परिक्रम्य च ; भगवन्गौरीपते for भगवति आपगे A. E. ८ प्रियसुहृदो A.; अमुत्र for अमुष्य A. ९ सहसा after प्रविश्य A. B.; वारयंती for वारयित्वा B.; वत्स वत्स C.; कृतं कृतं N.; अलं for कृतं A. E.

मक० । विलोक्य । अयि[1] कासि । किमहं त्वया प्रतिषिद्धः ।

सौदा० । आयुष्मन् किं[2] त्वं मकरन्दः ।

मक० । मुञ्च[3] स एवास्मि मन्दभाग्यः ।

सौदा० । वत्स योगिन्यस्मि मालत्यभिज्ञानं च[4] धारयामि ।

इति बकुलमालां दर्शयति ।

मक० । सोच्छ्वासं[5] सकरुणम् । आर्ये अपि जीवति मालती ।

सौदा० । अथ किम् । अपि[6] च वत्स किमत्याहितं माधवस्य यदनिष्टं व्यवसितोसीत्या[7]कम्पितास्मि । अथ माधवः क ।

मक० । आर्ये[8] तमहं प्रमुग्धमेव वैराग्यात्परित्यज्यागतस्तदेहि तूर्णं[9] संभावयावः । इति त्वरितं परिक्रामतः ।

माध० । आश्वस्य[10] । अये प्रतिबोधित एवास्मि केनापि । विचि-

२५६–२६४. अत्याहितं प्रमोहोभूत् । प्रभञ्जनो वायुः । उभयोर्माधवमकरन्दयोः ।

---

१ अये B. अयम A. E. for अयि; किमर्थम° for किम° B. N.; प्रतिहतः A. E. वारितः B. for प्रतिषिद्धः २ न before किं B.; N. om. आयुष्मन्; अपि for किं N. ३ मुंच मां स B. मुंच मुंच स C.; अहं after अस्मि E. ४ C. om. च; चावधारयामीति A. चावधारयेति E.; °ज्ञानं च जानामि । इति B.; N. om. इति. ५ सोच्छ्वासकरुणं C. सकरुणं च N.; A. E. N. om. आर्ये; अयि for अपि A. E. ६ A. E. N. om. अपि च. त्वरते मे चेतः after वत्स B. ७ °तोसीत्याशंकितास्मि B. °तोसि भीत्याकंपितास्मि C., A. E. om. इत्या–स्मि; C. N. om. अथ–क. ८ भगवति for आर्ये B.; E. om. आर्ये; B. om. वैराग्यात्; N. gives तदेहि &c. to सौदा°. ९ त्वरितं for तूर्णं B.; A. E. N. om. इति ; उपसर्पतः for परिक्रामतः N. १० क्रियादिकया before आश्वस्य B.; N. omits this speech here and puts it before भगवन् पौरस्त्य; आश्चर्यं for आश्वस्य N.; अयं for अये A.; आश्वासित B. बोधित C. for प्रतिबोधित; प्रतिबोधितवानस्मि N.; उत्थायोपविश्य विलोक्य before विचिन्त्य B., A. E. om. विचिन्त्य.

न्त्य । नूनमस्यायमभिनवजीमूतजलबिन्दुवाहिनः प्रभञ्जनस्यानपेक्षितास्मदवस्थो व्यापारः ।

मक० । [3] विलोक्य । दिष्ट्या पुनः प्रत्यापन्नचेतनो वयस्यः ।

सौदा० । विलोक्य । संवदत्युभयोर्मालतीनिवेदितः शरीराकारः ।

२६५ माध० । भगवन् पौरस्त्यपवन ।

भ्रमय जलदानम्भोगर्भान्प्रमोदय चातकान्
कलय शिखिनः केकोत्कण्ठान्कठोरय केतकान् ।
विरहिणि जने मूर्छां लब्ध्वा विनोदयति व्यथामकरुण पुनः संज्ञाव्याधिं विधाय किमीहसे ॥

२६५–२६९. मूर्छयैव तं सोपालम्भमाह । भगवन्निति । पौरस्त्येत्यनेन भिन्नदेशकथनम् । तेन सहजकृत्रिमवैरशङ्का निरस्ता । तव विरहिदुःखमेव न कृत्यम् । अपि त्वन्यदपीत्याह । भ्रमयेत्यादि । जलपूर्णान्मेघांश्चालय । कोकिलान्हर्षय । केकयोत्कण्ठानूर्ध्वगलान्सेच्छान्वा मयूरान्कलय नर्तय । कलेरनेकार्थत्वात् । केतकान्केतकीवृक्षान्कठोरय कोराकितान्कुरु । कोरकितत्वेन निम्नोन्नततया कठोरत्वम् । केतक्यामपि केतक इति शब्दभेदः । अत एव केतकाधानहेतोरिति मेघदूते । यद्वा । केतकीपुष्पाणि कठोरय विकासय ॥ तत्करोतीति णिच् । अस्मिन्पक्षे लिङ्गमशिष्यम् । लोकाश्रयत्वाल्लिङ्गस्येत्यय इत्यवधेयम् ॥ विरहिजने मूर्छां प्राप्य व्यथां स्फोटयति सति पुनः संज्ञाव्याधिं चेतनारूपं रोगं कृत्वा किं त्वमिच्छसि । महता दुःखितदुःखशान्तिः क्रियते । त्वं प्रबोध्य दुःखयसीत्यनर्हम् । अत एवाकरुण इत्युक्तम् । प्रमोदय चातका-

---

१ A. E. om. भयम् ; बहल before जीमूत B.; A. E. om. बिन्दु. २ °वस्थोयं व्या° A. E.; नूनमयमस्य नवजलधरपवनस्यानवेक्षितास्मदवस्थो N. ३ दृष्ट्वा सोच्छ्वासं for विलोक्य B., A. E. om. विलोक्य. ४ संभवत्युभ° B.; अनयोः for उभयोः N. ५ वायो for पवन N. ६ कोकिलान् or मौक्तिकान् N. ७ केतकं N.

मक० । सुवृत्त[1]मखिलजन्तुजीवनेन मातरिश्वना ।

माध० । देव[2] वायो तथापि भवन्तमेवं प्रार्थये ।

विकसत्कदम्बनिकु[3]रम्बपांसुना सह जीवितं वह मम प्रिया यतः ।
अथ वा[4] तदङ्गपरिभासशीतलं मयि किंचिदर्पय भवान्हि मे गतिः ॥

कृताञ्जलिः प्रणमति ।

नित्यपि पाठः । प्रथमपाठे तु कोकिलप्रमोदो वर्षास्वपि कविसंप्रदाये वर्ण्यत इत्यवधेयम् ।

२७०-२७३. मातरिश्वा वायुः । वातीति वायुरित्युचितपदन्यासेन जीवनयोग्यतोक्ता । तथाप्यनिष्टकरणादपि । विकसदित्यादि । मम प्रिया यतो यत्र तं देशं मम जीवितं प्रफुल्लकदम्बसमूहधूल्या सह प्रापय । घटय मे इति वा पाठः । सा विरहदीना म्रियेतातस्तज्जीवनाय मज्जीवितं नयेति भावः । पांशुना सहेत्यनेन परमाणुरूपं मे मनोपि तत्समूहे गमिष्यतीति न ते प्रयासोपि स्यादित्युक्तम् । नो वा प्रियाङ्गसदावस्थितिहिमं यत्किंचिद्वस्तु मयि तदर्पय देहि । ईरयेति पाठे प्रेरयेत्यर्थः । तदेव मे तापशान्त्यै स्यादिति भावः । अत्र हेतुमाह । यतो मम भवान्गतिराश्रयः । आश्रयस्याश्रितजीवनं युक्तमेवेति भावः । अपि वेति पाठेपिः संभावनायाम् ।

---

१ नूनमनेनाखिळजनजीवनेन कृतं जीवनं for सुवृत्त—श्वना B. सुकृतमनेन सकळजंतु N.; after मातरिश्वना N. adds,

अपि च । एते केतकसूनसौरभजुषः पौरप्रगल्भांगना-
व्यालोलालकवल्लरीविलुठनव्याजोपभुक्ताननाः ।
किं चोन्निद्रकदंबकुट्मलपुटीधूलीलुठत्षट्पद-
व्यूहव्याहृतिहारिणो विरहिणः कर्षंति वर्षानिलाः ।

२ भगवन् before देव B. N.; एतावत् for एवं B. ३ °रम्ब A. B.; पांशुना A.; जीवितं घटय मे प्रिया N. ४ अपि वा B.; किंचिदीरय भवाञ्शु मे गतिः A. E.; भवांस्तु मे N.

सौदा० । सुसमाहितः[1] खल्वभिज्ञानार्पणस्यावसरः । अञ्जलौ मालां मुञ्चति ।

माध० । साकूतविस्मयहर्षम्[2] । कथमियमस्मद्विरचिता प्रियतमास्तनोत्साहदुर्ललितमूर्तिरनङ्गमन्दिराङ्कनबकुलप्रसवमाला[3] । निरूप्य सहर्षम्[4] । कः संदेहः । तथा हि । स एवायमस्याः ।

मुग्धेन्दुसुन्दरतदीयमुखावलोक-
हेला[5]विशृङ्खलकुतूहलनिह्नवाय ।

२७५–२८३. समाहितो युक्तः । वायुप्रार्थनाप्रकरणात् । प्रियाङ्गसङ्गिमालालोकात्सहर्षत्वम् । यदाह ।

प्राप्ये वाप्यप्राप्ये लब्धेऽर्थे प्रियसमागमे वापि ।
हृदयमनोरथलाभे हर्षः संजायते पुंसाम् ॥

उत्साह उत्सेध उपरिवहनं वा । दुर्ललितातिप्रिया । अनङ्ग एव मन्दिरमनङ्गस्य वा मन्दिरम् । मुग्धेत्यादि । अस्या मालायाः स एवायं भागो यो लवङ्गिकाया अपि संतोषमकरोत् । अपिपदान्मालत्या अपीत्यर्थः । विषमं ग्रथितं ग्रन्थना यत्र सः । विषमेण ग्रथित इति वा । अत्र हेतुमाह । मुग्धं मनोज्ञमिन्दुकान्तं यन्मालतीमुखम् । यद्वा । विरहात्क्षामत्वादिना बालेन्दुवत्कान्तं यत्तदास्यं तदालोके साति हेलया शृङ्गारचेष्टया विशृङ्खलं सर्वत्र वर्तमानं यत्कौतुकं तद्गोपनाय दुर्न्यस्तैः पूर्वग्र-

---

१ सुसमीहितः C.; °ज्ञानस्यार्पणावसरः B. °ज्ञानदर्शनस्या° A. E.; माधवस्याञ्जलौ बकुलमाला B. अंजलौ बकुलमालामर्पयति N. २ विलोक्य before साकूत B.; विस्मयसहर्षं C.; साकूतं सविस्मयं सहर्षं च N.; प्रियतमायाः स्तनो° C.; प्रियायाः स्तनोद्वहदुर्ललित A. E. स्तनोद्वहनदुर्ललित N. ३ °राङ्गण A. °राङ्कण N. °राङ्गणबालप्रसव E.; पादपकुसुम for प्रसव N.; सम्यङ्निरूप्य N. सत्वरं निरूप्य B. ४ B. N. om. सहर्षं; B. om. अयं; एवमस्याः for स—मस्याः N. ५ लीला for हेला C.

दुर्न्यस्तपुष्परचितोपि[1] लवङ्गिकाया-

स्तोषं ततान विषमग्रथितोपि[2] भागः ॥

सहर्षोन्मादमुत्थाय । प्रिये[3] मालति इयं वीक्ष्यसे । सकोपमिव । अयि मदवस्थानभिज्ञे[4] २८५

प्रयान्तीव प्राणाः सुतनु हृदयं भ्रंसत इव

ज्वलन्तीवाङ्गानि प्रसरति समन्तादिव तमः ।

थनादन्यथा दत्तैः पुष्पै रचितः । एतत्तु प्रथमाङ्क एव व्यक्तम् । ननु हेला स्त्रीविषया । यदाह भरतः ।

यौवने त्रिदश स्त्रीणां विकारा नेत्रपातजाः ।

आदौ त्रयोङ्गजास्तेषां दश स्वाभाविकास्तथा ॥

तत्राङ्गजेषु हावहेलालक्षणम् ।

अक्षिभ्रुवोर्विकाराद्याः शृङ्गारस्य च सूचकाः ।

सग्रीवारेचका भावा हावास्तेभ्यः समुत्थिताः ॥

य एव हावः सैवासौ शृङ्गाररससंभवा ।

समाख्याता बुधैर्हेला ललिताभिनयात्मिका ॥

अतो माधवे हेलेत्ययुक्तम् । मैवम् । स्त्रीणामित्यस्योपलक्षणत्वात्पुरुषेपि कामावस्थासाम्याद्धेलावचनात् । यदाह ।

हेला हावश्च भावश्च व्याजो विश्रम्भभाषणम् ।

चाटुः प्रेमाभिसंधानं चकितं च विलासितम् ॥

तत्र रागतः सहसा प्रवृत्तौ हेतुश्चित्तोल्लासो हेलेति । यद्वा । अवलोक्यत इत्यवलोकः ॥ कर्मणि घञ् ॥ इन्दुसुन्दरमालतीमुखावलोकया दृश्या या हेला तया विशृङ्खलं यन्माधवस्य कुतूहलं तद्रोपनायेत्यर्थः ।

---

१ पुष्परचनोपि A. C. E. २ ग्रथितैकभागः A. E. ग्रथितो विभागः G. ३ चण्डि for प्रिये N.; ननु before इयं B.; विलोकयसे for वीक्ष्यसे N. ४ मदनावस्था° B.

[1]त्वराप्रस्तावोयं न खलु परिहासस्य विषय-
स्तदक्ष्णोरानन्दं वितर मयि मा भूरकरुणा[2] ॥

[3]सर्वतो दृष्ट्वा सानिर्वेदम्। कुतोत्र मालती। बकुलमालामुद्दिश्य। [4]अयि प्रियाप्रणयिनि बकुलमाले उपकारिण्यसि। अतः स्वागतं भवत्याः।

निष्प्रत्यूहाः[5] प्रियसखि यदा दुःसहाः संबभूवु-
र्देहोद्[6]दाहव्यसनगुरवो मन्मथोन्माथवेगाः।

२८४–२८९. संकल्पलिखितप्रियादर्शनाद्धर्षः। दर्शनाप्राप्त्या पुनराह। नन्विति। अत्राप्यलाभादुपालभ्यतेयीति। परिहासाददर्शनमाशङ्क्य तदनवसरमाह। प्रयान्तीत्यादि। प्राणाः प्रयान्तीव सर्वतः शून्यत्वात्। हे सुतनु मनो ध्वंसत इव। मोहात्। अङ्गज्वलनमतिदाहात्। एतेन व्याधिरुक्तः। सर्वतस्तमः प्रसरतीव। अनेन जडता। सकलेन्द्रियाणामग्रहात्। जडतानन्तरं मरणशङ्कायामाश्वास एव युक्त इत्याह त्वरेति। खलु निश्चये। यत एवं ततो नेत्रप्रीतिं देहि। स्वं दर्शयेत्यर्थः। मद्विषये निर्दया मा भविष्यसि। यद्वा। अकरुणा मा भूर्न भवसि ॥ माङि लुङिति कालसामान्ये लुङ् ॥ पूर्वकरुणेदानीमपि निर्वाह्यतामित्यर्थः। इवशब्द उत्प्रेक्षायाम्।

२९२–२९६. निरित्यादि। यदा मालत्याः पद्माक्ष्याः कामोन्मादोद्वेगा निर्विघ्ना अत्यर्थं दुःसहा अङ्गदाहदुःखमहान्तस्तद्दुःखोपदेशकाराः संबभूवुः संभूयोद्गतास्तत्र काले तस्यास्त्वदालिङ्गनमेव शीघ्रं प्राणरक्षकमभूत्। अत एव मदालिङ्गनतुल्यः। उन्माथ उन्मथनमुद्वेग इति यावत्।

---

१ प्रिये for त्वरा B. २ भूरकरुणा N. ३ इति दिशोवलोक्य for सर्वतो दृष्ट्वा B.; प्रति for उद्दिश्य B. N. उपविश्य बकुलावलीमुद्दिश्य C. ४. N. om. अयि प्रिया—भवत्याः; अये for अयि C.; यतः before अतः A.; B. om. अतः; C. om. अतः स्वागतं भवत्याः. ५ निष्प्रत्यूहं A. ६ देहे दाह E. देहोन्मादप्रथनगुरवो B. प्रथन for व्यसन noticed by Com.; °न्मादवेगाः N.

तस्मिन्काले कुवलयदृशस्त्वत्समाश्लेष एव
प्राणत्राणं प्रगुणमभवन्मत्परिष्वङ्गकल्पः[1] ॥

सकरुणं निर्वर्ण्य।

आनन्दमिश्र[2]मदनज्वरदीपनानि
गाढानुरागरसवन्ति तदा[3] तदा च।
स्नेहाङ्कि[4]तानि मम मुग्धदृशश्च कण्ठे
कष्टं स्मरामि तव तानि गतागतानि ॥

इति[5] हृदये निधाय मूर्छति।

मक०। उपसृत्य वीजयन्[6]। सखे समाश्वसिहि समाश्वसिहि।

माध०। आश्वस्य[7]। मकरन्द किं न पश्यसि कुतोपि सहसैव मा-

प्रगुणमिति पाठे प्रकृष्टगुणमित्यर्थः। क्रियाविशेषणं वा। कामदुःखोद्वेगस्य प्रियसङ्गस्यालाभादविघ्नत्वम्। मालतीप्रणयित्वात्प्रियसखि इति। दुःसहत्वमधृतिकरणात्। उद्दाह उद्गतदाहः। व्यसनस्थाने व्यथन इति पाठे व्यथनं पीडा। अधुना मालां विनास्याः कथं जीवनं भविष्यतीति भावः। निर्वर्ण्य निरूप्य।

२९७–३०५. आनन्देत्यादि। मम मालत्याश्च कण्ठे तव तानि गतागतानि स्मरामि। स्मरणस्यातिदुःखदत्वात्कष्टम्। तदा तदा तस्मिंस्तस्मिन्काले। तत्र चोरिकाविवाहात्पूर्वं मालतीकण्ठगतेति गतं लवाङ्गिकाबुद्ध्या माधवकण्ठमागतेत्यागतमित्येकम्। चोरिकाविवाहे मालत्या माध-

---

१ प्रगुणनमभून्म° A. E.; त्राणे त्वरितमभवन्म° B. २ आनंदमंदमदन B. आनंदनानि मदन N. ३ तदा च तस्याः E. ४ स्नेहाकराणि मम A. E. स्नेहाकमिश्रितममुग्ध B. स्नेहाङ्कनानि मम G. ५ A. E. N. om. इति; विधाय E.; मूर्छितः पतति B. ६ वीजयति B.; वयस्य for सखे B. ७ निश्वस्योपविश्य। सखे मकरंद B.; वयस्य for मकरंद N.; त्वं after पश्यसि B.; कुतोपि मालतीस्नेहस्य हस्तलाभः A. E. मालतीस्नेहस्वहस्तस्य लाभः N. मालतीस्नेहवहलो बकुलमालाभाग्नो C.

लतीस्नेहं वहतो वकुलदाम्नो लाभः । तत्कथं नु[1] मन्यसे कुत एतदिति ।

मक०। **वयस्य[2] इयमार्या योगीश्वर्यस्य मालत्यभिज्ञानस्योपनेत्री ।**

माध० । विलोक्य सकरुणं[3] कृताञ्जलिः । **आर्ये प्रसीद कथय जीवति मे प्रिया[4] ।**

सौदा० । **वत्स[5] समाश्वसिहि समाश्वसिहि जीवति सा कल्याणी।**

माधवमकरन्दौ[6] । समुच्छ्वस्य । **आर्ये यद्येवं तत्कथय क एष वृत्तान्त इति ।**

सौदा० । **पुरा किल[7] करालायतने मालतीमुपहरन्नघोरघण्टः करवालपाणिर्माधवेन[8] व्यापादितः ।**

वकण्ठनीतातो गतमथ तन्मुखदर्शनात्स्वकण्ठेऽर्पितेत्यागतमिति द्वितीयम् । पुनस्तत्र प्रणयवशान्माधवेन मालत्यै दत्तेति गतमिदानीं तु सौदामिन्या मालतीसकाशादानीय दत्तेति त्रीणि गतागतानि । अत एव बहुवचनम् । कीदृशानि । तद्दशायामन्तरान्तरा हर्षलाभादानन्दामिश्रितकामतापप्रकाशनानि । दृढानुरागरसयोगीनि । स्नेहस्याकरो येषु तानि । स्नेहं प्रीतिमाकुर्वन्ति व्याकुर्वन्तीति स्नेहाकराणि ॥ कृञो हेत्वित्यादिना टप्रत्ययः ॥ तदा तदा चेति चकारात्कालान्तरपरिग्रहः । आर्या मान्या ।

---

१ न for नु A.; तत्कथं मन्ये B. तत्किं मन्यसे N.; किम् for कुतः A. N. २ B. om. वयस्य; योगेश्वरी A. B. C.; N. om. अस्य; नेत्री for उपनेत्री A. ३ B. om. सकरुणं, सकरुणमंजलिं बद्ध्वा N.; प्रसीद प्रसीद B.; N. om. प्रसीद; अपि before जीवति B. ४ प्रियतमा for प्रिया C. ५ वत्स नन्वाश्वसिहि जीवति E. वत्स नन्वाश्वसिह्याश्वसिहि C.; कल्याणिनी for कल्याणी A. C. E. ६ माध० । आर्ये यद्येवं B.; दृष्ट्वोच्छ्वस्य for समुच्छ्वस्य A. E.; N. om. आर्ये and तत्; सर्वेनः C. सर्वं नः N. after कथय; कथम् for कः A. E. ७ A. E. N. om. किल; पुरा हि किल B.; आहरन् for उपहरन् N.; कृपाण for करवाल N. ८ पाणिना माधवेन A. E.

माध०। सा[1]वेगम्। आर्ये विरम विरम विज्ञातो वृत्तान्तः।

मक०। स[2]खे क इव।

माध०। सखे किमन्यत्। सकामा कपालकुण्डलेति।

मक०। आर्ये अप्येवम्।

सौदा०। एवं यथा विदितं[3] वत्सेन।

मक०। [4]भोः कष्टम्।

कुमुदाकरेण शरदिन्दुचन्द्रिका
यदि रामणीयकगुणाय[5] संगता।
सुकृतं[6] तदस्तु कतमस्त्वयं विधि-
र्यदकालमेघवितति[7]र्व्ययूयुजत्।

माध०। हा[8] प्रिये मालति कष्टमतिबीभत्समापन्नासि।

कथमिव[9] तदाभवस्त्वं कमलमुखि कपालकुण्डलाग्रस्ता।

३१५–३२२. सकामा मदपकारेण सिद्धप्रतिज्ञेत्यर्थः। कुमुदेत्यादि। कुमुदसमूहेन यदि शरच्चन्द्रचन्द्रिका सौन्दर्यगुणार्थं संगता प्राप्ता तत्सुकृतं शोभनकरणमस्तु। द्वयोरपि रम्यत्वात्। अयं पुनः कः प्रकारः कुत्सितप्रकारो वा यदकालमेघपङ्क्तिर्व्ययूयुजद्वियोजयामास विच्छेदं कृतवतीत्यर्थः। ध्वनिनात्र कुमुदाकरो माधवश्चन्द्रिका मालती मेघसंततिः कपालकुण्डलेत्युक्तम्।

३२३–३२५. अतिबीभत्समिति। उद्वेगहेतुकपालकुण्डलादर्शनाद्बीभत्सः। यदाह।

१ सोद्वेगं A., E. om. सावेगं; अये for आर्ये N.; A. E. om. one विरम; परिज्ञातो A. ज्ञातो N. for विज्ञातो २ A. E. om. सखे. ३ निवेदितं for विदितं A. E. ४ कष्टं भोः कष्टं A. E.; कष्टं भोः twice N. ५ गुणेन N. ६ सुकृते यदस्तु C. ७ विततिं व्ययूयुजत् N. विततिर्न्ययूयुजत् B. ८ B. om. हा and कष्टमति. ९ कथमपि तदा° B.; तदा भवेस्त्वं C.

उत्पातधूमलेखाक्रान्तेव[1] कला शशधरस्य ॥
भगवति कपालकुण्डले

निर्माणमेव हि तदादरलालनीयं[2]
मा पूतनात्वमुपगाः[3] शिवतातिरेधि[3] ।
नैसर्गिकी सुरभिणः कुसुमस्य सिद्धा
मूर्ध्नि स्थितिर्न मुसलैरवताडनानि[4] ॥

उद्वेजनैश्च बहुभिर्बीभत्सरसः समुद्भवति ॥

कथमित्यादि । तत्कवलिता हे पद्ममुखि तदा त्वमपि कथमभवः । भयात्कथं त्वमासीः किं त्वयोक्तं कस्ते त्राताभूदित्यादिज्ञापनाय कथमिति सामान्यनिर्देशः । केतुकवलिता चन्द्रकलेव । एतदुपमया बीभत्सजविषादसंभवा ग्लानिरप्युक्ता । यदाह ।

अपस्मारस्तथोन्मादो विषादो मद एव च ।
मृत्युर्व्याधिर्भयं चैव भावा बीभत्ससंभवाः ॥

३२६–३३०. स्त्रीबालं नैव घातयेदिति निजधर्मं जानत्या त्वया सा घातितेति सोल्लुण्ठमाह भगवति इति । निर्माणमित्यादि । तन्निर्माणं मालतीरूपादिकमेव तदादरेण रक्षणीयं भवति । रम्यत्वादेव । पूतनात्वं राक्षसीत्वं तन्नाशेन मोपगा मा गमिष्यसि । यद्वा । मांसं मे ततो भक्षयितव्यं किमिति चिन्तकत्वं पूतनात्वम् । पूतनत्वमिति पाठे राक्षसत्वमित्यर्थः ॥ पूतना राक्षसीभेदे हरीतक्यां च पूतनेति विश्वः ॥ शिवतातिः कल्याणकर्येधि भव । शिव इत्यबोधीरिति पाठे तन्निर्माणं शिवे कल्याणनिमित्तमित्यज्ञासीः । शिवतामुपैतीति पाठे तन्निर्माणम् ॥ कर्तृ ॥ शिवतां कल्याणत्वं गच्छति । अतः पालनमस्य । भद्रवस्तुपुरस्कारः स्वभावादेवेत्याह । मनोहरस्य

---

१ रेखा for लेखा N.; लेखाभ्रान्तेव B. २ तदा तव माननीयं A. E. तदा तव लालनीयं N. ३ पूतनत्वमु° G. शिवतातिरेधि A. C. E.; °मुपगाः शिवतातिरेव N.; शिव इत्यबोधीः and शिवतामुपैति noticed by Com. ४ चरणैरवताडनानि A. चरणैरवताडितानि C.

सौदा० । वत्स[1] अलमावेगेन ।

अकरिष्यदसौ पापमतिनिष्करुणैव[2] सा ।

नाभविष्यमहं[3] तत्र यदि तत्परिपन्थिनी ॥

उभौ[4]।प्रणम्य ।अतिप्रसन्नमार्यापादैः ।तत्कथय का पुनस्त्वमस्माकमेवंविधा बन्धुः । ३३५

सौदा० । ज्ञास्यथः[5] खल्वेतत् । उत्थाय । इयमहमिदानीं

गुरुचर्यातपस्तन्त्रमन्त्रयोगाभियोगजाम्[6] ।

इमामाक्षेपिणीं[7] सिद्धिमातनोमि शिवाय वः ॥

इति[8] समाधवा निष्क्रान्ता ।

ख्यातस्य सुगन्धस्य वा पुष्पस्य मस्तके धृतिः स्वभावसिद्धा । न पादैः पीडनानि स्वभावसिद्धानीत्यर्थः ।

३३२–३३४. अकरिष्यदित्यादि । असौ कपालकुण्डला पापं तद्वधरूपमकरिष्यदेव । अतिनिष्करुणा यतः सा । यदि तत्र स्थाने वधे वा तस्या विरोधिनी नाहमभविष्यम् ॥ क्रियातिपत्तौ लृङ् ॥ बुद्धिप्रत्यक्षतयासाविति । अतिप्रसन्नं प्रसादः कृतः ।

३३६–३३८. ज्ञास्यथः । युवामित्यर्थात् । गुर्वित्यादि । गुरुचर्या गुरुसेवा गुर्वी चर्या विशिष्टमनुष्ठानम् । तपश्चान्द्रायणादि । तन्त्रं मण्डलवर्तनादि । मन्त्रस्तारप्रभृतिदेवीनां तन्त्रस्य यागमस्य वा मन्त्रः । योगः समाधिः । एष्वभियोगादभ्यासाज्जातामिमामाकर्षणीं सिद्धिं युष्माकं कल्याणाय विस्तारयामि ।

---

१ N. om. वत्स. २ पापं यतो निष्करुणैव B. ३ मा भविष्यमहं A. ४ माधवमकरन्दौ for उभौ A. E.; यद् before अति N.; चरणैः for पादैः A. E.; तत्कथय कथं पुनस्त्वमेवास्माकं बन्धुः A. अस्माकमकारणबंधुः B.; N. om. विधा. ५ ज्ञास्यथ C. E.; ज्ञास्यते N. ६ मंत्रचर्याभियोगतः C. मंत्रसिद्ध्याभियोगजा N. ७ °क्षेपिणीं विद्यां विदधामि शिवाय B. °क्षेपणीं विद्यामातनोमि A. E. इमामाकर्षिणीं सिद्धिमा° N. ८ N. om. इति; सौदामिनी after समाधवा N.

मक० । आश्चर्यमाश्चर्यम्[1] ।

व्यतिकर इव भीमस्तामसो वैद्युतश्च
क्षणमुपहतचक्षुर्वृत्तिरुद्भूय[2] शान्तः ।

विलोक्य सभयम् ।

कथमिह न वयस्यस्तत्किमेतत्[3] । विचिन्त्य । किमन्य-
त्प्रभवति हि महिम्ना[4] स्वेन योगीश्वरीयम् ॥

सवितर्कम् । किमयमर्थोनर्थ[5] इति संप्राति प्रमुग्धोस्मि ।

अपि[6] च । अस्तोकविस्मयमपस्मृतपूर्ववृत्त-
मुद्भूतनूतनभय[7]ज्वरजर्जरं नः ।

३४१–३४६. व्यतिकर इत्यादि । मालतीवार्तापा अप्यज्ञानादयं तामसोन्धकारजः। अत एव भीमः । तज्जीवनज्ञानाद्वैद्युतश्चायं विद्युत्संबन्धी । व्यतिकरः संपर्कः। अत एवानन्दाश्रुसंभारेणोपहतनेत्रवृत्तिः। कीदृशः । क्षणमुद्भूय शान्तः । अत एव विद्युद्विद्योतो वितर्कः । कथमिहस्थाने वयस्यो माधवोपि नास्ति । तत्किमिदं क्व गतः केन वा स नीत इति विचिन्त्येत्यर्थः । निर्णयमाह । अन्यत्किम् । यत इयं योगीश्वरी निजतपः प्रभावेण प्रभवति । अनया नीत इति भावः । संशय्याह किमयमिति । सौदामिनीनयनेर्थः प्रयोजनं कपालकुण्डलानयनेनर्थ इति भावः ।

३४७–३५२. अस्तोकेत्यादि । अस्माकं चित्तम् ॥ कर्तृ ॥ हर्षशोकाभ्यां शबलत्वं मिश्रत्वं गच्छाति । कीदृशम् । अनल्पाश्चर्यम् । एकदैव नानारससंभवात् । अपस्मृतं विस्मृतं पूर्ववृत्तं मालतीहरणरूपं

---

१ N. om. one आश्चर्यम्. २ °मुपगत N. ३ तत्किमेतद्विचित्रम् । विचिन्त्य । प्रभवति B. ४ हि किमन्यत्स्वेव योगे° E.; योगेश्वरी A. B. ५. तत् before किम् B.; किमयमनर्थ इति A. E.; C. om. संप्रति; मुग्धोस्मि A. संमुग्धोस्मि C. मूढोस्मि N. ६ किं च N.; विचिन्त्य after अपि च N. °यमतिस्मृत N. ७ मय for भय B.; जर्जरं N.

एकक्षणत्रुटितसंघटित[1]प्रमोह-
मानन्दशोकशबलत्वमुपैति चेतः ॥

[2]तदत्र कान्तारगहने सहास्मद्वर्गेण प्रविष्टां भगवतीमन्विष्य तस्या वृत्तान्तमेनं [3]कथयामि। इति निष्क्रान्तः।

॥ [4]सौदामिनीदर्शनो नाम नवमोऽङ्कः॥

यत्र। अत एवानन्दः। उद्भूतं नवं भयं माधवापकारशङ्काकृतं तेन ज्वरेण जीर्णम्। अत एव शोकः। यद्वा। माधवानवलोकनेनोद्भूतनवशङ्काज्वरजर्जरतया शोकः। एकक्षण एव त्रुटितो घटितश्च प्रमोहो यत्र तत्। मालतीलाभसंभावनया त्रुटितो माधवापकारसंभावनया घटित इति भावः। अत एवात्याश्चर्यम्। स्तोकशब्दोऽल्पपर्यायः। अस्मद्वर्गेण मदयन्तिकालवङ्गिकाभ्याम्। विप्रनष्टामिति कस्मिंश्चित्पुस्तके पाठो दृश्यते तत्रादृश्यमानामित्यर्थः। भगवतीं कामन्दकीम्। अनेनाग्रिमाङ्कावतारस्यापि सूचनादङ्कावतारोऽयम्।

प्रासूत यं रत्नधरोतिविद्यो विद्योतिविद्या दमयन्तिकापि।
जगद्धरं तत्कृतटिप्पणेऽङ्को गलन्नवीने नवमोऽनवद्यः॥

॥ इति नवमोऽङ्कः॥

---

१ संघटितप्रबोध N. संघटितप्रमोद B. २ तदत्रैव A. E.; विप्रनष्टां for प्रविष्टां noticed by Com.; उपसृत्य for अन्विष्य N.; मालतीमाधव for तस्याः B., N. om. तस्याः. ३ कथयिष्यामि A. E. निवेदयामि B. for कथयामि; सर्वे च after निष्क्रान्तः B.; निष्क्रान्ताः सर्वे C. ४ A. C. E. N. om. सौदामिनीदर्शनो नाम, इति मालतीमाधवे नवमोऽङ्कः A. नवमोऽङ्कः समाप्तिमगात् C.

॥ दशमोऽङ्कः ॥

ततः प्रविशति कामन्दकी लवङ्गिका मदयन्तिका च ।

काम० । सकरुणं सास्रम् । हा वत्से मालति मदङ्कालंकारिणि क्वासि देहि मे प्रतिवचनम् ।

आ जन्मनः प्रतिमुहूर्तविशेषरम्या-
ण्याचेष्टितानि तव संप्रति तानि तानि ।
चाटूनि चारुमधुराणि च संस्मृतानि
देहं दहन्ति हृदयं च विदारयन्ति ॥

१–७. सहास्मद्वर्गेणेत्यव्यवधान एव सूचनात्तत्प्रवेशमाह । तत इति । मालतीविश्लेषं श्रुत्वा विलपति हेत्यादि । आ जन्मन इत्यादि । जन्मन आरभ्य प्रतिक्षणाधिक्यमनोज्ञानि तव तानि तानि पूर्वानुभूतान्याचेष्टितानि विनयादीनि संस्मृतानि सन्ति मेऽङ्गं दहन्ति चित्तं च दारयन्ति । अनेन बाह्या मानसी च पीडोक्ता । तथा चाटूनि वाक्कौशलानि स्मृतानि दाहादिकं कुर्वन्ति । विनयादीनामद्वेषकारितया रम्यत्वम् । चाटूनि कीदृशानि । चारूणि शोभावन्ति मधुराण्यनुल्बणानि च । यदाह ।

सर्वावस्थाविशेषेषु दीप्तेषु ललितेषु च ।
अनुल्बणत्वं चेष्टानां माधुर्यमिति संज्ञितम् ॥

---

१ प्रविशंति कामंदकीमदयंतिकालवंगिकाः B. २ A. E. om. सकरुणं; C. om. सास्रम्; N. om. सकरुणं सास्रम्; हा after मालति N.; मदलंकारकारिणि A. B. C. ३ N. om. प्रति. ४ आ जन्मनःप्रभृति यानि विशेष B. ५ °चेष्टितानि वचनानि च चारुनेत्रे E. ६ चातिमधुराणि N.

[1]अपि च । पुत्रि

अनियत[2]रुदितस्मितं विराजत्कतिपयकोमलदन्तकुड्मलाग्रम् ।

वदनकमलकं शिशोः स्मरामि स्खल[3]दसमञ्जसमुग्धजल्पितं ते ॥ १०

[4]इतरे । सास्रम् । हा पिअसहि सुप्पसण्णमुहअन्दसुन्दरि कहिं [5]गदासि को वा सिरीसकुसुमसुउमारस्स दे सरीरस्स देव्वदुव्विणअप-

---

९–१०. अनियतेत्यादि । बालायास्तवास्यपद्मं स्मरामि । कीदृशम् । अस्थिरे क्रन्दनहास्ये यत्र तत् । शोभमानकिंचिन्मृदुदशनकलिकाग्रम् । सम्यक्स्थानप्रयत्नाभावात्स्खलत् । तत्त्वहान्यासमञ्जसं संख्यातिक्रमादज्ञानाद्वासमञ्जसम् । मुग्धमर्थाभावात् । जल्पितं मन्दोक्तिर्यत्र तत् । सर्वत्र शैशवमेव हेतुः ॥ कमलकमित्यत्राल्पार्थे कन् ॥ सम्यगञ्जसा तत्त्वेन वर्तत इति समञ्जसमिति ॥ अञ्जसा तत्त्वतूर्णयोरिति विश्वः ॥ मञ्जु जल्पितमिति पाठे मञ्जु मनोहरम् ।

१३–१८. अत्रैकाकिन्या एकमात्रस्वरूपायाः । आदावुपस्थितोथास्तमितो महोत्सवो यत्र सः । अभिनवेत्यादि । अभिनवे रागेनुरागे रस इच्छा यत्र । यद्वा । अभिनवरागो नूतनासक्तो रसः शृङ्गारो यत्र । कृतं कौतुकं हर्षो नर्मोत्सवो वा यत्र । सोयं भवतोर्युवयोः परिष्वङ्ग आलिङ्गनं नियतिर्दैवं सैव महावात्या तयाभिहतः । लवली लताभेदः । लवङ्गो वृक्षभेदः । तयोः परिष्वङ्गः संपर्क इव । अभिनवौ लौहित्यरसौ यत्र सः । रस

---

१ आकाशे before अपि च A. E.; C. N. om. पुत्रि. २ रुचिर for रुदित N.; कुट्मला° A. N. ३ °दसमञ्जसमञ्जुजल्पितं तत् A. °दसमंजसमंजुगुंजितं ते E. ४ मदयन्तिकालवङ्गिके for इतरे A. E.; इतराः N.; C. N. om. सास्रम्; आकाशे after सास्रम् A. E.; मुहचन्द A. ५ N. om. गदा; सुकुमारस्स C.; C. om. सरीरस्स, सरीरस्साभं A.; दुइदेव्व C. व्वत्ति देव्व E. को वा दे सरीरभणस्स विविदुव्विलासगारिणामी N.

रिणामो [1]ऐक्कल्लिआए उवणदो । महाभाअ माहव उवत्थिदत्थमिदम-हूसओ दे जीअलोओ संवुत्तो । (क)

काम० । सविशेषखेदम्[2] । हा वत्सौ ।

अभिनवरागरसो[3]यं भवतोः कृतकौतुकः परिष्वङ्गः ।
लवलीलवङ्गयोरिव नियतिमहावात्ययाभिहतः[4] ॥

लव० । सोद्वेगम्[5] । हदास वज्जमअ सव्वहा णिसंसंसि हिअअ । (ख) इति हृदयमाहत्य पतति ।

मद० । सहि[6] लवङ्गिए णं भणामि क्खणमेत्तअं वि दाव समस्सस । (ग)

(क) हा प्रियसखि सुप्रसन्नमुखचन्द्रसुन्दरि क्व गतासि को वा शिरीषकुसुमसुकुमारस्य ते शरीरस्य दैवदुर्विनयपरिणाम एकाकिन्या उपनतः । महाभाग माधव उपस्थितास्तमितमहोत्सवस्ते जीवलोकः संवृत्तः ।

[ख] हताश वज्रमय सर्वथा नृशंसमसि हृदय ।

[ग] सखि लवङ्गिके ननु भणामि क्षणमात्रमपि तावत्समाश्वसिहि ।

आर्द्रता । कृतं कौतुकं कुतूहलं द्रष्टॄणां येन सः ॥ रागोनुरागे लौहित्य इति विश्वः । शृङ्गारादौ द्रवे चापीच्छायामप्ययं रस इति धरणिः । कौतुकं त्वभिलाषे स्यादुत्सवे नर्महर्षयोः । कुतूहलेपि तत्प्रोक्तमिति मेदि-

---

१ अेक्कल्लिआए A. अेक्कल्लिआए E. एक्कल्लाए B.; उवगदो A.; हा before महाभाअ C. N.; महाणुभाअ B. महाभाग E.; उवत्थि° A. E.; °दत्थिमिद C. उवट्ठिअत्थमिअमहूसवो जीवलोओ N. २ B. om. सविशेषखेदम्. ३ रागरसोयं B. ४ वात्यया विहतः A. E. N. ५ सावेगं B. N.; हा हदास B.; सव्वधा A. E.; णिसंसोसि A. C. णिरासोसि E.; हद before हिअअ. ६ सास्रं before सहि C.; N. om. सहि; लवङ्गिके A. °मेत्तकम्पि A. E. °मेत्तं क्किं पि B.; समस्सस E. समस्ससिहि N.

लव० । सहि[1] किं करोमि दिढवज्जलेवपडिबद्धणिच्चलं विअ जीविदं[2] ण मं परिच्चआदि । (क)

काम० । वत्से मालति जन्मनः[3] प्रभृति वल्लभा ते लवङ्गिका तत्किं[4] मुज्जिहानजीवितां वराकीं नानुकम्पसे ।

इयं हि । उज्ज्वलालोकया स्निग्धा त्वया त्यक्ता न राजते ।
मलीमसमुखी वर्तिः प्रदीपशिखया यथा ॥

कथं च[5] कल्याणि कामन्दकीं त्यजसि नन्वकरुणे मदीयचीवरोष्मणैव ते प्रगुणीकृतान्यङ्गानि ।

[क] सखि किं करोमि दृढवज्रलेपप्रतिबद्धनिश्चलमिव जीवितं न मां परित्यजति ।

नीकारः ॥ तदिहाचेतनोपमया तयोरपि बालयोर्वृक्षविवाह इव मया विवाहोऽप्यकारि दैवेन स न सोढ इत्युक्तम् । देशान्तरनयनान्निपतेर्वात्यया सह रूपकम् । अत्र नृशंसं नाशकम् ।

२२. अत्र प्रतिबद्धं घटितमत एव निश्चलम् ।

२५–२९. उज्जिहानमूर्ध्वं गतम् । कण्ठोपगतमिति यावत् । उज्ज्वलेत्यादि लवङ्गिकामुद्दिश्य । त्वया त्यक्तेयं न शोभते प्रदीपशिखया त्यक्ता वर्तिरिव दशेव । उज्ज्वल आलोको दर्शनं यस्यास्तया । शिखापक्ष आलोक उद्द्योतः । स्निग्धा प्रीता । स्नेहवती तैलादियोगात् । मलीमसं म्लानं मुखमाननं यस्याः सा । मलीमसं दग्धतया श्यामं मुखमग्रं

---

१ मदभंतिए for सहि N.; करोमि A. N.; दढ for दिढ C.; लेप E.; पडिबद्धं B. पडिबंध N.; B. om. विअ, व C. मम A. E. for विअ. २ °विअं N.; N. om. मं. ३ जन्मनः प्रभृति A. था जन्मनःप्रभृति वल्लभतमा ते B.; दुर्लभतरा for वल्लभा N. ४ एना A. एतां C. E. after किम् ; वराकीं नानुमन्यसे C. ५ A. E. om. च; जहासि A. E. परित्यजासि C. for त्यजासि; चीरोष्म° E. चीरांचलोष्म° N.

स्तन्यत्यागात्प्रभृति सुमुखी[1] दन्तपाञ्चालिकेव
क्रीडायोगं तदनु विनयं प्रापिता वर्धिता च ।
लोकश्रेष्ठे गुणवति वरे स्थापिता त्वं मयैव
स्नेहो मातुर्मयि[2] समधिकस्तेन युक्तस्तवापि ॥

सवैक्लव्यम् । [3]चन्द्रमुखि संप्रति निराशास्मि ।

यस्याः सा च । प्रगुणीकृतान्यृजूकृतानि । उत्पश्यनन्तरं नाडीनां शुद्ध-द्रव्येणर्जुकरणात् । यद्वा । प्रगुणता पुष्टिः ।

३०–३३. स्तन्येत्यादि । तेन हेतुना मातुः सकाशादधिकः स्नेहोयं मयि तव युक्तः । यद्वा । तेन हेतुनायं वियोगस्तव युक्त इति सोल्लुण्ठम् । यतः स्तनपानत्यागादारभ्य क्रीडायोगं खेलम् । यद्वा । क्रीडा कला योगो विद्याप्रयोगस्तं प्रापिता । ततः पश्चाद्विनयमनौद्धत्यं प्रापिता वृद्धिं प्रापिता च । दन्तपाञ्चालिकेव दन्तमयकृत्रिमपुत्रिकेव । जनेषु श्रेष्ठे शोभादिगुणयुक्ते जामातरि त्वं स्थिरीकृता । परिणयात् । मयैव न तु पित्रादिनेत्यर्थः । बाल्य एव कान्तिमत्त्वात्सुमुखीत्युक्तम् ॥ पाञ्चालिका पुत्रिकायामिति विश्वः ॥ पाञ्चालिकापि क्रीडादिकं कार्यत इति प्रसिद्धमेव । विद्याभ्यासो बाल्य एव स्त्रीणाम् । यदाह ।

बाल्येधीयीत विद्यां स्त्री कामशास्त्रादिकं पुनः ॥

पुरुषगुणा अपि भरते ।

शोभा विलासो माधुर्यं स्थैर्यं गाम्भीर्यमेव च ।
ललितौदार्यतेजांसि पौरुषेया गुणा अपि ॥

३४–३८. करुणस्नेहाद्विक्लवता । अकारणेत्यादि । विगतभाग्यया मया तव पुत्रो न दृष्टः । कीदृशः । अकारणेनालक्षितहेतुतया स्मेरमी-

---

१ प्रभृति सुखिनी दंत B. २ मम for मयि B.; तथा for तव E. ३ हा चंद्रमुखि N. °शासि E.

अकारणस्मेरमनोहराननः ३५

शि[1]खाललाटार्पितगौरसर्षपः।

त[2]वाङ्कशायी परिवृत्तभाग्यया

मया न दृष्टस्तनयः स्तनंधयः।

लव[3]०। भअवदि पसीद णीसहह्मि संपदं जीविदुव्वहणेण। साहं इमादो गिरिसि[4]हरादो अत्ताणअं अवधुणिअ णिव्वुदा भविस्सं। त[5]हा मे भअवदी आसिसं करेदु जेण जम्मन्तरेवि पिअसहिं पेक्खिस्सं। (क)

[क] भगवति प्रसीद[6] निःसहास्मि सांप्रतं जीवितोद्वहनेन। साहमस्माद्गिरिशिखरादात्मानमवधूत्य[7] निर्वृता भविष्यामि। तथा मे भगवत्याशिषं करोतु ये[8]न जन्मान्तरेपि प्रियसखीं प्रेक्षिष्ये।

षद्धसनं मनोज्ञं मुखं यस्य सः। शिखायां ललाटे च दत्तश्वेतसर्षपः। एतत्तु रक्षायै। क्रोडे सुप्तः। स्तनपायी च।

३९–४४. अत्र जीवितेति। तां विना जीवनमनर्हमिति भावः। निर्वृतेति। मरणे तद्वियोगदुःखापनयादिति भावः। उत्कण्ठेति।

---

१ शिखाललाटा° C.; शेखरः for सर्षपः G. २ तवांगगामी E. तवाङ्कगामि A. ३ मद° for लव° N.; ण सहामि B. N. असमत्थाह्मि C. for णीसहह्मि; जीवणुव्वहणे A. जीवणुव्वहणस्स E. जीवितुव्वहाणसहासेण C. जीविदं दुव्वहणं N.; ता for साहं A. ४ शिखरादो C. गिरिवरादो E. गिरिणवादादो N.; अत्ताणं B. N.; अवधूणिअ N. ५ ता before तहा C.; तधा E.; आसिप्पसादं करेदु A. आसीसं पसादीकरेदु B. असिसं करेदु C. E.; N. om. तहा मे–पेक्खिस्सं and has instead प्रपातादात्मानं क्षेप्तुकामा; पि for वि E.; दाव after वि C. E.; °सही A. B. C. N. ६ प्रसीद twice Com.; °नैन तदस्माद्गिरि Com. ७ पातयित्वा for अवधूत्य Com.; आशीःप्रसादं for आशिषं Com. ८ यथा for येन Com.

काम० । ननु लवङ्गिके कामन्दक्यपि नातः परं वत्सावियोगेन जीविष्यति[2] समश्वायमुत्कण्ठावेग आवयोः ।

किं च । संगमः कर्मणां भेदाद्यदि न स्यान्न[3] नाम सः ।
प्राणानां तु परित्यागे संतापोपशमः[4] फलम् ॥

लव० । जहा तुझे आणवेध । (क) उत्तिष्ठति[5] ।

काम० । सदयं[6] वीक्ष्य । वत्से मदन्तिके ।

[क] यथा यूयमाज्ञापयथ ।

जन्मान्तरे तां द्रक्ष्यामीत्युत्कण्ठा ममापीत्यर्थः । तत्कथं मयापि स्वतोसिद्धतया त्वय्याशीर्दातव्येति भावः ।

४५–४६. संगमेत्यादि । कर्मणां वैचित्र्यादस्माकं मालत्या सह संगमो न स्यात् । अनागमो निर्युक्तिको यतः सः । मालत्या मम च कर्मणां साम्ये मानाभावाज्जन्मान्तरे संगमो निर्युक्तिक इति भावः । तर्हि प्राणत्यागेनालमत आह । प्राणत्यागः पुनस्तापशान्तिफलकः । तथा च तदर्थं स क्रियत इति भावः । संगमाभावे तु मानम् ।

मृतोऽपि मानुषः शक्तो नानुगन्तुं मृतं जनम् ।
जायावर्जं च सर्वस्य याम्यः पन्था विभिद्यते ॥

इति स्मृतिः ।

४९–५६. भाविवाक्यमुत्थीयाह किमिति । अत्राग्रेसरी मरणे प्रथमा । अवहिता मर्तुम् । [लव०वा०] अत्राहं प्रिय इत्याशयः । अत्र वशंवदायत्ता । ते वचो न करिष्यामीत्यर्थः । निश्चितं निश्चयः कृतः । स्वगतं

१ N. om. काम० । ननु लवंगिके–आणवेध । उत्तिष्ठति; B. om. ननु; कामन्दक्यपि A. E. २ जीवितव्यं A. E.; समानश्चायमावयोरुत्कंठाप्रसंगः B. उत्कंठावियोग: C. ३ न स्यादनागमः A. कर्मणां योगान्न हि सः स्यादनागमः B. न स्यात्ततोस्तु मा C. नन for सः E.; text with G. ४ सन्तापोपरमः फलं A. E. संगतापशमः फलं C. ५ इत्युत्तिष्ठति B., E. om. उत्तिष्ठति. ६ मदयन्तिका for सदयं B.

मद० । किं आणवेध । अग्गेसरी [1]होहि त्ति । अवहिदह्मि । (क)

लव० । सहि [2]पसीद विरम एत्तो अत्तणो वावादणादो । मा एदं जणं विसुमरेसि[3] । (ख)

मद० । सकोपमिव[4] । अवेहि णह्मि दे वसंगदा (ग)

काम०[5] । हन्त निश्चितं वराकया ।

मद० । स्वगतम् । णाह[6] मअरन्द णमो णमो दे । (घ)

लव० । भअवदि अअं उज्जेअ[7] मधुमदीसोत्तसंदाणिदपवित्तमेहलो महीहरविडङ्को[8] । (ङ)

[क] किमाज्ञापयथ । अग्रेसरी भवेति । अवहितास्मि[9] ।

[ख] सखि प्रसीद[10] विरमैतस्मादात्मनो व्यापादनात् । मैतं जनं विस्मरसि ।

[ग] अपेहि नास्मि ते वशंगता[11] ।

(घ) नाथ मकरन्द नमो नमस्ते ।

(ङ) भगवति अयमेव मधुमतीस्रोतःसंदानितपवित्रमेखलो महीधरविटङ्कः ।

गुरुसमीपे प्रियस्मरणस्यायुक्तत्वात् । अत्र जन्मान्तरेऽप्ययं प्रियः स्यादिति तत्कालेऽस्य स्मरणमिति भावः । अत्र मधुमती नदी । संदानितं बद्धम् । विटङ्को निम्नोन्नतप्रदेशः ॥ विटङ्क उन्नते देश इति रत्नकोशः ॥

---

१ होदु त्ति ता जाव अवहिदह्मि A. अग्गे सकामा होमि त्ति N.; E. divides this speech as follows:—मद० । किं आणवेध । काम० । अग्रेसरी भवेति । मद० । अवहिदह्मि । २ प° A.; विरम twice N.; N. om. एत्तो, एत्तो C. E.; अत्ताणअवावादणादो B. अत्तणो अणअप्पवाहादो N. ३ ° रेसु C. ४ B. om. इव; अपेहि N.; देणात्थि for णह्मि दे E.; वसंवदा A. E. ५ स्वगतं after काम० । A. E.; हंत आत्मपथे निश्चितं C. विनिश्चितं B. हंत व्यवसितं किं वराकया N. ६ णाब मअरंदअ B.; णमो दे twice N. ७ एअ for उज्जेअ N.; महुमदी B.; °जिअ A. E. ८ विटङ्को A. पिडओ B. विटंगो E. ९ इयमवहितास्मि Com. १० प्रसीद twice Com.; मा खल्वेनं जनं विस्मरिष्यसि Com. ११ वशंवदा Com.

काम० । कृ[1]तमिदानीं प्रस्तुतान्तरायेण । सर्वाः पतितुमिच्छन्ति ।

नेपथ्ये । आश्चर्यमाश्चर्यम् ।

व्यतिकर इव भीमस्तामसो वैद्युतश्च
क्षणमु[2]पहतचक्षुर्वृत्तिरुद्भूय शान्तः ।

काम० । विलोक्[3]य । साद्भुतहर्षम् ।

क[4]थमिह मम वत्सस्तत्किमेतत्

प्रविश्य मकरन्दः । किमन्यत्

प्रभवति हि महिम्ना स्वेन योगी[5]श्वरीयम् ॥

नेपथ्ये । कथमतिदारुणो जनसंमर्दो[6] वर्तते ।

मालत्यपायमधिगम्य वि[7]रक्तचेताः
सांसारिकेषु विषयेषु च जीवितेषु[8] ।
निश्चित्य वह्निपतनाय सुवर्णबिन्दु-
मभ्येति भूरिवसुरित्यधुना हताः स्मः ।

६६–६९. सकरुणः कश्चिद्वनेचर आह । मालतीत्यादि । भूरिवसुर्निश्चित्य निश्चयं कृत्वा वह्निपतनायाग्निं प्रवेष्टुं सुवर्णबिन्दुं शिवं लक्षीकृत्यागच्छति । कीदृशः । मालतीमरणं ज्ञात्वा संसारविषयेष्वैश्वर्यादिषु जीवितेषु प्राणधारणेषु च विविक्तं विवेकशालि । निर्विण्णमिति यावत् । चेतो यस्य सः । विरक्तेति पाठः सुगम एव । जीवितेष्विति बहुवचनं प्राणधारणक्रियाणां बहुत्वात् । अधुना भूरिवसुवियोगे सति हताः स्मः ।

---

१ सुकृत° C.; इति सर्वाः B. २ °मुपगत N. ३ B. om. विलोक्य; साद्भुतं सहर्षं च N. ४ पुनर्नेपथ्ये before कथमिह A. °मिह न वयस्यस्तत्कि° A. °मिह वयस्यस्तत्कि° E. ५ योगे° A. B. E. ६ सम्वर्तो for संमर्दो A. E. जनातिमर्दस्संप्रति वर्तते N. ७ विविक्तचेताः N. ८ जीविते च N. ९ हताश्च: E.

मदयन्तिकालवङ्गिके । झत्ति मालदीमाहवाणं दंसणब्भुदओ[1] ७०
झत्ति[2] अच्चाहिदं अ । (क)

कामन्दकीमकरन्दौ[3] । दिष्ट्या । हा धिक्कष्टम् । आश्चर्यमाश्चर्यम् ।

> किमयमसिपत्रचन्दनरसच्छटा[4]सारयुगपदवपातः ।
> अनलस्फुलिङ्गकलितः किमयमनभ्रः सुधावर्षः ॥ ७२
> [5]संजीवनौषधिविषव्यतिकरमालोकतिमिरसंभेदम् ।
> अद्य त्रिधिरशनिशशधरमयूखसंवलनमनुकुरुते ॥

नेपथ्ये । हा ताद विरम विरम[6] दंसणसुभाखि दे वअणकमलस्स ।

(क) झटिति मालतीमाधवयोर्दर्शनाभ्युदयो[7] झटित्यत्याहितं च ।

७१–७५. अत्रात्याहितं महाभीतिः । किमित्यादि । असयः खड्गाः पत्राणि यस्य वृक्षस्य । दारकत्वात् । चन्दनरसच्छटा आश्चर्यात् । आसारो वृष्टिः । तयोरेकदावपातः पतनं किमयम् । भूरिवसुगतानर्थश्रवणादसिपत्रपातः । मालतीमाधवयोर्जीवनाच्चन्दनरसासार इति भावः । किमयं मेघहीनोमृतवर्षोग्निस्फुलिङ्गमिश्रः ।

७६–८१. समित्यादि । संजीवनौषधेर्विषस्य च व्यतिकरं मेलकं तेजसस्तिमिरस्य च मेलकं वज्रस्य चन्द्रकरस्य च मिलनं

---

१ भद्दारे before झत्ति C.; A. om. झत्ति; सहि for झत्ति B.; माध° C.; महूसवो for °ब्भुदओ A. °ब्भुदयो N.; जादो before झत्ति E. २ B. om. झत्ति; B. E. om. अ, च for अ C. ३ सहर्षं after °रन्दौ A. E.; A. E. om. दिट्ठ्या; कष्टं भोः कष्टम् for हा धिक्कष्टम् N. ४ कथमयम् for किमयम् B.; च्छटाभिसारयुग C. °सारयौगुग A. B. E. ५ अपि च before संजीवनौ° B. ६ A. B. om. one विरम; विरम उमुभाखि दे वअणकमलदंसणेण संभावेहि मं पसीद कदं मह कालणादो N. दंसणुम्मुकाखि B. दंसणुम्मुभाखि C. दंसणसुभाखि E., ७ महोत्सवो for भ्युदयो Com.

प[1]सीद संभावेहि मं । कधं मम कारणादो समत्तलोआलोअन्तराल-वि[2]क्खादणिम्मलकुलेक्कमङ्गलप्पदीवभूदं अत्ताणअं परिच्चअसि । मए उण[3] अणज्जाए णिरणुक्कोसा तुह्मे त्ति संभाविदं आसि । (क)

काम० । हा वत्से

जन्मान्तरादिव[4] पुनः कथमपि लब्धासि यावदयमपरः ।
उपराग इव शशिकलां क[5]वलयितुमुपस्थितोनर्थः ॥

इ[6]तरे । हा पिअसहि । (ख)

[क] हा तात विरम विरम द[7]र्शनोत्सुकास्मि ते वदनकमलस्य । प्रसीद संभावय माम् । क[8]थं मम कारणात्समस्तलोकालोकान्तरालविख्यातनिर्मल-कुलैकमङ्गलप्रदीपभूतमात्मानं परित्यजसि । मया पुनरनार्यया निरनुक्रोशा यूयमिति संभावितमासीत् ।

[ख] हा प्रियसखि ।

विधाताद्य सदृशीकरोतीत्यर्थः । आर्याच्छन्दः । अत्र लोको जगत् । अलोकः स्वर्गः । तयोर्मध्य इत्यर्थः । मङ्गलं श्रेयः । अनार्यया बालया । निरनुक्रोशा निर्दयाः । नन्दनाय दानोपक्रमात् ।

८३–८९. जन्मेत्यादि । उपरागो राहुग्रहः । यथा कृष्णपक्षाज्जन्मान्तराच्चन्द्रस्यैका कलोपलभ्यते तां च कवलयितुं राहुरुपस्थितस्तथा तावकीनमिदं वृत्तान्तस्वरूपमिति भावः । प्रमुग्धां पितृशोकज-

---

१ पसीद twice C; कहं A. E.; च after कधं B.; समत्थ A. C. E.; लोआलोआन्त° A. लोआअंत° E. २ विक्खंत B. विक्खअ C. विक्खिअ N. for विक्खाद; णिम्मलेक्कमंगल N. णिम्मलकुलमंगल C.; पदीव A. E.; अत्ताणं N. ३ जाणिदं after उण C.; अलज्जाए for अणज्जाए C. N.; णिरणुक्कोसाए तुह्मे परिच्चत्ता for णिर–आसि N. ४ °रादपि E.; लब्धासि भीरु यावदयं A. C. E. ५ विकलयितुमु° B. N. कलयितुमु°C. for कवलयितुमु°. ६ लवं० । for इतरे A. E. इतराः B. N.; E. om. हा; पिअ B. ७ संदर्शनसमुत्सुकास्मि Com. ८ कथं च मम Com.; विजृंभमाण for विख्यात Com.

ततः प्रविशति प्रमुग्धां[1] मालतीं धारयन्माधवः।

माध०। कष्टं भोः कष्टम्।

एषा प्रवासं कथमप्यतीत्य याता पुनः संशयमन्यथैव।
को[2] नाम पाकाभिमुखस्य जन्तुर्द्वाराणि दैवस्य पिधातुमीष्टे॥

मक०। सहसोपसृत्य[3] माधवं प्रति। **सखे अथ सा योगिनी क।**

माध०। **श्रीपर्वतादिहाहं[4] सत्वरमपतं तयैव सह सद्यः।**
करुणवनेचरवचनादनन्तरं[5] तां न पश्यामि॥

कामन्दकीमकरन्दौ। सप्रणयमाकाशे[6]। **महाभागे पुनस्त्रायस्व नः किमर्थमन्तर्हितासि[7]।**

लवङ्गिकामदयन्तिके। **सहि मालदि णं भणामि[8] सहि मालदि त्ति।**

सोत्कम्पम्[9]। **भअवदि परित्ताहि चिरणिरुद्धणीसासणिप्फरं-**

नितमोहाम्। अनर्थपरंपरायोगादतिकष्टम्। एषेत्यादि। इयं मालती प्रवासमतीतापि राक्षसीहस्तमतिक्रान्तापि पुनरन्यथैव कथं संशयं प्राप्ता। पि तृशोकात्। अत्रोपपत्तिमाह। फलदानाभिमुखस्य भाग्यस्य द्वाराणि सुखदुःखोपनयनानि निवारयितुं को नाम जन्तुरीष्टे समर्थो भवति। अपि तु न कोपीत्यर्थः॥ प्रवासः परहस्ते च परदेशेपि कथ्यत इति नानार्थः॥ नामानवक्लृप्तौ। द्वाराणीति बहुत्वेन निवारणेशक्यतोक्ता।

९१–९६. श्रीपर्वतादिति। श्रीपर्वतादहमिह सत्वरमतिशीघ्रमपतमागतोस्मि। तया मालत्या सह। करुणाप्रधानवनेचरवचनादनन्तरं

---

१ मुग्धां B. N. २ का नाम A.; जन्तोर्द्वाराणि B. C. ३ सहसोपेत्य। क सा योगिनी B. मक०। सखे क सा योगिनी N. ४ श्रीपर्वतादहं सत्वरमापतितस्तयैव A. E. श्रीपर्वतादिहागममंबरयानं तयैव C. श्रीपर्वतादुपगतामनुयातोनयैव सह N. ५ °नादंतरिता तां न N. ६ N. om. सप्र–शे; पुनः परित्रायस्वैनं किमर्थमत्रैवान्तर्हितासि B.; C. om. पुनः; A. E. om. नः. ७ किमित्यंतरितासि N. ८ भणामी N.; A. C. E. om. सहि; C. om. त्ति. ९ सोत्कण्ठं for सोत्कम्पम् A E.; परित्ताहि twice C. परित्ताअहि for परित्ताहि N.

से हिअअं। हा अमच्च हा पिअसहि दुवे वि[1] तुम्हे परप्परावसाणस्स कारणं जा[2]दा। (क)

काम०। हा[3] वत्से मालति।

माध०। हा प्रिये।

मक०। हा प्रियसखि। स[4]र्वे मोहमुपगम्य पुनः संज्ञां लभन्ते।

काम०। ऊ[5]र्ध्वमवलोक्य। तत्किमेष झटिति पाटयमानादिवाम्बुदादम्बु[6]निवहः परिस्खलन्नस्मान्प्रीणयति।

माध०। सोच्छ्वासम्। अये प्रत्यापन्नचेतना मालती। तथाह्यस्याः

भ[7]वति विततश्वासोन्नाहप्रणुन्नपयोधरं
हृदयमपि च स्निग्धं चक्षुर्निज[8]प्रकृतौ स्थितम्।

(क) सखि मालति ननु भणामि सखि मालति इति। भगवति परित्रायस्व चिरनिरुद्धनिश्वासनिःस्फुरमस्या हृदयम्। हा अमात्य हा प्रियसखि द्वावपि युवां परस्परावसानस्य कारणं जातौ।

तां मालतीं न पश्यामि। मालत्यपायमधिगम्येत्यादि करुणवनेचरवचनम्। आर्याच्छन्दः। सखि मालति ननु भणामि सखि मालति इति प्रलापक्रमोयम्। अत्र निःस्फुरं चलनशून्यम्।

१०२–१०८. सौदामिनीप्रभावकृतवृष्ट्याश्चर्यमाह। किमिति। मेघाभावाद्दृष्टेराश्चर्यहेतुतयेवकारः संगच्छते। प्रत्यापन्नं पुनरायातम्। भवतीत्यादि। अस्या नासा दीर्घश्वासा भवति। चलनादेव। प्रसन्नस्तनं

---

१ पि B.; परुप्प° E. परोप्प° C.; परप्परावसाणस्स N. २ जादं B. ३ B. om. हा. ४ इति before सर्वे C.; °मुपगत्य B.; A. E. om. पुनः. ५ C. N. om. ऊर्ध्वमवलोक्य; B. om. तत्; कथम् for किम् C.; तत् for एष N.; झटिति पात्यमान इवाम्बु° N.; °दंबुवाहः परि° B.; परिस्रवन्नस्मान्प्रीणाति A. E. ७ भवति विततश्वासा नासा प्रसन्नपयोधरं A. भवति विदिनः श्वासो नासा प्रणुन्न B. ८ निजे प्रकृतौ C.

तदनु वदनं मूर्छाच्छेदात्प्रसादि विराजते
परिगतमिव प्रारम्भेन्दोः श्रिया सरसीरुहम् ॥[1]

नेपथ्ये । अविगणय्य नृपं सहनन्दनं[2]
चरणयोर्नतमग्रिमुखे[3] पतन् ।
सपदि भूरिवसुर्विनिवर्तितो[4]
मम गिरा गुरुसंमदविस्मयः ॥

माधवमकरन्दौ । ऊर्ध्वमवलोक्य सहर्षम्[5] । भगवति दिष्टया वर्धसे ।
सा[6] योगिन्यम्बरतो विघटितजलदाभ्युपैत्ययं यस्याः ।
वागमृतजलासारो जलदजलासारमतिशेते[7] ॥

काम० । प्रियं[8] प्रियं नः ।

हृदयमपि भवति । चक्षुश्च स्निग्धं सन्निजप्रकृतिस्थिरं भवति । तदनु तत्पश्चान्मुखम् ॥ कर्तृ ॥ मूर्छापगमात्प्रसन्नं शोभते शोभया सर्वतो व्याप्तं पद्ममिव । परिणतामिति पाठे विकसितमित्यर्थः । विततश्वासोष्माहप्रणुन्नपयोधरमिति पाठे दीर्घश्वासस्योष्माहेनोद्गमेन प्रेरितौ स्तनौ यत्र तदित्यर्थः ।

१०९–११७. अवीत्यादि । तत्क्षणं मद्वाण्यामात्यो निवर्तते । कीदृशः । नन्दनसहितं नृपं पादनतमपि तिरस्कृत्याग्निसमूहे पतन् । गाढहर्षाश्चर्यश्च । सहभावस्य विकल्पात्सहनन्दनमिति । सेत्यादि । सेयं योगिनी भिन्नमेघा संप्रत्यायाति यस्या अयं वागमृतजलासारो वचना-

---

१ परिणतमिव noticed by Com. २ अवग° C.; नृपं ससुहृज्जनं C. ३ °मग्निचये पतन् N. ४ विनिवारितो B. विनिवर्तते E. N. ५ सविस्मयं for सहर्षम् A. E. ६ सा योगेश्वरीयं विघ° B. सा योगीश्वरीयं विघ° C. सा योगिनीयमनिरयविघ° N.; भ्युपेत्यस्याः B.; नौ for अयं N. ७ °मभिशेते E. ८ सहर्षं प्रियं नः C. प्रियं नः प्रियं A. प्रियं नः प्रियं नः N., E. om. one प्रियं.

माल०[1] । दिट्ठिआ पच्चुज्जीविदह्मि । (क)

काम० । सहर्षं[2] सबाष्पं च । एह्येहि पुत्रि मालति ।

माल० । कधं[3] भअवदी । (ख) इति पादयोर्निपतति ।

काम० । उत्थाप्यालिङ्ग्य मूर्ध्न्याघ्राय[4] ।

जीव[5] जीवितसमाय जीवितं देहि जीवतु सुहृज्जनश्च ते ।

अङ्कैस्तुहिनसङ्गशीतलैः पुत्रि मां प्रियसखीं च जीवय ॥

माध० । वयस्य मकरन्द संप्रत्युपादेयो माधवस्य[6] जीवलोकः संवृत्तः ।

मक० । सहर्षम् । एवमेतत्[7] ।

(क) दिष्ट्या प्रत्युज्जीवितास्मि ।

(ख) कथं भगवती ।

मृतजलधारा जलधरजलधारामप्यतिक्रामति । सौहित्यादिना ततोऽप्यधिका भवतीत्यर्थः । अत्र चिरस्य बहुकालेन ।

१२१–१३१. जीवेत्यादि । हे पुत्रि त्वं जीव । ततो वल्लभाय जीवितं देहि । त्वज्जीवनाद्बन्धवोपि ते जीवन्तु । प्रशस्ताङ्गैः ॥ प्रशस्तार्थे कन् ॥ हिमसंबन्धशीतलैर्मां लवङ्गिकां च जीवय । अत्रातिवृत्तमतिक्रान्तम् । संभावय योजय । कपालेत्यादि । अनया सौदामिन्या कपालकुण्डलारोषाद्दुर्जातं मालत्यपहरणरूपं तज्जनितविपत्तेः सकाशात्कृच्छ्रात्संकटान्निर्बन्धेनातिप्रयत्नेन वयमुद्धृताः ।

---

१ मालत्यादयः A. B.; चिरस्स after दिट्ठिआ C.; °दह्म A. B. °अह्मि N. २ सहर्षबाष्पं C. N.; E. om. सबाष्पं च; मालतीं प्रति । एहि पुत्रि E.; मे before पुत्रि C.; A. N. om. मालति. ३ कहं E. N.; A. B. om. इति; पादयोर्निपत्य रोदिति B.; B. breaks off here; पादयोः पतति A. E. ४ °घ्राय च G. मु्न्र्युणाघ्राय N. ५ एहि for जीव A. C. G. E.; C. om. जीवितसमाय; जीवितुं for जीवितं G. ६ A. E. om. माधवस्य. ७ °मेवैतत् G. ८ चिरस्य after दिट्ठ्या Com.

मदयन्तिकालवङ्गिके। पिअसहि मणोरहातिक्कन्तदंसणे संभावेहि[1] अङ्गे परिस्सङ्गेण। (क)

माल०। हा[3] पिअसहिओ। (ख) उभे आलिङ्गति।

काम०। वत्सौ किमेतत्।

माधवमकरन्दौ। भगवति[4]

कपालकुण्डलाकोपदुर्जातजनितापदः।
वयमभ्युद्धृताः[5] कृच्छ्रान्निर्बन्धादार्ययानया॥

काम०। कथमघोरघण्टवधो[6]विजृम्भितमेतत्।

मदयन्तिकालवङ्गिके। अहो[7] अच्चरीअं पुणरुत्तदारुणस्स परिणामरमणीअत्तणं विहिणो। (ग)

प्रविश्य सौदामिनी। उपसृत्य[8]। भगवति कामन्दकि स एष वोऽचिरन्तनोऽन्तेवासी जनः[9] प्रणमति।

(क) प्रियसखि मनोरथातिक्रान्तदर्शने[10] संभावयावां परिष्वङ्गेन।
(ख) हा प्रियसख्यौ।
(ग) अहो आश्चर्यं पुनरुक्तदारुणस्य परिणामरमणीयत्वं विधेः।

१३२–१४३. अत्र पुनःक्लेशकारितया पुनरुक्तदारुणत्वम्। प्रातिकूलस्यैव विधेरधुनानुकूलत्वमित्याश्चर्यम्। एहीत्यादि। मालतीरक्षणेन बहु-

---

१ इतराः for मद-ङ्गिके N.; मालदि after पिअसहि G.; °रहातरिददंसणे A. °रभातत्तरिददंसणे G. रहातिरित्तदंसणे E. रहादिरित्तदंसणे N.; कंत C. २ अङ्ग C. अङ्गि G. ३ C. G. om. हा. ४ कपालकुंडलाकोपविजृंभितमेतत after भगवति E. ५ वयमभ्युद्धृताः A. G. N.; कृच्छ्रान्निर्बन्धा° N.; निर्बन्धेनाधिया A. ६ E. om. वध, वधू for वध N. ७ A. om. अहो; अच्चरीयं twice G.; अच्चरिअं twice N.; पुनरु° A. E. N.; रमणीअत्तं विहिणो विलसिदं A. ८ N. om. उपसृत्य; C. has lost उपसृत्य—सौदामिनी. ९ G. om. वः; °रंतना ते° N.; °वासिजनः A. G. १० दर्शनेन Com.

काम० । अये भद्रा[1] सौदामिनी ।

माधवमकरन्दौ । सविस्मयम्[2] । कथमियं भगवत्याः पक्षपातस्थानमाद्या[3]शिष्या सौदामिनी । तत्सर्वमधुना संगच्छते ।

काम० । एह्येहि भूरिजन[4]जीवितदानपुण्य-
संभारधारिणि चिरा[5]दसि हन्त दृष्टा ।
दत्तप्रमोदमपि नन्दय मे शरीर-
मालिङ्ग्य सौहृदनिधे विरम प्रणामात् ॥

अपि च । धन्या त्वमेव ज[6]गतः स्पृहणीयसिद्धि-
रेवंविधैर्विलसितैरति[7]बोधिसत्त्वैः ।

जनरक्षणजन्यपुण्यनिवहधारिके हे चिरेण त्वं दृष्टासि । अतो हेतोस्त्वमेह्यागच्छ । हन्त हर्षे । ममाङ्गमालिङ्ग्य हर्षय । शरीरं कीदृशम् । दत्तानन्दमपि मालतीदर्शनेनेति भावः । हे सौहृदाश्रये नतेर्विरम । त्वमेव नमस्या यतः ।

१४४–१४७. तदेवाह । धन्येत्यादि । त्वमेव संसारस्य नमस्या। एवंविधैर्विलसितैराकाशाक्रमणरूपैर्वा श्लाघनीयसिद्धिस्त्वं यतः । कीदृशैः । बोधिसत्त्वा जीमूतवाहनादयः । तानप्यतिक्रामन्ति तैः । तेषामेकैकजीवनात्त्वया त्वनेकजीवनादातिशय इति भावः । यद्वा । बोधिसत्त्वो बुद्धविशेषः । तदतिक्रमवर्तिभिः । अनेकपुण्यकारित्वात् । यस्यास्तव विजृम्भितं चेष्टितं पूर्वपरिचयेन प्रतिबद्धमङ्कुरितं बीजं कारणं यत्र तत् । उद्भूतप्रचुरफलयुक्तं च भवति । तथा च त्वदुपकरणेन कृतार्थास्मीति

१ भद्रे N.; °मिनि N. २ N. om. सविस्मयम् ; C. om. कथमियम्; सा after °मियं N. ३ आद्या शिष्या A. °मद्यशिष्या C.; यत् for तत् E. N.; G. om. this speech. ४ भूरिवसु A. C. N. ५ चिराय मयासि दृष्टा A. E. ६ जगता A. जगति C. ७ °राधिबोधिसत्त्वैः E. °रतिरोधिसत्त्वैः G.

यस्याः पुरापरिचयप्रतिबद्ध[1]बीज-
मुद्भूतभूरिफलशालि विजृम्भितं[2] ते ॥

मदयन्तिकालवङ्गिके। इअं सा अज्जा सौदामिणी[3]। (क)

माल०। बाढं। इमाए[4] क्खु भअवदीसंबन्धपक्खवादिणीए णिब्भच्छिअ कवालकुण्डलं[5] अत्तणो आवसधं उवणीअ भअवदीसिणेहणिव्विसेसं समासासिदह्मि[6]। किं च केसरावलीसाहिण्णाणहत्थाए इह आगच्चूण सव्वे[7] तुह्मे संधारिदा। (ख)

(क) इयं सा[8] सौदामिनी।

(ख) बाढम्। अनया खलु भगवतीसंबन्धपक्षपातिन्या निर्भर्त्स्य कपालकुण्डलामात्मन[9] आवसथमुपनीय भगवतीस्नेहनिर्विशेषं समाश्वासितास्मि। किं च केसरावलीसा[10]भिज्ञानहस्तयेहागत्य सर्वे यूयं संधारिताः।

भावः। अन्यदपि कलमाद्यङ्कुररूपं विजृम्भितं पूर्वप्रतिबद्धबीजमुद्भूतप्रचुरफलशालि भवतीति ध्वनिः।

१५१–१५३. अत्र समासादिता प्रापिता। केसरावली बकुलमाला सैवाभिज्ञानं प्रत्ययचिन्हं हस्ते यस्याः। तया संधारिता रक्षिता

---

१ बीअ G. बंधि E. for बद्ध. २ विजृंभितेन N.; नः for ते G. ३ सोदा° G. N. ४ एमाए G.; E. G. om. क्खु; A. E. om. संबन्ध; भअवदीणिब्विसेसं बद्धपक्खवादाए N. ५ कुण्डलां A. उअणीअ G. उवणिअ N.; मं after उवणीअ A. C. E.; N. om. भअ—सेसं; A. E. om. सिणेह. ६ सादिदह्मि G.; अ for च N.; °वलीआहिण्णा° A.; एत्थागदुअ for इह आगच्चूण G. इहाग° N. ७ सावसेसं धारिदा E. °धारिदात्ति C. सव्वे संधारिदा तुह्मेत्ति G.; A C. E. om. तुह्मे; after संधारिदा A. has मरणादो सा एसा जीविदप्पदाइणी सोदामिणी, E. with A. but has सोदा• for सौदा°, C. has मरणादो ता एसा तादजीविद &c. as in A. E. ८ Com. om. सा. ९ °मात्मनोवसथ° Com.; Com. om. स्नेह; समासादितास्मि Com. १० वल्याभिज्ञान Com.; सर्वे संधारिता मरणाद्यूयं Com.

मदयन्ति[1]कालवङ्गिके । सुप्पसण्णा णो कणिट्ठा भअवदी । (क)

माधवमकरन्दौ । अहो नु खलु भोः ।

अपि चिन्तामणिश्चिन्तापरि[2]श्रममपेक्षते ।
इदं[3] त्वचिन्तितं मन्ये कृतमाश्चर्यमार्यया ॥

सौदा० । स्वगतम् । हन्त लज्जयति मामत्य[4]न्तसौजन्यमेषाम् । प्रकाशम् । भगवति एतत्प्रहृष्टनन्दनाभिनन्दितेन राज्ञा पद्मावतीश्वरेण भूरिवसोः प्रत्यक्षमभिलिख्य प[5]त्रमायुष्मतो माधवस्य प्रेषितम् । लेख[6]मर्पयति ।

काम० । गृहीत्वा वाचयति । [7]स्वस्त्यस्तु वः । परमेश्वरः समाज्ञापयति यथा

(क) सुप्रसन्ना नः कनिष्ठा भगवती ।

मज्जीवनेनेति भावः । अत्र त्वज्ज्येष्ठा कामन्दकी यथास्माकं सुप्रसन्ना तथा त्वमपि भवेत्यर्थः । सौदामिनीज्येष्ठत्वादपि भगवत्या गुरुत्वात्तस्यामत्यादरसूचनम् । यद्वा । सौदामिन्या एव भगवतीकानिष्ठत्वेनादर उक्तः ।

१५५–१५८. अपीत्यादि । चिन्तामणिरपि चिन्तारूपं परिश्रममपेक्षते । अचिन्तितप्रदाने चिन्तामणित्वव्याघातादिति भावः । इदं पुनराश्चर्यं मन्ये यदार्यया सौदामिन्याचिन्तितं कृतमिति । तथा चात्रानुकारोपि नेति भावः । अत एवात्यन्ताश्चर्यम् । नन्दने प्रहर्षो मकरन्दमदयन्तिकानुरूपघटनात् ।

१६३–१६८. वरगुणानाह । श्लाघ्यानामिति । यदिह त्वयि जामातर्यत्यर्थं प्रीतोस्मि तेनेयं मदयन्तिका तव प्रीत्यै त्वत्प्रीतिं कर्तुं भवतः

१ इतराः for मद–ङ्गिके N. २ परिग्रह [or भ्रम] मपेक्षते N. ३ इदं त्वकृतमन्येन कृताश्चर्यमचिन्तितं A. E. इदं त्वकृतमन्येन कृतमा° G. ४ मामेवं सौ. ज° A. E. ५ A. E. om. पत्रम्; अस्मत्तो for आयुष्मतो E. ६ इति पत्रमर्पयति A. लेखपत्रमर्पयति E. इति लेख° G. ७ N. om. स्वस्त्यस्तु–यथा.

श्लाघ्यानां गुणिनां धुरि स्थितवति श्रेष्ठान्वये च त्वयि
प्र[2]त्यस्तव्यसने महीयसि परं प्रीतोस्मि जामातरि ।
तेनेयं मदयन्तिकाद्य भवतः प्रीत्यै तव प्रेयसे
मित्राय प्रथमानुरागघटिता[3]प्यस्माभिरुत्सृज्यते ॥

माधवमुद्दि[4]श्य । वत्स श्रूयताम् ।

माध० । श्रुतम् । इ[5]दानीं सर्वतः कृतार्थोस्मि ।

माल० । दिट्ठिआ दा[6]णिं अवहदं हिअअस्स आसङ्कासल्लं । (क)

लव० । संपदं णिर[7]वसेसं माहवसिरिणो मालदीए अ फलिदा मणोरहा । (ख)

(क) दिष्ट्येदानीमपहृ[8]तं हृदयस्याशङ्काशल्यम् ।

(ख) सांप्रतं निरवशेषं श्रीमाधवस्य मालत्याश्च फलिता मनोरथाः ।

प्रेयसे मित्राय सुहृदे मकरन्दायाद्यास्माभिरपि दीयते । पूर्वमनुरागेण दत्ता । प्रीतिहेतुमाह । सच्चरितानां गुणिनां च गणनीये स्थिते प्रशस्तवंशे । पाठान्तरे ख्यातवंशे । प्रत्यस्तं क्षिप्तं व्यसनमशुभं यत्र तत्र । सातिशये । प्रत्युत्पन्नमताविति पाठेभिनवोत्पन्नबुद्धौ प्रतिभावतीत्यर्थः । कृतार्थता नृपनन्दनाविरोधात् ।

१६९–१७९. अत्रेत्ताहे इदानीम् । आशङ्का विरोधादिविषया । मर्मभेदित्वाच्छल्यम् । अत्र श्रीमाधवस्येति प्राकृते पूर्वनिपातानियमत्वात् ।

---

१ °न्वयेपि त्वयि A. E. श्रेष्ठान्ववाये त्वयि N. २ प्रत्युत्पन्नमतौ noticed by Com. ३ घटिता यास्मा° E. ४ सहर्षं after उद्दिश्य N.; श्रुतं श्रुतं for वत्स श्रूयताम् N. ५ इदानीमेव कृतार्थः संवृत्तोस्मि G. ६ एत्ताहे A. संपदं E. for दाणिं, C. om. दाणिं; अपहदं A. गदं E.. ववगदं G. for अवहदं; दिट्ठिआ एदं वि दाव अपगअं हिअअस्स N.; णो before हिअअस्स A. E.; संका for आसङ्का G. ७ णिसेसं for णिरवसेसं C. E.; C. om. अ; समं after अ A. and before अ E.; फुरिदा for फलिदा E.; °रधा G. निरवसेसा माहवस्स मणोरहा पूरिदा N. ८ °हृतं नो हृद° Com.

मक० । पुरोवलोक्य । कथमवलोकिताबुद्धरक्षिते कलहंसकेन सह[1] प्रमोदनिर्भरं नृत्यन्त्यावित एवागच्छतः ।

त[2]तः प्रविशतोवलोकिताबुद्धरक्षिते कलहंसकश्च । विविधं नृत्यं कृत्वा सर्व उ[3]पसृत्य सप्रणामं कामन्दकीं प्रति । जअ भअवदि कज्जणिहाणे । माधवं प्रति । जअ मअरन्दणन्दण माहव पुण्ण[4]चन्द दिट्ठिआ वड्ढसि । (क) स[5]र्वे सस्मितं पश्यन्ति ।

लव० । को वा इमस्सिं[6] संपूरिदसव्वप्पआरमहूसवे ण परिहाससंपुण्णो होइ । (ख)

(क) जय भगवति कार्यनिधाने । जय मकरन्दनन्दन माधव पूर्णचन्द्र दिष्ट्या वर्धसे ।

(ख) को वास्मिन्संपूरितसर्वप्रकारमहोत्सवे न [7]परिहाससंपूर्णो भवति ।

फलिता मनोरथाः । एतयोरायतिशुद्धविवाहादिति भावः । [सर्वेषा०] भगवति कार्यनिधाने । अत्र जयेति शेषः । [लव० वा०] अपि तु सर्वोपीत्यर्थः ।

---

१ G. om. सह; सुप्रमोदं A. सप्रमोदं G. for प्रमोदनिर्भरं, E. om. प्रमोदनिर्भरं; N. om. पुरोवलोक्य and has कथं बुद्धरक्षितावलोकिताकलहंसाः दूरतः समुदितानस्मान्वीक्ष्य तत्रैव हर्षनिर्भरं प्रनृत्ताः for कथमवलो–गच्छतः. २ N. om. ततः प्रविशतो–पश्यन्ति; ततः प्रविशंति अवलोकितानुद्धरक्षिताकलहंसाः G.; प्रविशतो यथानिर्दिष्ट अवलो° C.; कलहंसश्च A. ३ E. G. om. सर्व उपसृत्य; कज्जणिव्वाहणे C. ४ पुण्णभंद C. G. ५ सहर्षं before सर्वे A.; इति सर्वे सविस्मयं पश्यंति G. ६ इमस्सिं परिपुरिदसव्वमहूसवे ण णच्चादि A. इमस्सिं सव्वप्पआरपरिपूरिदमहूसव [वे] ण सपरिहाससंपुणो होदु E. को णाम इमस्सिं महूसवे ण णच्चादि N.; परिहासपुणो G. ७ नृत्यति for परिहा–वति Com.

काम०। एवमेतत्। [1]अस्ति वा कुतश्चिदेवं महाद्भुतं विचित्ररमणीयोज्ज्वलं महाप्रकरणम्।

सौदा०। इदमत्र [2]रमणीयतरं यदमात्ययोर्भूरिवसुदेवरातयो[3]श्चिरात्पूर्णोयमितरेतरापत्यसंबन्धात्मा मनोरथः।

माल०। स्वगतम्। कहं विअ। (क) १८९

माधवमकरन्दौ। सकौतुकम्। भगवति अन्यथा वस्तुवृत्तमन्यथा वचनमार्यायाः।

लव०। जनान्तिकम्। भअवदि किं[4] पडिवज्जिदव्वं। (ख)

काम०। [5]स्वगतम्। संप्रति मदयन्तिकासं[6]बन्धान्नदनोपग्रहात्प्रत्यस्तशङ्काः खलु वयम्। प्रकाशम्। वत्सौ न खल्वन्यथा वस्तु[7]वृत्तं यतः १९०

श्रावकावस्थायामस्मत्सौदामिनी[8]प्रत्यक्षमनयोर्वृत्तेयं प्रतिज्ञावश्यमाभ्यामपत्यसंबन्धः कर्तव्य इति। [9]प्रधानप्रकृतिकोपस्त्वेवं परिहृतः।

(क) कथमिव।

(ख) भगवति किं [10]प्रतिपत्तव्यम्।

१८१-१९५. अद्भुतमित्यादिनोपगूहनमाह। यदाह।

अद्भुतस्य तु संप्राप्तिर्भवतादुपगूहनम्॥ इति।

प्रकरणं मालतीमाधवाख्यम्। कथमिव। अत्र पित्राद्यनुमत्या नाहं दत्ता तत्कथमियमेवमाहेति भावः। अन्यथेति। चोरिकया वृत्तं वस्तु वि-

१ E. om. अस्ति वा; भूतं A. भूतमत्यंत N. for महाद्भुतं; चित्र for विचित्र C. २ रमणीयान्तरं for रमणीयतरं A. E.; इदं कुत्र रामणीयकं यद० N.; अमात्यभूरिवसु C. G. ३ G. om. चिरात्; चिरात् संपूर्णोय० N.; सम्बन्धान्मनोरथः A. संबंधामृतमनोरथः G. संबंधादिपूर्वको मनोरथः N.; G. ends here. ४ एत्थ after किं A. ५ अपवार्य N. तथैव E. for स्वगतं. ६ संबंधेन नंदनावग्रहात् N. ७ तंत्रं for वृत्तं E.; अन्यथावचनमार्यायाः after वृत्तं N.; यथा for यतः N. ८ सौदामिनीसमक्षं तयोर्वृत्तेयं N. ९ C om. प्रधान; प्रतिहतः for परिहृतः A. E. १० किमत्र प्रतिपत्तव्यं Com.

माल० । अहो संवरणम्[१] ।

माधवमकरन्दौ । आश्चर्यम्[२] । जयन्ति महतां संस्तुतापलापिन्यः कल्याणिन्यो नीतयः ।

काम० । वत्सौ[३]

यत्प्रागेव मनोरथैर्वृतमभूत्कल्याणमायुष्मतो-[४]
स्तत्पुण्यैर्मदुपक्रमैश्च फलितं क्लेशोपि[५] मच्छिष्ययोः ।
निष्णातश्च[६] समागमोपि विहितस्त्वत्प्रेयसः कान्तया
संप्रीतौ नृपनन्दनौ[७] यदपरं प्रेयस्तदप्युच्यताम् ॥

माध० । सहर्षं प्रणमन्[८] । भगवति अतःपरमपि प्रियमस्ति । तथापीदमस्तु भगवतीपादप्रसादात्[९] ।

वाहकृत्यम् । आर्यायाः सौदामिन्या वचनमन्यया । अमात्यागोचरेणेत्यर्थः । [लव० वा०] अत्र सौदामिनीवचनं किंरूपमित्याशयः । श्रावकेति पाठकदशायाम् । प्रकृतिः शिष्टः । [माल० वा०] अहो संवरणम् । अत्र मन्त्रिणो मत्पितुरिति शेषः । कल्याण्यो मम संपन्ना यत इति भावः ।

१९७–२००. यदित्यादि । यदायुष्मतोर्युवयोः कल्याणमन्योन्यलाभरूपं पूर्वं मनोरथैरेव वृतमाकाङ्क्षितमभूत्तत्पुण्यैर्मदुपक्रमैश्च निसृष्टार्थदूतीकल्पकपटैः फलितम् । मच्छिष्ययोरवलोकितासौदामिन्योः क्लेशोपि फलित इति । लिङ्गविपरिणामो योग्यत्वात् । क्लेशेनेति पाठे ताभ्यामेव

---

१ अहो for अहो N. उत्तमस्स after संवरणम् C. २ आश्चर्यं जनयंति खलु महतामविसंवादिन्यः कल्याणनीतयः N.; महतां विसंधुलाप्रतीपिन्यः कल्याणिन्यो A.; महतामेव संस्तुतप्रलापिण्यः E. ३ वत्स माधव A. E. ४ °मायुष्मता तत् E. ५ क्लेशोपि A. क्लेशोपि or शोकोपि N. ६ संपूर्णश्च or निस्तीर्णश्च for निष्णातश्च N.; च for अपि A. E. ७ रघु for नृप N.; किम् for यद् A. E.; श्रेयः for प्रेयः A. E. ८ प्रणमति A. E.; N. om. प्रणमन् भगवति; किम् before अतः N. अतोपि परं A. अतोपि परमं E.; N. om. अपि. ९ A. E. om. पाद; भरतवाक्यं for भग—दात् N.

सन्तः सन्तु निरन्तरं सुकृतिनो विध्वस्तपापोदया
राजानः परिपालयन्तु वसुधां धर्मे स्थिताः सर्वदा ।
काले संततवर्षिणो जलमुचः सन्तु स्थिराः[1] पुण्यतो २०५
मोदन्तां घनबन्धुबान्धवसुहृद्गोष्ठीप्रमोदाः[2] प्रजाः ॥

फलितमित्यर्थः । तथा त्वन्मित्रस्य मकरन्दस्य मदयन्तिकया सह संबन्धोपि निष्णातो निःशङ्कं विहितः । नृपनन्दनावतिप्रीतौ विहितौ । अत एव निःशङ्कता । अपरमतःपरं यत्प्रेयः प्रियं कर्तव्यमस्ति तदप्युच्यताम् । तत्करोमीत्यर्थः ।

२०३–२०६. सन्त इत्यादि । सज्जना निरन्तरं धार्मिकाः सन्तु । अत्र हेतुः । विनष्टपापोद्रेकाः । तथा च सतां पुण्यमुज्जृम्भतां पापं नश्यतामित्यर्थः । राजधर्मे रक्षणादौ सदा स्थिता नृपा भुवं रक्षन्तु । वसु धनं दधातीति वसुधेत्यनेन विपुलधनवत्त्वं भुव उक्तम् । काले वर्षादौ सस्याविरोधि सम्यक्ततं व्यापकं यथा तथा वर्षणशीला मेघाः सन्तु । अकालवृष्ट्या सस्यनाशात्काल इत्युक्तम् । अत्र हेतुमाह । प्रजानां लोकानां पुण्यात् । प्रजा हृष्यन्ताम् । घनवद्बो निरन्तरकृतो बान्धवानां संबन्धिनां सुहृदां मित्राणां गोष्ठीषु प्रकृष्टहर्षो याभिस्ताः । तदनेन प्रशस्तिरुक्ता । काव्योपसंहारोप्यनेनैव कृतः । यदाह ।

वरदानस्य उक्तिर्या सा काव्य उपसंहृतिः ॥ इति ।

लब्धे दुर्लभशासनं सुरगणग्रामश्च कैवर्तिका-
द्विद्यावंशविभूषिते अपि शुभे च्छत्रे उभे धारिते ।
येनायं समभाङ्गजातितिलकश्चण्डेश्वरः पण्डितो

---

१ क्षितौ for स्थिराः C. २ धन for घन E.; बद्ध for बन्धु A.; भोग for गोष्ठी C.; instead of this stanza N. has the following :—

श्रीरस्तु सर्वजगतां परहितनिरता भवंतु भूतगणाः ।
दोषाः प्रयान्तु शांतिं सर्वत्र सुखी भवतु लोकः ॥

काम० । एवमस्तु । इति निष्क्रान्ताः सर्वे ।

मालतीमाधवे[2] दशमोऽङ्कः ॥

॥ इति[3] मालतीमाधवं नाम प्रकरणं समाप्तम् ॥

मीमांसैकरहस्यवश्यहृदयो दावावदाताशयः ॥ १ ॥

देवेशी समसूत सोयममलं मीमांसकं सत्कविं

सोप्युच्चैरजनिष्ट जैमिनिमते रामेश्वरं सद्बुधम् ।

सूते स्मायमपि प्रतीपजयिनं मीमांसयालंकृतं

शुद्धं धीरगदाधरं कविवरं पुत्रं पवित्राशयम् ॥ २ ॥

विद्याधरं वरमजीजनदेष धीरं

हीरं जनेषु जयिनं गुरुणोक्तशास्त्रे ।

प्रासूत सोयममलं गुणिनं सुपुत्रं

तं रत्नपूर्वधरमेष जगद्धरं च ॥ ३ ॥

येनापाठि कठोरगोतमाणं [तममणेः ?] वैशेषिकं खण्डनं

येनाश्रावि सकोषकाव्यनिवहं तत्पाणिनीयं मतम् ।

छन्दोलंकरणं च भव्यभरतं येनाध्यगामि श्रुति-

स्तस्यामुष्य जगद्धरस्य कवितुष्टीकेयमुज्जृम्भताम् ॥ ४ ॥

असूत यं रत्नधरोतिभव्योतिभव्यरूपा दमयन्तिकापि ।

जगद्धरं तत्कृतटिप्पणेऽङ्कः समाप्तिमापद्दशमोनवद्यः ॥

इति श्रीमन्महोपाध्यायपण्डितराजमहाकविराजधर्माधिकारिश्रीरत्न-धरपण्डितात्मजश्रीजगद्धरविरचितायां मालतीमाधवटीकायां दशमोऽङ्कः ॥

---

१ N. om. काम० । एवमस्तु; परिक्रम्य after इति C. २ E. N. om. मालतीमाधवे. ३ समाप्तश्चेदं मालतीमाधवप्रकरणम् A.; नाटकं for प्रकरणं C.; स-माप्तिमगमत् for समाप्तम् E. इति श्रीभवभूतिविरचितं समाप्तमिदं मालती N., N. om. समाप्तम्.

READINGS OF N.—PP. 1.—168

ACT I.

The Numbers indicate the lines.

३ ककुभो नर्वने शूल. ४ पांतु फीत्कारवत्यः. ६ शिखा for पुट. ७ कठोरकैतकशिखा. ८ adds the stanza with A.; शार्कारि for शङ्करि. ९ अलमलं for अल—रेण. १० प्राचीमवलोक्य; समुदितभूयिष्ठ एव भगवानंबरमणिः । तदुपतिष्ठे. १२ om. प्रणम्य. १३ देहि for धेहि. १७ अयं after वास्तव्यो. १८ तत्किमत्र प्रतीक्षते after समाजः; om. च; विदग्ध for जन. १९ °दपूर्वेण प्रयोगेण वयं विनोदनीया इति; om. तत्किमि—भाव. २० तत्परिषन्नि०; प्रबंधमवगच्छामः. २२ प्रविश्य नटः for सूत्र०; भाव for मारिष; om. तत्र; याननुवर्तते भगवंत आर्यविदग्ध. २३ om. भग—देवाश्च. २४ सूत्रधारः for नटः. २५ चिन्ता; नटः । भाव कतमस्मिन्प्रकरणे after विदग्धता च. २६ विचिन्त्य before स्मृतं; om. तर्हि. २७ om. नटः । भाव; क इव. २८ om. विदर्भेषु; पद्मनगरं नाम; ब्राह्मणाः after तत्र. २९ तैत्तिरीयाः for तैत्तिरीयिणः; यायावाराः before पञ्चाग्नयो. ३१ om. स्म. ३२ तत्त्वविनिर्णयाय भूरि. ३४ om. सुगृहीतनाम्नो. ३५ °कंठस्यात्मजः श्रीकंठ; पदवाक्यप्रमाणज्ञो before भवभूति. ३६ °तिर्नाम; om. जातूकर्णीपुत्रः; निसर्गसौहार्देन भरतेषु वर्तमानः स्वकृतिमेवं प्रगुणभूयसी°. ४० °त्स्यते मम च कोपि. ४१ after पृथ्वी the following:—तदुच्यंतां तत्प्रख्यापनाय सर्वे कुशीलवाः यथा संगीतकप्रयोगे वर्णिकापरिगृहे च वर्तंतामिति । कविवर्णनं प्रति तु तेनैवोक्तम् ।

गुणैः सतां मम न को गुणः प्रख्यापितो भवेत् ।
यथार्थनामा भगवान्यस्य ज्ञाननिधिर्गुरुः ॥

४२ om. अपि च. ४६–४९ om. अतो–प्रवर्तन्ताम्. ५० स एष for एवं; तावद्भूमिकाः सर्वाः for किंतु–खलु. ५२ च for तु. ५४ ततः for किं. ५७ कलहंसमकरंद. ५८ प्रबंध after तत्. ५९ om. बाढं. ६०–६२ om. इति–ततः; रक्तपटिका-नेपथ्ये उपविष्टे प्रविशतः; प्रस्तावना। ततः प्रविशति कामंदकी after प्रविशतः. ६५ om. तयोः; °णिनोरनयोर्भूरि°. ६६. om. वामा-पित्वा. ७० महं खु; °खेपो. ७१ मेत्त after चीवर; पाअ for वाद; पाणउत्ति. ७२ °वर्दि ईरिसेसु आयासेसु अमच्च; णिओजेदि; अ after कहिं. ७३ °वग्गहेहिं; om. पि; णिरिक्खवीअदि for णिउज्जीअदि. ७४ om. ब्रूहि. ७७ om. अपि; यदैव नो; om. वासिनां. ७८ om. च. ८० राजस्य मंत्रिणः. ८१ कुतः after सुविहितम्. ८४ om. त्ति. ८८ खु for हु. ८९ णिरपेक्ख.° ९० om. हि. ९४ श्रेयानस्माक.° ९७ °मतिसंभाय. १०४ सा for यत्. १०५ लुलितलुलितैः. १०६ तदो for जदो; om. अत्तणो; उक्कंठाविणोदकालणं माहव. १०७ °न्दयं; om. तं; om. अज्ज; मंदारिआहत्थे णिक्खित्तं दाव. १०९ om. विचिन्त्य; om. यतो. ११० °हंसस्तां; om. मंदारिकां; om. घटेत. १११ °मुपोद्घाताय माध°. ११२ महोसवं. ११३ om. अज्ज; पहादे. ११४ होदि for होदु. ११६ मत्पूर्वशिष्यां. ११७ om. सौदामिणी अहुणा; °सादिअच्चारि°. ११८ कावालिआवदं. १२४ एत्थ for रत्तिविहारिणी. १२५ साहसिअस्स for साहअस्स; अहो-र°; °हेअस्स. १२६ अंदेवा°; °हावा; आअच्छइ for समाअच्छ-दि°. १२८ सव्वं हि. १२९ एसो वि. १३० णंदणमइणिं; °अंतिअं जादि समुव्वहेदि. १३१ तं वि; अहिअं for दुदीअं; om. किदं; होदि

१३२ हि सा for तत्र; तस्याः for मत्. १३४ om. विचिन्त्य. १३६ इति for उभे. १३७ om. तत्. १३८ तंत्रपितव्यः. १४१ गरीयान°. १४३ मिश्रविच्छ°. १४५ °रद्धआवलेवरूवविब्भमाखित्त. १४७ इइ for इमारिंस; खणं for मुहुत्तं; मअरंदसहअरं पेक्खि°. १४९ om. इति —इति. १५० प्रविश्य for ततः प्रविशति. १५१ कथितमेवावलो°. १५२ om. तत्रैव; इति before परिक्रम्य. १५३ इति निरूप्य. १५८ om. यथानिर्दिष्टो. १५९ om. माधवः। स्वगतम्. १६३ आश्चर्यं thrice. १६४ °ममृताप्लवनादिवासीत्. १६७–१६८ om. मक°—मकरंदः १६९ om. माधव; घर्मांशुः for तपनः. १७१ om. माध°—विशतः. १७२ om. दृष्ट्वा; कहं णु मअलंद; om. इदं ज्जेव्व; om. वउल. १७३ om. से; विधुर for विज्झुरंत. १७४ om. मुहुत्तं. १७५ होदु. १७६ om. एव. १७७ कांचनपादप.° १७८ om. माधव; om. किल; om. जन. १७९ कामदेव for मदन; °दृशमिव भवंत°. १८० अपि-त्वमवतीर्णो°; गोचरतां. १८१ माधव । न हि न हि for माधव—इति. १८२ om. विहस्य; तत्किमिव नम्रमुग्ध; om. पश्य. १८३ जंतुषु च यस्त°. १८४ अपि for च. १८७ ते after कथयामि; om. श्रूयताम्. १८८ इतस्ततश्च for तत्र चेतस्तत; om. अवलोक्य च. १८९ मधु-रमदिरामोदपरिमला°; कल after सकल. १९० om. बकुल; भरणस्य रमणीयांगन. १९३ om. अस्मि; मकरकेतनस्य. १९४ बाल after मुग्ध. १९५ इत for तत. १९८ कला for सुधा. २०१ om. सा; om. अविरल—°दिनीभिः. २०२ तदा before तस्याः; om. च. २०३ कस्मिन्नापि महा°. २०५ om. अस्याः; मृणाल. २०९ om. पुनर्; om. प्रथम. २१० °मंतःकरणमु-पसंहृतवती. २११ सर्वथा after बहुना. २१६ om. माधव; सव्य-पेक्षश्च. २२१ रश्माबुद्यते. २२२ om. one ततः. २२४ °मिती-

व नाम. २२६ अन्योन्यमेव चतुरेण. २२८ om. स्वगतम्; ततस्तत: after नाम. २३० संचरणरणरणायमानमंजीरमंजु. २३१ om. कल; किंकिणीरणरणत्कार; प्रतिनिवृत्य for परिवृत्य. २३२ कोपि कस्या अपि वल्लभः तिष्ठ°. २३४ om. स्वगतम्; प्रिया for प्राग्. २३५ om. आकर्ण्य; एदाणं for कधं; रमणिज्जा°; इत्थिआकहा. २३७°वातिवर्ति. २३८ विभ्रममायताक्ष्याः. २४५ किं for तैः. २४९ om. एवं; रसेन संनिधिना विधेयी.° २५० पारिप्लवमा°; °पङ्गोतु°; बकुलपुष्पदाम्नो. २५१ om. मिलित. २५२ वेत्रधरवर्षवर; om. पुरुष; २५४ om. तदा च. २५९ सकलकरणानामविषयः. २६८ एव्व; हवे. २६९ अभिषंगः. २७२ यस्मिन्कामश्च. २७६ काचित्तत् for महतः; अन्या for अन्यतमा; om. बाल. २७८ om. वः सुमनसां. २७९ तस्यां. २८०अस्य after कृतार्थता; फलतु निर्माणं रमणीयतायाः. २८१ om. विधातुः; नो after एष. २८४ °युक्तयाख्यात°. २८५ एकापत्यरत्नं for प्रसूतिः; इति after नाम; धात्रेयी. २८७ om. सहर्षम्; दिट्ठिअं जिदं देवेण भअवदा. २८८ om. वा. २९० स्वगतं before तां. २९१ याचत for प्रार्थयत; प्रकाशं । ततस्ततः after श्रूयते. २९२ अनुपाच्यमानः for अनुरूप्यमानः. २९३ °दवतीर्य. २९४ विहस्तताविषमरचितैकभागामपि. २९५ om. प्रति; प्रसंग for भंग. २९६ महाघोर; संकुले विघ°. २९८ om. हि; प्राक्प्रबंधस्तस्याः; °षंगः. २९९ om. एव. ३०० om. कुमार्यः. ३०३ कोप्येष इतीरितं च. ३०४ अ for चित्तं; चित्रं दर्श०. ३०६ कलहंस; माधवस्य रूपमभि०. ३०७ एव्व. ३०९ अह. ३१० तर्कः for वितर्कः. ३११ om. कलहंसक. ३१२ मह for मए; °रिआहत्यादो; om. वि. ३१४ °लेख्येन प्रयो°. ३१५ विणोअणं त्ति. ३१६ om. माधव. ३२१ द्रष्टव्यरूपा भवती; om. मालती. ३२२ om. तदुपनय—उपनयाति.

३२५ दशावुद्गतो. ३२६ °कल्पोपनतजाडिम. ३२९ तयाप्य-वहितोस्मि । ३३० om. विलोक्य; °षंगः. ३३१ निर्माय लिखितं; om. श्लोकः । वाचयति. ३३६ पटाक्षेपेण for सत्वरं; पोरअ for कलहंसअ; पदाणु०; om. उव. ३३७ om. माध-रंदो; सहर्षं for सलज्जम् ; कहं; महाभाआ; एत्थ for इह. ३३८ एव्व; om. उपसृत्य; प्रणमति for पणमामि. ३३९ मक° for उभौ. ३४० कलहंस. ३४१ गेण्ह इमं. ३४२ गृहीत्वा before विलोक्य; om. कलहंसअ; om. उण. ३४३ अहिलिहिदा. ३४४ जो एव्व जं णिमित्तं. ३४५ दिट्ठिअं दंसिदं अत्तणो सफलं विण्णाणं पभा वइणा. ३४७ सखि before मन्दारिके. ३४८ तह तह for महा—इं. ३५० फणादि वादा-अणं गदेत्ति. ३५१ om. ननु. ३५२ एव before एतत्. ३५३ °म ण्णादु, °भावो; om. एदं. ३५४ आअरिदं for सुचरिदं. ३५७ मध्या-ह्नो वर्तते for खरतर—मङ्गः. ३५८ प्रविशावः for गच्छावः; om. इति. ३६२ रेखा. ३६५ प्रद्योत°. ३६८ स्वगतं before अभिहंति. ३७२ तत्रभवती for तद—ती. ३७३ आत्मगतं; om. आश्चर्यम्. ३७४ तामित इतश्च पुरश्च पश्चा°. ३७५ एव च वर्तमानां. ३७७. °मासंग. ३८४ श्रीमन्मालतीमाधवीयनाम्नि नाटके for बकु—नाम.

ACT II.

१ एका for प्रथमा; सहि for हला; दुदीआ भअवदी किं वि मंत°. २ आसि. ३ हि for किल. ४ om. ज्जेव्व. ५ om. प्रथ°—र्कि. ६ om. भअवदीए. ७ मए वि ताव कहिदं जह लवंगि.° ८ om. विवित्ते; उवरिअलिंदं before वट्टदि. ९–१२ om. प्रथ° । हला—समारूढा. १३ °हावस्स संगमकहाए अत्ताणं. १५ om. निःश्वस्य; खु before

से. १६ अ for च. १७ कालणादो; दारिआं. २० तदो खु for ता जादो. २१ om. क्खु; ताए after क्खु. २३ ।किं ।वि; एत्थ दंसोदि. २६ om. परिक्रम्य. २७ om. उपविष्टा. २८ om. हुं सहि. २९ सहि केण for तदो तेण; °हावेण; om. मे. ३० om. इति मालाम्. ३१ कुदो after सहि; विसमं. ३२ om. क्खु; इअं for एसा. ३३ om. दाव; ऐव्व अवरद्धासि. ३४ कहं. ३५ om. मुद्ध; तह. ३६ om. ।पिअ; सव्वहा. ३८ मंदमारुअप्पचलिअपफुल्ल; पुढमा.° ३९ वित्थारिदोहिं. ४० विइंभमाण; °मिअ; परिअंतणाविलासुल्लसिअम्. ४१ विभाविदा° for विडंविदा; सरसंरंभ for सारङ्ग; विअड्ढं आलोअंतो पच्च.° ४२ एव्व. ४३ आम पिअसहि आम किं दाव. ४४ om. महाभावस्स; एव्व; संणिहाइणो. ४५ विप्पलंभआ विलासा होदु जहा. ४६ सहावेणेव्व. ४७ °गीदं; °विदा एव्व. ४८ विहस्य after सलज्जम्. ४९ पडिणिवत्तमाणजणदासंकले तस्सिं. ५० °रिआघरं; om. क्खु. ५३ एदं खु; °हंसो. ५४ णिवेदइत्तआ. ५५ तेण वि. ५६ पहुणो; हाविस्सादि; ते पिअं. ५८ °आसधज्झन्त; प्पडिच्छंदअं. ५९ om. इति. ६० सहर्षोच्छ्वासं for स—र्ण्यं; वि; अणासासो. ६१ एदं वि; लंभं; om. ति; संभावीअदि; कहं एत्थ अक्खल°. ६२ वि; दिस्सान्दि after वि; संस्कृतमाश्रित्य for इति—ति. ६३ °जयिन इत्यादि पठति. ६४ महुरदाए. ६५ om. लक्खीअदि; मणहरं अ after दारुणं. ६६ अधण्णा दाओ इत्थिआओ जाओ. ६७ om. वा; हिअअस्स वा ण प्पहवांदि. ६८ om. किं; वि दे. ६९ om. सहि; कहं विअ. ७० कालणादो; om. विअ; कंकेलीपल्लवं विअ हिअअं धारेंती किलंतणोमा.° ७१ णीसहा तुमं कुसुमाउहेण परिहिज्जासि सो वि. ७३ सहि before कुसलं; °हाणस्स होदु मह उण. ७४ om. विसे—सहि. ७६ रोगः for रागः; विसर्पच्चविरतं. ७७ निधूमं. ७८ अत इतो. ७९ प्रभवति च नांबा च भवती. ८० एदं

for ज्जेव; वरोहब. ८१ होंदि; पिअसहि after अवि अ; °अणंदर. ८२ संदंसणेन वि सुसमिद्धहुद°; पुण्ण for पुण्णिमा. ८३ वावार; एव्व संपदं साविसेसदंसणादो. ८४ om. भाविअ; एत्थ for ता; om. पिअसहि. ८५ सिलाह; जीवलोअस्स जं गरुआणुराअस्स. ८६ सारिसो महाभाअ. ८७ °सिणी. ८८ ऐव्व; विलोअंदी दुक्खप्पडिट्ठाविद. ८९ दूरं विलीअमाणलज्जादुव्विणअलहू एत्थ. ९० अवरद्धम्मि; ता for तथा; om. वि. ९१ om. भूयः. ९३ विधास्यतः. ९७ om. अय. ९८ भअवई. १०० विलंबे°. १०२ चित्रमाच्छा°. १०५ om. सखे; निजकन्यका. १०६ उत्तरं for वचनं. १०७ मदनोद्यान; विधेरप्यनु°; बकुलमालाचित्र. १०८ संविधानं तु ममाप्यद्भुतमुल्लासयति. १०९ om. अंगिरसा. ११० चक्षुषोर्निबंधः. ११५ दहनोन्मादविधुरा°. १२१ om. अथवा; निर्मितप्रिय. १२४ मसृणमुकुलाकेसर. १२७ om. इति. १३० काम०। वत्से महाभागधेयजन्मतायाः फलस्य भाजनं. १३१ एदं पवित्तं for सुविहिदं; om. एत्थ–वदी. १३६ वाहभरथ्थम्भ; प्पडिलग्गणिग्गमं अण्णा°; विअ for जेव्व. १३७ कालणं हवि°. १३८ om. ननु. १३९ कहं. १४० त्वमपि after अपि. १४३ वैचित्र्यं. १४४ एव्वं एदं जं णरेंद; °रोधेण; om. अमच्चेण. १४५ पडिण्णादा; जुउच्छइ. १४६ कहं. १४७ आश्चर्यम् twice. १५१ सभवान्नंदन. १५२ णो for ण. १५४ सच्चं for एवं जधा; अण्णहा. १५६ समुपथ्थिदा°; पदणा. १५८ पसीददु भअवदी; परित्ताअहि; om. इमादो; जीवंमर°. १५९ तुह वि; एव्व. १६० om. मया. १६१ om. किल. १६२ पुरूरवसं चारमतेत्या°. १६४ तदपि साहसकल्पमनुपदेष्टव्यमेव. १६९ om. सासं; वि मह; त्ति. १७० सव्वहा. १७१ माहवो before णं; अस्सथ्थाचित्तो सो महाणुभावो त्ति. १७३ मां गमनाय. १७४ om. संपदं; °वदीए सभा°. १७५ °हावस्स.

१७६ om. अपवार्य; एत्थ before मे. १७७ जस्सि; एव्वं after भअवदी. १७९ अप्रस्तावनीया मह°. १८० तहवि आचक्खिअदु. १८१ विदर्भाधिपतेर°; om. धुर्य. १८२ om. चक्र. १८३ सातीर्ष्यास्पितैव. १८९ जनांतिकं before सहि; om. क्खु; °वदीए गाहि°; सव्वहा. १९१ किल भअवदीए तित्थसआसादो विज्जा°; कदो; तक्कालवेदिणो मंतअंति. १९५ इवे. १९७ °चंद्रवदनः. १९८ °मुद्दामतरलैः २०० तदत्र; om. सह; °न्वीक्षकीमधीते. २०१ नामेति. २०२ लवंगिए after सहि; सुदं कहं महाउलप्पसूदो सो महाभाओ. २०३ जनांतिकं before सहि; महोअहिं; °जाअस्स. २०४ om. त्ति. २०५ om. ने–निः. २०८ °मुपात्तो°. २११ वत्से सुखं स्थीयतां for तदु–न्तीति. २१२–२१४ सानंदं स्वगतं for अपवार्य; om. कथं –सानंदं. २१५ कहं महाउलप्पसूदो सो; सुदु भणिदं. २१६ महोअहिं; °जाअस्स. २१७ उणो पेक्खे. २१८ अव° for लव°; om. अव–इदो इदो; एदेण सोपाणमग्गेण. २१९ अवलोकिते before साधु. २२० निसृष्टार्थदौत्यस्य लघू°; कुतः for तथाहि. २२१ कृतो for वरे. २२२ वृत्तोद्धातैरपि. २२३ स्तुतं महाभाग्यं यद°. २२४ खलु for विधि. २२५ om. परिक्रम्य. २२६ om. ध–म.

ACT III.

१ om. परिक्रम्य; णाम after अवि. ३ om. उपसृत्य. ४ वि कालो; पिंडपाणवेलं विसज्जिअ मालदिं. ६ om. हुं; गच्छसि for पत्थिदासि. ७ माहवस्स सआसं. ८ om. अ; om. जधा; संकरपुरसंबद्धं; कुसुमाअरुज्जाणं गदुअ. ९ कुज्जणि°; चिट्ठेहि. ११ अवलोइदे before किं; तथ्थ for ताहिं; गओ for अणुप्पेसिदो. १२ किसण;

जणणीए for भअवदीए; संकरउरं गमिस्सादि. १३ एव्वं; वड्ढदि for वड्ढदि. १५ एव्व; आणेइस्सदि. १६ होदि त्ति; पथ्थिदासि. १७ संकरपुरं एव्व. १८ अदो for तदो; om. ज्जेव्व. २० पओजणे. २१ उत्तंतो. २२ विस्संभकहासु. २३ ईदिसो तादिसो; उवरि. २४ मदअन्तिआए परोख्खाणुराओ तह विदूरं आरोविदो जह से मणोरहो. २६ साधु; साधु. २७ सहि गच्छामि for एहि—म्ह. २८ om. परिक्रम्य. २९ प्रविश्य for ततः—ति. ३१ कतिपयाहोभिः. ३२ संप्रति हि. ३३ वाचं for दायं. ३९ om. माधव. ४० with D. ४२ om. स्वगतम्; has the whole passage as on p. 99 with the readings there noticed except पुणो here for उणो. ४४ कोइलकुलकलकलाकुलिद. ४५ वइअरुद्दलिअदल; मणहरो; om. मंसल. ४६ ख्खलिअचरणसंचरणोवणीद. ४७ बिंदुज्जलंतमुद्ध; मुहअंद. ४८ प्पारिसो for फंसो. परिसज्जदि विअ कुसु°; ता इदो परिक्कमामो for ता—म्ह. ४९ om. इति. ५४ om. दृष्ट्वा; दिष्ट्या for अये. ५७ जात्येन. ६२ कुज्जाणि°. ६३ मयावलंब्यते. ६७ वि अवरसिं. ६८ अइ. ६९ om. तया हि. ७० स्रंसयति for संश्रयति. ७४ लज्जां नाटयति for लज्जते. ७९ चुबुकमु°. ८१ om. मया. ८२ द्वितीयं बंधनं. ८४ मदनोद्यान. ८९ क्षामक्षामं. ९० एदं वि; तुवरावंतीए. ९१ उदीरिअं आसी जह अस्स°. ९२ यावदहमश्रु°. ९३ कुतः after निश्चयः. ९६ °न्यासविशुद्धिः; मयि after अहो ९७ शास्त्रे प्रतिष्ठा. ९८ कालानुरोधप्रति°. १०० तथा for असौ. १०३ मात्रांतरीयस्ता°. १०५ om. माध० ।—भगवत्याः. १०६ अतिदु०. १०७ om. कुमारः. १०८ °स्तपस्वी अनुकंपनीयः। तदिदमधुना. १०९ om. तस्स. ११० तस्स before किं; वि for पि; आसंकंती भूदाविद्धा विअ ण आणामि किं पडिवज्जिस्सदि त्ति for आसकन्तीए—°ज्जिस्सं. ११३ वि for पि. ११४ om. मुह; एव्व. ११५ रवि-

अरासिलि०. ११६ विभाविआणंगवेअणावइअररमणीआ; दुणोदि for दुम्मेइ. ११७ णाहिणंदइ कलाओ केवलमिलाअंतहथ्थवल्हथ्थमुध्धगंडमंडला दिअहाइं गमेइ. ११९ दलिअकुंद. १२० °म्मइ. १२१ अण्णं अ for जं च; om. जत्ता; °सवब्भुदअपडिवण्णरूपस्स. १२२ om. भअवदो कामस्स; °लंकारिणो भअवदो मअणस्स तस्स. १२३ विब्भमाणुराआणुवंध. १२४ विणिपाअ; ०वसरुच्चलिअचित्त. १२५–६ कोदूहलुल्लसिअसज्झस; पडिहल्लिअसेअपुलअकंपाणंदिअसहीजणं परव्वरा°. १२७ °दिअ; दूसहमअणविअंभणुद्दामदारुणं. १२८ अणुहोंती; om. मेत्त. १२९ पमिल्लाअदि. १३० तहवि; om. अ; हिअअणिहिदणिण्णिअंत. १३१ मेइणी. १३२ जेण पप्फुरिदवअणचंदुज्जलंतदंतमोत्तिअपंतिकांती. १३३ सोहिअं; °लसिअ; om. कन्त; कपोलघुण्णंतसंत°. १३४ ईसिविसमणिप्पंदमंथरतारमसिणमुउलाअंत. १३५ सुंदरणिडालचंदलेहामणहरं. १३६–७ कोमारभावा भोइ. १३८ किं च; om. सिसिर; चुंविअ. १३९ हारहारिणी. १४० दंदुरिअबालकदलीदलसअणा संवाहणादिवावार; सव्वाणिरंदरोव°. १४१ om. सअणीए; उण्णिद्दा एव्व रअणिओ गमेदि. १४२ कहं; णिद्दासुहा अपच्छालिअपादपल्लउद्दमंत. १४३ मूलपासविसंघाडिअणीवीवंधा उक्खु°. १४४ णीसासविसमोससंतपुलअपज्झलपओहरोवणिहिद. १४५ °सज्जिआवग्गिदिट्ठि १४६ °णिपाअविण्णाद; संजाअमोह. १४७ om. अण; °गलिअ; णीसासजणिअजीविआसा. १४८ किंकादव्वदामूढं पुढमप्पध्धिअणिअ. १४९ देव्वदुव्विलसि°; वावारं सहीजणं करेइ. १५० एसा for इमेसु; परिपेसलेसु. १५१ दारुणं विअंभिअस्स कोच्चिरं; om. भविस्सदि. १५२ अण्णं for कधं; पल्लविद. १५३ °लुब्भेल्लविमल; चंदिउद्दामविदलिअ; विभावरी. १५४ om. अ; °सिअदुद्धधारापूर; om. जल; पक्खा°. १५५ °लिअणहंकणा; °खिअपाडलवउल; om. बहल;

°प्पीडसंकलणमंसला°. १५९–७ मारुदधूमाविददसदिसामुहा अणत्थकारिणो होंति रअणीपरिमाणा अवि पिअसहीए. १६२ विदार्यते. १६३ अहो स्थाने खलु हृदयस्योल्लापो भग°. १६९ अ for च; होदु; अ after एदं. १७० om. दर्शयति. १७१ एव्व; °म्विआ; संजीवणं. १७२ om. त्ति; इति बकुलमालां दर्शयति after °सहीए. १७४ भुवनं. १७५ बिसदंडकांडपांडुस्तन. १७९ om. पुन–ध्ये; रेरे संकराहिवासवासिणो जाणपदा. १८०–१ om. गव्व; संभरिअ; विघडिअलोहपंजरपरिलग्गसंगलिअणिअलीला. १८२ °व्वेलवहुलुत्तुगं; वैजअंतिआविसमडामरुद्दाम. १८३ अपक्कमिअ; °तिण्णकवालिआणेअ. १८४ °रथ्यिखंड; कटकटाअंतकरपत्तकाडिण. १८५ कंदरो विअडविइंभणुद्दामदारुणचपेडामोडिअपाडिदमिलिदाणेअ. १८६–७ भरिअ; गग्गरोरल्लिगल्लूरणसंदब्भपूरिअगअणअलो भअणडुविद्दाविआणिद्दाविदासेस. १८८ खुरंप for क्रमण; णिद्दलिआकिड्जंतुगत्तावरोविततरंगिदरत्त. १८९–९० om. कुविअ; ता पाडिरक्खह जहासत्तिए अत्तणो जीविअं त्ति; संभ्रांता after प्रविश्य; om. सत्रासम्. १९१ om. परित्ता–अध; भइणी. १९२ सद्दूलेण हदाविद्दाविअपरिअणा. १९४ सहि before लव°. १९५ om. ससंभ्रमम्; १९६ om. माधवं दृष्ट्वा; सहर्षं ससाध्वसं च; om. आत्मगतम्; om. सि. १९७ एथ्थ एव्व for इह–व्व. १९९ °ल्लसितयानया. २०३ °ममृतवर्षेणेव. २०४ एसो खु after °भाअ; बाहिअरच्छामुहे. २०६ om. the line. २०७ om. जनान्तिकम्; °ङ्किके; om. हद्दी हद्दी. २०९ om. the line. २१० कामंदकीमाधवौ for माध° ।; om. अग्रे दृष्ट्वा. २१२ वृत्तमुंडखंडः. २१५ om. the line. २१६ विदूरगाः. २१९ तदवपा°; संभ्रमात् for पूरुषात्. २२२ om. सभयम्; हतो. २२३ om. the line. २२४ om. काम–हर्षम्; व्यसुरसौ कृतश्रा-

मुना for प्रम—युधः. २२५ om. सानन्दम् ; अच्चाहिदं जादं for दिट्ठिआ—ज्जादं. २२६ व्याघ्र for व्याल; °हारविनिसृत. २२८ °वितोयं ताम्यति वत्सो; om. मे. २३१ om. कामन्दकीं प्रति. २३३ om. वत्स; °रोसि वत्स नन्वेहि पश्यामः. २३४ om. परिक्रम्य. २३५ °माधवीयनाम्नि नाटके तृती°.

ACT IV.

१ °यंतिकामालतीभ्यामव°; मकरंदमाधवौ. २ ततश्च after संभ्रांता; लवंगिका for मालती. ३ °रित्ताअहि; °रित्ताअहि. ४ णिमित्तं; विवण्णानुकं°. ७ om. वत्सौ; वीजयध्वं. ८–९ अपि after वयस्य; ननु स्वस्थ &c. given to माधव. १० om. सहर्षम्; अम्हे; पुण्णचंदेण. ११ om. सहि लवङ्गिए. १२ om. पडि°—वअंस्सो. १३ om. मअरन्दो. १४ निश्वस्य; om. वयस्य; om. इति. १५ जीवद्वत्सास्मि. १६ om. पिअं; सर्वे. १७ सहि for हला; एव्व. १८ सहि before जाणिदं; एव्व; जह; एसो; वि for पि. २० अपि. २१ हु for क्खु; ण अण्णारिसेसु optional for अण्णारिसेसु. २२ °धवमालो°; om. वि; °णिओ. २३ महाभावे. २४ इति मकरंदमेव सस्नेहं पश्यति. २६ °दद्य संदर्शनं; पुनरस्मिन्न°. २७ हेतोर्दैवेन. २९ °त्वरिततरमव°. ३० गोचरामिमामभिजा°. ३१ om. अम्मि; स्वगतं before विमृशतः. ३३ om. सुहृद्दुदया. ३४ सोयम° for तदयम°; °दानस्य for °दायस्य. ३५ om. इयं हि. ३७ कारुण्याद्विहितवती. ४१–२ जाणादि महाणुभाओ अअं जणो रमणिअं मंतिदुं. ४५ om. the line. ४९ संभावयावः प्रमो°. ५१ सहर्षं मालतीमाश्लिष्य. ५२ °अराहिवासेण पंसुकीलादो; om. मे; om. आसी; भइणी असि for

णाहि–अ. ५३ खु for उण; अह्माणं before घरस्स; जाआसि. ५४ om. दिष्ट्या. ५५ आसिसाणं पसादेण; भारिआ for फलिदा. ५७ om. सहि किं; वि for पि; om. अत्थि. ५८ om. सहि; °रक्खिए एहि दाणिं; om. विवाह; संभावेम. ५९ om. the line except उत्तिष्ठतः. ६० जह हिअअभारिअउप्पडितविह्न°. ६१ सुंदरघोलाविदधीरपेरंतमणहरा पलुथ्यंति. ६२–३ कंदोट्टमंसलच्छविणो दिठ्ठिसंभेआ तह मण्णे मणोरहणिब्बुत्तसमाअमा एदं ति. ६४–५ om. विहस्य; नन्विमौ परस्परमानससंमोहनमनुभवतः. ६८ °मोंहानु° for °मोंदानु°; मसृणस्रस्तनिष्कंप. ७१ अपवार्य after मद°; °रक्खिए; om. वि; एसो; जीविअप्पआई. ७३ जादि; °णुऊलइस्सदि for °णुऊलं–त्ति; om. पुरु–ह. ७४ निष्कामति for निष्क्रान्ते. ७८ °मन्याजां व्रजतु. ८५ om. माधवो; च after वत्सा; om. च; om. प्रकाशम्. ८६ प्रकाशं after °युष्मन्तम्; अथ किं for अपि; om. यथा. ८७दास्यतीति. ८८–९१ om. the four lines. ९२ किं तु before नन्दनाय. ९५ स्वयमेव मालती दत्तेति संप्रत्येवावेदितं पुरुषेण. ९६ ° तिष्ठानि देहिनां. ९७ °हेतवो व्यवस्थास्सर्वथा जनानामायतंते सा च. ९८ °नृतात्मकैव; महाराजस्य कन्यका मालती। निजकन्यकाप्रदाने च. १०० °स्तस्मादव्यवस्थितमेवैतत्। कथं च. १०५ सर्वं before सुष्ठु. ११० om. जधा. १११ घेत्तूण for घेऊण; तुरिअं आअछ्छ त्ति. ११२ सर्वा उत्थाय परिक्रामंति. ११३ अन्योन्यम्. ११४ om. स्वगतम्; °वती हि माधवस्य मालत्या सह लोकयात्रा. ११६ सुखप्रदां. ११७ दारुणः परिशिनष्टि. ११८ अपवार्य for स्वगतम्; महानुभाव लोअ° ११९ एव्व. १२१ om. स्वगतम्; om. मे. १२२–३ om. वि; परिणिट्ठिदो देव्वहदअस्स दारुणसमारम्भपरिणामो ता कं उवालंभामि मंदभाइआ. १२५ परिक्रामति for इति–निष्क्रान्ते. १२६ °मात्रमेव माधवस्य. १२७ स-

वंया after हन्त. १२८ om. इदानीं; १२९ °दन्यदुपायांतरं पश्यामि. १३० मदयंतिकायां. १३६ न दुर्लभा for सुलभैव; om. भवतः १४१ om. मक° and gives the speech to Mâdh.; वरदा for पारा. १४२ परिक्रामतः for परिक्रम्य. १४३ मक° for माध°; व्यतिकरः for संभेदः. १४५ स्नातमात्रो°. १४९ om. शार्दू—नाम.

ACT V.

११ उद्वृत्त for उल्लोल. १५ ग्रंथिबद्धोपि. १८ पताकां. १९ अधो विलोक्य for परिक्र–च; om. गन्धमाघ्राय; इदं च तत्पुराण. २० रसो- नरसगंधि°; धूमैरधस्ताद्विभावितस्य महाश्मशान. २२ om. मया. २३ हि for च; om. अद्य मया. २४ om. नगरे. २५ om. तद्विचिनो- मि; om. अग्रे. २८ दधत्परिधूसरं. २९ विकट for चरण; मृगांक- समाननः. ३२ om. अये स; पणयिता. ३३ om. भवतु; यथासमी- हितं; om. च. ३४ om. तथाहि । संप्रति. ३७ बाल्यासंगेन विश्व°. ३९ om. परिक्रम्य; शुद्धविष्कंभकः. ४४ बाह्यविषयव्यापार. ४६ अ- पि for किं; °मुक्तकग्रथित. ४९ तदंगपरिवृत्तिमा°. ५० °मेव ताव- त्पा°. ५१ संभूयैव. ५२ रतिं प्राप्नोति नेत्रो°. ५३ °यादपचितैः. ५५ om. तत्; संदर्शनं नेति स्वल्पोपि न हि विशेषः. ५६ om. सातिशा- य; °लंभितसंभावितात्मनः संस्का°. ५७ °द्विसदृशैः प्रत्य°. ५८ क- रोति वृत्ति°. ६५ आकर्ण्य before अहो; संप्रति वर्धमानकोण°. ६६ श्मशानस्य रौद्रता । अत्र हि. ६७ मेदुरघनस्त्यानं.

NOTES.

Act I.

L. 1.—सानन्दम् adv. to विशति. J',s other constructions do not appear to be good.

L. 2.—रन्ध्रस्याग्रमग्ररन्ध्रम् = "the opening of the nostrils," would be the best way of taking such a compound. But since there is no authority for it, it is usual to take it as अग्रं च तद्रन्ध्रं च though the sense is the same (see Mallinâtha on Mâgha. VII. 29).

Ls. 5-8.—This stanza consists of eight grammatical forms or padas. Hence this नान्दी is अष्टपदा.

L. 7.—Comp. Vikr. Act III. धूपैर्जालविनिःसृतैर्वलभयः संदिग्धपारावताः. The sense is:—the resemblance between the two leads to one of them being mistaken for the other. This is an instance of what is called संशयोपमा by Daṇḍ. and संदेहालंकार by more modern writers.

L. 8 Note.—Synt. con. तडिता कृत्स्नः समूहो यस्य पक्ष्मालीपिङ्गलिम्नः कण इव यस्मिन्कालवह्नौ......तत्पुरारेस्तार्तीयीकं लोचनं वोऽवतु । अर्चिषा निष्टप्तो यश्चूडा-शशी तस्माद्गलितो यः सुधासारस्तेन झंकारिणौ कोणौ यस्य । "The flame proceeding from the fire in the third eye heated the crescent-crest of S'iva and hence drops of nectar fell from it over the corners of the eye and coming in contact with the fire made a hissing noise. पुरारि so called from his having destroyed the three towns of gold, silver, and iron erected by a demon named Maya in the heavenly, ethereal and earthly regions presided over by himself, Vidyunmâlin and Târakâsura. (See Mâtsya P.) तार्तीयीकम् means the same thing as तृतीय (Vârt. on Pâṇ. V. 3, 48). The fire from the third eye of S'iva burned the god of Love. The story is common enough. (See Mâtsya P., Kum. S.). Hence the epithet मदनप्लोषणम्. Kâla, (time, death or destruction) is the sacrificer, the universe is the offering and the sacrificial fire that in the third eye of S'iva. This stanza is quoted by S'âr. as from Bhavabhûti.

L. 10.—उदितभूयिष्ठ. Comp. such expressions as अभिरूपभूयिष्ठा परिषद् S'ak. Prologue.

L. 13.—धुर्यां लक्ष्मीम् "the power or resources of a leader." Stanza quoted in the K. Pr. to show that the correlative need not be repeated though the relative may be so in the previous clause.

L. 17.—The affix तव्य signifies the agent in the word वास्तव्य. (Vârt. on Pâṇ. III. 1, 96).

L. 25.—"Bold or adventurous deeds (lit. boldness or adventurousness) intended to assist the progress of love (lit. in which is introduced the thread of love)," such as Mak.'s killing the tiger at the end of the third Act and rescuing Mad., and Mâdh.'s encounter with Aghor. and saving Mâl., both of which strengthen the love of the ladies for the young men and give the latter a sort of claim over their hearts (see pp. 212, 214, 215, 267 &c.). This way of taking it seems preferable to J.'s.

L. 27.—इव renders the sense of the preceding interrogative somewhat indefinite. किमिव "what like" "what sort." Comp. l. 314 p. 341 &c.; किमिव न प्रेमोचितमाचरितम्. Kâd.

L. 28.—J. is wrong in identifying Padmapura or Padmanagara with Padmâvatî the scene of the play. Bhavabhûti's native place appears from the description to have been somewhere near Chandrapura or Chândâ in the Nâgapur territories where there are still many families of Marâṭhî Des'astha Brâhmaṇs of the Taittirîyas'âkhâ of the Black Yajurveda with Âpastamba for their Sûtra and in the country to the south and south-east of which there are families of Tailanga Brâhmaṇs following the same Veda and Sûtra. The river Godâvarî must have been at or near his native place, from his description of it as by one familiar with it in the 9th Act of this play (p. 302) and in the Utt. R. Ch. In the former place it is introduced without much natural connection, thus evincing the partiality of a native.

L. 39.—"They know something that is inexpressible" (cannot be described). Inexpressible it may be on account of its being very great or little or nothing. Both the senses seem to be intended, and the expression is used ironically, the poet really meaning to say they know nothing while in appearance he extols their superior knowledge. किमपि, कोऽपि &c. mean "something unknowable," "indescribable," or "unknown," often on account of its greatness or excellence. Comp. Utt. R. Ch. प्रकृष्टपुण्यपरिपाकोपादानः कोऽपि महिमा स्यात् Act VI. कोऽप्यस्मिन्क्षात्रियपोतके पौरुषातिरेकः Act VI. कोऽप्येष संप्रति नवः पुरुषावतारो Act V. किमपि हृदये कृत्वा मन्त्रयध्वम् Sâk. Act I. किमप्यन्तरात्मना स्मरन्निव Kâd. Pt. II. &c. &c. Also *infra* pp. 45, 48, 55, 298 &c. Stanza quoted in the K. Pr. to show that both the relative and correlative may be omitted if the context is plain (य उत्पत्स्यते तं प्रत्येष यत्नः).

L. 42.—Upanishads are the theosophic portions of the Vedas. The term has in recent times been extended to mystic compositions pretending to be ancient but in reality very modern extolling the importance of particular popular gods such as Mallârî or Khaṇḍobâ. There is extant an Allopanishad or the Upanishad of Allâ. The *Sânkhya* is a very ancient system of philosophy which considers the whole universe to be a development of an inanimate principle called *Prakṛiti*. *Purusha* or the soul is however distinct from Prakṛiti and its effects but the properties attributed to the Purusha are purity and intelligence, and all the feelings of the heart are regarded as the products of the inanimate principle. There are as many souls as individuals, and they are eternal. The system does not admit God as the creator and controller of the Universe. It is attributed to Kapila. *Yoga* is a system which borrows its theoretic portion from the Sâṅkhya with the addition of the doctrine of the existence of God as the deliverer of mankind. In its practical portion it enjoins certain mortifications and processes to which the human body should be subjected with a view to the acquisition of miraculous powers and final emancipation. Its author is Patanjali. (For further information, see notes on ls. 2-5 and 7-8 Act V.).

L. 44.—"Felicity and richness of expression and depth of meaning."

L. 51.—The caus. of पठ् governing two objects, one of them is made to agree with the pass. part. पाठिताः and the other is put in the acc. case.

L. 55.—"The assumption of the character or mask."

L. 62.—"With red garments on." नेपथ्य is "dress" here.

L. 65.—The expression अपि नाम denotes "likelihood" and is often used when the speaker wishes that the thing would take place. It is therefore equivalent to "Is it likely?" "How I wish it were so," "How nice it would be if—." *Infra*. pp. 54, 97, 100, 105 &c. अपि नाम कुलपतेरियमसवर्णक्षेत्रसंभवा स्यात्. S'ak. Act I. अपि नाम दुरात्मा राक्षसो गृह्येत. Mudrâ R. Act I.

L. 68.—आन्तरज्ञ is "knowing the interior or hidden secret of *things*" rather than *of Kâm.*; because the eye does not tell what passes in Kâm's. mind but what the result will be.

L. 69.—There is a double *entendre* on the word वामक, which means the "left" and "unfavourable;" and on दाक्षिण्य meaning "the quality of being the right" and "favourableness" "courteousness," "kindness." There is a two-fold *virodha* (Daṇḍ. p. 298, K. Pr. 10th Uch.) or *virodhâbhâsa* (Kuv.) here;—"Though *left* the eye becomes *right*" and "though *unkind* it becomes *kind*." The inconsistency is to be removed in the first case by taking

दाक्षिण्य to mean *favourable* or *kind*, and in the latter by taking वामक to mean the *left*.

L. 80.—आन्वीक्षिक्यात्मविद्या स्याद्वीक्षणात्सुखदुःखयोः । ईक्षमाणस्तया तत्त्वं हर्षशोकौ-व्युदस्यति ॥ Kâman. II., 11 ; प्रत्यक्षपरोक्षाभ्यामीक्षितस्यार्थस्यानु पश्चादीक्षणमन्वीक्षा सा प्रयोजनं यस्याः सान्वीक्षिक्यनुमानविद्या न्यायदर्शनवैशेषिकादिका । Com. on Kâman. II., 7. 1. इमास्तु चतस्रो विद्याः पृथक्प्रस्थानाः प्राणभृतामनुग्रहायोपदिश्यन्ते यासां चतुर्थीयमान्वीक्षिकी न्यायविद्या । 2. सेयमान्वीक्षिकी प्रमाणादिभिः पदार्थैर्विभज्यमाना प्रदीपः सर्वविद्यानामुपायः सर्वकर्मणाम् । आश्रयः सर्वधर्माणां विद्योद्देशे प्रकीर्तिता ॥ Vâts. on Gautama's Nyâya S. I., 1.

L. 81.—The scene of the play is laid at Padmâvatî. The poet gives us a clue to its position at the end of the fourth Act (p. 153), and again at the beginning of the ninth (pp. 300-302). From these passages it appears that the town was situated at the confluence of the rivers Pârâ and Sindhu, that another river named Lavaṇâ flowed close by and that a fourth named Madhumatî joined the Sindhu in the vicinity. General Cunningham identifies Padmâvatî with the Modern Narvâr in Mâlvâ situated on the river *Sind* corresponding to the Sindhu. There are other rivers in the vicinity of the names of Pârâ or Pârbatî, Luṇ or Nuṇ Nadî, and Mohvar or Madhuvar which answer to the Pârâ, Lavaṇâ and the Madhumatî of Bhavabhûti, (Arch. Report 1862-65 Vol. II. pp. 307-308). The identification appears to be generally correct but Narvâr could hardly have been the ancient Padmâvatî since it is situated about 25 miles above the confluence of the Sind and Pârbatî. The site of the ancient town therefore must be looked for somewhere nearer.

L. 83.—प्ररोचनार्थम् "that he may be seen and liked" (by all people) or with J. "that he may be acquainted with the world."

L. 84.—कृते need not be understood. The gen. is often used for the dat., or is often governed by such verbs as प्रतिपादयति and in the Prâkṛit there is no dat.

L. 89.—निरपेक्षतया—" by his indifference" as regards Mâdh.

L. 91.—"Whose hearts are open (who can keep no secret) in consequence of their youthfulness." भाव may be taken as "heart," "thought" or "feeling."

L. 105.—J. takes गाढो–लुलितैः as one compound word. It may be divided however as in the text and गाढोत्कण्ठा may be taken as a Bahuvrîhi. ललितं यथास्यात्तथा लुलितैः "unnerved or spiritless in a manner to be charming." ललितं लुलितं येषां तानि "whose spiritless or unnerved condition is charming" is also admissible and then the idea would be similar to that in प्रियायाः साबाधं तदपि कमनीयं वपुरिदम्. S'âk. Stanza quoted in the D. R. to illustrate the rule that youthful persons are the causes (विभावाः) of the love which serves as the basis of शृङ्गाररस. लुलितललित is the reading there. Also quoted in the K. Pr. as an instance of the doctrine that even terminations sometimes indicate or suggest (व्यञ्जयन्ति) good meaning. Here the termination क applied to अङ्ग expresses by Paṇ. V., 3, 76 "sympathy" or "pity" (अनुकम्पा) and indicates that the limbs have become emaciated, and this emaciation in its turn indicates the greatness of her love-anxiety. लुलितललित is the reading here, but the commentator Kamal. has noticed ललितलुलित also.

L. 106.—"It must be so *since* she has drawn" &c. if we read यतो after बाढं with D. Then the sentence would end with आलिखितमिदं and तं would begin another. We should have to take these as two different sentences even if with B. C. we should omit यतः; but then बाढं would have no syntactical connection with the following.

Ls. 110-11.—"That it might happen that the picture should go up to Mâdh. by this channel, finding an occasion for it" (उपोद्घातेन) *i. e.* "there would be an occasion for taking the picture" to Mâdh. &c. With उपोद्घाताय as our reading, the sense would be "that it might happen that the picture should find its way to Mâdh. to *begin the work*, to bring out or develop the *introduction* to the work." It is the reading of B. C. N. which certainly should have been admitted into the text according to our general principles, since it makes good sense. अभिप्राय:, rather of Lav. than of Aval.

L. 117.—समासादित आश्चर्यो मन्त्रसिद्ध्या प्रभावो यया ।

L. 118.—S'rî-parvata or S'rî-S'aila as it is often called is a holy mountain in the Karnul Zillah near the river Kṛishṇâ about six days' journey, *i. e.*, about 120 miles from Haidrâbâd. The shrine of Mallikârjuna, a form of S'iva, exists on another hillock in the vicinity, and the two together were probably designated by the name of S'rî-S'aila. It is still resorted to by pilgrims. S'ankarâchârya is mentioned by Mâdhava as having gone to the place and worshipped the shrine:—शमितमतान्तरमानः शनकैः सनकोपमो गमच्छ्रीशैलम् ॥........ समधिष्ठगङ्गं प्रहृष्टान्तरङ्गं तमारुह्य तुङ्गं ददर्शो-पालिङ्गम् ॥ प्रणमद्वरवर्जभवर्जनं प्रणिपत्यामृतसंपदार्जनम् । प्रमुमोद स मल्लिकार्जुनं भ्रमरा-म्बासहितं नतार्जुनम् ॥ (S'ank. Vij. X. 7-12). कापालिकव्रतम्—the vow of a Kâpâlika. There was a sect of this name (scattered remnants of which still exist) which worshipped Bhairava and Chaṇḍikâ, *i. e.*, S'iva and Devî in their terrific forms, and sometimes offered even human sacrifices to propitiate them. The members of the sect renounced the world and gathered round themselves things of the most ugly and revolting nature. They wore garlands of human skulls. S'rî-S'aila appears to have been the principal scene of their religious feats; though Ânandagiri brings S'ankarâchârya in contact with them at Ujjayinî where a discussion takes place in the course of which the followers of the orthodox teacher use muscular arguments. To put down these, the Kâpâlika invokes Bhairava who presents himself, but S'ankarâchârya succeeds in pacifying him and is commissioned by him to put down heresies. On seeing this, the Kâpâlikas yield to S'ankarâchârya and submit to be taught by him. Bhavabhûti has well portrayed this sect in the 5th Act. (See S'ank. Vij. Ânand. p. 138 and Wilson's Religion of the Hindus, Rost's Ed. Vol. I. p. 233 *Aghoris*.)

L. 121.—चामुण्डा a name of Chaṇḍikā, the terrific Devī.

L. 122.—साहसिक = *desperadoes.*

L. 126.—"She comes every evening"; from S'ri-S'aila it would appear, for she had miraculous powers.

L. 132.—तत्प्रियसखी is perhaps a better reading. See p. 152, l. 136.

L. 138.—सूत्रयितव्य: = "Should be planned and systematized."

L. 145.—तुलितो मकरध्वजो यस्मिन् येन वा। एतादृशो यो रूपावलेपस्तस्य विभ्रमेण &c. as in the Com. or, तुलितो मकरध्वजरूपावलेपो येन (माधवेन) स चासौ विभ्रमावधि-माहात्म्यश्च. This latter is supported by the reading of B. C.

L. 153.—अभिवर्तते = "comes hitherwards."

L. 154.—शरीरमसौष्ठवम् "his person is not lively or in good trim."

L. 155.—किं नेतमस्यात् is the reading of all the Mss. But I followed the commentary because तु here makes no sense. I have since found नु in N.

L. 156.—"Youth is susceptible." Stanza quoted in the D. R. as an instance of नर्मस्फोट *i. e.* a partial exposition of the feelings of the hero.

Ls. 159-60.—J.'s reading is अचिरम् which is not supported by any of our Mss. सुचिरम् is better. इन्दुरिव सुन्दरं मुखं यस्या: सा ought to satisfy us. We need not have recourse to an unidiomatic Bahuv. to make her more beautiful. व्यावर्तते = "comes away" "returns;"—व्यावर्तत एष बालवीर: पृतनानिर्मथनात्त्वयोपहूत: (Utt. R. Ch. Act V.) Comp. न च निम्नादिव सलिलं निवर्तते मे ततो हृदयम् S'ak. Act III. विनय: = "breeding," "manners."

L. 163.—Stanza quoted in the D. R. as containing an instance of बीजविधान or working of the बीज or the main principle *i. e.* its causing pain or pleasure to the hero in a manner to advance the story.

L. 173.—निज्झुरन्त. Comp. the Marāṭhi word झुरणें "to pine away."

L. 180.—अपि hardly means समुच्चय here. This use of the expression is similar to that in l. 65, but since it introduces a question and is followed by a verb in the indicative instead of the potential, it cannot indicate the speaker's wish but simply denotes his belief in the probability of the thing. "May it be (Is it not true) that you have &c." ?

L. 183.—The Sânkhyas and Vedântins acknowledge the three principles of *Sattva*, *Rajas*, and *Tamas*. Life, knowledge, joy, happiness &c. *i. e.* every thing that is good, is the effect of *Sattva*, exertion, energy &c. *i. e.* the active powers, arise from *Rajas* and death, ignorance, sorrow, misery &c. *i. e.* all evil, is the result of *Tamas*. The qualities and character of a thing depend on the proportion in which the three principles are blended in it. The gods have *Sattva* in a pre-eminent degree; in man the three contend for mastery; the lower animals have the two latter, and in inanimate things *Tamas* is triumphant. विश्वस्य भावारि सम: &c.—Comp. शम्भुस्वयंभुहरयो हरिणेक्षणानां येनाक्रियन्त सततं गृहकर्मदासा: &c. Bh. H. S'r. 1.

L. 189.—बकसितो यो मदिरामोदवन्मधुर: परिमलस्तेनाकृष्टं यत्सकलं मिलदालिकुलं तस्य संकुलेन &c.

L. 194.—मुग्ध = "pretty" or such as befits children or virgins. The word often means "child-like," "childish," "little" or "pretty."

L. 195.—महानुभावप्रकृति="of a noble form." प्रकृति "form" or "make."

Ls. 199-200.—Comp. रूपोच्चयेन मनसा विधिना कृता नु S'ak. Act II. and अस्या: सर्गविधौ प्रजापतिरभूच्चन्द्रो नु कान्तिप्रद: शृङ्गारैकरस: स्वयं नु मदनो मासो नु पुष्पाकर: । Vikr. Act I.

Ls. 203-4.—महाभागधेयं यत्र । एतादृशं जन्म यस्य । or महता भागधेयेन जन्म यस्य । "I discovered the effect on her of the anguish of love for some very fortunate [youth], effect that had been increasing for many a day."

L. 208.—"A new piece (*i. e.* newly cut off) of the tusk of an elephant." Stanza quoted in the K. Pr. to illustrate the *anubhâvas* or the effects produced by the *vibhâvas* or causes of Sṛ'ingâra or love-sentiment.

L. 209.—Comp. इयं गेहे लक्ष्मीरियममृतवर्त्तिर्नयनयोः Utt. R. Ch. Act I.

L. 213.—आसक्त should be derived from सञ्ज् "to join" and not from सच्, since this latter must admit the augment इ.

L. 216.—व्यपेक्षा is "connection," "dependence;" व्यपेक्षया सहितः सव्यपेक्षः । निमित्ते निमित्तेन वा सव्यपेक्षो निमित्तसव्यपेक्षः "depending on a reason." The reading of N. सव्यपेक्षश्च is preferable, as it states the two things opposed, distinctly; though the sense is the same in both cases. "That it is love and that it is dependent on a reason (of course, external reason, as J. remarks)—this is a contradiction." This and the following stanza occur in the sixth Act of the Utt. R. Ch.

Ls. 224-5.—Synt. con. अथ मामवलोक्य सप्रत्यभिज्ञमिव सोयमिति सभ्रूविलासमीरयित्वा ।

Ls. 230-1.—उत्त्रस्ता ये मत्तकलहंसास्तेषां विभ्रम इवाभिरामं यच्चरणसंचरणं तेन झणझणायमानं मञ्जु यन्मञ्जीररसितं झणझणायमाना मञ्जवो ये मञ्जीरास्तेषां रसितमिति वा तेनानुविद्धो यो मेखलाकलापानां कलकिङ्किणीरणत्कारस्तेन मुखरं यथास्यात्तथा । मञ्जीरमञ्जु and कलापकिङ्किणी the readings of A. D. N. are equally good and perhaps easier.

L. 232.—कोऽपि कस्यापि "somebody of some body." J.'s remarks on this are very good. कस्या अपि वल्लभः the reading of N. with which B. here agrees for the most part expresses the sense intended, but it is conveyed or suggested in a much better manner by कस्यापि.

L. 235.—सरसो रमणीयश्चानुबन्धः । सोऽस्या अस्तीति or तद्वती । The rule न कर्मधारयान्मत्वर्थीयः is not attended to in the Prâkṛits:—Comp. मन्दभागिनी. अनुबन्ध = "what accompanies," "body," "contents."

L. 237.—"The variety or curiousness of which transcends (is beyond) the power of speech."

L. 240.—आचार्यस्य कर्म—आचार्यकम् Pan. V. 1, 132. "The triumphant lessons (teaching) of Love." Stanza quoted in D. R. as containing an instance of विलास which is a सत्त्वजस्वभावजभाव:. आयताक्ष्या: is the reading here for उत्पलाक्ष्या:.

Ls. 241-4.—"I became the object of her varied glances, steady and expanded, with the brows up-turned, glistening and half-closed, stretched at the corners, and somewhat contracted when they met my eyes." Stanza quoted in D. R. as containing an instance of the charming movements consequent on the awakening of Love. Instead of सिचि रूपम् J. ought to have said सिक्लुकि रूपम्.

Ls. 245-6.—"By the side-glances which were slow, quick, pretty, affectionate, steady, dull, and in which the pupils were dilated in consequence of the increasing internal wonder." अलसवलित may also be interpreted as "cast slowly."

Ls. 254-7.—The idea in the first two lines is very common. Comp. दर्भाङ्कुरेण चरण: क्षत इत्यकाण्डे......आसीद्विवृत्तवदना च विमोचयन्ती &c. S'ak. Act II.; प्रियमाचरितं लते त्वया मे....यदियं....परिवृत्ताभिमुखी मयाद्य दृष्टा Vikr. Act I.; सलज्जं सानुरागं च नायकं तिर्यक्पश्यन्ती तापससहिता निष्क्रान्ता Nâg. Act I.; आवृत्त्यैव सितासितेक्षणरुचा....यद्दृष्टोऽस्मि &c. Nâg. Act II. Stanza quoted in D. R. as containing an instance of विधान (see note, l. 163) and again in another place as an instance of *mutual love* necessary for the development of S'ṛingâra-rasa.

Ls. 259-62.—परिच्छेदातीत: "transcending all definition or determination," "cannot be defined or determined." जडयति &c. "stupifies and afflicts." Stanza quoted in the K. Pr. Ullâsa IV., to show that sometimes a preposition suggests (व्यञ्जयति) some charming notion, as प्र does here, which shows that the destruction of विवेक was complete and consequently that the effect of love very deep. Quoted again in Ullâsa X., as containing an example of the figure *Virodha*. The *virodha* or opposition is between "stupefaction" and "affliction" but the depth of Mâdh.'s love and the consequent anxiety render both consistent. अत्र जाड्यतापयोर्विरोध: । औत्सुक्यात्तदभाव: । Kamal. on K. Pr.

L. 264.—तथा भाव: परमार्थभाव: "the real condition" or "reality." न तथाभावोऽतथाभाव: "unreal condition" or "unreality."—"Unpleasant on account of its unreality," *i. e.*, his remembrance was not accurate.

L. 266.—निष्ठाशून्यम् "devoid" of निष्ठा, *i. e.*, fixity (of attention on any particular thing). It cannot fix itself on any object, there is nothing that interests and engages it and thus it "rambles." आलिखति "draws lines." A person whose mind is busy in the contemplation of something not present has often his fingers or toes mechanically engaged in drawing lines. The external activity shadows forth the real internal activity. आलिखति has, thus, the sense of "being only mechanically employed about things before oneself but being really occupied with something else, *i. e.*, being absent." Mâdh.'s mind was thus absent and contemplating or hovering about something he himself cannot discern or describe. किम् may be taken as an acc. governed by आलिखति or किमपि as an adv. in the sense of "somehow or other."

L. 269.—"What then"? Shall I forbid my friend? (*to proceed any further in the affair*).

L. 276.—The termination तम in अन्यतम has the same sense as that taught in Pan. V. 3, 93, *i. e.*, "one of many" though the word अन्य is not included among those to which that Sûtra applies. अन्यतरान्यतमशब्दावव्युत्पन्नौ स्वभावाद्द्विबहुविषये निर्धारणे वर्तेते। Sid. Kaum. अन्यतम—"some one of them."

Ls. 278-81.—सुश्लिष्ट: गुणो यत्र and सुश्लिष्टा गुणा यत्र। तस्य भावस्तत्ता। गुण "a string" in the one case and "virtues" in the other. सुश्लिष्ट "well placed" and "befitting each other." सुमनसाम् "of flowers" and "of good hearted" (persons). "Wonderful and varied are her dealings with flowers," in the one case. Hence तस्या: as capable of being easily construed in both ways is the better reading. विधाता "Mâdh." as the weaver of the garland and "Brahmâ" as the creator of Mâl. and Mâdh. सरस: "loving" and "fresh." वर: "Mâdh." and "the garland."

L. 287.—दिष्ट्या विलसितम् "the flower-armed god has played or acted fortunately."

L. 289.—[Her] "respectability or greatness is unbounded because she is the daughter of the Counsellor Bhûrivasu.

L. 290.—N. reads स्वागतम् before ताम which seems to be preferable.

Ls. 293-4.—अभिनिविष्ट "ardently, fondly, uncontrollably fixed," (on Mâl.). अभिनिवेश is the ardent longing or devotion of the heart; its being uncontrollably fixed upon something. बलीयान्खलु मेऽभिनिवेशः S'ak. Act III., ईदृश एवाभिनिवेशः Vikr. Act II. &c. Also *infra*. p. 187, l. 176, "Appreciating it highly just because it was irregularly woven in one part."

L. 297.— मालत्या अपि &c. "This fits, is easily explainable, from your having observed Mâl.'s love." स्वजनबन्धनसम्बन्धिनिमित्तकः ।

Ls. 300-1.—"Such noble ladies do not fix their hearts upon one person and cast loving glances on another."

L. 304.—Kal.'s speech is so introduced as to make it go in with the preceding Stanza:—कस्यापि कोऽपीति निवेदितं प्रागनुरागचिह्नं धात्रेयिकायाश्चतुरं वचश्च [प्राग-न्हम्] इदं चित्रं च [प्राग-न्हम्]. "This picture is also an index to (proof of) her previous love." This interpretation is confirmed by the reading of N. एदं अ = इदं च "and this."

L. 310.—प्रसन्न "plain." [The truth of] "thy conjecture is almost plain."

L. 318.—मनोरथबन्ध "the tie or make of her desire." बन्धु "friend" (who satisfies the desire).

Ls. 332-5.—Stanza quoted in D. R. to illustrate the observation that "love is some joyous feeling." Also quoted in the K. Pr. as containing an instance of the fault called व्याहतत्वम् or व्याघातः "self-contradiction." Moon-light and such other things are of little worth to Mâdh. and still he speaks of Mâl. as विलोचनचन्द्रिका "the moon-light of his eyes;" that is, in order to extol Mâl.'s charming appearance he compares her to moon-light which however does not stand high in his estimation. भवेन्दुकलादयो ऽन्यमप्रशस्यप्रायाः स एव चान्द्रकान्तमुत्कर्षार्थमारोपयन्तीति व्याहतत्वम् ।

L. 337.—J. has made a curious mistake here. Translating the Prâkṛit plural by the Sanskṛit plural, he says that that number is used here to denote respect. But if Kal. could speak of his lord and master in the singular without disrespect, surely Mand. might do so. The Prâkṛit not having the dual, the plural is used to signify *two* as it does in all languages resembling the Prâkṛit in this respect. In Sanskṛit, however, the dual should be used.

L. 344.—आलिखितस्तेन तेनैव निमित्तेन मालत्यालिखितेति शेषः ।

L. 345.—" The skill of the Creator [in creating two such persons as Mâl. and Mâdh. so worthy of each other,] has shown its fruit here." दर्शितं फलं येन यस्य वा । The fruit is that they should love each other and be united in marriage.

Ls. 360-3.—Notwithstanding J.'s remark मालत्याः कन्यात्वेन पत्रावल्यभावात्परिजनेत्युक्तम्, it would be better to construe the Stanza thus:—मुग्धाक्ष्याः कपोलकुङ्कुमानि परिजनवारसुन्दरीणां तत्प्रातर्विं—वैदग्ध्यं घर्माम्भोभिरिदानीं जहाति । For it does not at all look well that Mâdh. should be thinking of Mâl.'s attendants instead of Mâl. herself. And J. has given no authority for his statement. Besides, the *patra-lekhâs* mentioned seem to have been drawn on the cheeks and not on those parts of the body on which married women are generally represented to have them. " By the rolling about [or movements] of the water of perspiration the saffron paint on the cheeks of the charming-eyed [one] loses [leaves no trace of] the skill of her female [courtesan] attendants, [shown] in the variegated pictures drawn in the morning."

Ls. 364-7.—Comp. आलिङ्ग्यन्ते गुणवति मया ते तुषाराद्रिवाताः पूर्वं स्पृष्टं यदि किल भवेदङ्गमेभिस्तवेति ॥ Megha D.

L. 368.—N. has स्वगतम् after मक० l. This reading seems preferable. J. does remark that the speech ought to be स्वगत.

L. 370.—It would be better to take the first part of the compound as a Karmadh.:—वैकृतमेव विवर्तः. विवर्त is "change" simply. वैकृत "woeful plight," "miserable condition," "suffering." अचिरेण should be taken with वैकृतविवर्त.

L. 377.—आसक्ता च तिर्यगपवर्तिता च दृष्टिर्यस्य यत्र वा is also admissible.

Ls. 381-2.—विभ्रदावर्तिगात्रं is by no means a good reading. The body cannot be said to be "wandering" [restless] or "bearing increased love or affliction." "My heart bearing increased affliction, and being restless, burns (is feverish) internally."

Act II.

Ls. 11-2.—J.'s reading is परापतन्तीम् for परापतन्तीम् or परावर्तमानाम् and he explains it by सत्वरमागच्छन्तीं, observing that it is natural for all creatures to come back in haste when they have succeeded in accomplishing a certain purpose. The reason is hardly satisfactory enough to make the reading preferable to that of the Mss. परावर्तमानामेव &c. "taking hold of her hand *even as* she was coming &c.," *i. e.*, she did not allow her to rest herself or do any thing else. उपर्यलिन्दकम्. J. would dissolve the compound as अलिन्दकस्योपरि; but in this case उपरि would be superfluous अलिन्दकं समारूढा meaning the same thing as अलिन्दकस्योपरि समारूढा. उपर्यलिन्दकः therefore must be taken to be equivalent to उपरितनोऽलिन्दकः "upper terrace" or "the terrace on the upper story"; and that Mâl. did go there, is shown by Lav.'s speech at p. 100.

L. 25.—"Whose wish is chemerical." असंबद्ध "unconnected," "absurd."

L. 35.—विहस्तीकृतः । विगतौ हस्तौ यस्य सः "whose hands are cut," "powerless," "overwhelmed," "borne down." Comp. अपहस्तित p. 315.

L. 36.—आश्वासनशीला "one whose disposition is to encourage

or cheer up the spirits of another." Mâl. not believing in her good fortune is sceptical about Mâdh.'s being attracted by her charms, and thinks Lav. told her so only out of a desire to cheer up her spirits.

L. 38.—पुण्डरीकस्य इव विभ्रमो ययोः । विभ्रमः = "charm," "grace," "beauty."

Ls. 40-1.—विजृम्भमाणो यो विस्मयस्तेन स्तिमितौ दीर्घपर्यन्तपरिवर्तनाविलासः । दीर्घाश्च ते पर्यन्ताश्च तेषु परिवर्तना तस्यां सैव वा विलासः । स्तिमित must be understood in its usual sense of "slow," "immovable" as in l. 163 p. 37 and l. 241 p. 49, and not as equivalent to स्निग्ध which does not make the sense natural and for which there is no authority. The pupil of the eye being rendered immovable or slow by wonder like a man's being struck dumb with wonder is what one can understand, and a similar fact is alluded to once in l. 163 p. 37. but that the movements of the eye should become affectionate through wonder is not natural or usual. पर्यन्तः = "skirt," "border"; see l. 67 p. 168, and l. 20 p. 302. J.'s अतिदीर्घ is unauthorized. "Looking cleverly, on account of his brow imitating the graceful motions of the bow of Cupid, made to dance, as it was, in the play of the movements up to the borders which were slow by reason of rising wonder."

L. 45.—विप्रलम्भयितृका: "misleading" is a better translation of विप्रलम्भहस्तका than विप्रलम्भाचिन्तका: and yields a better sense than that or than विप्रलम्भिनका:.

Ls. 46-7.—It is not necessary to understand मन्मथेन here; for what Lav. says in answer to Mâl. who has asked whether Mâdh.'s graceful gestures were natural or were due to the cause assigned by Lav. is, "you also were made to dance without a musical accompaniment by nature;" *i. e.*, if your playful gestures were not natural but were produced by some cause, so must Mâdh.'s be considered to be; they were no more natural than yours. The Caus. agent. is स्वभाव and not मन्मथ.

L. 50.—The reason for translating ताए by तस्याः in preference to तया will be apparent from Lav.'s speech below. सा तस्य दर्शयिष्यतीति तस्या हस्तीकृतम् । "That she may show it to him" is a statement of a nature fit to become a reason for another person to deposit the picture with her and not for herself to take possession of it.

L. 57.—Mâdh. is afflicted (संतापित) and he afflicts (संतापकारिणः) Mâl.

Ls. 76-9.—S'loka quoted in the K. Pr. as an instance to show that *alankâras* (*Upamá* in the present case) by adding force to the sense heighten the *rasa* or sentiment. The comparisons of poison and fire intensify the actions of spreading and burning, which, in their turn, heighten the *vipralambha S'ṛingâra* or sentiment of love-grief.

L. 85.—"The end or fruit of desire difficult to be attained in this world of the living" or "by the living."

L. 87.—"O thou, to whom Mâl.'s life is dear" but not her good name. Comp. ls. 129-30 p. 214.

L. 89.—J. takes अवष्टम्भ to be आरोप "ascribing" or "assigning," but the authority does not appear. अवष्टम्भ is support (comp. l. 227 p. 135) धीरत्वमेव धीरत्वेन धीरत्वस्य वावष्टम्भः. From the reading of C., D. and N. it appears there are two things here, लज्जा and दुर्विनय. Perhaps the reading of one of these should have been preferred to that of B. adopted in the text. दूरविगलितलज्जेन दुर्विनयलघ्वी D. दूरविलीयमानलज्जत्वेन दुर्विनयलघुकेन C. दूरं विलीयमानलज्जा दुर्विनयलघुः N. दूरं विजृम्भमाणो यो दुर्विनयस्तेन लघु । तेन । or दूरं विजृम्भमाणो दुर्विनयो यत्र । एतादृशं च तल्लघु च । B. °लज्जत्वेन in C. is somewhat awkward, though by no means inexplicable.

Ls. 92-5.—Stanza quoted in D. R. as containing an instance of the virtue called धैर्य consisting in the absence of unbecoming rashness (चापल) and silence as regards one's own virtues.

L. 97.—The Pratihâri's speech extends up to आभवतः, where the syntactical connection is complete, but is broken in the middle, that the part ending with कामन्दकि may fit in with the preceding, and serve as an answer to the question, "what remedy is there now in this case ?"

L. 98.—"What Her Reverence," appears to be the true sense. J.'s किमर्थमागता does not seem to be well grounded.

L. 108.—व्यतिकर etymologically "being spread or thrown amongst each other," "being connected," "connection," "affair." It is a word frequently occurring in Bhavabhûti and is equivalent to "matter," "affair."

L. 109.—N. om. अङ्गिरसा and reads निबन्धः for अनुबन्धः. Perhaps this is the true reading; for the passage quoted occurs in Âpastamba's Gṛihyasûtra, where we have निबन्ध and not अनुबन्ध. Vijnânes'vara also quotes it as from Âpastamba. कान्ता कमनीया वोढुर्मनोनयनानन्दकारिणीं यस्यां मनश्चक्षुषोर्निबन्धस्तस्यामृद्धिरित्यापस्तम्बस्मरणात् । Mitâksharâ I. 3.—बन्धुशीललक्षणसंपन्नामरोगामुपयच्छेत । बन्धुशीललक्षणसंपन्नः श्रुतवानरोग इति वरसंपत् । यस्यां मनश्चक्षुषोर्निबन्धस्तस्यामृद्धिर्नेतरदाद्रियेतेत्येके ॥ Âpastamba Gr. S. Vijnânes'vara in explaining कान्ता as वोढुर्मनोनयनानन्दकारिणी and quoting Âpastamba in support of the explanation must be understood to take यस्यां &c. in the sense of या मनोनयनानन्दकारिणी. निबन्ध or अनुबन्ध is therefore, "tie," "partiality," "attachment."

L. 114.—कलाशेषा "of which one कला only is left," equivalent to "the moon of कृष्णचतुर्दशी," rather than of द्वितीया. Comp. प्राचीमूले तनुमिव कलामात्रशेषां हिमांशोः । Megha D.

Ls. 117-8.—Comp. परिपाण्डुदुर्बलकपोलसुन्दरं दधती विलोलकबरीकमाननम् । Utt. R. Ch. Act II.

L. 119.—रमणीयजन्मनि lit. "whose birth is pleasing." Her being born is a pleasing thing; her creation, existence, is a delightful matter; because she possesses such rare qualities of the mind and the person.—Comp. सुजातम् l. 140, p. 33 and सुजन्मा l. 317, p. 61.

L. 121.—संकल्पनिर्मित "created by a mental act," "imagined," "realized in the mind."

L. 134.—इव is introduced to qualify कुशलम्; and the expression is equivalent to "something like," "yes, well *enough*," she meaning to say "it is not quite right with her."

L. 136.—"Your Reverence's voice is quite unusual; the breath being hindered [sticking, being not free] in the throat rendered dull or hollow by the obstruction of [the flow of] heavy tears." Comp. कण्ठःस्तम्भितबाष्पवृत्तिकलुषः S'ak. Act IV.

L. 150.—J. takes ऐदंपर्यम् to be equivalent to इदंपरम्. According to him the termination ष्यञ् which usually forms abstract nouns, here signifies nothing, as in the word चातुर्वर्ण्यम् = चत्वारो वर्णाः &c. But the gaṇa or group चतुर्वर्णादि to which he refers इदंपर does not contain that word and is not an आकृतिगण. The use of ऐदंपर्यम् in this sense is not to be met with elsewhere while the analogy of तात्पर्य from तत्पर would show that the termination has an abstract sense. इदंपर = "meaning this;" ऐदंपर्य = "the state of meaning this," *i. e.*, "substance," "scope." इदम्, therefore, does not refer to यदुपक्रान्तम् but the clause beginning with यदृत.

Ls. 154-5.—तस्मिन्नवरे &c. loc. absolute. किमिति "for what reason."

L. 164.—साहसाभासम् "looks like [ill-bred] wantonness." साहसकल्पम् "almost wantonness" gives nearly the same sense, though the first seems to be better. It has the *appearance* of an unbecoming wanton deed but is not so *really*. Therefore Kâm. means to insinuate that such a step may be taken. See l. 222 p. 100.

L. 169.—एवम् "thus" *i. e.* unkind.

L. 173.—इदं गम्यते is like अयं गच्छामि in which अयं is not the nom. of गच्छामि, the persons being different, but qualifies the nom. अहम understood. इदम्, in the same manner, is not the nom. of गम्यते which is impersonal, but is an adjective to the भाव or action which गम्यते as an impersonal verb denotes. The expression is equivalent to इदं गमनं भवति.

L. 177.—यस्य. It is not necessary to understand कृते after this, as J. does, the genitive showing relation in general (संबन्धसामान्य). यस्य = यत्संबन्धेन.

L. 179.—प्रस्तावे भवा प्रस्तावस्येयं वा प्रास्ताविकी "pertaining to the matter in hand," "pertinent," "relevant." अप्रास्ताविकी "not pertinent," "irrelevant."

L. 183.—यीसी &c. "and knows who he is and of what sort."

Ls. 193-4.—Stanza quoted in the D. R. as containing the characteristics of a hero who is धीरशान्त.

L. 203.—Devarâta was the great ocean and Mâdh., the pârijâta tree.

Ls. 207-10.—J.'s second explanation is not satisfactory. प्रथमतः "first," because the trees or aviaries on or in which the birds lay, were lower in height than the tops of palaces. The result of the awakening of the birds from sleep may have been to add to the noise. Then, the sound being rendered louder by reverberation in the vaults of palaces, goes up into the air. भवानीत्कण्ठानाम्. If J.'s explanation is correct the poet must be taken to mean the Chakravâkas only by the expression विहगमिथुनानाम्. But the उत्कण्ठा was probably consequent on their being suddenly roused from sleep by the noise which frightened them, and not due to the expected separation at night. Hence it is not necessary to restrict the expression to Chakravâkas.

L. 215.—"What, the noble youth is very highly born also." "That is an additional reason why he should have been chosen by my father to be my husband. There is no objection to him even on this ground." The साहसवाञ्छा attributed by J. to Mâl. is unauthorized.

Ls. 223-4.—Since इति closes the sentence and अथ begins another, वत्स cannot be connected syntactically with परिचयः as J. does. The syntax therefore is :—वत्सस्य यदभिजनतो यच्च गुणतस्तन्माहात्म्यं श्रुतम् ।

Act III.

Ls. 3-4.—कोत्तिअकालो. J. translates this expression as कोऽप्यकाल: and explains अकाल: by निषिद्धकाल: meaning "she has been with Mâl. even at improper times"; lit. "she has been attending on Mâl. some indescribable (a great deal of) improper time." But the adjective "improper" seems unnecessary and the expression कोऽप्यकालो does not look natural. I have very little doubt it ought to be translated क इव काल:, the अ in the Prâkṛit word being made part of the preceding word so as to make it त्तिअ, and not of the following. त्तिअ = इव. क इव &c. "what like," "what-sort," or "what a time has she been attending," *i. e.*, for a long time. The same expression occurs in Ratn. Act III. (1st speech.); को त्तिअ आलो ताए आअच्छिअ गदाए. "How long a time is it since she came and went"; *i. e.*, a long time. It would not do to take it here as कोऽप्यकाल:. My view of it is confirmed by another reading of the text both here and in Ratn. which is को त्ति कालो = कोऽपि काल:, *i. e.*, "an indescribable [long] time." The expression has hardly an interrogative sense, like the Marâṭhî त्याला जाऊन केवढा वेळ झाला! when it is spoken in answer to a question.

L. 12.—कृष्णचतुर्दशी is sacred to S'iva. See Mâtsya P.—जनन्या for भगवत्या the reading of B. N. is perhaps more correct. She will go to the temple with her mother and from thence be carried to the garden by Kâm.

L. 13.—एवं किल "verily in this way," *i. e.*, by worshipping the deity with flowers gathered by one's own hand, "prosperity [happy condition] is enhanced."

Ls. 23-4.—"By [telling her] he is this sort and that sort of man, I have rendered her love for him strong though [he is] unseen."

L. 30.—विनयनम्रा "bowed down with modesty," "humble with modesty," "and hence would not express the feelings of her heart freely to me, and did not act familiarly towards me".

L. 31.—कतिपयाहोभिः is a deviation from Pâṇ. though J. tries to explain it. It is the reading of three Mss. and of J. I have chosen that of B. C.

L. 45.—मराळस्येव मांसलः ।

L. 47.— सुधाबिन्दूद्वमन्त must properly be explained as सुधाबिन्दूनिवाचरन्तः or sing. सुधाबिन्दुरिवाचरन्, in which sense it cannot be taken as an adjective to चन्द्र; for what looks like drops of nectar is the perspiration and not the moon. The moon has drops of nectar and her face has drops of perspiration and as the latter is compared to the moon, the perspiration on it must represent nectar. The expression fits well as an adjective to स्वेदशीकर but as such it ought to precede it. But this difficulty may be got over by taking it as a Bahuv. under Pâṇ. II., 2, 37 or as a Karmadh. under Pâṇ. II., 2, 38, in the cases intended by which, the adjective may follow the noun. With the reading of C. and N. there is no difficulty. स्वेदशीकरा एव सुधाबिन्दवस्तैरुद्वमन्तो मुग्धमुखचन्द्रः।

L. 52.—प्रथमं in the first line corresponds to पुरस्तात् in the second, therefore, the first half of the line ought to be interpreted as "appearing *before* my beloved." J. takes प्रथमम् with करोति, which does not make good sense; and his objection as to the genitive does not seem to be sound. If प्रथम in the sense of an adverb is thus to be connected with a noun, no other case but the genitive could be used. The ablative may be, but the sense would be a little different. It must be allowed however that प्रियायाः प्रथममाविर्भवन्ती does not look a very classical expression.

Ls. 57-8.—Synt. मम मनसा महीधरस्य चन्द्रमणिनेव द्रवमयो विकारः संभाव्यते। मनः corresponds to चन्द्रमणि and अहम् to महीधर.

Ls. 63-4.—Comp. मदुत्रवाभ्यः प्रतिभूतसिक्ता कदम्बयष्टिःस्फुटकोरकेव. Utt. R. Ch. Act III.

L. 66.—भगवतिमयमाश्चर्यं यन्त्र. "Exceedingly wonderful is the teaching of Her Reverence."

L. 70.—The reading संसपति mentioned by J. and found in N.

looks better. "Exhaustion slackens, renders nerveless, every one of thy limbs."

L. 73.—वल्लभस्यालोकनम् = वल्लभकर्मकमालोकनम्, when the sense is "exhaustion acts on thee in the same manner as the sight of (thy seeing) thy beloved would," and = वल्लभकर्तृकालोकनम्, when the sense is "exhaustion acts on thee at the same time as the observation of (thy being seen by) thy beloved."

L. 75.—आज्ञप्ति and विज्ञप्ति or आज्ञापयति and विज्ञापयति do not mean "command," "solicitation" alone, but are applied to the whole speech, of whatever nature, of a superior to an inferior and of an inferior to a superior. See p. 91, l. 154 and a great many other instances. By आज्ञप्तम्, Lav. means all that Kâm. has said in the previous s'loka and not विरम्यताम् alone, as J. takes it. Simple command to stop can hardly be शोभन, but the drift of the whole stanza is certainly शोभन or graceful, and Lav.'s remark refers to it as well as Mâdh.'s in the next speech does.

L. 85.—By bodily ailment or fever he has been "vanquished," "overwhelmed," "rendered helpless."

Ls. 86-7.—It is difficult to find authority for taking तद् in the sense of तथा "as well as," or "in the same manner." It makes no bad sense to take it as answering to यद् = "since," as is natural.

L. 88.—अपि shows antithesis here, and hardly विस्मय; or अपि च may be taken as a compound expression as J. proposes.

L. 92.—When यावद् expresses अवधारणम्, it is equivalent to "as many or as much as," and hardly to एव or "alone". Perhaps तावद् must be understood before the second clause. यावदशृणवं तावन्मालत्यैव &c. This use of the word implies unexpectedness or wonder and is similar to the use of जों or तों (जंव or तंव) corruptions of यावद् or तावद् in Marâṭhi, in such expressions as आणि पाहतों तों (or जों पाहतों तों) मुलगा पळाला.

L. 96.—उपन्यासशुद्धिः may be translated "clearness or force of statement."

L. 105.—अन्य एव "unparalleled." अक्षुण्ण: "not used or resorted to by any body else," "unusual," "unapproachable," "unimitable."

L. 110.—भीतायिता. क्यङ् which usually denotes आचार or "acting like one" must be taken here to show करण or "making one to be" as in Pâṇ. III., 1, 17. भीतं करोति भीतायते. But a truer explanation of भीदाविदा is that it is the past pass. part. of the denominative in अय or णिच् , the sense being "doing," "making" or "rendering." In Sanskṛit, it would be भीतयति = भीतं करोति; and in Prâkṛit भीदावेइ (Var. VII. 27) which corresponds to भीतापयति. The augment आप् which, in Sanskṛit, is taken by such words as सत्य, अर्थ &c. (सत्यापयति, अर्थापयति) and is of the same nature as the प of स्थापयति, दापयति &c. is generalized in Prâkṛit and applied optionally to all causatives and denominatives signifying "doing" or "making." भीदाविदा ought therefore to have been translated by भीतिता or भापिता. The reading भीसिदा for भीषिता conveys the same sense, though according to the grammarians this last form is used when the agent of the verb is the object of fear.

L. 121.—निजमहोत्सव एवाभ्युदयो महोत्सवस्याभ्युदयोनुष्ठानं वा तस्य दर्शनार्थं प्रतिपन्नं रूपं येन स: ।

L. 123.—अनुबन्ध lit. "binding after," "an accompaniment," "a succession," any thing composed of successive parts, "course" or "career." अनुरागानुबन्ध may be translated as "uninterrupted course of love."

L. 124.—अन्योन्यस्यान्योन्यस्मिन्वा दृष्टेर्या विनिपातनस्तस्य वर्जना तस्यावसरस्तस्मिन्खिद्यमानं यच्चित्तं तेन स्मरमाणं कौतूहलं यत्र तत् । (परस्परावलोकनसुखम्) or तस्मिन्खिद्यमानं चित्तं यत्र । तच्च स्मरमाणकौतूहलं च. "The avoiding of each other's glance,"—*i. e.* they had to avoid the crossing of each other's glances; in other words, Mâl. had to cease looking when Mâdh.'s glance was turned towards her and *vice versa*. When they had to do so, their hearts were uneasy and their curiosity or desire to look at each other again, increased or rendered them impatient. These several adjectives may also be taken as adverbs. —अभिरामं यथास्यात्तथा ;— महार्घांकूतो यौवनारम्भो यस्मिन्कर्मणि यथा स्यात्तथा ;— त्वरमाणं कौतूहलं यस्मिन्कर्मणि यथा स्यात्तथा &c.

L. 127.—सविशेषो दुःसहो य आयासस्तेन &c. आयास is "affliction," "suffering."

L. 128.—J.'s first two interpretations of मुहूर्तमात्र &c. appear to be good. But the explanation of विरोध given in connection with the second looks artificial. It may be said that the analogy extends only up to the fact of the fading away of both (*viz.* Mâl. and the lotus plant) and the विरोध is here अविवक्षित.

L. 130.—J.'s निर्माय is not supported by our Mss. मुहूर्तमात्रं हृदयविनिहितनिर्मीयमाणवल्लभसमागमो यस्याः । हृदयविनिहितो निर्मीयमाणः । एतादृशो वल्लभसमागमः lit. "the company of the beloved *created as placed in the heart*," "conceived in the mind or imagination."

Ls. 136-7.— कुमार्या भावः कुमारीभावः । Her virginity is called in question or is an object of suspicion. With the other reading कौमारमेव भावः.

L. 138.—निकुरम्बेन चुम्बितोनएव प्रवृत्तनिःस्यन्दः, or, as J. takes it.

Ls. 140-1.—दन्तुरित "besmeared." विरचित उपनीतश्च or आदौ विरचितः पश्चादुपनीतः ।

L. 148.—किंकर्तव्यम् is an expression used as a noun and is similar to इतिकर्तव्यम्. किंकर्तव्यमूढता "being at a loss what to do."—किंकर्तव्यता-मूढतया is also a good reading. It was Mâl.'s *friends* and not Mâl. herself that did not know what to do in this condition of hers. And this is confirmed by the reading of N. which is किंकर्तव्यतामूढम् to be taken as an epithet of जनम्.

L. 150.—लावण्यं भूयिष्ठं यत्र यस्य वा । एतादृशं यन्निर्माणं तेन परिपेलवानि । निर्माण is "make," or "form." Comp. l. 64 p. 79, l. 327 p. 342 &c.

L. 152.—पल्लवित "made like a tendril" which is red.

L. 164.—अहो प्रमादः Oh calamity! J. explains प्रमाद as अनिष्ट p. 321 l. 154. The word occurs elsewhere in the same sense; p.

131 l. 194, p. 134 l. 215, p. 182 l. 145. See also Utt. R. Ch. Act III. Vâsantî's 1st speech.

L. 177.—"The flag [celebrating or proclaiming the excellence] of the charms of her fullgrown, expansive breasts." Comp. such expressions as विजयपताका.

Ls. 179-83.—"The form of whose body was fierce on account of the pomp of the dreadful banner [in the shape] of a thick and long tail, waiving in the exercise of his natural sport [freedom] regained by breaking the bond of the chain [with which he was] tied in the cage which was forcibly broken open in consequence of the union of unbearable anger and fury increased by the pride of budding youth."

L. 187.—नष्टो [यथाभवेत्तथा] विद्रावित: "made to run away so as to disappear." J. has explained the other reading निष्ठागित ("one whose firmness is put to the test or exhausted.")

L. 200.—Mâdh. dawns upon Mâl.'s sight unexpectedly, wherefore she looks at him steadfastly with her eyes dilated. The white portion of the eye, when it is thus stretched, is prominent, wherefore it is compared to a white lotus, and the continuous or uninterrupted gaze forms a garland of white lotuses. In the same manner, it is compared to a quantity of milk, and the steadfast gaze to a stream of milk. On the other hand, the glances in which the pupil is unsteady and directed again and again to the object looked at are compared to blue lotuses on account of the colour of the pupil, and such glances succeeding one another quickly, form a garland of blue lotuses, (see l. 62 Act IV.) There is a similar idea in the Nâg. where the uninterrupted glances are compared to the skin of an antelope, which is both black and white.

L. 222.—सभयम्, because Mak. was attacked by the tiger.

L. 224.—सहर्षम्, because the tiger was killed and not on account of a marriage between Mak. and Mad. being rendered possible, as J. takes it.

L. 227.—"Motionless," being supported by the blade of the sword that stuck into the ground.

Act IV.

L. 1.—N. reads Mâl. for Lav. and, at first sight, this would appear better, for each of the ladies would then be supporting her lover. But Mâl. has on all occasions been represented as shy, and Lav. does every thing for her and serves as her mouthpiece. Neither would it be very consistent with Indian notions to make Mad. boldly step forward and hold Mak. in her arms. But she does not know him to be the person Buddh. spoke to her of, and being the nearest to him when his encounter with the tiger took place, she might, very well, out of gratitude, be expected to look after him. The reading in the text, therefore, is better.

L. 11.—Mâl. intends her speech for Mâdh. but it would be hardly consistent with the character of a well bred girl to address herself directly and unreservedly to the man for whom she has conceived a passion, and must on that account make her open advances as slow as possible, especially as she has not been yet given to him by her father. She, therefore, looks at Lav. and directs her speech to her. N. omits सहि लग्गिए but the reading of the text is certainly better.

L. 17.—"This is he," *i. e.*, the youth I spoke to you of.

L. 33.—सुहृद्धृत्या वर्धितोसि "congratulated on your friend's recovery" [from the swoon.]

L. 57.—"What, should this be told to us?" The reason is given by J. राजमित्राणां लाभेन &c. The other hidden senses mentioned by J. may or may not have been intended, but one or two of them are hardly good and look very improbable. In the last, he takes मन्तिदव्यं = मन्त्रिद्रव्यम्.

L. 61.—Our reading being सुन्दरम्, the compound must be taken as an adverb to पर्यस्यन्ति.

L. 62.—For the reason of their being compared to a *garland* of blue lotuses, refer to the note on l. 200 Act. III.

L. 63.—मनोरथेषु मनोरथैर्वा निर्वृत्तः संबन्धो ययोः "they have formed a connection with each other in or by their wishes"; *i. e.* conceived a desire for each other.

L. 68.—J. takes स्तम्भ as qualifying पक्ष्म, but the compound may be dissolved as स्तम्भेन निष्कम्पे पक्ष्मणी यत्र ।

L. 78.—"Let the yoke of restlessness fix itself undisguisedly on me."

L. 89.—You are not then worse off or in a worse condition than before (as regards the acquisition of Mâl.).

L. 90.—दत्तपूर्वा, the reading of A. C. D. and also of G. sanctioned by J. might have been preferred. It yields a good sense. "He entertains doubts (about the acquisition of Mâl.) because she is now दत्तपूर्वा *i. e.* given to another before" (*i. e.* before Mâdh. could endeavour to secure her for him). अदत्तपूर्वा also gives a similar sense. "He entertains doubts because she was अदत्तपूर्वा *not given before* but now she is दत्ता *given.*"

L. 96.—वाचि प्रतिष्ठा=वाक्प्रतिष्ठा । वाक्प्रतिष्ठा निबन्धनं येषाम् "depending on their support in speech," *i. e.* they have their basis in the words one utters.

L. 98.—The words of Bhûr. were true in themselves but untrue if applied to Mâl. Hence they were not applicable to her.

L. 100.—अविमर्शितव्यम् and विमर्शितव्यम् are the two readings, apparently opposed to each other. But the former means "should not be thought of" *i. e.* no importance should be attached to it. And the latter like the expression चिन्त्यम् used with regard to a statement which one refutes, means "is a matter for thought," is "to be thought about" and is not *seen* or *found* to be true.

L. 114.—"Alas! so far only is (here ends) Mâdh.'s career (dealings) in the world with Mâl." लोकयात्रा "course or career in life."

L. 116.—एको रसो यत्र "in which there is only one taste" *i. e.* of one kind, even, equable. This stanza occurs in Utt. R. Ch. Act IV.

L. 121.—निर्व्यूढम् "proved true," "tested," "vindicated," "carried out faithfully." Comp. निर्व्यूढस्तेयस्नेहः | Utt. R. Ch. निर्व्यूढं (or निर्वाहः) प्रतिपन्नवस्तुषु सतामेकं हि गोत्रव्रतम् Mudrâ R. See also p. 282 l. 77.

Ls. 122-3.—"An end worthy of the pitiless beginning (or working) of cruel fate is now ensured, rendered certain, settled." Fate rendered her passion so strong and unbearable that it made a havoc on her constitution, and now the end is in keeping with this, in as much as she is not to be happy but miserable for ever, and perhaps to die.

L. 134.—This line occurs in Utt. R. Ch. Act III. त्रस्तैकहायनकुरङ्गविलोलदृष्टेस्तस्याः परिस्फुरितगर्भभरालसायाः &c.

L. 136.—बुद्धरक्षितासखी must be taken to be a हेतुगर्भविशेषणम्. "Easy to be got because she is the friend of Buddh. who will influence her in your favour, and induce her to marry you."

L. 140.—व्यक्तो यः स्नेहरसेन स्तिमितः &c.

L. 146.—आभोग is "extent." Stanza quoted by S'âr. under the heading ग्रीष्मसमयस्वभावाख्यानम्.

Act V.

Ls. 2-5.—The propriety here of the expressions षडधिक-दश, शक्तिनाथ &c. will be understood from the following extract from the Yogarasâyana occurring in S'âr. अस्ति कारणमव्यक्तं सर्वव्यापि परात्परम् |... ततो निरिच्छस्य देवस्य शक्तिरिच्छेत्यजायत । त्रिगुणिन्या तया क्रीडां कर्तुमिच्छत्सलीलया || किया-

रूपा गुणमयी तस्या बुद्धिरजायत । ज्ञानशक्तिरिति ख्याता क्रियाशक्तिश्च सा स्मृता ॥ बुद्धेरहं ततश्चित्तं शक्तिस्तस्या: सदाशिव: । नभोरूपी ततो वायुरीश्वर: समजायत ॥ ईश्वरात्सम भूद्रुद्रो ज्योतिर्मय उमापति: । रुद्राद्विष्णुरभूदापस्त्रैलोक्यपरिपालक: ॥ विष्णुनाप्यक्षयो जातो [स विष्णोरब्जजातो हि another Ms.] ब्रह्मायं पृथिवीमय: । तदर्थमभवत्पूर्वं ब्रह्माण्डं कनकप्रभम् ॥ तेन सृष्टं स्वज्ञानयेदं त्रैलोक्यं सचराचरम् । Then follows an acoount of the way in which all things were created and of the manner of the conception and birth of a human being, after which we have the anatomy of the human body in the following words :—अङ्गप्रत्यङ्गभागेन तत: पिण्ड: प्रजायते । चर्मणाच्छादिता: सप्त धातव: स्युरनुक्रमात् ॥ पिण्डे मज्जासु पूर्णानामस्थ्नां षष्टि: शतैस्त्रिभि: । द्वासप्ततिसहस्राभिर्नाडीभि: पञ्जरीकृतम् ॥ क्रियाशक्त्या विना क्वापि ज्ञानशक्तिर्न दृश्यते । तेनेदं ज्ञानशक्त्यर्थं कृतं वेश्म क्रियामयम् ॥ चतुर्विंशतिभिस्तत्त्वै: क्रियाशक्तिरचेतना । ज्ञानशक्त्या युता वापि लभ्यते चेतनावती ॥ सर्वोऽपि शिवस्तत्र शक्तिसङ्गेन मोहित: । नात्मानं न परं वेत्ति विचेष्टति तदिच्छया ॥ प्राणात्मनमयी शक्ति: षट्चक्राधारसंयुता । शान्तं शिवं वशीकृत्य वर्तते कामका[चा?]रत: ॥ आधार: कन्दमित्युक्तं स्वाधिष्ठानं च जन्मभू: । नाभिस्तु मणिपूराख्यं हृदयं विद्ध्यनाहतम् ॥ विशुद्धि: कण्ठ इत्युक्तमाज्ञाचक्रं भ्रुवोन्तरे । आधारो हि चतुर्भिन्न: स्वाधिष्ठानं च षड्दलै: ॥ दशभिर्मणिपूराख्यं द्वादशैस्तु अनाहतम् । विशुद्धि: षोडशैर्भिन्ने [न्ना ?] राज्ञाचक्रं द्वयेन तु ॥ कालाग्निरुद्र आधारे शक्ति: कुण्डलिनी तथा । आनन्दाख्या स्वाधिष्ठाने शक्त्या कामाख्यया सह ॥ नाभौ ब्रह्मा हृदि श्रीश: कण्ठे रुद्रो व्यवस्थित: । ईश्वरो लम्बिकायां च तदूर्ध्वं च सदाशिव: ॥ ज्योति:स्थानानि चैतानि षट्चक्राणि जगुर्बुधा: ॥ .... द्वासप्ततिसहस्राणि कन्दान्नाड्यो विनिर्गता: । प्रविश्य नाभिदेशेषु सर्वाङ्गेषु ततो गता: ॥ Then follow the names of the ten nâḍis after which we have, एता:प्राणवहा ज्ञेया: प्रधाना दश नाडिका: ॥ इडा नासापुटे वामे पिङ्गला दक्षिणे भवेत् । सुषुम्णा तालुभित्त्वैव ब्रह्मद्वारं प्रवर्तिता ॥ सरस्वती च जिह्वायां गान्धारी वामकर्णके । दक्षिणे हस्तिजिह्वाख्या पूषा वामे च लोचने ॥ अलम्बुषा दक्षिणे स्याद्गुदद्वारे कुहूर्भवेत् । आब्रह्मरन्ध्रान्मार्गेण ब्रह्मरन्ध्रस्य शङ्खिनी ॥ सदा बिन्दुवहा ज्ञेया लिङ्गद्वारे च शङ्खिनी ॥ From this we see that according to tho Yoga philosophers, there first existed the Supreme indiscriminate cause of all. Then, to that Supreme Being called शिव: or पर: शिव: as will appear from the 9th line of the second extract and from another s'loka not here quoted, a शक्ति called इच्छा was born, and from it sprang क्रियाशक्ति and ज्ञानशक्ति, and from these sprang the god सदाशिव, the representative of the element of ether, from him ईश्वर, the representative of wind, from him रुद्र, the representative of light, from him विष्णु, of water, and from him ब्रह्मा, of earth. Then followed the rest of the creation. From the second extract we see that the human body consists of six parts or चक्राणि, the names and positions of which are given there. The whole body is presided over or tenanted by the supreme S'iva who is represented as being deluded by the *s'aktis* and especially the प्राणाज्ञानमयी शक्ति, and the five other gods dwell in five different parts of it. Of the 72,000 nâḍîs whose function it is to bear the wind, the ten named there are the principal. The S'aktis, therefore, alluded to in the Stanza are इच्छा, ज्ञान and क्रिया. The supreme S'iva is begirt with these and is also their lord. षडभिक्रदशनाडी &c. is, I think, thus to be taken:—षड्भिश्चक्रैरभिव्यक्तं यद्दशनाडीचक्रं तत्र स्थित आत्मा यस्य सः। The six chakras and the ten nâḍîs are those mentioned above, and they composing the whole body, the supreme S'iva whose habitation the body is, resides in them. The ten nâḍîs together are spoken of as constituting a चक्र in the Yoga Chuḍâmaṇi Upanishad. इडा च &c.......शङ्खिनी दशमी स्मृता ॥ एवं नाडीमहाचक्रं ज्ञातव्यं योगिभिः सदा ॥ हृदि विनिहितं रूपं यस्य "whose form is placed (realized) in the heart" *i. e.* who is the subject of deep meditation; or, "whose form exists in the heart," "whose abode is the heart of men" (ईश्वरः सर्वभूतानां हृद्देशे &c.). Stanza quoted in the K. Pr. to show that the use of words unintelligible to the ordinary reader, which is usually a fault in a composition, is a merit when the speaker is one acquainted with the S'âstra of which the expressions are technical terms, and speaks to himself. In the second sense of षडभिक्रदशनाडी given by J. he does not give the names of the six remaining nâḍîs. They are given by Kamal. thus:— क्षोऽजिह्वाभजिह्वा च विजया कामदा परा। अमृता बहुला नाम नाड्यो वायुसमीरिताः ॥

Ls. 7-8—न्यास is what every Brâhmaṇ who goes through his

संध्यावन्दन (twilight devotions) ought to understand. Of course, he goes through it mechanically, without any attempt at meditation or associating any idea with it. It consists in repeating a Mantra (portions of the Gâyatrî in the case of the संध्यावन्दन) and touching the six parts हृदय &c. mentioned by J. Or, the six *anga-chakras* here alluded to, are very likely these mentioned in the note to the last stanza, in which case the whole expression means "placed or residing in the six parts of the body which have been touched mystically by me." लय or "absorption" is consequent on समाधि, a state of mind in which the Yogin is conscious of one thing only, that on which, in a previous process called ध्यान, he has concentrated his mind. Kapâl. owes her power to move in the sky to Yoga, which is said to confer this and other miraculous powers. Yoga consists of eight processes; *viz.* यमनियमासनप्राणायामप्रत्याहारधारणाध्यानसमाधयोऽष्टावङ्गानि । Pat. Y. S. II. 29. अहिंसासत्यास्तेयब्रह्मचर्यापरिग्रहा यमाः । II. 30. शौचसंतोषतपःस्वाध्यायेश्वरप्रणिधानानि नियमाः । II. 32. स्थिरसुखमासनम् । II. 46 तद्यथा–पद्मासनं वीरासनं भद्रासनं &c. &c. तस्मिन्सति श्वासप्रश्वासयोर्गतिविच्छेदः प्राणायामः । II. 49. स्वविषयासंप्रयोगे चित्तस्वरूपानुकार इवेन्द्रियाणां प्रत्याहारः । II. 53. When the mind does not operate on its objects, the other organs of sense, the eye, the ear &c. imitate the mind *i. e.* cease to perform their functions. This is प्रत्याहार, from whence follows a perfect control over the senses. देशबन्धश्चित्तस्य धारणा । III. 1—concentration of the mind on a particular point the navel, the heart, the head &c. or any external object. तत्र प्रत्ययैकतानता ध्यानम् । III. 2. An uninterrupted perception of the object on which the mind is concentrated is ध्यान. तदेवार्थमात्रनिर्भासं स्वरूपशून्यमिव समाधिः । III. 3. When the meditator loses his own identity in the thing meditated, the perception of which is the only state of his mind, he is in the state called समाधि. Then, according to the object on which the Yogin, having gone through the previous processes, fixes and concentrates his mind and enters into Samâdhi, he acquires miraculous powers of various kinds. The last three processes are called संयम. भुवनज्ञानं सूर्ये संयमात् । III. 25. चन्द्रे ताराव्यूहज्ञानम् । III. 26. ध्रुवे तद्गतिज्ञानम् । III., 27. नाभिचक्रे कायव्यूहज्ञानम् । III. 28 &c. &c. कायाकाशयोः संबन्धसंयमाल्लघुतूलसमापत्तेश्चाकाशगमनम् । III. 41. One is able to move in the sky when he becomes light after having performed संयम on such light things as cotton or on the relation of the body to space. स्थूलस्वरूपसूक्ष्मान्वयार्थवत्त्वसंयमाद्भूतजयः । III. 43. ततोऽणिमादिप्रादुर्भावः &c. III. 44.

L. 9.—The first sense given by J. appears to be the best. When the wind is retrained by प्राणायाम and remains confined in the nâḍîs, the five elements are drawn off from the body. Ordinarily, when the wind moves, the five elements also move and perform their functions ; and when it stops, they also stop. This seems to be what is meant. प्रत्येकं पञ्च तत्त्वानि नाड्योश्च वहमानयोः । वहन्त्यहर्निशं तानि ज्ञातव्यानि यतात्मभिः ॥ ऊर्ध्वं वह्निरधस्तोयं तिरश्चिनः समीरणः । भूमिम[र]र्धपुटे व्योम सर्वगं प्रवहेत्पुनः ॥ वायोर्वह्नेरपां पृथ्व्या व्योम्नस्तत्त्वं वहेत्क्रमात् । वहन्त्योरुभयोर्नाड्योर्ज्ञातव्योऽयं यथाक्रमम् ॥ &c. Sarv. Pât. Dars'.

L. 12.—संघट्टेन क्वणिताः कराला: किङ्किण्यो येन यत्र वा । "The harsh bells rang in consequence of the garland of skulls striking against them." This interpretation looks better than J.'s. क्वणित is hardly a proper word to express the sound of the skulls striking against each other.

L. 22.—पूजासंभार "collection of the things necessary for worship."

L. 29.—चरणन्यास " movement of the feet."

Ls. 42-3—J.'s संभोगे चुम्बनादयो &c. is unwarranted. "Movements, bland through regard, proceeding from love, and in which is seen, deep affection generated by familiarity ;" *i. e.* first of all, a regard springs up in the mind of a person, it then grows into love, and afterwards ripens into strong affection. Mâdh. wishes himself to be the object of these several feelings in Mâl. and to witness her behaviour under their influence. Stanza quoted in the K. Pr. as an instance of that kind of Vipralambha S'ṛingâra (*i. e.* love sentiment in circumstances when the lovers are either not united to each other by marriage, or are separated after it) which is called *abhilâsha* *i. e.* desire for union.

L. 47.—With परिवर्तम् as our reading, अनि··स्तनम् should be taken as an adj. to परिवर्ते and not adv.

L. 49.—प्रियया should be construed with विनिवेशित.

L. 52.—प्रस्तौति "begins, and goes on with it." प्राप्नोति, the reading of N., renders the sense clear.

L. 54.—मङ्गलगृहम्. The first and third of J.'s interpretations of this appear to be good. The second is far-fetched and hardly graceful.

L. 55.—अतिस्वल्पोऽपि &c. lit. "there will not be even a slight difference (in my condition) by seeing her;" *i. e.* my condition cannot be different from what it is, even if I see her personally; for, in my existing condition, she is present in my heart, and I have as vivid a knowledge of her as if she were bodily present before me. Seeing her, therefore, is superfluous. I do see her even now, my whole soul being full of her.

Ls. 56-9.—It is necessary to remember some of the definitions given in the Tarka S. to understand this fully. बुद्धि or knowledge is of two kinds, अनुभव and स्मृति. संस्कारमात्रजन्यं ज्ञानं स्मृतिः "the knowledge produced by an impression alone (created by an object of which one had direct cognition before), is स्मृति or recollection." There are three kinds of *sanskâras*, and the one with which we are here concerned is भावना, which is defined as अनुभवजन्या स्मृतिहेतुर्भावना. प्रत्यय means "knowledge" or "cognition." प्रियतमा—तान: is "the continuation of the generation of the cognition in the shape of a recollection of my beloved," *i. e.* the recollection or recalled cognition of her, her image, starts up in the mind every moment. Now the *cognition recalled*, *image*, or *recollection* must be संस्कारजन्य. संस्कारस्या—मान:, therefore, is equivalent to "the continuous recollection (recalled cognition) extended, stretched out, or caused, by the constant awakening of the Sanskâra or impression." The संस्कार *viz.* भावना in this case, is itself अनुभवजन्य. उपलम्भ means अनुभव or direct cognition, which is of two kinds प्रत्यक्ष or perception through the senses, and अनुमान or inference. Here प्रत्यक्ष only is to be taken. सातिशय..जन्मन:, therefore, means "the Sanskâra or impression which has derived its birth from the former close perception" (direct cognition). Now "the flow of this continuity of the recalled or recollected image is undisturbed by any other cognition at variance or inconsistent with it" (तद्विसदृश....र:). अन्तर्वृत्ति–त: "on account of the resemblance of the internal or mental state to her." My mental state bears likeness to her, hence the whole soul has assumed her form. This sentence and the following stanza are quoted in the D. R. as containing an instance of स्मृति (recollection), which is one of the thirty-three subordinate feelings (व्यभिचारिणो भावा:) attendant on the principal feelings (स्थायिनो भावा: which constitute the *rasas*). It is referred to, in another place, in illustration of the definition of a स्थायिभाव, which is that it is the predominant feeling, that which is not thrown into the shade by any other. रति or love which constitutes the S'ṛingâra-rasa is such a feeling in the present case, and predominates over the Bîbhatsa sentiment.

L. 69.—The last interpretation of संसक्त–प: given by J. does not appear good.

L. 73.—गुप्तम् in the sense of छिन्नम् is unauthorized. The other interpretations are good.

L. 86.—स्नायूनां ग्रन्थिमिर्वेनानि would perhaps be better.

Ls. 91-4.—This stanza is the मूर्धाभिषिक्तमुदाहरणम् (stock instance) of बीभत्सरस, and as such is quoted in the D. R., the K. Pr. and S'âr. भार्तै: पर्यस्तनेत्र: for भात–त: is the reading of the first in the Bibl. Ed. and of the second (Benares and Mahes'chandra's Ed.); उत्सेध for उत्कोप in Mahes'. Ed. of K. Pr. and जङ्घा for पिण्ड in the Benares Ed. S'âr.'s readings are the same as in the text though the Mss. are corrupt.

L. 95.—Though there is a grammatical objection to अस्नः, the other reading अस्रः is open to the objection that there could be no blood in the dead bodies. It is not unlikely that the poet may not have remembered the rule when he used the word. The ablative does not look plausible.

L. 97.—It is better to take प्रचलत् as an adj. to जङ्घानलकम् than to संधि; for "the moving of the joint" is hardly an intelligible expression. J. himself takes प्रचलम्, given by him as an optional reading, in this way.

Ls. 100-3.—Stanza quoted in the D. R. The doctrine laid down is that two sentiments though represented as independent of each other and not mutually related as principal and subordinate, do not affect the beauty of a composition if one of them contributes to heighten the other, or both to the development of a third. This is an instance in whoh the *S'ṛingára* and *Bíbhatsa* contribute to develop a third viz. *Hásya*. S'âr. quotes it as an instance of *Bíbhatsa*. The reading सत्वरा does not yield a satisfactory sense, though J. has given a reason why the ghost-damsels should have been in haste. The other readings too, as they are in the Mss., are hardly better. शिरसो or शिरसा निबद्ध would be satisfactory, if interpreted to mean "tying or wearing on the head, in the hair, garlands of the heart-lotuses;" as ordinarily Hindu ladies wear garlands of flowers. The reading of B. upsets the whole and makes the garlands to consist of heads and to be worn on the heart-lotuses of the ghost-damsels, in which case the comparison of the heart to the lotus is without purpose. G. reads शिरसा and S'âr. सरसा. The last makes pretty good sense.

L. 106.—J. gives no authority for taking निचित in the sense of व्याप्त. Besides, there is no reason why निचितमेव &c. should be said despondingly, if it means "the place is all full or filled." The existence of the river also cannot serve as a reason for the statement. G. reads विदितः which means "known" for विचितः and interpreting the expression in this light, the sense is "I have searched, seen, wandered over this cemetery on all sides, no more remains to be gone over, for here lies before me its boundary, the river. I have gone over the whole without meeting with any being who would take this flesh from me and promise me the fulfillment of my wish." Hence the despondency. The root चि with वि means to "search," to "look for."

L. 110—पयःसंरोधि would perhaps be a better reading. कर्परैः पयःसंरोधिस्तेन कूलंकषः (or-कषं स्रोतः)। The current dashed against the banks, because the free course of the water was obstructed by the pieces of skulls that had fallen into it. तरःसंरोधि may also be similarly interpreted. तरसः संरोधः। सोऽस्यास्तीति तरःसंरोधि (स्रोतः) or-धी (निर्गमः). "The current, the speed of which was obstructed by the skulls, was कूलंकष." तरस्संरोधि cannot, I think, be well taken in any other than the manner J. does. In this case, however, the epithet is almost without any purpose.

L. 116.—श्रोत्रसंवादमेति lit. "comes up to an agreement in the ear" agreement with a voice heard before, *i. e.* is recognized by the ear. संवाद is "agreement." संवदन्त्यक्षराणि Mudrâ. R. Act V.

L. 126.—कल्याणस्य साधनमेवैकम्। तस्मिंस्तदर्थे वा मुक्तः सकलो व्यापारो यया। The reading of A. is thus to be taken :—कल्याणस्य साधनमेवैकं शुभम्। तस्मिंस्तदेव वा सकलो व्यापारो यस्याः।

L. 130.—"I will then go up to her (wait upon her, succour her) while she is alive." अपि नाम shows "wish."

L. 136.—प्रचलित &c. is in a metre called *dandaka*. It is a stanza of four lines, each composed of two न gaṇas followed by sixteen र gaṇas and thus consisting of 54 letters, and belongs to that species of *dandaka* which is known by the name of संग्राम. प्रचलित—नखाघात. While she was dancing, the hide of an elephant that was wrapped round her body moved upwards, and the nails of her hands protruded from its displaced skirts and struck the moon on the head. To take पञ्च-चैन्त as a Bahuv. and to connect it with the rest in a Karmadh. compound is not satisfactory.

L. 140.—साद is J.'s reading for छन्न.

Ls. 164-5.—J.'s interpretation of these lines is not satisfactory, except the portion introduced by his first यद्वा. These two lines must certainly be taken to refer to the open and unrestrained manner in which, when about to be killed, Mâl. remembered Mâdh. (ls. 152-3) and made confession of her love. The meaning, then, is, " Here before thee is that friend of thine, for whom at the time of death thou didst show thy affection in words freely spoken (lit. with thy speech unfettered)," having thrown off all hesitation. She never before spoke so freely about her love for Mâdh. प्रलापे निरर्गलं यथा स्यात्तथा । प्रलापनिरर्गलः or -र्गलम् does not make good sense. प्रलापनिरर्गलप्रकाशित has the same sense as the reading in the text.

L. 173.—The acc. उपर्यलिन्दकम् is to be explained by the Vârt. कालभावाध्वगन्तव्याः कर्मसंज्ञा ह्यकर्मणाम् ; or, as explained in the Sid. Kaum., अकर्मकधातुभिर्योगे देशः कालो भावो गन्तव्योऽध्वा कर्मसंज्ञक इति वाच्यम् । The instances of देश given in the Mahâbhâshya are कुरून्स्वपिति and पञ्चालान्स्वपिति. For the sense of उपर्यलिन्दकम्, see note l. 11-2, Act II. उपर्यलिन्दके presents no difficulty.

L. 184.—It is not necessary to go so far as J. does, for an explanation of the rise of आतङ्क or fear in the heart of a brave man like Mâdh. It may be regarded as consequent on the danger in which the beloved of his heart stood. He was afraid she would be killed before he could be on the spot to save her.

L. 185.—"How should my heart fare!" "In what condition must it be!" It is distracted by a variety of feelings.

L. 194.—अदर्प कन्दर्पम्. Comp. संचारिणीव देवस्य मकरकेतोरङ्गाधिदेवतेव p. 41. इदमिह मदनस्य जैत्रमस्त्रम् p. 90. जननयन-लक्ष्म्. Comp. सखे अनवाप्तचक्षुःफलोऽसि येन त्वया द्रष्टव्यानां परं न दृष्टम् । S'ak. Act II.

Ls. 197-200.—Metre—नर्दटक. हयदशभिर्नजौ भजजला गुरु नर्दटकम् । Stanza quoted in the K. Pr. as containing an instance of the figure called *Kávyalinga*. काव्यलिङ्गं हेतोर्वाक्यपदार्थता । When a word or words or a sentence denote, by implication, the reason of some thing else, the figure is Kâvyalinga. Here the words अस्त-मुपक्षिपत: express the reason or cause of the fall of his arm.

L. 203.—"Protect me, turn away from this risk of evil." His diverting himself from the risk is the way to protect Mâl. An evil chance to Mâdh. would be the same thing to her as death. Though the Chhâyâ in the Ms. of the Com. omits परि-माम्, J. must have had the words before him, as will appear from his explanation.

Ls. 206-9.—The second of J.'s interpretations is not satisfactory.

L. 212.—अप्रतिहतप्रज्ञागति: is certainly a better reading than °अप्रतिहतप्रतिज्ञा which J. adopts. The first means "the operation of whose intellect knows no impediment;" *i. e.* its capacity is wide, it is able to grasp any thing. Hence it is she has been able to find out that Aghor. must have carried away Mâl.

Ls. 214-5.—The similarity of construction between the two lines (नाघोरघण्टाद &c. and न करालोप &c.) would show that this is the true text. "No other end or object (in taking away Mâl.) appears than a sacrifice to Karâlâ."

Ls. 223-4.—"[My] sword that will make noise when it strikes against the hard knots of thy bones, and whose speed will be impeded for a moment when it has to cut tough muscles."

Act VI.

L. 10.—नानावचननिवहै:. "Let divers movements be made by the use of a variety of words or songs, for auspicious purposes."

L. 14.—यथा to be connected with भादिशन्ति. अन्यश्चादिशन्ति यथा &c.

L. 21.—To be यात्राभिमुख is "to start on a journey." यात्राभिमुखं प्रवृत्ता is "started on a journey." Here, the journey is the procession to the temple.

Ls. 39-41. "Here appear collections of white umbrellas bearing the beauty of white lotuses with prominent stalks, thickly set in the lake of the wide extent of the sky, the lake which has for its waves the rows of banners, moving by the wind fanned by the Chowries pleasant [to the sight] because of [their possessing] the beauty of flying royal swans."

Ls. 48-51.—मयूखानां मेचकास्तेषां चयः । मेखुन्तो भूरयो मयूखमेचकचया: (कर्म०) । तैरिव । मयूर for मयूख renders the sense plain and is, perhaps, a better reading, though it may be objected to, as involving a repetition, since मेचक itself means "the eye on a peacock's tail." G. reads मयूरचन्द्रकनिभै:. The first two compounds contain two *Utpreksháś* on the collections of rays, and the word इव must be connected with both. विवर्तिभि: must also, from its position, be similarly taken, *i. e.* as involving another Utprekshâ. "The rays which appear as if they were a collection of the eyes on the tail of a peacock moving about, and as if the colour of the wings of *chásha* birds flying about were mixed up with them." व्यक्ता—कौ: and खचित्र—का: contain two Utprekshâs on the quarters of the sky. These appear as if they bad rain-bows or were covered over with carpets of China cloth with pictures prominent on them.

L. 53.—The staves or canes in their hands were mounted in thin leaves of gold or silver, which formed their outer covering. With पट्ट for पत्र, the staves must be understood to have been gilt.

Ls. 54-5.—उपरक्तं मुखं यस्याः । J.'s reading is given in foot-note 8. The she-elephant being likened (in a rûpaka) to the night, and the सिन्दूर to the twilight colour, this सिन्दूर must be understood to have been rubbed over her face, in order that it may correspond with the twilight colour which is the colour on the face of the night, संध्या or twilight being the face or beginning of the night. Hence, the reading in the text is truer than J.'s. नक्षत्रमालाधारिणी applies to both in the way explained by J. This is an instance of what is called by Daṇḍ. सकलरूपक. (See II., 69-70.) The she-elephant is the night, on account of her dark colour.

L. 57.—A beautiful woman in distress is often compared to the moon with only one digit enlightened.

L. 76.—J.'s interpretations are unsatisfactory. अनुकूल इष्टार्थसाधनतयेष्टसिद्ध्युपपादकतया वा विप्रलम्भो वञ्चना । She is led into the belief that she is now going to be married to Nand. and brought to the temple of the city-god to perform worship, that the affair may terminate successfully. This विप्रलम्भ or delusion is अनुकूल or favourable, because the end is to be her marriage with Mâdh., or it is the means of bringing about that end.

L. 83.—आभरणसंयोगाः "sets of ornaments."

L. 86.—ओम् "yes," "all right."

L. 87.—The Mss. have प्रती० । तथेति निष्क्रान्ता. The तथा in this must be the speech of प्रती०, but it is somehow not in Prâkṛit. It ought to be तह.

L. 100.—निर्वेददुःसहम् "in a manner unbearable on account of despondency." Every thing that you say on the point makes the feeling of despondency keen, and hence it is unbearable.

L. 102.—दुर्लभोऽभिनिवेशो यस्य । एतादृशमनोरथेन विसंवदद्भागधेयं यस्य । J.'s reading appears to have been विसंवाद for विसंवदन्त.

Ls. 113-6.—The first two lines occur in a S'loka in Utt. R. Ch. It is best to take अमृत = पीयूष.

Ls. 119-20.—" So manage that he will, in consequence of my

departure to the other world, at no time grow indifferent as to his career in life, by making it to consist simply of remembrances and talks about me."

L. 125.—वात्सल्येन यो मोहस्तेन "through infatuation produced by kindness (for me)." Her kindness is so great that it has rendered her almost mad and hence she cries. मोह is not to be taken separately and interpreted as "being despondent, though there is hope;" for Mâdh. must also be expected not to take a very hopeful view of the prospect before them.

L. 127.—The अमङ्गलम् is the death she is speaking of.

L. 129.—"Mâl.'s life and not Mâl. is dear to you (all)"; *i. e.* you want Mâl. to live, but you do not want her to live happily. You care for her life but not for herself, *i. e.* for her happiness.

L. 131.—"Why is it so said?" "Why dost thou say so?"

L. 135.—परोक्षगुणकीर्तनेनानपराद्धमात्मानं परित्यक्ष्यामीति is about the reading of A. B. C. E. and it is a reading which, to my mind, makes no satisfactory sense. "I will destroy myself while I am sinless *by* extolling his virtues in his absence" is hardly intelligible. I have therefore adopted the reading of N. "I will destroy myself who have sinned against him on account of my being dependent on others." "Sinned against him," because, she has gone over to another person, since she now regards herself as given to Nand. Though, morally, this is no fault of hers, she being not her own master (परकीय), still, she thinks herself polluted or tainted by being married to Nand., and consequently not worthy to live. The taint is brought on her by her being dependent. The reading of G. is परवत्तत्तणेण अणवरद्धं अत्ताणं=परायत्तत्वेनानपराद्धमात्मानम्. This apparently means "I will kill myself, being sinless as against him, because of my being in the hands of others." But sinlessness, consequent upon her being an involuntary agent, is no reason for killing herself. This is, therefore, to be understood as "while I have not sinned in consequence of my being in the hands of others" (परायत्तत्वेन यावदपराद्धा न भवामि). "I will destroy myself while my soul is sinless, because if I lived, being in the hands of others, I should sin against Mâdh. or taint myself by going over to Nand. परायत्तत्व must, thus, be taken as a reason for अपराद्धा and not for अनपराद्धा ; and she is to be understood as not considering herself to be yet fully given to Nand. Or, the reading in the text may be thus interpreted :—"I will destroy myself who have sinned against him, am tainted *by belonging to another*," *i. e.* to Nand. to whom she regards herself as given ; and that of G. thus :—"I will destroy myself while I have not sinned *by belonging to another*," *i. e.* to Nand. to whom she thinks herself about to be but not yet given. G. has also the reading of the other Mss. in the margin. The Prâkṛit word केरअ, केरओ or केरको occurs frequently in dramatic plays, and from the manner in which it is used, would appear to mean "property" or "possession." See *infra* p. 267 l. 184 where it is explained by J. as कृत्यकरणार्थी. जो सो पेस्सजणकेरको अलंकारओ सो भणिदो | Mṛich. Act III. तवस्सिणीए केलका अलंकाला | *Ib.* Act IX. &c. &c. Hemachandra gives केर as a termination having the sense of "belonging to" and corresponding to the Sanskrit ईय. इदमर्थस्य केरः | इदमर्थस्य प्रत्ययस्य केर इत्यादेशो भवति | युष्मदीयः | तुम्हकेरो | अस्मदीयः | अम्हकेरो | It appears that the word originally signified "a possession," and being compounded with other words, came to be regarded as a termination.

L. 141.—प्रकृति "nature."

Ls. 144-5.—The words are so chosen that they may be the same in Prâkṛit or S'aurasenî and Sanskṛit. Under this view, किं वा in l. 147 must be considered to be a more correct reading than किं त्वाम्.

L. 150.—उत्पीड "overflow." Comp. पूरोत्पीडे तडागस्य परीवाहः प्रतिक्रिया || अन्तर्लीनस्य दुःखाग्नेरद्योद्दामं ज्वलिष्यतः | उत्पीड इव धूमस्य मोहः प्रागावृणोति माम् || Utt. R. Ch. See also l. 48 p. 278 *infra*.

L. 167.—निर्भुग्न has the same sense as that given by J. for निर्भिन्न viz. "pressing against each other."

L. 174.—संकल्पसंगम "union created by imagination," "imagining oneself to be united to her or his beloved." See l. 121 Act II.

L. 178.—संविधान is "arrangement of incidents in a plot."

Ls. 184-5.—अपि: संभावनायाम्. "Will this person who, verily, at heart does not dislike the hazard of a choice-marriage, think of or wait for a hand holding or wearing the wedding string-bracelet," *i. e.* let Mâdh. take her hand even now. The wedding ceremonies need not be waited for. According to the marriage ritual, several ceremonies have to be gone through, before the hand of the bride is actually taken hold of by the bridegroom. One of these is the tying of the string-bracelet, in the following manner :—ततो दुग्धाक्तेन द्विगुणशुक्लसूत्रेण दंपती कण्ठदेशे कटिदेशे चैशानीमारभ्य पञ्चवारं चतुर्वारं वा प्रदक्षिणं वेष्टयेत्पुरोधा एतैर्मन्त्रैः ....ततः कण्ठदेशस्थसूत्रमधो निष्कास्य कुङ्कुमाक्तमूर्णायुक्तं कृत्वा तेन हरिद्राखण्डं बद्ध्वा तद्वधूवामहस्तप्रकोष्ठे वरो बध्नीयान्नीललोहितेनेति मन्त्रेण (Rv. 10-85-28) । कटिदेशस्थसूत्रमुपरि निष्कास्य तादृशं कृत्वा वरहस्तप्रकोष्ठे वधूर्बध्नीयात् ॥ Nârâyaṇa Bhaṭṭa.

Ls. 195-6.—निर्वर्तितो विषमो व्यवसायो येन । निर्वाहितं चण्डं पाखण्डस्य प्रचण्डयोर्दोर्दण्डयोः साहसं येन । Then a Karmadh. of both. कृष्णचतुर्दशीरजन्यां श्मशानसंचरणेन निर्वर्तित &c.

L. 205.—It is usual with or natural for Hindu mothers to weep, when their daughters are made over to their husbands at the time of marriage, since thenceforward they are separated from them. Kâm. looks upon Mâl. as her daughter and has a parental affection for her ; hence her weeping.

L. 216.—"Oh, through affection the event transgresses all limit !" Out of affection for Mâl. she is about to prostrate herself before Mâdh., in order to induce him to bind himself to give Mâl. a kind and considerate treatment for ever. प्रसङ्ग is "the event or occurrence" viz. Kâm.'s conduct, and अतिक्रामति "goes beyond," "transgresses." मर्यादाम् is of course to be understood.

L. 244.—उद्यानवाट: nom. to गम्यताम् pass. उद्वाहमङ्गलार्थम् "for the performance of the auspicious rite of marriage."

L. 254.—This seems to be addressed to Kal. who has spoken as if sceptical about the success of the scheme.

L. 258.—Whence J. gets his अवशिष्यामहे, I cannot say with certainty. But it makes good sense, since Lav. must then be understood to say that she is not going away but left behind, and Mâl. herself is going away with her lover. G. reads उच्चरामो for तुवरामो. If the च in this and in the reading of A. is really व carelessly transcribed, a thing not seldom observable in Mss., and the तु of तुवरामो is उ, which also is highly probable, the true reading is उव्वरामो, उव्वरामो, or उवरामो which answers to our modern Marâṭhî verb उरणे "to remain behind," equivalent to the Sanskrit अवशिष्. We have the word in भरिदुव्वरन्त the reading of A. B. C. in note 1 p. 257, which is equivalent to the Marâṭhî भरून उरणारें or भरून उरे तनें. But as it is, the तुवरामो of B. C. and E., the आसरामो of N. and the उच्चरामो of G. all mean nearly the same thing viz. "we go away in haste in this state of things," *i. e.* clear the place, in order that you and Mâdh. may be left alone, to enjoy each other's company.

Act VII.

Ls. 5-6.—नववध्वा गृहप्रवेशेन निमित्तेन विरचित: &c. J.'s second explanation of अकाल is artificial.

L. 10.—सरोषश्वासो निर्भरं दुःखितश्च।

L. 12.—प्रसङ्गेन "in connection with this matter." "This will serve as an occasion for her being brought."

L. 16.—"Gone to," "entrusted to" Buddh.

L. 20.—प्रसुप्तस्येव लक्षणं यस्य "looking like one asleep."

L. 25.—अत्याहितम् may be taken in its usual sense of महाभीतिः. वामशीला "cross," "perverse."

L. 38.—"It may be 'on the contrary' or not 'on the contrary'".

Ls. 40-1.—The ण after जणो read by four copies does not appear proper. For Buddh. constitutes herself, in appearance, an impartial judge; so that, she must, in appearance at least, lay the blame on Mâl. also. Besides, if we should read न, विप्रतीपम् in l. 38 would not be accounted for; and after तुज्झेत्ति or यूयमिति it would be necessary, by the rules of construction, to supply नोपालम्भनीयाः, which would make no sense. The त्ति for अपि equivalent to "also" read by C. and E. before and after तुज्झे would, in the same way, show that in the first part of her speech, Buddh. finds fault with Mâl. G. agrees with the text. "This person is reprehensible on account of the defect of bashfulness." While thus she apparently declares her guilty, she makes the guilt to consist in bashfulness alone, *i. e.* in effect, she absolves her.

Ls. 42-3.—साहसेन य उवक्कमस्स स्खलनेन यद्वैलक्ष्यं तेन विच्छर्दितं महानुभावत्वं यस्य । "Whose gentility or gravity was marred by the embarrassment consequent on the unsuccessfulness of his forcible advance. अपरिस्थानम् "improper," "unfit."

L. 44.—The Sanskrit spoken by Buddh. is meant as a quotation from a work on love; and consequently the words are not hers. उपक्रम "advance."

Ls. 48-9.—G. reads भट्टइ = भर्तृ for जइइ, and पहवदि for पहवामि "Burns by the fire of words, because he is her master" (प्रभवति) or "thinking 'I am her master'" (प्रभवामि), *i. e.* because she is perfectly in his power.

L. 51.—महापरिभवाः "great indignities" or "insults." "Dislike the birth of female children." कन्यैव मा जायतामिति भावः and not that an *ill-disposed* girl be not born, as J. takes it.

L. 64.—तत्र जानीथ is a question.

L. 65.—वाचा भणितम् by Nand. "How should we not know what was actually expressed to us in words?" She means to say that the origin and every thing concerning the matter existed in Nand.'s words and nowhere else, *i. e.* the reproach was groundless and was due to Nand.'s ill nature.

L. 67.—तारामैत्रकम् "the friendship of the stars," *i. e.* a spontaneous, unaccountable love owing its origin, as it were, to the agreement between the stars presiding over the births of the two individuals. This will be apparent from the use of the word in Utt. R. Ch. भूयसा जीविधर्म एष यद्रसमयी कस्य चित्क्वचित्प्रीतिः । यत्र लौकिकानामुपचारस्तारामैत्रकं वा चक्षुराग इति वा? तमप्रतिसंख्येयमनिबन्धनं प्रेमाणमामनन्ति । The Calcutta commentators have made a mess of the second sentence in this and of this expression in particular.

L. 69.—अभिनिवेश should be taken in its usual sense of "fondness," "predilection," "attachment," "adherence" &c. "His adherence to the wrong side." "Act in such a way that this belief of the husband in something wrong may be thoroughly eradicated from his heart." Or, "Act in such a manner that this predilection for the rival of her husband may be thoroughly eradicated from her heart." This sense is decidedly better. भर्तृविपक्षाभिनिवेश "Mâl.'s attachment to a side opposed to her husband, *i. e.* her attachment to his rival.

Ls. 70-1.—The reading of B. C. gives the same sense as that of N. adopted in the text. But this latter is plainer, and there is no perfect agreement between B. and C. दुरभिषङ्ग is "attachment to something bad."

L. 75.—"You will not remain spoken to indistinctly," *i. e.* I will speak plainly.

Ls. 77-9.—कठोरकेतकगर्भस्येव विभ्रमो येषां तादृशानामवयवानां दौर्बल्येन निर्वाहितः सुन्दरत्वविशेषो यत्र । This and the next compound are attributes of मालत्याः शरीरम्, and प्रभात &c. of माधवस्य शरीरम्.

Ls. 81-4.—सविभ्रमं यथा स्तनयोरुल्लसितानि कौतूहलेनोत्फुल्लानीव एव प्रसरन्ति

यानि नयनोत्पलानि तेषां यो वहलो विलासस्तेन मसृणो यः संचारस्तेन चारवस्तेन मसृणः संचारो यासां ता अत एव चारव इति वा यास्तारकास्तासां विराजमाना विभ्रमा यत्र । अनङ्गनाट्याचार्यस्य यः सवीकारोपदेशस्तेन निर्मितं यद्वैदग्ध्यं तेन मुग्धाश्च ते मनोहराश्च "Their mutual glances, which were pretty and charming in consequence of the cleverness or skill arising from the thorough-going instructions of that Dancing-master (teacher of gesticulations), Love." Love was the master who taught them the several gesticulations of the eye which rendered their glances so charming. दृष्टिसंभेद is "the meeting of the glances." Comp. अन्योन्यसंभिन्नदृशां p 60 l. 302.

L. 97.—निष्कारणबान्धव is "a disinterested friend."

L. 99.—जरठजर्जरितजपापीडधारिणा "wearing a garland of tattered, full grown Japâ or Javâ flowers." The flowers of Japâ (दासंत Marâṭhî) are red. Therefore, on account of the scratches of the tiger's nails on his bosom, Mak. appeared to have, as it were, a wreath of Dâsvanta flowers round his neck. J. takes the word to be जवापीडहारिणा, and hence, is in some difficulty as regards the sense. The scratches on the bosom could not make *him* appear like a wreath of Japâ flowers, as the commentator explains it, though the scratches themselves might appear so.

L. 106.—By वयम् she means Mâl., since, as her friend and attendant, she identifies herself with her.

L. 109.—विशुद्धमुग्ध "pure and simple," or "pure and innocent."

L. 113.—नामग्रहणानि च स्मरणानि च । J.'s remark स्वेदादिकं मकरन्देन्यथयति is groundless.

L. 118.—"[My] dear friend's body has determined itself," *i. e.* determined to love Mak., though her mind has not yet done so, or declared itself if it has. The body has shown this determination by the perspiration and other affections observable on it. व्यवसायो निश्चयः ।

L. 127.—प्रत्यय is "being convinced," "conviction," "confidence;" confidence generated by Buddh.'s partiality for him. Comp. चारमस्य गुरुवंशप्रत्ययेन......अस्य हस्तग्याग्रमुपगता। S'ak. Act V. अन्यथा क सिद्धादेशप्रत्ययप्रार्थिताया: Ratn. Act I. (सिद्धादेशजनितप्रत्ययप्रार्थिताया: Another reading) &c.

L. 129.—For भरिदुश्चरन्त or भरिदुत्तरन्त, the former being not unlikely a transcriptural error, see note on l. 258 Act VI.

Ls. 133-5.—प्रत्याशाविमोक्षमात्रेण सुलभं यन्मृत्युरूपं निर्वाणं तस्य प्रतिकूलं यद्बुद्धरक्षितावचनं तेन वर्धितस्यापि गस्य व्यतिकरेण विसंष्ठुला। "Death, my deliverer (from all troubles), was easy to be had, for I had simply to give up hope of union; but that was averted by Buddh.'s holding out hopes, and hence my suffering (in consequence of love) increased and has rendered me shaky, unsteady, or put me in a disturbed condition of mind." जीवलोकपरिवर्त "changed condition of life." Comp. तदीदृशो जीवलोकस्य परिवर्तः। Utt. R. Ch. Act III. न शक्तास्मीदृशं जीवलोकपरिवर्तमनुभवितुम्। *Ib.* Act II. परिवर्त or परिवर्त is "change," "vicissitude," and जीवलोक "world of life," used in this sense, and also indirectly, as referring to one's own life. रामभद्रस्य बहुतरकष्टो जीवलोकः। Utt. R. Ch. Act III. निरर्थकः संप्रति जीवलोकः। *Ib.* Act I. see also *infra* 329 l. 222, and p. 348 l. 14, p. 360 l. 123. J.'s explanation of this here is not good.

Ls. 137-9.—मुहूर्तं निर्ध्यातो यो विस्मयरसेन विसंष्ठुले उद्वेल्ले विस्तार्यमाणे च ललितनेत्रपुण्डरीके तयोस्ताण्डवलीलाडम्बरस्तस्मिन्प्रतिरूढो मैरेयदर्शी यस्मिन्कर्मणि यथा तथा। "By the increasing wonder, his graceful lotus-like eyes were unsteady, moving, and expanding, and in this course of dancing (*i. e.* varied movements), they were as if affected by the influence of wine." प्रतिरूढ "grown," ताण्डवलीलाडम्बर lit. "the extent or course of the flow of dance." निर्ध्यायति "sees closely or intently." Comp. विद्याधरदारिका तेन राजर्षिणा क्षणं निर्ध्याता Vikr. Act IV.

Ls. 142-3.—Taking hold of the end of the upper garment was a परिभव "transgression" or "a kind of violence." उच्छ्वसित "heaving," "panting"; भमभमायमान "beating very fast."

L. 144.—"Having thrown off the upper garment, because he

held me by its end, I ran away and concealed my bosom with my arms," since it was laid bare after the garment had been cast off. अवसृत्य must be connected with आवारित. The reading of A., the same as J.'s, is clear.

L. 145.—The girdle was displaced from its position by her hasty movements, and hardly by रोमाञ्चसंचय. विकट = विषम "obstructing."

Ls. 147-8.—Her "heart was rendered stern by the ill-feeling consequent on anger brought on by the most careful efforts," *i. e.* she liked the advances of her lover, but it was necessary to appear as if angry, and this she could do only with great efforts. It was apparent to him that her displeasure was affected, and the loving nature of her glances was not required to tell him that; hence it was पुनरुक्त "superfluous." पुनरुक्त meaning "repeated" is used with reference to a thing that is considered superfluous, and not in the sense of simply "doing a thing again and again" as J. takes it. Comp. द्वयोरपि युवयोः स्नेहः प्रत्यक्षः सखीस्नेहस्तु मां पुनरुक्तवादिनीं करोति S'ak. Act III. आशास्यमन्यत्पुनरुक्तभूतं श्रेयांसि सर्वाण्यधिजग्मुषस्ते Ragh. Canto V. इदमुत्पाद्य सरःसलिलममृतरसमुत्पादयता वेधसा पुनरुक्ततामिव नीता रससृष्टिः। Kâd. &c. स्निग्धस्य स्नेहस्य पुनरुक्तं पुनरुक्तिस्तया पर्यस्तं लोचनम्। स्निग्धं च तत्पुनरुक्तं च। or स्निग्धं पुनरुक्तं यथा स्यात्तथा पर्यस्तं लोचनम्। पर्यस्त "cast." Comp. पल्हत्थन्ति = पर्यस्यन्ति p. 143 l. 61.

Ls. 149-50.—ओरम्फ is "a hard and rough scratch," the word being allied to the Marâṭhî verb ओरपणें. प्ररूढो यः शार्दूलस्य कठोरकररुहाणामोरम्फः स एव विकटा पत्रावली तदेव प्रसाधनं यस्य। एतादृशं यदुत्तानं वक्षःस्थलं तत्र निष्ठुरो निविडाश्लेषेण निःसहा। The scratches of the nails of the tiger on Mak.'s breast had grown (प्ररूढ), *i. e.* left their marks. Or, if we read प्रौढ, the scratches were large. These, in particular, she remembers, because her love for Mak. was rendered firm by his fight with the tiger in order to rescue her from his grasp. J.'s explanation appears curious. He clasped her firmly to his bosom, so that she was unable to move.

L. 151.—सावेगं विधुतं मदयन्तिकयेत्यर्थोद्यन्मस्तकं तत्राविद्धा या कबरी तत्र निहितो यः करो मकरन्देन मकरन्दस्य वेति भावस्तस्य परिग्रहस्तेन पुञ्जीकृता उन्नामिताश्च ये मुखावयवा मदयन्तिकाया इति ज्ञेयं तेषु स्वच्छन्दविकासेन विदग्धं वदनकमलं यस्य । ओवग्गिद may be equivalent to अववल्गित; अववल्गितं यथा तथाववल्गितेन चोन्नामिताः, *i. e.* her face was raised in *a bounding fashion* or *at once* by Mak. पुञ्जीकृतम् is explained by J. as लम्बितम् *i. e.* "stretched." It should rather mean "contracted," "pressed together."

L. 154.— उद्भ्रमिता शरीरशोभा यस्याः । The beauty of her person was, as it were, made to "fly about" or "whirl round"; *i. e.* the hairs on the body at once stood on their ends, and this gave it that appearance. Her "eyes were rolling and dull on account of the phrenzy caused by the alarming confusion consequent on the rising fear and joy."

L. 161.—Something indecent is here meant. The words and manner of expression in N. are more becoming.

Ls. 164-5.—*I. e.* "She must have seen such things in the case of Mâl. and hence her question to you."

L. 178.—का प्रतिपत्तिः "what step would you take?" "What would you do?"

L. 188.—J. does not read प्रहर; but without it, it cannot be made out that the night was far advanced, as evidently the poet means to represent it. (See the last speech of Mak. p. 271.) नाडिका is घटिका. The expression then means:—"The drum showing the lapse of the *Ghaṭikâs* of the second *prahara.*" Or विच्छेद may be taken in the sense of "a division" and नाडिकाविच्छेदपटह as a compound expression meaning the drum [indicative of the lapse] of the Ghaṭikâ-divisions *i. e.* an hour-drum or something like a gong. The sense of the whole would, then, be, "the hour drum [indicative of the end] of the second प्रहर is being beaten." A प्रहर = 3 hours. It is therefore mid-night.

L. 189.—The Prâkṛit से is equivalent to तस्याः or तस्य. In the first case the meaning of the line is "Having reproved Nand. and begged [of him] to fall at *her* (Mâl.'s) feet," because he had insulted her; in the second, "Having &c. and begged *of him* to fall at *the* feet (of Mâl.)."

L. 208.—प्रतिगृह्यस्व गृहाण।

L. 217.—परिणतो यः सुरागन्धसंस्कारः स गर्भे यस्य। "Charged with a strong scent of the odour of wine."

Act VIII.

L. 7.—At first sight, the reading निशीथिनीनाथस्य "of the moon" would appear preferable. For, the moon is the usual friend of the god of Love, and in the following S'loka it is the moon-light that is described. The expressions निर्वर्तितदिवसावसानमज्जना and प्रत्यग्रसायंतनस्नान &c. would also show that it could hardly have been midnight at the beginning of the scene. On the other hand, it will be seen that at the end of this conversation, enter Mad. and others, when it must have been past midnight; for, they left Nand.'s house at that hour. The conversation cannot be supposed to have lasted for six hours or even more. When Mad. and others started, it was intensely dark, as will appear from the expression प्रौढं तमः &c. used by Buddh. in the last Act, which it could not be if the moonrise described by Mâdh. took place at the beginning of the night. निशीथस्य is the reading of four good copies unconnected with each other and of G. For these reasons, it appears to be the true reading. निशीथ may be spoken of as the great friend of Love, because that is the time for enjoyment and revelry (see l. 164); and the expressions निर्वर्तितदिवसावसान &c. and प्रत्यग्रसायंतन &c. may be explained by the supposition that the evening bath may either have lasted for a long time, or even if called the "evening bath," it need not have been taken just when the night began.

L. 12.—माकरन्द: "full of or mixed with honey," and consequently heavy, and thus going up slowly. मन्दमन्दम् conveys the same idea, directly. The comparison of the light of the moon rising after midnight to the dense pollen of the Ketaka flowers, moving up lazily into the air, is very happy. The pollen of these flowers is very abundant.

L. 21.—निरनुरोधा "unacquiescing," "unyielding."

Ls. 22-3.—S'loka occurring in Utt. R. Ch. where the reading for समुद्गसाध्वस is ससाध्वसश्रम. संविभाग "participation," "share."

L. 27.—तु has the sense of "as to," and in this sense it often occurs in argumentative style. यत्तु आसनशब्दस्यासन्नादेश इति काशिकायामुक्तं तत्प्रामादिकम् । Sid. Kaum. न चाल्लोपस्य स्थानिवत्त्वं दीर्घविधौ तन्निषेधात् । बहिरङ्गपरिभाषा तुक्न्यायेन न प्रवर्तते Sid. Kaum. &c. यत्तु स्वयं धूमादग्निमनुमाय परं प्रति बोधयितुं पञ्चावयववाक्यं प्रयुङ्क्ते तत्परार्थानुमानम् । Tark. S. निर्वापितं तु न नाम "as to cooling the body by an embrace, well, let it not be;" *but* let my ear drink &c. The second तु then, means "but."

L. 33.—द्विगुण आवेष्टो यत्र ।

L. 36.—सर्वतोमुखम् "of all kinds," "in every way," उपपन्ना हि दारेषु प्रभुता सर्वतोमुखी । S'ak. Act V.

L. 42.—अनवसितमत एवार्थे मन्थरम् । "Unfinished and therefore unintelligible," lit. "slow as to the sense," *i. e.* not conveying the sense at once, not plain.

L. 59. मालदीए should be translated by the dat. as observed on a former occasion; or even the gen. would do, the sense being संबन्धसामान्य In either case, it is neither necessary nor good to understand कृते.

L. 60.—वर्धयति, "congratulates by the expression दिष्ट्या वर्धसे." See note on l. 33 Act IV.

L. 77.—संभावना is "taking notice of," "showing regard for,"

"treating with regard," "honouring" as by entrusting one with an important commission. This last is the sense here intended. "Buddh. has discharged the important commission entrusted to her." Comp. सिध्यन्ति कर्मसु महत्स्वपि यन्नियोज्याः संभावनागुणमवेहि तमीश्वराणाम् । किं वाभविष्यदरुणस्तमसां विभेत्ता तं चेत्सहस्रकिरणो धुरि नाकरिष्यत् ॥ S'ak. Act VII.

L. 92.—It is difficult to say whether J.'s reading of this line was the same as in the text; but it is certain that अनुकूलजालवस्य must be taken as an epithet of हरि and not of कर.

L. 96.—विक्रान्तं प्लुतं यस्मिन्कर्मणि यथा तथा । J. gets over all difficulties by making विप्लुत: as a trans. part., for which there is no authority. "Shining with a valorous, bounding gait."

L. 107.—Four good copies give the speech स्फुरितं &c. to Mad. But there can be little doubt that the reading of N. adopted in the text is the true reading. For, in order that Mâl. may be found alone and in a place to be taken away by Kapâl., it is necessary that she should go out from their place of shelter, and be represented as sitting alone on the road. The stage-direction उपविशति answers to the first परिक्रामति, wherefore, both refer to the same person, viz. Mâl. But उपविशति is out of place in the case of Mad.; for, she remains at the old place, and has not been represented as going out. She goes out only after the speech in l. 117. J.'s reading वाममवामेण &c. curiously enough, agrees with N. while it disagrees with the northern copies.

L. 122.—दूरनिक्षेपेण दूरनिक्षेपे व्याविद्धौ यौ विकटौ ऊरुदण्डौ ताभ्यां निष्ठुरं यथा तथा । निक्षेप is "the placing of the footstep," "treading;" आविद्ध "darted forth," "cast with force;" निष्ठुरम् "fiercely."

L. 132.— J. understands प्रसृता after अहम् and makes न तां &c. a separate sentence. But the sense intended seems to be, "Even at first (immediately), she went out to see if you were coming. Since that I have not seen her" *i. e.* पश्चादहं &c. is to be taken as one sentence. The same words occur in l. 192, where it would clearly not do to understand प्रवृत्ते after आवाम्; for, Mad. alone went out, Lav. having been absent and come in afterwards. So that, there we have to connect आवाम् with प्रेक्षावहे, and make the whole one sentence.

L. 136.—J.'s explanation of ननु by अहम् will not do, the doctrines अव्ययानामनेकार्थत्वम्, धातूनामनेकार्थत्वम्, and such others, not being acceptable to us.

L. 138.—संघट्ट is "close meeting," and दुर्गम, "something impassable;" संघट्टेन दुर्गमम् "impassable on account of the close encounter."

L. 140.—परिस्फुरित "dispersed," "reflected on all sides." प्रतिफलित, the optional reading, means "reflected."

L. 140.—How Balarâma under the influence of intoxication called out to Yamunâ to come up to him, and when she did not, dragged her by his weapon, the ploughshare, is related in the Vishṇu P. V. 25, the Bhâgavata and the Harivans'a. मदलीलया कलितः कामपालस्तस्य विकटभुजदण्डेनाविद्धा हलस्तेन हेलया विक्षुभितमत एवोद्वेल्लितास्तरंगा यस्यैनादृशं कालिन्दतनयास्रोतस्तेन संनिभम् । कलित is "influenced," "overcome."

L. 142.—किकटं विशृङ्खलं च यथा स्यात्तथोत्पतितः ।

L. 143.—समस्तं गगनमेवाङ्गनं तस्यावकाशस्तत्रावसरन्कलकलो यत्र । अवसरन् "spreading."

L. 145.—जर्जरिताङ्गा ये उपसन्नाः सुभटास्तेषां हस्तेभ्यः । उपसन्ना उपगता उपस्थिता वा "those who came up to fight him." तस्मै स विद्वानुपसन्नाय सम्यक् .... प्रोवाच तां तत्त्वतो ब्रह्मविद्याम् । Muṇḍaka Up. अपसरिद=अपसृत is the reading of A. and J. But it was hardly possible for Mâdh. to snatch weapons from the hands of the soldiers that had fled away; and for them to fly away, when their bones were shattered. Besides, their flying away cannot be mentioned here, since in the latter portion of the compound, Mâdh. is represented to have driven them away. G. reads आसन्न, the sense of which is similar to that of the reading in the text.

Ls. 148-9.—अन्तरित: "hidden or placed at a distance from them, *by* his being on the top of the palace." Hence, the प्रतीहार was sent to quiet them. सौधशिखरान्तरितेन एवान्तर्निर्णयस्य प्रतीहारस्य प्रतीहारेण वा विनयोपन्यासेन प्रतिशमितं विरोधसंकटं येन सः। The king caused his attendant to avert or pacify the evil of hostility by the use of humble or mild words. The attendant spoke mild words to Mâdh. and Mak. and thus conciliated them. स्थित for अन्तरित also yields a good sense. संकट "an evil".

L. 152.—In the translation of महालिन्दमुहे भूरिवसुणन्दणे, the Chhâyâ in the commentary and another by Mudgala or Koṇḍadeva, a very old Ms. copy of which I possess, have been followed. But भूरिवसुनन्दने can only be the nom. or acc. dual or the loc. sing. of the Samâhâra-Dvandva of the two. But a Samâhâra-Dv. of the names of two persons is not to be met with and is unidiomatic. Besides, as such, it cannot have the dual, and the construction will not admit the loc. भूरिवसुणन्दणे, therefore, is clearly to be taken as the Prâkṛit acc. plural, (Var. V.-12, Hemach. III.-14 टाणशस्येत् ।) and is to be translated by the Sanskṛit acc. dual भूरिवसुनन्दनौ । The syntactical connection is भूरिवसुनन्दनौ प्रतिबोध्य गतः ।

L. 153.—नवदर्शन "a fresh, blooming, or youthful look." अभिजन "race," "family," for नव is a good reading.

L. 158.—प्रेयसी साभ्यसूयेत्यर्थः ।

L. 160.—अनुपत्य "having fallen upon them." प्रागनुपत्य वीरानुन्मथ्नतः पश्चात्तत्प्रहरणान्याच्छिद्य विक्रामतः । or प्राग्वीरानुन्मथ्नतोऽनुपत्य तत्प्रहरणान्याच्छिद्य विक्रामतः । J.'s reading for अनुपत्य appears to have been the same as or similar to that of C. These two lines express the same thing as ls. 145-6.

L. 164.—"Wine, on which fell and sparkled the rays of the moon."

Ls. 171-2.—He expects Mâl. to smile when she should hear the story of Mad.'s elopement, and hardly on account of the fight, and Mad. to bend her head down through modesty.

L. 175.—अस्मत्संपर्केण य उद्वेगस्तेन पर्याकुलत्वं तस्मात् ।

L. 178.—Mistaking the noise of footsteps to be that of Mâl., they call out सहि मालदि; but on a closer inspection, they find Mâdh. and Mak. coming.

L. 185.—अनिष्टैकबुद्धेः because अतिस्नेहः पापशङ्की S'ak. Act IV.

L. 186.—"My heart is melted within me through fear, and my internal soul is faded, gone."

L. 192.—आवाम् is to be taken with प्रेक्षावहे, as remarked in the note on l. 132.

L. 200.—"Why dost thou resort, give way, to dejection, without knowing" what has become of her. Why should you suspect evil; for aught we know, she may be all right and safe, and may have gone to Her Reverence. There would be some reason for this dejection, if you knew certainly that she was to be found nowhere, and had met with an evil fate.

Ls. 208-9.—J.'s way of taking this is not satisfactory. सखी नो भगवतीभवनं याता न वा जीवन्त्युपैष्यति न वेत्युपशङ्कितास्मि। न वा is to be repeated, and the doubt is as to whether she has gone to the house of Kâm. or not, and whether she will come back alive or not.

L. 211.—The use of the word सौदामिनी seems to be intentional. The appearance of the Holy lady of that name in the next Act is thus suggested.

Act IX.

L. 4.—द्रोणि is a valley. "The extensive forest in the valley and the mountains," or a Dvandva of the three, "the large valley, mountains, and forest."

Ls. 23-4.—तरुणाश्च ते कदम्बाश्च तरुणाश्च कदम्बाश्चेति वा जम्बवश्च तेषां वनं तेनावनद्धान्धकारो यत्र । एतादृशा गुहानिकुञ्जा यत्र । एतादृशो गम्भीरगह्वर[illegible]

पश्यास्मणेरि वा गोदावर्या मुखरिताः स्निग्धा विशालाश्च मेखलाभुवो येषाम् । स्निग्धाः, on account of the thick wood growing there. This word is often used by the poet in this way. See below अयमभिनव &c. Comp. अविरलानोकहनिवहनिरन्तरस्निग्धनीलपरिसरारण्यपरिणद्धगोदावरीमुखरकन्दरः....जनस्थानमध्यगो गिरिः प्रस्रवणो नाम। Utt. R. Ch. Act I. एते ते कुहरेषु गद्गदनदद्गोदावरीवारयो मेघालम्बितमौलिनीलशिखराः क्षोणीभृतो दक्षिणाः *Ib.* Act II.

L. 26.—अपौरुषेयी प्रतिष्ठा यस्य "not placed there by man."

L. 28.—निखिल &c. "source or store of all the Vedas."

L. 31.—संसक्त "mixed" "confused." Comp. the use of the word in l. 69 p. 169. कलिन्दकन्या मथुरां गतापि गङ्गोर्मिसंसक्तजलेव भाति । Ragh. VI.-48.

Ls. 34-7.—Stanza occurring in Utt. R. Ch. Act II. and Vir. Ch. Act V. विकीर्णे "torn open."

Ls. 48-9.—प्रतिक्षिप्तम् "harassed," "troubled by doubt." तस्याम् = मालतीविषये.

L. 55.—अयम् for स्वयम् read by three copies would do very well in Utt. R. Ch., where Râma addresses Sîtâ sitting near him in these same words,—समानन्दयत्सुमुखि गौतमार्पितः । अयमागृहीतकमनीय &c.—but not here, since Mâl. is absent. The आ in आगृहीत does not seem to convey any special sense. The कङ्कण was worn at the time of marriage. (See note on ls. 184-5 Act VI.)

Ls. 63-5.—विकलकरुणैः adj. to रुदितैः. विकल is "helpless," "overwhelming" and करुण "piteous;" "overwhelming and piteous cries." The other reading विकलकरणैः is to be understood as विकलानि करणानि यत्र, cries "which overwhelmed, destroyed the power of her senses;" "languishing cries." Comp. जनस्थाने शून्ये विकलकरणैरार्यचरितैः Utt. R. Ch. करुणकरुणैः is another reading for the विकलकरणैः occurring in this. विधुर "overpowered," "overwhelmed," "helpless." Comp. कः संनद्धे विरहविधुरां त्वय्युपेक्षेत जायाम् । Megha D. विधुरां ज्वलनातिसर्जनान्ननु मां प्रापय पत्युरन्तिकम् । Kum. IV.-32. अङ्गानि त्वमनङ्गतापविधुराण्येह्येहि निर्वापय । Ratn. Act III. See also *supra* p. 294, l. 167 and *infra* p. 316 l. 116. Cries, 'helpless or overwhelming as if on account of the pain resulting from a cut in the vital or tender parts." आकूत is अभिप्राय "feeling" or "state of the heart." आकूतं स्यादभिप्रायः Hal. चूडामण्डलबन्धनं तरलयत्याकूतजो वेपथुः। Utt. R. Ch. Act VI. इदमस्माकमाकूतकरम्। *Ib.* Act IV. साकूतम् "feelingly" occurs as a stage-direction in several plays. See *supra* l. 226 p. 135. हृदयनिहितं भावाकूतं वमद्भिरिवेक्षणैः.........कोयं...त्वयाद्य विलोक्यते। Amaru. स्नेह एव स्नेहरूपं वाकूतं "the internal feeling of love."

Ls. 67-70.—Stanza occurring in Utt. R. Ch. Act. III.

L. 79.—आक्षिपामि "divert his attention."

Ls. 80-3.—Stanza occurring in Utt. R. Ch. Act I. There, the last line is संदृष्टाः कुवलयिनो भुवो विभागाः. J. had this reading before him with the exception of दृश्यन्ताम् for संदृष्टाः. His explanation of the two terms पुण्डरीक and कुवलय is to be considered as चिन्त्य. There were really पुण्डरीकाणि *i. e.* "white lotuses," there; but the place *appeared* to Râma in Utt. R. Ch. as containing कुवलयानि or "blue lotuses," because, the मल्लिकाक्ष birds, whose bills and feet were blue, were sitting on them. The white lotuses could not be distinguished from their blue feet, since his sight was bedimmed by tears, his eyes not being quite free from them though he looked at the place in the interval between the dropping of old tears and the springing up of new ones. So would the place appear to Mâdh., and for the same reason. The point is lost when, once being told in the second line that there were white lotuses there, we understand the place to contain blue ones also; and, in this case, the use of the word मल्लिकाक्ष is without purpose, and the third line not quite appropriate.

L. 85.—J.'s first reading seems to be कथं शून्यमुन्माद &c. प्रतिपत्ति is "knowledge," "thought" "apprehension". प्रतिपत्तिशून्य "without thought" or "apprehension" and consequently, like one in an insane condition of mind, who does not apprehend what is said to him.

Ls. 89-90.—The कुटज flowers are white and, hence, compared

to a laugh. सानु is "a peak" and प्राग्भार the "summit" generally.

L. 91.—Comp. स्थिरमृगननजृम्भागर्भविवरै: कन्दरै: । Vîr. Ch. Act V.

L. 110.—इतोऽपरम् "after this."

L. 112.—कङ्कणयोर्विझतो विरहिन: । क्रम: "course" of conduct.

Ls. 114-7.—Stanza occurring in the 3rd Act of Utt. R. Ch. where Râma as addressing Sîtâ. whom he thinks to be absent, says हा हा देवि instead of मातर्मान:.

L. 119.—कौमुदीमहोत्सव occurs on the full moon day of Âs'vina and not Kârtika.

Ls. 135-7.—Comp. फलभरपरिणामश्यामजम्बूनिकुञ्जस्खलनमुखरभूरिस्रोतसो निर्झरिण्य: । Utt. R. Ch. Act II. and Vîr. Ch. Act V. स्रवन्तीमुत्तरेण is a better construction than the other given by J. उपरि is also to be connected with स्रवन्त्या: understood. The cloud resting on the top of a mountain could not but be "above" the river. विवर्त्यमान "distorted into various shapes." It cannot be a trans. part. The last two lines occur in Vîr. Ch. Act V.

Ls. 140-3.—The idea of making a cloud, a messenger, seems to have been borrowed from Kâlidâsa's Meghadûta. It will be seen that the two stanzas addressed to the cloud are in the same metre as that used in that poem viz. Mandâkrântâ. Comp. also the mode of addressing in Megha D. कच्चित्सौम्य व्यवसितमिदं बन्धुकृत्यं त्वया मे and मा भूदेवं क्षणमपि च ते विद्युता विप्रयोग: ।

L. 144.—प्रतिरवेण भरिता: कन्दरा येन । एतादृशा श्वासा भानाम्दि....नुबन्धी च ।

Ls. 148-9.—Comp. आशाबन्ध: कुसुमसदृशं प्रायशो ह्यङ्गनानां सद्य:पाति प्रणयि हृदयं विप्रयोगे रुणद्धि । Megha D.

Ls. 155-6.—Comp. श्यामास्वङ्गं चकितहरिणीप्रेक्षणे दृष्टिपातम् &c. Megha D., though there is some originality in Bhavabhûti's idea.

L. 162.—निर्माणसंनिवेश "the form of creation or of a created object." The word निर्माण itself, originally signifying "creation" or "a created object," often denotes the "form or shape of creation or of a created object." See note on l. 150 Act III.

Ls. 165-8.—From this, follow addresses to the creatures in the forest as in the fourth Act of the Vikramorvas'î. भय वारवा: किमभव-दिति विदितम्। "Do you know what has become of her."? मदन is प्रगल्भ = प्रौढ "grown" or "developed" in strength and influence in the heart, but its effects on the body are not to be seen fully, *i. e.* her look is girlish.

L. 170.—The peacock drowns my voice by his cries (केका:), and thus does not attend to me.

L. 173.—"Whom should I beg of, every where begging is out of time (ill-timed)", *i. e.* at all times, when petitioners approach, great men are otherwise engaged, and have no time to attend to them, or do not care to devote time to them. अनवसरग्रस्त lit. "swallowed up, taken up, by ill-timedness."

L. 176.—J.'s reading must have been काम्पि...पालि:; for, he takes this compound as an epithet of वळीवदन. But there can be little doubt that it should be taken as qualifying वदनम्. Then only, is the sense satisfactory and appropriate. For, the face of the monkey-lady with the lips open and the reddened teeth exposed, is compared to the pomegranate broken open when completely ripe, the red shining seeds in it, standing in the place of the red teeth. The rind of the pomegranate is reddish in certain parts. To this answers the epithet in the compound. Face, "the temple region of which was reddish by or on account of the flowers of Kâmpillaka." काम्पिल्लकप्रसवपाटलगण्डपाली is a Bahuv. and also पाकारुणस्फुटितदाडिमकान्ति, and these two form a Karmadh. Or, if we adopt पालि the other reading for पाली, which (पालि) is, upon the whole, better, the first compound is independent of the other.

L. 182.—परिचयप्रागल्भ्यम् "the greatness of familiarity," "close familiarity."

Ls. 190-3.—The compounds ending with कषायम्, निकरम्, नीहारम् and सारसम् are epithets of सर:, or the last three may be taken as adverbs to अवगाह्य, which perhaps is better. °सुरभिशीतलामोदेन बहलं सैवालिनो यो मांसल: कपोलनिष्यन्दस्तेन कर्दमितमत एव कषायम्। खण्ड "a collection." ताल is the motion and beat of any thing at regular intervals. उवास गजयूथकर्णतालैः......विनीतनिद्रः। Ragh. IX.-71. करकिसलयतालैर्मुग्धया नर्त्यमानम् । Utt. R. Ch. Act III. Or, it may mean simply a beat without reference to any interval. सहस्ततालं विरम्य Mṛich. Act I. कर्णताल, therefore, is the flapping of the ear and its ताण्डव is the variety of ways in which the ears are moved and struck or beaten. कर्णतालताण्डवेन प्रचला जनितजलाश्च (Bahuv.) ये तरंगास्तैर्विततं नीहारं यत्र यस्मिन्कर्मणि यथा तथेति वा।

L. 194.—भाग्ययौवनः, because, he makes proper use of his youth, which is to court and enjoy the company of the fair sex.

Ls. 196-9.—The stanza occurs in the 3rd Act of Utt. R. Ch. But the introductory remark is simply कान्तानुवृत्तिचातुर्यमप्यनुशिक्षितं वत्सेन, and the stage-direction सास्वादम् does not occur. Hence, instead of the न in the last line, we have there यत्; and it is proper, since the object of the speaker is not to detect a fault in the elephant's gallantry, as it is here. यत् or तत् is out of place here, and न alone makes good sense.

L. 200.—अवधीरणया नीरसं यथा स्यात्तथा "disagreeably, on account of his treating me with disrespect."

L. 203.—विकारो मानसो भावोनुभावो भावबोधकः। Am. अनुभावः प्रभावे स्यान्निश्चये भावबोधके। Med. This is the sense in which the words are used in works on Poetics. कारणान्यथ कार्याणि सहकारीणि यानि च। रत्यादेः स्थायिनो लोके तानि चेन्नाट्यकाव्ययोः। विभावा अनुभावाश्च कथ्यन्ते व्यभिचारिणः॥ स्थायी रत्यादिको भावः...अनुभावैः कटाक्षभुजाक्षेपप्रभृतिभिः कार्यैः प्रतीतियोग्यः कृतः। K. Pr. अनुभावो विकारस्तु भावसंसूचनात्मकः। D. R. IV. उद्बुद्धं कारणैः स्वैः स्वैर्बहिर्भावं प्रकाशयन्। लोके यः कार्यरूपः सोनुभावः काव्यनाट्ययोः॥ Sâhitya Darpaṇa, III. अनुभाव, therefore, is "an external manifestation of a feeling" and भाव "a feeling." According to the Poeticians, a certain feeling, such as love, is created by certain causes which are called विभावाः, and the external effects of that feeling are अनुभावाः. Here, beauty in Nature is the cause (विभाव) of a feeling of pleasure (भाव), and the pleased or joyful countenance is the effect and the external manifestation (अनुभाव). The meaning of the line, therefore, is "Fie upon that beauty which is without or unaccompanied by the marks of thy appreciation (such as a pleased countenance) and thy enjoyment (*i. e.* a feeling of pleasure in thee)—a beauty which thou dost not enjoy and express thy admiration of"; that is to say, "I will not enjoy beauty without thee." The student will remember that धिक् governs an accusative. अनुभावभावम् may be taken as a Samâhâra Dv. and interpreted as above; or as a Tatp., अनुभावे भावः as J. takes it, or अनुभावस्य भावः. In this case, the sense would be "the feeling in, *i. e.* expressed in or corresponding to, the external affection."

L. 204.—The sudden introduction of तया for मालत्या in the third line does not appear proper; for Mâdh. has been speaking of Mak. alone in the preceding lines. The reading of B. C. and also of G. adopted in the text is, therefore, preferable to the other.

Ls. 206-7 व्यञ्जन or व्यञ्जक is an उद्बोधक *i. e.* "something that awakens an old association," "a reminder." प्रबुद्ध "re-awakened."

L. 214.—For परिच्छेद see l. 259 Act I. and the note on it.

Ls. 215-8.—आबद्धो वेपथुर्येन भये । यस्मिन्कर्मणि यथा तथान्वभावीति वा । गणयता is to be connected with हृदयेन. "All the fear which my heart, tormented through friendly love and expecting or afraid of (lit. counting upon) calamities in thy case, always entertained tremblingly, even without cause, has now disappeared at once," because, thou art now dead. गणयतो is a bad reading, for, it can be taken only as an adj. to मम; but its position is in the middle of the adjectival subordinate sentence in which अन्वभावि is the verb, while मम belongs to the principal sentence.

L. 219.—In the last stanza he says 'all his fears are now at an end;' but, here, he observes that the time, during which he trembled with such fears, was even better, because, he could then at least see Mâdh. alive, though in a woful and alarming condition. But, now, life to him is a burden &c. त एवातिक्रान्ता मुहूर्ता वरं नो वर्तमानाः । यत इदानीं भारः काल इत्यादि ।

Ls. 221-2.—"Life is an adamantine shaft," for, it afflicts him as much as the shaft does when it pierces the heart. Comp. मर्मोपघातिभिः प्राणैर्वज्रकीलायितं स्थिरैः । Utt. R. Ch. Act I. The vital airs (life) have acted like a वज्रकील, because they have been piercing the heart. आलोक is "light." "The sun of the world of life is set." Comp. निरालोकं लोकम् l. 193 p. 190.

Ls. 228-30.—अनिदृढाङ्गैः embraces "in which there was very close pressing" of the limbs. उल्लसितो विस्मयो यत्र, glances which betokened "rising wonder." नवप्रणय &c. glances "full of (lit. overpowered by) dalliance consequent on dawning love."

Ls. 233-6.—The idea is "It is a great pity that a thing (or person) should be destroyed just at the time when, having received the highest development its nature is capable of, it is in a condition to be of use to the world."

L. 239.—स्वयं ग्राहेण जीवितेश्वरः "the chosen lord of life."

L. 240.—न विद्यते पश्चिमो यस्मात् i. e. "that after which there is no other," "which is not followed by any other," "last." पश्चिम also means "last." The expressions are similar to अनुत्तम and उत्तम, the former of which does not mean "not excellent" but "something not excelled." अपश्चिम occurs in this sense in several places :—देवि । अयमपश्चिमस्ते रामस्य शिरसि पादपङ्कजस्पर्शः । A Bombay Ms. of Utt. R. Ch. Act I. अयं पश्चिमस्ते is the reading of the Calcutta Ed. by Târâkumâra Chakravartî and of a Telugu Ms. प्रसीदतु महाराजो ममानेनापश्चिमेन प्रणयेन । Ven. S. Act VI. प्रणमापश्चिमस्य पितुः पादयोः । Mudrâ R. Act VII. एव पश्चिमयोः पितुः पादयोः is the reading of Bombay Mss. तात अयं अयं मेऽपश्चिमः प्रणामः । Nâg. Act V. The word may here be taken both as पश्चिम and अपश्चिम. अन्तिमः is the reading of a Bombay Ms. पश्चिमावस्थाप्रार्थितः "asked for in your last condition."

L. 257.—अनिष्टं व्यवसितोऽसि is like अध्यमारूढः ; but the root सो does not occur in the list of those the past participles of which are active. रुह्, also, does not, but still its past part. is thus used by

Kâlidâsa; मधुकर विस्मृतोस्येनां कथम् । S'ak. Act V. एतां विस्मृतासि । S'ak. Act I.

L. 262.—अनपेक्षितास्माकमवस्था यत्र । A deed "in which my condition was disregarded." Had the breeze cared at all for my condition, it would not have awakened me, simply to be thus tormented again by thoughts about Mâl. I was free from all sorrow while insensible, but am now re-awakened to them.

L. 264.—संवदति "agrees." See note on l. 116 Act V.

L. 278.—दुर्ललित is "fondled too much," so much so, that the person cannot be made to have a liking for any other person than the one who has fondled him. It is applied in this sense to things also by personification. हा वत्स दुःशासन हा मदाज्ञाविरोधित-पाण्डव....हा मदङ्कदुर्ललित Veṇ. S. Act IV. नीपवनलतासु रम्यविटपासु । चक्षु-र्भ्राम्यति धृतिं तदङ्कनालोकदुर्ललितम् ॥ Vikr. स्तनोन्नाहदुर्ललित "fondled on the prominent region of her bosom;" fondled *i. e.* constantly worn through affection.

L. 280.—J.'s second explanation, अवलोक्यत इत्यवलोकः, will not do for us.

L. 282.—अपि is not to be taken with अवलम्बिका, as J. does, but with रचित: (रचितोपि). विषमं यथास्यात्तथा ग्रथित: "woven unevenly." The अपि is repeated after each of the epithets. The reading of A. E. or G. dispenses with one, but अपि is often repeated in this way for rhetorical effect.

L. 288.—त्वराप्रस्ताव: "occasion for haste." प्रस्ताव is "the matter in hand," "haste is the matter in hand," *i. e.* should be used, is necessary.

L. 291.—The garland is beneficent or has conferred obligations on Mâdh., because it saved the life of Mâl. as expressed in the following stanza.

L. 293.—"The pangs of love-torture, keen on account of the evil of the burning of the body."

Ls. 297-300.—The last भाग of the garland mentioned by J. can hardly be meant by Mâdh. The others may be intended, but it is not necessary to restrict the term to such as are indicated in the play. It may well be supposed that Mâdh. refers also to several other occasions, when, while enjoying each other's company, they transferred it to one another. आनन्द &c. "which strengthened the fever of love which was combined with joy." स्नेहाङ्कनानि "the marks of affection."

L. 304.—स्नेहस्य हस्तलाभः and स्नेहस्वहस्तस्य लाभः are the other readings. स्वहस्त is "one's own hand," "hand-writing." But there was no handwriting here. हस्त therefore is to be understood as "a recognition," "a sign," "a proof." In either of the last two senses it is used in the Mudrâ R. पर्वतकोऽस्माभिर्व्यापादित इति कृतघ्नतायाः स्वयं हस्तो दत्तः स्यात् । In Vikr. we have किं कार्यं भवतो हस्तेन दयितास्नेहस्वहस्तेन मे, where it may mean even "handwriting;" for the king refers to the love-letter written on a Bhûrja leaf by Urvas'î. But comparing the expression with its use here, स्नेहस्वहस्त should be taken more generally to mean "one's own recognition (sign, proof) of love."

Ls. 320-1.—"United for (the development of) the quality of beauty;" *i. e.* both together heighten the beauty. "Let the fair deed remain, last," *i. e.* it should not be neutralized or marred; for it is a delightful thing in itself, and, as such, deserves to be allowed to remain, and it is a savage act to destroy it.

Ls. 327-30.—The idea here is similar to that in the stanza, ls. 319-22. "The very form, or creation of God," for its own sake and not for any incidental reason, "ought to be treated with tenderness" and not roughly handled, because it is such a matchless creation. "Do not take upon thyself the nature of a demon." "Do not act demoniacally"; for to destroy a thing which, in itself, is the very image of beauty and goodness and, as such, deserves to be preserved, is savage, demoniacal, worthy only of an evil spirit. "Be tender." The last two lines occur in Utt. R. Ch. Act I. The reading there, is the same as that of A.

here. But चरणैरवताडनानि would be appropriate, if it were said of one that he deserves to be treated with respect and should not be subjected to indignities; for the expression "trampled under foot" implies insulting treatment. This is not the idea here. What is meant here is, that a certain thing should be treated with tenderness and preserved, and not roughly handled, used violently, or destroyed. This idea is brought out by मुसलैरवताडनानि, मुसल being the same as the Marâṭhî मुसळ, "a heavy pestle of wood about five feet long," used to refine rice or reduce spices to powder in a mortar of the same material of a proportionate size.

L. 332.—The conditional is in such cases to be translated by the English plu-perfect conditional; "she would have done &c."

Ls. 334-5.—का पुनः &c., "Who art thou that art thus our friend?"

Ls. 337-8.—गुरुचर्या is गुरुसेवा alone, and not गुर्वी चर्या, which is far-fetched. सिद्धि is an "accomplishment or miraculous power," and आकर्षिणी "that draws or takes away" (in the air). "The power of flying away in the air with another." Comp. मालती-माक्षिप्य निष्क्रान्ता l. 116 p. 286.

Ls. 341-5.—Saud. suddenly flew into the air, and gave rise, by her miraculous power, to an appearance of complete darkness, relieved by flashes of light like those of lightning. "A frightful combination of darkness and light or (lightning) destroying the perceptive power of the eye, appeared for a moment and has vanished." The first line occurs in Utt. R. Ch. Act IV., where Chandraketu describes the appearance produced when Lava discharged the जृम्भकास्त्राणि. J. attaches only a figurative sense to the lines, which the poet does not seem to have intended, since the figure itself is not appropriate. Such a figurative sense will not do at all in the Utt. R. Ch., while the plain meaning fits so well with the surrounding circumstances in both the places, that there can be little doubt that that is the only one intended. कथमिह &c. When the darkness was over and ordinary light restored, Mak. looks for his friend and does not find him; and asking himself what this can be, concludes that he has been suddenly carried away by Saud. "Predominant is the mistress of the Yogis by her might." She has shown her all-predominating might, in this case.

L. 346.—"I am at a loss to know whether this is good or evil," whether it is for his good that Mâdh. has been taken away, or whether he is to meet with the same fate as Mâl. What J. means by his कपालकुण्डलानयनेनार्थः it is difficult to say. The same idea is further developed in the following stanza.

Act X.

L. 6.—चाटु "endearing words," or even "acts."

Ls. 9-10.—"On which there was a cry or a smile irregularly." Children have no stated times for crying or smiling. A cry may, the very next moment, be followed by a smile, and *vice versa*, and much reason is not wanted for either. Stanza occurring in Utt. R. Ch. addressed by Janaka in the fourth Act to Sitâ abandoned by Râma and supposed to be dead.

L. 11.—सुप्रसन्नो मुखचन्द्ररसेन सुन्दरि।

L. 12.—दैवस्य दुर्विनयेन परिणामः। दुर्विनय "an ill-bred act."

L. 16.—अभिनवो रागस्य रसो यत्र। अभिनवेन रागेण रसो यत्रेति वा। अभिनवस्य रागस्य रसो यत्रेत्यपि वा. But the two latter are open to the objection that they are व्यधिकरण.

L. 25.—उत्सङ्गशयनसुखं गच्छन्।

Ls. 28-9.—मलिन &c. "Thy limbs were nourished by the warmth of my weeds;" thou wert bred up in my lap.

L. 30.—दन्तपाञ्चालिका "a doll of ivory." Just as children play with it, first of all amusing, then teaching it, then getting it married, so did I with thee.

L. 44.—The उत्कण्ठा meant by Kâm. can hardly be that of being united to Mâl. in the next birth, as J. understands it. Such a hope is distinctly renounced in the next stanza. His remark स्वनोत्सिद्धतया &c. is also not good. Kâm. does not say anything as to Lav.'s solicitation about a blessing, but, on her part, expresses her wish also to kill herself. उत्कण्ठा is the "anguish" consequent on dissoverance, and आवेग: "a pang."

L. 45.—If the expression यदि न is to be read here, it must be followed by such another as न नाम स: or ततोऽस्तु मा ; but अनागम: in its place makes the sentence incomplete, the consequent clause being wanting. J.'s reading seems to be similar to that of B. "Do not forget this person."

Ls. 51-2.—मेतं जनं &c. This is Lav.'s last adieu to Mad. She is not going to allow the latter to take the lead, but is preparing to kill herself before all.

Ls. 59-63.—Saud. ushers her arrival by the same appearances as those which marked her departure. But here, the first part of the third line of the stanza is spoken by Kâm. and the answer is given by Mak. appearing suddenly on the stage.

L. 72.—दिष्ट्या in relation to the recovery of Mâl., and धिक्कष्टम् with reference to Bhûrivasu's going to kill himself.

L. 74.—असिपत्र "the blade of a sword." It does not look well as a Bahuv. referring to वृक्ष understood.

L. 79.—लोकालोक is the mountain that encircles the earth. It is situated beyond the sea of fresh water which itself surrounds पुष्कर, the last of the seven continents. According to the Pauranic geography, the earth is composed of seven seas and seven continents. Beyond लोकालोक there is complete darkness and to this side of it there is light. परेण पुष्करस्याथ आवृत्यावस्थितो महान् । स्वादूदकसमुद्रस्तु स समन्तादवेष्टयत् ॥ स्वादूदकस्य परित: शैलस्तु परिमण्डल: । प्रकाशश्चाप्रकाशश्च लोकालोक: स उच्यते ॥ आलोकस्तत्र नार्वाक्त निरालोकस्तत: परम् ॥

Mâtsya P. Chap. 122. स्वादूदकस्य पुरतो दृश्यते लोकसंस्थितिः । द्विगुणा काञ्चनी भूमिः सर्वजन्तुविवर्जिता ॥ लोकालोकस्ततः शैलो योजनायुतविस्तृतः । उच्छ्रायेणापि तावन्ति सहस्राण्यचलो हि सः ॥ Vishṇu P. II-4. लोकालोक इति समाख्या यदनेनाचलेन लोकालोकस्यान्तर्वर्तिनावस्थाप्यते ॥ Bhâg. P. It may have been called लोकालोक because it is in the middle of the enlightened and unenlightened or inhabited and uninhabited regions. लोकालोकान्तराल is the space encircled by the mountain, and consisting of the seven seas and seven continents. Comp. लोकालोकालवालस्खलनपरिलसत्सप्तमाम्भोभिरूरम् । &c. Vîr. Ch. In this S'loka, the Universe is compared to a tree, with लोकालोक as the wall of the basin at its root, against which the waters of the seventh ocean dash. Also लोकालोकाद्रितीरे चारणगणैरुद्गीयमानं यशः । Nâg. J.'s explanation of this is wrong.

Ls. 83-4.—The first इव is उत्प्रेक्षाव्यञ्जक, and the second indicates उपमा. The अनर्थ or evil is Mâl.'s. swoon consequent on her hearing of her father's going to kill himself.

L. 89.—दैवस्य द्वाराणि, the doors or openings through which the effects of fate reach us. This line occurs in Utt. R. Ch. Act VII.

L. 92.—Sand. had left Mâdh. and gone away to give intelligence to Bhûr. of Mâl.'s safe arrival, and thus to prevent him from throwing himself into the fire. तौ योगिनौ ननु माज्ञासीम् ।

L. 102.—Sand. seems to have caused this shower of rain in order to restore Mâl. and the rest to their senses.

L. 115.—जलद &c. "the shower of water from the cloud," which had just fallen on them. Her words are more refreshing because they remove the cause of our grief by telling us that Bhûr. is safe.

Ls. 121-2.—एहि for जीव is certainly a bad reading. "Live thou" and thus make others live, for they were about to die, supposing thee to be dead. तुहिनसङ्गेनेव शीतलानि "cool as by the contact of snow." इव must be understood, for coolness was the property of her limbs, her embrace being so grateful. There was no actual contact of snow, and if there were, to say so would not be to say any thing in praise of her.

L. 125.—मनोरथमतिक्रान्तं दर्शनं यस्याः। "Her being seen again was a thing so impossible that it was even beyond the reach of desire." Utter impossibilities are not even desired. Comp. स खलु मनोरथानामप्यभूमिर्विसर्जनावसरसत्कारः। S'ak. Act VII. अभ्युद्गतो यामभवञ्जनस्य याः संदस्ता मनसोऽप्यभूमिः S'is'. III.-59. अगम्याः is another reading for अभूमिः in this.

L. 131.—निर्वेन्ध is here "resolute perseverance."

L. 133.—पुनरुक्तदारुण "cruel, oftener than necessary." It was not necessary for fate to have been cruel again, for one cruelty was enough to afflict us so greatly, as to satisfy her bitterest malice. (See note on ls. 147-8 Act VII.)

L. 139.—तत्सर्वं &c. The whole *i. e.* her saving the life of Mâl. and others is now intelligible.

Ls. 144-5.—स्पृहणीयसिद्धिः "whose miraculous accomplishments are enviable." विलसितैः may be taken as the हेतु of वन्द्या. बोधिसत्त्व is a Buddhistic saint. This dignity is attainted to as a consequence of virtuous conduct through a long series of lives and is preparatory to that of a Buddha. अतिबोधिसत्त्वैः is a Tatp.

Ls. 146-7.—Thou, "whose conduct towards me as a plant, the seed of which was laid in our former acquaintance, is now loaded with fruit."

Ls. 149-51.—भगवत्याः संबन्धेन पक्षपातिनी। मयीत्यर्थः। भगवतीस्नेहात्निर्गतो विशेषो यत्र कर्मणि यथा तथा। or, taking the reading of A. E., भगवत्या निर्गतो विशेषो यत्र &c. "I was comforted with a kindness equal to that of Her Reverence" (Kâm.). In the other case, "comforted [by her] just like Her Reverence." अभिज्ञानेन सहितः साभिज्ञानः। केसरावल्या साभिज्ञानो हस्तो यस्याः। Compound similar to निमित्तसव्यपेक्ष l. 216 p. 45.

L. 179.—परिहास is "sport," "merriment."

L. 182.—Though by प्रकरण the poet intends a dramatic composition of that name, still in the mouth of Kâm. it is to be taken as equivalent to "an affair," or "a matter" generally.

L. 184.—इतरे....संबन्ध आत्मा यस्य ।...संबन्धरूपो मनोरथ इत्यर्थः ।

L. 189.—उपग्रहात् "on account of his having been brought over to our side."

L. 192.—प्रधानप्रकृतिर्मुख्या प्रकृतिः "chief minister" *i. e.* Nand.

L. 194.—संस्तुतं परिच्छिन्नमाच्छादितानि ताः "politic actions which conceal what is intended." संस्तुतं मनसः "cherished by the mind."

L. 206.—धन्यो बन्धुबान्धवसुहृद्गोष्ठीषु प्रमोदो यासाम् । बन्धु is probably a nearer relation than बान्धव, but the two together form a compound expression signifying all kinsmen.

ABBREVIATIONS USED IN THE EXPLANATORY NOTES

Aghor. = Aghoraghaṇṭa.
Am. = Amara.
Aval. = Avalokitâ.
Buddh. = Buddharakshitâ.
Bh. H. S'r. = Bhartṛihari's S'ṛingâra S'ataka.
Bhâg. P. = Bhâgavata Purâṇa.
Bhûr. = Bhûrivasu.
Com. = Commentary.
Comp. = Compare.
D. R. = Das'arûpakâvaloka.
Daṇḍ. = Daṇḍin.
Hal. = Halâyudha.
Hemach. = Hemachandra.
J. = Jagaddhara.
K. Pr. = Kâvyaprakâs'a.
Kal. = Kalahansa.
Kamal. = Kamalâkara.
Kapâl. = Kapâlakuṇḍalâ.
Kâd. = Kâdambarî.
Kâm. = Kâmandakî.
Kâman. = Kâmandaki's Nitisâra.
Kum. S. = Kumârasambhava.
Kuv. = Kuvalayânanda.
Lav. = Lavangikâ.
Lit. = Literally.
Mad. = Madayantikâ.
Mak. = Makaranda.
Mand. = Mandârikâ.
Mâdh. = Mâdhava.
Mâl. = Mâlati.
Megha. D. = Meghadûta.
Mṛich. = Mṛichchhakaṭî.
Mudrâ R. = Mudrârâkshasa.
Nand. = Nandana.
Nâg. = Nâgânanda.
P. = Purâṇa.
Pat. Y. S. = Patanjali's Yogasûtra.
Pâṇ. = Pâṇini.
Ragh. = Raghuvans'a.
Ratn. = Ratnâvalî.
S'ak. = S'akuntalâ by Kâlidâsa.
S'ank. Vij. = S'ankara Vijaya by Mâdhava.
S'âr. = S'ârngadhara's Paddhati.
S'is'. = S'is'upâlavadha.
Sarv. = Sarvadars'ana Sangraha by Mâdhava.
Saud. = Saudâminî.
Sid. Kaum. = Siddhânta Kaumudî.
Up. = Upanishad.
Utt. R. Ch. = Uttararâmacharita.
Var. = Vararuchi's Prâkṛitaprakâs'a.
Vârt. = Vârttika.
Vâts. = Vâtsyâyana on Gautama's Nyâyasûtra.
Veṇ. S. = Veṇîsaṃhâra.
Vikr. = Vikramorvas'î.
Vîr. Ch. = Vîracharita by Bhavabhûti.

CORRECTIONS.

PREFACE.

P. i. l. 17, for *Benaras* read *Benares*.

P. v. l. 3 from bottom, for नितत° read विवर्त°.

P. ix. l. 4 from bottom, for ताम read ताम्.

P. xii. l. 1, put a comma after Nyâsa.

TEXT AND COMMENTARY.

For मेदिनीकार throughout the book, read मेदिनीकर.

P. 22, l. 14, for °कूल्यं अत° read °कूल्यमत°.

P. „ l. 16, dele । (the virâma.)

P. 25, l. 5 from bottom, insert a *viráma* after रञ्जनीये.

P. 28, l. 6, dele the comma after चाटं.

P. 35, l. 13, for अन्वेषाद् read प्रद्वेषाद्.

P. 36, l. 12, for तद्दारा read तद्वारा.

P. 37, l. 7 from bottom, for तुष्णीक: read तूष्णीक:.

P. 38, l. 13, dele । and remove अस्य from आत्मन: to दर्शयामि.

P. 43, l. 11, संधि is treated as a feminine noun in all the Mss. of the commentary.

P. 47, l. 15, read क्षुद्रघण्टिका as one word.

P. 55, l. 5 from bottom, for मन: read न मे.

P. 56, l. 16, for आभिषङ्ग read आभिष्वङ्ग.

P. 68, l. 15, for सरस: read रस:.

P. 76, l. 2, dele । after भणामि.

P. 90, l. 12, for °नाहम् । यत: । read °नाहं यत: ।.

P. 91, l. 7, for आण्णत्तं read आणत्तं.

P. 95, l. 6 from bottom, insert । after कांदूशा:.

P. 104, l. 8, dele तत्र.

(2)

P. 119, l. 8 from bottom, read वञ्चना as a separate word.

P. 120, l. 9, for चन्द्रोयेन read चन्द्रोदयेन.

P. 134, l. 3, for मदभ्रान्तिऐ read मदभ्रान्तिए.

P. 138, l. 14, for खखि read सखि.

P. 149, l 6 from bottom, insert | after निर्वेदे.

P. 150, l. 2, for दारुणो read दारुणः.

P. 152, l. 12, for °तयानु राग° read °तयानुराग°.

P. 156, l. 4, for भ्रु read भ्रू.

P. 161, ls. 1 & 2, dele | before तद् and put it after इति.

P. 163, l. 8, read समार्थनम्.

P. 165, l. 8, for कर्तृणि read कर्तॄणि.

P. 186, l. 10, insert | after त्यक्त्वा.

P. 193, note 3, for प्रतिज्ञागतिः read प्रज्ञागतिः.

P. 205, l. 9, for °ता उन° read °तोन°

P. 207, l. 10, dele the dot on वी.

P. 209, l. 3, for दुःख read दुक्ख.

P. „ l. 2 from bottom, insert a semicolon after D.

P. 210, l. 3, for माक° read मक°.

P. 211, l. 7 from bottom, for नर्तकानि read नर्तकाणि.

P. 221, l. 9, insert | after भयेति.

P. 229, l. 14, for विषमेन read विषमेण.

P. 235, l. 5, dele the visarga after दु.

P. 236, l. 9, insert च after भता.

P. „ l. 16, for °धार्मिकत्वम् | काम- read °धार्मिकत्वं काम-.

P. 240, l. 9, °मप्युपलभ्यामहे.

P. 247, l. 7, for °सङ्का° read °षङ्का.°

P. 252, l. 8, for °हारिणा read °धारिणा.

P. 256, l. 9 from bottom, for भ्रूनोदुत्त° read भ्रूनोवृत्त°.

P. 262, l. 7, for प्रौढ read प्रूढ.

P. 270, l. 4, for दिण्णगं read दिण्गं.

P. 280, l. 2, for वड्डहावेदि read वड्डावेदि.

P. „ l. 13 for वम्भावयति read वम्भेयति.

P. 292, l. 9, for सेनिक read सैनिक.

P. 300, l. 9, read पञ्चाणती as a separate word.

P. 321, l. 6, for ३ read ६.

P. 322, l. 6 from bottom, for वुनान्त° read वृत्तान्त°.

P. 328, l. 2 " for प्रियवस्य: read प्रियवयस्य:.

P. 330, l. 5, for °गुनिशरिर° read °गुत्ति शरिर°.

P. 357, l. 11, for णिप्फरं read णिप्फुरं.

NOTES.

P. 1, l. 18, dele the inverted commas on *The*.

P. 4, l. 3 from bottom, for *Uch.* read *Ull.*

P. 6, l. 15, and other places, for *Paṇ.* or *Pan.* read *Páṇ.*

P. 12, l. 18, put *shall—friend* within inverted commas.

P. 13, l. 5, for नाप read नाम्.

P. " l. 11, for a *comma* after 176 put a *full point*.

P. 21, l. 13, dele the full point after गदाए.

P. 24, l. 15, read भीतिना for भितिना.

P. 28, note on l. 89, put inverted commas before *you* and after *before*.

P. 43, last l., read माम् for माम.

P. 55, l. 7 from bottom, read °नुासन्नाय for °नासन्नाय.

Bombay Sanskrit Series.

EDITED UNDER THE SUPERINTENDENCE OF

G. BÜHLER, Ph. D., Educational Inspector, N. D.

AND

F. KIELHORN, Ph. D., Professor of Oriental Languages, Deccan College.

Already published.

No. I. PANCHATANTRA IV. AND V.,—Edited with Notes by G. BÜHLER, Ph. D. Re. 1–2. A new Edition in preparation.

No. II. NÂGOJÎBHAṬṬA'S PARIBHÂSHENDUS'EKHARA,—Edited and explained by F. KIELHORN, Ph. D., Part I., the Sanskṛit Text and Various Readings. Rs. 2–12.

No. III. PANCHATANTRA II. AND III.,—Edited with Notes by G. BÜHLER, Ph. D. Re. 1–10. A new Edition in preparation.

No. IV. PANCHATANTRA I.,—Edited with Notes by F. KIELHORN, Ph. D. *Second Edition.* Re. 1–4.

No. V. KÂLIDÂSA'S RAGHUVAṀS'A, with the Commentary of Mallinâtha,—Edited with Notes by SHANKAR P. PANDIT, M. A.; Part I., Cantos I.—VI. Rs. 2–4.

No. VI. KÂLIDÂSA'S MÂLAVIKÂGNIMITRA,— Edited with Notes by SHANKAR P. PANDIT, M. A. Rs. 2–2.

No. VII. NÂGOJÎBHAṬṬA'S PARIBHÂSHENDUS'EKHARA,—Edited and explained by F. KIELHORN, Ph. D.; Part II. Translation and Notes. Paribhâshâs I.—XXXVII. Rs. 2–4.

No. VIII. KÂLIDÂSA'S RAGHUVAṀS'A, with the Commentary of Mallinâtha,—Edited with Notes by SHANKAR P. PANDIT, M. A., Part II., Cantos VII.—XIII. Rs. 2-8.

No. IX. NÂGOJÎBHAṬṬA'S PARIBHÂSHENDUS'EKHARA,—Edited and explained by F. KIELHORN, Ph. D., Part II., Translation and Notes. Paribhâshâs XXXVIII.—LXIX. Re. 1-8.

No. X. DAṆḌIN'S DAS'AKUMÂRACHARITA,—Edited with critical and explanatory Notes by G. BÜHLER, Ph. D., Part. I. Re. 1-8.

No. XI. BHARTṚIHARI'S NÎTIS'ATAKA AND VAIRÂGYA-S'ATAKA,—with extracts from two Sanskṛit Commentaries,—Edited with Notes by KÂS'INÂTH T. TELANG, M. A. Re. 1-12.

No. XII. NÂGOJÎBHAṬṬA'S PARIBHÂSHENDUS'EKHARA,-Edited and explained by F. KIELHORN, Ph. D., Part II., Translation and Notes. Paribhâshâs LXX.—CXXII. Re. 1—4.

No. XIII. KÂLIDÂSA'S RAGHUVAṀS'A, with the Commentary of Mallinâtha,—Edited with Notes by SHANKAR P. PAṆḌIT, M. A., Part III., Cantos XIV-XIX. Rs. 2.

No. XIV. BILHAṆA'S VIKRAMÂNKADEVACHARITA.—By G. BÜHLER, Ph. D. Re. 1—5.

No. XV. BHAVABHÛTI'S MÂLATÎ-MÂDHAVA, with a Sanskṛit Commentary,—Edited with notes, critical and explanatory, by R. G. BHÂṆḌÂRKAR, M. A. Rs. 3—10—0.

In the Press.

KÂLIDÂSA'S VIKRAMORVAS'Î by SHANKAR P. PAṆḌIT, M.A.

In Preparation.

VIS'ÂKHADATTA'S MUDRÂRÂKSHASA, by KÂS'INÂTH T. TELANG, M. A.

BÂṆA'S CHAṆḌÎS'ATAKA, by CHABILRÂM E. DÎKSHIT.

N.B.—Nos. II., VII., IX., XII., *i.e.* the whole of Paribhâshendus'ekhara in the four parts is sold at Rs. 7.

Applications for the above books to be addressed to the Curator of the Government Central Book Depôt, Bombay.